일제 식민지 조선 지배의 성격
-서구열강의 식민 지배와의 비교

일제침탈사연구총서
총설
01

일제 식민지 조선 지배의 성격
－서구열강의 식민 지배와의 비교

박찬승·이옥순·윤대영·최정수·김기순·문명기 저

동북아역사재단 일제침탈사 편찬위원회 기획

동북아역사재단
NORTHEAST ASIAN HISTORY FOUNDATION

| 발간사 |

    일본이 한국을 침탈한 지 100년이 지나고 한국이 일본의 지배로부터 벗어난 지 70년이 넘었건만, 식민 지배에 대한 청산은 이루어지지 못하고 있다. 일본의 독도영유권 주장은 도를 넘어섰다. 일본은 일본군'위안부', 강제동원 등 인적 수탈의 강제성도 인정하지 않고 있다. 일본군'위안부'와 강제동원의 피해를 해결하는 방안을 놓고 한·일 간의 갈등은 최고조에 이르고 있다. 역사문제를 벗어나 무역분쟁, 안보위기 등 현실문제가 위기 국면을 맞고 있다.

    한·일 간의 갈등은 식민 지배의 역사를 어떻게 볼 것인가 하는 역사인식에서 기인한다. 역사는 현재와 과거의 대화이며 이를 기반으로 미래로 나아갈 수 있다. 과거 침략의 역사를 미화하면서 평화로운 미래를 말하는 것은 불가능하다. 식민 지배와 전쟁발발의 책임을 인정하지 않고 반성하지 않으면 다시 군국주의가 부활할 수 있고 전쟁이 일어날 위험성도 배제할 수 없다. 미래지향적 한일관계를 형성하고 나아가 동아시아의 평화와 번영의 기틀을 조성하기 위해 일본은 식민 지배의 책임을 인정하고 그 청산을 위해 노력해야 할 것이다.

    식민 지배의 역사를 청산하기 위해서는 식민 지배는 어떻게 이루어졌는지 그 실상을 명확하게 규명하는 일이 긴요하다. 그동안 일본제국주의에 맞서 조국의 독립을 위해 헌신한 독립운동가들의 활동을 찾아내고 역사적으로 평가하는 일에는 상당한 성과를 거두었다. 반면 일제 식민침탈의 구체적인 실상을 규명하는 일에는 충분한 노력을 기울이지 못했다. 제국주의가 식민지를 침탈했다는 것은 너무나 당연한 사실로 여겨졌기 때문에, 굳이 식민 지배에서 비롯된 수탈과 억압, 인권유린을 낱낱이 확인할 필요가 없었는지도 모른다. 그러는 사이 일본은 식민 지배가 오히려 한국에 은혜를 베푼 것이라고 미화하고, 참혹한 인권유린을 부인하는 역사부정의 인식을 보이는 데까지 이르고 있다. 일제의 통치와 침탈 그리고 그 피해를 종합적으로 조사하고 편찬할 필요성이 여기에 있다.

일제침탈사를 체계적으로 정리하는 일은 개인이 감당하기 어렵다. 이에 우리 재단은 한국학계의 힘을 모아 일제침탈사 편찬위원회를 꾸렸다. 편찬위원회가 중심이 되어 일제의 식민지 침탈사를 정치·경제·사회·문화 모든 방면에 걸쳐 체계적으로 집대성하기로 했다. 일제 식민침탈의 실체를 파악하기 위해 2020년부터 세 가지 방면으로 사업을 추진하고 있다. 하나는 일제침탈의 실상을 구체적이고 생생한 자료를 통해서 제공하는 일로서 '일제침탈사 자료총서'로 편찬한다. 다른 하나는 이들 자료들을 바탕으로 연구한 결과물을 '일제침탈사 연구총서'로 간행한다. 그리고 연구의 결과를 대중들이 이해하기 쉽게 '일제침탈사 교양총서'를 바로알기 시리즈로 간행한다. 자료총서 100권, 연구총서 50권, 교양총서 70권을 기본 목표로 삼아 진행하고 있다.

  '일제침탈사 연구총서'는 일제침탈의 실태를 정치·경제·사회·문화 분야로 대별한 뒤 50여 개 세부 주제로 구성했다. 국내외 학계 전문가들이 현재까지 축적된 연구 성과를 반영하면서 풍부한 자료를 활용하여 집필했다. 연구자뿐만 아니라 교육 현장에서도 활용되고 일반 독자들도 이해할 수 있도록 집필하기 위해 노력했다. 연구총서 시리즈가 일제침탈의 역사적 실상을 규명하고 은폐된 역사적 사실을 기억하고 왜곡된 과거사에 대한 인식을 바로 잡음으로써 역사인식의 차이로 인한 논란과 갈등을 극복하는데 기여하는 디딤돌이 되기를 바란다.

2023년
동북아역사재단 이사장

| 편찬사 |

　　1945년 한국이 일제 지배로부터 해방된 지 78년의 세월이 지났다. 그럼에도 불구하고 일본 사회 일각에서는 여전히 일제의 한국 지배를 합리화하고 미화하는 주장이 나오고 있으며, 최근에는 한국 사회 일각에서도 일제 지배를 왜곡하고 옹호하는 주장이 나오고 있다. 이는 한국과 일본 사회, 한일관계와 동아시아 국제관계의 미래를 위해서도 결코 바람직하지 않은 일이다.

　　이에 동북아역사재단은 일제의 한국 침략과 식민 지배에 대한 학계의 연구 성과를 총정리한 '일제침탈사 연구총서'를 발간하기로 하였다. 이에 따라 2019년 9월 학계의 전문가를 중심으로 편찬위원회를 구성하였으며, 편찬위원회는 학계의 연구 성과를 토대로 정치·경제·사회·문화 부문에서 일제의 침탈이 어떻게 이루어졌는지 정리하여 연구총서 50권을 발간하기로 하였다.

　　주지하듯이 1905년 일제는 러일전쟁에서 승리한 뒤, 한국에 군대를 주둔시키면서 한국의 외교권을 빼앗고 통감부를 두어 내정에 간섭하였다. 1910년 일제는 군사력으로 한국 정부를 강압하여 마침내 한국을 강제 병합하였다. 이후 35년간 한국은 일제의 식민 통치를 받았다.

　　일제는 한국의 영토와 주권을 침탈하였을 뿐만 아니라, 군사력과 경찰력으로 한국을 지배하면서, 정치·경제·사회·문화의 모든 부문에서 한국인의 권리와 자유, 기회와 이익을 박탈하거나 제한하였다. 정치적으로는 군사력과 경찰력, 각종 악법을 동원하여 독립운동을 탄압하고, 한국인의 정치활동을 억압하고 참정권을 박탈하였으며, 집회와 결사의 자유를 억압하였다. 경제적으로는 일본 자본이 경제의 주도권을 장악하고, 일본인 위주의 경제정책을 수행했으며, 식량과 공업원료, 지하자원 등을 헐값으로 빼앗아 갔고, 농민과 노동자 등 대다수 한국인의 경제생활을 어렵게 하였다. 사회적으로는 한국인들을 차별적으로 대우하고, 한국인의 교육의 기회를 제한하고, 한국인으로서의 정체성을 박탈하여 결국은 일본의 2등 국민으로 만들고자 하였다. 문화적으로는 표현과 창작의 자유, 종교와 사상의 자유를 억압하고, 한글 대신 일본어를 주로 가르치고, 언론과 대중문화를 통제하였다. 중일전쟁, 아시아태평양전쟁을 도발한 뒤에는 인적·물적 자원을 전쟁에 강제동원하고, 많은 이들을 전장에 징집하여 생명까지 희생시켰다.

'일제침탈사 연구총서'는 침탈, 억압, 차별, 동화, 수탈, 통제, 동원 등의 단어로 요약되는 일제의 침략과 식민 지배의 실상과 그 기제를 명확히 밝히고자 하였다. 이를 통해 일제의 강제 병합을 정당화하거나 식민 지배를 미화하는 논리들을 비판 극복하고, 더 나아가 일제 식민 지배의 특성이 무엇이었는지, 식민 통치의 부정적 유산이 해방 이후에 어떤 영향을 미쳤는지를 밝히고자 하였다.

편찬위원회는 연구총서와 함께 침탈사와 관련된 중요한 주제들에 관하여 각종 법령과 신문·잡지 기사 등 자료들을 정리하여 '일제침탈사 자료총서'도 발간하기로 하였다. 아울러 일반인과 학생들이 보다 쉽게 읽을 수 있는 '일제침탈사 교양총서'를 바로알기 시리즈로 발간하기로 하였다.

일제의 한국 침략과 식민 지배의 역사는 광복 후 서둘러 정리해 냈어야 했지만, 학계의 연구가 미흡하여 엄두를 내기 어려웠다. 이제 학계의 연구가 어느 정도 축적되어 광복 80주년을 맞기 전에 이와 같은 작업을 할 수 있게 된 것을 다행으로 생각한다. 한일 양국 국민이 과거사에 대한 올바른 역사인식을 갖고 성찰을 통해 미래를 향해 함께 나아갈 수 있기를 기대하면서 삼가 이 책들을 펴낸다.

2023년
동북아역사재단 일제침탈사 편찬위원회

차례

발간사 4

편찬사 7

제1장 총론: 일제 식민지 조선 지배의 성격
– 서구열강의 식민 지배와 비교하여

1. 머리말	16
2. 정치적 측면에서 식민 지배 비교	24
3. 사회적 측면에서 식민 지배 비교	61
4. 경제적 측면에서 식민 지배 비교	108
5. 문화적 측면에서 식민 지배 비교	136
6. 맺음말	171

제2장 영국의 인도 식민 통치

1. 머리말	184
2. 역사 – 영국의 인도 통치 200년	194
3. 정치 – 이간·분리의 통치	202
4. 경제 – 탈산업화와 식민지화	216
5. 사회 – 미개한 인도 사회 만들기	230
6. 문화 – 제2의 식민화와 정신의 지배	243
7. 맺음말	258

제3장	**프랑스의 베트남 식민 통치 역사와 지배정책**	
	1. 머리말	264
	2. 정치 – 프랑스령 인도차이나의 형성과 통치체제	269
	3. 경제 – 식민지 개발과 산업	285
	4. 사회 – 도시의 변화와 농민 및 노동자의 삶	298
	5. 문화 – 문명 연구와 교육	305
	6. 맺음말	313

제4장	**미국의 식민지 필리핀 정책, 1898~1946**	
	– 제국주의(Imperialism)와 탈식민주의(Decolonialism)의 접점에서 탄생한 필리핀인 국가 만들기(Making Nation State) 전략	
	1. 머리말	318
	2. 필리핀 문제를 둘러싼 연구사	326
	3. '필리핀 문제(Philippine Problems)'의 기원	354
	4. 미국 의회의 '필리핀 통치법(Philippines Law)' 제정	368
	5. 미국 행정부의 '세계전략(world strategy)'과 '필리핀 통치정책'	379
	6. 필리핀 독립운동가들의 민족 국가(nation state) 만들기	404
	7. 필리핀 국가 만들기 전략과 태프트-가쓰라 협정 – 미국의 필리핀 정책의 한국 확장	418
	8. 맺음말	444

제5장 영국의 아일랜드 지배, 1801~1921

1. 머리말	468
2. 합방	476
3. 가톨릭 문제	483
4. 토지 문제	496
5. 민족 문제	512
6. 분단과 독립	531
7. 맺음말	542

제6장 식민지 조선에 비추어 보는 일제하 타이완 통치의 역사

1. 머리말 – 참조 대상으로서의 타이완 식민지사	548
2. 통치체제의 기본 구조	551
3. 경제 – 경제성장과 생활 수준	566
4. 재정 – 풍부한 세입과 경제 지향적 세출	583
5. 경찰 – 경찰국가(Polizeistaat) 지향과 실제	596
6. 보갑(保甲) – 기층행정의 만능열쇠	607
7. 맺음말	625

제7장 일제의 식민지 조선 지배정책의 기조

1. 머리말 — 632
2. 일제의 한국병합 목적과 식민지 대우 — 637
3. 일본국민을 만들기 위한 동화정책 — 651
4. 일본인과 조선인 간의 분리와 차별정책 — 662
5. 일본 자본의 조선 경제 장악과 이용 — 674
6. 정치적 권리 박탈과 자유 억압 — 693
7. 맺음말 — 709

부록 717

참고문헌 737

찾아보기 758

제1장
총론:
일제 식민지 조선 지배의 성격
- 서구 열강의 식민 지배와 비교하여

_공동 집필

1. 머리말

『일제침탈사 연구총서』의 제1권인 이 책은 일본과 서구열강의 식민지배 정책을 비교함으로써 일본의 식민지 조선 지배의 성격을 밝히는 데 그 목적이 있다. 제1장 총론[1]에서는 정치·경제·사회·문화로 나누어 서구 열강과 일본의 식민지 지배정책을 정리하고자 한다. 이어서 제2장 이하의 각론에서는 영국의 인도 지배, 프랑스의 베트남 지배, 미국의 필리핀 지배, 영국의 아일랜드 지배, 일본의 타이완 지배, 일본의 조선 지배의 정책을 차례대로 살피고자 한다.

1868년 메이지유신에 성공한 이후 일본 정부는 한편으로는 근대국가 체제를 형성하고, 다른 한편으로는 자본주의 사회를 만드는 데 열중하였다. 그 결과 1889년에 근대국가의 헌법을 제정할 수 있었고, 1890년대에는 산업혁명 과정에 들어갈 수 있었다. 아울러 1894년 청일전쟁에서 승리하여 타이완을 식민지로 획득하면서 후발 제국주의 국가 대열에 참여하게 되었다. 그리고 1904년에는 러일전쟁을 도발하여 전쟁에 승리함으로써 한국을 보호국이라는 유사식민지로 만들었다. 그리고 마침내 1910년에는 한국을 강제병합하여 명실상부한 식민지로 만들고, 조선총독부를 두어 직접 통치하였다.

19세기 말에서 20세기 초 일본은 제국주의와 식민주의를 지향하였다고 할 수 있다. 여기에서 흔히 말하는 제국주의란 무엇이고 식민주의란

---

[1] 제1장 총론은 박찬승, 이옥순, 윤대영, 최정수, 김기순, 문명기가 공동 집필한 것임(집필 책임은 박찬승). 이 글에서 식민 지배하의 한국은 '한국' 또는 '조선'을 병용하여 표기하였음.

무엇인지를 먼저 정리해 보기로 한다.

'제국주의'의 핵심은 경제적 측면보다 정치적 측면에 있다고 말할 수 있다. 그런 점에서 '제국(帝國)'은 "한 국가가 다른 정치적 사회의 효율적인 정치적 주권을 통제하는 공식적·비공식적 관계"로 해석된다. 그리고 '제국주의'는 "그러한 제국을 형성하거나 유지하는 과정이나 정책"이라고 정의된다. 즉 "경제적·정치적·군사적 힘을 전략적으로 이용해서 상대방의 주권을 침해하는 행위 또는 그것을 의도하는 이념을 제국주의"라고 정의할 수 있다.[2]

'제국주의'가 등장하게 된 배경은 무엇일까. 이에 대해서는 경제적 배경을 중시하는 견해와 정치적·사회적 배경을 중시하는 견해가 있다. 경제적 배경을 중시하는 견해로는 주지하듯이 홉슨, 힐퍼딩, 그리고 레닌의 제국주의론이 있다. 이 가운데 가장 유명한 것은 레닌의 제국주의론이다. 그는 제1차 세계대전 중에 집필한 『제국주의, 자본주의의 최고단계』라는 책에서 "제국주의는 가능한 모든 수단을 이용해 팽창하려는 욕구를 가진 독점자본주의 단계"라고 규정했다. 그는 독점자본주의는 생산수단과 자본의 집중, 은행자본과 산업자본의 합병 및 금융자본의 창출, 자본수출, 자본가들의 독점동맹 형성, 자본주의 열강들에 의한 지구의 영토적 분할 등을 수반하게 된다고 보았다.[3]

정치적·사회적 배경을 중시하는 견해로는 슘페터, 한스 울리히 벨러 등이 있다. 슘페터는 『제국주의의 사회학』(1919)에서 절대왕정 시대의 낡

---

2   박지향, 2000, 『제국주의』, 서울대출판부, 22쪽.

3   블라디미르 일리치 레닌 저, 이정인 역, 2018, 『제국주의, 자본주의의 최고단계』, 아고라; 박지향, 2000, 위의 책, 27쪽.

은 정치집단이 산업화와 도시화, 그리고 민주주의의 발달로 지위가 흔들리게 되자 군사적 영광과 정복을 통해 위신을 유지하려 하고, 또 군인과 전쟁으로 이익을 보려는 부르주아들도 제국주의를 부추겼다고 보았다. 독일의 한스 울리히 벨러는 한 국가의 지배엘리트가 국내에서 여러 문제에 봉착했을 때, 개혁을 회피하고 국민을 통합하려는 목적에서 사회질서 유지용으로 사용한 전략이 바로 제국주의적 팽창이라고 진단했다.[4]

근대의 제국주의는 특히 1880년대 이후 크게 성행하였다. 그것은 1873년부터 1896년 사이 유럽에 닥쳐온 장기 불황과 관련이 있었다. 유럽 국가들은 독점적인 시장이 필요했고, 따라서 아프리카에 식민지를 개척하여 독점적인 시장을 확보하고자 했다. 아프리카에서의 식민지 개척에는 영국과 프랑스가 앞장을 섰고, 벨기에·독일·이탈리아도 경쟁에 뛰어들었다. 1880년대 이후 주요 강대국들은 상비군을 구축하고 강제 징집제도를 도입하여 군비경쟁에 돌입했다. 이미 1830년에 알제리를 식민지로 만들었던 프랑스는 1881년 튀니지를 점령하여 사실상 식민지로 만들었다. 영국은 1882년에 이집트를 점령하여 보호령으로 만들었으며, 1899년에는 수단을 점령했다. 벨기에는 1884년 베를린회의를 통해 콩고를 식민지로 획득했다. 독일은 토고, 카메룬, 탄자니아 등을 점령했으며, 이탈리아는 에트루리아, 소말리아 등을 점령했다. 이렇게 하여 베를린회의 이후 1914년경까지 에티오피아와 라이베리아를 제외한 아프리카의 모든 지역은 유럽의 식민지로 분할되어 갔다. 아시아에서는 이보다 앞서 인도차이나가 1862년에 프랑스에 합병되었다. 영국은 1874년 이후 말레이반도 전체로 세력을 확장했고, 1885년에는 버마를 완전히 합병했다.

---

4   박지향, 2000, 앞의 책, 31쪽.

1891년 러시아는 시베리아 철도 건설을 시작했다.

일본의 메이지 정부는 이와 같은 서구 열강의 식민지 쟁탈전을 지켜보며 일본도 제국주의 국가로 발돋움해야 한다는 강한 욕망을 품게 되었다. 첫 신호탄은 1880년대 초에 나온 후쿠자와 유키치(福澤諭吉)의 「시사소언(時事小言)」(1881)이었다. 그는 이 글에서 "서양제국들의 군비 증진과 함께 병탄의 욕심도 날로 커지고 있는 국제정세 속에서 문명사관에서 보아 멸시하지 않을 수 없는 조선에 대해 아시아 동방의 맹주 일본은 마침내 무력을 써서라도 그 진보를 도모하지 않을 수 없다"고 견해를 밝혔다.[5] 이는 1885년에 그가 주창한 「탈아론」보다 4년 앞서 나온 노골적인 '일본의 제국주의화론'이라고 할 수 있다.

1890년 12월 야마가타 아리토모(山縣有朋) 수상은 일본 역사상 처음 열린 제국의회에서 시정방침 연설을 통해 '주권선'과 '이익선'이라는 낯선 용어를 내놓았다. 그는 주권선인 국경뿐 아니라 주권선의 안위와 밀접한 관계가 있는 구역인 이익선을 보호해야 한다면서, 거대한 예산을 육·해군 증강에 투입해야 한다고 주장했다. 그가 말하는 이익선은 바로 조선을 말하는 것으로 1894년 청일전쟁은 이 이익선을 확보하기 위한 전쟁이었다. 1894년 청일전쟁을 통해 일본의 이익선은 북으로는 조선, 남으로는 타이완까지 확대되었다. 그리고 일본은 제국주의 국가 대열에 동참하게 되었다고 자부하였다. 1894년 8월 1일 청일전쟁 선전포고 당시 나온 『시사신보』의 사설은 당시 일본인들의 정서를 잘 보여 준다. 이 사설은 "청일의 전쟁은 문명과 야만의 전쟁"이라고 제목을 달고, "수많은 청군은 모두 무고한 인민으로 그들을 몰살하는 것은 가여운 일이다. 그러나 세계의 문

---

5 安川壽之輔, 2000, 『福澤諭吉のアジア認識』, 高文研, 128쪽.

명 진보를 위해서 그 방해물을 제거해야 한다고 한다면 다소 살풍경을 연출하는 일은 아무래도 피할 수 없는 기세라 하겠다"고 썼다.[6]

19세기 말 제국주의의 발흥은 결국 세계 각지, 특히 아시아·아프리카에서의 식민지 확보로 이어졌다. 여기서 '식민주의(colonialism)'가 등장한다. '식민주의'란 무엇인가. 위르겐 오스터함멜은 식민주의를 다음과 같이 정의했다.

> 식민주의란 집단 간의 지배 관계로 이 관계에서는 종속민의 삶에 관련된 근본적인 결정이 문화적으로 이질적이며, 적응 의지가 거의 없는 소수 식민자에 의해 이루어진다. 식민자들은 우선 외부의 이해관계를 고려한 후 결정을 내리며, 실제로 이를 관철한다. 또 일반적으로 근대 식민주의에는 자신의 문화적 우월성에 대한 식민자의 확신에 근거한 사명, 이데올로기적 정당화 원칙이 결부되어 있다.[7]

위르겐 오스터함멜은 식민주의에 세 가지 의미가 있다고 말한다. 첫째, 하나의 사회 전체가 자체의 역사 발전 기회를 박탈당하고 타인에 의해 조종되며, 식민자의 필요에 무엇보다도 경제적인 필요와 이해관계에 종속되는 관계라고 한다. 둘째, 새로운 지배자가 종속된 사회를 문화적으로 배려하지 않는데, 이에는 인종주의가 큰 영향을 미쳤다고 한다. 셋째, 구조적인 지배 관계일 뿐 아니라 이러한 관계에 대한 특별한 해석, 즉 이데올로기적 구성이라고 본다. 즉 지배자들은 자신들이 '야만인' 혹은 '미

---

6   하라다 게이이치 저, 최석완 역, 2007, 『청일·러일 전쟁』, 어문학사, 78~79, 99쪽.
7   위르겐 오스터함멜 저, 박은영·이유재 역, 2005, 『식민주의』, 역사비평사, 34쪽.

개인'의 문명화를 사명으로 갖는다고 생각한다는 것이다.[8] 전체적으로 식민주의란 지배자와 종속자의 구조적 관계이며, 동시에 이데올로기적 관계라고 그는 설명한다.

서구 열강의 식민 지배는 공식적인 식민 지배와 비공식적인 식민 지배(유사식민 지배)로 나뉜다고 한다. 공식적인 식민 지배는 외부 식민자들이 현지 권력자들을 대체하여 총독 등의 이름으로 권력을 장악하고 과세권, 사법권, 경찰권, 군사권 등 국가 주권의 핵심 기능을 담당하는 경우이다. 비공식적인 식민 지배는 약소국의 독자적인 정치체제는 계속 유지하되, 강대국 관리들이 약소국의 '고문관'으로 정치에 개입하여 각종 이권을 장악하거나 군대를 주둔시키는 경우이다.[9] 이 기준에 따르면, 한국 같은 경우 1905~1910년은 비공식적인 식민 지배(유사식민 지배) 상태였고, 1910~1945년은 공식적인 식민 지배 상태였다고 할 수 있다.

위르겐 오스터함멜은 식민 지배의 유형을 정착식민지, 거점식민지, 통치식민지 등으로 나눈다. 정착식민지는 이주자들이 식민지에 정착하는 경우인데 뉴잉글랜드(백인 이주자의 정착), 카리브해(흑인 노예들의 정착) 등이 이에 해당한다. 거점식민지는 상업활동을 위해 거점지역을 장악하는 것으로 말라카(포르투갈), 바타비아(네덜란드), 홍콩(영국) 싱가포르(영국), 상하이(다국적) 등이 이에 해당한다. 통치식민지는 군사적 정복을 통해 총독부와 같은 식민권력을 세워 현지 주민들을 통치하고 본국에서 파견된 관료, 군인, 상인 등이 거주하는 경우로, 영국령 인도, 인도차이나(프랑스),

---

8   위르겐 오스터함멜, 2005, 앞의 책, 32~33쪽.
9   위르겐 오스터함멜, 2005, 위의 책, 39~40쪽.

이집트(영국), 토고(독일), 필리핀(미국), 타이완(일본) 등이 이에 해당한다.[10] 물론 식민지 조선도 이 유형에 속한다.

1910년 이후 일본 지배하의 '조선'은 공식적인 식민지였으며, 또 총독부가 직접 통치를 한 통치식민지였다. 이 총론에서 다루는 영국의 인도 지배, 프랑스의 베트남 지배, 미국의 필리핀 지배, 일본의 타이완 지배 역시 공식적인 식민지로서 직접 통치가 이루어진 통치식민지였다. 다만 아일랜드는 식민지라기보다는 '병합지' 내지는 '합방지'로 영국의 직접 지배를 받았다. 하지만 아일랜드에도 총독이 있었고, 참정권 등에서 차별이 있었기 때문에 영국 본국에 완전히 편입되었다고 보기는 어려운 점들이 있으며, 아일랜드인들은 자치 혹은 독립을 원했다. 일본도 처음에는 한국을 '병합'하면서 언젠가는 일본의 한 지방으로 편입할 것 같은 제스처를 취했고, 일정한 기간 후에 참정권도 부여하겠다고 했다. 이런 점에서 영국의 아일랜드 지배와 유사한 점이 있고, 따라서 조선과 아일랜드의 상황을 비교하는 것은 의미가 있다. 이러한 이유로 이 책의 총론과 각론에서는 아일랜드를 포함하여 조선과 비교해 보고자 한다.

이하 총론의 본론에서는 정치, 경제, 사회, 문화 등의 각 측면에서 서구 열강과 일본의 식민 지배 정책이 구체적으로 어떻게 나타났는가를 비교하고자 한다. 이를 통해 일본의 식민 지배 정책의 성격을 드러내고, 맺음말에서 이를 정리하고자 한다. 분야별로 검토한 주제는 다음과 같다.

- ■ 정치 분야: 식민지 지배의 역사, 참정권과 자치권 부여 상황, 지방자치 실시 상황, 식민지 관리 중 본국인의 비율, 식민지에서의 법령 제

---

10 위르겐 오스터함멜, 2005, 앞의 책, 26~29쪽.

정권, 식민지에 주둔한 본국 군인의 수, 경찰 중 본국인과 식민지인의 비율, 독립운동이나 자치운동 처벌 법령과 정치범의 수
- 사회 분야: 식민지에 이주한 본국인의 수와 직업, 식민지민들의 본국 이주 상황, 동화주의 방침 유무, 창씨개명 유무, 식민지민들에 대한 차별 유무, 제1·2차 대전기 식민지민의 전쟁 동원 유무와 반대급부, 식민지에서의 의료시설과 의료인력 보급, 식민지에서의 전염병 퇴치
- 경제 분야: 본국과 식민지 사이의 무역과 관세, 식민지의 본국 수출 상품, 본국민의 식민지경제 장악 상태, 식민지에서의 경제성장 여부, 식민지에서의 토지조사와 토지 관련 법제 정비, 본국인 또는 본국 회사의 식민지 소유 농지 비중, 지주-소작 관계 상황과 소작료율
- 문화 분야: 식민지에서의 언론·출판·집회·결사의 자유, 초등·중등·고등교육 보급 상황, 학교 교사 양성 시스템과 본국 출신 교사의 비율, 식민지에서의 언어교육·역사교육, 종교적 측면에서의 동화 정책

2. 정치적 측면에서 식민 지배 비교

1) 서구 열강, 일본의 식민지 침탈과 이후 식민지 지배의 역사에 대한 간단한 설명

■ 영국-인도

17세기 초부터 동인도회사로 인도와 무역을 개시한 영국은 상업이익을 증대하기 위해 1757년 동부에 첫 식민지를 확보하고 세력을 확대했다. 19세기 중반 패권을 차지한 영국은 1857년 인도인의 대항쟁을 진압한 이듬해부터 인도 담당부를 통해 정부가 직접 통치하였고, 곧이어 인도 제국을 선포하며 전성기를 일궜다.

그러나 20세기가 되자 인도인의 강한 도전으로 권력을 양보하는 수세적 입장이 되었다. 특히 1920년대부터 간디의 비폭력적 대중운동이 점차 식민정부를 압박하였다. 영국은 힌두와 모슬렘 분리, 통치와 헌정 이양으로 대응했으나 결국 1947년 인도에서 철수했다. 인도는 모슬렘이 다수인 파키스탄과 분단하고 독립했다.

■ 프랑스-베트남

1858년에 베트남 중부의 다낭(Đà Nẵng)을 점령했던 프랑스는 이듬해 남부의 사이공(Sài Gòn)을 차지하면서 식민지화의 서막을 열었다. 1862년에는 제1차 사이공 조약으로 코친차이나(Cochinchine)의 동부 3성을 차지했고, 이어서 1867년 코친차이나의 서부 3성을 장악하며 캄보디아 진출의 물꼬를 텄다. 1874년에 체결된 제2차 사이공 조약으로 코친차이나

6성의 지배권을 확보한 이후에는 본격적으로 북진하였다. 이후 1883년 제1차 투언호아(Thuận Hóa) 조약과 1884년 제2차 투언호아 조약으로 중부와 북부도 장악한 후 1884~1885년 청불전쟁을 통해 베트남에 대한 중국의 전통적인 지배권을 넘겨받았다. 1887년에 성립된 프랑스령 인도차이나 연방(L'Indochine Française)과 최초의 민간인 총독 두메르(Paul Doumer, 1897~1902 재임)는 베트남뿐 아니라 캄보디아와 라오스를 함께 아우르는 식민 지배 건설을 의미했다. 1940년부터 1945년까지 일본군의 베트남 진주와 쿠데타로 타격을 입은 프랑스의 인도차이나 지배는 급속히 쇠퇴하였다. 결국 일본의 패망으로 베트남 북부에서는 1945년 9월에 베트남민주공화국(Việt Nam Dân Chủ Cộng Hòa)이 성립했다.

■ 미국-필리핀

1898년 미국은 스페인과의 전쟁에서 승리한 뒤 파리 조약을 통해 스페인으로부터 필리핀을 할양받아 이를 합병하였다. 필리핀인들은 당연히 이에 강하게 반발하여 미국·필리핀전쟁까지 일어났다. 미국은 이를 진압하고 이후 약 반세기 동안 필리핀을 식민지로 지배하였다. 미국은 필리핀인들의 반발과 저항을 무마하기 위해 자치능력이 길러지면 필리핀을 독립시켜 주겠다고 약속했다.

미국의 필리핀 식민 지배와 필리핀의 독립은 크게 3단계(1902년의 쿠퍼법, 1916년의 존스법, 1934년의 타이딩스-맥더피법)를 거치면서 진행되었다. 1902년의 쿠퍼법은 자치능력 배양을 표방하면서 필리핀인들로 하원을 구성한 것이다. 1916년의 존스법은 역시 자치능력 배양을 위해 상원도 필리핀인들로 구성한 것이다. 이로써 입법부는 필리핀인들에 의해 주도될 수 있었다. 이제 남은 문제는 독립 시점을 확정하는 일이었다. 그러나 윌슨 이후에 들어선 공화당 정부는 독립 시점의 결정을 미루었다. 아직은 "독립시킬 분위기가 아니라"는 것이다. 구체적으로 이 같은 이유를 제시했다.

> 세계가 초긴장 상태하에 있고 평화정착이 이루어지지 않은 상황에서 필리핀이 독립국가가 된다는 것이 그다지 바람직하지 않다. … 세계 속에서 현재 필리핀의 위상은 미국의 보호 없이 육·해상의 긴장을 해소시킬 능력이 없다.

그럼에도 행정부와는 달리 "미국 의회의 분위기는 필리핀 독립 승인에 대해 긍정적이었다." 독립과도정부 수립을 위한 헌법을 제정하기 위해 제헌의회를 설립하자는 제안(1924)이 이를 보여준다. 결국 1934년 타이딩스-맥더피 법안이 제정되면서 미국의 필리핀 통치는 확실한 방향 전환을 하게 되었고, 10년 뒤 필리핀의 독립을 인정한다는 확약을 하게 되었다.[11]

1942~1945년 일본이 필리핀을 점령하고 괴뢰정부를 세우기도 하였다. 하지만 필리핀은 제2차 세계대전 종전 이듬해인 1946년 미국으로부터 독립하여 '대내적'으로 자유민주주의 헌법을 가진 삼권 분립의 공화국으로 탄생했으며, '대외적'으로 독립 주권국가로 인정받았다.

■ 영국-아일랜드

16세기 중엽 아일랜드 의회가 잉글랜드 왕을 아일랜드 왕으로 인정한 이후 잉글랜드(1707년부터 영국)의 아일랜드 지배가 본격화했다. 1801년

---

11 권오신, 2018, 「미국의 필리핀 식민 통치의 시기별 특성」, 『인문과학연구』 56, 188~189쪽.

영국과 아일랜드를 '합방('합방법'은 Act of Union)'하여 '연합왕국(United Kingdom of Great Britain and Ireland)'을 만든 이후 영국은 가톨릭 문제, 토지 문제, 민족 문제 등으로 집약되는 '아일랜드 문제(Irish Question)'와 씨름하였다. 합방 초기에 영국은 아일랜드의 저항을 탄압하는 정책을 폈다. 1829년 가톨릭 해방부터 1860년대 말까지 동화주의 정책에 의해 아일랜드를 합방 체제에 붙들어 매고자 하였다. 1860년대 말부터는 국교회 폐지, 토지개혁, 자치법안 등을 통해 아일랜드의 특성을 인정하는 '구별' 정책으로 전환하여 가톨릭 문제와 토지 문제를 해결하였다. 그러나 민족(자치) 문제는 영국의 정치 세력들이 대립하고 아일랜드에서 민족주의와 합방주의의 대결 구도가 형성되면서 해결되기 어려웠다. 제1차 세계대전을 거치면서 아일랜드에서 의회주의를 표방한 민족주의 자치 노선이 몰락하였고, 신페인당이 대표하는 분리주의·공화주의와 얼스터에 집중한 합방주의의 격렬한 대치 속에서 아일랜드 민족 문제는 1920~1921년 분단(북아일랜드 자치)과 독립(아일랜드 자유국)으로 해소되었다.

■ 일본-타이완

청일전쟁의 결과로 체결된 시모노세키 조약(1895년 5월)에서 타이완 할양이 결정되어 타이완은 일본 제국 최초의 식민지가 되었다. 이후 초기 7~8년간은 타이완인의 격렬한 무장저항이 전개되었으나 1902년까지 종식되고 타이완총독부를 중심으로 한 식민지 지배체제는 대체로 큰 정치적 위기 없이 안정적으로 유지되었다. 물론 1920~1930년대 타이완의회설치청원운동(臺灣議會設置請願運動) 같은 '문장(文裝, 비폭력)' 저항운동이 없었던 것은 아니었고, 또 1930년 타이완 원주민의 '무장' 저항운동인 무사(霧社) 사건이 발생하기도 했지만, 식민지 지배체제에 근본적인 동요를 초래하지는 못했다. 1945년 8월 일본의 패전과 함께 타이완에 대한 통치권은 중국 중앙정부로 이관되어 타이완총독부가 타이완성행정장관공서(臺灣省行政長官公署)로 대체되었지만, 타이완인의 정치적 무권리 상태는 1945년 이후에도 계속되어 1947년 2·28 사건의 한 원인이 되기도 했다.

■ 일본-조선(한국)

러일전쟁에서 승리한 일본은 한국에 군대를 주둔시키면서 1905년 11월 대한제국을 보호국화하고 외교권을 빼앗아갔으며, 한국에 통감부를 설치하고 통감을 두어 내정까지 간섭하기 시작하였다. 1907년에는 한국의 군대를 해산하고, 헤이그 특사 사건을 구실로 고종을 황제의 자리에서 물러나게 하고 순종을 그 자리에 세웠다. 1910년 8월 신임 통감 데라우치 마사다케는 한국 정부를 압박하여 한국을 강제병합하였다. 일본은 한국의 이름을 조선으로 바꾸고, 조선총독부를 설치하여 총독이 조선을 다스리도록 하였다. 데라우치 총독과 그의 후임 하세가와 요시미치 총독은 헌병경찰을 앞세운 '무단통치'로 조선을 다스렸다. 강제병합과 무단통치에 불만을 품은 조선인들은 1919년 3월 3·1독립만세운동을 일으켰다. 일본은 군인과 경찰을 동원하여 이를 진압하고, 책임을 물어 총독을 경질하였다. 신임 사이토 마코토 총독은 무단통치 대신 '문화정치'를 표방하여 조선인들에게 언론·출판·집회의 자유를 다소나마 허용하였다. 또 '일선융화'를 표방하여 일본인과 조선인 간의 차별을 완화하겠다고 하였다. 그 결과 조선인들 사이에서 청년운동, 노농운동, 신간회운동 등이 활발하게 일어났다. 1920년대 초반부터 사회주의 사상이 국내에 들어와 노농단체, 사상단체 등이 우후죽순처럼 만들어지자, 일본 정부는 사회주의운동 탄압을 위해 일본 본국과 함께 조선에서도 '치안유지법'을 공포·실시하였다. 1931년 새 총독으로 부임한 우가키 가즈시게는 본국의 대자본을 조선에 끌어들여 조선을 개발하고자 하였다. 이에 따라 조선 북부의 일부 지역에서 대규모 공장이 들어서는 등 공업화가 진행되었다. 1937년 미나미 지로 총독이 새로 부임하자마자 중일전쟁이 발발하였다. 미나미는 '황국신민화' 정책을 취하여 조선인들의 일본에 대한 충성심을 제고하고자 하였는데, 이는 조선인들을 전쟁에 동원하기 위한 준비작업이었다. 1941년에는 태평양전쟁이 발발하여 조선은 완전히 전시체제로 들어갔으며, 조선에서도 징용제가 실행되고 마침내는 징병제까지 시행되었다. 수많은 이들이 전장에 강제동원되어 희생되는 가운데, 1945년 8월 미국이 일본에 원자폭탄을 투하하자 일본은 포츠담선언을 수락하여 연합국에 항복하였다. 이로써 한국은 일본의 압제에서 벗어나게 되었다.

2) 본국은 식민지(혹은 병합지)에 참정권 혹은 자치권을 주었는가, 주었다면 그 내용은 어떤 것인가?(예를 들어 자치의회, 자치정부)

■ 영국-인도

영국은 1870년부터 인도인에게 자치를 부여한다면서 점진적으로 관련법을 개정했다. 이는 인도인이 의회민주주의 제도에 참여를 확대하기보다 인도인 납세자가 지방재정을 책임지게 하는 데 더 큰 목표가 있었다. 1870년·1882년·1892년 개정령은 시청, 군청 자치단체와 입법의회 등에 소수의 인도인 자문직과 참여를 점진적으로 허용했다. 자격은 비공식적이었다. 1892년·1909년 통치법은 자치단체와 지방의회에 일정 재산을 소유하고 교육을 받은 소수 상층 인도인의 참여를 허용하고, 투표권을 부여(선거권을 가진 인도인 비율은 약 3%)했다. 그 결과 1910년 직접 통치령의 입법의회에 인도인 대표는 135명이었다. 1919년 통치법은 주 정부의 덜 중요한 일부 각료직—교육, 농업, 인프라 개발, 지방자치 등—을 인도인에게 이양하고, 인도인의 입법의회 참여도 확대했다. 인도인 선거권자의 비율은 10%로 확대되었다. 1935년 통치법은 중앙정부를 뺀 지방정부를 전부 인도인에게 이양하는 것이었다. 이 통치법으로 치러진 1937년 선거에서 11개 주 중 7개 주에서 인도국민회의가 압승하여 지방정부를 책임지게 되었다. 1939년 지방정부는 식민정부가 제2차 세계대전 참전을 선언하자 항의하며 총사퇴하여 자치정부의 실험은 종식되었다.

■ 프랑스-베트남

프랑스령 인도차이나(이하 코친차이나로 약칭)에서 '자치의회' 혹은 '자치정부'란 용어는 그 사례를 찾아보기 힘들다. 코친차이나 최초의 민간인 총독 레 미레 드 빌레르(Charles Marie Le Myre de Vilers, 1879~1882 재임)가 정치적 발언권이 전혀 없이 단지 행정, 재정, 조세 등에서 자문 역할을 하는 현지의 프랑스인(당시의 약 2천 명 중에서 상인, 사업가, 다양한 공무원)과 친불 성향의 베트남인으로 구성된 코친차이나 식민지 의회(Conseil Colonial de la Cochinchine)를 1880년 2월 8일에 설립하여 총독 아래에 두었다.[12] 그러나 이 식민지 의회에서 활동한 베트남인들의 역할은 대단히 미약했고, 코친차이나 식민지 의회는 식민지 연방정부의 정책에 대항해서 현지 프랑스인들의 권익을 지키려는 기관으로 발전해 나갔다. 다만, '자치정부' 사례를 굳이 찾아본다면, 일본이 1945년 3월 9일에 프랑스 식민지 정부를 무너뜨

---

12 J. de Galembert, 1924, *Les Administrations et les Services Publics Indochinois*, Hanoi: Impr. de Mac Dinh-Tu, pp.141-142; Brocheux et Hémery, *Indochine: la Colonisation Ambiguë 1858-1954*, p.81.

린 후에 후원해서 등장한 베트남제국의 친일 내각을 사례로 제시할 수 있다.[13] 그러나 이 내각은 호찌민이 주도한 8월 혁명으로 단명하고 말았다.

■ 미국-필리핀

필리핀인들이 무장독립전쟁(1899~1902)을 벌이자 미국은 군부진압 작전을 벌이는 한편, 다음과 같은 약속을 했다. "시점을 정할 수는 없다. 그러나 어느 날엔가 필리핀을 독립시킨다." 이 약속은 대통령 매킨리(William McKinley)가 재선(1901)된 후 재확인했다. "필리핀인들의 독립을 승인(recognizing their independence)할 것이다. 그러나 그 전에 문명화와 기독교화가 이루어져야 한다."[14] 이 약속은 후임 대통령들과 3개의 연방의회 제정법을 통해서 지켜졌다.

① 시어도어 루스벨트 행정부와 1902년 필리핀 법(The Philippine of 1902 또는 Organic Act of 1902, 또는 Cooper Act로 부름)

이 법을 통해서 필리핀인에게 자치권을 주는 정책이 출범했다. 필리핀에 삼권분립 정부, 즉 의회(Philippine Assembly)·사법부(Supreme Court and the Courts)·필리핀 위원회(Philippines Commission)를 구성하고, 필리핀인과 미국인이 함께 통치하기로 했다. 하원은 전원 필리핀인으로 구성되며, 필리핀 대법원과 필리핀 위원회는 미국인과 필리핀인이 같이 참여했다. 필리핀 위원회는 행정부와 상원의 역할을 했다. 필리핀인 의회와 사법부

13　Vu Ngu Chieu, 1986.2, "The Other Side of the 1945 Vietnamese Revolution: The Empire of Viet-Nam," *Journal of Asian Studies*, 45 (2), p.301.

14　*The Encyclopedia Americana*, Volume 21, Danbury, Connecticut, Glolier Incorporated, 1994, p.915

는 모두 미국의 입법부와 사법부의 감독을 받았다. "필리핀 정부가 만든 모든 법은 의회에 보고되어야 한다. 필리핀 법원의 판결은 미국 대법원의 재가를 받아야 한다"라고 되어 있었기 때문이다.

② 윌슨 행정부와 1916년 필리핀 법(Organic Act of 1916 또는 Jones Law로 부름)

존스법은 '자치정부 만들기 법(1902)'에서 예고한 독립을 문서화했다. 그 주요 내용은 다음과 같다. '필리핀 섬의 미래의 정치적 지위에 대한 미국인의 생각을 밝힌다.' 첫째, '필리핀에 더욱 자치적인 정부(autonomous government)를 제공한다.' 둘째, '필리핀에서 주권을 철수하고, 안정적인 정부가 수립되자마자 필리핀의 독립(independence)을 승인한다.'

③ 프랭클린 루스벨트 행정부와 1934년 필리핀 법(The Philippine Commonwealth and Independence Law 또는 Tydings-McDuffie Act로 부름)

이 법을 통해서 필리핀의 독립 일자를 확정했다. 10년의 유예기간을 거쳐 1943년 7월 4일로 정했다. 이 법을 근거로 필리핀인은 공화국 헌법(Constitution of the Philippines, 1935)을 수립한 후 대통령을 뽑고 과도정부를 수립했다. 비록 미국의 감독하에 있었지만, 필리핀인이 삼권분립 기구를 완전히 장악하고 독립 국가를 실제로 운영했다. 타이딩스-맥더피법을 "필리핀 공화국 만들기와 독립국 만들기 법"으로 부르는 것도 이 때문이다.

■ 영국-아일랜드

아일랜드는 합방(1801) 이후부터 독립(1922)까지 자신의 의회가 없는 상태에서 웨스트민스터 의회에 대표자를 보내 연합왕국 입법에 참여하였다. 행정은 영국 정부가 임명한 국왕의 대리인인 총독이 담당하였다. 따라서 입법적 자치와 행정적 자치는 존재하지 않았다. 1920년 「아일랜드 정부법」에서 규정한 남부와 북부 자치의회와 자치정부는 북아일랜드에서만 시행되었고, 남부 아일랜드에서는 거부되었다. 이어 1921년 앵글로-아이리시 협정으로 남부 아일랜드는 자유국(자치령, dominion)이 되어 실질적으로 독립하였다.

합방 시기에 아일랜드에서 참정권은 단계적으로 확대되었다. 영국에서 일어난 일련의 선거법 개혁(1832, 1867, 1884~1885, 1918)이 아일랜드에 적용되었다. 그런데 아일랜드에 대해서는 같은 시기에 별도로 선거법 개혁이 있거나(1832), 시차를 두고 별도의 아일랜드 선거법 개혁이 이루어지기도 했다(1868). 합방 시기에 아일랜드 유권자 수는 21만 6천 명(1828), 3만 7천 명(1829), 13만 5천 명(1850), 70만 명(1884~1885), 200만 명(1918)이었다. 1918년 아일랜드에서도 21세 이상의 남성과 30세 이상의 여성에게 보통선거제가 실시되었다. 아일랜드 인구는 500만 명(1800), 820만 명(1841), 660만 명(1851), 520만 명(1881), 440만 명(1911)이었다.

■ 일본-타이완

일본 제국의 입법권을 행사하는 제국의회(帝國議會)의 의원을 선출할 수 있는 권리라는 의미의 참정권은 타이완인에게 부여된 적이 없다. 제국 차원의 입법권 행사가 아니라 타이완 지역에서 시행되는 법령 제정권이나 예산심의권이 있는 자치의회와 관련해서는 (주로 타이완인 엘리트를 중심으로) 1920년부터 1934년에 걸쳐 비폭력적인 형태의 타이완의회설치청원운동이 전개되었으나 의미 있는 성과를 거두지 못했다.

■ 일본-조선(한국)

3·1운동 이후 국민협회 등 조선의 친일파 가운데 일부가 일본 본국의 중의원에 참여할 수 있게 해달라는 참정권청원운동을 펼쳤으나 일본 정부는 이를 받아주지 않았다. 또 친일파 일부와 타협적 민족주의자 일부는 1920년대에 조선에 자치의회를 개설해달라는 이른바 '자치운동'을 전개하였으나 비타협적 민족주의자, 사회주의자의 반발, 그리고 일본 정부 측의 거부로 무위로 끝났다. 조선총독부에서도 1927~1929년 사이토 총독을 중심으로 조선에 '조선지방의회'를 두어 극히 제한적인 자치권 부여를 검토하고, 은밀히 일본 정부 요인들에게 타진하였지만 그들의 강력한 반대에 부딪혀 바로 포기하고 말았다. 일제 말기에 이르러 징병제 대가로 1945년 4월 조선인 7명을 귀족원 의원으로 선임하고, 국세 15원 이상 납부자에게 선거권과 피선거권을 주어 22명의 중의원 의원을 선거하는 중의원 참정권 부여 법안이 공포되었다. 그러나 그해 8월 일본이 패망함으로써 이는 실행되지 못하였다.

3) 본국은 식민지(혹은 병합지)에 지방자치를 허용했는가, 허용했다면 어느 수준의 것인가(의결기관 또는 자문기관)? 지방자치를 사실상 주도한 이들은 누구였는가?

■ 영국-인도

소수 영국인 관료의 통제가 미치기 어려운 말단 행정기관-읍면동과 마을-에선 인도인의 역할이 적지 않았으나 정책결정권은 위로부터 오는 탓에 한계가 있었다. 다만 1919년에 통과된 인도통치법이 1921년부터 시행되면서 지방정부의 일부 부처와 의회를 인도인이 책임지게 되었다.

교육과 인프라 개발 등 중요하지 않은 영역을 맡은 인도인 각료는 식민정부보다 인도인의 관점에서 정책을 입안·실행했다. 이런 연유로 탈식민화가 가속화되었다. 이는 인도의 민족운동이 거세지고, 상대적으로 영국의 장악력이 떨어진 데서 기인했다. 즉 지방자치는 영국 식민 통치의 민주주의적 발전을 위한 이타적 선물이라기보다 더 많은 경제적 이익을 추구하고 당면한 정치적 난제-민족운동과 같은-를 해결하기 위한 임시방편적 정책의 결과였다. 그 기조는 지방에 점차 양보하고 내주더라도 중앙은 어떻게든 놓치지 않겠다는 것이었다. 그러나 영국은 중앙을 지키는 것도 불가능해지자 결국 인도에서 퇴각을 결정했다.

■ 미국-필리핀

필리핀 위원단은 자치에서 독립으로 발전시키기 위해 필리핀화(Filipinization) 정책을 추진했다. 행정부 관료들을 필리핀인으로 임명하고, 지방자치를 하는 것이 골자였다.

① 필리핀은 34개의 도(province)로 구성되었다. 쿠퍼법에 따라서 각 도는 1명 이상의 대표를 뽑아 의회에 파견했다. 대표자 선출은 인구 9만 명당 1명을 기준으로 했다.[15]
② 도지사와 시장은 필리핀인을 선출했다. 처음에 도지사는 임명직이며, 시장은 선거로 뽑았다.[16]
③ 1899년부터 1913년에 이르러 필리핀화는 가속화되었다. 시 구성법

---

15 권오신, 2000, 『미국의 제국주의: 필리핀인들의 시련과 저항』, 문학과 지성사, 96쪽.
16 권오신, 2000, 위의 책, 88쪽.

(Act No. 82)을 통해서 필리핀인들은 시정의 자치권을 향유했으며, 1916년에 이르러 도 행정도 필리핀화를 이루었다. 나아가 이 무렵에 국가 행정도 필리핀인이 담당하기에 이르렀다.[17]

■ 영국-아일랜드

지역 사안에 관한 자치행정 조직은 대도회지의 자치시(municipal corporation), 구빈위원회, 카운티의 대배심단(grand jury)이었다. 지역 프로테스탄트(국교도와 장로교도) 엘리트가 지배한 이 조직들은 당파적이고 비효율적이었다. 19세기 말까지 본래의 사법 기능 외에 카운티 행정을 담당한 핵심 기구인 대배심단은 아일랜드에만 있었다.[18] 1898년 「지방정부법」에 따라 버러(borough), 농촌, 도회지 등에서 선거를 통한 협의회(council)가 구성되어 해당 지역 사안(도로, 다리, 항만, 구빈, 주거, 보건)을 결정하였다. 대다수 유권자가 가톨릭이었으므로, 이 조치는 지방행정에서 프로테스탄트 지주 지배를 종식하였다.[19] 그러나 이 수준의 행정적 지방자치도 총독부 부서인 지방정부청(Local Government Board)의 감독을 받았다. 따라서 합방 시기 아일랜드에서 선거를 통해 대표성을 확보하고서 지역 차원에서 입법적 권한을 행사하는 의회와 이 의회에 책임지는 지방행정부라는 의미의 지방자치는 존재하지 않았다.

---

17 권오신, 2000, 앞의 책, 122쪽.

18 Virginia Crossman, 2018, "The growth of the state in the nineteenth century," in James Kelly ed., *The Cambridge history of Ireland, v.3, 1730-1880*, Cambridge University Press, p.544.

19 Frederick H. Aalen, 2008, "Constructive unionism and the shaping of rural Ireland, c.1880-1921," in N. C. Flemming & Alan O'Day ed., *Ireland and Anglo-Irish relations since 1800: critical essays, vol. 2: Parnell and his legacy to the Treaty*, Ashgate, pp.146-165.

■ 일본-타이완

(지방의회 선거를 포함한) 식민지 지방자치에서도 타이완은 그 실시 시점(1935)이 조선보다 늦었을 뿐 아니라 타이완인 의원이 과반수가 되지 못하도록 하고, 일본인 의원이 과반이 넘도록 설계되어 그대로 관철되었다.[20] 이러한 상황은 도회(道會) 당선인 비율이 7:3 정도로 조선인 우위가 유지된 식민지 조선과는 대비되었다.[21]

■ 일본-조선(한국)

조선총독부는 1913년 군과 면 통폐합을 중심으로 한 지방제도 재편 작업을 실시하여 도-군-면으로 이어지는 지방통치의 기본적인 틀을 만들었다. 3·1운동 직후인 1920년에는 지방제도를 개편하여 도에는 도평의회, 부에는 부협의회, 면에는 면협의회라는 자문기구를 두어, 예산 및 주요 현안에 대한 자문의 역할을 맡겼다. 그러나 자문기구의 권한은 너무나 제한적이어서 평의원들과 협의원들의 불만이 컸다. 이에 조선총독부는 1931년 다시 지방제도를 개편하여 도평의회를 도회, 부협의회는 부회로 개정하여 의결권을 부여했다. 또 의원들을 모두 선거로 선출하도록 했다. 다만 면협의회는 아직 면 단위의 민도가 낮다 하여, 면협의회라는 자문기구로 그대로 남겨두었다. 조선총독부는 1931년 조선에서 지방자치제가 실시된다고 선전하였다. 그러나 숫자가 가장 많은 면협의회가 여

---

20 타이완인 의원 숫자를 전체의 절반 이하로 '설계'하고, '집행'하는 것은 주민 상황에 대한 동태적인 계수적(計數的) 파악없이는 불가능한 일이기도 했다(若林正丈, 「諸帝國の周緣を生き拔く―臺灣史における邊境ダイナミズムと地域主體性」, 川喜田敦子·西芳實 編著, 2016, 『歷史としてのレジリエンス―戰爭·獨立·災害』, 京都大學出版會, 156·163쪽).

21 김동명, 2018, 『지배와 협력-일본 제국주의와 식민지 조선에서의 정치참여』, 역사공간, 77~79쪽; 119~141쪽.

전히 자문기구로 남아 있었고, 도회와 부회의 의장도 도지사와 부윤이 겸하는 등 관치적 색채가 강하였고, 도·부·면의 지방단체도 자치권능이 매우 약했다. 특히 대부분의 부회에서는 일본인 의원이 다수를 차지하여 본래 의미의 지방자치제와는 거리가 멀었다.

4) 식민지(혹은 병합지)의 관리 가운데 본국인은 어느 정도 비율을 차지했는가? 식민지인의 관리 채용이나 봉급에 있어서 차별적이었는가?

■ 영국-인도

식민지 인도는 식민본국 영국에서 아주 멀리 떨어져 있어서 많은 영국인이 이주하여 근무하기 어려웠다. 영국이 인도에서 패권을 잡기 전인 1805년엔 약 3만 1,000명의 영국인이 인도에 있었다. 그중 군인이 2만 2,000명, 관리가 2,000명 정도였다. 이후 영국이 인도에서 전성기를 누리고 제국으로 성장한 19세기 후반엔 그 수가 점점 늘었다. 인도인의 반영운동이 거세지고 제1차 세계대전 이후 힘을 크게 잃은 1931년 인도에 거주한 영국인은 16만 8,000명으로 많이 늘었다. 그 가운데 4,000명이 행정직, 즉 문관이었고, 약 6만 명이 군인과 경찰이었다.

1909년의 기록을 보면, 고위직 관료 87.6%, 중간계층 33.8%, 하위직 9.8%가 영국인이었다.[22] 제1차 세계대전 이후 유럽의 인구 감소와 탈식민화가 진행되면서 고위직과 중간 직종에서 인도인이 차지하는 비율이 점

---

22   B. B. Misra, 1977, *The Bureaucracy in India: An Historical Analysis of Development up to 1947*, New York: Oxford University Press, p.122.

점 증가했다.[23]

봉급의 차이는 엄청나게 컸다. 20세기 초반 영국인 관리 8,000명의 봉급 총액은 1,393만 554파운드로 1인당 평균 1,740파운드였다. 반면 관직에 있는 인도인 13만 명의 봉급 총액은 328만 4,163파운드로 1인당 25파운드에 불과했다. 이는 인도인이 직급이 낮고 업무가 단순한 직종에 근무하는 점을 고려해도, 영국인 관리 전체의 2%도 되지 않는 낮은 액수였다.

■ 프랑스-베트남

코친차이나와 프랑스에 점령된 지역의 관리들은 프랑스인이나 새로운 식민지 교육 기관에서 훈련된 현지인들로 대체되었다. 그리고 1918년에 과거제도가 폐지된 이후에 중부와 북부에서도 프랑스인이나 식민 학교 출신의 현지인 관리들의 비중이 높아졌다. 그래서 1938년 당시에 프랑스인 관리는 4,713명(16.8%)이었고, 현지인 관리는 2만 3,424명(83.2%)이었다. 그리고 베트남의 현지인 관리 숫자는 코친차이나가 7,352명(55.6%), 통킹이 4,670명(35.3%), 안남이 1,194명(9.1%)이었다. 아울러 통킹의 현지인 관리 중에서 응우옌 왕조의 중앙 행정 관청에서 일하는 사람은 1,032명(22.5%)이었고, 지방에서 근무하는 기타 관리는 3,638명(77.5%)이었다.[24]

■ 미국-필리핀

미국은 '공무원의 필리핀화(Filipinozation)'를 점진적으로 추진했다. 1912년 대통령에 취임한 윌슨은 필리핀에 조사위원단을 파견하고, '필리

---

23 과학기술직은 이 책 제2장 이옥순, 「영국의 인도 식민통치」의 각주37의 도표 참조.
24 佛人經濟部綜合統計課 編, 大岩誠 監修, 1942, 國際日本協會譯編, 『佛印統計書』, 東京: 國際日本協會, 212~213쪽.

핀인만의 통치가 가능한지'를 조사했다. 그리고 '필리핀인들은 그들 스스로 통치할 가능성이 크다. 필리핀위원회는 오히려 방해되고 있다. 폐지해야 한다'는 골자의 보고를 받았다. 이에 윌슨은 천명했다. "필리핀인들에게 자치 기회를 꾸준히 확대해 나가겠다.… 우리가 취하는 모든 조치는 필리핀의 완전 독립이라는 관점에서 고려될 것이며, 나아가 그 독립을 위한 준비 조치가 될 것이다." 그리고 1913년 12월 연두교서에서 재차 확인했다. "필리핀인들에게 자치정부조직을 확대하고 완성해야 한다.… 우리는 필리핀인들에게 그들 생명의 본질적인 기구, 정부의 지역조직, 학교, 공동체의 모든 제도를… 스스로 운영하도록 만들어야 한다. 그리고 정부를 세우는 데 조언과 경험을 제공함으로써 세계 모든 사람은 자국민의 문제가 그들 자신의 통제에 있다는 것을 볼 수 있을 것이다."[25]

해리슨 총독(Harrison, 1913~1921) 시기에 이르러 행정부 공무원의 경우 필리핀인 72%, 미국은 28%였다. 필리핀인은 미국인과 더불어 필리핀위원회와 대법원 같은 최고위 공직자도 차지했다. 대법원의 경우 9명 중 3명이 필리핀이었다. 필리핀위원회의 경우 미국인 5명과 필리핀인 4명으로 구성되었다. 필리핀위원회의 경우 처음에는 백인의 비율이 높았지만, 시간이 가면서 필리핀인 5명, 미국인 4명으로 역전되었다.[26]

■ 영국-아일랜드

총독은 잉글랜드 귀족만 될 수 있었다. 그를 보좌한 수석장관, 부장관 이하의 총독부 관리는 프로테스탄트와 (1829년 가톨릭 해방 이후) 가톨릭 아일랜드인 모두에게 개방되었지만, 고위직은 주로 프로테스탄트가 장악

---

25 권오신, 2000, 앞의 책, 153, 155쪽.
26 권오신, 2000, 위의 책, 160쪽.

하였다. 특히 법과 질서 분야에서 지방행정은 프로테스탄트 지주 출신이 압도하였다. 1837년 이후 가톨릭은 하급 판사직을 비롯한 관직에 진출하였고, 1835~1841년 시기에 판사, 지방행정관(치안판사), 경찰 감독관 등은 50%가 가톨릭이었다.

■ 일본-타이완

〈표 1-1〉 타이완인 관료의 규모와 직급별 비중[27]

연도	타이완인 관료			조선인 관료		
	칙임관[명(%)]	주임관[명(%)]	판임관[명(%)]	칙임관[명(%)]	주임관[명(%)]	판임관[명(%)]
1937	1(1.6)	19(1.9)	4,191(19.1)	40(28.2)	377(16.1)	21,583(38.2)
1938	1(1.3)	15(1.4)	4,337(18.4)	35(24.6)	388(15.4)	22,405(37.3)
1939	1(1.3)	15(1.3)	3,976(16.6)	36(24.3)	396(15.0)	23,509(36.4)
1940	1(1.2)	15(1.2)	4,272(17.3)	34(22.4)	420(14.6)	24,375(35.6)

타이완 통치의 실태와 관련하여 풍부하고도 유용한 정보를 제공하는 『타이완총독부통계서(臺灣總督府統計書)』는 『조선총독부통계연보(朝鮮總督府統計年報)』와 달리 타이완인 관료와 일본인 관료의 규모와 비중을 구분하고 있지 않아 그 추이를 온전히 이해하기는 곤란하지만, 파악 가능한

---

[27] 조선에 대해서는 김낙년 편, 2012, 『한국의 장기통계-국민계정 1911~2010』, 서울대 출판문화원, 596~599쪽, 타이완에 대해서는 岡本眞希子 著, 郭婷玉 譯, 2019, 『殖民地官僚政治史-朝鮮·臺灣總督府與日本帝國』(制度編·上), 臺灣大學出版中心, 42~46쪽에 근거했다. 괄호 안의 '%'는 해당 직급의 전체 관·공리에서 타이완인 또는 조선인이 차지하는 비중을 표시한 것이다. 타이완총독부는 조선총독부와 달리 관·공리의 민족별 구성에 관한 통계를 작성하지 않았다. 따라서 비교가 가능한 몇 개 연도에 대해서만 통계를 제시한다.

연도에 국한하여 살펴보더라도 타이완인 관료의 비중이 조선보다 극히 낮다는 점을 쉽게 파악할 수 있다. 1902년 타이완인 관료는 고등관이 아예 없고, 판임관만 27명(촉탁 56명과 고원 432명)이었다. 1931년에는 사정이 조금 나아지기는 했지만, 판임관 이상이 48명이고 이 중 고등관은 단 4명에 그쳤다.[28] 1945년 초에는 칙임관 161명 중 타이완인은 1명, 주임관 2,121명 중 타이완인은 29명(1.4%), 판임관 2만 1,198명 중 타이완인은 3,726명(17.6%)이었다.[29]

반면 조선의 경우 전체 시기에 걸쳐 위 표에 제시된 비중과 크게 다르지 않았다. 예컨대 1942년 칙임관 172명 중 조선인 39명(22.7%), 주임관 3,271명 중 조선인 451명(13.8%), 판임관 7만 4,201명 중 조선인 2만 7,286명(36.8%)이었다.[30]

■ 일본-조선(한국)

⟨표 1-2⟩ 조선총독부 및 소속 관서의 국비 지원 직원의 인원 및 봉급(1940)

		총수	일본인	조선인	외국인
총수	인원(명)	85,918	49,907	36,002	9
	봉급(円)	72,006,954	52,454,398	19,536,236	16,320

---

28 岡本眞希子 著(郭婷玉, 江永博, 王敬翔 譯), 2019, 『殖民地官僚政治史』(制度編·上), 國立臺灣大學出版中心.

29 吳文星, 2008, 『日治時期臺灣的社會領導階層』, 五南, 174쪽.

30 김낙년 편, 2012, 『한국의 장기통계』, 597~599쪽에는 1913년부터 1942년까지의 칙임관, 주임관, 판임관, 이원(吏員), 촉탁, 고원(雇員) 등의 조선인 인원과 비율이 상세히 정리되어 있어서 큰 참고가 된다. 대체로 조선인 관·공리의 비중은 최저였던 1930년의 37.9%에서 최고였던 1942년의 48.9% 사이를 추이하고 있다.

칙임관 및 동 대우	인원(명)	146	113	33	0
	봉급(円)	779,689	695,239	84,450	0
	1인당 봉급 평균(円)	5,340	6,152	2,559	0
주임관 및 동 대우	인원(명)	2,007	1,624	383	0
	봉급(円)	5,526,444	4,867,131	659,313	0
	1인당 봉급 평균(円)	2,753	2,997	1,721	0
판임관 및 동 대우	인원(명)	43,208	28,984	14,224	0
	봉급(円)	40,892,768	32,495,558	8,397,210	0
	1인당 봉급 평균(円)	946	1,121	590	0
촉탁 및 고원(雇員)	인원(명)	40,557	19,186	21,362	9
	봉급(円)	24,808,053	14,396,470	10,395,263	16,320
	1인당 봉급 평균(円)	611	750	486	1,813

출처: 『조선총독부통계연보』 1940년도판, 57쪽.

〈표 1-2〉에서 보듯이 1940년 조선총독부 및 소속 관서 직원들 가운데 일본인은 4만 9,907명, 조선인은 3만 6,002명, 외국인은 9명이다. 이 가운데 칙임관은 일본인이 113명, 조선인은 33명이며, 주임관은 일본인이 1,624명, 조선인이 383명이고, 판임관은 일본인이 2만 8,984명, 조선인이 1만 4,224명이다. 칙임관·주임관·판임관 모두 합하면, 일본인이 3만 721명(67.7%), 조선인이 1만 4,640명(32.3%)으로 일본인이 2배 정도 된다. 촉탁과 고원의 경우에만 조선인이 2만 1,362명으로 일본인 1만 9,186명보다 많다.

관리들의 봉급 평균을 보면, 칙임관의 경우 일본인이 6,152원(圓=円), 조선인이 2,559원이며, 주임관의 경우 일본인이 2,997원, 조선인이 1,721원이고, 판임관의 경우 일본인이 1,121원, 조선인이 590원이다. 봉급의 경우에도 일본인이 조선인의 약 2배 정도를 받고 있다. 하위직인 촉탁 및 고원의 경우에도 일본인이 750원, 조선인이 486원이다. 이처럼 일본인과 조선인 관료들의 봉급에 큰 차이가 있었던 것은 조선에서 근무하는 일본인 관료들의 경우, 이른바 '외지수당'이라는 것을 받았기 때문이다. 고위직의 경우, 외지수당은 본봉과 거의 맞먹는 액수였기 때문에 이들의 봉급은 조선인들 봉급의 거의 2배 정도 되었다.

5) 식민지(혹은 병합지)에서의 각종 법령은 본국과 같은 것인가, 아니면 따로 제정된 것인가? 제정권은 누가 갖는가?

■ 영국-인도

1858년 영국 정부가 인도를 직접 통치하게 된 이후에는 영국 의회가 매번 인도통치법을 제정하고 공포했다. 통치법은 영국 정부(내각의 인도부 장관)가 현지 총독을 통해 집행했다. 그 이전인 1773년부터 1858년까지는 영국 의회가 제정하고 동인도회사와 의회가 공동으로 운영했다.

■ 프랑스-베트남

식민지 시기의 법 집행은 프랑스 본국에서 제정된 법률, 인도차이나 현지의 법령, 응우옌(Nguyễn) 왕조(阮朝, 1802~1945)의 법률 등에 의해 진행되었다. 1804년 민법, 1807년 상법, 1808년 형사소송법, 1810년 형법 등과 같은 프랑스 본국의 법률은 인도차이나 총독이 반포하는 법령의 근거가 되었다. 그리고 총독이 준비한 법령은 다시 본국으로 보내져 식민지 장관의 승인을 거쳐야 했고, 통킹과 안남의 고등 주차관이 반포하는 법령은 인도차이나 총독의 승인을 받아야 했다. 아울러, 황제가 준비한 법률은 안남의 주차관이나 총독의 승인은 거쳐 공포되었다.[31]

■ 미국-필리핀
① 필리핀 '식민지법'과 '미국법'의 관계
식민지 법은 연방 헌법(Federal Constitution)의 원리와 절차에 따라야 했다. 특히 헌법에 담긴 다음 원리는 반드시 지켜야 했다.

- 삼권분립의 원리 : 미국의 삼권분립 기관이 각각 필리핀의 삼권분립 기구에 대해 감독권을 갖는 것도 이 때문이다.
- 수정헌법의 인신보호령 : 미국의 수정헌법은 권리장전으로 불린다. 특히 인간의 생명·자유·재산은 법적 절차를 거치지 않고 제한하거나 박탈할 수 없다. 이 법은 미국인과 필리핀인 간에도 적용되었다. 특히 필리핀 독립공화국의 헌법은 권리장전을 헌법의 제일 앞부분에 배치함으로써 미국 헌법의 복제판이라고 해도 과언이 아니다.

② 법령 제정권
'삼권분립 기구 중 어느 부서가 필리핀 통치법을 제정할 수 있느냐'를 놓고 미국 행정부와 의회가 대립했다. 결국 의회가 법령제정권을 쥐었다.
한편 필리핀인의 의회(Philippine Assembly)는 내정에 관한 모든 것을 미국이 정한 법의 테두리 내에서 입법할 수 있었다(Section 7-8. The Philippine Bill of 1902).

---

31 "Legislation in French-ruled Vietnam," VIETNAM LAW & Legal Forum.(https://vietnamlawmagazine.vn/legislation-in-french-ruled-vietnam-4504.html)

■ 영국-아일랜드

1800년 「합방법」에 따라 아일랜드 의회가 폐지되고, 아일랜드는 연합왕국에 통합되었으므로 웨스트민스터 의회에서 제정한 법은 아일랜드에 그대로 적용되었다. 그런데 웨스트민스터 의회는 특별히 아일랜드에만 해당하는 법을 제정하기도 했다. 합방 시기 가톨릭 문제, 토지 문제, 민족 문제 등과 관련된 많은 입법이 이에 해당한다.[32]

■ 일본-타이완

1895년 4월에 조인된 시모노세키 조약을 통해 근대 일본 최초의 식민지로서 타이완을 영유하게 된 일본 정부는 무엇보다도 식민지 통치체제 구축이라는 근본적인 문제에 직면해 있었다. 타이완 통치체제 설계에 있어서 중요한 문제 중 하나는 '통치에 필요한 법률을 누가 제정하는가' 하는 문제였다.[33]

이 문제는 1896년 법률 제63호로 「타이완에 시행할 법령에 관한 법률」이 제정됨으로써 정리되었다[소위 육삼법(六三法)]. 주된 내용은 다음과 같다.

'타이완 총독은 관할구역 내에서 법률의 효력을 가지는 명령[율령(律令)]을 발포할 수 있다. 이 명령은 타이완총독부 평의회(評議會)의 의결 후 척식무대신(拓殖務大臣)을 거쳐 칙재(勅裁)를 청한다. 긴급한 사안의 경우 타이완 총독은 정상적인 절차를 거치지 않고 명령을 발할

---

32 이 책 제5장에 실린 김기순, 「영국의 아일랜드 지배, 1801~1921」 참조.
33 吳密察, 1994, 『臺灣近代史研究』, 3版, 稻鄕出版社, 111~116쪽.

수 있으나 사후에 칙재를 청해야 한다. 현행 법률 또는 장래 반포할 법률로서 그 전부 또는 일부를 타이완에 시행할 필요가 있는 것은 칙령(勅令)으로 정한다. 시행일로부터 만 3년이 지나면 효력을 잃는 것으로 한다.'[34]

이로써 식민지에서는 식민지 장관(총독)이 내지와 다른 독자적 입법권을 가지는 위임입법제도(委任立法制度)가 성립하게 되었다(이 책에 수록된 제6장 문명기의 글을 참조).

총독이 발표하는 명령에는 율령 외에도 총독부령[이하 부령(府令)]과 훈령(訓令)이 있었다. 부령은 총독 직권으로 발포하는 부령과 법률·칙령·율령의 위임에 근거하여 발포하는 부령이다. 부령은 율령과 달리 본국 중앙정부의 심의를 거치지 않아도 되었다. 훈령은 일반적으로 상급 행정기관이 소관 사무에 관하여 하급 행정기관의 권한 행사를 지휘·감독하기 위하여 발하는 일종의 명령이다. 타이완 총독이 발하는 명령 중 부령과 훈령은 형식 면에서 거의 차이가 없지만, 부령은 행정법상 소위 '법규명령(法規命令)', 즉 타이완 인민의 권리 및 의무와 관련 있으면서 행정 관청 외부에 대하여 효력이 발생하는 명령이고, 훈령은 행정법상 소위 '행정규칙(行政規則)', 즉 행정 관청 내부 사항을 규율하는 명령으로서 일반 인민에 대해서는 직접적인 효력을 발생하지 않는다.[35]

---

34 臺灣總督府 警務局 編, 1933, 『臺灣總督府警察沿革誌(一)』, (南天書局 영인본, 1995), 224~225쪽.

35 徐國章, 2017, 『臺灣總督府檔案學習入門』, 國史館 臺灣文獻館, 112쪽 및 119~120쪽.

■ 일본-조선(한국)

1910년 8월 29일 일본은 한국의 병합을 발표하면서, 칙령 324호로써 「조선에 시행할 법령에 관한 건」을 함께 발표하였다. 이에 따르면 조선에서 법률을 요하는 사항은 조선 총독의 명령으로 규정할 수 있고, 이를 '제령(制令)'이라 칭한다고 하였다. 제령은 조선 총독이 내각총리대신을 거쳐 천황에게 칙재(勅裁)를 청해야 한다고 하였다. 즉 총독이 총리대신의 승인을 거쳐 천황의 재가를 받아 제령을 제정·시행하도록 한 것이다. 그리고 긴급을 요하는 경우에는 천황의 재가가 없이도 '긴급제령'을 발할 수 있게 하였고, 사후에 칙재를 받도록 하였다. 또 본국의 법률 전부 또는 일부를 조선에 시행하는 경우에는 칙령으로써 정한다고 하였다. 이러한 내용은 1911년 3월 일본 의회에 법률안 제30호로 제출되어 의회의 승인을 받았다.

이에 따라 조선에서 시행되는 법령들을 살펴보면, '조선에 시행할 목적으로 제정한 법률 및 칙령, 칙령에 의해 조선에 시행된 법률, 제령 및 긴급제령, 병합 이후 존속이 인정된 구한국 법령, 법률 및 제령의 위임에 따른 명령' 등이 있었다.[36] 결국 조선에서 시행되는 법령은 일본에서 시행되는 법령과는 대부분 다른 것이었으며, 따라서 조선은 법역(法域)이 다른 '외지(外地)', 즉 식민지로 취급되었다.

조선에서 시행되는 법령 가운데 중심이 되는 것은 제령이었다. 그런데 제령이 제정되는 실제의 경위를 보면, 조선총독부에서 입안하여 본국의 척식국(1929년 이후에는 척무성) 및 법제국과의 협의를 거쳐 수정과정을 거치고, 내각에 올려 승인을 받은 뒤 천황에게 칙재를 올리는 식으로 되어 있

---

36 박경식, 1986, 『일본제국주의의 조선 지배』, 청아출판사, 40쪽.

었다. 따라서 조선 총독이 마음대로 제령을 정할 수 있는 것은 아니었다.

또 '조선총독부관제'에 따르면, 총독은 그 직권 또는 특별위임에 의해 '조선총독부령'을 발할 수 있다고 되어 있다. 따라서 행정의 구체적인 실무는 주로 '조선총독부령'에 의거해 시행되었다고 볼 수 있다.

6) 식민지(혹은 병합지)에 주둔하고 있는 본국 군인의 숫자는 어느 정도인가?

■ 영국-인도

1881년 식민정부가 보유한 인도군 중 영국 군인은 6만 6,000명, 인도 군인이 13만 명으로 총 19만 6천 명이었다. 1925년에도 식민정부가 보유한 인도군은 19만 7천 명이었다. 주지할 것은 대다수 군인이 인도인 용병, 즉 세포이란 점이다. 1914년까지 인도 군인과 유럽인 군인의 비율은 2:1이었다.

초기부터 인도 군대는 아프리카의 수단, 남아프리카의 보어전쟁 등에 출정하였다. 1882년 이집트, 1888년 아프가니스탄, 1880년대 버마, 1902~1903년 티베트 등지에서 이뤄진 영국의 제국주의적 팽창에도 그들이 있었다. 이들은 1900년 의화단의 난이 일어난 중국, 페르시아만과 바레인, 이란, 쿠웨이트, 아덴 등 서아시아에서 대영제국의 이익을 위해서 싸웠다. 제1·2차 세계대전에도 인도군은 영국을 위해 동원되었다. 유럽의 서부전선에서 독일·이탈리아 군대와 격돌한 인도 4·5·8사단의 용맹함은 널리 알려졌고, 인도-버마 접경지대와 동남아에서 일본군을 격퇴한 '동남아시아 연합군' 100만 명 중 70만 명이 인도군이었다. 중요한 사실은 이 모든 전쟁과 전투에 들어간 엄청난 전비는 모두 인도인 납세자가 부담했다는 점이다.

또 한 가지 언급할 점은 군 장교와 장성은 모두 영국인이었다. 제1차 세계대전이 끝날 때까지 인도에 있는 영국군, 즉 인도 군대에 인도인 장교는 한 명도 없었다. 전후 인도인 장교가 임용되기 시작했으나 제2차 세계대전이 발발한 1939년에도 인도인 장교의 비율은 전체 군 장교의 10%가 안 되었다. 이유는 능력에 대한 불신과 정치적 위험성을 줄이기 위해서였다.

간접통치의 대상인 인도의 여러 왕국에는 영국인 장교가 지도하고, 영국의 장비를 갖춘 '제국봉사군(Imperial Service Troops)'이 있었다. 1880년 그 수는 35만 명에 달했다. 이들은 자발적으로 영국의 제국적 군사 활동을 지지했으며, 영국이 참전한 남아프리카의 보어전쟁, 중국의 의화단운동 진압, 제1차 세계대전, 아프간전쟁, 제2차 세계대전 등에 출정했다. 물론 비용은 모두 그들의 자부담이었다.

■ 미국-필리핀

미국은 평화 시의 필리핀에 대규모 군대를 주둔시킬 수 없었다. 미국-스페인전쟁이 발발하기 전까지 미군의 숫자는 약 12만 명 정도로 세계 13위였으며, 불가리아보다도 작은 규모였다. "국가의 군대(United States)"라고 할 수 없는 수준이었다. 그것도 미국의 전역에 산재하여 인디언 감시와 전쟁을 수행할 정도였다. 필리핀의 무장독립운동을 진압하기 위해 총 13만 명을 파견했으며, 주둔군의 숫자가 최고였을 때가 7만 명이었다.[37] 따라서 평화 시에 대규모 군대를 주둔시키는 것에 대해서 미국 여론은 정부

---

37 Robert L. Beisner, 1986, *From the Old Diplomacy to the New, 1865-1900*, Wheeling, Illinois, Harlan Davidson, Inc., p. 7, 140

가 필리핀 방어를 구실로 징병제를 만들려는 것이 아닌지를 의심했다.

미국의 필리핀 방위의 기본 전략은 육군이 아니라 해군으로 방어한다는 것이었다. 이런 전략을 수립한 것은 루스벨트 행정부였다.[38] 그런데도 필리핀에 약간의 군대를 주둔시킨 것은 방어 목적이 아니라 모로족(Moros) 및 작은 규모의 반란을 진압, 중국 문제(의화단 사건)에 대비한 국제군(international force)의 역할 때문이었다.

제1차 세계대전 후에는 '해군을 통한 필리핀 방어 전략'도 후퇴시켰다. 알류샨 열도-하와이-파나마 루트의 방어가 급선무였다는 점, 하와이 이서(以西)-필리핀 통로에 일본이 해군기지로 사용 가능한 도서(카롤링거와 마셜 제도)를 보유하고 있다는 점 등을 고려해야 했다. 유사시 과연 미국 해군은 필리핀까지 갈 수 있을까. 이런 걱정이 미국으로 하여금 필리핀의 독립 일자를 확정하는 데 영향을 미쳤다. 그럼으로써 섬의 군사적 방위책임을 면하고자 한 것이다.

그러나 1930년대 말에 미국은 필리핀 방어전략을 수정했다. 맥아더(MacArthur)는 과도정부의 대통령 케손(Quezon)과 함께 필리핀 육군을 건설하기로 했다. 약 5년 동안 매년 4만 명씩 모병키로 했다. 그 결과 1941년 중반에 13만 명의 병력이 미군과 연합하여 섬을 방어할 태세를 갖추었다.

그런데도 일본이 침략할 경우 섬을 지킬 수 있느냐는 여전히 미지수였다. 케손이 맥아더에게 한 질문이 이를 보여 준다.

"미국은 필리핀의 자유를 되찾아 줄 것(freedom will be redeemed)이라고 약속했다. 그런데 되찾아준다(redeemed)는 말은 필리핀의 상실을 피할 수

---

38 Garel A. Grunder and William E. Livezey, *The Philippines and the United States*,, Norman: University of Oklahoma Press, p.234.

없다(the loss of the Philippines was taken as inevitable)는 것을 의미하는가."

맥아더는 답변을 피했다. 이에 미국-필리핀 간에 논쟁이 일어났다. "만일 전쟁이 발발한다면 필리핀 민간인의 안전과 식량 공급은 누가 책임 질 것인가."[39]

■ 영국-아일랜드

토지전쟁 시기(1879~1882)에 아일랜드 주둔 영국군 규모는 2만 1,000명이었고, 징집반대운동이 일었던 1918년에는 2만 5,000명에서 8만 7,500명으로 증가하였다. 1919~1921년 독립전쟁 시기에 남부 아일랜드에는 영국군 5만 명이 있었다.

■ 일본-타이완

타이완에 주둔한 일본군의 규모는 1896년 현재 약 3만 명 정도였지만, 타이완인의 무장항일운동이 다소 잦아든 1898년 시점에는 제1혼성여단 3,200명, 제2혼성여단 4,336명, 제3혼성여단 4,203명, 지룽 주둔 포병 236명, 펑후 주둔 포병 345명 등 총 1만 1,739명 전후였다. 1919년부터는 제1차 세계대전 이후의 군비 축소의 조류에 영향을 받아 타이완 주둔 일본군의 규모도 계속 줄어 1927년 시점에는 약 5,000명 전후였다.[40]

---

39 이상은 Garel A. Grunder and William E. Livezey, *The Philippines and the United States*, Norman: University of Oklahoma Press, pp.234-237.

40 劉鳳翰, 1997, 『日軍在臺灣－1895年至1945年的軍事措施與主要活動』(上), 國史館, 23~58쪽.

■ 일본-조선(한국)

일본은 러일전쟁 때 한국에 군대를 파견하였고, 러일전쟁이 끝난 뒤에도 한국에 '조선주차군'이라는 이름으로 1.5개 사단의 병력을 서울, 평양, 나남, 기타 요지에 주둔시켰는데, 일본의 각 사단에서 교대로 파견된 병력이 주둔하는 형식이었다. 1915년 일본 국회에서는 조선에 상비군을 주둔시킬 필요가 있다며, 2개 사단을 증설하여 조선에 상설 주둔하도록 하였다. 이에 따라 19·20사단이 창설되었고, '조선군'이라는 이름 아래 나남과 서울(용산)에 본부를 두었다. 일본군 1개 사단 병력은 평시에는 대체로 1만 명 내외였으므로 조선에는 약 2만 명 정도의 일본군이 주둔한 셈이다.

7) 식민지(혹은 병합지)의 경찰 가운데 본국인 출신은 몇만 명이며, 그 비중은 어느 정도인가? 식민지 출신의 경찰에 대한 차별대우는 없었는가?

■ 영국-인도

1857년 인도인 항쟁을 겪은 영국이 1858년 인도통치법과 1861년 경찰법으로 식민지 인도에 경찰제도를 도입했다. 독립 전까지 제국 경찰로 불렸다. 물론 경찰 간부는 군 장교처럼 다 영국인이었고, 일선의 하급 경찰만 현지인으로 구성했다. 제1차 세계대전 이후 인도인 간부가 증가하였고, 1927년 그 비율은 전체 간부의 18%였다.

정부 통계를 보면, 1939년 인도 경찰은 18만 8,931명으로 인구 2,025명당 1명으로 영국의 절반이 안 되었다.[41] 말단 경찰의 대다수를 차지한 인도

---

41 Government of India, *Statistical Abstracts of British India 1939-1940*.

인은 앞에 언급한 문관직이나 기술직종처럼 채용, 봉급, 업무 등 모든 점에서 차별받았다.

■ 프랑스-베트남

경비병(警備兵) 숫자는 1938년 당시에 프랑스인이 331명(1.8%), 현지인이 1만 7,769명(98.2%)으로 모두 18,100명이었다. 331명의 프랑스인은 통킹에 152명(45.9%), 안남에 111명(33.5%), 라오스에 32명(9.7%), 캄보디아에 29명(8.8%), 광저우만에 7명(2.1%) 있었다. 1만 7,769명의 현지인은 통킹에 5,594명(31.5%), 안남에 4,314명(24.3%), 코친차이나에 2,727명(15.3%), 캄보디아에 2,404명(13.5%), 라오스에 1,370명(7.7%), 광저우만에 360명(2%) 있었다.[42]

■ 영국-아일랜드

아일랜드에서 1822년 전국 경찰제와 1836년 중앙통제체제 수립에 따른 경찰력 규모는 1만 1,000명 정도였다. 인구 대비 비율은 잉글랜드의 두 배였다. 이 경찰은 일반 경찰이 아니라 무장경찰(Royal Irish Constabulary)이었다. 준군사조직인 무장경찰은 시간이 지나면서 지역 사회에 통합되고 문민적 성격으로 바뀌었지만, 일반 아일랜드인의 반감은 강했다. 무장경찰은 프로테스탄트와 가톨릭 아일랜드인으로 구성되었지만, 대다수는 가톨릭으로 충원되었다. 일반 지방행정에서처럼 경찰에서도 가톨릭에 대한 차별이 있었다. 간부직은 압도적으로 프로테스탄트였다. 1835년 휘그 집권

---

42 佛人經濟部綜合統計課 編, 大岩誠 監修, 國際日本協會譯編, 1942, 『佛印統計書』, 東京: 國際日本協會, 213쪽.

기에 경찰에 대한 아일랜드인의 신뢰를 회복하기 위해 차별이 점차 완화되기 시작했고, 고위직에서 가톨릭의 비중은 1880년까지 지속해서 상승했다.[43] 독립전쟁 시기(1919~1921)에는 무장경찰 외에 제대군인(프로테스탄트 도시 노동계급 출신 영국인)으로 구성한 1만 명 규모의 특수경찰(Black and Tans, 흑갈단)과 영국군 퇴역 장교로 구성한 2,300명 규모의 보조부대(Auxies)로 경찰력을 강화하였다.

■ 일본-타이완

〈표 1-3〉 타이완의 경찰 인력—민족별 인원 및 비율

연도	경시		경부		경부보		순사[44]		합계		타이완인 경찰력의 비율(B/A+B)(%)
	日	臺	日	臺	日	臺	日	臺	日(A)	臺(B)	
1931	22	-	233	-	241	2	6,654	1,318	7,150	1,320	15.58
1934	24	-	247	-	248	2	5,922	1,279	7,306	1,281	14.92

출처: 臺灣總督府 警務局, 1832, 『臺灣の警察』, 43~49쪽; H生, 1935.5, 『臺灣への旅(二)』, 『自啓』 89호, 朝鮮警察協會京畿道支部, 31-32쪽.

조선의 전체 경찰 인력 중 조선인이 차지하는 비중은 38~43% 사이인 반면, 타이완인이 차지하는 비중은 식민 통치 후기인 1930년대에도 14~15% 선에 머무르고 있다. 물론 타이완 측의 통계자료가 완전치 못해

---

43 Crossman, "The growth of the state in the nineteenth century," pp.560-565.
44 타이완에서 순사보(巡查補)는 1920년까지 존속하다가 해당 연도에 소멸되었다(李幸眞, 「日治初期臺灣警政的創建與警察的召訓, 1898~1906」, 國立臺灣大學 歷史學研究所 碩士學位論文, 2009, 55쪽). 하지만 타이완인 순사는 대부분 '을종순사(乙種巡查)'로서, 갑종순사(甲種巡查)인 일본인 순사에 비해 여전히 차별받고 있었다(손준식, 2010, 「일제 식민지하 대만 경찰제도의 변천과 그 역할」, 『중국근현대사연구』 47집, 69쪽).

관련 자료를 완전히 파악하지 못한 현재로서는 전면적인 비교가 힘들지만, 타이완의 경찰 인력 구성에서 일본인이 압도적 비중을 차지하고 있음은 여러 연구에서 지적하고 있으므로 위의 표에 제시된 수치는 대체적인 경향을 반영한다고 보아도 무방하다.[45]

■ 일본-조선(한국)

〈표 1-4〉 경찰 관리 누년 비교

		1910년	1915년	1920년	1925년	1930년	1931년
경찰부장(일본인)		14	14	13	13	13	13
경시	조선인	15	9	12	11	11	11
	일본인	32	28	37	37	49	49
경부	조선인	101	92	125	95	95	88
	일본인	167	165	360	333	340	332
경부보	조선인	-	-	73	170	170	157
	일본인	-	-	653	611	650	603
순사	조선인	3,312	3,127	7,651	7,057	7,137	7,913
	일본인	2,053	2,137	9,451	10,131	10,346	9,604
합계	조선인	3,428	3,228	7,861	7,333	7,413	8,169
	일본인	2,266	2,344	10,515	11,125	11,398	11,601
경찰 관리 총수		5,694	5,572	18,376	18,458	18,811	19,770

출처: 『숫자조선연구』 4집, 1933, 70쪽.

---

[45] 문명기, 2013, 「대만·조선의 '식민지 근대'의 격차-경찰 부문의 비교를 통하여」, 『중국근현대사연구』 59, 87~88쪽.

〈표 1-4〉에서 보듯이 1919년까지는 헌병경찰제가 운영되고 있어서 일반 경찰의 수는 그리 많지 않았다. 3·1운동 이후 헌병경찰제를 폐지하고 일반경찰제를 채택하면서 경찰의 수는 1만 8천여 명으로 늘어나 이후에도 그 숫자를 거의 유지하였다. 이 가운데 일본인은 약 1만 내지 1만 1천 명, 조선인은 7천 내지 8천 명으로 일본인이 더 많았다. 특히 경찰 고위직인 경시나 경부의 경우에 조선인은 극히 소수였다.

8) 독립운동이나 자치운동 등을 처벌하는 법령은 무엇이 있었는가? 독립이나 자치운동과 관련된 정치범의 숫자는 얼마나 되었는가?

■ 미국-필리핀

필리핀인의 무장저항기(1899~1902)에 다음과 같은 탄압조치들이 취해졌다.

① 1902년 11월 12일. 약탈금지법(The Brigandage Act): 무장세력의 구성원이거나 그들에게 협조했다는 증거가 드러나면 사형이나 무기징역으로 처벌할 수 있다.
② 1903년 6월 1일 재집결법/이주법(Reconcentration Act): 저항 세력과 관련이 있는 지역민들을 도지사가 직접 감독할 수 있는 다른 지역으로 재집결/이주시키는 법이다.
③ 1902년 출판물 감독법: 미국 정부와 식민지 정부에 대해 반역적인 어휘를 쓰거나 그런 연설문을 게재할 경우 장기 투옥이나 강력한 벌금형에 처한다고 언급했다.
④ 독립을 지향하는 정당의 설립을 금지하고 탄압했다.

그러나 1906년 총독 아이데(Henry C. Ide)는 독립을 지향하는 정당 설립을 금지하는 조치들을 취소했다. 그리하여 정당들의 장기적인 독립운동이 벌어졌다.[46]

사실상 미국의 필리핀인 저항에 대한 탄압은 계속될 수 없었다. 미국 헌법과 필리핀 법(1902년 쿠퍼법, 1916년 존스법, 1934년 타이딩스-맥더피법)은 다음과 같은 조항을 두었기 때문이다.

⑤ 1902년 필리핀 법(쿠퍼법): 어떤 법도 언론 및 출판의 자유를 제한할 수 없다. 어떤 법도 평화적으로 집회할 수 있는 권리는 물론 정부에 대해 불만을 토로하고 시정을 요구할 수 있는 청원권을 제한할 수 없다.

⑥ 1916년 존스법: 위의 법과 동일한 조항을 규정함.

⑦ 1934년 타이딩스-맥더피법: 위 조항의 본질은 유지되었다. 그러나 다음과 같이 바뀌었다. '필리핀인은 반드시 헌법을 제정해야 한다. 그 헌법은 형태에 있어서 공화국(republican in form)이어야 하며, 권리장전(bill of rights)을 담고 있어야만 한다.'

■ 영국-아일랜드

영국의 강압 정책은 농촌 소요를 진압하기 위해 1833년 제정된 「소요진압법(Suppression of Disturbances Act)」을 비롯한 일련의 탄압 조치를 총칭하는 강압법(coercion acts)으로 나타났다. 강압법은 총독에게 소요 지역을 선포하고, 통금을 강제하며, 재판 없이 3개월 구금하는 권한을 부여하고,

---

46 권오신, 2000, 앞의 책, 108~112쪽, 114쪽.

사건을 군사 법정에서 재판토록 하였다. 강압법은 1877년까지 주기적으로 갱신되었다. 1887년 「범죄법(Crimes Act)」은 협박과 음모죄를 새로 규정하였고, 해당 지역 치안 판사에게 수색과 약식재판 권한을 주었으며, 총독에게 반체제 조직을 탄압하는 권한을 부여하였다. 이 법은 1921년까지 지속하였다. 영국 정부는 지역이 아닌 개인에 대해서는 「인신보호법(Habeas Corpus)」을 유예하여 재판 없이 투옥하였다. 물론 이러한 다양한 탄압 조치 외에도 통상적인 법적 과정을 초월하는 계엄법이 있었다.

■ 일본-타이완

형사에 관한 법령에는 「타이완형사령(臺灣刑事令)」이라는 율령이 있지만, 1923년의 개정에 의하여 타이완형사령 제1조에 형사에 관한 사항은 (일본의) 형법 및 형법시행법에 의거한다고 규정하고, 또 형사소송법 역시 약간의 예외를 제외하고는 타이완에 시행되었다. 다만 기존의 「비도형벌령(匪徒刑罰令)」, 「타이완아편령(臺灣阿片令)」, (일본 본국보다 적용 범위가 훨씬 넓은) 「범죄즉결례(犯罪卽決例)」 등도 여전히 효력을 가지고 있었다. 다만 1925년 「치안유지법」과 1926년 「폭행 행위 등 처벌에 관한 법률」이 타이완에 시행됨에 따라 「비도형벌령」은 유명무실해지게 되었다.

1925년 「치안유지법」이 타이완에 실시된 이래 1940년에 이르는 15년간 치안유지법 위반 건수는 55건, 위반 인원은 856명[수리(受理) 기준]에 불과했다.[47] 동일한 기준을 적용하여 조선의 사례를 보면, 1928년 한 해에만 치안유지법 위반 건수 168건, 위반 인원은 1,415명이었다.[48] 식민지 시대

---

47 臺灣總督府 警務局 編, 1933, 『臺灣警察沿革誌』(四), (南天書局 영인본, 1995), 287쪽.
48 홍종욱, 2000, 『중일전쟁기(1937~1941) 조선 사회주의자들의 전향과 그 논리』, 「한국사론」 44, 160쪽.

전체 기간에 걸쳐 타이완 인구가 조선의 약 1/4에 불과했다는 사실을 감안하더라도, '공산주의 기타 과격사상'의 취체를 목적으로 한「치안유지법」위반 사례 자체가 비교할 수 없을 정도로 차이를 보였다.

■ 일본-조선(한국)

1910년 이후 식민지 조선에서 독립운동가를 처벌하는 법률로는 보안법, 내란죄, 폭동죄, 소요죄, 출판법, 신문지법 등이 있었다. 이러한 법률은 대부분 이미 한국을 보호국화한 1905~1910년에 만들어진 것이었다. 1919년 3·1운동이 일어나 많은 한국인이 이에 참여하자, 처음에는 보안법으로 이를 처벌하였으나, 1919년 4월 제령 제7호로써「정치범처벌령」을 따로 만들었는데, 이는 정치변혁을 목적하고 다수가 공동으로 질서를 방해한 경우에 선동자는 10년 이하의 징역 또는 금고에 처한다고 하여「보안법」보다 더 무겁게 처벌하기 위해 만든 것이었다.

일본 정부는 1920년대 전반에 사회주의·무정부주의가 본국과 조선에 유입되어 확산하자, 1925년에 사회주의운동과 무정부주의운동을 처벌하기 위해「치안유지법」을 만들어 본국과 조선에서 동시에 실시했으며, 1928년에는 이를 더욱 준엄하게 개정하였다. 이에 따르면 국체·천황제를 변혁할 목적으로 결사 또는 역원의 지도자로서 종사한 자는 사형, 무기 또는 5년 이상의 징역이나 금고에 처하고, 정을 알고 가입한 자 또는 결사 수행을 위하여 행위한 자는 2년 이상의 유기징역 또는 금고에 처하고, 사유재산제도를 부인할 목적의 결사를 조직한 자, 가입자, 결사 목적 수행을 위하여 행위한 자는 10년 이하의 징역 금고에 처한다고 하였다.

3. 사회적 측면에서 식민 지배 비교

1) 식민지(혹은 병합지)에 건너온 본국인은 어느 정도 되는가(몇만 명)?
그 숫자는 식민지(병합지) 인구와 비교할 때 몇 % 정도 되는가?
식민지 혹은 병합(합방)지 본국인의 직업은 주로 무엇이었는가?
본국인과 식민지 혹은 병합(합방)지인의 거주지는 분리되어 있었는가?
본국인 출신들의 이민을 적극적으로 장려했는가?

■ 영국-인도

영국이 인도에서 패권을 잡기 이전인 1805년엔 약 3만 1,000명의 영국인이 인도에 있었다. 그중 군인이 2만 2,000명, 공직자가 2,000명 정도였다. 나머지가 비즈니스 종사자들이었다. 인도인의 반영 운동이 거세지고, 제1차 세계대전 이후 영국이 힘을 잃은 1931년에도 인도에 거주한 영국인은 16만 8,000명이었고, 그중 4,000명이 문관, 약 6만 명이 군인과 경찰이었다. 당시 인도의 인구는 3억 명이 넘었으니 영국인의 비율은 극히 낮았다. 본국과 식민지 간 거리가 상당히 멀고 기후와 풍토가 완전히 다른 것이 큰 원인이었다.

1800년대 중반, 즉 세포이 항쟁을 진압한 이후 백인 지배자는 정치적 위험성을 인식하고 그들만의 영역에서 따로 살기 시작했다. 더운 도시에서 멀리 떨어진 산악지대의 휴양지(hill station), 안전하고 편리한 병영단지(cantonment), 도시 외곽에 자리한 쾌적한 영국인의 주거단지(civil line)였다. 특히 정원이 딸린 영국식 시골집을 닮은 문화주택과 쭉 뻗은 도로를 따라 들어선 도시의 백인 거주지 시빌 라인은 비위생적인 식민지인과 사회적·물리적 거리두기의 산물이었다.

식민지의 여러 사정이 본국과 크게 달라 본국 주민의 식민지 이민을 장려하기 어려웠고, 실제 이민자도 거의 없었다. 그저 식민지에서 경제적 이득을 취하려는 일부와 관리 등 식민정부와 관련된 업무 종사자의 일시 거주였을 뿐이다.

■ 프랑스-베트남

1936년 당시 인도차이나 전역(안남, 코친차이나, 통킹, 라오스, 캄보디아)의 현지인 인구는 2,303만 명이었다. 1937년 당시 인도차이나 전역의 프랑스 출신 사람은 2,615명이었다.[49]

식민지 본국인의 직업은 관리, 상인, 농업인(플랜테이션 경영자) 등이었다. 본국인과 식민지인의 거주지는 분리되어 있었다. 예를 들면, 총독부 소재지 하노이에서 프랑스인들의 거주 공간은 주로 호안 끼엠 호수 근처였다.[50]

프랑스인들은 자국민의 인도차이나 이주를 장려하기는 했지만, 거리상의 이유와 적지 않은 식민지들이 곳곳에 있었기 때문에 식민지 이주는 분산될 수밖에 없었다.

■ 미국-필리핀

1936년경 필리핀 거주 미국인 숫자는 5,000여 명이었다. 필리핀에 온

49　佛人經濟部綜合統計課 編, 大岩誠 監修, 國際日本協會 譯編, 1942, 앞의 책, 13~14쪽.

50　J. Willis Burke, 2001, *Origines, The Streets of Vietnam, A Historical Companion*, Hanoi; The Gioi Publishers, pp.71-72 참조.

미국인의 직업은 식민지 정부 관리, 군인, 선교사, 교사, 상인 등이었다.[51]

■ 영국-아일랜드

18세기 아일랜드 전체 인구의 25% 정도가 잉글랜드나 스코틀랜드에서 이주한 사람들이었다. 그 가운데 국교도가 15%, 장로교도는 10%였다. 1801년 합방 당시 아일랜드 인구는 500만 명 정도였다. 1861년 아일랜드 인구 580만 명 가운데 78%가 가톨릭이었고, 국교도는 12%, 장로교도는 9%였다. 남부 아일랜드에서는 잉글랜드계 아일랜드인 지주가 대다수였고, 산업이 발달한 북부 아일랜드(얼스터)에서 국교도와 장로교도는 주로 상공업에 종사했다. 농촌에서 상당수의 지주는 부재지주였지만, 재지지주는 농촌 공동체에서 가톨릭 농민과 공존하였다. 더블린과 벨파스트 같은 대도시에서 영국계 아일랜드인과 가톨릭 아일랜드인은 주거지와 환경이 달랐다. 합방 시기에 영국인이 아일랜드에 이민하는 사례는 매우 드물었다. 대다수 영국인에게 아일랜드는 기회의 땅이 아니었다.

■ 일본-타이완

〈표 1-5〉 식민지 타이완의 '민족별' 인구 규모와 비중(단위: 1,000명, %)

연도	총인구	타이완인	타이완인/총인구(%)	일본인(c)	일본인/총인구(%)
1905	3,123	3,055	97.8	60	1.9
1910	3,299	3,187	96.3	98	3.0
1915	3,570	3,414	95.6	137	3.8
1920	3,758	3,566	94.9	167	4.4

---

51 권오신, 2000, 앞의 책, 230쪽.

1925	4,147	3,925	94.6	190	4.6
1930	4,679	4,400	94.0	232	5.0
1935	5,316	4,990	93.9	270	5.1
1940	6,077	5,682	93.5	347	5.7
1943	6,586	6,134	93.1	397	6.0

출처: 溝口敏行·梅村又次 編, 1988, 『舊日本植民地經濟統計-推計と分析』, 東洋經濟新報社, 256쪽; 王德睦 等, 2011, 『臺灣全志』(卷3: 住民志-人口篇), 國史館 臺灣文獻館, 62쪽.

〈표 1-5〉에 따르면 타이완으로 이주한 일본인은 초기에는 타이완 전체 인구의 2~3%를 차지했으나 점차 증가하여 1930년에는 5%, 1943년에는 6%에 이르렀다. 대체로 2~3%에 머무른 재조선(在朝鮮) 일본인에 비하면 그 규모가 상대적으로 컸다고 할 수 있다. 타이완총독부가 1933년에 발간한 『국세조사결과표(國勢調査結果表)』(소화 5년, 全島 編)에 따르면 1930년 현재 타이완 거주 일본인(내지인) 22만 8,000명 중 3만 8,000명이 공무·자유업(관리, 의사, 기자, 변호사 등), 1만 8,000명이 상업, 1만 5,000명이 공업(주로 타이완에 설립된 대형 제당회사 근무자)에 종사하는 것으로 나타났고, 직업을 가진 일본인의 가족들은 대체로 무업(無業, 약 14만 명)으로 분류되고 있다.[52]

■ 일본-조선(한국)

1910년 재조선 일본인은 17만여 명이었다. 이후 계속 늘어나 1942년에는 75만여 명에 달하였다. 매년 평균 1만 8,000여 명씩 늘어난 셈이

---

52 식민지 조선의 일본인 중 약 60%가 무업으로 분류된 것과 유사한 결과이다.

었다. 병합 직후인 1910년대 전반에 증가세가 가팔랐고, 3·1운동과 중일전쟁 발발 직후에는 주춤하였다. 1942년 일본인 75만여 명은 당시 조선의 전체 인구 2,636만 명의 2.86%에 해당했다. 1910년 일본인의 비율이 전체 인구의 1.29%였던 것과 비교하면 많이 증가한 것이었다. 일본 정부는 일본인의 조선 이주를 장려하였고, 특히 동양척식회사는 1910년대부터 1920년대 중반까지 일본인 농업 이민을 모집하여 데려오기도 했다.

재조선 일본인의 직업 구성을 보면(세대별 인구 기준), 1942년의 경우 공무자유업 종사자가 39.5%로 가장 많았고, 상업교통업 종사자가 25.3%, 공업 종사자가 18.7%로 그 뒤를 이었다. 농업 종사자는 3.9%로 매우 적었다(『조선총독부통계연보』 참조). 공무자유업은 관리, 경찰, 교사, 기타 공공기관, 언론기관 등에 종사하는 자로서, 결국 식민 통치에 복무하는 인력이라고 할 수 있다. 조선에 온 일본인의 약 40%가 식민 통치에 관련된 인원이었던 것은 일본이 조선을 간접통치가 아닌 직접통치의 방식으로 지배하고자 하였던 것과 관련이 있었다.

재조선 일본인들은 주로 도시에 거주했으며, 조선인들과는 따로 일본인들의 거주지를 형성하여 살았다. 일본인들의 마을에는 전기가 들어오고 도로도 반듯하고 포장이 되어 있었으나, 조선인들의 거리는 전기도 거의 들어오지 않고 도로포장도 거의 되어 있지 않았다.

2) 식민지(혹은 병합지) 사람들의 본국 이주나 본국 유학은 어느 정도 이루어졌는가? 이주 원인은 주로 무엇이었는가?

■ 영국-인도

1931년에 발간된 『Education in India 1930-1931』에 따르면, 해외에

유학한 인도인 학생은 2,106명으로 국내 대학생 9만 2,028명의 2.2%에 지나지 않았다. 이렇게 해외유학생이 적은 이유는 지리적으로 본국으로의 이동이 어렵고, 국내에 대학 수준의 기관이 적지 않아서였다. 인도인 학생이 가장 많이 유학한 나라는 영국으로 1,809명이었고, 다음이 미국으로 201명이었다.

■ 프랑스-베트남

식민지인들의 본국 이주는 망명, 제1차 세계대전 참가, 유학 등의 동기로 이루어졌다. 프랑스 현지의 인권위원회는 판 쩌우 찐(Phan Châu Trinh) 같은 독립운동가를 프랑스로 초청하여 식민지 현지에서 자행되던 인권 탄압에 제동을 걸었다. 그리고 제1차 세계대전 시기에는 베트남인들이 프랑스군으로 참전하거나 전시 노동자로 참여했다. 아울러, 주로 코친차이나에서 프랑스식 현지 학교를 졸업한 베트남 청년들은 학업을 이어가기 위해 프랑스 본국에서 고등교육을 받고 귀국하는 경우도 있었다[예를 들면, 따 투 터우(Tạ Thu Thâu), 응우옌 안 닌(Nguyễn An Ninh) 등].[53]

■ 미국-필리핀

필리핀인들의 이민은 원칙상 불허했으나 미국 유학은 허용했다. 국비 유학생 제도를 만들어 1903년 100명, 1904년 43명, 1905년 36명이 미국으로 파견되었다. 유학생 파견 제도는 1914년 제1차 세계대전 발발로 중단되었다가 1919년 재개되었다. 유학생 제도를 위한 예산이 책정되었으

---

53 Văn Ngô, 2010, *In the Crossfire: Adventures of a Vietnamese Revolutionary*, AK Press, Oakland CA 참조.

며, 그해에 107명이 파견되었다. 그리고 1928년에 폐지되었다가, 1938년 공화국 체제하에서 재개되었다.[54]

■ 영국-아일랜드

아일랜드인은 19세기 전반 산업화 시기에 주로 일자리를 찾아 잉글랜드 대도시와 산업도시로 이주하였다. 대기근 시기와 그 이후에는 생존을 위해 주로 북아메리카에 이민하였지만, 1870년 무렵까지 잉글랜드나 스코틀랜드에 이민한 아일랜드인도 70만 명을 넘었다. 또 계절적 이민도 있었다. 아일랜드 지주 가운데 상당수 부재지주는, 특히 사교 계절에 런던에 거주하였다. 프로테스탄트 지주층은 옥스브리지를 비롯한 영국의 대학에서 수학하기도 했다.

■ 일본-타이완 및 조선

〈표 1-6〉 조선인과 타이완인의 역외 인구-국세조사

연도		조선인			타이완인		
		1920	1930	1940	1920	1930	1940
내지	男	36,043	297,501	762,578	1,424	3,648	17,584
	女	4,712	121,508	502,471	279	963	4,915
	計	40,755	419,009	1,265,049	1,703	4,611	22,499
조선	男	8,695,630	10,398,889	11,839,295	0	16	182
	女	8,195,659	10,039,219	11,708,170	0	3	44
	計	16,891,289	20,438,108	23,547,465	0	19	226

54　권오신, 2000, 앞의 책, 131쪽.

타이완	男	68	440	1,026	1,785,636	2,192,384	2,776,808
	女	1	458	1,350	1,684,871	2,121,297	2,733,451
	計	69	898	2,376	3,470,507	4,313,681	5,510,259
가라후토 (樺太)	男	898	6,328	14,914	0	5	34
	女	36	1,973	4,591	0	0	1
	計	934	8,301	19,505	0	5	35
관동주	男	3,375	9,922	3,769	27	63	334
	女	2,406	8,380	2,615	10	35	216
	計	5,781	18,302	6,384	37	98	550
남양군도	男	225	151	2,284	0	1	7
	女	43	47	1,188	0	0	0
	計	268	198	3,472	0	1	7
청도 (靑島)	男	126	-	-	3	-	-
	女	46	-	-	1	-	-
	計	172	-	-	4	-	-
만철 부속지	男	3,025	8,597	-	10	34	-
	女	2,180	7,389	-	5	12	-
	計	5,205	15,986		15	46	-
만주국	男	-	-	789,575	-	-	915
	女	-	-	660,809	-	-	582
	計	-	607,119[55]	1,450,384[56]	-	-	1,497

---

55 滿洲國通信社, 1941, 『滿洲開拓年鑑』, 276쪽에 제시된 〈滿洲事變前三年間の增加數〉의 '1930년 말' 통계에 따름.

56 滿洲國通信社, 1941, 『滿洲開拓年鑑』, 277쪽은 康德 7년(1940) 12월 말 현재 在滿 朝

중국	男						
	女						
	計			77,668			

출처: 溝口敏行·梅村又次 編, 1988, 앞의 책, 204~205쪽.

역외이주 타이완인은 1920년 6,052명, 1930년 1만 4,483명, 1940년 4만 1,416명, 1943년 5만 6,615명에 불과하다. 타이완인 총인구에서 타이완인 역외이주 인구가 차지하는 비중은 1920년 0.17%, 1930년 0.33%, 1940년 0.72%에 불과했다. 전쟁과 동원 등으로 인구이동이 가장 활발했다고 할 수 있는 1943년조차 0.91%였다. 식민지 시대를 통틀어 타이완인 총인구에서 역외이주 인구가 1%를 넘긴 해가 없었다.

반면 식민지 조선의 경우에는 만주에 농업 이민, 일본 내지에 노동 이민 등으로 1926년에 이미 역외이주자가 100만 명을 넘어섰고, 1938년 200만 명을 돌파한 데 이어 1943년에는 무려 400만 명에 가까운 조선인이 역외로 이주했다. 1926년에 역외이주 조선인이 조선인 총인구의 5.16%를 기록했고 1938년에는 8.72%, 1943년에는 13.84%까지 도달했다. 즉 1945년 현재 한반도에 거주한 인구가 2,500만 명 정도인 데 반해 한반도 바깥에 거주한 인구는 400만 명으로 한반도 거주 인구의 16%를 차지했다. 요컨대 식민지 타이완에서는 역외이주가 거의 일어나지 않았던 반면, 식민지 조선에서는 역외이주가 미증유의 규모로 발생하는 선명한 대조를 이루고 있다.

여기에 더하여, 재일 타이완인과 재일 조선인의 직업 구성을 비교한

鮮人 합계를 118만 9,338명으로 제시하고 있다.

연구에 따르면 상업 종사자 비중의 차이가 컸다. 재일 타이완인 중 상업 종사자는 전체 유업자의 68.0%(1930년), 60.6%(1941년)인 데 반해 재일 조선인은 5.7%(1930년), 10.2%(1935년), 11.3%(1940년)이다. (노점상, 행상 등 영세자본인 경우를 제외하면) 상업에 종사하기 위해서는 일정한 자금 확보가 전제되어야 하므로 재일 타이완인은 기본적으로 어느 정도의 자금력을 확보하고 내지로 이주한 부류라고 볼 수 있다.

상업 종사자와 반대로 공업 종사자, 즉 노동자 비중은 재일 타이완인이 7.2%(1930년), 10.1%(1941년)인 데 반해 재일 조선인은 93.3%(1930년), 82.8%(1935년), 81.9%(1940년)로 나타난다. 여기에 더하여 관·공리나 변호사, 의사, 신문기자 등 고학력 직업군을 의미하는 공무자유업 항목에서 재일 타이완인은 2.8%(1930년)에서 18.9%(1941년)로 많이 증가했지만 재일 조선인은 0.2%(1930년), 0.4%(1935년), 0.6%(1940년)로 전체적으로 그 격차가 대단히 크다.[57] 요컨대 재일 타이완인과 재일 조선인의 직업 구성으로 볼 때, 재일 조선인은 내지의 노동시장에 참여하기 위한 '생계형' 이주였던 반면, 재일 타이완인은 생계 해결을 우선시했다기보다는 보다 나

---

[57] 재일 타이완인 공무자유업 종사자 비중이 대폭 증가한 이유는 명확하지 않다. 다만 타이완에서는 의학교·사범학교 등 타이완 내 고등교육기관 졸업자나 일본 내지 유학을 통해 높은 학력을 보유하게 된 타이완인 엘리트의 취업 기회가 제한되어 있었다. 이들이 내지(나 1932년 만주국 성립 이후에는 만주)로 이주하여 공무자유업에 종사했을 가능성도 적지 않다(松田ヒロ子,「總說」, 522쪽). 참고로 식민지 타이완의 관·공리 구성을 보면, 1945년 초 칙임관 161명 중 타이완인 1명(杜聰明), 주임관 2,121명 중 타이완인 29명(1.4%), 판임관 21,198명 중 3,726명(17.6%)일 정도로 열악한 상황이었다(吳文星, 2008,『日治時期臺灣の社會領導階層』, 五南, 174쪽). 반면 1942년 칙임관 172명 중 조선인 39명(22.7%), 주임관 3,271명 중 조선인 451명(13.8%), 판임관 74,201명 중 조선인 27,286명(36.8%)이어서 타이완에 비하면 사정이 훨씬 양호했다(김낙년 편, 2012,『한국의 장기통계』, 597~599쪽).

은 사업적·직업적 기회를 찾아온 '입신형' 이주에 가까웠다고 볼 수 있다.[58]

3) 식민지(혹은 병합지) 통치 방침은 '동화주의'인지 아닌지? 동화주의였다면 주로 어떤 방법으로 '동화'를 추진했는가? 동화주의가 아니라면 무엇인가?

■ 영국-인도

영국은 한때 명목상 식민지인의 지배문화로의 동화를 내세웠으나, 소수의 지배자가 인종차별에 근거하여 압도적 다수를 동화한다는 것은 불가능했고, 동화주의는 사실상 포기되었다.

■ 프랑스-베트남

프랑스의 인도차이나 통치 방침은 '협력주의'였다. 프랑스는 이른바 '순수한 인도주의적 의도'로 '문명화의 임무(mission civilisatrice)'를 달성하여 식민지 모국과 식민지의 간격을 좁힌다는 동화 정책을 견지해 왔다.[59] 그러나 베트남 현지 사정에 점차 밝아진 식민지 고위 관리 중에서도 동화 정책의 실현 가능성 여부에 대해 회의를 제기하는 경우가 종종 있었다. 예를 들면, 레 미레 드 빌레르 총독은 지나치게 프랑스적인 사법·행정 제도가 현지의 여건에 전혀 부합하지 못한다는 결론에 도달하면서 점진적인 동화를 통해 협력을 추구하는 정책 이론을 소개하기 시작했다.[60] 이후

---

58 문명기, 2019, 「식민지 시대 대만인과 조선인의 역외이주 패턴과 그 함의」, 『동양사학연구』 147, 340~351쪽을 참조할 것.

59 Osborne, *The French Presence in Cochinchina and Cambodia*, pp.33-56.

60 Lê Thanh Khôi, Le Vietnam, p. 398; Osborne, *The French Presence in Cochinchina and*

그의 협력 정책론은 현지 문화를 이해할 필요성, 베트남 관리의 식민 행정 참여, 교육 보급을 통한 현지 협력자 양성 등의 방안들로 구체화하였다.[61] 1886년에 통킹의 고등 주차관이면서 협력 정책의 지지자이기도 했던 베르는 베트남 관리들의 비중을 높이고 현지인들로 구성된 자문 기구를 만들어 베트남인들의 협조를 얻고자 했다. 그리고 장 마리 드 라느상(Jean Marie de Lanessan) 총독도 베트남의 역사와 문화 연구를 장려함으로써 프랑스가 코친차이나 점령 이래 취했던 일방적인 동화 정책을 수정하고자 했다. 그리고 이러한 흐름은 총독 폴 보, 알베르 사로, 모리스 롱, 알렉산드르 바렌느 등의 시기에도 이어지면서 프랑스의 문명적 사명을 정면에 내걸고, 정치 개혁(예를 들면 새로운 형태의 의회) 이외에도 교육시스템 개선, 프랑스 관리들의 현지어 교육, 의료제도 내실화, 현지인의 공무원 채용 등을 통해 '정신의 평정화'를 지향하는 협력 정책으로 이어졌다.[62]

■ 미국-필리핀

미국의 필리핀 통치는 동화주의(assimilation)였다. 그러나 유럽이나 일본과는 방식은 물론 목적도 달랐다. 미국의 동화주의는 필리핀의 독립을 목표로 한 것이었다. 제1차 필리핀조사위원단의 단장이었던 슈만(Jacob Gould Schurman)은 1902년 미국 정부에 '첫째, 필리핀에 필리핀인이 통치

Cambodia, pp.109-110.

61 윤대영, 2005, 「프랑스의 베트남 식민 정책과 일본의 한국 식민 정책 비교연구를 위한 試論」, 한일관계사연구논집편찬위원회, 『일제 식민지 지배의 구조와 성격』(한일관계사연구논집 8), 서울: 경인문화사, 412쪽.

62 桜井由躬雄, 「植民地化のベトナム」, 『東南アジア史 I 大陸部』, p. 326; Montagnon, L'Indochine Française: 1858-1954, pp.166-177; Brocheux et Hémery, Indochine: la Colonisation Ambiguë 1858-1954, p.114, pp.292-293.

하는 공화국을 세운다. 둘째, 미국의 필리핀공화국 만들기는 아시아의 피압박 민족에게 희망의 등불이 되어야 한다'는 두 가지 정책을 추천했다.[63]

제26대 대통령인 시어도어 루스벨트(Theodore Roosevelt)는 1902년 미국 의회와 더불어 셔먼의 테제를 '법'으로 제정했다. 그것이 바로 필리핀법(The Philippine Bill of 1902, Cooper Act)이다. 루스벨트는 필리핀 문제에 대해 '필리핀을 공화국으로 만든 후 철수한다. 미국의 필리핀 지배는 다른 열강의 식민지 정책과 차별성을 지녀야 한다. 미국식 자치정부의 특징은 필리핀인 입법부를 설립하는 데 있다. 미국의 필리핀 정책은 세계의 과업이 되어야 한다. 미국의 필리핀 정책은 세계평화체제 구축에 기여해야 한다.'는 정치철학이 갖고 있었다.

미국의 동화 방식은 '미국 헌법을 복제한 공화국을 만들기'였다. 이에 따라 미국의 감독하에 자치정부 만들기 훈련과 미국법, 영어교육, 미국 역사 가르치기, 미국식 학교 시스템 이식 등이 이루어졌다.

미국은 법과 교육이라는 사다리만 제공하면 어떤 나라도 문명국이 될 수 있다고 믿었다(레마르크식 사회진화론). 이 점에서 열등한 종족에게는 서구 문명 이식이 불가능하다는 유럽식 사회진화론과 차별성이 있다.

■ 영국-아일랜드

1801년 합방 이후 가톨릭 해방(1829)까지 영국 정부는 무장경찰을 이용하여 아일랜드인의 저항을 탄압했다. 아일랜드인의 저항이 계속되자 영국의 정책은 탄압 대신 동화(assimilation)로 전환하였고, 그 계기가 된 것

---

63 Garel A. Grunder and William E. Livezey, *The Philippines and the United States,*, Norman: University of Oklahoma Press, p.XI.

은 1829년 가톨릭 해방이었다. 1830~1860년대 영국의 정책 기조는 아일랜드를 '연합왕국의 여타 부분처럼' 다루는 것이었다. 동화는 아일랜드를 영국의 가치, 제도, 사회·경제적 구조 등에 맞추는 것이었다. 그것은 낙관주의에 근거한 '잉글랜드화' 정책이었다.

그러나 1860년대 이후 전투적인 민족주의(Fenianism)가 등장해 영국 대도시를 중심으로 무장 투쟁을 전개하자, 영국 정부는 동화주의가 실패했음을 깨달았다. 그리하여 잉글랜드의 기준을 따르는 동화주의 정책에서 아일랜드의 다름과 독특성을 인정하는 '구별(differentiation)' 정책으로 전환하였다. 그렇지만 동화와 구별 모두 강압이 아니라 '회유' 혹은 '화해'를 통해 아일랜드를 합방 체제, 연합왕국, (아일랜드가 연합왕국의 일원으로서 제국 경영에 참여하게 되었으므로) 영제국에 붙들어 매려는 의도의 산물이었다. 1860년대 후반 이후 그 목표를 달성하는 방식과 수단이 달랐을 뿐이다.

1870~1921년 영국의 아일랜드 정책의 중심 주제였던 자치 문제에 대한 대응은 아일랜드인의 요구에 부응하려는 구별 정책이었다. 1886·1893·1912·1920년 네 차례 자치법안의 핵심은 웨스트민스터 의회의 수위권을 전제하고, 아일랜드 국내 사안에 관한 자율성을 허용하는 것이었다. 그러나 제1차 세계대전을 겪으면서 아일랜드에서 자치당(민족당)이 몰락하고 공화주의와 분리주의를 표방한 신페인당이 득세했다. 이에 대해 얼스터를 중심으로 영국 보수당의 지원을 받은 합방주의 세력이 대립하면서 1920~1921년 아일랜드는 분단과 독립을 동시에 경험하게 되었다.

■ 일본-타이완

동화(同化, assimilation)라는 용어는 기본적으로 식민지 주민의 문화나 사회조직의 특수성을 최저한의 수준으로 억누르는 것을 의미한다. 식민통치 당국은 한편으로 식민지 주민에 대하여 혈연·정신·사상 면에서 동질화 조치를 진행하여 식민지 주민을 식민 본국 사회의 가치체계에 융합되도록 하기도 하고, 다른 한편으로 식민 본국 사회나 주민과 유사한 참정권이나 기타 권리와 각종 의무를 식민지 주민에 부여할 수도 있다. 따라서 1914년 일본 정치가이자 자유민권운동의 대표 지도자인 이타가키 다이스케(板垣退助)는 식민지 치하 타이완인의 실질적인 평등화를 지지하는 운동을 전개하면서 '동화회(同化會)'를 조직했고, 이에 동의한 타이완의 항일운동가 린셴탕(林獻堂)이나 차이페이휘(蔡培火) 등이 동화회에 가입해 활동하기도 했다.

이러한 움직임에 대하여 타이완총독부 당국은 진정한 동화는 하루아침에 달성될 수 있는 것이 아니며, 타이완인의 민도(民度)가 아직 충분히 성숙하지 못했다는 이유로 동화회의 주장과 실천을 무력화시키기도 했다.

이렇게 동화라는 개념은 평등화를 지지하기 위해 사용될 수도 있고, 차별화를 지지하기 위해 사용될 수도 있는 복잡하고 양의적(兩義的)인 개념이다. 이러한 동화 개념의 유동성(流動性)과 양의성(兩義性)에 주의하면서[64] 식민지 타이완에서의 동화주의 정책 시행 여부를 통혼 정책, 참정권 부여 여부, 교육 정책 등을 통해 확인해 볼 수 있다.

식민지 타이완에서 일본인과 타이완인의 통혼이 금지된 적은 없지만,

64　陳培豐, 2006, 『'同化'の同床異夢-日治時期臺灣的語言政策, 近代化與認同』, 麥田出版, 32~41쪽.

그렇다고 해서 적극적으로 추진한 흔적도 없다. 일제는 기본적으로 일본 본토와 식민지에 다른 법령을 시행하고, 그중 하나인 신분등록제도를 통해 일본 국적민을 구별하는 법적 구조를 취했다. 일본인은 「호적법」(1898), 타이완인은 「호구규칙」(1905)에 따라 각각 그 지역에 본적 또는 본거(本居)를 갖는 사람으로 규정하고, 이러한 민족 구별을 바탕으로 법령의 적용이나 공법·사법상의 권리와 의무에 차등을 두었다. 이러한 차등 구조는 후에 일본인과 타이완인 사이의 법률혼에 문제를 일으키는 근본적인 원인이 되었다[소위 '내대공혼(內臺共婚)' 문제]. 일본인과 타이완인 결혼의 법률적 승인 문제는 식민지 타이완에 일본과 동일한 호적제도를 실시하는 1933년이 되어서야 해결의 단서가 마련되었다.[65] 식민지 타이완 주민의 참정권은 통치 기간 내내 사실상 없는 상태였음은 잘 알려진 사실이다. 교육 정책에서도 타이완총독부는 줄곧 타이완인을 차별하는 여러 제도적 장치들을 통해 일본인과 타이완인의 차별을 유지해왔다고 할 수 있다.

이러한 상황에 근본적인 변화가 생긴 것은 1937년 이후의 황민화운동 기간이다. 식민지 인민을 '진정한 일본인'으로 개조하는 것을 근본 목적으로 했던 황민화운동은 이념적 측면에서는 '동화주의'의 극단적 형태이고, 실제적 측면에서는 '대일본제국'의 전쟁 동원 일환이었다.[66]

■ 일본-조선(한국)

'동화주의'란 무엇일까. 식민지에서 동화주의란 식민지인들의 관습이

---

65 이정선, 2017, 『동화와 배제 - 일제의 동화정책과 내선결혼』, 역사비평사, 41~42쪽.
66 周婉窈, 1996, 「從比較的觀點看臺灣與韓國的皇民化運動, 1937~1945」, 張炎憲 等 編, 『臺灣史論文精選』(下), 玉山社, 161~166쪽.

나 의식을 본국의 것에 가깝게 만들어간다는 것을 의미한다. 일본이 식민지 조선에서 '동화주의' 지배정책을 택했다면, 조선인들에게 일본인들의 생활관습을 따르게 하고, 일본국민이라는 정체성을 갖도록 유도했다는 것을 의미한다. 1910년대 무단통치 시대에 데라우치나 하세가와 총독이 향후 모든 묘지는 공동묘지에만 쓰라는 「묘지규칙」을 만들어 이를 따르게 한다거나, 초등학교에서 조선어 시간을 제외한 모든 수업에서 일본어만 쓰도록 한 것은 급진적인 동화주의 지배정책이었다.

3·1운동 이후 부임한 사이토 총독은 '한 민족을 타민족에게 동화시키는 것은 극히 어려운 일'이라고 인식하고, 위력으로는 불가능하다고 보았다. 따라서 그는 조선에서 급진적인 '동화주의' 지배정책을 취하는 것은 무리라고 생각하여 「묘지규칙」을 사실상 폐지했고, 조선어 신문이나 잡지를 발간하도록 허용하였다. 대신 '내선융화'를 내세워 보다 점진적이고 장기적인 동화 정책을 추구했으며, 한때는 '조선지방의회'와 같은 초보적인 자치정책을 모색하기도 했다. 사이토는 하라 다카시 수상의 '내지연장주의'도 부분적으로 수용하여 '일선차별'에 대한 조선인들의 불만을 누그러뜨리려 했다.

1930년대 우가키 총독은 사이토 총독의 '내선융화' 슬로건을 계승하면서 정신적 동화를 목표로 '국민정신작흥운동', '심전개발운동' 등을 폈다. 이는 조선인들에게 일본이라는 국가와 천황에 대한 충성심을 심어주기 위한 것이었다. 1936년 부임한 미나미 총독은 이듬해 중일전쟁이 발발하자 보다 적극적으로 '내선일체'를 내걸고 아예 '황민화 정책'을 추진했다. 그는 이전의 총독들보다 급진적인 동화 정책을 밀어붙였다.[67]

---

67 조선 총독의 동화 정책에 대해서는 이 책에 실린 제7장 「일제의 식민지 조선 지배정책의 기조」를 참조할 것.

4) 식민지(혹은 병합지) 사람들에게 '창씨개명' 같은 것을 강요했는가? 식민지인들이 본국인들의 이름을 스스로 모방하여 이름을 지었는가?

■ 영국-인도

'창씨개명' 같은 것은 없었고, 인도에선 물리적으로나 문화적으로 그런 강제가 이뤄질 수 없었다. 다만 영국인과 인도인 사이에서 태어난 앵글로-인도인은 영국식 이름과 문화를 따랐다. 서해안 포르투갈의 식민지에서는 지배자와 현지인의 결혼으로 태어난 인구에 이베리아 스타일의 이름을 붙였다. 물론 강제는 아니었다.

■ 프랑스-베트남

인도차이나의 경우 '창씨개명' 같은 조치는 없었다. 매우 제한적인 수의 식민지인들이 프랑스 국적을 취득하는 경우에, 본국인들의 이름[특히 성(姓, surname)]을 따라 새로운 이름에 반영하는 사례가 있었다.

■ 영국-아일랜드

잉글랜드계, 스코틀랜드계, 토착 아일랜드인은 각각의 관행과 필요에 따라 이름을 지었다.

■ 일본-타이완

타이완·조선총독부가 두 지역 인민의 성명 변경을 희망하긴 했지만 실시하는 이유와 방식은 상당히 달랐다. 타이완총독부는 두 가지 이유를 제시했다. 첫째, 타이완인을 일본인으로 교화시키는 것은 타이완 통치의 일관된 방침이었다는 것이다(일본 제국주의자는 동화주의야말로 식민지를 착취하기만 하는 서구의 식민 통치와 일본의 그것을 구별하는 중요한 차이라고 인식하고 있었다). 둘째, 많은 타이완인이 이미 황도정신에 충만해져서 내지인(內地人)과 같은 성명을 가지기를 원한다는 것이다. 바꿔 말하면 첫째 이유는 일본 식민 통치의 필연적 결과임을 주장한 것이고, 둘째 이유는 타이완인의 희망에 근거한 것이라는 것이다. 이러한 총독부의 정당화를 그대로 받아들일 수는 없지만 그렇다고 완전한 헛소리도 아니다. 1930년대에 일본식 이름(성은 불변)을 채용하는 타이완인은 꾸준히 늘고 있었다. 하지만 일본식 이름을 채용하는 것과 성명을 바꾸는 것은 전혀 다른 차원의 문제이다.

타이완에서 개성명은 호(戶)를 단위로 했다. 규정에 따르면 개성명 신청은 반드시 호주가 하게 되어 있었다. 그러나 주의할 것은 모든 가정이 원한다고 해서 할 수 있었던 것은 아니고 일정한 자격조건이 충족되어야 했다. 개성명을 희망하는 가정은 두 가지 조건을 충족시켜야 했다. 첫째, 해당 가정이 '국어상용가정'이어야 할 것('국어상용가정'은 '국어가정'과 달리 60세 이하의 가족 구성원이 일본어를 할 줄 알면 되었다). 둘째, 개성명하는 자는 "황국신민의 자질을 함양하는 데 노력하고 공공정신이 풍부해야 한다."는 추상적 조건. 이렇게 제한조건이 있었기 때문에 타이완에서 개성명은 허가제였고, 따라서 강제적 성격을 띠지 않았다.

타이완인은 당초에 개성명에 별로 관심이 없었다. 1940년 2월 11일 총독부가 개성명 실시를 공포했지만 4월에야 12호가 허가를 받는 데 그쳤고(제1차 연도의 개성명은 매달 1회 허가), 1940년 말에는 1,357호가 마쳤다. 제2차 연도에는 크게 늘어 1월에만 2,014호가 일본식 성명을 가지게 되었다. 1941년 말 개성명을 허가받은 호수는 인구의 1% 정도였고, 1943년 말에는 1만 7,526호(12만 6,211명)가 완료했다. 이 수치는 인구의

2%를 조금 넘는 것이었다. 1944년 1월24일 총독부는 개성명 조건을 완화했고, 그 결과 건수가 크게 늘었다. 아직 개성명의 최종통계를 보지 못해서 1945년 이전에 몇 명이나 완료했는지 현재는 알 수 없다(전쟁 말기의 상황으로 인해 총독부는 예년처럼 통계작업을 원활히 수행할 수 없었다). 하지만 『대북현지(臺北縣志)』에 따르면 1945년 이후 3만 7,742명이 원래 성명을 회복했고, 당시 대북현 인구는 51만 9,498명이었으므로 개성명 비율은 7% 정도였다. 대북현의 사례가 어느 정도 대표성을 띠는지는 단언하기 곤란하다.[68]

■ 일본-조선(한국)

미나미 총독은 1939년 11월 제령 제19호로 「조선민사령」을 개정했다. 그 내용은 한민족 고유의 성명제를 폐지하고 일본식 씨명제를 설정하여, "씨는 호주가 정한다", "조선인 호주는 본령 시행 후 6개월 이내에 새로이 씨를 정하여 이를 부윤 또는 읍면장에 계출할 것을 요한다"고 하였다. 이 제령은 1940년 2월부터 시행되었고, 그해 8월까지 씨를 결정해서 제출하라고 명령했다. 미나미 총독은 창씨개명을 '내선일체'의 구현을 위해 인정(仁政)을 베푼 것이라고 선전하고, "창씨개명을 강제로 하라는 것은 아니다"고 하였지만, 하지 않은 자에게는 각종 불이익을 주었기 때문에 하지 않을 수 없었다. 그 결과 8월까지 전 조선인의 약 80%가 창씨개명을 한 것으로 나타났다. 창씨개명을 하지 않은 자에 대한 불이익의 사례를 보면, 각급 학교에서는 입학·진학을 거부하고, 총독부의 관계기

---

[68] 타이완인의 성명 변경에 관해서는 周婉窈, 1996, 「從比較的觀點看臺灣與韓國的皇民化運動, 1937~1945」, 張炎憲 等編, 『臺灣史論文精選』(下), 玉山社를 참조.

관에 일절 채용하지 않으며, 행정기관에서 처리하는 모든 사무를 취급하지 않았으며, 식량 배급 대상에서도 제외되었다.[69]

해방 1년 뒤인 1946년 미군정은 포고령을 통해 호적에서 창씨개명한 이름을 지우고 원래의 이름을 복구하도록 하였다.

5) 식민지(혹은 병합지)에 건너온 본국인들은 현지인들을 차별대우했는가?

■ 영국-인도

백인 거주자의 인도인에 대한 인종차별은 극심했다. 심지어 영국인 범죄자가 인도인 판사로부터 재판을 받지 않는 법안이 통과될 정도였다. 이 점에선 영국 여성이 더했다. '나리마님'으로 불린 식민 지배자(관리, 장교, 판사, 교사, 기술자, 농장주 등)의 아내로 1840년경부터 인도에 도착한 그들은 미개하다고 여긴 인도인과 아무도 접촉하지 않았다. 이들은 인도 여성이 쓰는 옷감과 장신구 등 모든 걸 경멸하며 서구중심주의와 백인우월주의를 강력하게 실천했다. 그리하여 인도인과 영국인의 간극을 더 벌어지게 하고 피지배자에 대한 차별을 심화했다.

■ 프랑스-베트남

차별대우했다. 이러한 차별은 인종주의 관점에서 비롯되었다. 현지인들은 식민 정책의 조세, 참정권, 교육 등 각종 측면에서 차별을 받았다.

제1차 세계대전 당시에 거의 10만 명 정도의 베트남인이 유럽으로 파

---

69 박경식, 1986, 앞의 책, 387~388쪽.

견되어 프랑스의 전선(戰線)에서 싸웠거나 노동자로 복무했다. 베트남인들이 참여한 몇몇 대대는 솜 전투(Bataille de la Somme), 베르됭 전투(Bataille de Verdun), 슈맹 데 담 전투(Bataille de Chemin des Dames), 샹파뉴 전투(Bataille de Champagne) 등에 참전했는데, 전사자가 나오기도 했다. 그리고 일부 베트남인 부대는 발칸 지역과 중동 등지에 파견되기도 했다. 프랑스 인도차이나 식민 당국의 강요로 '자원한' 베트남 군인 중 상당수는 귀국 후 통킹과 코친차이나 각지의 민족주의 운동에 가담하였다.[70]

■ 미국-필리핀

미국인은 필리핀 이주를 꿈꾸지 않았다. 따라서 유럽의 식민지처럼 정착 백인과 토착 원주민 간의 인종 갈등은 구조적으로 일어나기 어려웠다.

■ 영국-아일랜드

합방 시기에 가톨릭 아일랜드인에 대한 법적·정치적·사회적·종교적 차별은 1829년 가톨릭 해방 이후 점진적으로 완화하여 1869년 아일랜드 국교회(앵글리칸주의) 폐지로 종결되었다.

그러나 농촌에서 토지를 소유한 프로테스탄트 지주는 대다수가 가톨릭인 차지인(소작인)을 경제적으로 지배했다. 이 지주 지배는 지주와 차지인의 '이중적 소유권'을 수립한 1881년 토지법을 거쳐 1885년 이후 국가로부터 재정 지원을 받아 차지인이 지주의 토지를 매입하도록 한 일련의 토지매입법으로 자작농제를 수립함으로써 종식되었다.

---

70 Andre Jouineau, *French Army* 1918, vol.2(-1915 to Victory), Amber Books Limited, 2009, p.63.

한편 벨파스트를 중심으로 산업화 지역에서 가톨릭 노동자는 차별받았는데, 이 차별은 자치 문제와 종파 대립이 격화한 20세기 초에 더욱 심했다.

■ 일본-타이완

전체 면적의 절반가량인 번지(蕃地)에 거주하는 원주민[당시 반진(蕃人)으로 불림]에 대해서 타이완총독부는, 토지에 대한 원주민의 소유권이나 법률적 능력을 부정하는 '무주지(無主地, Terra nullius)' 논리를 주장하여, 1910년부터 본격화한 '이번사업(理蕃事業)'의 전개 과정에서 원주민이 점유한 토지를 국유화하였다. 이것은 명백한 법률적 차별에 해당한다. 사실상 무력 점령이라고 할 수 있는 '이번사업' 이후에도 타이완총독부는 번지를 '특별행정구역'으로 설정하고 행정권 일체를 경찰에 맡겼다. 보통행정구역의 행정을 일반 관리가 맡은 것과는 확연히 대조되는 조치였다.

교육 방면에서는 당초 일본인과 타이완인을 각각 소학교와 공학교에 취학하게 하고, 우수한 교사나 우월한 설비를 소학교에 집중적으로 지원하였다. 이것도 명백한 차별이다. 1922년 「타이완교육령」 제정 이후 소학교와 공학교를 선택하는 기준이 '국어(일본어) 능력'으로 변화함에 따라 타이완인에게도 소학교에 취학할 제도적 가능성은 열렸지만, 실질적으로는 (극히 일부의 타이완인 자제를 제외하고는) 여전히 소학교=일본인, 공학교=타이완인이라는 등식이 성립한 것은 제도적 차원의 차별이라기보다는 실질적 차원의 차별이었다고 하겠다.

관리 임용 측면을 보면, 1918년에 성립한 하라 다카시(原敬) 내각에 의한 내지연장주의 정책 실행은 중요한 변화를 초래했다. 이 내지연장주의 정책의 하나가 식민지인의 고등문관시험 응시·합격과 제국 관료 임용이었다. 1923년 실시된 고등문관시험 행정과 시험에서 도쿄제대 법학부 졸업생인 타이완인(劉明朝)과 메이지대학 법학부 졸업생 조선인(李昌根)이 각각 최초로 합격하여 타이완인은 타이완총독부 토목국에, 조선인은 조선총독부 내무국에 임용되었다.[71] 식민지인이 고등 관료로 진출하는 데 있어서 일종의 제도적 장벽이 없어졌다는 면에서 일정한 진전이지만, 타이완인 관료에게 타이완총독부에서 중요한 직책을 맡긴 적은 거의 없었다는 것이 일반적인 통설이다.

■ 일본-조선(한국)

조선에 건너온 일본인들은 조선인들을 차별대우했다. 그들은 조선인들을 '요보'라고 불러 모욕감을 느끼게 했다. 조선인들은 관료 임용, 회사 취업, 학교 진학 등에서 차별대우를 겪어야만 했다. 일본인 관리와 교사는 본봉과 거의 같은 액수의 현지 수당을 받았다. 때문에 일본인 관리와 교사들은 같은 직급의 조선인 관리와 교사보다 두 배 정도의 봉급을 받았다. 경성제국대학과 관립 전문학교의 경우에 입학자 비율을 어느 정도 정해놓고 학생을 받았는데, 일본인과 조선인의 비율은 약 2:1 정도였다. 금융기관의 대출에서도 조선인들은 차별대우를 받았다. 이러한 이유로 식민지시기 조선인들이 가장 불만으로 여긴 것은 일본인들에 비해 조선인들이 차별대우를 받고 있다는 것이었다.

71　檜山幸夫, 2015, 「日本の外地統治機構と外地支配について －'植民地官僚'・'植民地大學'論への問い」, 檜山幸夫 編, 『臺灣植民地史の研究』, ゆまに書房, 43～44쪽.

6) 제1·2차 세계대전 발발 후 식민지(혹은 병합지) 사람들을 전쟁에 어떻게 동원했는가? (징병, 징용 등) 그 반대급부는 무엇이었는가?

■ 영국-인도

인도인은 제1·2차 세계대전 당시 영국을 위해 동원되었다. 제1차 세계대전 중 인도군은 120만 명으로 늘어났고, 제2차 세계대전이 개시되자 인도인 군인은 20여만 명에서 다시 250만 명으로 급증하였다. 인도-버마 접경지대와 동남아에서 일본군을 격퇴한 '동남아시아 연합군' 100만 명 중 70만 명이 인도 군인이었다. 강제징병은 아니더라도 모병엔 비자발적 요소가 없지 않았다. 식민정부는 지원자가 없으면 강제로 징병하겠다고 위협하였다. 많은 지원자를 배출한 지역은 상을 주고, 그렇지 않은 지역은 모욕을 주는 방법도 동원하였다.

영국이 제1차 세계대전을 치를 때 인도에 약속한 반대급부는 '자치'였다. 물론 약속은 지켜지지 않았고, 이후 전국적인 반영 운동이 전개되는 한 요인이 되었다.

1830년대부터 1920년대까지 약 100년간 19개 영국 식민지로 이주한 인도인 노동자는 2017년 유네스코가 세계기록 유산으로 선정한 인도 국립문서보관소의 기록으로 119만 4,957명이었다. 노예제가 폐지된 터라 영국은 노동자가 자유의지로 계약했다는 미명하에 이들을 동원했다. 즉 강제 동원은 아니었으나 합법을 가장한 불법이었다. 대다수가 문맹인 노동자는 노동계약의 내용과 성격을 이해하지 못했고, 때로 감언이설이나 속임수에 넘어갔다.

■ 프랑스-베트남

제1차 세계대전 당시에 거의 10만 명 정도의 베트남인이 유럽으로 파견되어 프랑스의 전선(戰線)에서 싸웠거나 노동자로 복무했다. 베트남인들이 참여한 몇몇 대대는 솜 전투(Bataille de la Somme), 베르됭 전투(Bataille de Verdun), 슈맹 데 담 전투(Bataille de Chemin des Dames), 샹파뉴 전투(Bataille de Champagne) 등에 참전했는데, 전사자가 나오기도 했다. 그리고 일부 베트남인 부대는 발칸 지역과 중동 등지에 파견되기도 했다. 프랑스 인도차이나 식민 당국의 강요로 "자원한" 베트남 군인 중 상당수는 귀국 후에 통킹과 코친차이나 각지의 민족주의 운동에 가담하였다.[72]

■ 미국-필리핀

① 제1차 세계대전기: 필리핀인을 전쟁에 동원했다는 것을 확인할 수 없다. 아마도 미국인들은 필리핀이 직접 침공받는 경우가 아니면 필리핀인을 방위에 동원할 수 없었을 것이다.

② 제2차 세계대전기
- 과도정부 1호 법안(1935.12.21)은 '국가 방위법'이었다. "국가 보전은 모든 시민의 의무이다."
- 1941년 7월 26일 필리핀 정규군과 예비군은 맥아더를 사령관으로 하는 미국군에 통합되었다. 그들은 미극동군(The United States Army Force in the Far East: USAFFE)으로 불렸다. 이들은 일본이 침공했을

---

72 Andre Jouineau, 2009, *French Army* 1918, vol. 2 (-1915 to Victory), Amber Books Limited, p.63.

때 대항 세력의 주축이었다.[73]

- 일본점령기(1942~1945)에 필리핀인들 일부가 게릴라전을 수행했다. 이들은 크게 두 부류로 나뉜다. 하나는 미국이 조직한 부대이며, 다른 하나는 필리핀 공산당(Philippine Communist Party)의 부대였다.[74]

■ 영국-아일랜드

1914년 제1차 세계대전 발발 무렵 영국군에 복무한 아일랜드인은 5만 8,000명이었다. 제1차 세계대전 때 아일랜드인은 경제적 이유, 종교적 이유, 영국에 대한 충성심 등과 같은 다양한 동기에서 지원하여 영국군에 복무하였다. 그 규모는 14만 4,000명 정도였다. 기존 영국군 10사단에 배속된 아일랜드 출신 군인 외에 전쟁 발발 이후 주로 가톨릭으로 구성된 16사단과 주로 얼스터 출신 프로테스탄트로 구성된 36사단이 전투에 참여하였다.[75] 1918년 자치법(1914년 제정)을 즉각 실시하는 조건으로 아일랜드인을 징집하려는 영국 정부의 시도는 강한 반대에 부딪혀 실패하였다.

■ 일본-타이완

1937년부터 1945년에 걸쳐 군인 또는 군속으로 동원된 타이완인은 총 20만 7,183명 정도였다. 이는 인구 규모를 고려하면 조선보다 상대적

---

73 권오신, 2000, 앞의 책, 226쪽, 229쪽.
74 Lester Kurtz(ed), 1999, *Encyclopedia of Violence, Peace & Conflict, Volume II*, New York, Academic Press, pp.79-80.
75 Timothy Bowman, 2014, "Ireland and the First World War," in Alvin Jackson ed., *The Oxford handbook of modern Irish history*, Oxford University Press, pp.607-611.

으로 더 많이 동원되었다고 할 수 있다. 타이완인은 전체 인구의 3.69%가 군인·군속으로 동원된 반면 조선인은 전체 인구의 1.08%가 동원되었다. 타이완의 경우 전쟁 초기인 1938년 4월 '가래의 전사(鍬の戰士)'로 구성된 타이완농업의용단이나 농업지도정신단, 남방파견타이완농업의용단 등의 이름으로 군농부(軍農夫)가 상하이, 난징, 우한, 하이난섬과 동남아시아 각지에 파견되어 일본군에 채소를 공급하거나 현지인의 농작물 생산 지도를 담당했고, 일본어에 능한 젊은 남성을 위주로 타이완특설노무봉공단을 구성하여 공사, 노무, 군수물자 제작 등에 종사하게 했다. 특히 1943년 2월 과달카날(솔로몬군도)에서 패배한 이후 일본군이 '절대국방권구상(絶大國防圈構想)'에 따라 뉴기니섬에 비행장 건설을 결정하고 타이완에서 특설근로단을 조직하여 파견했는데, 연인원이 최소 2만 6,862명에 달했다.

여기에 타이완 원주민이 밀림 전투에 능하다는 점을 잘 이해하고 있던, 타이완군사령관을 역임하고 필리핀 공격을 총지휘한 제14방면군 사령관 혼마 마사하루(本間雅晴)의 요청에 따라 고사정신보국대[高砂挺身報國隊, 후에 고사의용대(高砂義勇隊)로 개칭]를 1942년 3월부터 1943년 11월에 걸쳐 총 4,000여 명을 필리핀, 뉴기니섬 등지로 파견했다. 각종 조직에 속하여 전장에 파견된 타이완인들은 신분상 '군부(軍夫)'였는데, 1943년 일본 정부가 타이완에 징병제를 고려하면서부터 용인(傭人)에 해당하는 군부(軍夫)도 군속에 준하는 대우를 받기 시작했다.

다음으로 타이완인이 군인 신분으로 전쟁에 참여한 자는 총 80,433명 (군속은 126,750명)으로 이들은 주로 육해군특별지원병 제도를 통해 창출되었다. 타이완에서는 조선보다 다소 늦은 1942년 4월부터 육군특별지원병 제도를 실시했는데, 1942년 1,000여 명, 1943년 1,000여 명, 1944년 2,200여

명 등이었다. 해군에서는 1943년 8월 (육군특별지원병제도와 달리) 조선과 같은 시기에 해군특별지원병제도를 실시했다. 1943년 10월에 1,000명, 1944년에 2,000명 등 6기에 걸쳐 총 1만 1,000명을 모집하였다.[76]

■ 일본-조선(한국)

〈표 1-7〉 강제동원 피해자 규모

	노무자 동원		계	군무원 동원		계
한반도 내	도 내 동원	5,782,581	6,488,407	일본	7,213	60,668
				조선	12,468	
	관 알선	402,062		만주	3,852	
				중국	735	
	국민징용	303,824		남방	36,400	
				군인 동원		계
한반도 외	국민징용	222,217	1,045,962	육군특별지원병	16,830	209,279
				학도지원병	3,893	
				육군 징병	166,257	
	할당 모집, 관 알선	823,745		해군 (지원병포함)	22,299	
총계			7,804,376			

출처: 정혜경·허광무·조건·이상호, 2019, 『반대를 논하다』, 선인. 221쪽.
*노무자 동원은 연인원을 집계한 것임.

먼저 노무자 동원을 보면, 1938년 「국가총동원법」이 공포되고, 1939년 7월 「국민징용령」이 공포되었다. 그러나 조선에서는 일본처럼 '기류제도'

---

76 군인이나 군속으로 동원된 타이완인에 관해서는 문명기, 2017, 「식민지 시대 대만인과 조선인의 야스쿠니 신사 합사」, 『중국근현대사연구』 76, 7~8쪽을 참조.

(요즘의 주민등록제도. 조선에서 「조선기류령」이 발포된 것은 1942년 9월)가 정비되어 있지 않고, '국민노무수첩' 제도도 시행하지 못하고 있어서, 처음부터 징용제를 할 수는 없었다. 따라서 우선은 '모집' 형식의 노무동원 계획을 세워 한반도 내, 일본, 기타 지역으로 노무자들을 동원하였다. '모집' 형식이란 일본 기업이 파견한 모집원이 조선총독부가 할당한 지역에 가서 인솔하는 방식이었는데, 지방행정기구의 직원이나 경찰이 이를 지원하는 경우가 많았다.

1940년에는 「조선직업소개소령」이 공포되고, 6개의 관영 직업소개소가 설치되어 보다 대대적인 노무자 동원이 시작되었다. 1941년 말 태평양전쟁이 시작되자 더 많은 노동력이 필요하게 되어, 1942년 3월 대규모의 '국민동원계획'을 세우고, 강제력이 더 강화된 '관 알선' 방식(지방행정조직이 직업소개소를 지원하는 방식)으로 다수의 조선인을 동원하였다.

노동력이 더욱 부족해진 1944년 8월부터는 '관 알선' 방식을 유지하면서 「국민징용령」에 의거한 일반징용이 시작되었다. 위의 표에서 보듯이 한반도 밖으로 국민징용, 할당 모집, 관 알선 등의 방식으로 동원된 조선인은 모두 104만여 명에 달했다.

군사동원을 보면, 일본은 1938년 2월 「육군특별지원병령」을 공포하여 4월부터 이를 실시했다. 또 1943년 7월 「해군특별지원병령」을 공포하여 8월부터 이를 시행하였고, 또 전문학교와 대학 재학생의 '학도지원병'을 강제하였다. 이에 따라 지원병 2만 3천여 명이 전장에 보내졌다. 일본 정부는 1942년 5월 조선에서 1944년부터 징병제를 시행할 것을 결정하고, 1944년 4월부터 징병검사를 하였다. 이후 1944~1945년에 약 19만 명의 조선 청년들이 전장에 보내졌다. 그밖에도 군무원으로 동원된 이들이 6만여 명에 달했다.

위의 표에서 보듯이 노무자 동원은 한반도 내와 한반도 외로 나눌 수 있는데, 가장 중요한 것은 한반도 외의 할당 모집, 관 알선, 국민징용 등이었으며, 그 숫자는 104만여 명에 달했다. 군무원 동원은 6만여 명이었고, 지원명 및 징병을 통한 군인 동원은 약 21만 명이었다.

7) 식민지(혹은 병합지)에서의 의료 시설(병원)과 의료인력 보급(양성)은 어느 정도 이루어지고 있었는가?

■ 영국-인도

영국의 '은혜로운' 통치 200년이 지난 1941년 인구가 약 3억 명이었던 인도에 의사는 4만 7,400명이었다. 그중 1만 3,000명만 병원에 소속되었다. 제대로 된 의료 시설도 거의 없었다. 인구의 90%가 사는 농촌은 더 열악했다. 독립하고 처음 처러진 1951년의 인구조사에도 3억 6,000만 명의 인구를 가진 인도에 의사는 겨우 5만 명에 불과하여 식민 통치의 부정적인 유산을 실감하게 했다. 그 당연한 결과로 1921년 인도인의 평균 기대수명은 25세였고, 독립한 직후의 통계도 32세를 넘기지 못했다. 반면에 1921년 영국인의 기대수명은 55세로 식민지 인도와 큰 차이가 있다.[77]

■ 프랑스-베트남

1938년 당시 일반 의료 기관[78]의 수는 828곳, 특수 의료 기관[79]의 수는

---

77 ILO, 1938, *Report on Industrial Labor in India*.
78 병원, 소병원, 마을 병원, 무료 치료소, 독립 산과(産科)의원, 병원 부속 산원(産院), 아동 무료 치료소 등.
79 병원(전염병, 화류병, 암), 무료 치료소(화류병, 눈병, 결핵), 광인 수용소, 양로원, 고아

39곳이다.[80]

의사 양성은 프랑스 식민 당국이 1902년 하노이에 세운 의학 학교 (École de Médecine de l'Indochine)에서 비롯되었다. 1913년에는 인도차이나 총독 사로(Albert Sarraut)의 주도로 의학·약학 대학(Université de Médecine et de Pharmacie)이 설립되었다. 아울러 1917년에 개교한 인도차이나대학에서는 법학, 행정학, 무역학, 예술학 이외에 의학이나 약학도 교육했다.[81]

■ 미국-필리핀

미국은 1905년에 과학국(Bureau of Science)을 설립했다. 이 기구는 과학적 연구뿐 아니라 의료업무도 수행했다. 이 기구는 필리핀 종합 병원 및 필리핀 대학들과 네트워크를 구축하며, 제1차 세계대전이 발발하기 전에 필리핀의 공중보건 서비스(Philippine Public Health Service)를 구축했다. 1914~1921년에는 공중 복지 프로그램을 위한 재원을 마련했고, 1916년에는 존스법(Jones Act)에 따라 보건국(Bureau of Health)을 설립했다.

그리고 필리핀의 공중보건 시스템을 조직하며 공중보건의 영역을 교육하고 점차 영양 분야로 확장했다. 또 국립병원과 어린이 위생 병원도 세웠으며, 1936년 말에는 45개의 병원과 4,308개의 입원 침상을 마련했다. 또 49개 지방을 5개 구역으로 나누어 318개의 위생과를 두고, 1,430명의 위생 감독관을 운영했다.

원, 폐병자 구제원, 해상 격리소, 지상 격리소 등.
80   佛人經濟部綜合統計課 編, 『佛印統計書』, p.44.
81   "Une Récompense Méritée [Promu mécanicien-inspecteur]," *L'Écho Annamite*, 9 février 1922; Pierre Brocheux et Daniel Hémery, *Indochine, la colonisation ambiguë*, 1858-1954, Paris: Editions La Découverte, 2004, pp.214-218.

미국은 1935년에 공중보건에 대한 권한을 필리핀인에게 넘겼지만, 3년간 이를 위한 재정을 마련해 주었다.[82]

■ 영국-아일랜드

아일랜드에는 이미 18세기에 다양한 병원이 등장하였다(약제실, 진료소, 전염병 치료병원 등). 1817년 지역별 정신병원(lunatic asylum) 설치가 강제되었고, 1845년 그 운영을 지역의 지주, 지방행정관(치안판사), 상인, 성직자, 구빈감독관 등이 맡도록 했다. 국가가 지원하는 중앙 관리식 보건 서비스는 유럽에서 최상의 수준이었다. 1830년대에 약제실(dispensaries) 500곳, 카운티(county)와 자치시(borough)의 진료소(infirmaries) 41곳, 전염병 치료 병원(fever hospitals) 70곳 등이 있었다.[83]

■ 일본-타이완

〈표 1-8〉 타이완의 의료기관 및 의료종사자

연도	의료기관(醫院)				의료종사자		
	관립	공립	사립	합계	의사	의생	합계
1903	10	1	19	30	167	1,853	2,020
1905	10	6	15	31	188	1,671	1,859
1910	11	14	30	55	389	1,266	1,657
1913	11	15	38	64	468	1,100	1,568

---

82 이상은 Joseph Ralston Hayden, 1955, *The Philippines: A Study in National Development*, New York, Macmillan Company, pp.642-644; 668-680 참조.

83 Crossman, "The growth of the state in the nineteenth century," pp.550-551.

1915	12	17	42	71	673	979	1,666
1918	12	19	60	91	705	830	1,535
1920	12	18	68	98	763	732	1,495
1923	12	19	74	105	782	583	1,365
1925	12	19	71	102	972	522	1,494
1928	13	17	89	119	1,101	422	1,523
1930	14	17	128	159	1,272	354	1,626
1933	14	20	177	211	1,466	281	1,747
1935	15	18	202	235	1,674	233	1,907
1938	15	18	238	271	1,983	163	2,146

출처: 『타이완총독부통계서』(각 연도판)

타이완의 경우 관·공립 의원은 대체로 1900년대 10여 개에서 1930년대 30여 개로 늘어났고, 동시에 사립 의원의 증가는 더욱 괄목할 만하다. 조선의 경우에도 관·공립 의원은 통치 초기인 1910년대 20여 개로 시작하여 1930년대 50여 개로 늘어난 것은 타이완과 대동소이하지만, 사립 의원 증가는 타이완보다 훨씬 완만했다. 특히 1910년대 폭발적인 증가가 1920년의 급감으로 갑자기 중단되고, 그 이후 사립 의원의 증가세는 대단히 완만하여 1920년에 112개를 기록한 후 소폭의 증감을 거쳐 1938년 149개에 머물렀다. 전체적으로 볼 때 타이완의 의료기관은 증가세가 뚜렷한 반면, 조선의 증가세는 훨씬 완만하게 진행되거나 사실상 정체되었다.

여기에 타이완과 조선의 면적과 인구를 고려한다면 의료기관 보급의 격차는 훨씬 커진다. 예컨대 의료기관 1곳당 담당 면적을 보면, 타이완의 경우 1910년 654km²가 1920년 367km², 1930년 226km², 1938년 132km²로 급격히 줄어든 반면, 조선의 경우 1910년 1,766km²로 시작해

1918년 610km²로 줄어들었다가 1920년 1,588km², 1930년 1,795km², 1938년 1,481km² 등으로 변화해 통치 초기와 크게 다르지 않았다. 마찬가지로 의료기관 1곳당 담당 인구를 보면, 타이완은 1910년 5만 9,991명, 1920년 3만 8,345명, 1930년 2만 9,428명, 1938년 2만 1,206명으로 계속해서 하강했지만, 조선은 1910년 12만 3,793명이던 것이, 1918년 4만 7,286명까지 하강했다가 1930년 9만 2,747명으로, 다시 1938년 15만 3,028명으로 늘어남으로써 오히려 통치 초기보다 담당 인구가 늘어난 모습을 보인다.

이 점은 의료종사자, 특히 의사 수의 변화 양상을 통해 확인할 수 있다. 타이완의 의사는 1910년 389명, 1920년 763명, 1930년 1,272명, 1938년 1,983명으로 증가했지만, 조선의 의사는 1910년 1,712명, 1920년 1,035명, 1930년 1,749명, 1938년 2,931명으로 증가한 것은 분명하지만 전술한 바와 같이 1920년 이래 사립병원의 급감에 따라 의사 수도 변동이 심해 안정적인 의사 공급이 이루어졌다고 보기 힘든 면이 있다.

이 수치를 전체 인구에 대비해 환산하면 두 지역에서 의사 보급의 격차는 더 커진다. 예컨대 타이완의 경우 의사 1인이 담당하는 인구가 1910년 8,482명, 1920년 4,925명, 1930년 3,681명, 1938년 2,678명으로 꾸준히 줄어든 반면, 조선의 경우에는 1913년 2만 6,088명, 1920년 1만 6,940명, 1930년 1만 1,560명, 1938년 7,779명으로 변화하였다. 조선의 의사 1인이 담당하는 인구는 1938년의 7,779명으로 타이완의 1913년 7,483명에도 미치지 못하는 수준이다.[84]

---

84 타이완의 의료기관과 의료인력에 관해서는 문명기, 2013, 「식민지 '문명화'의 격차와 그 함의 – 의료 부문의 비교를 통해 보는 대만과 조선의 '식민지 근대'」, 『한국학연구』 46을 참조.

■ 일본-조선(한국)

〈표 1-9〉 식민지 조선의 병원 수 추이

연도	관립 및 도립병원				사립병원				합계
	관립	도립	기타	계	일본인	조선인	외국인	계	
1921	23		8	31	43	4	22	69	100
1925	2	30	7	39	39	7	23	69	108
1929	4	29	10	43	46	8	22	76	119
1933	4	35	10	49	51	9	25	85	134
1937	4	39	10	53	57	16	25	98	151
1941	5	44	9	58	67	34	4	105	163

출처: 송규진 외, 2004, 『통계로 본 한국근현대사』, 아연출판부, 332쪽.

1919년 「사립병원취체규칙」과 「사립병원구조설비표준」이 발포되어, 이에 따른 통계 조정이 있었기 때문에 그 이후인 1921년부터 4년 단위로 관립 및 도립병원, 사립병원 수 추이를 보면 〈표 1-9〉와 같다. 이를 보면, 관립 및 도립 병원이나 사립병원의 숫자는 매우 느리게 늘어나고 있었음을 알 수 있다. 관립병원 다수는 1925년부터 도립 병원으로 바뀌었으며, 도립병원이 다소 늘어나고 있음을 알 수 있다.

1931년 당시 병원은 사립(소규모)이 83개, 관립 및 공립이 46개로 모두 129개였다. 이는 인구 17만 명당 1개꼴이었다. 관립 및 공립 병원의 의사나 간호사는 대부분 일본인들이었고, 조선인 환자들의 이용률은 낮은 편이었다. 따라서 도회, 부회 등에서는 조선인 의원들이 도립 병원 등에 조선인 의사와 간호사를 더 채용하라고 요구했지만 잘 받아들여지지 않았다.

의사 1인당 인구수는 1933년 당시 의사(한지의사 포함) 1인당 인구가

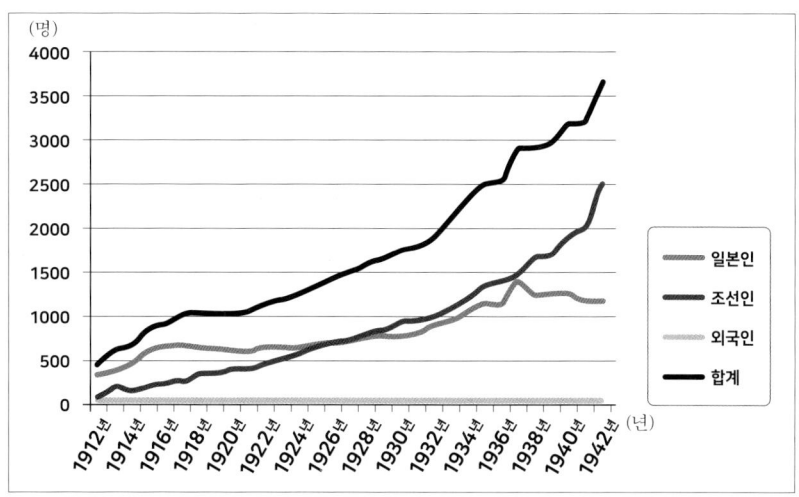

〈그림 1-1〉 식민지기 민족별 의사 구성

출처: 송규진 외, 2004, 『통계로 본 한국근현대사』, 아연출판부, 332~333쪽

11,322명 수준으로 의사가 극히 희박한 상태였고, 대부분 도시 지역에 있었다. 따라서 대부분의 조선인은 한방의의 진료를 받는 상황이었다.

1931년 말 현재 조선인 의사는 관청의(官廳醫) 100명, 개업의 837명, 기타 2인, 합계 939명이며, 일본인 의사는 관청의 303명, 개업의 514명, 기타 1인, 합계 816명이고, 외국인 의사는 34명이었다. 그런데 의료기관 가운데 가장 크고, 가장 많은 환자를 접촉하는 관공청 의사 총수 403명 가운데 일본인 의사가 303명이었고, 조선인 의사는 100명에 불과하였다. 치과의사도 조선인 관공청 의사는 겨우 4명이고, 일본인 관공청 의사는 26명이며, 개업 치과의를 보아도 일본인은 248명, 조선인은 138명으로 일본인이 110명이나 많았다.

1931년 말 현재 의생(한방의) 수는 4,472명으로 의료인력 중 가장 많았다. 진찰료가 없고, 약가가 싸기 때문에 손쉽게 진찰받을 수 있다는 장

점으로 조선인들은 대부분 의생을 찾고 있었다.

〈그림 1-1〉을 보면 조선인 의사 수가 1927년부터 더 많아지기 시작했다. 1942년에는 조선인 의사가 2,487명, 일본인 의사가 1,187명으로 조선인이 거의 두 배가 되었다. 이는 일본인 의사들이 중일전쟁 발발 이후 전장에 동원되었기 때문으로 여겨진다.

조선에서 의사를 양성할 수 있는 교육기관은 경성의학전문학교와 경성제국대학 의학부, 세브란스의학전문학교 정도밖에 없었다. 따라서 조선인 의사의 양성은 지지부진했다. 1920년대에는 매년 배출되는 조선인 의사 수가 1백 명이 채 되지 않았고, 1930년대에 와서야 1백 명 내지 2백 명 정도 되었다.

〈표 1-10〉 조선-일본 의료 인력 비교(1930)

종별\지역	조선		일본	
	총수	인구 1만 명당	총수	인구 1만 명당
의사	1,749	0.8	49,681	7.7
치과의사	416	0.2	16,065	2.5
산파	1,288	0.6	50,312	7.8
약제사	1,120	0.5	19,107	3.0

출처: 『숫자조선연구』 4집, 1933, 149쪽.

〈표 1-11〉 조선-일본 병원 수 비교(1930)

구별\지역별	병원 수	인구 총수	인구 총수를 병원 수로 나눈 수	총면적	총면적을 대한 병원 수로 나눈 수
조선	123	21,058,305	171,213	220,740.6km^2	1794.6km^2
일본	2,128	64,450,005	30,286	382,309.0km^2	179.6km^2

출처: 『숫자조선연구』 4집, 1933, 150쪽.

〈표 1-10〉과 〈표 1-11〉에서 보듯이 조선과 일본의 의사 수를 비교하면 엄청난 차이가 있었음을 알 수 있었다. 인구 1만 명당 의사 수는 조선의 경우 0.8명, 일본의 경우 7.7명으로 거의 10배 정도의 차이가 있었다. 병원 수도 조선의 경우 인구 17만 명당 1개, 일본의 경우 3만 명당 1개로 커다란 차이가 있었다.

8) 식민지(혹은 병합지)에서 전염병 퇴치는 제대로 이루어지고 있었는가?

■ 영국-인도

19세기 후반에 전염병 퇴치는 주로 인도에 거주하는 영국인을 위한 방향으로 진행되었고, 대다수 인도인은 사각지대에 머물렀다. 탈식민화가 시작된 20세기에는 식민정부의 적극적 개입이 드물었다. 그 결과 식민지 시대 말인 1941년에도 질병으로 인한 사망자의 50%는 예방이 가능한 죽음이었다는 보고서가 나왔다. 이런 배경으로 인도인의 평균 기대수명도 25세로 아주 낮았다.[85]

■ 프랑스-베트남

1888년 파스퇴르(Louis Pasteur)가 프랑스 파리에 설립한 파스퇴르연구소(L'Institut Pasteur)는 이후 100여 년 동안 전염병 퇴치에 커다란 역할을 했고, 2년 후에는 사이공에도 세워졌다. 당시 파리의 연구소에서 활동하던 예르생(Alexandre Yersin)은 1891년에 인도차이나로 여행을 떠났다가 이

---

[85] 이에 대해서는 이 책의 제2장 이옥순, 「영국의 인도 식민통치」를 참고할 것.

듬해부터 각지, 특히 중부 안남 지역을 탐험하며 식민지의 의사로 활동하였다. 1894년 몽골에서 발생한 페스트가 중국 남부, 특히 홍콩까지 미쳤을 때 인도차이나 총독의 지시로 현장에 급파되어 페스트를 연구하기 시작했다. 이 과정에서 페스트균을 발견한 예르생은 페스트가 자주 창궐하던 중국과 인도의 중간 지대인 냐짱(Nha Trang)에 정착하여 파스퇴르연구소를 세웠다. 그는 1896년에 중국 광저우에서, 1897~1898년에는 인도에서 페스트혈청 현지 실험을 진행했다. 그리고 1899년부터 고무나무 재배에 관심을 두고 나트랑의 숲에서 기른 고무나무 유액을 미슐랭(Michelin) 회사에 판매하여 연구소의 재원도 마련하였다. 1915년부터는 말라리아 치료를 연구하기 위해 기나나무 플랜테이션 재배에 관심을 두었는데, 이 시기에 달랏에서는 결핵 등을 치료하는 전지(轉地) 요양소가 발달하기 시작했다.[86]

■ 영국-아일랜드

1830~1840년대 영국에서는 사회개혁에 따라 보건국이 설치되었고, 아일랜드에서도 이를 따랐다. 1847년 구빈위원회는 빈자의 전염병을 다스리기 위한 별도의 병원을 개설하는 권한을 갖게 되었다. 이에 따라 종전에 대배심단이 세운 여러 전염병 치료병원이 폐쇄되었다. 1847년에 전염병 치료병원은 104곳, 구빈위원회 병원은 63곳이었는데, 1852년에는 대배심단이 세운 병원이 40곳, 구빈위원회가 세운 전염병 병원이 147곳

---

86 J. Brossollet, 1990, "La Découverte de Yersinia Pestis," *La Revue du Praticien*, no 11, pp. 1034-1036; Louis Geschenk, 2009, "Un Savant Estimable Peut-Il Être Pédophile? Le Cas Alexandre Yersin," *L'Élu*, no 2, pp.104-114.

이었다. 1862년에는 구빈원(workhouse) 안에 병원이 개설되었다.[87]

■ 일본-타이완

〈표 1-12〉 타이완의 페스트 환자 및 사망자 추이

연도	일본인				타이완인			
	환자	사망자	1,000명당 환자 수	사망률 (%)	환자	사망자	1,000명당 환자 수	사망률 (%)
1897	34	20	0.81	59	696	546	0.24	78
1898	171	89	4.07	52	1,062	793	0.37	75
1899	208	111	4.95	53	2,429	1,884	0.85	78
1900	84	49	2.00	58	995	760	0.35	76
1901	205	112	4.88	55	4,293	3,670	1.50	85
1902	202	116	4.30	57	2,106	1,737	0.72	82
1903	37	28	0.73	76	848	680	0.29	80
1904	99	61	1.87	61	4,395	3,309	1.47	75
1905	65	43	1.08	66	2,325	2,047	0.76	88
1906	45	29	0.63	64	3,222	2,575	1.04	80
1907	114	82	1.46	72	2,472	2,153	0.80	87
1908	14	10	0.17	71	1,256	1,049	0.40	84
1909	8	7	0.09	86	1,018	841	0.32	83
1910	0	0	-	-	19	18	0.01	95
1911	5	4	0.05	80	373	328	0.11	88
1912	2	2	0.02	100	221	183	0.07	83

---

87 Crossman, "The growth of the state in the nineteenth century," pp.555-556.

1913	0	0	-	-	136	125	0.04	92
1914	5	4	0.04	80	561	483	0.16	86
1915	0	0	-	-	74	66	0.02	89
1916	0	0	-	-	5	4	0.001	80
1917	0	0	-	-	7	7	0.002	100
1918	0	0	-	-	0	0	-	-
1919	0	0	-	-	0	0	-	-
1920	0	0	-	-	0	0	-	-
1921	0	0	-	-	0	0	-	-
1922	0	0	-	-	0	0	-	-
1923	1923년 이후 법정전염병 항목에서 페스트 항목이 없어짐							

출처: 『臺灣總督府統計書』(1897~1923)

　통치 초기 타이완총독부 위생 당국을 가장 괴롭힌 전염병 중 하나인 페스트 퇴치 과정과 결과를 살펴보자. 1896년 5월 타이완 남부와 대륙의 샤먼(廈門)을 연결하는 안핑항(安平港)에서, 같은 해 9월에 타이완 북부와 대륙의 샤먼을 연결하는 타이베이에서 페스트가 발견된 이래, 타이완은 거의 매년 (동부를 제외한) 전도에 걸쳐 페스트가 만연했다. 그 결과 1896년 최초 발생 이래 1912년 7월까지 2만 9,312명의 환자와 2만 3,414명의 사망자를 낳았다.

　이에 대해 타이완총독부는 해당 지역 공의와 경찰력을 총동원하여 페스트 환자 발견·격리와 환자가옥 소독에 주력했고, 1901년 이후부터는 불결가옥 철거, 시구 개정, 소독법을 병행함과 동시에 전도 차원의 쥐잡기 운동을 전개하는 등 다양한 방법을 시행하여 1908년부터는 페스트 확산을 누그러뜨렸고, 1918년부터는 환자가 발생하지 않아 페스트 박멸을 선언할 수 있었다. 실제로 『타이완총독부통계서』에도 1923년부터는 법정 전염병 항목에서 페스트가 제외되었다.

〈표 1-13〉 타이완·조선의 두창 환자 및 사망자 수

연도	타이완		조선	
	환자	사망자	환자	사망자
1901	261	11		
1902	285	10		
1903	39	0		
1904	23	0		
1905	23	0		
1906	19	0		
1907	1	0		
1908	28	2		
1909	19	0		
1910	102	19	2,536	481
1911	3	0	3,762	551
1912	4	0	1,142	164
1913	0	0	224	35
1914	24	10	140	12
1915	80	29	48	8
1916	0	0	48	6
1917	2	0	49	6
1918	146	40	330	111
1919	303	48	2,140	700

1920	838	240	11,532	3,614
1921	6	2	8,316	2,527
1922	97	15	3,676	1,160
1923	11	2	3,722	1,120
1924	7	0	439	85
1925	16	2	699	170
1926	93	12	1,010	237
1927	1	0	627	149
1928	1	0	290	83
1929	0	0	523	126
1930	82	8	1,418	323
1931	2	0	1,376	343
1932	61	8	2,787	544
1933	1	1	4,928	966
1934	5	0	450	135
1935	2	1	1,273	324
1936	2	0	1,400	371
1937	0	0	205	44
1938	0	0	39	10
1939	69	13	625	179
1940	7	2	3,264	629
합계	2,661	477	59,018	15,213
매년 평균	67	12	1,904	491

자료: 『타이완총독부통계서』, 1901~1940; 『조선총독부통계연보』, 1910~1940[88]

---

88 타이완·조선 공히 일본인 환자 및 사망자는 미미했으므로 매년 환자 및 사망자 총수

〈표 1-13〉에 제시된 수치를 통해 볼 때, 전체적으로 타이완의 두창 통제가 훨씬 안정적이고 효과적이었다. 타이완의 연평균 두창 환자는 67명으로 조선과 타이완의 인구 차이(약 4.5배)를 곱하면 302명이 된다. 조선의 연평균 두창 환자는 1,904명으로 조선의 인구 규모로 환산된 타이완 연평균 두창 환자 302명의 약 6.3배이다. 사망자 역시 같은 방법으로 계산하면 조선의 두창 사망자 491명은 환산된 타이완의 두창 사망자 54명(12×4.5)의 약 9.1배이다. 중요한 것은 타이완의 경우 두창 발생의 주기성(週期性)이 깨짐으로써 두창 박멸에 근접한 반면, 조선의 경우에는 1933년에 두창 환자가 재차 폭발적으로 증가하는 등 두창 박멸의 전제조건인 주기성이 일제강점기 내내 깨지지 않았다는 점이다. 요컨대 타이완의 경우 타이완인들이 가장 두려워한 전염병인 두창과 페스트 박멸에 성공하거나 근접한 반면, 조선의 경우에는 가장 심혈을 기울여 예방과 대처에 힘썼다는 두창의 경우에도 박멸에 성공했다고 하기 어려운 상황이었다.[89]

■ 일본-조선(한국)

〈표 1-14〉 식민지 조선의 각종 전염병 감염 사망자 수

연도	콜레라	이질	장티푸스	파라티푸스	천연두	발진티푸스	재귀열	성홍열	디푸테리아	유행성 뇌척수막염	합계
1910	382	339	285		481			8	25		1,520
1911	2	327	305	1	551	2		1	37		1,226
1912	78	400	252	9	164	5		7	49		964

를 각각 타이완인·조선인 환자 및 사망자의 총수로 간주했다.

89　타이완의 전염병 대처에 관해서는 문명기, 2014, 「일제하 대만·조선 공의(公醫)제도 비교연구－제도운영과 그 효과」, 『의사학』 23-2, 176~183쪽을 참조.

1913	1	309	373	28	35	2		13	44		805
1914		343	425	64	12	4		121	63		1,032
1915	1	316	415	29	8	4		156	112		1,041
1916	1,253	306	437	45	6	5		48	98		2,198
1917	1	574	501	37	6	3		31	113		1,266
1918		268	704	92	111	23		12	107		1,317
1919	11,533	401	655	90	700	119		28	73		13,599
1920	13,568	253	422	23	3,614	20		106	69		18,075
1921	1	311	485	33	2,527	18		209	93		3,677
1922	23	529	768	52	1,160	20		139	101		2,792
1923		296	541	30	1,120	6		242	141		2,376
1924		386	567	16	85	94		340	185	26	1,699
1925	5	488	906	66	170	34		158	203	11	2,041
1926	159	594	805	33	237	136		135	191	5	2,295
1927		750	700	58	149	84		179	223	58	2,201
1928		645	1,037	32	83	195		306	210	5	2,513
1929	15	742	1,039	32	126	128		345	313	91	2,831
1930		419	1,065	21	323	192		262	302	24	2,608
1931		406	914	35	343	137		319	323	58	2,535
1932	38	561	992	35	544	132		313	433	59	3,107
1933		553	1,078	39	966	152		116	406	59	3,369
1934		527	822	32	135	133		92	447	264	2,452
1935		749	1,201	49	324	153		143	524	272	3,415
1936		859	1,103	37	371	145		168	474	164	3,321
1937		815	933	25	44	111		85	608	115	2,736

1938	32	810	965	30	10	81		29	513	210	2,680
1939		1,173	1,184	39	179	146		22	680	109	3,532
1940		754	1,795	64	629	181	10	25	558	77	4,068
1941		533	1,609	39	1,061	163	26	25	503	58	3,992
1942		532	1,463	60	404	329	19	9	540	37	3,384

출처: 『조선총독부 통계연보』 각 연도판

〈표 1-14〉에서 보듯이 전염병 중 콜레라의 경우 1919년과 1920년 사망자가 각각 1만 1,533명, 1만 3,568명이었으나, 이후에는 콜레라가 크게 유행하지 않았다. 그러나 장티푸스, 이질, 천연두(두창)와 기타 전염병은 매년 발생했으며, 이로 인한 사망자 수도 적지 않았다. 특히 장티푸스, 이질 등과 같은 소화기 전염병, 그리고 천연두는 식민지 말기까지 거의 줄어들지 않았다. 전염병으로 인한 사망자 수는 1920년대보다 1930년대 이후에 더 늘어나는 실정이었다. 이는 인구 증가와도 관련이 있겠지만, 도시의 상하수도 시설 불비나 예방접종 부족 같은 상황과 더 깊은 관련이 있었다. 즉 조선총독부의 전염병 예방정책은 사실상 실패하고 있었다고 볼 수 있다.

4. 경제적 측면에서 식민 지배 비교

**1) 본국과 식민지(혹은 병합지) 사이에 관세가 있었는가?
본국 상품은 어느 정도 식민지(혹은 병합지)에 들어오고 있었는가?
식민지(혹은 병합지)에 들어오는 본국 상품은 주로 무엇이었는가?**

■ 영국-인도

영국의 동인도회사는 초기에 질 좋고 가격이 싼 인도산 직물 수입에만 집중하였으나, 이후 값싼 인도의 면화를 수입하여 공장에서 생산, 인도에 수출하는 방향으로 선회하였다. 영국이 인도에서 수입한 원면은 1701년 90만 775kg에서 1764년 175만 5,500kg으로 반세기 만에 약 두 배가 되었다. 이후 영국의 인도에 대한 면직물 수출은 1786년 156파운드에서 1813년 11만 파운드로 늘었고, 영국이 인도에서 패권을 장악한 1856년에는 630만 파운드로 급증했다. 이후 인도는 맨체스터에서 대량 생산된 직물의 거대한 시장으로 전락하였다. 19세기 말에는 인도 직물 시장의 90% 정도를 영국산이 점령했다. 인도가 20세기 초부터 스와데시운동을 시작한 원인이 여기에 있었다.

1910년 인도가 영국에서 수입하는 물량은 총무역량의 62.8%를 차지했지만 1939년에는 그 비율이 30.5%로 줄었다. 즉 전형적인 식민경제에서 벗어나고 있었다.

무역의 변화에 관세정책이 영향을 주었다. 한때 인도로 오는 영국 직물의 수입 관세가 제로인 적도 있으나 1893년 영국 상품에 대한 수입 관세는 5%로 책정되었다. 인도의 민족운동이 전국적으로 시작된 1921년에는 보호관세가 11%로 올랐고, 1932년 25%로 올랐다.

■ 프랑스-베트남

1937년 당시 인도차이나가 프랑스에서 수입하는 물품 중 수입액 비중이 높은 순으로 보면 견직물, 레이온(rayon) 직물, 금속 제품, 기계 및 기구, 자동차 및 부품 등이었다.⁹⁰

■ 미국-필리핀

1909년 태프트 정부는 필리핀 관세법(the Philippine tariff)을 확정했다. 이로써 미국과 필리핀 간에는 자유무역 관계가 수립되었다. 이에는 다음과 같은 조건이 부과되었다. 첫째, 필리핀으로 들어오는 미국 상품과 필리핀에서 수입하는 생산물은 면세이다. 둘째, 설탕과 담배는 할당된 양을 초과할 때 과세한다. 또 쌀은 과세 대상이다. 셋째, 다른 나라로부터 들어오는 수입 상품 또는 필리핀에서 미국을 제외한 다른 나라로 수출하는 경우 관세를 부과한다.⁹¹

필리핀이 미국에서 수입한 것은 주로 농기계류, 도로건설 장비, 면직물 등이었다.

■ 영국-아일랜드

영국과 아일랜드의 '합방'은 입법적 통일이자 경제적 통일이었다. 1817년 아일랜드 재무부와 영국 재무부가 통합되었고, 1826년 두 나라

---

90 佛人經濟部綜合統計課 編, 大岩誠 監修, 國際日本協會譯編, 1942, 앞의 책, 144~145쪽.

91 Garel A. Grunder and William E. Livezey, *The Philippines and the United States,*, Norman: University of Oklahoma Press, pp.110-111, pp. 115-116.

의 통화가 통일되었다. 아일랜드가 영국에서 수입하는 물품의 보호관세는 합방에 따라 폐지되었지만, 일부 품목에 대한 10% 보호관세는 유지되었다. 1826년 두 나라 사이의 모든 관세가 폐지됨으로써 영국과 아일랜드는 재정, 무역, 통화 등에서 통합된 단일 경제구역을 이루었다.

■ 일본-타이완

식민지화 이후에는 일본 본국과 식민지 타이완 사이에 기본적으로 관세가 부과되지 않았으나 기존의 무역 상대국이었던 중국, 구미 제국 등에 대해서는 높은 관세 장벽을 설치함으로써 서양 자본을 단기간에 구축하고 일본 자본이나 상품이 타이완에 쉽게 진출할 수 있는 제도적 장치를 마련했다.

식민지 타이완의 상품 수입액을 국가별로 보면, 1897~1942년 대일본 수입이 약 68%, 대중국 수입이 15%, 대구미 수입이 약 8%, 대동남아시아 수입이 약 9% 등으로 대일본 수입(=이입)이 압도적이었다. 다만 타이완인의 전통적인 소비 관습으로 인해 대중국 수입 역시 무시할 수 없는 수준이었고, 그 대부분은 소비재였다. 대일본 수입(=이입)은 주로 생산재였는데, 주로 철강 제품, 철도 자재, 기계 설비, 비료 등이었고, 소비재로는 연초(담배)와 주류가 큰 비중을 차지했다.[92]

■ 일본-조선(한국)

1920년 일본과 조선 사이의 관세는 일부 품목을 제외하고 대부분 철폐되었다. 이에 따라 일본 상품의 조선 수출이 급증하여 조선 시장을 독

---

92 游棋竹, 2003, 『臺灣對外貿易與産業發展之硏究, 1897~1942』, 稻鄕, 41~46쪽 참조.

점하게 되었고, 일본 상품은 조선 시장에서 절대적 우위를 지키면서 전 수입액의 70~80%를 차지했다.

1920년대 조선의 수입 구성을 보면 일본 완제품이 가장 많아 1921년에 75.6%, 1931년에 63.5% 등이었다. 수입된 완제품은 대부분 직물, 의류, 술, 연초 등을 비롯하여 일용생활필수품, 기계류, 금속제품 등으로 식민지 무역의 전형적인 모습을 보여 주고 있었다. 식민지 조선은 본국 일본의 독점적인 상품시장이 되어가고 있었다.

2) 식민지(혹은 병합지)에서 본국에 수출(이출)하는 것은 주로 무엇이었는가?

■ 영국-인도

1921~1925년 인도가 영국으로부터 수입한 공산품(주로 직물)은 총 수입액의 76.7%였고, 영국으로 수출한 공산품은 총액의 24.8%였다. 탈식민화가 진행된 1935~1940년에는 각각 그 비율이 64.4%와 30.0%로 다소 개선되었다. 같은 기간에 인도의 대영국 수출품 중 식량과 원료(주로 면화)의 비율도 74.2%에서 68.5%로 떨어졌다. 인도가 영국에서 수입한 식량과 원료의 비율은 21.5%에서 33.8%로 늘어났다.

■ 프랑스-베트남

1937년 당시 인도차이나가 프랑스로 수출하는 물품 중에서 수출액 비중이 높은 순으로 보면 쌀, 옥수수(玉蜀黍), 고무, 석탄 등이었다.[93]

---

93 佛人經濟部綜合統計課 編, 大岩誠 監修, 國際日本協會譯編, 1942, 앞의 책, 146쪽.

■ 미국-필리핀

대마(hemp), 선박의 삭구(cordage), 코프라(copra), 코코넛 오일(coconut oil), 설탕(sugar), 담배(tobacco), 진주 단추(pearl buttons) 등이 필리핀의 대미국 주요 수출품이었다.

■ 영국-아일랜드

아일랜드는 곡물(밀, 오트 등), 육류(소, 돼지, 양 등), 유제품(버터, 우유 등) 등의 농축산물과 위스키, 담배, 맥주, 린넨 등의 제품을 영국으로 수출하였다. 1845~1850년 대기근 이후 주곡 농업(곡물, 감자 등)에서 유제품과 육류의 혼합농업으로 발전하면서 특히 1870년대 중엽 축산물 수출이 크게 늘었다. 이 시기에는 동부 해안을 중심으로 연어, 청어, 고등어 등의 수산물 수출도 활발했다.

■ 일본-타이완

〈표 1-15〉 타이완의 주요 수출품(1870~1943)

[단위: 1,000냥(1870~1895), 1,000엔(1895~1943)]

연도	총수출액	지수	당 수출 (%)	미곡 수출 (%)	차 수출 (%)	장뇌 수출 (%)	기타 수출 (%)
1870~1874	1,720.2		63.40	-	22.00	4.24	10.36
1875~1879	2,823.2		46.96	-	45.22	2.27	5.55
1880~1884	4,272.8		39.94	-	53.16	1.24	5.66
1885~1889	4,357.4		25.19	-	69.40	0.46	4.95
1890~1894	5,706.8		26.97	-	59.09	7.90	6.04
1868~1895	3,560.1		36.22	-	53.49	3.92	6.37

1896~1899	14,489.8		19.22	12.82	43.67	12.56	11.73
1900~1904	19,016.2	100	17.01	20.93	29.45	15.31	17.30
1905~1909	32,284.8	170	33.75	24.13	17.84	9.70	14.58
1910~1914	59,936.4	315	48.79	15.95	11.30	7.70	16.27
1915~1919	130,192.4	685	50.85	13.63	6.56	4.19	24.78
1920~1924	195,767.6	1,030	56.72	12.54	4.68	2.92	23.13
1925~1929	256,325.2	1,348	45.08	23.86	4.33	1.58	25.15
1930~1934	251,476.8	1,322	50.21	24.62	3.05	1.27	20.87
1935~1939	445,652.2	2,344	43.01	27.53	2.99	1.09	25.39
1940~1943	471,000.0	2,477	41.93	16.14	5.77	0.65	35.51

출처: 커즈밍 저, 문명기 역, 2008, 『식민지 시대 대만은 발전했는가-쌀과 설탕의 상극, 1895~1945』, 일조각, 93쪽.

식민지화 이전 타이완의 주요 수출품은 설탕, 차, 장뇌 등 소위 청대 타이완의 3대 수출품이 주종을 이루고 있었다. 설탕은 주로 중국과 일본에, 차는 주로 미국, 영국 등의 구미(歐美)에, 장뇌는 영국, 독일 등의 유럽 지역으로 수출하고 있었다. 식민지화 이후에는 설탕, 차, 장뇌 중 차와 장뇌의 수출 비중이 줄고 설탕 수출이 늘었는데, 설탕 무역은 타이완총독부의 집요한 노력으로 타이완에 거대 제당회사들이 설립되면서 대일본 수출을 위주로 하게 된다. 타이완의 수출이 식민지화 이전과 이후에 달라진 점은 미곡 수출이 늘어난 것인데, 이는 1910년대 말 일본 내지에서 일어난 쌀소동으로 인해 타이완의 미곡 수출이 장려된 결과였다.

■ 일본-조선(한국)

1910년대 조선의 수출을 보면 식료조제품(食料粗製品, 쌀, 잡곡, 수산물 등)이 압도적으로 많았고, 총 수출액 중에서 차지하는 비율은 1910년 66.4%, 1919년 67.8%였다. 식료조제품에서는 곡물이 대부분으로, 곡물은 1910년 총 수출액의 64.2%, 1919년 총 수출액의 60.9%였다. 수출하는 곡물 대부분은 쌀이었다. 당시 일본은 급격한 인구 증가로 식량부족에 시달리고 있었기 때문에, 조선에서 쌀을 값싸게 대량으로 수입하여 식량 문제를 해결하고자 하였다.

1920년대에 들어서도 이러한 상황은 크게 바뀌지 않았다. 1929년 대일수출품 가운데 식료조제품이 차지하는 비중은 61.5%였다. 그 결과 조선에서 생산된 미곡 가운데 대일본 수출이 차지하는 비중도 갈수록 커졌다. 1917~1921년 미곡 생산고는 연평균 1만 4,100석, 대일본 수출량은 2,196석으로 생산액의 15.6%였는데, 1922~1926년에는 미곡 생산고 14,500석, 대일본 수출량 4,343석으로 30.0%, 1927~1931년에는 미곡 생산고 1만 5,798석, 대일본 수출량 6,607석으로 41.8%, 1932~1933년에는 미곡 생산고 16,108석, 대일본 수출량 7,770석으로 48.2%였다. 조선의 미곡 생산액의 40% 이상이 일본으로 반출되고 있었다.

이밖에도 콩의 경우 1928년 생산고의 28%가 일본으로 수출되었으며, 면화의 경우 1919~1921년 연평균 생산고의 28.7%, 생사의 경우 연평균 생산고의 60~70%가 일본으로 수출되었다. 조선은 일본에 식량과 공업원료를 제공하는 식민지 역할을 충실히 하고 있었다.[94]

---

94 이상은 박경식, 1986, 앞의 책, 117쪽, 285~286쪽 참조.

3) 식민지(혹은 병합지) 경제를 본국 자본 혹은 본국 이주민들이 사실상 장악하고 있었는가? 그렇다면 그 방법은 무엇이었는가?

■ 영국-인도

인도의 경우에는 분야에 따라 시기에 따라 달랐다. 1850년대 중반에 개시된 철도산업은 거의 다 영국인이 투자하고 소유했다. 철도는 인도에 투자된 영국의 첫 자본이었고, 투자자들은 모두 영국인이었다. 초기 투자자는 연 5%의 보장된 이익을 챙겼다. 인도의 철도 부설로 영국의 관련 산업(레일, 동력기관, 롤링스톤 산업 등)도 비약적인 성장을 기록했다. 영국 본국은 열차 운행에 필요한 석탄까지 공급하며 이득을 배가했다.

1911년이 되면 동부지방 황마(주트) 산업의 98%, 홍차 산업과 철도 공작소를 포함한 기계공업의 약 90%를 유럽인이 차지했다. 반대로 서부지방의 방직공장과 농업과 연계된 정미소의 95%가량은 인도인의 소유였다.[95] 그러나 식민지 시대 말에는 민족주의운동이 거세지면서 황마산업과 홍차 농장도 거의 다 인도인의 손에 넘어갔다.

정확한 기록은 없지만 제1차 세계대전 때부터 인도 내수시장은 인도인 상인이 장악했다고 알려졌다.

■ 미국-필리핀

1930년경 필리핀의 경제 상황은 다음과 같다.

필리핀 상업의 95%가 외국인의 수중에 있었다. 소매업은 중국 상인들

---

95 Amiya Bagchi, 1971, *Private Investment in India 1900-1939*, Cambridge University Press, p.183.

이, 소수의 큰 기업은 미국인, 스페인인, 영국인 등이 각각 장악했다. 따라서 필리핀 상인들은 정치가들의 기업 입법행위에 영향력을 미칠 정도의 세력을 지니고 있지 못했다. 이 때문에 필리핀 정치인들은 외국기업을 배척하고 강탈적인 세금을 부과했다. 이 때문에 외국인들은 필리핀에 투자하기를 꺼렸다. 마닐라에 거주한 미국인은 이를 방해시스템(system of discourage)으로 묘사했다.

필리핀 토지법(1902)도 기업의 발전을 막는 장애물이었다. 개인은 물론 기업의 국유지 소유 및 임차에 제한을 둠으로써 대기업(big business) 출현을 막았다. 이 법의 목적이 이 법을 제국주의의 도구로 악용하는 것을 막는 데 초점을 맞추었기 때문이다. 즉 기업인들에게 섬을 착취할 기회를 주지 말고, 다시는 성직자 토지처럼 외국인의 통치하에 두지 말자는 것이 입법 취지였다. 둘째, 필리핀 국토의 80%에 해당하는 국유지는 기본적으로 필리핀인에 의해 개발되어야 한다고 생각했다. 이 법은 1919년에 수정되어 정착 농민에게 불하받을 수 있는 토지의 면적을 늘렸지만, 효과는 별로 없었다. 그런 면적의 땅을 가지고는 '작은 규모의 플랜테이션(small plantation)'을 시작조차 할 수 없었다. 자본을 투자함에 있어서 간접 비용의 부담이 크고, 자본 회수도 불투명하기 때문이다. 고정적인 이윤을 보장하려면 최소 10만 에이커 정도는 되어야 했다. 고무 플랜테이션을 하는 영국인은 평균 4,000~1만 5,000에이커를 가지고 있었다. 즉 토지법에 의해 허락된 54에이커로는 플랜테이션은 어려웠다.[96]

---

96 Nicholas Roosevelt, 1931, *The Philippines: A Treasures and a Problem*, New York, J.H. Sears & Company, INc. pp.152-153. pp.165-161.

■ 영국-아일랜드

합방 시기 영국계 프로테스탄트 아일랜드인 지주는 아일랜드 토지의 95%를 소유하였다. 그것은 16세기 이래 여러 차례의 정복과 입법을 통해 가톨릭의 토지를 몰수하여 잉글랜드계 혹은 스코틀랜드계 이주민과 군인에게 분배한 결과였다. 1870년대 중반 500에이커 이상의 토지를 소유한 지주는 6,500명이었고, 경작지의 48%가 5,000에이커 이상을 소유한 소수 엘리트 지주층 700명에 의해 독점되었다.[97] 오코널(Daniel O'Connell) 가문의 사례에서 보듯이, 극소수의 가톨릭 지주는 지역적 상황, 인적 연계 등을 이용하여 지주로 살아남았다. 한편 남부 일부 대도시와 북부의 산업지역에서는 영국계 프로테스탄트 자본가가 지배하였다.

■ 일본-타이완

식민지 시대 타이완 경제는 대체로 일본 자본의 압도적인 우위 속에서 전개되었다고 보아도 과언이 아니다. 다만 일본 자본은 타이완 경제의 주요한 두 부문, 즉 미곡 부문과 자당(蔗糖, 사탕수수) 부문 중 본국 경제 및 본국의 무역수지와 밀접하게 연관된 자당 부문에는 집중적인 투자와 수직계열화, 사탕수수 가격 통제 등을 통하여 철저히 장악하였으나, 미곡 부문에 대해서는 투자 가치를 느끼지 못해 방임에 가까웠다. 타이완의 수전(水田)을 장악한 타이완 토착 자산계급은 미곡 부문에서는 일정한 경제적 지배력을 잃지 않고 유지하고 있었다.

---

97 Andy Bielenberg, 2018, "The Irish economy, 1815-1880: agricultural transition, the communications revolution and the limits of industrialisation," in James Kelly ed., *The Cambridge history of Ireland, v.3, 1730-1880*, Cambridge University Press, p.201.

■ 일본-조선(한국)

1910년대 전반기에는 일본 자본의 진출이 주춤하였으나, 후반기에는 제1차 세계대전을 계기로 팽창한 일본 자본이 조선에 진출하기 시작하였다. 그 결과 1910~1919년에 공장 수는 12.6배, 자본금은 16.2배, 종업원은 6배, 생산액은 24.4배로 늘어났다. 또 1910년대 초 조선에서 이뤄진 일본인 공업은 정미업, 양조업, 조면업, 방적업 등이 주된 것이었는데, 1916년 이후에는 방적업, 경질제도업, 시멘트제조업, 제철업, 펄프업, 양조업, 연초, 피혁, 통조림, 유리, 성냥제조업, 제당업 등으로 그 영역이 크게 확산하였다.

1920년 4월 조선총독부의 「회사령」 폐지로 회사 설립이 허가제에서 신고제로 바뀌자 제1차 세계대전을 계기로 축적된 일본 자본이 조선에 진출하기 시작했다. 1920~1930년에 일본 자본으로 설립된 주요 회사 중 미쓰이(三井)와 노구치(野口) 계통이 압도적으로 많았다. 일본인 회사를 보면, 1921년에 회사 수가 541사, 자본금이 1억 4,909만 6,000원이었던 것이 1929년에 1,237사, 1억 9,373만 7,000원으로 늘어났다. 또 일본에 본점을 두고 조선에 지점을 둔 회사의 자본투자도 크게 증대하였다.[98]

1931년 만주사변 이후 만주 시장이 열리면서 조선이 대륙으로 가는 루트가 되자, '공장법'도 없는 조선에서 값싼 노동력을 노린 독점자본이 본격적으로 몰려오기 시작하였다. 그리고 일본질소의 노구치 재벌이 조선수력전기주식회사를 창립하고, 1929년에는 부전강 제1발전소가 송전을 개시하였다. 이에 따라 1930년대 후반기에는 전기·화학 공업을 중심으로 한 새로운 공업이 발흥하기 시작하였다. 특히 조선에서는 풍부하고

98　박경식, 1986, 앞의 책, 274쪽.

값싼 자원과 노동력을 이용할 수 있고, 일본과 같은 중요 산업통제법이나 공장법이 없었고, 또 만주와 중국 시장 진출도 유리하였기 때문에 초과이윤을 노리는 일본 자본들이 본격적으로 조선에 진출하기 시작하였다.[99]

1930년대 조선의 공업화는 미쓰이, 노구치 재벌 등 일본독점자본의 주도하에 진행되었다. 이에 따라 조선에서의 공업은 식민지적 성격을 더욱 강하게 띠었는데, 이는 일본독점자본의 전적인 지배, 일본공업에 종속, 공업 각 부문의 타 부문과의 유기적 연계성 결여, 공업 각 부문 발전의 불균형성, 생산배치의 지역적 편파성, 조선인 자본의 취약성, 기술의 저수준 등으로 나타났다.[100]

4) 식민지(혹은 병합지) 사람들의 경제적 형편은 더 좋아졌다고 볼 수 있는가? 경제성장은 이루어졌다고 볼 수 있는가?

■ 영국-인도

오히려 빈곤해졌다. 영국이 지배하면서 인도는 전례가 없는 대기근을 여러 차례 겪었다. 1876~1900년에 2천만 명이 기근으로 사망했는데, 이는 영국 통치 이전 2천 년간 있었던 17번의 대기근에 비해 엄청나게 증가한 수치였다.[101] 영국의 빅토리아 여왕이 인도 제국을 선포하고 왕위를 계

---

99 박경식, 1986, 앞의 책, 436쪽.
100 박경식, 1986, 위의 책, 457쪽.
101 Richard Peet; Michael Watts, eds. 2004, *Liberation Ecologies: Environment, Development and Social Movements*. London: Routledge, pp.44-49. W. Digby, Prosperous British India: A Revelation from the Official Records, London: Allen and Unwin, 1901에도 이 문제가 언급되었다.

승할 그의 아들이 인도에서 치러질 대관식에 참석한 1876년 무렵에도 면화 산지 데칸에서만 550만 명이 아사했다. 1943년 벵골 지방에서는 약 300만 명이 아사한 비극도 있었다. 당시 영국 총리인 처칠은 곡창지대인 벵골에서 식량을 거의 다 유럽으로 실어 가면서도 인도인을 구할 방안을 의도적으로 무시했다. 노벨경제학상을 받은 아마르티야 센은 어린 나이에 1943년 고향의 대기근을 직접 겪고 경제학자로 빈곤 퇴치에 공을 세웠다. 식민 통치가 끝난 인도의 빈곤층은 총인구의 70%가 될 정도였다.

영국이 인도에서 동인도회사를 통해 고전하던 1700년 인도는 세계 GDP의 22.6%를 차지하며 번성을 구가했다. 그러나 영국이 인도에서 전성기를 누리며 제국을 선포하기 직전인 1870년 그 비율은 12.2%로 떨어졌다. 인도를 식민지로 만들어 승승장구한 영국은 같은 기간에 2.8%에서 9.1%로 성장하였다. 이후에도 영국의 수탈은 이어져 1950년 영국이 인도를 떠난 직후의 인도 경제는 세계 GDP의 4.2%를 차지할 정도의 빈곤국이 되었다.[102] 영국의 통치 마지막 50년간 인도의 GDP 성장률은 연 1%가 안 되었다. 인도가 세계산업생산량에 차지한 비율은 영국이 인도에 첫 식민지를 차지할 무렵인 1750년 25%에서 1900년 2%로 전락했다.[103]

■ 프랑스-베트남

현지인들은 계층에 따라 경제 상황이 달랐다. 일반 평민들은 19세기 말부터 20세기 초기의 직접세·간접세 정책으로 가장 큰 피해를 보았기

---

102 Angus Maddison, 2003, *The World Economy: A Millennial Perspective*, New Delhi, Overseas Press, pp.257-261.

103 Jeffrey G. Williamson, David Clingingsmith, 2005.8, India's Deindustrialization in the 18th and 19th Centuries(PDF), Harvard University.

때문에 1908년 항세(抗稅) 운동에도 적극적으로 가담했다. 그런데 친불파 베트남인들 중에서는 중소 자본가나 대지주로 성장한 사례도 있었기 때문에, 이들의 경우에는 경제 상황이 호전되었다고 평가할 수 있다. 그리고 프랑스 식민 당국과 현지인들 사이에서 성장한 화교 계층은 다른 동남아 화교들과 마찬가지로 경제적인 호황을 누렸고, 이러한 환경은 현지인들의 경제민족주의를 자극하는 요인이 되기도 했다.

■ 영국-아일랜드

합방 이후 대기근(1845~1849)까지 아일랜드인의 경제적 형편은 합방 이전과 비교하면 큰 변화가 없었다. 다만, 더블린과 벨파스트 같은 대도시에서 상업과 제조업이 발달했고, 영국의 축산물 수요 증가에 따른 축산업 발달도 이루어졌다. 대기근 시기에 빈농과 농업노동자층이 특히 큰 타격을 받았다. 1850년대 이후 1870년대 전반까지는 연합왕국 전체의 호황(중기 빅토리아 시대의 번영) 덕분에 아일랜드인의 경제적 상황이 호전되었다. 농촌인구가 감소하고, 농업 부문에서 생산성이 증대하면서 19세기 3분기에 아일랜드 농민의 처지는 개선되었다. 여기에는 대기근 이후 계속된 이민의 효과도 작용하였다.

그러나 1877~1879년 흉작과 유럽 차원의 대불황으로 상황은 악화하였다. 이 시기에 장기 집권한 보수당 정부의 '건설적 합방주의(constructive unionism)' 정책은 악화한 상황을 타개하고 가톨릭 농민을 자치당과 분리하려는 의도에서 나왔다.

한편 1815~1845년 시기에 임금, 급여, 지대 등에서 평균적인 생활 수준 향상이 있었지만, 이는 빈곤층 이상의 계층에서 나타난 현상이었다. 부의 분배는 매우 불균등했다. 그러나 대기근 이후에는 전반적인 수준 향상이 더 뚜렷했다. 1815~1881년 시기에 담배, 맥주, 밀, 차 등의 1인당 소비는 증가했다. 그러니 얼스터와 나머지 지역의 편차가 심했다.[104]

영국의 산업화와 도시화는 아일랜드 농업의 상업화와 제조업 발달에 큰 영향을 끼쳤다. 대기근 이후 경제성장이 현저했다. 이 시기에 아일랜드 경제는 영국의 '중기 빅토리아 시대의 번영'과 병행하였다. 그러나 주력 산업인 린넨, 선박, 기계, 철강 등 제조업이 발달한 벨파스트 중심의 얼스터 일부와 나머지 지역 간의 편차가 컸다.

■ 일본-타이완

식민지 시대(1903~1940) 타이완의 1인당 GDP 성장률은 대체로 1.97% 또는 2.19%로 추계되고 있다. 최근 식민지 시대 타이완 경제사 연구는 식민지 타이완의 지속적인 경제성장과 그에 따른 타이완인의 생활 수준 향상을 증언하는 연구들이 적지 않다. 한 연구는 1918~1937년에 (1930년대 초 세계 농업공황이라는 악영향에도 불구하고) 타이완총독부의 농업기술 혁신이 불경기의 타이완 농가소득에 대한 불리한 영향을 크게 줄일 수 있었다고 보았다. 즉 식민지 시대 타이완 전체 농가소득 분배의 불평등은 시간이 지날수록 축소되었고, 특히 미작(米作) 농가 소득분배의 불평등은 1918~1937년에 눈에 띄게 축소되었다고 보았다. 다른 연구는 식민지 시대 전반기 타이완인의 신장 변화, 그리고 식민지 시대 후반기 타이완 농가의 엥겔계수 분석 등을 통해 생활 수준을 측정했다. 신장의 경우 1908~1910년에 출생한 타이완인 남성은 1887~1889년에 출생한 남성

104　Hilary Larkin, 2014, *A history of Ireland, 1800-1922: theatres of disorder?*, Anthem Press, pp.119-131.

보다 2.62cm 컸고, 같은 조건의 여성은 2.48cm 컸다. 그리고 식료품비는 1908~1942년에 (1940년대 초반 전쟁에 따른 상승 추세로 전환한 것을 제외하면) 꾸준히 하락하는 추세였음을 근거로 식민지 시대 타이완인의 생활 수준 향상을 주장하고 있다. (이 책 제6장 제3절 참조)

■ 일본-조선(한국)

흔히 '식민지근대화론자'라고 불리는 한국의 일부 경제학자들은 식민지시기 조선의 연평균 총생산은 3.6%의 성장률을 보였다고 주장했다. 구체적으로는 1913/1917~1936/1940년에 농업은 1.7%, 공업은 10.2%, 건설업은 8.4% 성장했다고 주장했다.[105] 이들에 따르면, 조선 전체의 경제 규모가 커졌을 뿐만 아니라 조선인의 경제 규모도 그 이전보다 성장했다고 한다. 즉 조선인이 소유한 공장 수가 1910년에 39개였지만, 1938년에는 3,963개로 증가했다는 것이다. 공장노동자 수도 1929년에는 8만 4,420명에서 1941년에 27만 2,221명으로 늘어났다고 한다.[106]

그러나 이에 대한 반론도 만만치 않았다. 1938년 조선의 회사 수와 납입자본을 비교해 보면, 회사 수에서는 일본인 : 조선인이 57.9% : 42.1%였지만, 납입자본에서는 일본인 : 조선인이 88.6% : 11.4%였다. 1940년 민족별 공장의 공칭자본금은 일본인 : 조선인이 94% : 6%로 커다란 차이를 보였다. 조선인들이 많이 진출했던 식료품 공장의 경우에도 공칭자본금은 일본인 : 조선인이 93% : 7%의 차이를 보였다. 즉 공업화가 진행되었다는

---

[105] 안병직 편, 2001, 『한국경제성장사』, 서울대학교출판부에 실린 박섭과 박이택의 논문 참조.

[106] 박섭, 2004, 「식민지기 한국의 경제성장」, 『식민지근대화론의 이해와 비판』, 백산서당, 19쪽.

1930년대 조선에서의 공업화는 일본 자본에 의해 독점되었다는 것이다. 따라서 이른바 '공업화'가 진행되었다는 1930년대에도 조선인의 경제를 보면 '공업화'가 제대로 이루어지지 못했으며, 오히려 저지·탄압당했다고 주장한다.[107]

또 일제강점기 조선인들의 생활 수준과 관련해서도 논쟁이 있었다. 한편에서는 인구의 압도적 다수인 하위계층인 비농업 미숙련 노동자층과 빈농·농업노동자층의 경우, 실질소득이 1920년경 이후 정체 내지는 감소하여 결과적으로 식민지사회의 소득분배 악화를 주도하였다고 주장하였다.[108] 이에 대해 다른 한편에서는 1910년대 초부터 1930년대 말까지 1인당 소득과 소비지출은 각각 연 2.3%, 연 1.9% 증가하였다고 주장하였다. 비록 곡물 소비는 줄어들었지만 대신 육류, 소채과실, 어패류, 장류, 가공식품 등의 소비는 증가하여 1인당 총 칼로리 소비는 거의 감소하지 않았다고 주장하였다.[109] 그런가 하면 1920~1930년대에 조선 전체 인구의 3%도 안 되는 일본인이 국내 총소득의 24~25%를 차지했지만, 조선인이 차지하는 비율이 하락하지 않았다는 주장도 있었다.[110]

그러나 1930년대에 많은 농민이 만주로 농업 이민을 떠나거나 많은 빈농·노동자들이 일본으로 노동취업을 떠난 것, 또 농촌의 절량농가·춘

---

107 신용하, 2009, 「일제의 식민지 공업정책과 한국 사회경제, 1930~1945: 일제의 '식민지근대화론', '개발론', '산업혁명론', '시혜론' 비판」, 『식민지근대화론에 대한 비판적 성찰』, 나남.
108 길인성, 1996, 「식민지 조선과 생활 수준 논쟁」, 『서강경제논집』 26호 참조.
109 주익종, 2005, 「식민지기 조선인의 생활 수준 – 논쟁의 재검토」, 『새로운 한국경제발전사』, 나남출판 참조.
110 木村光彦, 1997, 「朝鮮における民族間所得分配」, 『國民經濟雜誌』 175-2, 神戶大學經濟經營學會.

궁농가가 갈수록 늘어나 50%에 육박하였던 것 등을 감안하면 과연 이 시기 조선인들의 생활 수준이 향상되었다고 볼 수 있을지 의문이다.

위와 같은 논쟁들과 기존의 연구성과를 참고하면, 설사 식민지 조선에서 공업화가 이루어지고 경제성장이 어느 정도 이루어졌다고 할지라도, 그 성과물은 대부분 일본 자본과 재조선 일본인에게 돌아갔고, 그 일부가 조선인 자본가와 지주들에게 돌아갔을 뿐 대다수의 조선인 노동자나 농민들에게는 거의 돌아가지 않았으며, 특히 노동자와 농민들은 이 시기 오히려 몰락하여 조선에서 만주로 농업 이민을 가거나, 취업을 위해 일본으로 가지 않으면 안 되는 상황에 있었다고 볼 수 있다.

5) 식민지(혹은 병합지)의 토지와 관련된 어떤 법제적 정비가 이루어졌고, 전국적 토지조사가 이루어졌는가?

■ 영국-인도

역사와 문화가 다른 넓은 인도에는 지역에 따라 토지제도가 다양했다. 당연히 영국이 통치하는 지역에서 이뤄진 토지개혁도 한 가지가 아니었다. 1793년 도입된 동부 벵골 지방 등지의 자민다리(지주) 제도가 대표적인 토지개혁인데, 그 요체는 현지 전통을 무시하고 영국식 지주제를 적용한 점이었다. 즉 조세 징수권만 가진 계층에게 토지의 소유권을 인정, 지주로 만들고 그들로부터 고정 비율의 세금을 징수하였다. 그 결과 도시에 거주하는 대다수의 새 지주는 직접 세금(수확량의 90%를 정부에 내고, 10%를 자기의 몫으로 함)을 정부에 납부하고, 이익을 극대화하기 위해 더 많은 소작료를 내는 농민에게 경작권을 이양하였다. 이로 인해 수많은 농민이 세습경작권을 잃고 빈곤해지는 결과를 낳았다. 멀리 도시에 거주하는 친정부적 새로운 지주는 농민과 소원했고, 심리적 갈등을 덜고 더 많은 부담을 경작자에게 전가했다.

1833년에 북부 갠지스 평야에 도입된 마할와리 제도는 각 마을의 가장들을 지주로 인정하고, 농민들이 이들과 더불어 정부에 납세를 책임지는 방식이었다. 처음엔 총산출량의 90%를 세금으로 거뒀으나 나중엔 65%로 낮췄다.

■ 미국-필리핀

① 국유지 불하 사업

미국이 스페인으로부터 필리핀을 획득함으로써 미국은 필리핀 국유지의 소유자가 되었다. 미국은 국유지 전체 면적을 필리핀 전체 면적인 2,960만 4,500헥타르 중에 대략 2,769만 4,500헥타르에 달하는 것으로 평가했다. 미국은 1902년 필리핀 정부 구성 기본법(Philippine Organic Act)을 제정하여 필리핀 위원단에게 다음의 권한을 주었다. 첫째, 국유지를 분류할 수 있다. 둘째, 664만 2,571헥타르에 달하는 국유 농경지를 개인과 기업에 불하한다[개인은 최대 16헥타르(hectares)를, 기업은 1,024헥타르를 구입(purchase) 또는 임차(lease)할 수 있다].[111]

또 기본법은 1898년 8월 13일 이전에 국유지를 점유하여 경작해온 필리핀인들에게 국유지의 자유로운 양도권을 보장했다. 필리핀 위원단은 1903년 필리핀 국유지법(the Public Land Act)을 통과시켰다. 이 법에 따라서 국유지 양도를 신청하고, 16헥타르의 국유 농경지(정착 농장, homestead)을 불하받을 수 있었다. 이를 위해 20페소를 지급해야 하고, 농장에 5년

---

[111] *The Philippines and the United States*, p.136.

이상 계속 거주하며 경작해야 하며, 농장을 매각하거나 저당 잡히지 않아야 하며, 농장을 분할하면 안 된다. 그러나 현실적으로 국유 농경지 매입을 신청하여 승인된 경우는 거의 없었다. 1904~1913년 1,103건이 신청되었지만, 승인된 경우는 200여 건에 불과했다. 신청은 거의 개인이 했다.[112]

② 성직자 토지 매각 및 불하사업

필리핀 민선 총독 태프트는 사유지 중 가톨릭이 보유한 성직자 보유 토지(약 40만 에이커)를 매입하고, 이를 다시 농민에게 불하했다. 그는 1903년 12월 교황령 소속의 성직자 보유 부동산을 약 693만 달러에 매입하는 협정을 맺고 인수한 후 성직자 보유 토지법(Friar Lands Act)을 제정하여 성직자 토지 불하 방법을 마련하였다. 이 법에는 약 6,000~7,000명의 소작농에게 우선매입권을 주도록 명기하였다. 성직자 보유 부동산 중 경작지는 약 14만 6,000에이커에 달했으며, 이 중에 6만 3,000에이커는 매각을 통해서, 8만 3,000에이커는 불하되었다.[113]

■ 영국-아일랜드

대기근 시기를 포함하여 1870년 이전의 토지법은 영국식 토지 보유 관계(지주-부농-농업노동자 삼분구조)를 아일랜드에 적용하려고 했으나 효과는 작았고, 기본적으로 토지 재산에 대한 국가의 간섭을 거부하였다. 1870년 이후 여러 토지법이 제정되었다. 그 특징은 토지 재산에 대한 간섭을 강화하는 방향이었다. 1870년 이후 제정된 토지법들은 차지인의 보

---

112 권오신, 2000, 앞의 책, 148쪽.
113 권오신, 2000, 위의 책, 149쪽.

유권 안정을 통해 지주-차지인 관계를 개선하는 단계를 거쳐 차지인이 영국 정부의 재정 지원을 받아 지주의 토지를 매입하여 자작농(peasant proprietorship)이 되는 단계로 이행하였다. 그 결과 제1차 세계대전 무렵 아일랜드에서 자작농 체제가 수립되었다.[114] 또 1824~1846년에 과세 목적을 위해 아일랜드 전역에 지리 측량이 이루어졌다(Ordnance Survey of Ireland).

■ 일본-타이완

토지세를 개발 잠재력이 가장 큰 세원으로 인식한 타이완총독부는 토지조사사업을 식민 통치 첫 단계의 핵심정책으로 간주하고, 이를 통해 사회간접자본 건설비용과 행정경비를 충당하려 했다. 고다마 겐타로와 고토 신페이는 토지세를 확대하기 위해서는 우선 정밀한 지적도를 만들어 토지 소유권 확인, 토지등급 구분, 토지가격 평가 등에 활용해야 한다는 점을 잘 알고 있었다. 더욱 중요한 것은 정밀한 지적자료가 완성되어야만 근대적 토지 소유제를 수립하여 소유자 겸 직접 경영자에게 징세할 수 있게 되고, 이로써 (국가와 토지 소유자 간의) 중간적 존재[예컨대 서리(胥吏)나 지역 엘리트]의 방해를 받지 않을 수 있었다. 즉 타이완총독부는 표준화된 토지세와 각종 전(前) 자본주의적 속박을 벗어난 토지소유권을 통해 재원을 넓히고, 나아가 행정·건설 비용을 충당하려 한 것이다. 근대적 토지 소유제는 징세에도 유리할 뿐 아니라 토지 이용과 농업생산의 상품화에도 유리한 사회·경제적 조건을 창출하게 된다. 이외에도 근대적 토지 소유제 수립의

---

114 상세한 내용은 이 책의 제5장 김기순, 「영국의 아일랜드 지배, 1801~1921」, 제4절 (토지 문제) 참조.

당초 목적 중 하나는 일본 자본의 토지 투자와 타이완 농업생산에 침투를 방해하는 구조적 장애를 제거하는 것이었다.

1898년에 시작되어 1903년에 종결된 토지조사사업은 토지 소유 상황을 파악하여 등기하는 것은 물론, (수확량, 수익률, 소작 관계 및 매매가격 등) 토지 정보를 수집하여 토지등급을 판정하여 이를 토대로 과세기준을 마련하였다. 강력한 경찰체제와 모국의 풍부한 자금 지원 속에 진행된 토지조사사업의 규모와 정밀도는 유명전(劉銘傳)이 1886년 지세개혁을 추진할 당시의 수준을 훨씬 뛰어넘었다. 토지조사사업의 결과 과세 대상 토지면적은 63만 3,065갑(甲), 토지세 총액은 298만 9,287.1엔으로 청 말의 3배에 이르는 규모였다. 토지측량이 완료된 후 총독부는 1년분 대조액의 3~5배에 해당하는 공채(公債)로 대조권(大租權)을 보상함으로써 당시 60% 정도의 토지에 설정되어 있던 대조권을 모두 구매해버렸다. 이 공채들은 대규모 투매(投賣)로 인해 눈 깜짝할 사이에 액면가의 40~50%로 가치가 떨어졌다. 1905년의 토지세 인상 후 토지세 총액은 297만 5,736엔, 즉 1903년의 3.2배 규모로 급증했다. 총독부가 대조권을 보상하는 데 투입한 공채 총액을 액면가의 90%로 계산하더라도 총 377만 9,479엔에 불과한 규모였다. 결과적으로 총독부는 매년 증수되는 200만 엔 전후의 토지세로 대조권 보상금을 쉽게 메울 수 있게 되었다.[115]

■ 일본-조선(한국)

조선총독부는 1912년부터 1918년까지 토지조사사업을 실시하여 필지별로 토지소유권자를 확인하고, 토지가격을 조사하여 지세 부과의 근

---

115 커즈밍저, 문명기 역, 2008, 앞의 책, 236쪽.

거를 만들었다. 이 사업의 1차 목적은 토지대장이나 지세대장에서 누락된 경지를 모두 찾아내고, 필지별로 토지소유권자를 확인하여 법적인 권리를 부여하고, 이를 등기부에 기록하는 것이었다. 이를 통해 총독부는 일본인 지주와 조선인 지주의 토지소유권을 법적으로 확고하게 함으로써 토지매매와 이용을 활성화하고자 했다. 그 결과 재조선 일본인들뿐 아니라 일본에서 재벌 등 농업자본이 대거 들어와 토지를 사들였다. 일본인 지주들, 특히 대지주가 대거 늘어났으며, 조선인 지주들도 적극적으로 토지매입에 나섰다. 일본인 지주들은 고리대로 토지를 저당 잡은 뒤 빚을 갚지 못하면 저당 잡은 땅을 빼앗기도 했다. 그 결과 자작농의 비율이 줄고 소작농의 비율은 갈수록 높아져 갔다.

이 사업의 두 번째 목표는 지세 부과 대상에서 누락된 토지들을 찾아내고, 지가를 기준으로 지세를 부과함으로써 지세를 크게 확충하는 것이었다. 1910년대 총독부 재정에서 지세가 차지하는 비중은 10~16% 정도였는데, 이 사업을 전후하여 2배 정도로 늘어났다. 물론 새로 지세대장에 올라간 토지 중에는 1910년대에 새로 개간한 토지들도 있었다. 또 총독부는 과거의 역토, 둔토, 궁방전 등을 모두 국유화하여 이를 역둔토라는 이름으로 붙여 총독부가 직접 소작료를 거두어 총독부 재정에 보탬이 되도록 하였다. 그 비중은 지세의 6분의 1 수준이었다.[116]

---

116 이상은 『조선총독부통계연보』 각년판 참조.

7) 식민지(병합지) 시기 농지의 지주-소작 관계는 일반적이었는가? 그렇다면 당시 소작료율은 몇 퍼센트 정도였는가?

■ 영국-인도

식민지 시대 말에도 경작농지의 약 60~70%를 지주가 소유했다. 소작료는 지역에 따라 편차가 있으나 수확량의 50%를 넘는 것이 일반적이었다. 북부의 곡창지대 편자브 등 일부 지역에선 80%가 넘었다. 농촌인구의 70%는 토지가 없었고, 19세기 후반부터 대외 수출하는 상업 농사가 증가하면서 빚을 많이 진 농민이 대폭 늘어났다. 식민 통치기에는 각지에서 기근이 자주 일어나 많은 인구가 아사한 것은 그 결과였다.

■ 미국-필리핀

성직자 토지(약 40만 에이커)에 약 6만 명 정도의 소작인이 있었다.[117]

■ 영국-아일랜드

합방 시기 거의 모든 토지는 영국계 아일랜드인 프로테스탄트 지주가 소유하였고, 이 토지를 부농에서 농업노동자에 이르는 다양한 층위의 아일랜드 가톨릭 농민, 때론 프로테스탄트 비국교도 농민이 임차하였다. 부농은 자신이 보유한 토지를 다시 다른 차지인(오막살이농과 농업노동자)에게 임대하기도 했다. 1840년대 초 차지인은 소출의 25~30% 정도를 지주에게 지대로 납부하였다.[118]

---

117 권오신, 2000, 앞의 책, 148쪽.
118 Bielenberg, "The Irish economy, 1815-1880: agricultural transition, the

■ 일본-타이완

〈표 1-16〉 타이완의 자작농 · 자소작농 · 소작농 호수(戶數) 비율

연도	자작농(%)	자소작농(%)	소작농(%)	농가 총수(戶)
1922	30.3	28.9	40.8	385,279
1932	32.7	29.5	37.8	404,202
1939	32.7	31.3	36.0	428,492

출처: 커즈밍 저, 문명기 역, 2008, 앞의 책, 239쪽.

〈표 1-17〉 타이완의 소작농 비율

연대	평균 소작농 비율(%)	연대	평균 소작농 비율(%)
1925~1927	40.63	1937~1939	37.07
1928~1930	40.16	1940~1942	37.37
1931~1933	38.79	1949~1951	37.92
1934~1936	37.95		

출처: 葉淑貞, 2013, 『臺灣日治時代的租佃制度』, 遠流出版公司, 285쪽.

〈표 1-16〉와 〈표 1-17〉은 식민지 시대에 지주-소작 관계가 상당히 광범하게 존재했지만, 그 기본적인 추세는 소작농 비율이 미세하나마 감소하고 있음을 알려준다. 즉 토지 분배의 장기적인 추세를 놓고 볼 때 토지의 집중화 현상은 없었다.[119]

---

communications revolution and the limits of industrialisation," p.182.

119 커즈밍 저, 문명기 역, 2008, 앞의 책, 243쪽.

〈표 1-18〉 타이완의 지역별 수전(논) 소작료율(%)

지역	1898~1903	1927	1937
대북주	53.76	53.90	50.85
신죽주	50.87	50.34	53.98
대중주	50.22	48.56	51.19
대남주	41.49	44.44	42.11
고웅주	39.19	43.78	44.34
화련청	-	48.53	44.34
대동청	-	43.90	47.75
전도 평균	47.64	47.88	47.28

출처: 커즈밍 저, 문명기 역, 2008, 앞의 책, 244쪽.

미작 지역에서 통용되던 소작 형식은 실물정액(實物定額)이었다. 소작 기간은 3~6년 정도로 대단히 짧았고, 종종 구두계약을 행했으며, 소작료율도 쉽게 바꿀 수 있었다. 일반적으로 소작료율은 대략 1년 수확의 절반에 가까웠고, 19세기 말 이래 어떠한 변화도 없었다. 일제 시대 전체에 걸쳐 수전 소작료율은 대체로 47~48%였다. 이로 볼 때 토지생산력 증가가 초래한 수익은 지주와 소작농이 균분했고, 지주가 소작료를 올려 농업성장의 과실을 독점하는 데 이르지 못했다. 타이완 지주계급은 주로 소작이라는 수단에 의지하여 농업 잉여를 취득했고, 위에서 말한 토지의 영세화와 소작료율 고정이라는 장기적 추세에서, 1925년 이후 쌀 생산 확대로 생긴 소득을 소작농이 분점하는 것을 막을 힘이 없었다.[120]

---

120 커즈밍 저, 문명기 역, 2008, 앞의 책, 243쪽.

■ 일본-조선(한국)

조선총독부는 일본으로 가져갈 쌀을 증산하기 위해 1920년대 산미증식계획을 실시했다. 이 사업의 결과 쌀 생산량은 많이 늘어났다. 그렇다면 조선의 농촌은 잘살게 되었을까?

조선 농촌에서 나타난 변화를 살펴보자. 우선 지주의 숫자가 늘어났다. 1920년 지주 갑(소작만 주는 지주)는 1만 5,565호였고, 지주 을(부분 자작, 대부분 소작을 주는 지주)은 7만 5,365호였다. 이 숫자는 10년 뒤인 1930년에 지주 갑 2만 1,400호, 지주 을 8만 2,604호로 많이 늘어났다.

지주의 수가 늘어났다는 것은 소작지가 그만큼 늘어났다는 것을 의미했다. 소작지는 1920년 219만 5,145정보(전체 경지의 50.8%)에서 1930년 243만 9,736정보(전체 경지의 55.6%)로 늘어났다. 그런 가운데 특히 일본인 지주의 소유지가 많이 늘어났다. 일본인 지주 소유지는 1922년 8만 6,780정보에서 1930년 21만 6,700정보로 늘어났다(동척 11만 3,000정보 제외).

지주가 늘어나고 소작지가 늘어남에 따라 농촌에서는 계층 분화가 더 심화하였다. 〈표 1-19〉에서 보듯이 1920년부터 10년 사이 자작농과 자·소작농은 줄어들고, 소작농은 7%나 늘어났다. 산미증식계획 동안 농민들은 더욱 몰락한 것이다.

〈표 1-19〉 자작농과 소작농 비율 변화

구분	1920년(백분비)	1930년(백분비)
자작농 호수	19.4%	17.6%
자·소작농 호수	37.4%	31.0%
소작농 호수	39.8%	46.5%

출처: 송규진외, 2004, 『통계로 본 한국근현대사』, 아연출판부, 133~134쪽

농민들의 채무농민화도 더욱 심화하였다. 농민들은 비료·농구가불금(이자 2할 5푼), 빌렸던 식량, 부채 등을 갚아야 했고, 조세를 내야만 했다. 하지만 부채는 줄어들지 않아 1930년 농가 1호당 평균 부채는 137원에 달했다.

춘궁기의 절량농가(絶糧農家)도 증가하였다. 1926년 궁민(춘궁기 절량농민)은 29만 6,000명이었는데, 1930년 104만 8,000명으로 3배가 넘게 늘어났다. 1930년 궁민은 전체 농민의 48.3%를 차지할 정도였다(소작농의 68.1%, 자소작농의 37.3%, 자작농의 18.4%).[121]

결국 농촌의 궁민들은 도시로 나가는 등 전업을 하거나 해외로 유망의 길을 떠나야만 했다. 전업자는 1925년 1년 동안 15만 112명, 해외유망은 1921~1930년 사이 총 27만 명이 일본으로, 40여만 명이 간도와 연해주로 떠난 것으로 나타났다.

---

121 송규진 외, 2004, 앞의 책, 142쪽.

5. 문화적 측면에서 식민 지배 비교

1) 식민지(혹은 병합지)에 언론·출판·집회·결사의 자유는 어느 정도 허용되었는가? 언론의 검열은 있었는가?

■ 영국-인도

1800년대부터 영국 정부는 언론기관 설립을 허가제로 하고, 기사를 검열·통제했다. 특히 정부에 반대하는 글, 민족운동을 보도하는 데 대한 통제를 강화하였다. 1910년에 나온 언론법(Press Act)으로 1,000여 개 신문이 처벌을 받았는데, 반정부 기사를 보안법으로 다스렸다. 간디가 이끈 소금 행진 등 인도의 민족운동이 거세진 1931년에는 언론비상령을 적용하기 시작했으며, 1939년 인도인의 단식투쟁도 보도하지 못하게 막았다. 1941년 간디가 언론을 통제하는 정부 당국을 비판했으나 이듬해에는 정당 활동까지 보도하지 못하게 강제했다.[122]

■ 프랑스-베트남

바렌느 총독 시기를 제외한다면 언론·출판·집회·결사의 자유는 상당히 제한적이었다. 언론 검열도 있었다. 19세기 말에 코친차이나에 등장한 인도차이나의 언론은 프랑스어 혹은 꾸옥 응으로 발간된 신문이 중심이었고, 대부분 식민 당국의 이해를 대변하였다. 20세기 초 하노이에서

---

122 Sethi, Devika, 2019, *War Over Words: Censorship in India, 1930-1960*, Cambridge University Press, p.325.

창간된『등고총보』는 한문-꾸옥 응으로 간행되었지만, 근대적인 사립학교 통킹 응이아 툭(東京義塾, 1907)의 폐교로 폐간되었다.

꾸옥 응으의 보급으로 1910년대부터 온건한 민족주의자들이 잡지를 간행하기 시작했다.『동양잡지』(1913~1917)의 목적은 전통을 비판하면서 식민 통치를 옹호하고 프랑스 문화를 전파하는 데 있었다. 식민 당국이 지원한『남풍』(1917~1934)도 프랑스의 보호를 불가피하다고 보았고, 정치적인 독립보다는 '국혼'을 회복하는 것이 중요하다고 주장했다. 현지 지식인들이 프랑스어로 간행한 온건한 신문들은 식민 통치의 범위를 넘어서지 않는 한에서 활동할 수밖에 없었다.

그러나 응우옌 안 닌의 경우처럼 집회와 결사의 자유는 식민 당국을 위협하는 요소였다. 응우옌 안 닌은 1923년에 프랑스어 신문『갈라진 종(La Cloche fêlée)』을 간행하여 언론 활동 제약을 비판했고, 1926년 독립운동가 판 보이 쩌우의 가택연금을 반대하는 집회를 열려고 했다가 체포되었다. 이 사건으로『갈라진 종』도 폐간되었다.

■ 영국-아일랜드

아일랜드인은 연합왕국의 국민으로서 언론, 출판, 집회, 결사 등의 기본권을 가졌다. 다만, 강압법 등에 의해서 소요 지역에서는 기본권이 제약되고, 검열이 이루어졌다.

■ 일본-타이완

'타이완인 유일의 목소리(喉舌)'라 불린『타이완민보(臺灣民報)』는 식민지 시대 타이완인이 경영한 유일한 잡지·신문이었다. 1923년 창간 당시 도쿄에서만 발행되다가 1927년에서야 타이완에서도 발간되기 시작했다. 발간 형식도 시기별로 반월간→순간(旬刊)→주간으로 바뀌다가 1932년 4월부터 일본어 기사 3분의 1을 포함하는 조건으로 일간지로 전환됐다. 하지만 1937년 6월부터는 한문란(漢文欄)이 폐지되었다. 『타이완민보(臺灣民報)』 외에는 어용적 성격의 일본어 신문과 잡지가 대부분이었다.[123]

출판과 관련해서도 강도 높은 검열이 있었는데, 정치적 색채를 띠는 중국의 출판물은 엄격히 금지했다. 또 도쿄대학 교수로서 인도주의적·자유주의적 식민지 인식으로 잘 알려진 야나이하라 다다오(矢內原忠雄)가 『제국주의 아래의 타이완(帝國主義下の臺灣)』을 출판(1929)하자 타이완총독부 경무국은 이 책의 '이입 및 발매금지' 처분을 내려 타이완에서 판매 및 유통을 금지했다.[124]

1923년부터는 집회, 결사 및 민중운동 단속 등을 목적으로 하는 「치안경찰법」이 타이완에도 실시되어(일본 본국에서는 1900년 제정) 대표적인 타이완인 결사체인 타이완문화협회(臺灣文化協會)는 1923~1926년 4년간 강연회 중지 처분 87회, 집회 해산 처분 57회를 받았다. 같은 기간 타이완문화협회가 개최한 강연회는 총 798회에 달했으므로 집회나 결사가 전면적으로 금지되었다고 말하기는 어렵다. 다만 모든 강연회나 집회에는 반드시 경찰이 입회하였고, 경찰 입장에서 '불온한' 내용이 언급되면 곧바로 강연 중지나 집회 해산 등의 조치가 취해졌다.[125]

---

123 이 책 제6장의 맺음말을 참조.
124 문명기, 2015, 「왜 『帝國主義下の朝鮮』은 없었는가? - 矢內原忠雄의 식민(정책)론과 대만·조선」, 『史叢』 85, 10쪽.
125 黃昭堂(黃英哲 譯), 1994, 『臺灣總督府』, 前衛, 141~142쪽.

■ 일본-조선(한국)

조선에서는 1910년 이전에 이미 「신문지법」, 「출판법」 등이 만들어져 신문과 잡지에 대한 검열이 시작되었다. 1910년대에는 총독부 기관지인 『매일신보』 외에는 조선어 신문을 일절 내지 못하도록 하였고, 잡지도 시사 관련 잡지는 일절 내지 못하도록 하였다.

1919년 3·1운동 이후 사이토 총독은 조선어 신문과 시사잡지 발간을 일부 허용하였다. 이에 따라 『동아일보』, 『조선일보』, 『개벽』, 『신생활』 등이 나오게 되었다. 그러나 경무국 고등경찰과에서는 이들 신문·잡지에 대한 철저한 검열과 통제를 실시하였다. 「신문지법」에 의해 허가된 신문과 몇 개의 잡지는 발행 전에 두 부를 경찰에 납본하여 검토를 받아야만 했다. 경찰은 문제가 있다고 판단되면 압수, 발매금지, 발행정지 등의 처분을 내렸다. 또 「출판법」에 의해 간행되는 '계속간행물'들은 다른 단행본과 마찬가지로 사전에 원고를 제출하여 검열을 받아야만 했다.

총독부는 이러한 사전검열, 압수, 발매금지, 발행정지 외에도 일부 신문과 잡지에 대해 발행금지(폐간) 등 극단적인 조치를 하기도 했다. 『조선중앙일보』와 잡지 『신생활』, 『개벽』 등이 그러한 경우였다. 이들 신문과 잡지는 치안방해, 사회주의 선전, 일장기 말소 등의 사건으로 폐간되었다. 그리고 1940년에는 황국신민화정책에 장애가 된다며 『동아일보』와 『조선일보』도 마침내 폐간시켰다.

집회 및 결사의 자유도 크게 제한되었다. 1920년대 문화정치 시대에 약간의 자유가 허용되어 청년단체, 노동·농민단체, 신간회 등이 결성되었으나, 집회의 자유는 크게 제한되어 단체의 총회나 대중집회는 거의 열 수가 없었다. 1930년대에 들어가면 이들 단체는 거의 해산되고, 집회의 자유는 더욱 크게 제한되었다.

2) 식민지(혹은 병합지)에서 본국인 학생과 식민지인 학생의 교육은 분리해서 이루어졌는가? 초등교육은 의무교육이었는가, 아니라면 취학률은 어느 정도였는가?
중등학교와 대학은 어떻게 이루어졌는가(학교 숫자나 취학률)?

■ 영국-인도

1921년 주 지방의 교육 분야를 인도인 각료가 담당하면서 제한적이나마 교육의 인도화가 시도되었다. 같은 맥락으로 1930년까지 거의 모든 주에 초등교육의 의무제가 도입되었다. 초등교육의 내용도 점차 서구중심에서 현지 사회에 연계된 실용적인 교육으로 바뀌어 갔다.

학령아동(1921년 인구의 14% 기준)의 취학률은 1902년 13.1%, 1922년 18.2%, 1942년 32.4%로 올라갔으나 중도 탈락률(낙제 포함)이 높아서 이 수치가 큰 의미를 갖진 못했다. 1929년 정부보고서는 1학년에 입학한 학생의 60~65%가 2학년에 진급하지 못했다고 적었다. 그나마 취학률이 증가한 것은 1921년 주 지방에서 인도인 각료가 교육 분야를 맡은 뒤부터였다. 여러 악조건으로 1941년 인도인의 문자 해독률은 여전히 15%였다.

〈표 1-20〉 단계별 학생 구성비(1938)

	학생 100에 대한 비율	인구 1,000명에 대한 학생 수 (1931년 인구조사 기준)
초등	79	38.7
중등	18	8.8
실업(특수학교 포함)	2.1	1.0
전문대학	0.9	0.4

| 계 | 100 | 49.9 |
| 총 학생 수 | 13,300,408 | |

* 인가된 학교의 학생 수임
* Government of India, Education in India 1937~1938년을 바탕으로 계상

    시대에 따라 굴곡이 많았으나 인도에서 공부하는 식민본국의 학생은 극소수였다. 식민지에 거주하는 본국 인구가 많지 않았던 당연한 결과였다. 1927년의 정부 통계를 보면, 초등학교 99.2%, 중학교 97.6%, 대학교 99.5% 등 모든 단계에서 인도인 학생의 비율이 압도적 다수를 차지했다. 즉 국적이 유럽인으로 기록된 초등생·중등생·대학생은 전부 5만 3,151명으로 총 재학생의 0.5%에 지나지 않았다.[126]

■ 프랑스-베트남

    교육은 원칙적으로 프랑스인 학생과 현지인 학생이 구별되어 진행되었다. 학교는 관립학교(중학교, 고등소학교, 심상소학교 등)와 사립학교에서 이루어졌다. 1937~1938년 당시 인도차이나 전역의 현지인 학생 수는 47만 9,864명이었다.[127]

    취학률과 관련된 직접적인 통계는 없지만, 사로 총독 시기(1911~1914, 1917~1919)의 사례도 살펴볼 필요가 있다. 그는 인도차이나 전역의 중학

---

[126] Government of India, *9th Quinquennial Review on the Process of Education India 1922-1927*.

[127] 佛人經濟部綜合統計課 編, 『佛印統計書』, 192쪽. Gail P. Kelly, 1977, "COLONIAL SCHOOLS IN VIETNAM, 1918 to 1938," *Proceedings of the Meeting of the French Colonial Historical Society*, Vol.2, pp.96–106 참조.

교를 여섯 개로 늘렸지만, 2,500만 명의 현지 어린이나 청소년은 세 곳만 다닐 수 있었고, 나머지는 프랑스 학생들을 위한 것이었다.

■ 미국-필리핀

미국이 필리핀에서 가장 역점을 둔 정책 분야가 교육이다. 미국은 식민지 시기부터 교육의 중요성을 체득하고 있었다. 특히 대중 교육을 중시하며 이를 필리핀인에게 전달하려고 했다. 미국이 구축한 교육시스템이 이를 보여 준다.

첫째, 대중 교육에 초점을 맞추고 보편적인 교육을 위한 제도의 확대에 치중했다. 이를 위해 공립학교 제도를 채택했으며, 영어를 공용어로 사용하게 했다(영어를 공용어로 사용하기 전에 70여 종 이상의 언어가 사용됨).

둘째, 공립학교 제도로는 초등학교, 중등학교, 전문대학 수준의 학교들, 그리고 필리핀 대학 등을 설립했다. 초등학교는 4년, 중등과정은 3년을 수학했다. 교과목은 교양, 일반, 가정학, 상업, 농업 및 무역 등으로 편성되었다. 전문대학 수준의 학교로는 필리핀 사범학교, 필리핀 예술 및 무역학교, 필리핀 해양 학교 등이 있다.

셋째, 미국에서 필리핀인을 교육하는 국비 유학제도도 운용했다. 이 제도로 1903~1905년에 매년 수십 명에서 1백여 명이 미국에 유학했으며, 1906~1914년에도 계속되었다. 1919년에는 107명이 파견되었으며, 1928년에 폐지되었다가 1938년 공화국 체제에서 재개되었다.

넷째, 비기독교도인들(주로 모슬렘 계통의 필리핀인)에게도 교육을 실시했다. 모로족에게는 전통을 중시하여 미국식 가치관 이식을 시도하지 않았다. 대신 직업교육과 건강문제 등을 가르쳤다. 선교사들도 개종보다는 제도나 습관의 변화를 강조했다. 그러나 일각에서 모로 사회의 특징인 사법절차, 노예제, 지배자의 독재 권력 등을 문제 삼으며 이에 대한 교육을 요구했다. 이는 결국 받아들여졌으며, 이것은 미국에 대한 모로족의 반감으로 나타났다.[128]

이처럼 미국의 대중 교육 개혁안은 필리핀 교육 인프라를 구축했다.

■ 영국-아일랜드

1870년 이전 잉글랜드에서 초등교육은 교회를 중심으로 '자발주의' 원칙을 따랐다(voluntary schools). 1870년 「교육법」에 따라 영국에서 국가학교 체제가 등장하였다(national schools). 아일랜드에서는 이보다 훨씬 전인 1831년 모든 아동을 대상으로 비종파적인 무상 의무 초등교육이 도입되었다. 등록금을 내는 기존의 자발주의 학교에서는 종파적 배타주의를 따랐다. 국가학교에서는 영어로 수업이 이루어졌다. 그러나 국가학교의 발달은 서부와 남부에서는 더뎠고, 1860년대까지는 다수의 아일랜드어 사용 아동이 학교에 취학하지 않았다. 초등학생 수는 10만 7,000명(1833)에서 35만 5,000명(1843)으로 증가하였다. 1830년대 취학률은 28%였으며, 이후 점차 늘었다. 홈스쿨이나 일요학교를 포함하면 1824년 무렵 아동의 40%가 초등교육을 받았다.[129]

1830년대에 비종파적이고 국가로부터 보조금을 받아 운영하는 중등학교 설치 구상이 있었지만 실현되지 못했다. 종파 교육은 국가의 지원을 받는 프로테스탄트 중등학교와 가톨릭 수도단체가 지원하는 중등학교에

---

128 권오신, 2000, 앞의 책, 127~130쪽.

129 Adrian Doyle, 2018, "Language and literacy in the eighteenth and nineteenth centuries," in James Kelly ed., *The Cambridge history of Ireland, v.3, 1730-1880*, Cambridge University Press, pp.368-373.

서 활발했다. 고등교육은 종파주의를 반영하였다. 더블린 대학은 프로테스탄트 국교도 중심, 벨파스트의 퀸즈 칼리지는 장로교도 중심, 코크와 골웨이의 퀸즈 칼리지는 가톨릭 중심이었다. 이밖에 메이누스 신학교를 비롯한 칼리지가 있었다. 1907년에는 골웨이와 코크의 퀸즈 칼리지, 더블린의 가톨릭 대학 등을 통합하여 아일랜드 국립대학이 설립되었다.

■ 일본-타이완

초등교육의 경우, 기본적으로 타이완인의 초등학교는 공학교(公學校), 일본인의 초등학교는 소학교(小學校)로 구분되어 있었다. 1922년 「타이완교육령」이 실시되면서 중등 이상의 학교에 대해서는 일본인과 타이완인을 구분하는 것이 아니라 국어의 상용(常用) 여부를 기준으로 '내대공학(內臺共學)'이 실시되었다. 하지만 중등 이상의 학교에 진학하는 타이완인은 극소수였다. 타이완에서 초등교육 의무화가 시작된 것은 1943년부터였으므로 식민지 시대 내내 의무교육은 거의 실시되지 않았다고 보는 것이 타당하다.[130]

취학률에 관해서는, 1930년의 한 조사에 따르면 77.7%의 조선인이 조선어 또는 일본어를 몰랐고, 식자율과 밀접한 상관성이 있는 아동 취학률 역시 15%에 불과했다.[131] 반면 1930년 타이완의 아동 취학률은 30.6%였고, 1944년에는 71.1%에 달했다.[132] 다른 자료에 따르면, 타이완 학령

---

130 許佩賢, 2005, 『植民地臺灣的近代學校』, 遠流, 177~179쪽 참조.
131 高峻石, 1976, 『抗日言論鬪爭史』, 新泉社(東京), 278~279쪽.; 周婉窈, 1996, 「從比較的觀點看臺灣與韓國的皇民化運動, 1937~1945」, 張炎憲 等編, 『臺灣史論文精選』(下), 玉山社 참조.
132 E. Patricia Tsurumi, *Japanese Colonial Education in Taiwan, 1895-1945*, Harvard Univ.

아동의 취학률은 1915년 9.6%, 1925년 29%, 1935년 41%, 1944년에는 70% 이상이었다.[133]

■ 일본-조선(한국)

조선총독부는 초등교육의 경우, 재조선 일본인 아동과 조선인 아동의 교육을 분리하여 교육한다는 '분리주의' 방침을 택하였다. 이에 따라 일본인 아동은 학교조합에서 관리하는 '소학교'에서, 조선인 아동은 군의 학교비에서 관리하는 '보통학교'에서 교육을 받았다. 소학교는 6년제였지만, 보통학교는 1910년대 제1차 조선교육령 시기에는 4년제였다가 1922년 제2차 조선교육령이 나오면서 6년제(혹은 5년, 4년도 가능)로 바뀌었다. 1938년에 이르러 조선인들의 보통학교는 일본인들의 학교와 마찬가지로 '소학교'로 개칭되었고, 1941년에 다시 국민학교로 개칭되었다.

일본인들의 초등교육(소학교)은 사실상 의무교육이나 다름없었다. 그러나 조선인들의 초등교육(보통학교)은 의무교육이 아니었다. 학비를 낼 수 있는 학생들만 학교에 갈 수 있었고, 따라서 취학율은 1910년대에는 극히 낮았다. 학교도 한 군에 한 개 정도밖에 없었다. 1920년대에 들어와 3면1교제가 실시되면서 학교가 조금 늘어났고, 취학률도 다소 늘어났다. 1929년부터 1면1교제가 실시되면서 학교가 늘어나 세계공황의 여파가 어느 정도 극복된 1932년경부터는 취학률이 크게 상승하였다. 1937년 중일전쟁 발발 이후에는 일본어 교육의 확장을 위해 학교를 신설하거나 학급을 증설하여 취학률은 더욱 높아졌다. 그 결과 1942년경에는 남자는

Press, 1977, "Appendix B", pp.244-245.
133 許佩賢, 2005, 『植民地臺灣的近代學校』, 遠流, 17쪽 참조.

66%, 여자는 29%에 달하였다.

이처럼 초등학교는 다소 늘어났지만, 중등학교는 거의 늘어나지 않았다. 총독부는 조선인은 초등교육만으로도 충분하다면서 중등학교를 신설하는 데 인색하였다. 중등학교는 인문계(고등보통학교)보다는 실업계(농업학교, 상업학교 등)를 더 많이 세우고자 하였으며, 중등계 실업학교는 일본인과 조선인이 함께 다닐 수 있도록 하였다(內鮮共學).

전문학교는 관립과 사립이 있었다. 관립 전문학교는 경성법률전문학교, 경성의학전문학교, 경성고등공업학교, 경성고등상업학교, 수원고등농업학교 등 5개가 있었다. 사립 전문학교로는 보성전문학교, 연희전문학교, 세브란스의학전문학교 등 8개가 있었다. 대학은 1920년대 후반에 세워진 경성제국대학이 유일했다. 사립 전문학교에는 조선인 학생들이 다수였지만, 관립 전문학교에서는 일본인 학생들이 약 3분의 2를 차지했다. 경성제국대학의 경우 일본인 학생이 약 3분의 2, 조선인 학생이 약 3분의 1을 차지했다.

3) 식민지(혹은 병합지)에서 교사 양성은 어느 정도 이루어졌는가? 사범학교는 있었는가? 초등, 중등, 고등교육에서 교사와 교수 가운데 본국인이 차지하는 비율은 어느 정도였는가?

■ 영국-인도

본국에 있는 영국인 교사를 채용하고 고임금으로 식민지로 데려오기 어려운 식민지 현실에서 인도인 교사 양성은 처음부터 인정되었다. 소수의 영국인 교사는 선교 단체가 운영하는 중등학교나 대학에서 근무했다. 모국어로 수업하는 초등학교에선 영국인 교사의 역할이 제한적일 수밖에 없었고, 영어가 필수인 중등학교와 대학도 사립이라서 영국인 교사를 채용할 재정적 여력이 부족했다. 제1차 세계대전 후에는 유럽이 직면했던 인력 부족 현상으로 영국인 교사의 식민지 행은 더욱 어려워졌다. 이 점이 '교사의 인도화'에 도움을 주었다. 초·중등학교 교장을 맡았던 많은 영국인도 점점 인도인으로 대체되었다.

식민정부는 1882년 위의 이유로 초등·중등학교 교사 양성기관의 필요성을 인정했다. 정부는 20세기가 되자 되도록 훈련받은 교사를 채용할 것을 권장했으나 실제 자격을 갖춘 교사의 수는 지역 간, 도농 간의 차이가 컸다. 1~2년 과정의 초등 교사 양성기관에 다닌 학생은 1882년 3,886명, 1902년 4,396명으로 더디게 증가했으나 이후 초등학교가 급증하자 1922년엔 2만 2,774명으로 크게 늘었다. 1941년엔 2만 6,206명이 사범학교에 재학했다. 1941년 중등학교 교사를 양성하는 사범대학은 25개교에 2,218명의 학생이 공부했다.

교육의 인도화는 전반적인 탈식민화와 궤를 같이했다. 교육 관리도 마찬가지여서 1917년 고위직 교육 관료의 98%가 영국인이었으나 1927년엔 인도인이 차지하는 비율이 46%로 높아졌다. 물론 중하위직 교육부 관리는 인도인이 다수였다. 1917년 지방에서 근무하는 교육 관리직의 89%, 그보다 아래 단계의 교육 공무원은 99%가 인도인이었다.

■ 프랑스-베트남

1937~1938년 당시 인도차이나 전역의 유럽인 교원 수는 508명이었고, 현지인 교원 수는 1만 2,074명이었다.[134] 사범학교로는 자 딘 사범학

---

134 佛人經濟部綜合統計課 編, 大岩誠 監修, 國際日本協會譯編, 1942, 앞의 책, 30~31쪽.

교(École Normale Gia Dinh), 하노이 여자 사범학교(École Normale de Jeunes Filles de Hanoi) 등이 확인된다. 자 딘 사범학교의 학생 수는 398명, 교원 수는 14명이었다.[135]

■ 미국-필리핀

1901년에 메이플라워(Mayflower)를 타고 온 1천 명의 교사가 마닐라에 도착했다. 이때 필리핀 인구의 85%가 문맹이었다. 그로부터 4반세기가 흘렀을 때, 미국의 학교 시스템이 먼 지방까지 퍼졌다. 100만 명이 넘는 필리핀인이 영어를 이해하고 말했다.

1930년경에는 필리핀 교사 2만 5,000명이 영어로 수업했다. 또 7~10세 어린이 중 3분의 1이 학교에 입학했다. 90만 명 정도가 초등학교에, 18만 명 정도가 중등학교에, 5만 2,000명이 고등학교에 재학 중이었다. 그 이전 25년간 취학기의 어린이 600만 명 내지 700만 명 중 53만 명이 초등학교를 졸업했으며, 그들 중 16만 명이 중학교를 마쳤고, 1만 5,500명이 고등학교를 마쳤다.[136]

■ 영국-아일랜드

자발주의 학교에서 수업과 교사 충원은 종파에 따라 결정되었고, 정식 교사와 교과서를 통한 교육이 이루어진 국가학교에 비해 상대적으로 수준이 낮았다. 1831년 전국 교육체계 도입에 따라 국가학교, 교사, 문해율

---

135 Van Thao Trinh, 1995, *L'école française en Indochine*, KARTHALA Editions, p.120, pp.192-198.
136 Nicholas Roosevelt, 1931, The Philippines: A Treasurs and a Problem, New York, J.H. Sears & Company, INc., p.179, p.190.

등이 크게 늘었다. 자발주의 학교와 국가학교의 교사는 종파가 다르더라도 아일랜드인으로 충원되었다. 교사 양성도 종파별로 이루어졌다. 1883년에야 종파별 교사 양성 학교는 국가의 보조금을 받게 되었다. 더블린의 가톨릭 칼리지 두 곳과 아일랜드교회의 사범학교가 재정 지원을 받아 시설을 확충하고 2년제 교사 양성 과정을 운영하였다.

■ 일본-타이완

타이완에서는 통치 초기부터 국어학교 등의 형태로 초등교육을 담당할 교원을 양성해왔고, 이후 사범학교가 초등학교 교원 양성기관으로 성립·확대되었다. 1936년 현재 타이베이 제1(臺北第一), 타이베이 제2(臺北第二), 타이중(臺中), 타이난(臺南) 등 총 4개의 사범학교가 운영되고 있었고, 재학생 수는 일본인(내지인) 1,012명, 타이완인(본도인) 396명, 합계 1,408명이 재학 중이었다. 사범학교는 일본인 아동이 취학하는 소학교 교사 양성을 위한 소학 사범부(師範部)와 타이완인 아동이 취학하는 공학교 교사 양성을 위한 공학 사범부로 구분되었다. 소학 사범부 학생은 전원 일본인(225명)이었고, 공학 사범부는 일본인 학생과 타이완인 학생이 모두 재학하고 있었다. 대부분 사범학교를 통해 양성된 공학교 교원의 통계는 다음과 같다.[137]

---

137 臺灣總督府 文敎局, 1936, 『臺灣の敎育』(1936년판), 114~116쪽.

〈표 1-21〉 사범학교를 통해 양성된 공학교 교원

연도	학교		교원	
	본교(本校)	분교장(分教場)	일본인	타이완인
1900	118	3	241	230
1905	144	23	266	429
1910	172	51	319	673
1915	203	81	639	950
1920	324	143	1,162	2,760
1925	522	206	1,701	3,343
1930	589	169	2,160	3,254
1935	621	160	3,055	3,261
연인원			9,543	14,900
비율(%)			39	61

학교가 증가함에 따라 교원 숫자도 그에 맞추어 증가하는 양상을 보였는데, 특히 1915~1925년의 증가세가 가팔랐다. 교원의 민족별 구성을 보면, 대체로 초기에는 일본인 비중이 상대적으로 높았다가 통치 후기로 갈수록 타이완인의 비중이 높아지는 양상을 보였는데, 전체적으로는 일본인과 타이완인의 비율은 39:61 정도였다. 재대 일본인이 타이완 전체 인구의 약 5~6%를 차지하고 있었음을 감안하면, 일본인 교사의 비율이 상대적으로 높았음을 알 수 있다.

■ 일본-조선(한국)

〈그림 1-2〉에서 보듯이 보통학교의 일본인 교원 수는 전체 교원의 약

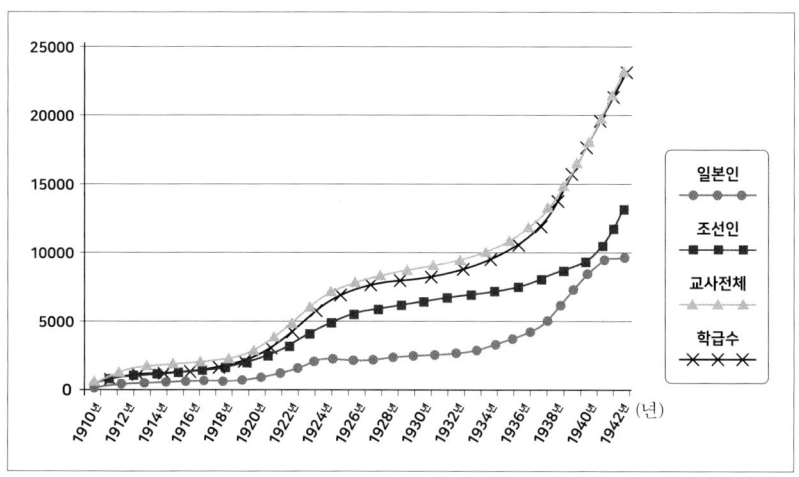

〈그림 1-2〉 공립보통학교의 학급수 및 교원수

출처: 『조선총독부통계연보』, 각 연도판

3분의 1을 꾸준히 유지하다가 중일전쟁 이후 많이 늘어나는 모습을 보였다. 보통학교 교장은 거의 다 일본인 교사들이 차지했다.

조선에서는 1910년대에 교사를 정식으로 양성하는 사범학교가 없었다. 대한제국기에 있었던 한성사범학교를 폐지했기 때문이다. 그 대신 1911년 경성고등보통학교에 임시교원양성소를 부설하여 보통학교 남자 교원을 양성하기 시작했다. 그리고 1920년대에 들어서 비로소 관립 경성사범학교가 개설되었고, 1929년에는 대구와 평양에 관립사범학교가 개설되었다. 수업연한은 5년(여자는 4년)이었다. 경성사범학교 학생 중 일본인은 80~90%였다. 1922~1929년에는 각 도에 공립사범학교가 개설되어 조선인 교사들을 양성했다.

1920년대에 관·공립 사범학교를 졸업하고 교사가 된 이들은 매년 600 내지 800명이었는데, 그 가운데 일본인은 100 내지 200명 정도였다.

조선총독부는 조선에서 양성된 교사들 외에 일본 본토에서 매년 100 내지 200명 정도의 교원을 데려와 초등학교 교원으로 삼았다. 1931년 총독부는 교원의 공급과잉, 조선인 학생들의 일본어 실력 부족 등을 이유로 각 도의 공립사범학교를 폐지했다. 그러나 사범학교가 3개밖에 되지 않아 교원은 늘 부족했다. 이에 총독부는 일본인 교원을 매년 불러왔고, 일본의 갑종 농업학교 졸업생들을 모집해 조선의 관립사범학교에서 교육한 후 충당하기도 하였다.[138]

1937년 이후 조선의 청소년들에게 일본어 교육을 확대하기 위해 초등학교를 신설하거나 학급수를 늘리자 교원이 크게 부족하게 되었다. 이때 사범학교는 3개가 늘어나 6개가 되기는 했지만 부족한 교원을 양성하기에는 역부족이었다. 이에 총독부는 일본 본토에서 젊은 교원들을 조선으로 대거 불러와 일본인 교원의 비중이 크게 높아지게 된다. 그리하여 〈그림 1-2〉에서 보듯이 일본인 교원 비중이 전체의 50%에 육박하는 상황이 빚어졌다.

4) 식민지(혹은 병합지)에서 언어 교육은 어떻게 이루어졌는가? 본국어 중심인가, 아니면 현지어 중심인가?

■ 영국-인도

19세기 초부터 식민정부는 지배자의 언어-영어를 배운 인도인이 신심이 가득한 '갈색 피부의 기독교인', '갈색 피부의 영국인'이 되어 정치적으

---

138 이상은 박찬승, 2018, 「일제하 공립보통학교의 일본인교원 임용을 둘러싼 논란」, 『동아시아문화연구』 75집을 참조할 것.

로 종속되리라고 믿었다. 그런 그들이 자연히 영국산 상품을 선호할 것으로 여겨졌다. 1835년 '교육에 관한 각서'와 함께 인도에 뿌리를 내린 영어를 매개로 하는 새로운 교육은 1837년 영어가 식민정부의 공식어가 됨으로써 가속화되었다. 그 결과 영어로 수업하는 중등학교와 대학은 빠르게 증가했으나 인도 고전어나 각 지역어로 가르치는 교육기관은 감소했다.

식민지 인도의 학생들은 학교에서 수업하는 언어인 영어와 교과목으로 배우는 언어를 배워야 했기에 이중으로 부담을 받았다. 예를 들면, 1902년 영어로 교수하는 남부 마드라스의 고등학생은 주당 9시간의 영어와 모국어인 타밀어와 고전어를 각각 5시간씩 배웠다. 3개 언어를 공부하는데 주당 19시간이 들었는데, 이는 전체 수업 35시간의 절반이 넘었다. 지역과 과정의 편차가 컸으나 식민지의 학생이 언어 교육에 많은 시간을 들인 것은 분명한 사실이었다.

한 가지 일본과 비교할 것은 인도에서 영국은 식민지인에게 가장 효과적으로 영어를 습득시키는 방법이 초등수준에서 모국어로 교육하는 선행과정이 필요하다고 여긴 점이다(Government of India, Indian Educational Policy, 1904, para, 26.). 그 결과 거의 모든 인도의 초등학교는 식민지 시대 말까지 각 지방의 언어로 교육하였다.

■ 프랑스-베트남

베트남에서는 17세기부터 프랑스 선교사들의 베트남어 학습, 선교 목적으로 로마자화된 표기법이 만들어져 천주교 신자들 사이에서 사용했는데, 여기에 '꾸옥 응으(quốc ngữ, 國語)'라는 명칭이 붙게 되었다.[139]

---

[139] 최병욱, 2016, 『동남아시아사 - 민족주의 시대』, 산인, 20쪽.

프랑스의 식민 지배가 시작되면서 지배자와 피식민인 사이의 의사소통이 문제였는데, 프랑스는 자국어를 공용어로 사용하려고 했지만 베트남인, 특히 프랑스의 지배에 협조했던 천주교 지식인들은 이러한 생각에 반대했다. 프랑스인들은 이 글자 탄생에 자신들의 역할이 포함되어 있다는 사실을 인식하면서 프랑스어 이외에 꾸옥 응으도 공용어로 받아들이는 데 동의했다.[140]

인도차이나 당국은 원래 프랑스어를 보급하면서 민족성이 말살되기를 기대했다. 그래서 1921년 당시 인도차이나의 상급 교육 또는 도시 학교에서는 프랑스어가 상당히 사용되었으나, 사실 하급 교육 및 촌락 학교에서는 전부 꾸옥 응으가 중심이 되었다.[141]

■ 미국-필리핀

① 부족 국가 공동체와 '원주민 언어들(native languages)'

필리핀에서는 약 120~175개 정도의 언어가 사용되고 있었다. 이 중에 100만 명 이상 사용하는 언어는 13개이며, 필리핀 인구의 90%를 포함한다. 전통적인 언어 중 하나인 타갈로그(Tagalog)어는 말레이 방언 중 하나로 가장 많은 인구가 사용하는 언어(2013년 기준으로 인구의 25% 정도가 사용)이다. 지역적으로는 루손섬과 수도 마닐라에서 통용되었다. 스페인어는 스페인 통치하에서 공식 언어(official language, 스페인어)로 사용되다가 1898년애 미국 식민지가 됨으로써 영어가 공식 언어가 되었다.[142]

---

140 최병욱, 2016, 앞의 책, 19~20쪽.
141 「教育 調查 委員에 對한 吾人의 希望」(下),『동아일보』, 1921.5.4. 2면.
142 Azar Gat, 2023, Nations: *The Long History and Deep Roots of Political Ethnicity and*

② 미국의 헌법 공동체 만들기와 '공식 언어(official language)'

1604년 스페인 선교사 페드로 치리노(Perdo Chirino)는 필리핀 언어에 대해 "필리핀에는 단일 언어(single language)가 없을 뿐 아니라 전체로 확장할 수 있는 공통의 언어도 없다." 이것은 필리핀 언어에 대한 최초의 평가였다. 언어문제는 식민지 통치의 최대 장애였다. 식민지를 통합체로 조직할 수단이 없다는 것이기 때문이다.

이러한 상황은 미국이 필리핀 통치를 시작할 때부터 통치권을 넘길 때까지 장애물로 작용했다. 미국이 직면한 고민은 "원주민 언어 간의 유사성에도 불구하고 필리핀을 국가/민족(nation)으로 발전시키기 위해서 반드시 해결해야 할 문제는 시민들 모두가 이해하고 말할 수 있는 언어를 수립해야만 한다"는 것이었다. 무엇보다도 "헌법의 지배에 복종(Obeying a mandate of the constitution)"시키려면 언어의 통일이 필수적이었다.

그러나 현실의 벽은 높았다. 예컨대 헌법을 제정하기 위한 제헌회의를 열었을 때, 각종의 외국어와 원주민 언어로 토의했다. 영어로 법률 토론이 가능한 하버드대학 출신의 한 필리핀인은 헌법의 백미라고 할 수 있는 권리장전(bill of rights)을 설명하기 위해 스페인어를 사용했다. 스페인어를 사용하는 토론자를 설득하기 위해서였다. 또 삼권분립 기구 간에도 공통의 언어는 없었다. 필리핀 하원에서는 영어가 많이 사용되었지만, 사법부에서는 스페인어가 광범위하게 사용되었다. 이런 상황에서 미국은 1934년에 국가 만들기의 최종 작업을 필리핀에 넘긴 것이다.

Nationalism, New York, Cambridge History University, p.295; 페르낭 브로델, 김지혜 역, 2023, 『문명의 문법』, 서커스, 358~360쪽.

③ 필리핀의 '국어(national language) 만들기' 시도

필리핀공화국 정부가 출범하면 최우선으로 할 일은 필리핀의 국어(native national language)를 만들고, 국가가 정한 언어를 모든 공립 및 사립학교에서 배워야 하는 정당한 이유를 제시해야 하는 것이었다.

필리핀 제헌회의는 필리핀공화국 헌법을 선포한 이듬해인 1936년 국어 만들기 법(Institute National Language)을 제정했다. 그리고 공통의 국가 언어를 창조하는 일에 착수했다. 필리핀인들은 헌법 제정 과정에서 국어 만들기 문제를 놓고 다음을 검토했다. 첫째, 필리핀 헌법에 국어 만들기를 명문화해야 할까? 이에 대해 대부분은 동의했다. 둘째, 영어는 외국어(foreign language)인가, 필리핀 언어 중의 하나인가? 이에 대해 대부분의 필리핀인은 영어는 외국어 이상도 이하도 아니라고 생각했다. 전통적인 필리핀인(Filipino)의 특징이 담긴 정신세계는 자신의 언어로만 표현할 수 있기 때문이다. 셋째, 전통적인 필리핀 언어로 국가(nation) 만들기를 할 수 있을까? 국가는 자신의 언어로 소통할 때 최고의 발전 단계에 도달할 수 있으며, 세계에 기여를 할 수 있다.

그러나 필리핀인들은 국어를 만들어내지 못했다. 국어 만들기 논쟁은 새로운 언어를 창조해내지 못하는 한 결국 타갈로그어를 국어로 채택할 것인가의 여부였기 때문이다. 그러나 타갈로그어와 다른 지역의 언어 간에는 통역이 필요했다. 즉 국어가 되기 위한 4가지 조건-공통의(common), 민족적(national), 공식적(official) 언어이면서 원주민어/모국어(native/mother tongue)-을 갖춘 언어를 찾아낼 수 없었다. 타갈로그어는 전 인구의 4분의 1 정도만 사용한다는 점에서 "공통의 언어(common language)"여야 한다는 조건을 충족시키지 못했다. 또 '공화국의 공립학교 교육은 기본적으로 영어로 수행되어야 한다'는 법(타이딩스-맥더피법)도 준수되어야

했다. 즉 영어는 "필리핀의 교육 언어(the Language of Education in the Philippines)"가 되어야만 했다. 필리핀인도 영어가 "자유"와 "자치정부"를 가르치는 데 중요하다는 점을 인정했다. 학교 교육 시스템이 구축되어 있었기 때문에 영어로 지방어(vernaculars)를 대체하자는 시도가 있었다. 그 경우 영어는 공통어가 될 수 있었지만, 언어문제는 독립문제와 결부되어 있었기 때문에 받아들여질 수 없었다. 그리하여 영어와 더불어 타갈로그어를 공식 언어로 채택함으로써 마무리 지었다.[143]

■ 영국-아일랜드

합방 이전에도 영어와 아일랜드어가 공용되었다. 18세기에는 아일랜드인 50%가 일상적으로 아일랜드어를 사용하였다. 합방 이후 1800~1850년에는 영어가 대다수 아일랜드인의 언어가 되었으며, 여기에는 1831년 영어로 수업한 국가학교 체제 도입이 크게 작용했다. 1851년 인구조사에서 23% 정도가 아일랜드어를 구사하였다. 그러나 1800~1870년에는 메이누스 신학교 학생 다수가 아일랜드어를 사용했고, 가톨릭교회는 선교를 위해 영어와 아일랜드어를 병용하였다. 하여간 19세기에는 영어가 지배적인 언어가 되었고, 아일랜드어는 영어를 쓸 줄 모르는 사람들이 사용하였다. 다양한 성서협회도 개종을 위해 아일랜드어를 사용해서 교리를 가르쳤다. 1840년대 후반의 대기근은 아일랜드어를 사용하는 하층민에게 큰 타격을 주어 1880년대에는 서부와 남부 해안 지역에서만 사용되었다. 19세기 말에는 민간 차원에서 아일랜드어 부흥 운동이 일어났으나 이중언

143　Joseph Ralston Hayden, *The Philippines: A Study in National Development*, pp.583~629.

어 구사는 의외로 흔했다. 따라서 아일랜드어 쇠퇴는 장기간에 걸쳐 진행되었다.[144]

■ 일본-타이완

타이완·조선에서 일본어가 '국어'로 불리고, 총독부 행정·교육 부문의 주요 언어가 되긴 했지만, 총독부는 현지 언어를 전적으로 배제하지는 않았다. 식민 당국이 '국어'를 본격적으로 보급하고, 현지 언어를 억압한 것은 황민화 시기부터였다. 타이완에서는 1937년 4월 소학교에서 한문과(漢文課)를 취소했다. 한국에서는 한국어(당시에는 조선어)가 같은 운명을 맞았다. 1911~1938년의 한국어는 (교육현장에서는 점차 수업시간이 줄긴 했지만) 보통학교 과정에서 필수과목이었다. 하지만 1938년 한국어는 선택과목이 되었고, 1941년에는 교과과정에서 사라졌다.

황민화 기간에 국어보급은 당면한 급무가 되었다. 국어운동은 전면적인 일본어 보급 운동이었고, 총독부는 일본어 능력이 제각각인 대중에게 새로운 접근방식을 취했다. 타이완총독부는 일반 대중의 일본어 능력 향상을 위해 전도(全島)에 국어강습소(國語講習所)를 증설했다. 국어강습소는 정규교육 이외의 상설 일본어학원 같은 것이었다. 이 제도는 1929년에 시작되었고, 그 후 '간이국어강습소'라는 보조 기관도 두게 된다. 1937년 4월에는 2,812개의 국어강습소에서 18만 5,590명의 수강생을 가르쳤다. 또 1,555개의 간이국어강습소에서 7만 7,781명의 수강생을 가르쳤다. 황민화 기간 국어강습소를 대폭 늘린 목적은 소위 '국어해자(國語

---

144 Doyle, "Language and literacy in the eighteenth and nineteenth centuries," pp.355-368, pp.375-379.

解者, 일본어를 이해하는 자)'의 숫자를 늘리기 위함이었다. 총독부 통계에 따르면 1937년 타이완의 국어해자는 전체 인구의 37.88%였다. 당시 총독부의 목표는 1943년까지 국어해자를 50%까지 끌어올리는 것이었는데, 1940년에 이미 목표를 훨씬 뛰어넘어 51%에 달하였다.

타이완총독부는 황민화 기간에 일본어 보급을 위해 노력했지만 현지 언어 사용을 금지하는 조직적인 노력은 하지 않았다. 부분적인 금지는 있었다. 예컨대 가오슝시(高雄市)는 버스 안에서 승객들의 타이완어 사용을 금지한 바 있다. 자이(嘉義) 시청(市役所)은 타이완어로 작성된 서류를 접수하지 않았다. 하지만 이는 부분적인 현상이었고 지속적이지 않았다.

타이완에 비해 한국에서는 국어(일본어) 보급운동이 상당히 더뎠다. 전술했듯이 1937년 황민화운동이 막 시작했을 때 타이완의 국어해자는 전체 인구의 37.38%였지만, 한국은 1938년에 12.38%에 불과했다.[145]

■ 일본-조선(한국)

조선총독부는 1910년대부터 조선인들의 초등학교인 보통학교에서 조선어 수업을 제외한 모든 수업에서 일본어만을 사용하도록 하였다. 교수용어가 일본어로 된 것이다. 보통학교 1학년의 경우에는 조선인 교사가 담임을 맡아 조선어를 병용하면서 가르쳤지만, 2학년부터는 모든 수업에서 일본어를 사용하였다.

1910년대 4년제 보통학교에서는 조선어 및 한문을 주당 5시간 가르쳤고, 일본어를 주당 10시간을 가르쳤다. 4년제 고등보통학교에서는 조

---

145 이상의 내용은 周婉窈, 1996, 「從比較的觀點看臺灣與韓國的皇民化運動, 1937~1945」, 張炎憲 等編, 『臺灣史論文精選』(下), 玉山社에 따랐다.

선어 및 한문을 주당 3시간, 일본어를 주당 7시간 가르쳤다. 1920년대에는 6년제 보통학교에서 조선어 및 한문은 주당 3~4시간 가르쳤고, 일본어는 주당 9~12시간 가르쳤다. 1920년대 5년제 고등보통학교에서는 조선어는 주당 2~3시간 가르쳤지만, 일본어는 주당 5~6시간 가르쳤다. 이처럼 학교 교육에서 일본어 교육을 중심으로 한 결과, 1927년 일본어 습득자는 초보자가 75만여 명, 보통회화를 할 수 있는 자가 42만여 명으로 늘어났다.

1938년 제3차 조선교육령이 발포된 이후에는 소학교·중학교에서 조선어는 정규과목이 아닌 수의과목으로 되어 학교에서 가르치지 않아도 되었다. 대신 일본어 교육을 강화하고, 학교에서는 일본어를 상용하는 것이 강제되었다. 이는 모두 황민화 교육의 일환이었다.

또 총독부는 1938년부터 '국어(일본어)강습회'를 전국적으로 개최하여 1938년 한 해 동안 3,660개소에서 강습회를 열었고, 수강자 수는 21만여 명에 이르렀다. 1943년에 이르면 강습회 개최 숫자가 1938년에 비해 20배 가량 늘어났고, 수강인원은 10배 정도 늘어났다. 당시 강습회는 '국민총력조선연맹'의 하부 조직인 부락연맹이 주도하였다. 1944년에 이르러서는 징병제 실시에 대비하여 징병 대상자를 중심으로 강습회가 실시되었으며, 일본어만 아니라 일본정신을 주입하는 교육도 함께 진행되었다. 또 1942년에 공포된 「조선청년특별연성령」에 근거하여 설치된 청년특별연성소에서도 정신교육과 일본어 교육을 중점적으로 실시하였다.[146]

---

146 남창균, 1995, 「日帝의 日本語 普及政策에 관한 연구: 일제 말기(1937~1945)를 중심으로」(경희대 사학과 석사논문) 참조.

5) 식민지(혹은 병합지)에서 역사 교육은 어떻게 이루어졌는가? 본국 역사 중심인가, 현지 역사 중심인가?

■ 영국-인도

처음부터 유럽과 영국의 역사를 가르쳤고, 인도의 역사는 배제되었다. 사실 인도에는 서구 관점의 역사 인식이나 역사서가 부재했고, 그것이 영국이 인도를 미개하다고 판단한 근거 중 하나였다.[147] 19세기 말부터 인도 민족운동이 전개되면서 지역에 따라 현지의 역사를 가르치기 시작했으나 관련 교과서나 수업은 불충분했다. 주지할 것은 인도인 일부가 역사를 포함한 '교과목의 인도화'를 식민지인과 본국인의 차별을 영구화하려는 식민정부의 정치적 술수라고 반대한 점이다.

■ 프랑스-베트남

현지의 역사를 부정하면서, 프랑스 역사와 연구자들의 관점에서 진행되었다. 예를 들면, 문화적 우월감을 지닌 채로 프랑스국립극동연구원(École française d'Extrême-Orient, 이하 EFEO)에 온 프랑스 역사학자들은 실증적이고 비판적인 인식론적 방법으로 구전된 자료들을 불신하면서 선사시대의 고고학을 중시하는 관점을 갖고 있었다. 이들은 엄격한 과학적 고증 작업을 통해 고대 문헌들을 분석하는 분야에서 현지의 유교 지식인들을 크게 앞섰다. 프랑스 연구자들은 중국 점령 이전에 민족 국가가 베트남에 존재했었다는 점을 인정하기는 했지만, 국가의 영역 확대와 상고 시대 기원에 관한 문제는 전설처럼 과장된 내용이라고 주장했다. 아울러 이

---

147 이 책에 실린 이옥순의 글 제2장 문화 부분을 참고할 것.

미 베트남의 영토로 흡수된 참파 문명과 캄보디아의 앙코르 문명을 '재발견'하고, 베트남에 대한 이 두 문명의 상대적인 우위를 강조하면서 인도차이나 문명의 주재자(主宰者)로 자처하였다.

■ 미국-필리핀

필리핀 청소년들은 학교에서 미국 역사를 배웠다. 대부분의 필리핀인은 미국의 민주주의를 배워야 한다는 주장에 공감했다.[148]

그런데도 필리핀인들은 미국 역사에 매몰되지는 않았다. 그 이유로는 첫째, 필리핀 지도층 인사들의 민족주의 감정은 미국을 여전히 정복자요 침략자로 보았다. 둘째, 전통적인 언어를 중시했다. 타갈로그어를 국어로 만들려고 했다는 점이 이를 말해 준다. 셋째, 문학을 통해서 자신들의 전통과 정신세계를 담아내려고 했다. 문학의 역사를 통한 필리핀의 자유에 대한 투쟁의 역사 소개, 문학책 번역 등은 필리핀인의 정체성, 즉 필리피노(Filipino)를 발견하는 작업이었다. 넷째, 스페인어 또한 이들의 생활과 의식에 영향을 미쳤다. 많은 필리핀인은 스페인어를 사용했기 때문에 필리핀인의 영혼은 본질적으로 라틴적(Latin)이라고 생각했다. 혈통적으로도 1백만 명의 인구 중 4분의 1은 스페인계 혼혈이었으며, 필리핀인의 삶에 영향을 미치는 지도층 인사들은 대개가 이 그룹에 속했다. 더욱이 스페인어를 쓰는 라틴 아메리카의 공화국들과 역사적 유대(historic bonds)를 느끼고 있었다. 필리핀인들은 기질적으로 앵글로 색슨인보다는 스페인

---

148 Joseph Ralston Hayden, *The Philippines: A Study in National Development*, p.590, p.620.

사람에 가까웠다.[149] 비유하자면 스페인 통치하의 유산이 미국의 역사가 필리핀의 역사가 되는 것을 막는 면역 항체의 역할을 한 것이다.

■ 영국-아일랜드

잉글랜드-아일랜드 연합왕국의 일부로서 아일랜드 역사를 다루었다. 주로 프로테스탄트 관점에서 아일랜드 역사를 서술하였고, 따라서 합방을 정당화하는 경향이 있었다. 이에 대해 가톨릭 민족주의 진영에서는 아일랜드 역사의 독자적 성격과 외세에 대한 줄기찬 저항 및 영국의 압제를 강조하였다.

■ 일본-타이완

타이완 초등교육에서 1922년까지는 역사 과목이 독립적으로 설정되어 있지 않고, 국어나 수신과목에서 일부 역사적 인물이나 역사적 사건을 다루는 정도였다. 1922년 「타이완교육령」이 새로이 공포된 후 '일본 역사' 과목을 두고 초등학교 5·6학년에게 가르치도록 규정했다. 1923년부터는 『공학교용일본역사(公學校用日本歷史)』(상·하)를 제작했다. 해당 교과서의 내용은 주로 천황의 세계(世系)를 주요한 시간축으로 설정하고, 진무천황 이래 역대 천황의 사적을 편찬한 것이었다. 따라서 식민지 시대 타이완의 역사 교육은 '황국사관'에 입각한 역사 교육이었다고 할 수 있고, 타이완 역사는 일본 역사와 관련 있는 대목에서만 선택적으로 기술되고, 교육되었다.[150]

---

149 *Ibid.*, p.587, pp.607-608, 634-635.
150 許佩賢, 2005, 『植民地臺灣的近代學校』, 遠流, 252~254쪽 참조.

■ 일본-조선(한국)

1910년대 제1차 조선교육령 시기에는 보통학교가 4년제였고, 역사과목은 아예 포함되어 있지 않았다. 고등보통학교에는 역사과목이 있었는데, 교과서는 일본에서 출판된 것을 쓰고 있었던 것 같다. 1922년 제2차 조선교육령이 나온 이후 보통학교 5,6학년에서도 역사를 가르치게 되자, 처음에는 일본 문부성에서 만든 교과서를 쓰다가 1923년 조선총독부에서 『보통학교국사(아동용)』 상·하권을 만들어 가르쳤다. 이를 보면 일본사를 뼈대로 하고, 한국사는 그 사이사이에 가끔 끼워넣는 식으로 만든 교과서였다. 목차를 보면 한국사와 관련된 내용은 박혁거세왕, 신라통일, 왕건, 대각국사, 조선의 태조 정도만 들어가 있다. 고등보통학교에서는 일본에서 나온 일본사 또는 서양사·동양사 검정교과서 중에 선택해서 교재로 쓰도록 하고 있었다.

1938년 제3차 조선교육령이 나온 이후에도 국사는 여전히 소학교(보통학교의 개칭) 5,6학년에서 가르쳤고, 교과서는 조선총독부에서 만든 『초등국사』(권1,2)로 바뀌었다. 이 책에서는 조선사는 제목에서 완전히 빼고 본문 중에 5회에 걸쳐 '조선지방의 모습'이라는 제목으로 간단히 서술하는 데 그치고 있다. 중학교(고등보통학교의 개칭)에서도 여전히 '역사'라는 이름의 과목으로 일본사, 동서양사를 가르치고 있었고, 교재는 여전히 일본에서 나온 검정교과서를 쓰고 있었다.

1941년에는 소학교가 국민학교로 이름이 바뀌고 국어, 수신, 국사, 지리가 모두 '국민과'로 통합되었다. 교과서는 여전히 『초등국사』(권1,2)를 사용하였다. 중학교에서도 국어, 수신, 공민, 역사, 지리과목이 '국민과'로 통합되었다. 역사과목은 '국민과 역사'라는 이름으로 가르쳤고, 교과서는 1943년부터는 문부성에서 만든 국정교과서인 『중등역사』(1,2)를 가르쳤다.

이와 같이 식민지 조선에서의 역사교육은 철저히 일본사 중심으로 진행되었으며, 한국사(조선사)는 일본사의 한 부분으로서 약간만 가르치는 것을 원칙으로 하였다. 이는 조선의 학생들로 하여금 일본국민으로서의 정체성을 갖도록 유도하기 위한 것이었다.

6) 식민지(혹은 병합지)에서 종교적 측면의 동화는 적극적으로 진행되었는가?

■ 영국-인도

영국은 1800년대 초부터 성경 과목을 가르치는 등 '갈색 피부를 가진 기독교인'을 키우려고 적극적으로 기독교를 전파했으나 신자의 수로 판단할 때 성공하지 못했다. 물론 교육, 의료 부문에선 선교 단체의 활동이 긍정적 영향을 주었다고 말할 수 있겠다. 1800년대 후반이 되면 기독교 전파를 통한 동화의 어려움과 정치적 위험성을 인지하고 기독교를 적극적으로 전파하는 활동을 지양하고 제한했다.

■ 프랑스-베트남

프랑스의 인도차이나 점령이 애초부터 천주교 포교를 둘러싸고 나타난 문제를 해결하는 과정에서 등장했다. 이미 17세기부터 현지에서 활동해 왔던 프랑스 선교사들은 식민정부에 자신들의 요구를 적극적으로 개진했다. 인도차이나 형성 과정에서 현지의 '전통' 종교인 불교 유산은 위협을 받게 되었다. 특히 하노이에서는 보천사 같은 불교 사원이 파괴되고 그 자리에 대성당이 세워지기도 했다.

■ 미국-필리핀

① 미국 헌법과 '미국-스페인 조약'에 의해 필리핀의 종교적 자유는 보장됐다. 이에 따라 스페인의 통치하에서 필리핀 인구의 10분의 9 이상이 로마 가톨릭교도가 되었다.[151]

② 1902년 필리핀 법(쿠퍼법)에 따라 종교 창립 또는 예배의 자유를 금지하는 어떤 법도 만들어져서는 안 된다. 예배의 자유, 신앙고백 및 경배는 차별하거나 특혜를 주어서는 안 되며, 영원히 허용되어야 한다(Section 5).

③ 1916년 존스법은 1902년 필리핀 법(쿠퍼법)과 동일한 내용을 규정했다(Sections 3).

④ 1934년 타이딩스-맥더피법에 따라 필리핀이 독립하더라도 자국민은 물론 미국인을 비롯한 필리핀에 거주하는 외국인에게 종교적 관용을 베풀어야 한다(Section 2의 3항).

■ 영국-아일랜드

1820년대 오코넬의 가톨릭 해방운동이 대표하는 가톨릭교도의 동원(mobilization)에 대항해서, 특히 빈곤한 오막살이농을 대상으로 서부 지역에서 개종 운동이 전개되었지만 큰 효과를 거두지는 못했다. 대기근 이후에 다시 개종 운동이 일어나지만 역시 효과를 거두지 못했다. 아일랜드인 대다수는 가톨릭 신앙을 고수했다. 1849~1878년에 가톨릭교회 지도부의 노력으로 신자 수, 교회 건물, 성직자 수 등이 모두 증가하였다(devotional revolution, 신심혁명). 1861년 아일랜드 인구의 78%가 가톨릭이었고, 앵글

---

151 *The Philippines and the United States*, p.122.

리칸 국교도는 12%, 장로교도는 9%였다.[152] 국교도와 장로교도는 각각 더블린과 얼스터에 집중되었다.

■ 일본-타이완

종교적인 측면에서 황민화운동의 궁극적인 목표는 식민지에 통용되는 토착 종교를 일본의 국가신도(國家神道)로 대체하는 것이었다. 황민화운동의 종교개혁은 한편에서는 신도를 제창하고, 다른 한편에서는 토착 종교를 억압하였다. 전자는 신사(神社) 증축·승격, 신사참배, 신궁대마(神宮大麻)의 봉사(奉祀) 등을 중점에 두었다. 황민화 기간에 타이완 신사는 급증하였다. 1945년까지 타이완총독부는 총 68개의 신사를 설립했는데 그 가운데 38개가 1937~1943년에 세워졌다.

타이완총독부는 일상생활에서도 타이완인 가정에서 신궁대마를 모시도록 강요했다. 신궁대마란 아마테라스 오미카미(天照大神)를 모시는 이세신궁(伊勢神宮)이 대외적으로 배포하는 신부(神符)이다(이세신궁은 메이지유신 이후 신사의 최고지위를 얻었다). 통계에 따르면 1936년 타이완에서 봉사한 신궁대마는 23만 5,500존(尊)이었다가 1937년 56만 9,500존, 1941년 73만 9,378존으로 늘었는데, 타이완의 전체 호구는 107만 5,498호였다. 따라서 타이완 전체의 70%가 대마를 봉사한 셈이다. 주의할 것은 이 통계 수치가 실제보다 과장되었을 가능성이 크다는 점이다. 총독부 입장에서는 대마를 배포한 호수(戶數)가 곧 대마를 봉사한 호수라고 파악했겠지만, 타이완인 중에서 대마를 실제로 모신 이는 극히 적었다. 타이완의 소설가 우쥐류(吳濁流)는 자서전 『타이완연교(臺灣連翹)』에서 교원 숙사의 신조(神

---

152 Marianne Elliott, 2014, "Faith in Ireland, 1600-2000," in Alvin Jackson ed., *The Oxford handbook of modern Irish history*, Oxford University Preee, p.176.

竈)에서 "대마를 모시기는" 했지만 "어느 누구도 예배를 드리지는 않았다"고 회고했다. 총독부는 신사참배도 적극적으로 추진했다. 『타이완경찰시보(臺灣警察時報)』에 따르면 1942년 10월 28일 타이완신사에서 대제(大祭)를 거행한 28·29일 이틀 동안 15만 명 참배자가 다녀가 설립 이래 최고를 기록했다고 했다.

다른 한편에서는 토착 종교를 억압했는데, '사묘정리(寺廟整理)' 즉 지방의 사묘를 통폐합함으로써 토착 종교를 소멸시키려 했다. 이 정책은 기본적으로 지방 단위로 시행되었다. 신주주(新竹州)가 가장 과격하여 전체 사묘를 철폐한다는 방침을 취했지만 반발도 컸다. 1940년 하세가와 키요시(長谷川 淸)가 고바야시에 이어 총독에 취임한 후에는 사묘정리를 중단하기에 이른다. 하지만 이 과정에서 타이완의 사묘·재당(齋堂)의 수는 3분의 1 정도 감소하게 되었다.

하지만 타이완·조선총독부의 종교정책은 결국 실패로 돌아갔다. 일본이 항복한 후 신도 신앙은 곧바로 자취를 감추었다. 총독부가 일본이 항복한 사실을 알게 된 후 가장 먼저 취한 조치 중 하나는 신사 및 신사 내부의 신기(神器)를 보호하는 것이었는데, 특히 한국에서 그러했다. 한국인들이 일본이 항복한 후 보복으로 취한 최초의 행동은 신사를 불태우는 것이었다. 일본이 항복을 선언한 8월 15일 밤 한국인들은 평양신사(平壤神社)를 불사름으로써 한반도 전체 차원의 보복이 시작되었음을 알렸다. 타이완인의 반응은 한국만큼 격렬하지는 않았지만 신도 신앙은 타이완에서도 자취도 없이 사라져버렸다. 요컨대 황민화운동은 적어도 종교적 측면에서는 완전한 실패였다.[153]

---

153 이상의 내용은 周婉窈, 1996, 「從比較的觀點看臺灣與韓國的皇民化運動, 1937~1945」,

■ 일본-조선(한국)

1910년대 조선총독부는 유교·불교·기독교·천주교·신도(神道)만을 종교로 공인하고, 나머지는 유사종교로 간주하였다. 유교는 경학원규칙에 의해, 불교는 사찰령에 의해, 기독교는 사립학교령에 의해 총독부의 통제를 받았다. 유사종교가 된 천도교·보천교·대종교에 대해서는 일반 결사체의 경우처럼 범죄나 치안 유지와 관련된 법규를 적용해 사실상 해산을 종용했다.

총독부는 3·1운동 이후 조선의 종교에 대해 친일화와 분열정책을 취하였다. 불교는 조선에 진출한 일본불교의 영향력, 사찰령의 통제, 일본시찰 등을 통해 점차 친일화되었다. 기독교도 조선에 진출한 일본조합교회의 영향, 총독부의 서양 선교사들의 포섭 등에 의해 점차 친일화되었다. 천주교 선교사들은 원래부터 본국 프랑스의 외교정책에 따라 일본에 협조하는 태도를 보여 왔고, 일본의 한국 강점을 당연하게 인식하고 있었다.

그런 가운데 조선총독부는 1933년 이래 소위 '심전개발운동'을 통해 황국신민화를 위한 정신운동을 강화하였다. 이에 따라 신사를 증설하고, 1면 1신사주의로 산간벽지의 면에도 신사를 세우고, 조선인들의 참배를 강요하였다. 그리고 1939년에는 부여신궁까지 세웠다. 1938년경에는 전국에 신사(神社, 神祠) 약 2,300개, 조선신궁 참배자 260만 명을 기록했다. 또 매월 1일을 애국일로 정해 전국의 신사에 애국반 단위로 참배하고, 황국신민서사 등을 제창하도록 했다. 기독교도에게도 신사참배를 강요하고, 이를 거부하는 교회와 학교는 폐쇄하였다. 그 결과 대부분의 개신교

張炎憲 等編, 『臺灣史論文精選』(下), 玉山社에 의거했다.

선교사가 귀국길에 올랐다.[154]

    이와 같은 조선총독부의 신사참배 강요는 전시체제하에서 조선인을 하루빨리 '황민화'하여 일본에 충성심을 갖게 하고, 전장에 나가거나 전쟁에 협력하도록 하기 위함이었다. 이는 신도를 통해 조선인의 급진적인 동화를 이루려는 것이었다. 그러나 조선인들은 거센 저항심을 갖게 되었으며, 1945년 8월 15일 해방이 되자 가장 먼저 신사를 부수거나 불태웠다.

---

154 박경식, 1986, 앞의 책, 389~390쪽.

6. 맺음말

이상 본론을 통하여 영국, 프랑스, 미국, 일본 등이 인도, 베트남, 필리핀, 아일랜드, 타이완, 조선(한국) 등에서 실시한 식민 지배 정책을 분야별로 살펴보았다. 이 글의 목적은 각국의 식민 지배정책을 비교하여 일본의 식민지 조선(한국) 지배정책의 특징이 무엇인지를 살펴보는 것이었다. 본론과 각론에서 정리한 것을 통해 얻을 수 있는 결론을 정치·사회·경제·문화 분야별로 나누어 정리해 보면 다음과 같다.

■ 정치

첫째, 영국의 인도, 프랑스의 베트남, 미국의 필리핀 식민지화가 원격지의 식민지화였던 것에 비하여, 일본의 한국 식민지화는 인접 국가의 식민지화였다는 점에서 크게 달랐다. 또 일본의 타이완 식민지화는 중국의 한 지방의 식민지화였지만, 한국 식민지화는 국가 전체의 식민지화였다는 점에서도 그 성격이 달랐다. 1801년 이후 영국의 아일랜드 지배는 인접 지역의 '통합(union)'을 통해 영국 영토의 일부로 편입하여 통치한 것이었다는 점에서 일본이 한국 '병합(annexation)'하여 식민지로 지배한 것과는 커다란 차이가 있었다. 물론 일본도 한국을 합병하면서 언젠가는 조선(한국)을 일본의 한 지방으로 편입하여 통치할 것처럼 말했다. 그러나 한국의 영토는 1945년 해방의 그 날까지 일본의 영토로 편입되어 일본의 한 지방이 되지 않았다. 일본의 법률이 시행되는 지역은 '내지(內地)'라 불렸으며, 나머지 지역(異法地域)은 처음에 조선, 타이완, 가라후토 등으로 불리다가 1929년 척무성이 만들어진 이후에는 '외지(外地)'라고 묶여서 불렀다. 여기서 '외지'는 '식민지'라는 용어 대신 사용한 것에 불과했다. 조선은 1910년 병합 이래 1945년 해방될 때까지 일본으로부터 '식민지' 취급을 받았다.

둘째, 영국은 아일랜드에 영국 의회에 대표를 파견할 수 있는 참정권을 주었지만, 일본은 조선과 타이완에 그런 참정권을 주지 않았다. 1920년대 조선의 일부 친일세력은 일본 의회에 의원을 파견할 수 있는 참정권을 달라고 요구했지만, 일본 정부는 이를 거부했다. 그것은 조선인들이 일본 의회(중의원)에 의원으로 파견할 경우, 그들이 '조선당'과 같은 정당을 만들어 아일랜드의 경우처럼 일본 의회에서 캐스팅보트를 쥘 가능성이 있다고 보았기 때문이다. 일본은 일제 말기에 징병제를 실시하기 위해 조선에 향후 참정권을 주겠다고 약속했지만 전쟁이 예상보다 빨리 끝나 참정권은 주어지지 않았다.

셋째, 영국은 인도에, 미국은 필리핀에, 프랑스는 베트남에, 네덜란드는 자바에 각각 식민지 (자치)의회를 구성할 수 있도록 했지만, 일본은 조선과 타이완에 자치의회 설치를 허락하지 않았다. 1920년대 조선과 타이완에서는 자치의회 설치를 요구했고, 일본의 일부 지식인과 언론인도 더욱 안정적인 식민 지배를 위해서는 자치의회를 만들어주는 것이 낫다고 주장했지만, 일본 정부 당국자들은 이를 받아들이지 않았다. 1929년경에는 사이토 조선 총독과 총독부 관리들이 비밀리에 '조선지방의회'안을 만들어 본국에 타진했지만, 본국 정부의 당국자들은 이를 거들떠보지도 않았다. 당시 일본의 위정자들은 조선에 자치의회를 허용할 경우 아일랜드처럼 이를 발판으로 조선인들이 독립운동으로 나아가게 될 것이라고 우려했다. 그러나 당시 일본의 식민정책학자 야나이하라는 의결기관은 물론 자문기관도 없는 식민지 정부(총독부)는 세계에 유례가 없는 것이라면

서, 아마도 조선총독부와 타이완총독부는 세계에 둘도 없는 전제적 통치 제도일 것이라고 비판했다.[155]

넷째, 식민지 관리 가운데 본국인이 차지하는 비중을 보면, 인도에서 영국인, 코친차이나에서 프랑스인, 필리핀에서 미국인의 비중은 그리 크지 않았다(수천 명 수준). 특히 하급 관리들은 현지인들로 대부분 충당했다. 그러나 조선과 타이완에서는 일본인들의 비중이 상당히 높았다. 1940년 조선총독부 및 소속 관서 직원들 가운데 일본인은 4만 9,907명, 조선인은 3만 6,002명, 외국인은 9명이었다. 타이완에서 일본인 관리의 비중은 조선보다 훨씬 높았다. 1945년 초에는 칙임관 161명 중 타이완인은 1명, 주임관 2,121명 중 타이완인은 29명(1.4%), 판임관 21,198명 중 타이완인은 3,726명(17.6%)이었다. 조선의 경우 1942년에 칙임관 172명 중 조선인 39명(22.7%), 주임관 3,271명 중 조선인 451명(13.8%), 판임관 7만 4,201명 중 조선인 2만 7,286명(36.8%)이었다. 조선과 타이완에서는 상급 관리인 칙임관과 주임관은 물론이고, 하급 관리인 판임관까지도 일본인들이 더 많았다.

다섯째, 식민지의 법령은 본국 의회, 식민지 의회, 총독 등 여러 주체가 제정하였는데, 조선의 법령은 일본 천황의 칙령, 본국 의회에서 제정하는 법률, 조선 총독이 본국 정부와 천황의 승인을 얻어 제정하는 제령, 조선총독부가 발하는 조선총독부령 등으로 구성되었다. 이 가운데 가장 중심이 된 것은 조선 총독이 본국의 승인을 얻어 제정하는 제령이었다. 조선에는 식민지 의회가 없었기 때문에 제령 제정 과정에서 조선인들의 의사

---

155 이종식 편, 최은진 역주, 2023, 『일본의 식민지 조선통치론』, 민속원, 226쪽에 실린 야나이하라 다다오의 「조선통치방침」.

는 거의 반영되지 않았다.

여섯째, 일본은 한국을 병합할 때 러시아로부터 일본을 방어하기 위해서는 일본이 조선을 장악할 필요가 있다는 군사·안보적 필요성을 가장 앞세웠다. 따라서 일본은 병합 이후 조선에 2개 사단, 약 2만 명의 병력을 계속 주둔시켰다. 1917년 러시아혁명이 발생하여 러시아육군이 크게 약화되어 대러시아 안보의 필요성은 그만큼 줄어들었고, 따라서 조선에 대규모 군대를 주둔시킬 필요는 없었다. 그러나 일본은 잠재적인 적으로 간주하는 소련을 견제하기 위해 조선에 2개 사단 정도의 군대를 주둔시키는 것은 필요하다고 보았다. 한편 인도나 필리핀의 경우, 현지인들이 군대에 일반 병사로 상당수 참여했지만, 조선과 타이완에서는 현지인들을 병사로 참여시키지 않았다. 일본은 1944년 이전에는 조선과 타이완에서 징병제를 실시하지 않았다. 그것은 조선인과 타이완인의 일본에 대한 충성도를 믿을 수 없었기 때문이었다.

일곱째, 정치범 숫자는 조선이 타이완보다 훨씬 많았다. 1920년대 후반 치안유지법 위반자는 조선의 경우 1천 명이 넘는 해가 많았다. 그러나 타이완의 경우는 1925년부터 1940년까지 856명에 지나지 않았다. 이는 조선의 경우, 조선공산당, 간도공산당 등 공산주의운동 사건이 많았기 때문이다.

■ 사회

첫째, 본국에서 식민지로 이주한 수는 인도의 영국인은 1931년에 16만 8,000명(관료 4천 명, 군인·경찰 6만 명, 나머지는 민간인 등)이었고, 인도차이나의 프랑스인은 1936년에 2,600여 명에 지나지 않았으며, 필리핀의 미국인은 1936년에 5,000여 명에 불과했다. 이들은 대부분 관리, 군인·경찰, 선교사, 교사, 상인 등이었다. 즉 아시아의 식민지에 거주한 본국인은 소수에 지나지 않았다. 그러나 1940년경 타이완에 거주한 일본인은 35만 명, 조선에 거주한 일본인은 70만 명에 달했다. 직업을 가진 이들 가운데에는 관리(교사, 경찰 포함)가 가장 많았고, 상·공업에 종사하는 이들이 다음으로 많았다. 일본에게 조선과 타이완은 일본의 과잉인구를 이주시킬 수 있는 명실상부한 식민지 역할을 하고 있었다. 이들 가운데 관리나 경찰, 교사 등이 가장 많았던 것은 일본이 다수의 일본인을 행정기관, 경찰, 학교 등에 배치하여 이들을 통해 조선과 타이완을 직접 통치하려는 의지를 갖고 있었기 때문이다.

둘째, 일본이 원래 예상하지 않은 일이었지만, 1920년대 이후 수많은 조선인이 일본으로 건너갔다. 그들 대부분은 일본에서 노동자(대부분 단기 노동자)로서 일자리를 찾기 위한 것이었다. 1930년에는 약 30만 명, 1938년(강제동원 시작 전)에는 약 80만 명으로 그 수는 급격히 늘어났다. 타이완의 경우에는 일본으로 이주하는 이들이 그리 많지 않았다. 인도인, 베트남인, 필리핀인 등이 식민 모국으로 이주나 유학하는 것도 그리 많지 않았다. 그것은 지리적으로 멀리 떨어져 있고, 이민 자체를 불허한 경우도 있었기 때문이다.

셋째, 영국은 일찍부터 인도에 대한 동화정책을 포기했다. 프랑스도 처음에는 베트남에서 동화정책을 채택했으나 실현 가능성이 적다는 판단 하에 점차 협력자들을 양성하는 '협력정책'으로 전환하였다. 미국은 필리핀을 미국과 같은 공화국으로 만든다는 목표 아래 미국의 법과 교육을 이식하는 동화정책을 채택했다. 그러나 이는 필리핀을 공화국으로 만든 뒤 독립시킨다는 목표 아래 진행된 것이었다. 영국은 19세기 아일랜드에서 처음에는 동화정책을 채택했으나 곧 이를 철회하고, 차이를 인정하는 '구별' 정책으로 선회하였다. 반면에 일본은 한국과 타이완에서 동화정책을 처음부터 끝까지 추진하였다. 그리하여 조선과 타이완의 문화와 관습을 일본화하려 하였고, 조선인과 타이완인을 일본에 충성을 다하는 일본의 국민, 천황의 신민으로 만들고자 하였다. 동화정책은 시기에 따라 점진적으로 추진되기도 하고, 급진적으로 추진되기도 하였다.

넷째, 일본은 동화정책의 일환으로 1939~1940년 조선과 타이완에서 창씨개명, 개성개명 등의 정책을 추진했다. 타이완에서는 개성개명 정책을 강제로 추진하지는 않았다. 따라서 개성개명을 한 인구도 그리 많지 않아서 1943년 말 전체 인구의 2% 정도만이 개성명을 신고했다. 1945년 8월 이후 타이베이현에서 개성명을 취소한 이는 전체의 7% 정도였다고 한다. 반면에 조선에서는 창씨개명을 하지 않은 이에게 갖가지 불이익을 주었기 때문에, 사실상 창씨개명을 강제한 것이나 다름이 없었다. 때문에 조선에서는 창씨개명을 한 이가 80%를 넘었다. 인도, 베트남, 필리핀 등지에서 창씨개명 같은 정책은 찾아볼 수 없었다. 창씨개명은 조선총독부가 급진적으로 동화정책을 추진하려는 의도에서 나온 것으로, 조선인들의 반감을 크게 불러일으킨 정책이었다.

다섯째, 아시아의 식민지에서 인종차별과 민족차별은 극심했다. 영국인들은 인도에서 서구중심주의, 백인우월주의를 강하게 표출했고, 인도인들을 미개인으로 보고 극심한 차별정책을 실시했다. 프랑스인들은 베트남에서 베트남인들을 인종주의적 관점에서 조세, 참정권, 교육 등 각종 측면에서 차별했다. 영국인들은 19세기까지도 아일랜드인들에 대해 강한 인종적 편견을 갖고 있었다. 그러나 시간이 가면서 법적·정치적·사회적·종교적 차별은 점차 폐지되거나 약화하였다. 일본인들도 조선인들에 강한 민족적 편견을 갖고 있었다. 따라서 조선에 온 일본인들은 조선인들을 제도적·관습적으로 차별했다. 일본제국주의는 조선에서 한편으로는 동화정책을 추진하면서도, 다른 한편으로는 차별정책을 추진하였으며, 양자가 모순되지 않는다고 생각하였다. 조선인들의 가장 큰 불만은 사회 각 부문에 널리 퍼져 있는 차별정책이었다.

여섯째, 인도와 같은 아시아 식민지의 의료시설과 의료인력 양성은 매우 열악했다. 따라서 영아사망률은 대단히 높았고, 평균 기대수명은 대단히 낮았다. 일본의 식민지였던 조선과 타이완도 마찬가지였다. 병원 수는 적었고, 의사 수도 적었다. 조선과 타이완을 비교해 보면 조선은 의사 1인당 인구수에서 타이완보다 훨씬 더 열악했다. 일본과 조선을 비교해 보면, 1930년 일본의 인구 1만 명당 의사 수는 7.7명, 조선의 인구 1만 명당 의사 수는 0.8명으로 거의 10분의 1 수준이었다. 이는 조선총독부가 조선에서 의사를 양성할 수 있는 학교를 극히 소수로 제한했기 때문이다.

■ 경제

첫째, 아시아의 식민지들은 식민 모국의 원료 공급지, 상품 시장의 역할을 하고 있었다. 인도, 베트남 등이 그러했으며, 조선과 타이완도 마찬가지였다. 특히 일본은 관세정책을 통해 조선과 타이완을 일본의 독점적인 상품 시장으로 만들어갔다. 또 일본은 조선에서 산미증식계획을 통해 미곡 생산을 크게 늘려 이를 대량으로 수입해 식량 부족 문제를 해결하고자 했다. 타이완에서도 설탕과 미곡을 대량으로 수입했다. 아울러 조선에서 콩, 면화, 생사 등을 수입하여 조선을 공업원료 생산지로 삼았다.

둘째, 아시아의 식민지 경제는 본국 자본에 의해 거의 장악되었다. 영국 자본들은 인도의 철도, 홍차 농장 등에 투자했다. 그러나 시간이 가면서 점차 인도인들이 내수시장을 장악해갔다. 필리핀의 경우 처음에는 중국·미국·스페인·영국 자본들이 경제를 장악하였으나, 점차 필리핀인들이 세제, 토지법 등을 통해 이를 막아냈다. 그러나 조선과 타이완의 경우에는 일본의 대자본이 경제를 거의 장악하고 있었다고 해도 과언이 아니다. 조선에서는 특히 1930년대 이후 일본의 대자본이 본격적으로 진출하여 공장을 건설하기 시작했고, 그 결과 조선의 중소 자본은 이에 대부분 예속되었다. 타이완의 경우에도 일본 자본이 사탕수수(설탕) 부문에 집중적으로 투자하여 이를 철저하게 장악하였다.

셋째, 아시아의 식민지들은 식민지 기간을 겪으면서 경제적으로 더 어려워졌다. 인도의 경우 식민 통치가 끝날 즈음 빈곤층이 전 인구의 70%가 될 정도로 더 빈곤해졌다. 1700년 세계 GDP의 22.6%를 차지하던 인도는 1950년 영국이 인도를 떠난 직후 4.2%로 전락할 정도로 빈곤국이 되었다. 필리핀의 경우에는 경제성장이 어느 정도 이루어지고, 현지인들의 삶도 어느 정도 개선된 것으로 보인다. 조선과 타이완의 경우에는 경제성장이 2~3% 정도 이루어진 것으로 경제학자들은 보고 있다. 그러나 경제성장의 과실은 대부분 일본 자본이나 일본인 상인, 조선인 지주들에게 돌아갔으며, 대다수 조선인 농민과 노동자들은 더욱더 빈곤해졌다. 산미증식계획으로 쌀 생산이 늘어난 1930년대에 오히려 수많은 농민이 만주와 일본으로 떠났고, 조선에 남은 이들도 절량농가나 채무농가로 전락했다.

■ 문화

첫째, 식민지에서 언론·출판·집회·결사의 자유는 대체로 극히 제한적이었다. 인도에서도 언론기관의 설립은 허가제였고, 검열을 통해 극히 통제되었다. 베트남의 경우에도 마찬가지였다. 필리핀의 경우에만 언론과 출판의 자유를 중시하는 미국의 정책에 따라 비교적 자유로운 편이었다. 조선과 타이완의 경우에도 언론·출판·집회·결사의 자유는 1920년대에 약간 나아지기는 했지만 여전히 억압되고 통제되었다. 조선에서는 1920년에 『동아일보』, 『조선일보』 등 조선어로 된 신문이 일간으로 발행되기 시작했으나, 타이완에서는 1932년에야 『타이완민보』가 주간에서 일간으로 바뀌어 발행되기 시작했다. 그러나 조선과 타이완의 언론과 출판은 철저한 검열이 이루어졌다. 집회와 결사의 자유 또한 극히 제한되어 사회단체들의 대중집회는 거의 열 수가 없었다.

둘째, 식민지의 교육은 대부분 매우 제한적이었다. 초등교육의 경우에도 의무교육이 실시되는 곳은 거의 없었고, 따라서 초등학교의 취학률은 낮을 수밖에 없었다. 조선은 타이완보다도 더 상황이 열악했다. 1940년대 초 타이완의 초등학교 취학률은 70%, 조선은 50% 수준에 머물렀다. 중등교육과 고등교육은 더욱더 제한적으로 이루어졌다. 학교를 거의 세우지 않았기 때문이다. 식민지민을 우민화하기 위한 정책의 결과였다.

셋째, 식민지에서 교사 양성은 지역에 따라 다르게 나타났다. 인도, 베트남, 필리핀 등의 경우 본토에서 교사를 데려오기 어려웠기 때문에 식민지에 교사양성학교(사범학교)를 세워 양성했다. 그러나 일본은 조선과 타이완에서 교사 양성을 위한 사범학교 설립에 인색했다. 그것은 본국에서 남아돌던 일본인 교사를 데려오기 위한 것이었다. 이에 따라 조선에서는 초등학교 교사의 3분의 1이 일본인이었고, 타이완에서는 초등학교 교사의 약 40%가 일본인이었다.

넷째, 인도·베트남·필리핀 같은 아시아 식민지에서 언어 교육은 지역에 따라 조금씩 달랐다. 기본적으로는 본국의 언어를 중심으로 학교에서 언어 교육이 이루어졌고, 현지어는 이를 보충하는 수준에서 가르쳤다.

일본도 조선과 타이완에서 같은 정책을 취했다. 일본어 교육을 위주로 하고, 조선어 교육은 이를 보충하는 정도에 그쳤다. 그리고 1937년 중일전쟁 도발 이후에는 학교에서 조선어를 가르치지 않았다. 또 징병, 징용 등 전장에 젊은 청년들을 끌고 가기 위한 일본어강습회를 마을에서 자주 개최했다. 그 결과 초보적이지만 일본어 해득자가 이 시기에 많이 늘어났다.

다섯째, 식민지 학교에서 역사 교육은 모국사 중심이었다. 인도에서는 영국사, 베트남에서는 프랑스사, 필리핀에서는 미국사를 주로 가르쳤다. 일본도 조선과 타이완에서 일본사를 주로 가르치고, 조선과 타이완의 역사는 거의 가르치지 않거나 일본사의 한 부분으로서만 가르쳤다. 이는 조선인과 타이완인에게 일본인의 정체성을 심어주기 위함이었다.

여섯째, 식민지에서 종교적 측면의 동화는 쉽지 않았다. 인도에서 영국의 기독교 전파, 베트남에서 천주교 전파는 쉬운 일이 아니었다. 필리핀의 경우 스페인 지배기에 주민의 90%가 가톨릭교도가 되었기 때문에 미국 선교사들의 개신교 전파는 어려운 일이었다. 따라서 영국이나 미국은 기독교 전파를 자제했다. 일본도 조선과 타이완에서 초기에는 현지 주민들의 종교를 중시하는 태도를 보였다. 그러나 일본 불교와 일본 기독교 전파에는 열심이었으며, 1930년대 이후에는 일본의 신도(神道)를 전파하기 위해 전국 각지에 신사(神社)를 건립하고, 타이완에서는 토착 종교인 사묘(寺廟)를 통폐합하고, 조선에서는 신사참배를 강요했다. 그러나 이는 타이완인과 조선인들의 반발심만 쌓는 일이었다. 1945년 8월 15일 일본이 패망하자 조선인들은 가장 먼저 신사를 파괴하거나 불태웠다.

이상에서 살핀 것처럼 일본은 한국을 병합하여 식민지 조선으로 지배하면서 우선 조선인들을 일본인으로 동화시킨다는 정책을 추진했다. 동화정책은 본래 점진적으로 추진한다는 방침이었는데, 1930년대에 중일전쟁 발발의 영향으로 급진적으로 추진되었다. 그러나 몇천 년의 역사를 가진, 2천만 명에 가까운 조선인들을 일본인으로 동화시킨다는 것은 사실상 불가능한 일이었다. 또 조선인들을 일본인으로 동화시키기 위해서는 참정권, 의무교육, 징병제 등에서 동등한 대우를 해주어야 하는데, 일본인들은 조선인들에게 그러한 대우를 해줄 준비가 되어 있지 않았다. 일본인들은 조선인들에 대한 강한 차별의식이 있었고, 의무교육을 실시할 만한 재정적 여유도 없었으며, 징병제를 실시할 만큼 조선인들이 일본이라는 국가에 충성심을 갖고 있다고 믿지 않았다. 따라서 조선인들에 대한 차별대우는 여전히 계속될 수밖에 없었고, 조선인들을 일본인으로 동화시키는 정책 또한 성공하기 어려웠다.

결국 일본은 식민지 조선을 러시아의 남하를 막기 위한 방파제, 일본 상품의 독점적인 시장, 일본 자본의 출구, 부족한 식량의 생산기지, 공업원료의 공급기지, 과잉인구의 배출지, 고등실업자들의 일자리 창출, 만주와 중국으로의 세력 확장을 위한 교두보, 전시 동원 가능한 병력과 노동력의 공급처 등으로 활용하는 데 의미를 두고 있었다고 할 수 있다. 따라서 일본의 조선에 대한 식민지 지배는 영토 침탈, 자유와 권리 억압, 민족 차별, 강제적 동화, 각종 물자 수탈, 독립운동 탄압, 전시 인적·물적 자원의 강제적 동원 등으로 특징지워진다.

제2장
영국의 인도 식민 통치

_이옥순

1. 머리말

1) 연구 범위와 목적

이 연구의 목표는 영국이 인도를 통치하고 지배한 성격의 규명이다. 이는 정치적·경제적으로 지배하면서 전자의 최대 이익을 도출하기 위해 후자를 문화적·심리적으로 억압하고 통제한 다양한 방식을 통해서다. 여기서 다룰 인도에 대한 영국의 약 2세기에 걸친 통치는 근대 제국주의의 기능적 단계, 즉 제국주의의 결과로 칭해지는 직접적 식민 통치와 그와 유사한 형태이다.

식민 지배자가 해당 식민지를 확보하는 과정과 그 동기는 부분적이나마 식민 통치의 성격을 규정짓는 요인으로 작동하게 마련이다. 영국의 인도에 대한 영토 정복과 식민 통치도 비슷한 노정을 걸었다. 일찍이 중상주의(mercantilism)라고 불린 시대에 인도와 연계를 맺은 영국의 실질적 주체는 국가가 아니었다. 그 모든 건 19세기 중반까지 무역회사의 형태로 존재한 동인도회사를 통해 진행되었다.

당연하게도, 영국 동인도회사가 인도를 식민지화하고 직간접적 통치에 나선 목적은 경제적 동기부여를 우선에 두었다. 그러나 경제적 동인(動因)으로 출발한 영국의 동인도회사는 무역과 상업이익을 넓히는 과정에서 인도의 현지 지배자와 군사적·정치적으로 충돌하게 되었다. 결국 군사력을 써서 승리를 거두며 첫 식민지를 획득한 동인도회사는 점차 영토를 확대하며 제국으로 성장했다.

그래서 이 글은 영국이 인도에서 1700년대 중반에 첫 식민지를 차지한 뒤 전국적 지배권을 확보할 때까지 100년이 걸린 점에 주목한다. 즉 영국의 인도에 대한 식민화는 시간상으로 점진적이었고, 내용으로도 그랬다. 그런 이유로 영국이 식민지 인도에서 추구한 정책이나 통치는 일관성과 통일성이 부족했다. 영국의 정책이나 통치방식이 멀리 떨어진 영국 본국과 식민지의 변화하는 상황에 따라 자주 달라졌기 때문이다. 식민지에서 근무하는 인도 총독들의 성향도 식민 통치의 성격에 영향을 주었다.

그래서 영국의 인도 식민 통치의 성격을 분석할 이 연구의 목표와 범위는 19세기가 중심일 수밖에 없다. 영국이 1800년대 중반에야 넓은 인도에서 종주권을 확보하며 정치적 안정권에 들었고, 19세기 후반에야 통치의 전성기를 이룬 점을 고려해서다.[1] 20세기에 들어선 영국의 통치는 인도인의 지속적인 반영, 민족주의운동의 확산으로 사실상 탈식민화의 길을 걸었다. 1947년에 인도에서 영국의 완전한 철수는 그 귀결이었다. 즉 영국 지배자는 통치의 마지막 반세기인 20세기 전반에 피지배자와 흥정하고 타협하는 길을 걸었다. 이러한 영국의 점진적 양보, 권력의 이양은 식민지인의 위를 향한 압박과 도전에 대한 부득이한 생존적 대처였다.

부언하면 제1차 세계대전 뒤 영국은 세계 최정상 국가의 위상을 상실하였고, 이는 식민지 인도에서도 마찬가지였다. 영국은 1919년 인도인 각료에게 주(州) 지방의 일부 행정을 넘기는 법령을 통과하였다. 1935년엔 마하트마로 불린 간디가 소금 행진으로 촉발한 거센 독립운동으로 외교와 국방, 재정 등을 뺀 모든 영역을 인도인에게 이양하는 또 다른 통치법

---

[1] 영국에서 나온 세계사 교과서는 물론이고, 그동안 우리나라에서 출간된 세계사의 인도 관련 부분에도 영국의 인도 통치는 20세기 초, 즉 벵골의 분할령에 이르는 식민 통치의 전성기만 다뤘다. 이후 인도에서 영국의 통치는 지속적인 쇠락과 후퇴의 역사였기 때문에 영국은 의도적으로 이 시기를 제외한 것으로 보인다.

을 제정하며 뒤로 물러났다. 영국은 지속적인 반영 운동으로 경제 분야에서도 이득이 급감하자 통치의 지속불가능성을 인지, 1947년 귀국길에 올랐다.

상술한 점에서 엿보이듯 탈식민화가 진행된 20세기 전반은 인도에서 영국 식민 통치의 성격을 살피는 이번 연구의 목표에 부적합한 양상이었다. 이 글이 주로 19세기 식민 통치에 주목하는 이유가 여기에 있다. 또 다른 이유를 들자면, 20세기 초부터 우리나라를 통치한 일본 제국주의의 반면교사가 19세기 인도에서 영국의 통치란 점이다. 일본은 영국이 인도에서 19세기에 성공을 거둔 정책은 기꺼이 모방하고 채택하였다. 동시에 영국이 인도에서 성공하지 못한 일련의 정책은 참고하지 않았다. 이는 식민 통치의 대열에 늦게 합류한 일본이 누린 취사선택의 이점이었다.

마지막으로, 필자는 대학원 과정부터 평생 인도의 식민지 시대를 다양하게 접근하는 한 가지 주제로 연구를 지속했고, 따라서 본 내용과 비슷한 주제의 저서와 논문, 여러 형식의 단문 등이 헤아릴 수 없을 정도로 많다. 그런 이유로 본 원고는 이 글과 같은 주제로 발표된 많은 연구와 콘텐츠를 이 책의 취지와 방향에 맞게 수정하고 재서술했음을 밝힌다.[2] 이는 과거의 역사적 사실이 그대로이고, 그걸 해석하는 연구자의 관점이 크게 바뀌지 않은 점에서 기인한다.

---

[2] 그중에서도 이 글의 많은 내용은 이 주제와 관련된 그동안의 연구를 집대성한 졸저, 2007, 『인도 현대사』, 창비에 수록되었다.

2) 연구사 정리[3]

인도를 약 200년간 장기 지배한 영국의 식민 통치에 대한 평가는 대체로 두 갈래로 나왔다. 하나는 영국 제국주의자의 방어적이고 옹호적인 관점이고, 다른 하나는 인도 민족주의자의 그에 대한 반격과 비판적 평가이다. 영국의 인도에서의 긴 식민 통치를 합리화하는 전자에 드는 연구자들은 영국의 식민 통치가 침체를 거듭한 식민지 인도에 사회, 경제, 정치 등 전 분야에 근대성과 역동성을 제공했다고 주장했다.[4]

이는 선진문명국의 식민 통치가 낙후한 식민지에 개화와 문명을 선사했다는 단언에 가까웠다. 그 결과로 그 은혜 가득한 통치를 받은 인도가 물질적으로 문화적으로 증진했으며, 무엇보다 분열과 갈등이 상수인 그 영토에 통일성과 통합의 씨앗을 뿌렸다는 관점의 소산이다. 이들 노선의 연구는 영국의 지배기에 도입된 철도, 전신·전화, 근대 교육, 산업 등이 식민지의 근대화를 이루는 기반이 되었다고 결론을 내렸다.

물론 이런 아류의 식민 통치를 긍정적 평가와 옹호에 동조하는 인도인도 적지 않다. 2005년 7월에 많은 논란을 자초한 당시 인도 총리 만모한 싱의 영국 옥스퍼드대학의 연설이 그 생생한 증거이다. 그는 전 식민국의 유명대학에서 명예박사학위를 받으며 인도 문명이 '대영제국'의 선(善)한 통치로 좋아졌다고 발언하여 많은 인도인을 언짢게 만들었다. 싱

---

[3] 졸고, 2009, 「식민지와 식민지 근대성」, 『역사학보』 203집에 게재된 글을 대폭 줄여 다시 썼다.

[4] 영국의 역사학자 Washbrook은 자본주의가 부재한 인도를 세계사의 궤도에 진입하게 도운 영국 통치의 근대성을 언급했다. David Washbrook, 1988, "Progress and Problems: South Asian Economic and Social History, c.1720-1860, *Modern South Asian Studies* 22,1, pp.57-96.

총리는 식민 통치의 긍정적 증거로 현재의 인도가 소지한 법에 기반을 둔 정부, 자유로운 언론, 전문성을 가진 관료제와 경찰 등을 지목했다.

인도의 근대 역사를 전공한 학자들을 많이 배출하며 '케임브리지 학파'라는 별칭이 붙은 동 대학의 연구자들도 싱 총리와 같은 노선에 자리한다. 그들은 식민 지배자가 힘의 행사를 스스로 통제하였고, 그래서 식민지를 수탈하지 않았다는 식의 결론을 도출했다. 케임브리지 학파로 분류되는 학자들은 영국의 통치가 식민지에서 근대적 교육을 시행하여 현지 지식인을 길러낸 점을 예로 들었다. 즉 그들 지식인이 식민 통치가 구성한 이른바 근대성의 토대에 끼어들어 실제 인도인을 수탈한 장본인이라고 파악했다.

반면에 인도 민족주의 계열의 역사가들은 영국의 식민 통치가 식민지 인도의 막대한 부를 영국으로 실어 가며 엄청난 손해와 극심한 빈곤 상태를 초래했다고 확신했다. 20세기 초부터 경제사를 연구하며 식민 통치를 비판한 두트(R. C. Dutt)를 비롯한 일련의 인도인 학자들은 식민 본국의 경제에 종속된 인도 경제를 주목했다. 그들이 낸 연구는 각종 산업의 몰락, 천문학적 수준의 부의 유출, 그로 인해 생긴 인도인의 극심한 빈곤과 기근 등을 분석하고 제시하며 영국의 통치를 강도 높게 비판했다.

인도인 학자 하비브(Irfan Habib)는 앞에 언급한 만모한 싱 총리의 발언을 즉각적으로 반박하였다. 그동안 영국 제국주의자의 역사서술과 케임브리지 학파의 주장을 비판한 그는 인도가 식민지 시대에 겪은 여러 차례의 대기근을 사례로 인도 총리의 발언을 반박했다.[5] 하비브에 따르면, 수

---

5 수치를 축소하려는 의도를 가진 지배자의 통계를 봐도 사정은 좋지 않았다. 1876년에서 1900년까지 사반세기 동안, 즉 인도에서 영국 통치의 전성기에만 약 2천만 명의 인도인이 기근으로 사망했다. 일부 학자들은 이러한 수치를 영국이 오기 이전 2천 년

천만 명이 아사한 1896~1897년의 대기근과 1899년에서 이듬해까지 이어진 엄청난 수준의 대기근, 영국이 제2차 세계대전에 참전 중인 1943년에 3백만 명의 아사자를 낸 대기근 등은 모두 영국 통치의 은혜롭지 않은 결과였다. 하비브 교수는 또한 영국이 은폐한 식민 통치의 불온한 성격을 각종 수치를 들어서 설명하였다. 거기엔 빈곤층 인도인 농민에게 부과된 과도한 세금, 식민지인 기업가에 대한 정부의 각종 차별과 억압, 독립할 때까지 최하 수준인 식민지인의 건강 상태 등이 포함되었다.

물론 최근의 이런 주제를 다룬 연구들은 결이 다소 달라졌다. 즉 2세기간 이어진 영국의 통치를 전적으로 부정하거나 옹호하는 주장이 줄어들었다. 그 이유는 여성주의와 환경론과 연계된 연구 등 사회주변부를 공부한 연구자들이 '수탈'과 '근대성'의 이분법적 견지로 식민 통치를 단정하고 규정짓기 어렵다는 점을 확인했기 때문이다. 최근에 나온 다수의 연구는 사회 중하층과 주변부의 근대성이 사회 상층의 근대성보다 복합적인 양상을 띤다고 알려주며 종래의 연구 결과를 뛰어넘는 결과를 냈다.[6]

그런 이유로 영국의 긴 식민 통치 기간을 다룬 인도인의 연구는 위로부터의 억압적 지배-경제적 이용과 수탈-와 거기에 대한 피지배자, 즉 인도인의 아래로부터의 영웅적 저항이란 단순 논리를 이탈하는 경향이다. 즉 광대한 땅과 수억 명의 인구를 하나로 연루하는 거대 담론보다는 각 지역과 계층의 특수한 체험에 주목한다. 근대 역사의 무대에 오른 이러한

간 17번의 대기근이 있었던 점을 비교하며 식민 통치를 부정적으로 평가하였다. W. Digby, 1901, *Prosperous British India: A Revelation from the Official Records,* London, Allen and Unwin.

6 갠지스 평원지대 러크나우의 중산층을 분석한 연구자 Sanjai Joshi는 중산층의 근대성이 엘리트 계층보다 전통적 요소를 더 많이 포함한다고 주장했다. 2001년에 나온 그의 책 *Fractured Modernity*, New Delhi, OUP 참고.

연구의 주인공은 농민, 하층 카스트, 부족민, 여성으로 영웅적 지도자가 아닌 보통 사람들이다.

그런 점에서 영국 식민 통치의 성격을 추적하는 본 연구는 지배자 영국의 일방적·정치적 지배와 경제적 이용이란 종래의 담론을 넘어 제2의 식민화에 시선을 둔다. 이는 제1의 식민화인 정치적 지배와 경제적 이용에 더해 정신적·인식론적 식민 통치인 제2의 식민화를 뜻한다.[7] 다시 말하면, 1947년 영국의 철수로 공식적인 식민 통치는 종식을 고했으나 여전히 인도에는 망령처럼 살아남아 괴롭히는 식민 통치의 문화, 심리적 측면이 있다. 이른바 그 상상의 세계를 추적하는 이 글은 영국 식민 통치의 지속 가능한 부정적 특성과 그 유산도 어느 정도 검증하는 것이 목표이다.

3) 내용 구성

■ 역사-영국의 인도 통치 200년

여기에선 2세기간 길게 이어진 영국의 인도 통치의 변화과정을 연대기를 따라가며 단계별로 살펴본다. 즉 1612년 인도 서해안 수라트 항구에 첫 무역소를 세운 영국이 1700년대 중반 상업적 이익을 위해 현지의 현실정치에 개입하고, 1757년 첫 식민지를 얻은 뒤 다른 지역으로 영향력을 확대해 가는 과정을 다룬다.

19세기 중반에 사실상 인도의 패권을 차지한 영국은 1858년 식민지

---

[7] 이 문구는 정치 현상을 심리학적으로 분석한 인도인 학자 아시스 난디의 표현이다. Ashis Nandy, 1988, *The Intimate Enemy*, Delhi: OUP, 특히 제1장.

화의 매개인 동인도회사를 폐지하고 본국 정부가 인도 담당 부처를 통해 직접 통치하는 방식으로 나아갔다. 영국의 통치는 인도 제국을 선포하며 19세기 후반에 전성기를 일궜다. 그리하여 식민지 인도는 세계에서 가장 강한 '대영제국'의 기둥이 되었고, 가장 크고 가장 중요한 식민지로 다양한 정책과 통치방식의 실험실로 기능했다.

그러나 20세기가 되면 영국의 식민 통치는 인도인의 강한 대응과 도전으로 권력을 양보하고 이양하는 탈식민화의 과정으로 나아갔다. 특히 1920년대부터 본격화한 모든 계층이 참여하는 간디의 비폭력적 대중운동은 식민 통치를 압박하며 그 과정을 촉진했다. 그리하여 정치와 경제 등 여러 분야에서 식민지인의 영향력은 증대하고 식민 지배자의 장악력은 후퇴했다. 그 궁극적 결과는 1947년 인도의 독립이었다.

■ 정치-이간과 분리의 통치

인도는 식민 지배자 영국에게서 멀리 떨어졌다. 그 식민지는 인구로나 영토로나 영국의 열 배가 넘었고, 지배자와 문화적으로 사회적으로 완전한 타자였다. 인도에 일개 무역회사의 직원으로 왔다가 얼떨결에 식민 통치자로 변신한 극소수 영국 지배자는 광대한 인도를 관장하기 어려운 구조적 취약성을 제대로 인식하였다.

그리하여 영국 통치자가 식민지 인도에서 추진한 정책은 피지배자들의 상호연합을 막고 분열시키는 방향으로 추진되었다. 그중 하나가 봉건제를 유지하며, 그 전통적 지배자와 손을 잡는 간접 통치였다. 이 장에서 다뤄질 또 다른 통치방식은 피지배자의 이간과 분리였다. 즉 이방의 통치자는 여러 명목으로 식민지인의 각종 세력을 갈라쳐 서로 반목하고 연합하지 못하도록 미리 막았다. 인도인의 분열이 식민 통치의 안정을 담보한다고 믿었기 때문이었다.

■ 경제-탈산업화와 식민지화

여기에서는 18세기 중반에 세계 제조업 분야의 채 2%를 차지하지 못하는 영국이 그 25%를 점유한 인도를 차지하고 강대국으로 도약하는 과정을 다룬다. 이는 영국의 지배를 받는 인도가 경제적으로 본국의 이익에 종속되며 빈곤해지는 경제적 식민화였다. 그리하여 면직물의 최대수출국을 자랑하던 인도는 영국의 식민 통치를 받으며 탈산업화의 길을 걸었고, 영국 공장제 직물의 수입국으로 전락했다.

낙후한 인도에 철도를 부설하고, 전신·전화를 도입하며 문명과 근대성을 도입했다는 영국의 진부하고 반복적인 선언과 달리 영국이 인도에서 시행한 경제정책은 본국의 산업화에 원료를 공급하고, 영국 공장제 상품의 시장으로 기능하는 전형적인 식민경제였다. 그런 이유로 영국의 식민 통치는 과학기술정책의 정책도 식민지의 종속화와 영국 통치의 지속가능성에 방점을 두었다.

■ 사회-미개한 인도 사회 만들기

영국의 식민 통치는 정치와 경제 분야를 지배하고 종속하는 데 머물지 않았고, 식민지인의 문화적·심리적 영역에 대한 지배도 병행하였다. 그건 식민 통치를 영속하기 위해 자국의 우월성을 대내외적으로 강조하고, 식민지사회를 부정적으로 인식하며, 악마화하는 이데올로기를 구성하여 유포하는 방향이었다. 피지배자가 지배자에게 심리적으로 정신적으로 옭매이게 만드는 것이 목표였다.

그리하여 식민 지배자는 인도가 낙후하고, 미개하며, 비위생적이라는 나쁜 이미지를 널리 유포하였다. 그런 부정적 이미지는 본국과의 문명적 위계를 드러내며 그들의 이미지를 긍정적으로 강화했다. 이 장에선 영국 지배자가 추진한 두 갈래 사회 관련 정책, 곧 힌두교와 카스트 제도를 내세워 인도를 역사 없는 사회로 재구성하는 방식과 비위생적인 미개한 식민지로 인도 사회를 고착하는 수단으로서의 위생 정책을 따라간다.

■ 문화-제2의 식민화와 정신의 지배

영국이 식민지 인도에서 추진한 문화정책의 요체는 물리적 지배-정치적 통제와 억압 그리고 경제적 이용-를 뒷받침하는 상상의 영역, 즉 정신에 대한 지배였다. 이는 물리적으로 강제하지 않고 무형의 권위-문명 개화란 문화적 프로그램-로 위장하여 은근히, 종종 명시적으로 식민지사회를 통제하는 방식이었다.

이런 방식, 즉 제2의 식민화는 지배자에 대한 인도인의 잠재적 도전에 대응할 식민정부의 방어적 기제의 하나였다. 즉 식민지 인도인을 나쁘게 세뇌하고, 종속과 동화를 유인하며, 정신적으로 통제한 그 수단은 식민 통치가 공식적으로 끝나도 사라지지 않고 남았다. 여기에선 독립하고 70년이 훨씬 지난 지금도 인도에서 지배적 위상을 유지하는 영어와 크리켓을 통해 식민 통치의 성격을 드러낸다.

■ 맺음말

이 장은 인도에서 영국의 식민 통치가 일본 등 다른 식민국의 통치에 비하면 덜 억압적이었다는 세간의 평판을 염두에 두고 영국의 인도 식민 통치에 내재한 특성과 연계된 몇 가지 요인을 설명하며 검증한다.

2. 역사-영국의 인도 통치 200년

1) 인도와 동인도회사

1606년 바스쿠 다가마가 촉발한 포르투갈의 성공을 염두에 두고 인도를 찾은 영국의 동인도회사는 1612년 무굴제국에서 서해안 수라트 항구에서 교역하는 권리를 인정받았다. 동인도회사는 1618년 해군이 부재한 무굴제국의 해상을 지켜주는 대가로 무역 특권을 얻어내는 데도 성공했다. 곧이어 아라비아해와 페르시아만까지 영역을 확대한 영국 동인도회사는 남동해안의 마드라스, 서해안의 봄베이, 동해안의 캘커타(오늘날 콜카타)에 교역소를 세우고 인도산 각종 특산품을 사들여 해외로 실어날랐다.[8]

'무역만' 하던 영국 동인도회사는 150년이 지난 1700년대 중반에 인도 동부지방에 첫 식민지를 확보하였다. 그때까지 유럽에서 온 여러 동인도회사 중의 하나였던 영국의 회사에게 운 좋게 단독으로 권력을 잡을 기회가 찾아온 것이다. 1740년대부터 무굴제국의 영향권을 벗어난 벵골의 지배자는 1757년 영국이 캘커타에 축성하고 군대를 갖추자 주권에 대한 침해라면서 공격을 개시했다. 그러나 그는 곧 동인도회사의 잘 훈련 받은 군대에 패배하고 영토를 내주게 되었다.

군사행동으로 비옥한 벵골을 차지한 영국 동인도회사는 곧 현지의 조세 징수권을 확보하여 많은 세금을 거두었다. 여기에 소금, 초석, 비단 등이 유명한 벵골에서 많이 거둔 조세로 본국에 특산품을 사 보낸 동인도회

---

8   Factory로 불린 영국의 교역소는 인도의 여러 지방에서 사들인 상품의 집하소였다.

사는 그동안 영국에서 제기된 인도로 많은 부를 유출한다는 비난을 불식했다. 이때부터 인도의 부가 영국으로 빠져나가기 시작했다.[9]

게다가 영국의 첫 번째 인도 총독인 클라이브는 내통한 벵골의 장군 미르 자파르를 명목상의 지배자로 삼아 보상금과 재물을 한껏 약탈했고,[10] 동인도회사 직원들도 그에 뒤질세라 개인적인 착복과 횡령에 몰두했다. 영국의 철학자이자 정치가인 에드먼드 버크가 그들을 '탐욕적 맹금'이라고 부를 정도로 당시 동인도회사의 구성원들 부패했다. 결국 적자가 누적된 동인도회사는 1773년부터 영국 의회의 개입을 받게 되었고, 인도에 대한 영국의 정복과 식민 지배도 전보다 체계적으로 진행되었다.

이후 영국 동인도회사는 벵골의 풍부한 재원을 근간으로 다른 지방의 인도 왕국을 차례로 정복했다. 이는 넓은 인도에서 서로가 남인 여러 왕국 간의 경쟁 관계를 한껏 이용함으로써 가능했다. 무굴제국의 계승자를 노리고 서로 반목하고 경쟁한 인도 여러 왕국은 외국에서 온 무역회사의 외양인 영국의 위험성을 간파하지 못했다. 1818년에 무굴제국의 쇠락에 일조하며 대권에 근접했던 힌두 마라타 제국을 무굴제국의 수도 델리 인근에서 물리친 영국은 인도의 사실상 패권자가 되었다.

> "영국의 통치가 우월하므로 많은 인도 영토가 영국의 직접 지배를 받을수록 인도인에게 좋은 일이다."

---

[9] 영국 동인도회사의 이사를 역임한 몽고메리 마틴은 1838년에 낸 글에서 인도에서 영국으로 유출된 부의 규모가 지난 30년간(즉 19세기 초반) 연간 3백만 파운드였다고 기록했다. 이는 현재 가치로 400억 파운드가 넘는 엄청난 규모다. Nick Robins, 2006, *The Corporation That Changed the World*, Hyderabad, Orient Longman, p.178.

[10] 동인도회사의 서기에서 불법적으로 억만장자가 되어 귀국한 클라이브 총독은 1774년에 횡령 혐의를 받고 자살로 생을 마감했다.

이런 입장의 달하우지 총독(1848~1856)은 많은 인도 왕국을 강제로 병합하여 영국의 영토를 늘렸다. 1849년 북부의 강대국 시크 왕국을 역사의 무대에서 제거한 그는 1856년 생물학적 왕위계승자가 없다는 터무니없는 이유를 내세워 갠지스 평원에서 번영을 누리던 부국 오우드(Oudh) 왕국까지 병합했다. 그렇게 하여 영국은 경쟁상대인 인도 왕국을 다 제거하고 명실상부하게 제국의 기초를 다졌다.

영국 동인도회사의 정치적 확대와 패권 확보는 경제적 이익을 배가하였다. 인도에서 주로 수직 면직물을 수입하여 본국에 팔던 동인도회사는 이제 영국 공장에서 생산된 공장제 직물을 인도에 수출하여 수익을 내었다. 인도로 수출한 영국산 면직물은 1786년 156파운드에서 1813년엔 11만 파운드, 달하우지 총독 아래 영토 확보가 거의 완성된 1856년엔 6백 3십만 파운드로 늘어났다.[11] 그렇게 식민지가 된 인도는 이제 영국의 이익에 종속된 식민경제의 전형으로 변신했다.

이 무렵 동인도회사의 가장 큰 수익원은 중국에서 본국으로 수입하는 차 무역이었다. 그 덕에 19세기 초 영국 정부는 재정수입의 약 10%를 홍차의 수입 관세에서 얻었다. 놀랍게도 동인도회사가 영국으로 수입한 중국 차의 결제 대금은 인도 동부에서 생산하여 중국에 판매한 아편에서 얻었다. 동인도회사 수익의 상당액을 차지한 아편 무역은 식민지 인도가 영국에서 수입하는 공장제 직물의 결제에도 요긴하게 쓰였다.

영국 지배자는 본국의 이익을 보장하는 각종 경제정책으로 식민 통치를 강화했다. 당연하게도, 영국산 제품의 인도 유입을 촉진한 낮은 관세는

---

11 Percival Spear, 1961, *A Modern History, India*, Ann Arbor: University of Michigan Press, p.189.

식민지의 산업발전에 악영향을 끼쳤다. 넓은 식민지 행정에 필요한 모든 비품을 영국에서 구매하고, 은행 관련업과 보험업을 그들이 독점한 것도 같은 선상에 있었다. 영국은 나아가 본국이 해외에서 벌이는 각종 제국주의적 군사 활동비도 식민지 인도인의 세금으로 충당했다. 영국으로선 이러한 경제적 이익만으로도 식민지 인도가 필요불가결한 존재였다.

2) 세포이 항쟁과 식민 통치의 전성기

영국은 1858년 세포이 항쟁으로 시작된 인도인의 극렬한 저항을 겪으며 극심한 고통을 겪었다. 사실상 인도에서 영국의 지배가 끝날 정도로 위협적이었던 식민지인의 강한 저항을 경험한 영국은 동인도회사를 통한 인도 통치를 마감하고, 영국이 직접 통치하는 방향으로 선회했다. 본국 정부에는 인도 담당 부서가 들어섰다. 이제 식민지 인도는 현지에 있는 총독과 영국의 인도부 장관이 손을 잡고 다스리는 방식이 되었다.

영국은 국가가 직접 지배한 19세기 후반의 식민지 인도에서 자국의 통치를 영속화하고 이익을 극대화하는 다양한 정책을 시행하였다. 이때부터 20세기 초까지가 인도에서 영국 통치의 전성기였다. 경제적으로, 식민지 인도는 맨체스터의 공장에서 굴러나온 영국산 직물의 거대한 시장으로서 중요한 위치였다. 동시에 식민지 인도는 영국 경제의 근간인 직물산업의 주원료인 생면을 공급하는 생산지로서도 중요했다.

그러나 영국에게 식민지 인도는 무역을 확대하고 경제적 수익을 최대화하는 전형적인 식민지라는 구도를 넘는 중요성을 지녔다. 넓은 땅과 많은 인구로 본국의 10배가량의 크기를 가진 인도는 일본을 통해 고등문관으로 우리에게 알려진 고위 관리(Indian Civil Service) 등의 고급 일자리를 제공했다. 또 인구가 많은 인도는 전 세계에서 해가 지지 않을 정도로 많은 식민지를 확보하는데 요긴한 영국 군대의 인적 공급처로도 중요한 식민지였다.

이 시대 대영제국을 자처한 영국은 제국의 가장 중요한 식민지 인도를 통치한다는 점에서 나오는 식민 통치자로서 자긍심을 한껏 키웠다. 그곳, 인도에 사는 수억의 이교도를 문명화하고 복음을 전한다는 백인으로서의 사명도 긍정적 자기 이미지를 올리는 데 필요하고 충분했다. 1876년엔 스스로 인도 제국의 황제라고 선언한 빅토리아의 또 다른 대관식을 식민지 인도에서 성대하게 치르며 식민 통치자의 위엄을 만방에 과시했다.

반대로, 피지배자에겐 식민 통치의 전성기란 그들이 바닥에 떨어졌다는 걸 의미했다. 역설적이지만 그 절망의 수렁에서 그들은 애국심과 민족주의를 배태하였다. 차별과 억압이 강화된 식민지에서 인도 지식인은 '우리'를 공감하고 연대하며 바닥을 치고 천천히 올라갔다. 영국이 자국의 경제적 이익을 위해 세운 철도를 통해 만난 그들은 영어로 소통하며 미래의 '인도'를 언급하였다. 1857년의 대항쟁에서 활약한 각지 영웅들에 대한 기억과 이야기도 그들의 애국심과 민족주의의 자양분이 되었다.

그 변화의 중심은 통치자의 의도를 따라 영어를 배우고 서구교육을 받은 지식인들이었다. 학교와 대학에서 자유와 평등을 배우고 익힌 그들은 차별과 억압이 일상인 식민지의 현실에 의문을 품었다. 각 지방에서 소모임을 갖고 의견을 개진한 그들은 1885년 인도국민회의라는 큰 조직을 결성하며 구체성을 갖게 되었다. 이후 인도국민회의는 전국적으로 하나의 목소리를 내며 식민 통치자를 서서히, 은근히 압박하였다.

이후 국민회의는 인도인의 공직 참여를 보장하는 조치를 마련하고 세금을 내는 인도인을 위한 행정을 펴달라고 요구하고 청원했다. 재물과 자원의 막대한 본국으로의 유출을 자제하라는 호소문도 결의했다. 이 시대 인도인의 요구와 청원은 온건한 운동이었으나 흉년과 기근으로 아사에 직면한 농촌과 삼림지대의 주민은 종종 과격한 반영 운동을 벌였다. 그들의 요구는 때로 물리적 폭동으로 연결되고, 조세 납부를 거부하며 강고한 식민 통치에 실금을 내었다.

1905년, 식민 지배자는 민족주의가 급속히 확산하는 벵골 지방을 2개로 분할하는 오만한 조치를 행사했다. 그러나 반영 세력을 분산하려는 통치자의 목적은 오히려 반영 운동의 득세를 가져오는 결과를 낳았다. 이때부터 시작된 스와데시운동(국산품애용운동)은 국민교육과 새마을을 증진하는 운동으로 전개되며 전국적으로 발전했다. 인도인의 과격한 반응에 놀란 식민 통치자는 몇 년 뒤 벵골 분할령을 취소하며 진화에 나섰으나 식민지 인도는 과거로 돌아가지 않았다.

3) 20세기 독립운동

1920년부터 인도의 반영 독립운동은 영어를 아는 지식인 주도의 인도국민회의를 넘어 전국의 모든 계층이 참여하는 대중운동으로 변모하였다. 마하트마라고 불린 간디는 추상적 개념인 자유를 배우진 못했으나 차별과 억압적 현실에서 식민 통치의 본질을 실감한 배우지 못한 보통 사람들을 반영 독립운동에 동원하였다. 그들은 집에서 영국이 오기 전의 전통적인 방식으로 물레를 돌리고 손으로 옷감을 짜면서 반영 독립운동에 힘을 보태며 영국 지배자의 간담을 서늘하게 만들었다.

간디가 세계에 소개하여 박수를 받은 반영 투쟁은 '사티아그라하'라고 불린 비폭력적 운동이었다. 맨손인 운동의 참여자들은 물리력으로 통치를 지탱하는 지배자와 달리 평화롭게 식민 통치를 반대하였다. 인도를 경제적으로 식민지화하는데 일조한 영국산 옷감을 불태우고 부당한 통치에 항의하는 거리 행진과 연좌 농성과 같은 새로운 방식의 반영 운동은 외국의 오랜 통치에 주눅 든 보통 사람을 끌어내는 데 효과적이었다. 부당한 세금의 납부 거부와 영국 상품의 불매운동도 같은 맥락이었다.

이후 반영 독립운동은 식민 통치가 제대로 작동하지 못하게 비협력과 불복종을 기치로 내걸고 전개되었다. 식민 지배자는 국공립학교에서 학생과 교사들이 떠나고 지방선거의 참여자가 줄자 식민지인의 평화로운 저항에 대처법을 몰라 당황했다. 이러한 반영 운동의 정점은 1930년 간디가 주도한 소금 행진과 부당한 소금 법에 대한 불복종이었다. 영국이 소금의 제조와 판매를 독점하여 가난한 농민에게 부담을 주는 부당한 법률에 대한 인도인의 불복종운동은 전 세계에 영국 통치의 부정적 속성을 알렸다.

보통 사람의 비폭력적 운동을 경찰과 군대를 동원하여 폭력적으로 진압하기 힘든 딜레마를 가진 식민정부는 식민지인의 권리를 조금씩 인정하며 통치의 지속성을 꾀했다. 그건 반영 운동이 거셀 때마다 새로운 법률을 제정하고 권력을 한 단계씩 이양하는 방식이었다. 그렇게 식민 통치자는 1919년 지방정부의 일부 권력을 인도인에게 넘겼고, 소금 행진이 끝난 뒤인 1935년엔 연방제를 도입하여 지방정부 전부를 양도하는 법을 통과하였다. 1935년 법에 근거하여 치러진 총선에서 승리한 인도국민회의는 국가의 통치 경험을 쌓으며 탈식민화를 가속했다.

탈식민화는 경제 분야에서도 목도되었다. 낮은 자세를 견지하던 인도 상인들이 반영 운동의 확산과 함께 활동의 폭을 넓히자 식민지에서 엄청난 이익을 추수하던 영국의 각종 사업이 내리막을 달렸다. 그 결과 영국의 힘이 떨어진 1914~1945년의 내수시장 약 70%는 식민지인이 장악했다. 이 시기부터 인도로 들어오는 영국 상품엔 수입 관세가 붙었고, 반영 운동의 확산으로 그 비율은 점점 올라갔다. 이익이 줄자 많은 영국인이 고국으로 돌아갔다.

1945년 세계대전이 끝나자 식민지 인도는 더는 영국 통치자의 뜻대로 운영되지 않았다. 그때까지 전략상 식민정부와 타협하고 양보를 얻어내던 인도국민회의는 영국과 협력하지 않겠노라고 천명했다. 식민지 행정을 담당하는 영국인 고위 관리는 크게 줄고 인도인 고관의 비율이 증가했고, 식민 통치의 기둥이던 경찰과 군대도 반발의 기미를 보였다. 미국과 소련이 주도한 국제정세도 영국에게 불리하게 돌아갔다.

1947년, 영국은 인도에서 철수했다. 그때 인도 경제는 영국이 왔던 200년 전과 달리 최악의 상황이었다. 영국이 처음 왔을 때의 인도는 세계에서 가장 부유한 나라였으나 영국이 떠날 때의 인도는 세상에서 가장 빈곤한 나라가 되었다. 이는 식민지의 발전보다 본국의 이익이 우선인 식민 통치의 당연한 결과였다. 경제 분야만이 아니었다. 문명국을 자처한 영국의 지배를 200년이나 받았음에도 인도인의 문자 해득률은 20%를 밑돌았다. 인도는 그런 악조건에서 마침내 홀로 섰고, 새 역사를 시작했다.

3. 정치-이간·분리의 통치

　인도는 영국에서 멀리 떨어진 아주 큰 나라였다. 인구나 영토로 영국의 열 배가 넘는 식민지 인도는 문화적으로, 사회적으로 백인 지배자와 완전히 달랐다. 인도에 무역회사 직원으로 왔다가 통치자가 된 극소수의 영국 지배자는 그 방대한 식민지를 감당할 수 없는 구조적 취약성을 잘 알았다. 식민지사회의 전면적 개조보다 각 지역의 봉건제를 존속하고, 그 지배자와 협력하여 통치하는 간접 통치방식을 택한 이유가 그래서였다. 또 대표적인 종교 세력을 구분하여 갈라치기하고 분리하여 통치에 이용하는 방식도 썼다.

1) 간접 통치-영국 통감과 인도 왕국[12]

　갈라치기의 하나인 간접 통치는 식민지 전역에 산재한 수백 개에 달하는 왕국(Princely States)과의 결연이었다. 이기적인 동기를 가진 식민 지배자로선 간접 통치가 직접 통치로 생기는 정치적 위험성과 넓은 영토를 통치하는 데 드는 비용을 줄이는데 효율적이었다. 그 결과로 1947년 영국이 떠날 때까지 식민지 인도에는 500개가 넘는 크고 작은 왕국들이 남아있었다. 이들은 영국이 차지한 영토의 40%가량, 전체 인구의 약 30%

12　이 부분은 졸저, 2007, 『인도 현대사』, 창비, 41~54쪽에 수록된 글을 바탕으로 이 부분에 맞게 고쳐 썼다.

를 점유하며 든든한 협력자로 기능했다.

영국이 실시한 방식은 이들 왕국의 보호정치였다. 각 왕국이 외교권과 군사권을 영국 통치자에게 넘겨주는 대가로 받은 건 왕국의 보호와 왕권의 지속이었다. 영국 지배자로선 낯설고 물선 여러 왕국을 직접 통치할 때 일어날지도 모를 위험부담을 줄이는 동시에 왕국의 수도에 영국인 통감과 군대를 두어 그들의 충성을 담보하는 극히 효율적인 정책이었다. 왕국의 수도에 머문 영국 군대의 모든 비용도 왕국이 부담했다. 통감을 통한 간접 통치로 영국은 최소 비용을 들여 최대의 효과를 보았다.

영국 동인도회사는 1798년에 중부의 강국 하이데라바드를 보호국으로 만들었다. 힌두 마라타 왕국의 공격에 오래 시달린 이슬람계 하이데라바드의 지배자는 보호제도를 받아들이고 영국이 인도에서 떠날 때까지 왕권과 왕국을 보전했다. 그 얼마 뒤엔 마라타 연맹의 수장도 영국의 보호제를 받아들였다. 한때 무굴제국의 후계를 노렸던 연맹의 일부 부족이 반대했으나 마라타 왕국은 결국 영국의 보호국으로 전락했다.

1858년, 세포이 항쟁을 진압하고, 동인도회사를 폐지하며 직접 식민지 인도를 지배하게 된 영국은 인도 왕국을 통한 간접 통치를 병행한다고 선언했다. 영국이 식민지 인도에서 추진한 간접 통치의 요체는 영국에 자진 협력하는 왕국의 영토를 보장하는 것이었다. 그리하여 영국 통치에 충성과 협력을 맹세한 여러 왕국의 지배자는 자국에서 조세를 징수하는 권리, 법과 질서를 유지하는 권리, 백성에 대한 통치권 등을 허용받고 전통적인 지배를 지속했다.

영국이 간접 통치를 직접 통치와 병행한 가장 큰 이유는 경제적 이익 때문이었다. 즉 왕국을 통해 간접으로 통치에 나선 영국 지배자는 별다른 인적·물적 지출 없이 안전하게 인도를 지배하였다.[13] 이익의 극대화란 지상과제를 지닌 식민 통치자로선 경제적 실익이 하나도 없는 타르 사막지대나 거친 환경의 변방을 각 왕국의 통치하에 두는 것이 유익했다.

왕국의 왕을 매개로 한 간접 통치는 직접 통치령 못지않게 충성의 담보가 가능했다. 영국은 이러한 목표를 달성하기 위해 인도인 왕을 보다 넓은 식민 통치제의 일원으로 끌어들이는 제국의 질서를 새로 구성했다. 유럽의 봉건주의와 인도의 전통을 잘 혼합한 새로운 영예 제도는 영국 빅토리아 여왕을 맨 꼭대기 두고 인도 왕국의 각 지배자를 그 아래에 피라미드식으로 배치하였다.

이 체제에서 여왕의 바로 아래엔 여왕의 대리로 여겨지는 인도 총독이 자리했다. 그 밑엔 가장 중요시된 5개의 인도 왕국-바로다, 괄리오르, 하이데라바드, 카슈미르, 마이소르 등-이 배치되었다. 이들 주요 왕국의 지배자는 21발의 예포를 받는 큰 영예가 주어졌다. 직접 통치령의 주지사가 17발의 예포를 받은 걸 비교할 때 이들 왕국에 대한 영국 통치자의 예우 정도를 짐작할 수 있다. 이 제도의 맨 아래를 채운 소왕국의 왕들에겐 각기 9발의 예포가 발사되었다.

21개의 서열로 매겨지고, 영국에 대한 중요도를 따져 작위가 주어진 인도인 왕들의 위상은 본질에선 영국 고위 관리와 마찬가지였다. 가장 먼저 영국 왕실에서 작위를 받은 인도인 왕은 1857년의 반영 항쟁으로 존망에 처한 영국 지배자를 지원했던 파티알라 왕국과 괄리오르 왕국의 지

---

13 독립 당시에 565개인 인도 왕국은 프랑스의 영토보다 큰 하이데라바드, 총인구(1921년)가 184명에 불과한 카티아와르 왕국처럼 규모와 수준에서 천차만별이었다. 주목할 것은 1858년 영국이 이들을 간접 통치의 대상으로 삼은 때부터 1947년 영국이 인도에서 철수할 때까지 단 1개의 인도 왕국이 영국의 영토에 병합되지 않았단 점이다.

배자였다. 그러나 점차 영국 왕실의 작위를 탐하는 왕이 많아지면서 작위 소지자는 수백 명으로 늘어났다.

이런 제도에서 각 인도인 왕은 속성상 영국의 봉건영주로도 볼 수 있었다. 여왕을 대리한다고 부왕이라 불린 인도 총독은 여러 가지 명목으로 이들 왕국의 내정에 개입하였다. 식민 통치자의 권리와 책임을 내세우며 왕국들에 많은 걸 '조언'하고 '제안'했으나 그 본질은 강압적이었다. 식민 통치자는 왕국의 장관과 관리의 임용, 미성년자 왕의 행정, 어린 왕자들의 교육까지 세세히 간섭했다. 이런 내정간섭의 대가로 식민정부가 얻은 건 정치적·경제적 이익이었다.

영국이 가장 관심을 둔 건 이들 인도 왕국의 왕위계승이었다. 영국은 21발의 예포를 받는 바로다 왕국의 왕위계승 문제를 해결한다고 군대를 보내서 위협을 가했다. 지지하는 후보를 내세워 바로다의 정권을 장악한 식민정부는 왕국의 토지 일부를 빼앗았다. 영국에게 유리하도록 왕국의 조세제도와 군사제도도 재조직하였다. 왕위계승자가 없는 왕국은 양자(養子)를 들일 때도 식민 통치자의 승인을 받아야 했다.

미성년자인 왕이 즉위한 왕국의 행정을 후견할 인물도 강압적으로 식민정부의 입맛에 맞는 인물로 선정되었다. 식민정부가 뽑은 왕의 후견인은 결국 왕국보다 영국에게 이익이 돌아가도록 조세제도와 법률 등을 바꾸었다. 예를 들면, 식민정부의 지지로 바로다 왕국의 수상에 오른 한 인물은 무기, 아편, 소금, 술 등을 제조하는 왕국의 주요 지역을 영국에게 할양하며 자신을 지지해 준 대가를 치렀다.[14]

14　Barbara N. Ramusack, 2004, *The Indian Princes and their States*, Cambridge: Cambridge University Press, pp.7-71.

식민정부는 인도 왕의 후손, 즉 어린 왕자들의 교육도 관장하였다. 미래에 왕이 될 그들을 영국의 커리큘럼으로 가르쳐서 영국식 왕을 만들기 위함이었다. 이는 인도에서 식민 통치의 영속화를 위한 장기적 투자였다. 라지쿠마르(왕자라는 뜻) 대학, 총독의 이름을 붙인 마요 대학, 서북지방 아이치슨 대학 등이 그러한 목표로 개교하였다. 영국의 유명 사립학교를 닮은 이들 대학에선 영국의 생활방식과 스포츠를 교육하며 대영제국의 미래 협력자를 길렀다.

　영국의 식민 통치는 이들 왕국에 '제국봉사대'란 이름의 군대를 유지할 수 있는 영예를 주었다. 영국인 장교가 지도하고, 영국의 장비와 시설을 갖춘 이들 군대는 오로지 영국을 위해 봉사했으나 비용은 자부담이었다. 제국봉사대는 남아프리카의 보어전쟁, 중국의 의화단운동에 출정하며 영국의 제국주의적 활동을 지지했다. 영국은 제1차 세계대전, 1919년의 아프간전쟁, 제2차 세계대전에도 이들 군대의 적극적 봉사와 협력을 받았다.[15]

　간접 통치는 간접적으로도 효과가 있었다. 앞에 언급한 영국의 정책과 내정간섭의 영향으로 이들 왕국에선 식민 통치에 대한 저항과 반대운동이 거의 없었다. 이를테면, 자이푸르 왕국과 괄리오르 왕국의 지배자는 자유주의적 논조의 자국 언론을 억압했다. 또 자국에서 스와데시운동과 같은 반영운동을 금지하고, 민족주의 색채를 가진 축제도 열지 못하게 막았다.

　그러나 왕국의 존속을 위해 영국을 지지한 그들은 영국의 배신으로 막을 내렸다. 1947년, 영국은 그들 왕국이 아닌 직접 통치령에서 정당성을

15　이와 관련해선 Ian Copland, 1997, *The Princes of India in the Endgame of Empire, 1917-1947*, Cambridge: Cambridge University Press 참조.

획득한 인도국민회의와 인도의 미래를 논의했다. 영국에겐 자원이 풍부하고 전략적 중요성을 지닌 새로 탄생한 인도라는 국가가 더 중요했다. 그것이 식민지 인도를 떠나는 영국이 선택한 마지막 전략이었다. 막강한 후원자를 상실한 왕국들은 인도연방에 복속되며 역사의 저편으로 사라졌다.

2) 분리통치[16]

영국이 직접 통치하는 식민지 인도에는 수천 개의 카스트, 수백 개의 언어, 수많은 종족과 믿음 체계, 다양한 정체성을 가진 수많은 계층과 집단이 공존하였다. 멀리 떨어진 다른 문명권에서 도래한 영국은 식민지 인도의 이러한 사회문화적 특성을 인지하고, 그 계층과 집단이 뭉치지 않고 서로 경쟁하도록 갈라치고 이간하는 분리 정책을 추진하며 식민 통치의 지속성을 도모했다.

그 시작은 영국이 인도에서 정권을 잡은 초기부터였다. 동인도회사는 무굴제국의 쇠락기에 각 지방에 할거한 인도 왕국 간의 경쟁 관계를 이용하여 세력을 점차 확대했다. 앞에서 언급한 것처럼, 1799년 남부의 강국인 마이소르를 공격할 때 영국은 그 왕국과 적대적 이웃인 하이데라바드 왕국과 마라타 왕국의 지지를 끌어들여 승리를 거두었다. 영국에게 협력한 두 왕국은 곧이어 보호국으로 영국의 간접 통치를 받게 되었다.

그러나 영국이 식민지 인도에서 분리통치를 본격적으로 추진한 것은 1857년 세포이의 항쟁을 겪은 직후였다. 영국은 14개월간 이어진 긴 세

---

16 이 부분은 졸저, 2007, 『인도 현대사』, 창비, 213~226쪽에 있는 내용을 주제에 맞게 바꾸었다.

포이 항쟁과 각 지역민의 극렬한 저항에 직면하면서 자신들이 인도에서 소수라는 사실을 절절하게 깨달았다. 그래서 영국 지배자는 피지배자와의 분명한 거리감을 생성하고, 식민지인을 서로서로 구분하고 타자로 만들어 연합하지 못하도록 사전에 막는 정책을 펴기 시작했다.

(1) 진짜 인도인, 가짜 인도인

첫 번째로 구분되고 차별된 대상은 산악지대와 평원지방의 식민지인이었다. 그들은 각각 서북부 펀자브지방과 동부 벵골에 살았다. 그 시작은 1857년 들불처럼 번진 식민지인의 대항쟁으로 위기를 맞은 영국 지배자가 식민정부를 군사적으로 지원한 서북지방의 시크교도(이하 시크), 모슬렘, 파탄인 등을 '진짜 인도인'으로 발견하면서였다. 전통적으로 전투를 잘한다고 소문이 자자한 그들은 영국에 대한 항쟁에 가담하지 않고 식민정부를 도왔다.

항쟁을 진압한 영국 지배자는 건장한 체격과 백인처럼 흰색 피부를 가진 그들을 용감한 전사 집단이자 진정한 인도인이라고 칭송하며 편애했다. 그들은 거의 다 근대교육을 받지 않았고, 그래서 자유란 이름으로 영국에게 저항하지 않는다는 공통점을 가졌다. 식민 통치자로선 그들을 인도인답다거나 진짜 인도인이라고 지칭하면서 태생적으로 용감한 그들의 충성심을 식민 통치의 안정화에 돌려쓰고 싶은 게 당연했다.

그 결과로 영국은 지하드의 개념을 가진 시크를 '신체적으로 세상이 만들 수 있는 가장 훌륭한 종족'이라고 불렀고, 힌두 크샤트리아라고 자처하는 전사 계층 라지푸트를 '인도에서 가장 훌륭한 군인'이라고 높이 평가했다.[17] 영국은 그런 식으로 그들 계층을 용감하게 태어난 영국 지배자의 자기 이미지로 삼았다.

> 다리를 보면 벵골인을 구분할 수 있다. 자유인의 다리는 곧거나 약간 구부러질 뿐이라 확고하게 설 수 있다.
> 벵골인의 다리는 가죽과 뼈만 남았다. 넓적다리에서 종아리까지 굵기가 똑같다.
> 벵골인의 다리는 노예의 다리이다.

동시에 식민 지배자는 영국 통치에 불만이 많은 도시의 인도 지식인을 그 반대편에 배정하고 무시·차별했다. 그 중심엔 민족주의가 싹트고 몸집을 키우는 벵골의 지식인이 있었다. 영국 지배자들은 지식인의 나약함과 나태함을 강조하려고 벵골인을 신체적으로 허약한 '가짜 인도인'으로 부각하면서 진짜 인도인과 차별하였다. '우리를 닮은 진짜 인도인'과 '영국에 저항하는 가짜 인도인'의 이분화는 식민 통치를 반대하는 벵골의 지식인, 나아가 인도 민족주의자를 악마화했다. 그건 영국의 식민 통치를 합리화하는 효율적 방법이었다.

나약한 벵골의 지식인과 용감한 파탄 부족의 명암이 가장 선명한 작품은 영국이 자랑하는 작가 러디어드 키플링의 단편이다. 그가 1891년에 낸 『The Head of the District』에서는 서북지방 부군수로 부임한 벵골인 춘더르를 은근히 야유한다. 서구교육을 받고 관직에 오른 벵골인 춘더르는 호전적인 파탄 부족이 "우리에게 검둥이 벵골의 '개'를 보내다니"라면

---

[17] Charles Allen, 1993, *Plain Tales from the Raj*, New Delhi: Rupa Co., pp.222-223.

서 부임을 반대하며 폭동을 일으키자 도망친다. 작가는 소설을 통해 나약한 벵골 지식인이 한 고을을 다스릴 능력이 부족하다고 당대 식민 지배자의 관점을 드러냈다.

이러한 관점으로 확고히 무장한 식민정부는 1880년까지 '배우진 못해도 기상이 넘치는 전사 계층'으로 군대를 재편했고, 그 기준은 영국에 대한 선천적 충성심이었다.[18] 네팔지역의 구르카, 펀자브지방의 시크와 모슬렘, 힌두 라지푸트 등으로 각각 구성된 이들 부대는 식민 통치의 이익과 안정화에 봉사했다. 식민정부는 언어와 종족을 기준으로 새로 구성된 이들 부대를 다른 지역의 반영 항쟁을 진압하는 데 이용하였다. 이 정책으로 총인구의 극히 일부인 이들은 독립할 무렵 인도군의 90% 이상을 차지하였다.

식민정부의 분리통치 정책은 긴 영향을 남겼다. 인도는 독립하고 20년이 지난 1965~1966년 헤어진 파키스탄과 전쟁을 치렀는데, 당시 인도 군대의 31.6%가 펀자브지방의 시크였다.[19] 그들이 총인구에서 점유하는 비율은 5%가 안 되었다. 반면에 영국이 겁쟁이로 폄훼하고 나약하다고 의도적으로 무시한 벵골 출신의 군인 비율은 2.8%에 지나지 않아 식민 통치 유산의 지속성을 증명했다.

(2) 힌두와 모슬렘

영국이 추진한 분리통치의 가장 성공적 사례는 모슬렘과 힌두의 갈등

---

[18] 영국이 '전사 부족(martial tribes)'이라 칭한 이들은 영국 군대의 우선 충원의 대상이었다. 인도인도 하나의 구호처럼 사용된 이 표현을 그대로 받아썼다.

[19] 이는 1947년에 서북지방 출신 모슬렘 군인의 대다수를 차지한 파탄 부족이 파키스탄으로 떠난 결과였다.

이었다. 여러 원인과 진행 과정의 변수가 작동했지만, 그 슬픈 결말은 1947년 인도와 파키스탄의 피 흘리는 결별이었다. 1857년 세포이 항쟁에서 손을 잡고 연대하여 영국에게 맞선 힌두와 모슬렘이 그런 결말을 맞은 건 19세기 후반부터 진행된 분리통치의 슬픈 결과였다. 식민정부는 은연중에 때론 명시적으로 식민지 인도의 모슬렘을 소수집단으로 편들고 후원하며 파키스탄의 탄생에 도움을 주었다.

영국 지배자는 난해한 힌두교와 달리 기독교처럼 유일신을 숭배하고 일관된 조직과 믿음 체계를 가진 이슬람교를 친숙하게 여겼다. 셈족의 종교를 믿는 모슬렘은 직선적인 세계관과 타자에게 선교하는 점에서 백인 지배자와 공통점이 많았다. 더구나 영국 지배자와 모슬렘은 밖에서 들어와 인도를 정복하고 통치한 점도 공유했다. 19세기 말, 『인도 무살만』을 쓴 영국인 윌리엄 헌터가 식민정부에게 모슬렘과 제휴하고 그 충성심을 이용하라고 조언한 건 그래서였다.[20]

> 우리(영국)는 그들(인도)을 점령하지 않았다. 오직 그들이 (모슬렘에) 점령당했다는 사실을 발견해 주었을 뿐이다. 그들(인도)의 이전 지배자들(모슬렘)은 우리(영국)와 마찬가지로 인도인과 혈통이나 종교가 전혀 달랐다. 그리고 그 지배자들은 우리보다 훨씬 억압적이었다.

일찍이 19세기 초반 벵골에서 활동한 영국 성공회의 헤버 비숍도 이런 입장이었다. 인도 모슬렘이 이방인이라고 짚어낸 그의 발언 이후에 인도인 일부는 모슬렘을 동포라기보다 중세에 인도를 침입한 이방 정복자

---

20 William Hunter, 1999, *The Indian Musalmans*, Lahor: Sang-E-Meel Publication.

의 후손으로 나쁘게 인식하게 되었다. 이러한 갈라치기의 효과는 몸집이 커졌다. 19세기 말에 인도 민족주의의 발흥에 공헌한 벵골 출신의 작가이자 식민정부의 관리를 역임한 뱅킴찬드라 챠터르지는 이러한 인식을 공개적으로 밝힌 선구자였다.

> 우리는 종교와 카스트, 가문의 명예를 잃었습니다. 그리고 이제 우리의 목숨까지 잃게 되었습니다. 이 방탕한 돼지들을 내쫓지 않고서 어떻게 힌두교가 부흥할 수 있다는 것입니까?

> 이 나라의 쇠퇴와 불운은 이방인이 벵골 땅에 들어서는 순간에 시작되었다. 포학한 이방의 통치는 이 나라를 황폐시켰다. 폭풍이 정원을 파괴하고 난장판을 만들어놓듯이 압제적이며 파렴치한 이방인의 통치는 우리가 태어난 이 땅, 벵골지방의 행복과 행운을 말살하였다. 끝없는 억압에 시달리면서 벵골인은 무력해지고 소심해졌다. 벵골인의 종교는 왜곡되었다.

위의 두 인용문은 뱅킴찬드라 챠터르지의 소설 『아난드마스(Anandmath, 기쁨의 승원)』에 들어있다.[21] 소설에서 힌두들은 모슬렘을 (인도라는) 국가의 적으로 여기고 과거 한때 고향을 지배한 모슬렘에 저항한다. 이런 소설과 각종 담론을 통해 반영감정과 민족주의에 벵골을 중심으로 한 식민지 지식인은 과거의 통치자 모슬렘을 현재의 지배자 영국 대신에 투쟁할

---

21 Stephen Hay, 1991, *Sources Of Indian Tradition vol.2*, New Delhi: Columbia University Press, pp.138–139.

대상, 만만한 '적'으로 인식하였다.

곧 일련의 힌두 집단은 다른 종교를 따르는 모슬렘을 미셸 푸코가 말한 '일탈자'로 만들고 배제하면서 '힌두 집단', '인도'라는 공동체를 상상하였다. 이국 출신의 조상을 둔 모슬렘을 '우리 인도의 타자', 외부자로 여기면서 결속한 민족주의자들은 모슬렘을 이기면 보다 힘센 영국도 대적할 수 있으리라 믿었다. 이런 인식을 가진 민족주의자들은 19세기 말의 '암소 보호 운동'을 통해 소고기를 식용하는 모슬렘을 힌두교의 타자로 구성했다.

그때부터 민족주의자들이 상상한 미래의 국가 '인도'는 모슬렘이 없는 국가를 의미했다. 그 바탕은 힌두교를 믿는(다고 여겨진) 인구의 약 80%, 다수였다. 힌디어(언어)를 쓰고 힌두교(종교)를 믿는 힌두(국민), 그들이 거주하는 힌두스탄(영토)을 연결한 이 시대의 '힌디어, 힌두, 힌두스탄'이란 구호는 모슬렘이 식민지 인도에 설 자리를 한층 줄이는 동시에 그들에게 큰 위협감을 심어주었다.

그러자 조상 대대로 살아온 땅에서 상상으로 배제된 모슬렘 집단은 '인도에는 다른 국적을 가진 사람도 거주'한다고 반응하며 힌두 민족주의자처럼 집합적으로 움직였다. 그들은 식민 통치 초기부터 영어와 서구교육을 배우며 현실감각이 빠른 다수 힌두 집단에 상대적 박탈감을 느껴왔다. 그 이유는 영국이 도입한 지방자치제와 의회 대표제가 다수에게 유리하고, 그래서 그들이 식민정부의 말단 관리나 지방의 자치단체장을 압도적으로 차지했기 때문이었다.

이 불리한 상황을 인식한 모슬렘 지도자들은 공통의 이익을 가진 '하나의 모슬렘 집단'을 상상하며 나아갔다. 그들은 범(pan)이슬람주의를 내세우며 '우리 종교' 이슬람의 정화 운동을 전개했다. 인도에서 천년 가까이 지닌 힌두와의 공통적 문화와 유산, 역사를 부정하였다. 힌두의 타자성, '힌두와 다른 모슬렘'의 정체성을 견지한 그들의 상상은 1906년 전국적 조직인 '인도 모슬렘연맹(All-India Muslim League)'의 결성으로 현실화하였다.

인도 모슬렘연맹은 힌두 집단의 영향력을 제어하고 (그 대표라고 상상한) 인도국민회의에 적절히 대응하는 걸 목표로 삼았다. 아이러니하게도 그 목표는 반영운동을 막는 영국 통치자의 목표였다. 모슬렘과 같은 목표를 가진 식민정부는 20세기 들어 스와데시운동으로 반영감정이 고조되자 불안을 탈피할 출구가 필요했다. 더구나 반영운동의 구심인 인도국민회의가 급진화하자 식민 통치자는 모슬렘의 힌두 집단에 대한 반감을 이용하는 묘수를 썼다. 1909년, 영국 통치자는 '우리 모슬렘'을 외치는 그들에게 분리(독립) 선거구를 부여하면서 그들이 정치적 입지와 다수인 힌두 집단과의 경쟁력을 높이도록 은근하게 후원하였다.[22] 이런 식으로 영국의 식민 통치는 분단의 씨앗을 뿌렸다.

한동안 힌두 집단과 협력과 갈등을 오가던 모슬렘연맹은 1929년 인도국민회의가 완전한 독립과 '미래 인도'의 헌법을 언급하자 힌두가 다수인 나라에서 모슬렘이 이등 국민이 될 것이라고 우려하였다. 모슬렘연맹은 1930년 간디가 주도한 시민불복종운동에 불참하며 노선을 달리했고, 그 지도자 알리 진나는 1937년 권력이 이양된 통치법에 따라 열린 지방선거에서 패배하자 '두 개의 국가론'을 설파하며 인도에서 더욱 멀어졌다.

---

22 이때 모슬렘 집단이 염두에 둔 분리 선거구는 그들이 다수인 서북지방과 벵골지방이었다. 1931년 인구조사는 모슬렘이 총인구의 약 22%를 차지하며, 오늘날 파키스탄으로 편입된 서북부 펀자브 56.6%, 훗날 방글라데시로 탄생한 동벵골지방 3분의 2가 이슬람 인구였다. *Census of India, vol. 1931, pt. 1, Report, Subsidiary Table 3.*

영국은 민족주의의 구심인 인도국민회의와 모슬렘연맹 간의 갈등이 벌어질 때마다 후자를 응원했다. 이에 화답하듯이 모슬렘연맹도 제2차 세계대전에 참전한 영국을 지지했다. 수적으로 크게 열세인 모슬렘연맹이 1940년대 초반에 세력을 늘려 인도국민회의와 대등해진 배경에는 영국의 지속적 지원이 있었다.[23] 1942년엔 인도를 방문하여 종전 뒤의 연방제를 논의한 영국 대표단이 모슬렘의 특별한 위상이란 표현을 써서 양측의 헤어짐을 가시화했다.[24].

1940년 '모슬렘이 하나의 집단'이라고 확신한 모슬렘연맹의 지도자이자 나중에 파키스탄의 초대 총독이 된 알리 진나는 "주사위는 이미 던져졌다. 우리가 이해하는 통일된 인도는 영원히 등장하지 않을 것이다. 서북지방의 모슬렘은 분리된 모슬렘 국가나 모슬렘 제국의 일부가 될 것이다."라면서 모슬렘연맹의 궁극적 목표를 파키스탄의 탄생이라고 선언했다.[25] 그리고 1947년 8월 15일, 영국의 식민 통치는 파키스탄과 인도의 분단을 확인하면서 종식되었다.

---

[23] 이와 관련해선 P. Hardy, 1972, *The Muslims of British India*, Cambridge: Cambridge University Press, 특히 p.104, p.239 참조.

[24] V. P. Menon, 1957, *The Transfer of Power in India*, Princeton: Princeton University Press, p.132.

[25] 시인 이크발이 만든 국명 'Pakistan'의 'P'는 펀자브, 'A'는 아프간, 'K'는 카슈미르, 'S'는 신드 지방의 머리글자이고, '스탄'은 발루치스탄을 의미하는데, 이는 광역의 이슬람 국가를 인식한 작명이었다.

4. 경제-탈산업화와 식민지화

1) 직물 산업의 탈산업화[26]

영국이 인도에서 차지한 첫 번째 식민지는 동부 벵골지방이었다. 동인도회사가 벵골 지배자(나와브)와 벌인 1757년의 짧은 전투에서 이긴 뒤였다. 벵골은 17세기 초 인도에 온 영국 동인도회사가 가장 큰 수익을 낸 직물의 땅으로 벵골산 직물의 중심지는 모슬린의 산지로 유명한 다카였다. 초기엔 영국 동인도회사의 전체 수입액 12%가량이 벵골산 직물이었으나 1740년엔 그 비율이 60%를 넘었다.

이 시기엔 벵골산 직물뿐 아니라 영국이 인도에서 수입하는 직물의 총량도 늘었다.[27] 영국에는 인도에서의 수입량 증가로 막대한 은이 유출되는 데 대한 비판이 대두되었다. 예를 들면, 1681~1885년간 24톤의 은, 7톤의 금이 결제금으로 영국에서 인도로 흘러갔다. 수출은 거의 하지 않고 인도산 직물의 수입에만 매달린다는 비판이 비등하자 동인도회사는 적자무역에 개선을 모색하였다.

그러나 열대지방의 인도인은 영국의 모직물에 관심이 없었다. 더구나 가장 많은 직물을 영국에게 공급하는 벵골의 지배자는 동인도회사에 호의를 보이지 않았고, 자국 영토에서 영국 상인이 자유무역을 남용하는 걸

---

26 이 부분은 졸저, 2007, 『인도 현대사』, 창비, 12~25쪽에 수록된 글을 수정하고 보충하였다.

27 기록을 보면, 영국이 인도에서 수입한 인도산 직물은 1670년 36만 파운드(약 160톤)에서 1740년 2천만 파운드(9,071톤)로 급증했다.

금지하였다. 벵골 지배자에 대한 영국의 불만은 1717년 무굴 황제로부터 얻은 무관세 수입권조차 쓰지 못하자 비등했다.

이 무렵 직물 수출로 이름이 자자한 인도에는 관련 상품을 수입하려는 프랑스, 스페인 등 무려 15개 유럽 동인도회사들이 활동하고 있었고, 영국 동인도회사는 그저 수많은 유럽 동인도회사 중 하나에 지나지 않았다. 영국 동인도회사는 상황이 불리해지자 과거에 엘리자베스 1세 여왕이 내린 '조용히 무역에만 종사'하라는 교시를 거역하고 인도의 현실정치에 개입하였다.

무굴제국의 지배자를 대리한다고 부왕(副王)이란 의미의 나와브라고 불린 벵골의 지배자는 본래 무굴제국의 총독이었지만, 무굴제국이 쇠락하는 틈을 타 1740년대부터 독자적 노선을 택하였다. 1756년에 새 나와브에 오른 20세의 청년 시라즈는 자국에서 영국 동인도회사의 월권을 묵인하지 않았다. 그는 군사력을 증강하고 축성하는 동인도회사의 움직임을 주권에 대한 도전과 모욕으로 여겨 선제공격에 나섰다.

나와브의 군대가 영국의 무역소 캘커타를 점령하자 영국은 반격하며 아예 벵골을 점령하려는 정치적 야욕을 보였다. 캘커타를 탈환하고 호조건으로 그 영토를 영구히 차지할 목표를 설정한 동인도회사의 클라이브 소령은 뛰어난 화력과 훈련받은 3천 명의 군대로 5만여 나와브의 군대를 쉽사리 이기고 캘커타를 되찾았다.

영국이 거둔 이 작은 군사적 승리의 결과는 컸다. 이는 겨우 세계 제조업의 2%가량을 차지하는 영국이 25%를 점유한 인도에 첫 정치적 거점을 확보한 큰 사건이었다. 비옥하고 생산성이 높은 부유한 벵골지방을 점령한 영국은 그걸 근간으로 영토를 늘려가며 제국을 향해 나아갔다. 1799년엔 최대 경쟁상대인 남부의 마이소르 왕국, 1818년엔 한때 무굴제국의 후계를 노린 강대국 마라타 왕국을 누르고 제국의 기초를 다졌다.

인적·물적 자원이 풍부한 인도의 여러 지방을 식민지화한 영국은 점점 강대국으로 성장했으나 그 지배를 받는 인도는 쇠락하며 19세기 중반에 영국에 완전히 종속되었다. 식민지의 빈곤은 계절의 변화처럼 자연스럽게 그 뒤를 따라왔다. 부유했던 인도는 세계 지배를 꿈꾸는 영국에게 산업화의 원료를 공급하고, 영국에서 생산된 공장제 제품의 소비시장으로 기능하였다. 이는 전형적인 식민경제의 형태였다.

무엇보다 인도는 수제 면직물의 수출국이란 오랜 명예를 상실하고 영국 맨체스터 공장에서 나온 공장제 면직물의 수입국으로 변모하였다.[28] 이는 영국이 18세기 초부터 인도산 완제품 직물의 수입국에서 인도 면화를 수입하여 공장제 면직물을 생산하는 방향으로 바꾼 결과였다. 그리하여 영국이 인도에서 수입한 생면은 1701년 90만 775kg에서 벵골을 식민지로 만든 직후인 1764년 175만 5,500kg으로 급증했고 19세기에는 그 규모가 엄청나게 늘었다.

인도산 면화로 만들어진 영국의 공장제 직물은 인도로 역수출되었다. 산업혁명이 시작된 영국에서 인도에 수출된 면직물은 영국이 인도에서 정치적 세력을 확대하는 것과 정비례했다. 영국이 인도로 보낸 면직물은 1786년 한낱 156파운드(70kg)에서 1813년엔 11만 파운드(50톤)로 20년 만에 700배로 크게 늘었다. 그 물량은 영국 정부가 인도 전역을 직접 지배할 무렵인 1856년 630만 파운드(2,858톤)를 넘어섰다.

인도의 수공업 형태의 직물 산업은 영국의 값싼 공장제 면직물이 대

---

28 역사학자 페르난도 브로델은 『문명과 자본주의, 15~18세기』에서 "인도의 면직물산업은 영국에서 산업혁명이 일어나기 전까지 세계 최고"라고 적었다.

량으로 밀려와 유통되자 급속하게 쇠퇴했고, 거기에 종사하던 수많은 직공과 장인은 생활기반을 잃었다. 1800년대 전반에 총독을 지낸 윌리엄 벤팅크가 "옷감을 짜던 (식민지인) 직공의 뼈로 인도 평원이 하얗게 물들었다"라고 적을 정도로 아주 오래된 수공업 형태의 인도산 직물은 급전직하했다.

벵골의 특산품으로 유명한 모슬린도 퇴락의 처지가 되었다. 모슬린은 한때 고대 이집트 파라오의 미라를 감싸고 무굴제국 황제가 몸에 걸치던 한없이 투명한 옷감이었다. 그러나 벵골지방을 장악한 영국 동인도회사는 경쟁상품 모슬린의 영국 수입에 80%의 세금을 부과하여 산업을 피폐하게 만들었다. 그게 다는 아니었다. 그들은 모슬린을 직조할 실을 꼬는 현지 숙련공의 엄지를 잘라내는 영국 신사답지 않은 방식도 마다하지 않았다.

역사에서, 우리는 알았다
직공들의 손이 잘렸다는 걸
벵골의 베틀이 소리를 잃었고,
영국인이 영국으로
면화를 실어 갔다는 걸.

1980년, 벵골지방의 모슬렘 시인 샤히드 알리(Shahid Ali)는 〈다카의 천(The Dacca Gauzes)〉라는 시에서 그 슬픈 과거를 이렇게 되짚었다. 그런 식으로 식민지 인도의 경제는 공장제 면직물의 원료인 생면을 값싸게 영국에 수출하고, 그 대신에 맨체스터 공장에서 대량으로 생산된 면직물을 수입하는 처지가 되었다.

20세기에 마하트마 간디가 영국산 면직물을 반대하고 손으로 만든 국산 옷감을 입자고 스와데시운동을 전개한 배경이 여기에 있었다. 그는 1909년 국내 주력산업인 직물업의 몰락과 탈산업화의 결과를 영국의 직물 공업도시 "맨체스터가 우리에게 끼친 해악을 다 헤아릴 순 없다. 인도의 수직 산업은 맨체스터로 인해 모두 사라지고 말았다"고 상황을 인지했다. 그것은 본국의 이익이 우선인 식민경제의 당연한 귀결이었다.

일부 인도의 경제학자는 그 상태를 영국의 산업화와 대비되는 인도의 '탈산업화(De-industrialization)'라고 명명했다. 그리하여 영국 동인도회사가 인도에서 첫 식민지를 확보하기 반세기 전인 1700년 세계 GDP의 24.4%를 차지하며 번영을 누린 인도는 영국이 전성기를 누린 1870년 그 비율이 12.2%에 불과할 정도로 쇠락하였다.[29] 20세기 중반 영국이 인도에서 철수할 무렵의 식민지 인도는 세계 GDP에서 점유하는 비율이 4%도 되지 않았다. 200년의 영국 식민 통치는 인도를 부국에서 빈국으로 바꾸었다.

그 피해는 힘없는 보통 사람이 졌다. 1876년 영국의 왕위계승자가 당당하게 인도를 순방한 바로 그 무렵에 영국산 직물은 식민지 내수시장의 90%를 차지했다. 면화의 주산지 데칸에서 약 8백만 명의 인도인이 기근으로 아사하는 비극도 그때 발생했다. 영국이 '인도와 바꾸지 않겠다'라고 기록한 작가 셰익스피어의 어법을 빌리면, 영국은 그렇게 나날이 익어갔으나 식민지 인도는 점점 썩어갔다. 그것이 식민 통치의 본색이었다.

---

29 반면에 이 시기 인도를 가진 영국은 세계 GDP에서 점유한 비율이 2.8%에서 9.1%로 3배가량 늘어났다. Angus Maddison, 2003, *The World Economy: A Millennial Perspective*, New Delhi: Overseas Press.

〈표 2-1〉 1913~1914년 인도의 대외무역 현황(단위: crore rupees)

교역국	수입액	수출액	무역수지
영국	117	58	-59
.	.	.	.
.	.	.	.
.	.	.	.
무역 총액	183	249	+66

출처: R. L. Varshney, "Foreign Trade", in V. B. Singh, ed., *Economic History of India 1857-1956*, Bombay: Allied, p.449.

    영국 공장제 직물의 수입국으로 추락한 인도는 제1차 세계대전으로 정세가 영국에게 불리해질 때까지 식민경제를 떠받쳤다. 이른바 삼각무역을 통해서였다. 영국은 다른 나라와 무역에서 발생하는 상당한 금액의 적자를 인도와의 교역에서 내는 흑자로 상쇄했다. 위의 도표는 다른 나라와의 교역에서 큰 흑자를 기록한 인도가 영국과의 무역에서만 엄청난 양의 적자를 기록하는 현상을 명백히 보여 준다.[30]

    19세기 초 본국 영국 정부는 재정수입의 약 10%를 중국에서 수입하는 홍차의 관세에서 얻었다. 이 수치는 그 물량이 막대했다는 의미였다. 그런데 영국은 그 구매대금을 인도 벵골지방에서 재배하여 중국에 판매한 아편에서 얻었다. 즉 식민지 인도는 영국에서 생산된 직물을 수입하는 대금으로 동부지방에서 아편을 생산하여 중국에 팔아 메웠다. 그 돈은 영국이 중국에서 차를 수입하는 대금으로 쓰였다. 식민지 인도는 이 한 가지 사실로도 영국의 식민 통치에 필요불가결한 존재였다.[31]

---

30 R. L. Varshney, "Foreign Trade", in V. B. Singh, ed., *Economic History of India 1857-1956*, Bombay: Allied, p.449.

31 1781년 인도의 영국인 총독 헤이스팅스는 2척의 선박에 아편을 싣고 중국에 밀수출,

외국에서 만든 옷감을 걸치는 것은 죄악이다. 인도를 가난하게 만든 건 이러한 제품이다. 이제 영국제 옷감을 불태우면서 우리의 치욕도 함께 불살라버리자!

20세기 초 반영운동이 거세지면서 인도에 등장한 중요한 구호가 영국산 직물의 불매와 손으로 물레를 돌리고 옷감을 짜는 스와데시인 건 이런 역사적 배경을 두었다. 손으로 짠 국산 직물, 곧 카디(Khadhi)는 식민 통치 이전의 인도를 상징했다. 이는 동시에 가난한 직공의 삶을 부정적으로 바꾼 식민 통치의 산업정책에 대한 반대였다. 인도 반영 독립운동의 지도자 마하트마 간디가 내건 이상향이 '검은 사탄과 같은 방적공장'의 산업사회가 아닌 농민의 단순 소박한 마을 공화국인 것은 이런 맥락이었다.

2) 과학기술의 식민지화[32]

미국의 경제학자 로스토우는 개발도상국의 단계발전설에서 제1차 산업부문에 종사하는 인구의 비율이 총인구의 75% 이상인 사회를 전통사회라고 불렀다. 그 기준을 따르면, 인도가 영국에서 독립하기 직전인 1940년에 농업인구의 비율은 80%가 넘었다. 즉 식민지 인도는 여전히 전형적인 전통사회였다.[33] 근대문명의 선구자로 자처하는 영국의 식민 통

    20배의 이익을 냈다. 이후 영국은 많은 양의 아편을 중국에 수출했다. 19세기 전반에 영국 동인도회사는 수익의 7분의 1을 아편 무역에서 올릴 정도였다.

32 이 부분은 졸저, 2007, 『인도 현대사』, 창비, 127~139쪽에 있는 원고를 이 글의 전체 방향에 맞게 수정하여 재서술하였다.

33 인도의 농업인구는 1891년의 61%에서 30년이 지난 1921년엔 73%로 오히려 증가하

치가 2세기가 지난 시점인 걸 고려하면, 이 비율은 수많은 장밋빛 수사와 자찬에도 불구하고 영국의 식민 통치가 이기적인 체제였다는 걸 알려준다.

"영국의 통치를 받지 않았다면 과연 인도가 스스로 철도를 놓을 수 있었을까?"

식민지의 아픈 경험을 가진 한국에서도 흔히 나오는 이러한 종류의 질문은 가해자인 영국의 입장을 옹호하는 발언이다. 영국의 통치가 식민지 인도에 많은 걸 베풀었고 근대문명을 소개했다는 답이 그 질문에 은연중에 배어있기 때문이다. 그렇게 영국이 철도와 과학기술을 도입하며 은혜로운 통치를 펼쳤다면, 왜 식민지 인도는 독립할 때까지 낙후성을 벗지 못했는가?

위의 질문에 대한 답은 명명백백하다. 영국이 근대성의 이름으로 인도에 도입한 철도, 전신·전화, 운하, 관개시설 등의 각종 공공사업은 통치의 수단일 뿐이었다. 영국이 인도에 과학기술을 도입한 시점이 19세기 중반인 것은 영국의 식민정부가 영토의 정복을 마무리하고 정치적 안정권에 들어간 시기여서였다. 식민정부는 낙후한 식민지의 현실을 보완하고 증진한다는 명목으로 과학기술 관련 정책을 시작하였으나 실은 은혜로운 지배자를 자처하는 조치였다.

식민 통치의 정치적인 동기도 과학기술 정책의 저변에 자리했다. 야만 상태의 인도 사회를 위로부터 재구성하여 이익을 제대로 내는 수단으로 삼으려는 목표의 연장선이었다. 영국이 인도에 도입한 과학기술 분야가 주로 전신·철도·관개 사업인 것은 넓은 식민지를 군사적·정치적으로

여 탈산업화와 영국에 종속된 식민경제의 위상을 잘 보여 준다.

유용하게 재배치하기 위해서였다. 식민정부가 새로 만든 운하와 관개시설이 수로(水路)의 권력자로 기능하던 토착 엘리트를 대체한 것이 대표적 사례였다.[34] 그렇게 하여 식민정부는 식민지의 농업지대에서 물을 관리하는 유일한 권력자로 자리매김했다.

달하우지 총독(1848~1856)은 1854년 대규모 공공사업을 통해 식민지를 재구성하려고 공공사업부를 세웠다. 정치적으로 영국을 위협하는 식민지의 세력을 거의 다 제거한 그는 철도와 운하를 부설하고,[35] 전신 제도를 도입하며 식민체제를 공고하게 만들었다. 그중에서도 식민정부 공공사업부의 주력사업은 넓은 인도를 촘촘하게 연결하는 철도의 부설이었다.

달하우지는 철도가 '영국의 힘과 문명을 전파하는 열쇠'라고 주장했으나 식민지 인도에선 '영국의 산업화를 위한 열쇠'로 작용했다. 영국이 부설된 철도를 이용하여 내륙에서 식민지의 원자재와 식량을 항구로 이송, 본국으로 보냈기 때문이다. 동시에 본국에서 식민지 항구에 하선한 영국산 공장제 상품은 철도로 넓은 인도의 각 지역의 시장으로 운송되었다.

그렇게 하여 인도에 부설된 철도는 영국 상품을 인도 내륙시장에, 영국 산업을 원자재의 생산지에 연결하는 고전적 식민경제를 완성하였다. 내륙지방에서 항구도시로 옮겨진 데칸고원지대의 면화, 동부지방에서 생산된 황마, 아삼지방의 특산품 홍차 등은 영국으로 운송되었다. 이와 반대

---

34 1857년 갠지스 평원이 반영 항쟁의 중심지가 된 데에는 이러한 전위에 대한 반동이 있었다. 항쟁에 참여한 인도인은 영국이 오기 이전의 '오염되지 않은' 옛날로 돌아가자고 외쳤다.

35 달하우지 총독은 8년의 재임 기간에 인도 왕국을 자의적 기준으로 강제 병합하여 영국령의 영토를 30%가량 확대했다.

로 긴 해안선을 가진 인도의 여러 항구에 하선한 영국산 공장제 직물은 기차를 타고 전국 도시의 시장으로 이송되어 팔렸다.

식민지 인도에서 철도의 부설은 영국 식민 통치의 시금석이나 다름없었다. 철도는 인도에 투자된 영국의 첫 자본이었고, 투자자들은 모두 영국인이었다. 지배국의 초기 투자자는 연 5%의 이익을 보장했다. 넓은 인도의 철도 부설로 영국의 관련 산업-레일, 동력기관, 롤링스톤 산업 등-도 비약적 성장을 기록했다. 영국 본국은 열차 운행에 필요한 석탄까지 인도에 공급하며 이득을 배가했다. 모든 점에서 당대의 철도 부설은 식민지의 경제 발전이나 산업화와 연관이 없었다.

"전신이 우리를 구했다!"

당대 한 영국인 고위 관리의 이러한 고백처럼 영국 지배자는 곧바로 식민지에 도입한 철도와 전신의 군사적 유용성을 실감하였다. 식민 지배자는 1857년 인도인의 대규모 반영 항쟁이 갠지스 평원에서 일어났을 때 각지에 세운 전신 시설을 통해 저항군의 행적을 추적하여 신속하게 대응했다. 철도로 대규모 군대를 해당 지역으로 수송한 점도 항쟁을 진압하는 데 유용하였다.

이후 근대과학기술의 이점을 인식한 영국 식민정부는 전신 사업을 항쟁 진압 2년 만에 3배로 확대하고 철도 부설도 늘렸다. 식민 지배자는 1869년부터 철도사업에 민간인의 참여를 없애고, 직접적·독점적 위치를 차지했다. 그리하여 식민지 인도에 부설된 철도는 19세기 말에 이미 1만 6,116km를 기록, 아시아 전역의 철로보다 길었다. 식민정부는 이와 더불어 갠지스 평원지대의 농업생산을 늘리기 위해 관개시설과 운하를 신속하게 설치했다. 주목할 것은 그곳이 해외로 수출되는 밀과 면화의 산지라는 점이었다.

대규모 공공사업을 대규모로 추진하는 데는 많은 기술자가 필요했다. 하지만 식민정부가 인도에서 이용할 수 있는 공병단으론 그 많은 공공사업을 감당할 여력이 없었다. 게다가 멀리 바다를 건너 영국에서 데려온 기술자는 임금이 높았고, 무엇보다 영국에서 기술인력을 데려오는 일이 쉽지 않았다.[36]

식민정부에겐 영국인 기술자를 보조하며 각종 공공사업을 수행할 인도인 하급 기술자가 절실하게 필요했다. 영국의 식민정부가 1848년 갠지스 평원지대에 있는 루르키 지역에 인도 최초의 공과대학을 세운 건 그러한 필요성에 대한 부응이었다. 루르키는 '갠지스강 상류 운하' 공사가 벌어지는 지역에 인접했고, 서북 주 지방의 공공사업부가 대규모 공장을 가진 곳이었다.

그래서 '인도 공공사업의 아버지'라고 불리는 제임스 토마슨이 루르키 공과대학의 설립자였다. 다시 말하면, 루르키 공대는 서북 주 지방의 공공사업부 소속으로 식민정부의 공공사업에 필요한 저렴한 식민지인 하급 기술자를 키우기 위해서 설립되었다. 대학의 설립자 토마슨이 '인도 기술교육의 아버지'라는 호칭이 붙은 건 그래서였다.

이처럼 식민지 인도에서 과학기술 교육은 식민정부 공공사업부의 필요성을 따르는 성격과 한계를 가졌다. 루르키 공과대학은 공공사업부의 직급에 맞게 학과를 개설하고, 그 목표를 '토목학에 대한 이론과 실습 교육'으로 정했다. 대학의 교수진과 직원도 같은 이유로 다 공공사업부의 직

---

[36] 봉급이 낮은 인도인 하급 기사는 경제성에 민감한 식민정부에게 유용했다. 1840년대 식민정부 공공사업부에 소속된 유럽인 엔지니어의 월급은 250루피에서 1천 루피였다. 하나 인도인 측량사와 감독은 25루피에서 145루피로 백인의 약 10%에 불과했다.

원이었다. 교육내용은 2년의 이론교육, 측량과 운하 공사에 필요한 실습이었다. 루르키 공대가 공공사업부에서 교육부 산하로 옮겨진 건 설립 후 40년이 지난 1893년이었다.

과학기술의 중요성을 인지한 달하우지 총독은 캘커타, 마드라스 등과 같은 식민지 주요 도시에도 공과대학을 설립했다. 이들 기관도 해당 주 지방의 토목사업에 쓸 인적자원을 키웠다. 그래서 마드라스에 세워진 공과대학을 뺀 식민지 인도의 모든 공과대학의 이름은 모두 토목 공대였다. 식민지 인도의 산업화와 연결할 수 있는 전기공학과는 19세기 말에 개설되었고, 광산학과 기계학과는 그로부터 반세기를 더 기다려야 했다.

이와 같은 이유로 식민지 인도에 들어선 공과대학의 교육은 수준이 높지 않았다. 교수진은 다 군 공병대와 식민정부 산하 공공사업부의 직원이었다. 그들은 영국에서 배운 지식의 단순한 전수에 치중했고, 각 지방에 내려오는 토착 기술이나 지식, 관련 관행에는 관심을 두지 않았다. 이들 공과대학도 루르키 공대처럼 설립목표를 영국인 기술자를 돕는 하급 보조기술자 배출에 두었다. 자연히 높은 수준의 과학기술 교육은 인도가 독립할 때까지 이뤄지지 않았다.

식민지 인도에 도입된 과학기술 교육은 질적으로 열등하고 양적으로도 부족했다. 루르키 공대가 세워지고 30년이 지난 1886년에도 그 넓은 식민지 인도에 공과대학 재학생은 142명에 불과했다. 더구나 그들 대다수는 영국인의 피가 섞인 소위 앵글로-인도인이었다. 식민정부가 공과대학의 재학생을 늘리지 않은 이유는 교육을 받은 졸업생을 수용할 공공사업부에 일자리가 많지 않아서였다.

그러면서 식민정부의 공공사업부는 고급기술자를 다 영국에서 충원했다. 특히 철도 부설 관련 사업은 영국인 기술자들이 독점했다. 제1차 세계대전이 발발하기 1년 전인 1913년의 기록에는 영국인 기술자와 앵글로-인도인으로 불린 기술자들이 500루피 이상의 고연봉을 받았는데 그 비율은 철도 고위직의 90%를 차지했다. 인도인 기술자는 겨우 하급 기술직에 들어갈 수 있었으나 그렇다고 하위직에 임명된 인도인이 많은 것도 아니었다.[37]

영국 식민 통치의 편파적 행보는 인도에서 근무할 고급기술자를 양성하려고 공과대학을 영국에 따로 세운 데서 정점을 이뤘다. 1875년 본국의 쿠퍼스힐 지역에 인도인이 낸 세금으로 세워진 공과대학은 영국의 이익을 도모하는 식민 통치의 진정한 얼굴을 드러냈다. 1877년의 통계는 인도의 공공사업부에 채용된 기술자 중에서 쿠퍼스힐 공대 졸업자가 45명, 인도 공과대학 출신이 12명이었다. 인도에서 교육받은 기술자의 비율이 30%에 지나지 않는다는 걸 알려준다. 식민 지배자의 기술적 우수성을 상징하며 개교한 쿠퍼스힐 공과대학은 탈식민화가 시작된 1907년에 폐교되었다.

영국의 식민정부는 이렇듯 과학기술로도 인도인의 종속화를 추구했다. 인도의 과학기술이 낙후했다고 비판하면서도 자국의 선진적 기술

---

[37]

직급	영국인(유럽인 포함)	인도인
기술총감	18	0
기술관	54	0
기술사	516	9
부기술사	632	79
기능사	173	39
기사	341	103
산업기사	768	492

을 식민지에 이전하여 발전시키는 데는 관심이 없었다. 무엇보다 식민지 인도에 제대로 된 과학기술을 도입하고 현지인을 교육할 청사진은 구상조차 하지 않았다. 그러면서도 식민지인이 과학기술에 편견을 가졌다거나 힌두교의 비세속적인 세계관이 과학기술에 역기능적으로 작동한다고 미흡한 관련 정책을 피지배자 인도의 탓으로 전가했다.

물론 영국 지배자에겐 또 다른 속내가 있었다. 그건 식민지의 공과대학 졸업자들이 고용의 기회를 얻지 못해 파생할 정치적 부담이었다. 식민정부는 부당한 과학기술정책을 시정해달라는 인도인의 요구와 청원이 늘자 여러 번 위원회를 열어서 관련 문제를 다뤘다. 그러나 늘 결론은 산업이 발전하지 않은 인도에서 대규모 기술교육이 시기상조이며, 그 이유가 "고등기술교육을 받은 인도인이 고용될 기회가 없다"라고 적었다. 그들이 도출한 결론은 영국 선진 정치를 그렇게 오래 받았어도 소수의 공과대학 졸업자가 일자리를 찾지 못할 만큼 식민지 인도의 경제가 낙후되었다는 자백이나 다름없었다.[38]

사실 인도인 고급기술자를 양성하는 문제는 식민정부에게 난제 중의 난제였다. 그건 인도인에게 불리한 고용정책, 식민지의 산업발전에 불리하고 영국 상품의 인도 유입에 유리한 보호관세 정책과 연관되었다. 그 문제는 식민정부가 쓰는 모든 비품을 영국에서 사들이는 구매정책, 은행업과 보험업을 자신들이 장악한 경제정책을 포기해야만 해결 가능했다. 식민 통치는 식민지에 진정으로 과학기술을 증진할 수 없는 이기적 체제였고, 당연히 수많은 정부의 논의는 늘 제자리를 맴돌 수밖에 없었다.

---

38 식민 통치의 말기인 1937년에도 4억여 명의 인구를 가진 인도에는 9개 공과대학에 2,253명의 학생이 재학했다.

5. 사회-미개한 인도 사회 만들기

인도인이 단 한 가지라도 유럽인보다 잘할 수 있다고 인정하는 건 자살행위다. 유럽인은 모든 것에서 우월하며, (인도의) 토착인들은 종속적인 일만 할 수 있다고 주장해야 한다.[39]

앞에서 여러 번 언급했듯이 인도에서 영국의 식민 통치는 소수의 본국인으로 넓은 땅과 인구의 식민지 인도를 지배하는 물리적 한계를 지녔다.[40] 게다가 1857년엔 식민 통치가 거의 종식될 정도로 격렬한 인도인의 항쟁을 겪고 난 식민정부는 식민지사회를 효과적으로 통치할 필요성을 절절하게 자각하였다. 그래서 영국 지배자들은 영국과 그 문화의 우월성을 강조하고 식민지사회의 문화를 부정적으로 만들고 나아가 악마화하는 방식을 선택했다. 이는 압도적 다수인 피지배자가 식민 통치에 종속되도록 유도하기 위한 정책이었다. 즉 식민 지배자는 영국의 "정복을 정당화하고, 행정 체계와 교육제도를 세우기 위해 식민지인을 인종의 기원에 근거하여 퇴보적인 인종으로 그려"냈다.[41]

---

39 Anil Kumar, 1997, *Medicine and the Raj :British Medical Policy in India,1835-1911*, Oxford: OUP, p.22에서 인용.

40 Philip Darby, 1987, *Three Faces of Imperialism*, New-Haven and London, Yale University Press, p.44.

41 인용문은 미국에서 활동하는 인도인 학자 호미 바바의 글이다. Homi Bhabha, 1983, "The Other Question: Difference, Discrimination and the Dicourses of Colonialism in Literature", Prancis Barker et al, eds., *The Politics of Theory*, Colchester: University of Essex, pp.148-172.

식민 지배자의 이 정치적 속내가 반영된 인도 이미지의 부정적 창출과 유포, 그리고 그 이미지를 견고하게 떠받친 정책 중에는 '역사 없는 미개사회'와 '더러운 비위생적 사회'가 포함되었다. 이러한 작업은 은근하고 광범위하게 진행되었고, 그 영향력도 오래 지속되었다. 지배자로 '말할 수 있는' 영국은 부정적인 식민지의 이미지를 구성하고 퍼트리면서 역사를 기록하고 합리적 종교-기독교를 신봉하는 자국의 통치를 정당화했다.

1) 역사 없는 사회의 구성[42]

(1) '불변의 인도'

역사가 없는 식민지 인도에 첫 역사서를 집필한 인물이 인도에서 근무한 동인도회사의 직원인 건 당연하면서도 아이러니했다. 작자는 1817년 『영국령 인도의 역사』라는 최초의 인도 통사를 펴낸 공리주의자 제임스 밀이었다.[43] 역사적 기록이 많지 않고, 특히 왕과 정치에 대한 기록이 부족한 구비 전통의 식민지 인도에 서구적 역사, 서구식 역사서술을 소개한 제임스 밀은 '무 역사적 인도'란 부정적 인도의 이미지를 처음으로 공식화했다.

영국의 당대 가치와 방식으로 인도의 역사를 기록한 그는 인도가 고대부터 영국이 인도에 온 그 시점까지 큰 변화 없이 정체되었다고 '불변의 인도'를 언급했고, 인도인이 환관보다 종속성이 강하다면서 그런 그들

---

[42] 이 부분은 졸저, 2007, 『인도 현대사』, 창비, 170~212쪽에 수록된 여러 편의 글을 바탕으로 주제에 맞도록 재서술하였다.

[43] James Mill, 1826, *The History of British India in 6 vols*, 3rd edition, London: Baldwin, Cradock, and Joy.

을 지배하는 영국을 합리화했다.[44] 인도에 역사가 부재한다는 관점은『역사철학 강의』를 펴낸 다른 서구의 학자 헤겔과 마르크스도 공유했다. 마르크스는 인도에서 역사란 '지속적인 침입자들의 기록'이라고 한껏 내려다보았다.

영국의 작가 오스카 와일드는 "역사를 만드는 건 누구나 할 수 있지만, 역사를 기록하는 건 위대한 사람만 할 수 있다"라고 말하며 당대 영국의 세계관에 동조했다. 그를 인용하여 식민지 상황에 대입한다면, 역사를 기록하는 위대한 영국이 역사를 기록하지 않은 인도를 지배하는 건 당연하였다. 식민 통치를 합리화하기 위해 역사를 이용하는 방식은 영국의 또 다른 작가 레너드 울프가 쓴 다음의 단편에서 고스란히 드러났다.

> 이들 3억의 인도인이 열등한 민족이고, 우리는 우수한 인종이라고 말하는 건 아주 흥미로웠지요. 그는 인도인이 웬일인지 우리가 거의 정점에 달한 그 (진화의) 사다리 최하층에서 멈췄고, 수백 년 수천 년을 그 상황에 머물러있다고 말했습니다. 그러나 우리가 인도인의 손을 잡아서 우리 수준까지 이끄는 데는 그다지 시간이 걸리지 않을 겁니다. 그들이 우리의 열등한 형제인 걸 일러주고, 그들의 미신과 그릇된 신앙을 버려야 한다고 주장하면서 이성과 과학, 교육과 본보기를 통해 그 수준에 이를 수 있을 겁니다.[45]

44　그래서 19세기 전반에 영국령 인도에서 법무관을 지낸 토마스 매콜리는 제임스 밀이 쓴『영국령 인도사』를 에드워드 기번의『로마제국쇠망사』이후에 나온 최고의 역사서라고 높이 평가했다.

45　Leonard Woolf, 1982, "Pearls and Swine", Saros Cowasjee ed., *Stories From the Raj*, London: The Bodley Head, pp.181-200.

단편에 등장하는 인물의 발언은 역사를 소지한 우수한 영국이 여전히 고대에 머무는 하등의 식민지를 지배하여 근대의 세계로 이끈다는 식민 통치의 이념을 반영했다. 사실 역사적 기록보다 신화와 전설이 많고 중요시되는 문명적 특성의 인도가 역사를 가진 영국보다 열등하다는 영국의 논리는 타당성이 부족했다.[46] 하지만 영국 지배자는 역사의 존재와 부재를 후진적 동양과 발전한 서양을 나누는 기준으로 삼았고, 후자의 전자에 대한 지배를 합리화했다.

인도를 통치하는 영국에게 역사는 불변의 인도와 변화무쌍한 진보적 백인 지배자를 가르는 주요한 수단이었다. 광대한 영토와 오랜 역사를 가진 인도는 전 세계에서 대영제국이라고 자칭하는 영국에게 가장 중요한 식민지였다. 영국은 그런 인도를 세계사의 중심에 들지 못하는 변방으로 자리를 매기면서 문명개화를 위해 인도에 대한 자국의 식민 지배를 당연시하였다.

인도에 역사가 부재한다고 강조한 영국 통치의 항구적 영향은 인도 지식인들이 그 주장을 내면화한 점에 있다. 19세기 말에 활동한 뱅골인 작가 뱅킴찬드라 챠터르지가 "우리의 역사를 가져야만 한다"라고 외치며 민족주의의 성장에 불을 지핀 것도 그 결과였다.[47] 이후 나온 인도인이 쓴 일련의 '우리의 역사'는 근대 서구의 역사 인식을 인도의 과거로 투사하는 방향이었다. 그 방향성은 지배자 영국과 대적할 수 있는 강한 인도를

---

46 대중을 이끌고 민족운동을 편 마하트마 간디는 왕과 전쟁으로 점철된 역사를 가지지 않은 국가가 더 행복하다고 믿었고, 그래서 역사보다 보통 사람이 공유하고 접근할 수 있는 신화와 전설에 관심을 더 가졌다. *Collected Works of Mahatma Gandhi*, vol. XXV, 128.

47 Ranajit Guha, 1988, *An Indian Historiography of India*, Calcutta, KP Bagchi & Company, p.57.

예증하는 고대사에 대한 강조와 전국 각지에서 현지의 영웅 만들기였다. 이는 영국 지배자의 논리를 닮은 서구식 역사 인식의 산물이었다.

(2) 힌두교와 카스트의 재구성

영국인 지배자가 주장하는 무 역사적 인도, 불변의 인도를 증명할 수 있는 가장 좋은 증거는 다수 인도인이 믿는 힌두교와 고대부터 이어진 카스트 제도였다. 최초로 인도 통사를 쓴 제임스 밀을 필두로 이 시대 영국 지배자들은 식민지 인도의 무 역사성을 강조했다. 인도는 사회 변화와 경제적 발전이 거의 없었고, 물질적 추구에 취약한 사회라는 의미였다. 그 주범으로 지목된 것이 인도인 다수가 믿는다고 여긴 힌두교였다.

> 푸른 하늘 아래 게으른 힌두가 종일토록 누워있네
> 야심 찬 계획을 경멸하고, 고상한 꿈을 꾸지 않으며
> 그의 시선은 땅바닥을 향해있다네.[48]

1891년에 영국의 수도에서 열린 위 뮤지컬의 가사는 인도인의 나태한 원천이 힌두교라는 합리적 논리를 품었다. 이는 그런 종교를 가진 나라를 문명 세계로 이끄는 영국 식민 통치의 사명감을 은유하였다. 영국 지배자는 기독교와 달리 일관적인 믿음이 부재한 힌두교는 그 신자들을 나태하게 키우는 온상으로 치부하였다. 앞에 언급한 제임스 밀은 그 종교의 사제계층인 브라만을 아예 미신 위에 존재한다고 무시하였다.

---

48   합창곡의 제목인 '무희(The Nauch Girl)'는 본래 인도 여러 왕실과 귀족 앞에서 춤을 추던 직업여성을 지칭한다. 이들은 서구에서 타락한 동양적 전제군주를 묘사할 때 자주 인용되었다.

영국 지배자는 과거에 대한 기록이 적은 인도에서 이용이 가능한 자료를 고대부터 산스크리트어로 구전되다 나중에 문자화한 힌두 경전이라고 여겼다. 18세기 말 식민정부의 관리로 근무하며 힌두 경전을 연구하고 해석한 윌리엄 존스는 식민지 인도가 지적 논쟁이나 기술개혁 없이 고대에 머물러있다고 결론을 내렸다. 그에게 식민지의 모든 부정적 문제는 힌두교의 탓이었다. 그러면서 자신이 공부하고 해석한 경전 속의 힌두교가 전체 인구의 약 5%인 브라만의 전통인 사실은 무시했다. 브라만의 힌두 경전은 사실상 절대다수를 차지하는 보통 사람의 삶의 방식과 문화를 반영하지 않음에도 그 점은 묻었다.[49]

식민정부는 또한 고대부터 전해진다고 여기는 카스트 제도를 불변의 인도를 증명하는 자료로 삼았다. 카스트 제도는 1871년부터 10년 단위로 진행된 인구조사의 키워드였다. 식민 통치자는 안전한 환경에서 더 많은 이익을 내려고 피지배자를 나누고 계량화하는 인구조사에 착수했다. 인구조사는 식민 권력의 행사에 요긴하게 쓸 식민 지식의 일부였다. 다시 말하면, 식민 통치는 인구조사를 바탕으로 제국에 동원할 군대를 모집하고, 범죄 가능성을 예방하며, 토지 정책으로 더 많은 이익을 낼 수 있는 바탕이 되었다.

식민 지배자는 피지배자 인도인을 "더 잘 알수록 그들이 무엇을 하고, 무엇을 하지 않을 것인가를 덜 말하게 될 것"이라고 판단했다. 그들에게 당면한 문제는 그 넓은 땅의 그 많은 인구를 어떻게 분류할 것인가, 하는 점이었다. 식민 통치자가 찾아낸 답은 카스트였다. 인구조사의 기준을 고

---

[49] 1931년의 인구조사는 브라만이 총인구의 4.7%라고 기록했고, 지방마다 차이가 났다. 서로 다른 지방에 거주하며 모국어는 물론 인종도 다른 이들이 가진 공통점은 산스크리트와 힌두 경전에 대한 이해였다.

대 브라만의 경전에 나오는 카스트로 정하면서 불변의 인도, 역사 없는 인도라는 영국의 주장엔 한층 힘이 실렸다.

그러나 오랜 역사와 다양한 문명이 공존하는 인도를 그렇게 단순하게 규정할 수는 없었다. 최근의 연구는 영국이 인도에 오기 전까지의 카스트 제도는 분명하게 구획되지 않았으며, 사실 유동적이었다고 알려준다. 특히 인구의 다수를 차지하는 낮은 계층은 구분이 엄격하지 않았다. 이 문제는 브라만, 라지푸트(크샤트리아), 기타 카스트 등 3개로 나누어 조사한 1881년의 인구조사에서 1억 6천 7백만의 총인구 중 기타 카스트에 속하는 사람이 1억 4천만 3백만 명이나 나온 점에서 잘 드러났다.

영국 지배자는 그런 문제점을 무시하고 고대부터 브라만이 구전한 『리그베다』와 거기에 언급된 바르나(varna)란 신분제도를 '발견'하여 그 지식을 식민 권력의 도구로 치환했다. 그렇게 영국이 카스트 제도를 식민지사회를 이해하는 기본 지표로 여기면서 인도는 고대부터 현재까지 변화 없이 카스트 제도를 이어온 불변의 사회로 고정되었다. 이는 사실상 영국이 인도에 가한 영구성을 가진 인식론적 폭력이 되었다.

브라만과 크샤트리아 등 상층 카스트가 인구조사의 기본이 되자 하층 카스트에 속한 사람들은 인구조사를 할 때 자신들을 상위의 카스트라고 올려서 대답하기 시작했다. 그들은 그걸 증명하려고 상위 카스트에 맞는 생활방식과 금기사항을 실천했다. 인구의 압도적 다수를 이루는 낮은 카스트들의 상당수가 계량화와 사회적 위계를 귀천으로 가르는 인구조사를 통해 사회적 위상의 상승을 꾀했다.[50] 이런 식으로 10년마다 치러진 식민

---

50 인도 남부 출신의 인류학자 M. N. Srinivas는 낮은 카스트들이 산스크리트어를 아는 브라만 등 상층 카스트의 규범과 생활방식을 따라 하며 스스로 높은 카스트에 속한다고 주장하는 행태를 산스크리트화(Sanskritization)로 지칭했다.

정부의 인구조사는 엄격하게 규정되지 않던 카스트 제도를 점점 계층화했다. 카스트 제도를 인도의 특성으로 견고하게 굳히는 데도 일조했다.

영국 지배자는 힌두교와 카스트 제도를 식민지 인도의 부정적 특성으로 구성하면서 식민지인이 정치적·경제적으로 무능하다는 점도 강조했다. 식민지 인도인이 영국 지배자가 소지한 역동성과 생존력이 부족하다는 사실도 부각하였다. 식민 통치자는 힌두교와 카스트 제도를 경제 성장과 사회 발전의 견지에서도 역기능적이라고 주장하였고, 이는 다시 그 반대의 특성을 가진 영국의 통치가 당연하다는 논리에 연결되었다. 영국이 역사성이 부재하고 낙후한 인도에 역사를 가르치면서 진보를 소개했다는 그들의 주장은 독립한 뒤에도 국내외 지식인의 사유체계를 교란하며 생존하였다.

2) '미개사회'와 위생 정책[51]

(1) 위험한 인도 사회

우리나라에 '백의의 천사'로 알려진 영국의 나이팅게일은 "영국이 인도에 위생 국가를 세웠다"라고 공개적으로 발표했다. 인도에서 영국의 식민 통치가 전성기를 달리던 1870년대 초였다. 이는 문명국 영국의 통치로 비위생적인 식민지사회 인도가 문명개화했다는 주장이었다. 그러나 이면을 들추면 이는 영국의 식민 통치가 사용한 수많은 가면(mask) 중의 하나였다. 영국 통치가 식민지 인도에서 완수했다고 선언한 이른바 위생

---

51 식민지 인도에서 위생을 다룬 이 부분은 졸저, 2007, 『인도 현대사』, 창비, 70~83쪽을 바탕으로 수정하고 다시 썼다.

국가는 식민지인이 아닌 인도에 사는 백인을 위한 조치였기 때문이다.

인도인은 공기를 더럽히고, 대지를 망가뜨리며, 자신들이 마시는 물을 오염시키며, 오물 속에서 산다. 어떤 이들은 그 더러운 물을 성스럽다고 생각한다.

수억 명의 피지배자를 비위생적으로 절대화한 전지적 시점의 이 발언도 백의의 천사에게서 나왔다. 이런 식으로 영국의 식민 통치는 인도라는 피지배자를 나쁘게, 부정적으로 파악하면서 합리적이고 위생적인 자기 정체성을 완성하였다. 이는 인도를 강제로 지배하는 자신들을 나쁘게 여기지 않는 자기합리화의 하나였다. 영국 지배자는 이러한 인식으로 미개한 인도인의 신체와 식민지사회에 대한 개입과 통제를 정당화했다.

1700년대 중반에 인도에 첫 영토를 확보한 영국 지배자가 위생을 표명한 건 100년이 지나서였다. 당시 열대지방 인도에는 치사율이 높은 질병이 적지 않았다. 특히 1800년대 전반에는 콜레라로 사망자가 증가하였고, 낯선 열대의 환경 속에 거주하는 영국 통치자들은 불안에 떨었다. 영국이 인도에서 위생 정책을 입안하고 시행한 가장 큰 이유가 여기에 있었다. 즉 인도에 거주하는 지배국 국민의 안전에 대한 우려 때문이었다.

기록을 보면, 1857년의 세포이 항쟁을 필두로 퍼진 대규모 반영 항쟁의 진압과정에서 다수의 영국 군인이 콜레라로 사망했다.[52] 이 소식을 접한 영국 사회는 식민지 인도를 전염병의 온상이자 질병이 만연한 위험한

---

52 일부 보고서는 인도에서 복무 중인 영국군의 사망률이 본국에서 사망하는 군인의 3배라고 적었다. 1818~1854년에 인도에 거주하는 영국군 중 약 8,500명이 콜레라로 사망했다고 알려졌다.

공간으로 여기기 시작했다. 영국이 낳은 작가 프랜시스 버넷의 『비밀의 화원』이란 소설에 나오는 다음의 대목은 당대 영국인이 인도의 전염병에 대해 지닌 공포의 수준을 잘 보여 준다.

> 가장 치명적인 콜레라가 발생했고, 사람들은 파리처럼 죽어갔다. 유모는 밤사이에 병이 들어서 조금 전에 죽었기 때문에 하인들은 오두막에서 울고 있었다. 다음날이 오기 전에 세 명의 하인이 더 죽었고, 나머지 하인들은 겁에 질려서 달아났다. 온 지역에 공포가 깔렸다. 모든 방갈로에서 사람들이 죽어갔다.[53]

식민정부가 위생 정책을 시행한 배경에는 갑작스러운 질병의 발병과 피할 수 없는 죽음에 대한 두려움이 자리했다. 식민정부에게 전염병의 확산은 정치적으로도 위협적이었다. 과학을 바탕으로 근대성을 소지했다고 자부하는 자국의 가장 큰 식민지에서 그렇게 많은 사람이 질병으로 죽는다는 사실은 식민 통치의 근간을 흔드는 중차대한 문제였다. 영국 지배자는 미개한 피지배자의 신체와 그들의 사회를 통제하여 식민 통치를 안정화할 시급성을 인지했다.

그때 식민지 인도의 위생 정책을 본국에서 공론화한 대표적 인물이 '위생이 문명의 지표'라고 믿은 나이팅게일이었다. 그는 세포이 항쟁을 진압하는 등 식민지에서 분투하는 영국 군인들이 나쁜 환경에서 복무하는 자체가 국가의 불명예라고 주장하고, 그러한 불상사가 식민 통치에 악영향을 끼친다고 말했다. 1859년 영국에서 인도에 근무하는 영국 군인의

---

53 Frances Hodgson Burnett, 1909, *The Secret Garden*, 제1장, www.139.pair.com.

위생 실태를 조사하는 위원회가 세워진 건 이러한 분위기에서였다.

과학적이며 선진적이라고 자부하는 것과 달리 19세기 중반 영국의 관련 분야에 대한 지식은 많지 않았다. 그 결과 그들이 인도에서 전염병이 발생한 주요 원인으로 지목한 것은 전근대적 공간과 관습-조혼, 채식, 성지순례-이었다. 예를 들면, 말라리아는 모기를 키우는 더러운 공간에서 발생하고 천연두는 통풍이 안 되는 주거생활 때문에 생긴다고 여겼다. 식민지 인도에서 발행되는 한 영어신문이 영국 군인들에게 현지 시장에 가지 말라고 조언한 것도 그래서였다.

그러나 식민지인의 비위생적 상태는 빈곤을 초래한 식민체제와 정책과 관련이 많았다. 그렇지만 식민 지배자는 인도의 환경이 본래부터 더럽다고 문화적 요인과 생활 습관을 그 원인으로 비판하고 본질화했다. 즉 더러움을 식민지인의 본성이자 전염병의 근원으로 돌렸다. 인도인의 생활 습관은 물론 종교까지 비위생적으로 치부하며 식민 통치자의 책임을 면제했다. 1867년 콜레라가 전국에서 유행할 때도 그 책임은 힌두교에 돌아갔다. 성지순례 등의 오랜 종교 관행을 질병의 근원으로 파악한 지배자는 힌두 축제와 갠지스강에서 목욕하는 종교적 행사를 금지했다. 그렇게 근대적 위생을 가르친다는 논리로 식민정부는 인도인의 몸과 사회를 통제하고 지배하였다.

(2) 위생 정책의 시행

1863년에 나온 인도에 근무하는 '영국 군인에 대한 위생보고서'는 병영(兵營)의 위생을 개선하여 사망자를 줄일 수 있다고 적었다.[54] 그래서

---

54 Bombay Municipal department, 1866, *Administration Report of Municipal*

1867년부터 식민지 인도에 도입된 정부의 위생 제도는 영국 군인을 더러운 현지 사회에서 분리하는 것을 목표로 정했다. 곧 영국군 병영에 상하수도와 근대식 병원을 세우고, 위생적인 그곳은 식민지의 도시로부터 멀리 떨어진 곳에 두었다.

식민지 인도라는 바다에는 '백인의 섬'이 만들어졌다. 그 섬은 더운 도시에서 멀리 떨어진 산악지대의 시원한 백인휴양지(hill station), 안전하고 편리한 영국군 병영단지(cantonment), 도시 외곽에 자리를 잡은 쾌적한 영국인의 주거단지(civil line)였다. 정원이 딸린 영국식 시골집이 들어선 휴양지와 쭉 뻗은 도로를 따라 건축된 문화주택이 늘어선 백인 주거단지는 비위생적이라고 여기는 식민지 인도와 사회적·물리적으로 먼 거리였다.

식민 지배자는 1866년 통치의 거점도시 봄베이, 캘커타, 마드라스 등에 위생을 책임지는 관리를 두었고, 여타 지방엔 위생을 담당하는 부서를 설치하였다. 그러나 이들 부서의 실제 업무는 영국인 거주지와 그 주민의 안전을 담보하는 영국인 거주지 인접지에 국한되었다. 1878년 인도에서 시행된 첫 위생법으로 식민정부의 수도 캘커타와 서부지방 항구도시 봄베이에 하수시설과 배수시설이 건설됐다. 이어서 도시의 도로와 공공시장의 청소를 맡은 공중위생과도 조직되었다. 하지만 이 부서도 백인이 살지 않는 지역은 관장하지 않았다.

나이팅게일은 1873년 「어떻게 어떤 사람은 인도에서 죽지 않았을까」에서 영국이 인도를 위생 국가로 만들었다면서 식민지 인도에서 근무하는 영국군의 사망 비율이 1,000명당 69명에서 18명으로 줄었다고 발표했다. 이는 영국이 시행한 위생 정책이 자국 군인의 안전에 치중했다는

---

*Commissione*r, for the City of Bombay, Internet Archive Python library, p.31.

공공연한 자백이었다.[55] 동 기간에 인도인의 사망률은 달라지지 않았고, 19세기 말 창궐한 페스트로 약 70만 명의 식민지인이 희생되었을 때도 영국인 사망자가 나오지 않은 것이 그 증거였다.

위생 국가를 표방하는 식민정부가 인도에 위생 과목을 대학에서 가르친 건 1890년이었다. 식민지 인도에서 백인 통치자가 현지인의 위생이나 공공의료 확대에 관심이 없었다는 방증이었다. 위생 정책이 확대되지 못한 원인은 식민 지배자의 가치와 방식을 기준으로 위로부터의 일방적 형태인 점도 컸다. 식민지 인도인은 위생 정책의 입안이나 실행과정에서 배제되었고, 영국인 책임자도 위생 정책이 필요한 식민지 하층에 냉담했다.

식민지에서 위생 정책을 시행하고 서구 의료제도를 도입한 데 대한 긍정적 평가도 있으나 식민 통치가 막대한 재정이 드는 공공 위생과 의료에 관심이 부족한 건 분명했다.[56] 영국의 오랜 통치를 끝낸 시점의 인도 위생 상태와 건강 지표는 최하위 수준이었다. 1951년의 인구조사는 인도인의 기대수명이 32세에 지나지 않고, 3억 6천만 명의 인구를 가진 나라에 의사가 겨우 5만 명뿐이라고 나왔다.[57] 결국 식민정부의 위생 정책은 이기적인 통치의 단면이었다.

---

55 19세기 말에 식민지 인도에 살던 영국 군인과 그 가족은 대략 7~8만 명에 달했고, 20세기 초에도 비슷한 수치를 기록했다. 인도의 위생 정책은 사실상 이들을 위해 운영되었다.

56 비나 올덴버그는 자신의 고향인 갠지스 평원의 도시 러크나우를 다룬 연구에서 식민정부가 도시의 청결과 배수시스템에 대한 장기적·포괄적 계획이 없었다고 판단했다. Veena Ordenberg, 1984, *The Making of Colonial Lucknow*, Princeton, Princeton University Press, 제4장.

57 Sanjay Zodpey, 2018, Preeti H Negandhi, Tracking India's Progress in Health Sector after 70 Years of Independence, *Indian Journal of Public Health*, vol.62-1, pp.1-3.

6. 문화-제2의 식민화와 정신의 지배

1) 영어와 언어 식민주의[58]

인도를 식민 지배한 영국이 추진한 가장 중요한 문화정책은 언어를 통한 통치였다. 영국 지배자는 집권 초기부터 영어를 제국주의적 권력을 투사하여 다수 식민지인의 굴종과 동화를 확보하는 수단으로 삼았다. 즉 지배자의 언어를 가르쳐 피지배자를 영국 문화에 흡수·동화하려는 명백한 목표를 소지했다. 그 목표는 이름을 남기지 않은 한 영국인 국제기관 대표의 다음 발언이 잘 알려준다.

(우리는) 일단 전함과 외교관을 보낸 뒤에 영어 교사를 보낸다.

영국은 제국의 야망을 드러낸 1800년대 초부터 "유럽도서관에 있는 한 서가의 책이 인도와 아랍에 있는 전체 문학보다 더 가치가 있다"라는 문화적 우월감을 표명했고, 그 바탕에서 영어로 가르치는 서구식 교육을 시작하였다. 지배자의 언어를 배운 피지배자 인도인이 지배국의 문화적 우수성을 인정하며 종속될 것이라고 여긴 것이다.

벤팅크 총독(1828~1833)이 "이제부터 영국 정부의 목표는 인도인에게 유럽의 문학과 과학을 널리 전파하는 것"이라고 공식화한 것이 그런 상황에서였다. 이 시대 식민정부에서 일한 고위 관리 매콜리는 "영어로 교육

---

58 이 부분은 졸저, 2007, 『인도 현대사』, 창비, 100~113쪽을 대폭 수정하여 다시 썼다.

을 받은 힌두는 그 누구도 자신의 종교를 신실하게 지키지 못할 것이다"라고 자신했다. 그의 말은 식민지인이 장차 '갈색 피부의 기독교인', '갈색 피부를 가진 영국인'이 될 것이라는 믿음에서 나왔다.[59]

영어로 지배자의 문화를 가르쳐 정신상태를 재구성한다는 식민 통치자의 논리는 '피와 피부는 인도인이지만 견해와 감각, 도덕과 지성은 영국인'이 된다는 낙관적 전망으로 연결되었다. 그건 영어를 배우고, 기독교의 복음을 들으며, 힌두교를 버릴 식민지인이 영국의 가치와 세계관을 지지할 것이라는 기대였다. 또 그들은 자연스럽게 영국산 상품을 선호하며, 정치적으로나 경제적으로 영국 제국의 충실한 신민이 될 것으로 여겨졌다.

물론 영국이 식민지 인도인에게 영어를 가르친 데는 고임금을 받는 영국인 관리를 영국 본국에서 충원할 수 없는 여러 어려움도 작용했다. 수에즈운하가 개통되기 한참 전인 9세기 전반에 영국에서 인도로 가는 길은 아프리카의 남단을 도는 길고 힘든 여정이었고, 거기엔 늘 위험이 도사렸기 때문이었다. 식민 통치자에겐 소수에 지나지 않는 백인 지배자와 다수의 피지배자를 연계할 영어를 해득하는 저임금의 현지인이 필요했다.

1835년, 인도를 다스린 영국의 동인도회사는 영어를 영국령의 공식어로 삼았고, 무굴제국의 공식어 페르시아어를 역사의 자리에서 밀어냈다. 영국은 이어 1844년, 식민정부에 근무할 공무원의 채용에서 영어를 해득하는 인도인에게 우선권을 부여한다고 발표하였다. 이러한 '당근' 정책은

---

59 Thomas Babington Macaulay, 1980, "Minute on Indian Education," *Macaulay, Selected Writings*, ed., John Clive, Chicago: Chicago University Press, p.243.

많은 식민지 인도인을 영어와 서구교육을 만나고 배우도록 효과적으로 유인했다.

인도인은 식민지의 불안한 상황에서 영어를 배우며 그 정책에 공모했다. 그건 이방의 지배자가 재구성한 새로운 질서에서 생존하기 위한 그들의 슬픈 전략이었다. 권력을 상실한 식민지 인도인에게 영국의 식민 통치가 부여한 높은 영어의 위상은 공적 영역에 참여할 유일한 기회의 창구로 보였다.

식민정부는 1857년에 영국령의 중심지 3개 도시-봄베이, 캘커타, 마드라스 등-에 대학교(university)를 설립하고 영어를 교수 언어로 채택하였다. 그 결과로 인도가 독립한 1947년까지 중부지방 하이데라바드 왕국의 한 이슬람계 대학을 뺀 모든 대학교가 서구학문을 영어로 강의하는 방향으로 나아갔다. 영어가 엘리트의 언어라는 사회적 특권을 가진 것도 이 때부터였다.

당연하게도, 지배자의 언어이자 출세의 언어를 가르치는 중등학교와 대학은 빠르게 늘었다. 영국이 인도에서 제국을 선포하고 빅토리아 여왕이 황제로 자칭한 뒤 4년 뒤인 1881년, 식민지 인도에는 영어를 교수하는 중등학교가 2천 개를 넘어섰다. 수십만 명에 이르는 재학생들은 거기에서 지배자의 언어로 서양을 만나고, 그 나라의 가치와 문화를 익혔다. 이 무렵엔 애덤 스미스의 『국부론』을 읽고 밀의 『자유론』을 이해하는 인도인 문과대학생도 5,400명이나 되었다.

지배자의 언어인 영어가 강조되면서 인도인 학생은 각종 언어를 배우는데 많은 시간과 노력을 투자했다. 20세기 초 남부지방 마드라스의 고등학생들은 매주 9시간을 영어 수업에 배정하였고, 모국어인 타밀어 과목과 고전어를 배우는 데도 각각 주당 5시간을 들였다. 결국 학생들이 언어

공부에 쓰는 시간은 매주 19시간으로 이는 다른 과목을 배우고 공부할 시간이 그만큼 줄어드는 걸 의미했다.

식민 통치자는 단순한 언어교육으로만 식민지의 엘리트를 창출하는 게 불충분하다고 판단하였다. 식민지사회의 엘리트를 영국의 문화에 동화하고 자문화에서 소외하기 위한 문학교육이 시작되었다. 그런 이유로 식민지 인도에선 초기부터 영문학이 주요 과목이 되었다. 놀랍게도 이는 본국에서 영문학이 대학의 커리큘럼에 들어가기 훨씬 전이었다.[60] 영어로 교수하는 학교와 대학에서 공부하는 인도인 학생은 영국의 작가 셰익스피어와 초서의 문학과 영국의 가치에 친숙해졌다.

영어를 가르치고 그 문학의 우수성을 강조하는 정책과 짝을 이룬 것이 식민지의 언어와 문학을 평가 절하하는 조치였다. 영국 지배자는 식민통치를 정당화하기 위해 낮은 수준의 문화를 가진 식민지인과 그들의 사회라는 이미지를 창출했다. 영국 지배자가 '부도덕하고 선정적인 힌두 문학'과 '순수하고 깨끗한 영문학'을 비교하고 전자를 악마화한 건 그 결과였다. 지배자의 이런 입장과 이어진 정책은 종교성이 짙은 인도(힌두) 문화를 세속적 지배국의 문화로 재구성하려는 통치자의 욕망에 연결되었다.

영국이 차지한 첫 식민지 벵골지방에서 1800년대 초에 활동한 영국인 기독교 선교사 윌리엄 캐리는 식민정부의 이러한 정지작업에 발을 맞춘 선구적 인물이었다. 벵골지방에 학교를 열고 벵골인에게 교육을 시작한 그는 식민지사회의 엘리트인 브라만의 언어 산스크리트어를 공부했

---

60 영국의 대학은 1870년대까지 그리스와 라틴문학을 가르쳤으나 인도 대학에선 처음부터 영문학을 과목으로 채택했다.

고, 이윽고 브라만의 언어로 표현된 현지의 전통과 문화가 저급하다고 평가했다. 기독교 선교사인 캐리가 산스크리트어를 배운 속내는 다음의 발언에서 명백하게 드러난다.

> 그들을 속이기 위해 우리가 그 주제에 대해 더 우수한 지식을 갖고 있다고 믿게 해야 한다. 이러한 상황에서 산스크리트를 배우는 것은 가치 있는 일이다.

영어가 중요한 위상을 차지하자 산스크리트어, 아랍어, 페르시아어 등 현지의 고전어로 수업하던 엘리트 교육기관은 크게 줄었다. 식민 통치의 중심지 벵골지방을 예로 들어 설명하면 이 경향을 한층 뚜렷하게 파악할 수 있다. 1882년에서 1937년까지 반세기가 넘는 기간에 벵골지방의 영어 학교는 617개에서 1,859개로 3배가량 증가했다. 그러나 벵골인의 모국어인 벵골어 학교는 1,065개에서 54개교로 큰 감소를 기록했다. 이러한 수치는 식민정부의 정책과 더불어 인도인이 영어의 유용성을 깨달은 결과였다.[61]

영국의 언어정책은 식민지 사회계층의 분리를 강화하는 부정적 결과도 낳았다. 영어 습득의 이점과 유용성을 간파한 도시에 거주하는 사회 상층은 영어를 먼저 배우고 기득권을 차지했으나 지방, 특히 농촌에 거주하며 각 지역어만 배운 사회 하층과 주변부는 상대적 박탈감을 가지게 되었다. 후자들에게 영어가 성공의 수단이 된 식민지사회의 공직 진출과 사

---

[61] 영어로 수업하는 인도 중학교의 비율은 1922년 22.7%였지만, 1942년에는 그 비율이 전체의 45.4%로 시간이 갈수록 늘었다.

회적 상승의 가능성은 원천적으로 막히는 결과로 이어졌다.

영어로 교수하는 학교의 재학생을 카스트로 구분하면, 브라만 등 상층 카스트가 다수였다. 지역으로는 도시거주자의 비율이 상대적으로 높았다. 이런 결과는 앞에 말한 계층 간의 차별이 심화했음을 예증했다. 예를 들면, 1938년 영어로 가르치는 문과대의 56.6%, 고등학교의 58.6%가 대도시-캘커타, 봄베이, 마드라스 등-에 소재했다. 이들 학교의 재학생을 카스트로 분류하면, 브라만과 문자에 친숙한 전통을 가진 가야스타 카스트의 학생이 많았다.[62] 재학생의 부모를 직업으로 분류해도 비슷했다. 영어의 중요성을 현실적으로 실감하는 공직자의 비중이 높았다.[63]

식민정부가 이러한 영어교육에 거의 돈을 들이지 않았다는 점도 언급해야 한다. 그 이유는 영어로 가르치는 중등학교와 대학이 거의 다 인도인이 세우고 운영하는 사립학교였기 때문이다. 식민 지배자는 인도인의 영어교육에 대한 수요가 높아지자 일찍이 1854년부터 교부금(grant-in-aid)이란 제도를 만들어 식민지인의 사립학교 설립을 쉽게 만들었고, 1882년부터는 아예 자유롭게 방임하였다.[64] 그 결과로 식민 통치 말기인 1938년에도 영어로 가르치는 중등학교의 80%가량은 사립의 형태였다.

그렇다고 식민지 인도에서 시행된 영국의 언어정책이 성공 가도를 달렸다고 결론을 내긴 어렵다. 영어를 이용한 식민정부의 언어정책이 곧 명

---

62 1881년의 교육 통계를 보면, 영국령 인도의 수도가 위치한 벵골지방 대학생은 84.7%, 봄베이 지역 대학생은 78.7%가 이들 계층에 속했다.

63 1883~1884년, 마드라스의 대학생은 40.3%가 공무원을 부모의 직업이라고 적었다.

64 1854년 영국령 인도의 교육정책을 입안한 찰스 우드는 식민정부가 고등교육에 돈을 들이는 걸 반대했다. 그는 수익자부담의 원칙을 내세워 사립학교 설립을 쉽게 만들었다.

백한 한계를 노출했기 때문이다. 영어를 배운 식민지인이 기하급수적으로 증가하면서 적절한 직업을 구하지 못한 영어 해득자가 급속도로 늘었다. 그러나 수익을 최대한 창출하여 본국으로 보내는 것이 주목표인 식민체제는 영어를 모국어처럼 구사하고 대학교육을 받은 식민지 지식인을 수용하기에 역부족이었다.

백인 통치자는 식민지인의 동화를 추구한다면서 동화하려고 지배자의 언어를 배운 그들을 차별하였다. 19세기 후반이 되면 영어로 가르치는 대학을 늘리는 것도 반대했다. 그 정치적 딜레마는 랜스도운 총독(1888~1894)의 "현재와 같은 속도로 학교와 대학이 늘어난다면 우리는 현재보다 더 많은 불평을 듣게 될 것"이란 발언에서 명확해졌다. 식민 통치의 최전성기에 근무한 가장 힘센 총독 커즌(1899~1904)도 인도에서 "엘리트를 위한 영어교육의 실험은 실패"라고 인정하기에 이르렀다.

식민정부는 영어의 유용성을 천명하고도 그 확산을 막는 이율배반적 입장이 되었다. 일찍이 1859년, 식민정부의 한 고관은 식민지 인도인을 "개화시키고 자유의 이점과 유럽과학의 이용을 가르친 뒤에 어떻게 우리에게 (그들을) 종속시킨다는 말인가?"라고 고백하면서 다가올 미래에 식민 통치의 곤경과 곤혹을 감지했다. 그리고 그것은 곧 현실이 되었다. 19세기 말, 인도가 배출한 최고의 웅변가 다다바이 나오로지는 이렇게 공개적으로 외쳤다.

> 매년 대학을 나서는 수천 명의 졸업자가 이상한 상황에 놓인다. 그들의 모국에 그들을 위한 일자리가 없는 것이다. (그들은) 거리에서 구걸하거나 돌을 깨는 일을 하며 살아야 한다.
> 유럽인은 여기를 떠나서 자기들의 나라로 돌아가야 한다.

지배자의 언어로 교육을 받은 식민지인이 영어로 지배자를 전복하기 시작했다. 1913년에 노벨문학상을 받은 라빈드라나트 타고르가 "우리의 정신은 유아 시절부터 영문학으로 구성되었다"라고 회고한 것처럼, 영어를 배우며 정체성의 혼란을 겪은 식민지 지식인은 점차 영어로 접한 서구의 사상, 진보, 근대성 등을 선망하며 더 많은 기회를 달라고 식민정부에 요구했다. 그들이 1885년 영어로 소통하며 전국적 규모의 단체로 만든 인도국민회의는 곧 반식민·반영 운동의 구심이 되었다.

2) 크리켓과 스포츠 제국주의[65]

영국 식민 지배자는 식민지인의 영국 문화에 대한 동화와 충성심을 확보하려고 스포츠를 소개하고 활용하는 정책도 폈다. 18세기 중반부터 이어진 영국의 긴 통치 기간에 식민지 인도에 도착한 영국발 스포츠는 폴로와 사냥, 골프, 크리켓 등 종류가 많았다. 승부를 겨뤄 승자와 패자를 가르는 이들 게임은 단순한 오락용이 아니라 영국이 소지한 힘의 가치와 우월성을 전파하여 식민 통치의 지속가능성을 노린 문화적 전략의 일환이었다.

그중에서 식민정부가 인도에서 가장 강조한 본국에서 가져온 운동경기는 오늘날에도 인도에서 가장 큰 인기를 구가하는 크리켓이었다.[66] 본

---

65 이 부분은 졸저, 2007, 『인도 현대사』, 창비, 154~167쪽에서 민족주의보다 스포츠 제국주의, 즉 식민 통치의 정책이란 견지에 중점을 두고 수정하였다.

66 지금도 크리켓은 "6개월은 크리켓을 보고 나머지 6개월은 그걸 이야기하며 지낸다"라는 말이 나올 정도로 인도인이 가장 좋아하는 스포츠로 지금은 프로팀이 각 지역을 연고로 구성되어 인기를 지속한다.

디 크리켓은 영국 상류층이 즐기는 '신사의 경기'로 청교도적 윤리와 도덕을 장착했다고 미화된 게임이었다. 그런 이유로 크리켓은 빅토리아시대 영국의 사회 상층을 양성하고 사회화하는 수단으로 작동했고, 주로 영국 사회의 엘리트를 양성하는 유명사립학교에서 장려되었다.

18세기부터 크리켓 경기가 식민지 인도에서 열렸다. 영국령 인도의 근거지 캘커타에 크리켓클럽이 들어섰지만, 주로 백인 지배자들-영국군 장교, 식민정부 고위 관리 등-이 휴식으로 즐기는 그들만의 게임이었다. 그때까지 상류층의 게임인 크리켓은 건강한 신체와 도덕적 우수성을 가진 영국인의 스포츠라는 믿음이 강했고, 갈색 피부의 식민지인에겐 허용되지 않았다.

식민정부가 크리켓을 피지배자의 상층사회에 개방한 건 19세기 초였다. 영국의 영토 정복이 안정권에 들자 제국의 야망을 품은 지배자들은 식민지의 상층엘리트를 영국 문화와 지배국 사회에 편입하여 장기적 결과를 얻으려고 시도하였다. 크리켓이 본국에서 산업혁명을 거치며 낮은 계층에게 개방된 사실을 잘 아는 그들은 영어와 영국 문화를 배운 인도의 엘리트에게 그 게임을 개방해도 정치적으로 위험하지 않다고 판단했다.

더구나 1857년 세포이의 항쟁으로 촉발된 인도인의 거센 항쟁을 겪은 영국 지배자들은 힘으로 운영하는 식민 통치의 한계를 잘 인식하였다. 그들은 물리적 확대에 치중하던 식민지 인도에 대한 통치를 문화적 지배로 보완하는 시도로 크리켓을 선택하였다. 페어플레이, 스포츠맨십, 심판에 대한 절대적 복종, 팀에 대한 충성, 운동 규칙의 준수 등을 강조하는 크리켓이 식민지인에게 통치자에 대한 충성과 복종을 가르쳐 정치적 안정을 가져오리라고 믿은 결과였다.

먼저 사냥꾼, 선교사, 상인을 보내고, 그다음에 군인과 정치인을 보
낸다. 그런 뒤에야 크리켓 선수를 보낸다. 그것이 영국 식민화의 역사
이다. 이러한 문명화의 영향 중에서 맨 마지막이 가장 해롭지 않을 것
이다.

크리켓은 지배자와 피지배자를 단합시킬 것이다. 또한 도덕적 단련,
자제력, 담력을 가르친다.[67]

영국의 유명한 크리켓 선수로 역사 등 여러 분야의 글을 많이 남긴 세실 헤들람은 앞의 인용문처럼 크리켓의 유용성을 언급했다. 그는 크리켓을 식민지인에게 전파하여 지배자와 피지배자의 결속을 도모할 수 있다고 믿었다. 크리켓을 이용한 식민화의 전략적 목표는 프랑스의 대혁명을 언급한 같은 나라의 역사가이자 대학교수를 지낸 트레벨리안도 같은 입장이었다. 그는 "만약 프랑스 귀족들이 농민들과 크리켓을 벌였다면, 1789년에 불에 타죽지 않았을 것"이라고 적어 동질적 인식을 드러냈다.[68]

식민지사회의 상층이 자기를 통제하는 능력과 충성심을 배우는 건 식민 통치의 안정화를 위해 필요했다. 식민 통치자는 힘의 가치를 내재한 영국의 스포츠로 그들이 주장하는 강한 신체와 영국 문화의 수월성을 과시할 수도 있었다. 식민지 인도인의 나약함을 19세기 전반부터 경멸해온 영국 지배자는 스포츠, 그중에서도 크리켓을 이용하여 백인의 '이상적 신체'를 닮은 충성스럽고 용맹한 피지배자를 배양할 수 있다고 여겼다.

---

67 Cecil Headlam, 1912, *Cricket in India*, ed., Andrew Lang, London: Counties Press Association, pp.339-357.

68 G. M. Trevelyan, 1945, *English Social History*, London: Longmans, p.405.

크리켓을 가르쳐 식민지 인도인을 강한 신체로 단련하겠다고 공식화한 영국 지배자는 봄베이 주지사 조지 해리스(1890~1894)였다.[69] 그런 이유로 해리스는 '인도 크리켓의 아버지'라고 불렸다. 1890년에 봄베이에 온 크리켓 선수 출신의 그는 당대의 영국인들처럼 식민지 인도인이 나약하고 나태하다고 경멸하는 전형적인 제국주의자였다. 그런 해리스가 크리켓을 문명화의 도구로, 피지배자 인도인의 몸을 교정하고 보완하여 식민화할 수단으로 여긴 건 당연한 귀결이었다.

그러나 그 이전에 비공식적으로 식민지 여러 도시에 크리켓을 소개한 주체는 기독교 선교사들이었다. 여러 지역으로 이동하며 기독교를 전파한 그들은 현지인의 관심을 끌려고 스포츠를 이용했다. 선교단체의 주요 복음의 대상은 현지의 상층인구였고, 그들이 자연히 축구와 크리켓과 같은 서구발 운동경기를 선구적으로 배웠다. 상층에 속하는 그들 극소수는 크리켓을 배우면서 식민 지배자의 문화와 가치에 다가갔다.

열대의 나라 인도에서 운동경기를 벌이는 건 위험했다. 그런 인도에서 먼저 크리켓을 하나의 팀으로 만들고 시작한 집단은 가장 먼저 서구화한 봄베이의 파르시(parsi)였다. 옛날 페르시아에서 종교 탄압을 피해 인도 서해안으로 이주한 조로아스터교도의 후손인 그들은 일찍이 1848년에 크리켓팀을 결성하였다. 가장 먼저 영국의 스포츠문화에 스스로 편입된 파르시는 지배자 영국과 인도의 문화를 연결한 다리(橋)라는 평판을 받으며 앞서 나갔다.

인도의 여러 커뮤니티, 즉 종교집단 가운데 가장 먼저 서구 문화를 배

---

69 해리스는 봄베이 주에 부임하기 훨씬 전인 1878년, 영국과 오스트레일리아의 크리켓 매치를 성사한 인물이다.

우고 경제적으로 번성한 파르시는 인구가 적었다. 그래서 그들은 인도 사회에서 물리적으로 소수인 자신들의 신체를 강하게 다진다는 목표로 크리켓을 배웠다. 빠른 서구화로 식민 통치에 가장 협력한 파르시엔 돈을 번 구성원이 많았고, 그 부자들이 낸 풍성한 자금을 바탕으로 크리켓팀을 창단하고 발전시켰다. 파르시팀은 1877년 봄베이에서 인도에 거주하는 백인으로 구성된 팀과 첫 경기를 벌이며 스포츠의 역사에 이름을 올렸다.

식민지 인도에서 가장 서구화한 파르시 집단은 크리켓팀을 만들고, 팀워크를 자랑하며, 커뮤니티의 정체성을 키우고, 근대성을 과시하였다. 그러자 외국의 지배를 받는 식민지의 속성상 그들과 경쟁하는 다른 종교집단도 크리켓팀을 만들며 자기 증명에 나섰다. 1866년엔 힌두 크리켓팀이 다수 집단으로서의 결속과 소속원의 정체성을 다질 목적으로 팀을 만들었다. 모슬렘 크리켓팀은 1883년에 들어섰다. 19세기 후반이 되면 그보다 규모가 작은 종교 커뮤니티들도 크리켓팀을 만들어 친선경기에 나섰다.

흥미롭게도, 영국 지배자는 크리켓을 배우고 백인의 우수한 신체를 닮으며 근대성을 증명하려는 식민지인 팀을 한동안 경멸했다. 사실 영국에서 상류층이 즐기던 '신사의 게임'을 먼저 배운 식민지인은 교육받은 도시 거주 상층민으로 깔볼 대상은 아니었다. 그러나 '신사'를 자처하는 영국인들은 배트와 글러브가 없어 우산과 모자를 대신하는 초기의 인도 선수들을 신사답지 않다고 비웃었다. 그래도 피지배자 선수들은 통치자의 가치와 행동 방식을 따르며 경기를 익히고 실력을 늘렸다.

마침내 영국이 인도에 소개한 크리켓이 백인 팀과 식민지인 팀 간의 경기를 벌이며 식민지에서 양측을 연결하는 교량이 되었다. 가장 먼저 팀을 구성한 파르시 크리켓팀은 1877년 인도에 거주하는 백인으로 구성된 팀과 첫 경기를 벌였고, 힌두 크리켓팀은 1886년 첫 친선경기를 기록하였다. 영국인 지배자와 인도인 피지배자의 결속을 다지는 친선경기를 통해 스포츠 식민정책의 본래 목표는 한동안 달성된 듯이 보였다.

1880년대에는 바다를 건너 원정경기가 펼쳐지면서 스포츠는 식민지와 본국 간의 결속을 강화하는 수단이 되었다. 먼저 창단한 파르시 크리켓팀이 먼저 영국에 갔고, 이어 영국 크리켓팀이 인도에 원정을 왔다. 1907년부터는 매년 파르시팀, 인도 거주 유럽인팀, 힌두 선수로 구성된 팀 등 3개 팀이 참가하는 토너먼트대회가 열렸다. 1912년엔 이 대회에 모슬렘팀이 참가했다. 1937년부터 1946년에는 이들 4개 클럽에 소속되지 않은 선수들이 하나의 팀을 만들어 토너먼트에 참가하며 크리켓의 입지를 넓혔다.

앞에서 본 것처럼, 크리켓은 지배자와 피지배자를 연결하는 다리로 기능했다. 그 게임은 속성상 식민지 인도의 여러 집단이 서로가 남이 되고 상대편이 되는 결과를 낳았다. 크리켓이 사회의 분화와 집단 간의 갈등을 조장했다는 평가는 그래서 나왔다. 앞의 2장에서 살펴본 것처럼, 식민지에서 피지배자 서로를 분리하고 가르는 통치가 묘수임을 아는 식민정부는 크리켓을 장려하여 힌두, 모슬렘, 파르시 등의 크리켓팀을 적절히 상호 조정·통제하였다. 그렇게 식민 통치의 가부장적 성격은 크리켓에서도 이어졌다.

식민 지배자는 피지배자가 일으킬지도 모르는 정치적 위험성을 그런 식으로 얼마간 축소했다. 즉 경기장에서 시합을 벌이는 각 종교집단의 선수들은 배트로 공을 힘껏 치면서 이방의 식민 통치에 대한 불만과 공격성을 얼마간 해소하고 상대편에 대한 경쟁심과 적대감을 풀었다. 19세기 말의 사회 구조상 서로가 남남인 각 팀의 정치적 연대와 협력은 어려웠고,

이는 식민 통치에 대한 인도인의 집합적 저항을 막는 안전밸브로 작동했다.

식민정부는 크리켓의 유용성을 확인하고 구체적으로 통치에 활용하였다. 백인 지배자는 1902년 말에 인도에 원정 온 영국 크리켓팀의 델리 경기를 빅토리아 여왕을 승계한 에드워드 7세의 델리 대관식 날로 잡았다. 이러한 정치적 이용은 20년 뒤인 1921년에도 일어났다. 식민 지배자는 영국의 왕위계승자가 봄베이를 방문한 날에 크리켓 경기를 개최하여, 운동장에 모인 많은 관중을 왕세자의 환영인파로 위장하는 술수를 썼다.[70]

물론 식민 통치자에게 모든 비난을 지울 순 없다. 식민지인 일부가 지배자의 문화와 가치를 내재한 크리켓을 자발적으로 받아들이고 식민 통치에 순응—즉 식민화한 점도 사실이었다. 그러나 크리켓은 오랫동안 외국의 지배를 받으며 상실한 식민지 인도인의 자아 찾기와 그것을 증명하는 데 역이용되었다. 크리켓을 배우고 게임을 벌인 소수의 인도인 상층은 영국 지배자만 소지했다는 남성성과 과단성을 게임 속에서 표출하며 대항하였다.

주목할 건 크리켓을 적극적으로 후원한 인물 중에 인도 여러 왕국의 지배자가 많은 점이다. 당연히 이 시기엔 왕족 출신의 유명한 크리켓 선수가 많이 배출되었다. 식민지 인도에서 영국의 간접 통치의 파트너로 기능한 여러 왕국의 지배자들은 영리하게도 크리켓을 대영제국으로 불린 넓은 체제와 자신이 다스리는 작은 왕국을 결속하는 수단으로 이용했다. 그들은 크리켓을 왕실의 존엄과 특권을 드러내는 주요한 매개로 활용하였다.

---

70 *The Times of India*, November 18, 1921.

우리 조상은 나태와 사치를 가장 신성한 의무로 여길 정도로 게으르게 키워졌다. 나는 영국의 학교에서 노블레스오블리제를 배웠다.

위 인용문은 13발의 예포를 받은 서해안의 작은 왕국 나와나가르의 왕 란지트싱지(1872~1933)의 발언이다. 영국팀의 대표선수로 선발될 정도로 크리켓에 소질이 뛰어난 그는 영국이 내건 스포츠의 가치와 식민정부가 내건 논리를 액면 그대로 받아들였다. 란지트싱지는 크리켓 경기에서 강조되는 심판에 대한 절대복종과 운동 규칙에 대한 맹목적 준수를 자국의 백성에게 이전하였다. 그는 그를 통해 백성이 자신에게 복종하고 충성하길 바랐다.[71] 그의 왕위계승자도 같은 이유로 크리켓을 이용했다.

그러나 앞 단락의 언어정책처럼 크리켓을 통해 추구된 영국의 문화와 심리적 정책은 중도에서 길을 잃었다. 그 이유는 백인 지배자에게 동화하는 도구로 크리켓을 배운 인도인 선수와 그들을 열렬히 응원한 관중이 식민정부가 만든 궤도를 이탈했기 때문이다. 인도인 선수들은 합법적 대결을 벌이는 운동장에서나마 백인 지배자를 이기고 싶어 했고, 그러한 그들의 욕망은 모이고 자라서 민족의식으로 발전했다. 인도인 선수들이 영국인 선수가 던진 볼을 배트로 받아치는 바로 그 순간에 식민 통치에 대한 그들의 공격은 잠시나마 상상에서 실상으로 바뀌었고, 이는 점점 자라났다.

---

[71] 그에 대한 기록은 Ashis Nandy, 2000, *The Tao of Cricket: On Games of Destiny and the Destiny of Games*, New Delhi: OUP, 제2장 참조.

7. 맺음말

영국의 인도 통치는 광범위하고 복잡다단해서 그 성격에 대한 단언이 쉽지 않고, 따라서 식민정책과 통치, 그에 대한 식민지인의 다양한 반응과 대응을 총체적으로 접근해야 어느 정도의 진단이 가능하다. 이 원고는 위로부터의 식민정책과 통치방식을 주목하면서도 식민지 인도에서 영국의 식민 통치가 일본 등의 다른 식민 통치보다 덜 억압적이었다는 세간의 평도 검정하는 방식을 택했다. 맺음말에선 미흡할 수밖에 없는 결론을 대신하여 영국 식민 통치에 대한 전반적 진단을 몇 가지 요인으로 설명한다.

첫째로 언급할 수 있는 점은 영국이 인도를 획득한 동기와 당시의 시대적 상황이 식민 통치의 성격에 영향을 준 사실이다. 다음 문단에서 설명할 식민화의 기간도 영향이 컸다. 영국이 인도에 도착한 시기는 중상주의 시대였고, 그 주체는 동인도회사와 그 직원이었다. 그들에겐 자연히 경제적 이익을 내는 것이 주요 관심사였다. 동인도회사가 인도에서 식민지를 차지하고 지배에 나선 정치적인 동기는 그 과정에서 파생하였다.

그런 여러 가지 이유로 인도에 발을 디딘 영국의 동인도회사가 뱅골 지방에 첫 식민지를 획득하기까지 150년이 걸렸다. 영국이 첫 식민지를 확보하고 그 영토를 통치한 기간도 200년이나 되었다. 당연히 영국의 식민지 인도의 경영은 그 오랜 기간에 번듯한 청사진 없이 방만하게 이뤄졌고, 정책의 일관성이 없었다. 본국과 식민지 인도의 당시 상황이나 지도자가 누구인가에 따라 정책과 통치방식이 자주 바뀌면서 억압체제가 효과적으로 작동되기 어려운 구조였다.

식민화가 이렇게 길고 힘들게 이어진 만큼 인도에서 영국 통치의 탈식민화도 장기간이었다. 바꾸어 말하면, 19세기 말부터 시작된 반영운동으로 영국의 식민지에 대한 강압적 통제는 시간이 가면서 이완되었다. 그 결과로 식민 통치의 마지막 50년간은 사실상 인도인이 식민지 운용의 키를 제어했다고 주장해도 과언이 아니었다. 이는 영국의 지배자가 1885년 인도국민회의가 구성된 이후 그들의 집합적 요구를 의식하면서 대화와 흥정을 나눌 제도적 장치를 준비하면서 본격화되었다.

인도에서 영국 식민 통치의 성격을 규정한 또 다른 원인은 19세기 말부터 본격화한 인도인의 반영 투쟁과 연계가 있다. 인도인이 식민 통치를 전면 부정하기보다 체제 안에서 단계적·점진적 해방을 노린 점이 영향을 주었다. 식민 지배자는 그들과 타협하고 상황을 조정하면서 식민지의 존속을 기도했다. 1919년 인도인에게 주 지방의 일부 책임을 넘기고, 1935년 외교와 국방, 재정을 뺀 전 영역을 넘기는 법률을 제정한 것이 그 결과였다. 이렇듯 20세기의 식민지 인도는 지배자가 일방적, 강압적으로 독주하기 힘든 상황이었다.

두 번째는 식민지의 물리적 상황이 영국 통치의 성격을 형성했다는 점을 들 수 있다. 식민지 인도는 영국 본국으로부터 지리적으로 멀었다. 이는 본국의 인적자원을 식민지 인도에 데려와 적극적으로 활용하는 걸 어렵게 만들었다. 광대한 영토와 수억의 인구를 가진 식민지에서 자신들이 극소수라는 현실을 잘 아는 통치자들은 여러 방식으로 식민지인의 지원과 협력을 끌어내는 방법을 썼다. 더구나 인도는 수많은 인종과 종교를 가진 복합사회로 소수의 통치자가 이해하거나 장악할 수 없는 거대한 세계였다.

영국 통치자는 19세기 초부터 소수의 지배자와 다수의 피지배자를 잇고 식민정부에 말단직원이 될 현지인을 필요로 했다.[72] 본문에서 보았듯이 영국 지배자가 영어를 가르치고 서구식 교육을 일찍부터 도입한 이유가 그래서였다. 전통적인 지배계층인 여러 왕국의 지배자와 간접 지배의 형태로 결연한 점, 직접 통치하는 지역에서 거의 모든 분야-경찰과 군대 포함-의 낮은 단위에 식민지인의 참여를 허용한 이유도 같았다. 이는 영국 통치자가 관대하거나 은혜로워서가 아니라 식민 통치의 지속가능성을 위한 편의적 조치였다.

영국은 이미 1800년대 후반부터 식민지사회를 전면적으로 바꾸거나 재편하는 시도를 접었다. 1857년의 대항쟁에서 정치적 위험성을 물리적으로 체득한 그들은 식민 통치를 포기할 때까지 약 90년간 단 한 개의 사회적 입법을 제정하지 않았다. 종교 문제에도 불개입했다. 그저 경제적 이익을 추구하는 실용적 노선을 채택했다. 영국의 식민 통치는 식민지를 전면적으로 영국에 동화할 때 발생할 내부의 반발을 감당할 구조적 역량이 부족했다.

셋째 언급할 요인은 식민지에 도입된 영국의 정책과 제도가 본국의 역사적 경험과 연계를 지녔다는 점이다. 영국의 식민 통치가 비교적 느슨하고 덜 억압적이란 평가를 받는 데는 민주주의 경험과 나쁜 통치에 비판적인 본국 내의 여론이 한몫했다. 인도 총독은 식민지에서 법을 개정할 때 영국 의회의 추인을 매번 받는 종속적 입지였고, 그 영국 의회는 본국의 여론을 민감하게 의식했다. 이 점이 영국 식민 통치의 억압적 질주를

---

72 식민정부의 각료 Macaulay의 말을 빌리면 "우리(영국)는 우리와 우리가 지배하는 수천만 명의 인도인의 중재자가 될 계층을 만들지 않으면 안 된다"라고 말했다. 이들은 영국의 '자유무역 주창자'들에게는 영국 상품에 대한 잠재적 구매자로서 그리고 식민주의자에게는 경제적이면서 효율적인 식민 통치의 협력자가 될 것으로 기대했다.

기능적으로 제어했다는 평가다.[73]

마지막으로, 영국의 식민 통치를 긍정과 부정이란 이분화로 단순 평가하긴 어렵다. 200년의 긴 통치를 고려하면, 앞의 연구사 정리에 나오듯 수탈·근대성의 견지에서 식민 통치를 판단할 수는 없다. 그런 이유로 이 글에선 지배자의 정치적 지배와 억압이나 경제적 이용과 착취가 역사적으론 끝났어도 사라지지 않고 남은 무형의 식민주의 잔재를 짚었다. 그 이유는 덜 억압적으로 여겨진 영국 식민 통치의 그 인식론적 지배가 아직도 진행형이기 때문이다.

---

[73] A. C. Banerjee, 1961, *Indian Constitutional Document 1757-1949*, Calcutta, vol. Ⅱ, p.319.

제3장
프랑스의 베트남 식민 통치 역사와 지배정책

_윤대영

1. 머리말

한반도에서 고려 왕조가 창건된 지 20년 후에 인도차이나반도에서도 새로운 변화가 나타났다. 1천여 년 동안 중국의 지배에 놓여 있던 베트남에서는 938년의 바익 당(Bạch Đằng)강 전투에서 응오꾸옌(Ngô Quyền, 吳權, 898~944)이 오대십국 중의 하나로 광동성과 광서성을 지배하던 남한(南漢)의 군대를 격퇴한 이후에 응오 왕조(Ngô, 吳朝, 939~944)가 성립되었다.

그러나 이 왕조는 5년밖에 버티지 못했고, 베트남은 바로 혼란의 십이사군(十二使君) 시대(945~966)로 접어들었다. 이후 966년에 딘 보 린(Đinh Bộ Lĩnh, 丁部領, 924~979)이 베트남을 다시 통일하여 딘 왕조(Đinh, 丁朝, 968~980)를 세웠다. 이 왕조 이후에는 다시 레 호안(Lê Hoàn, 黎桓, 941~1005)의 띠엔 레 왕조(Tiền Lê, 前黎, 980~1009)가 등장했고, 11세기에 들어서는 리 왕조(Lý, 李朝, 1009~1225)가, 13세기에는 쩐 왕조(Trần, 陳朝, 1225~1400)가 각각 건국되어 비교적 장기간 존속되는 왕조 시대를 열었다. 이후 레 왕조(Lê, 黎朝, 1427~1788) 시기와 떠이 썬 왕조(Tây Sơn, 西山朝, 1788~1802) 시기를 거쳐, 결국 베트남의 응우옌 왕조(Nguyễn, 阮朝, 1802~1945)가 1802년에 성립되었다.

그러면 프랑스는 어떠한 과정을 거쳐 베트남에 관심을 두게 되었을까? 인도에 전초 기지를 마련했던 포르투갈의 말라카(Melaka) 점령(1511)으로, 이후에 스페인, 네덜란드, 영국, 프랑스도 동남아시아에 들어오게 되었다. 그래서 동남아시아 각국은 거래 품목을 찾는 유럽 동인도회사 선박들의 방문이 끊이지 않았다. 이 과정에서 1664년에 정치가 콜베르

(Colbert)가 재편성한 프랑스 동인도회사(La Compagnie Française des Indes Orientales, 1604년 설립)는 인도 동부 연안 북쪽의 샹데르나고르(Chandernagor)와 남쪽의 퐁디셰리(Pondichéry)를 근거지로 만들면서 세력을 확대해 나갔다. 그리고 결국 1684년에는 프랑스 동인도회사가 현재의 하노이(Hà Nội)에서도 활동을 개시하게 되었다.[1]

또 하나의 중요한 현상은 기독교의 전파였다. 동남아시아에 진출한 포르투갈과 함께 들어온 서구의 선교사들은 도서부 동남아시아에서 무역로를 따라 일본까지 들어갔다. 그러다가 17세기에 들어 일본에서 기독교 박해가 시작되자, 중국과 베트남이 새로운 선교지로 주목받기 시작했다. 예를 들면, 프랑스의 아비뇽(Avignon) 출신으로 예수회 신부였던 로드(Alexandre de Rhodes, 1591~1660)는 1624년에 베트남 중부의 항구 호이 안(Hội An)에 도착해서 현지어를 배운 후에 북쪽으로 가서 본격적인 선교 활동을 했다고 한다. 로드 신부는 베트남어를 로마자로 표기하는 체계를 발전시켜 1651년에 『안남어-포르투갈어-라틴어 사전(Dictionarium Annamiticum Lusitanum et Latinum)』과 『교리문답서(Catechismus)』를 간행하였다.[2]

19세기 초반에 프랑스는 마르티니크(Martinique), 과달루페(Guadalupe), 생피에르 미클롱(Saint-Pierre-et-Miquelon), 기아나(Guiana), 그리고 레위니옹(La Réunion)섬, 인도의 5개 지역, 세네갈의 생루이(Saint-Louis)와 고레(Gorée)[3] 등지에 산재해 있는 식민지 몇 개를 가지고 있을 뿐이었으나,

---

[1] 윤대영, 2022, 「프랑스의 아시아 연구: EFEO의 성립 및 활동과 관련하여」, 『아시아리뷰』(서울대학교 아시아연구소), 제12권 제1호, 275쪽.

[2] 윤대영, 2022, 위의 글, 276쪽.

[3] 시대순으로 예를 들면, 트링코말리(Trincomale, 1673), 퐁디셰리(1674), 샹데르나고르

1830년의 알제리 원정을 시작으로 북아프리카 지역에서 식민지 경영이 본격적으로 확대되었다. 이후 가톨릭교회, 상공업, 해군 등의 요구로 적극적인 팽창 정책을 추구하던 나폴레옹 3세(1852~1870 재위)는 응우옌 왕조의 천주교 탄압을 구실로 베트남을 본격적으로 식민지화하고자 했다.[4]

19세기 중반부터 프랑스의[5] 침략을 받기 시작한 베트남은 1862년에 남부의 동부 3성을 대상으로 불평등 조약을 체결해야만 했고, 20여 년이 지나서 결국은 프랑스의 식민지가 되었다. 이후 조선의 경우처럼, 베트남은 프랑스의 식민지화에 저항하는 과정을 겪어야 했는데, 1885년 7월의 '근왕령(勤王令)'으로 1897년까지 근왕운동(勤王運動)이 전국적으로 일어났다. 그리고 헤이그 밀사 사건으로 1907년 7월 18일에 퇴위한 고종과 마찬가지로, 같은 해 9월 3일에 베트남의 타인 타이(Thành Thái, 成泰) 황제도 강제로 퇴위를 당했다.[6]

그런데 이러한 상황에서, 유럽을 여행하고 귀국하면서 1896년 12월에 사이공(Sài Gòn)을 방문한 윤치호(尹致昊, 1865~1945)에 따르면, 당시의 사이공은 '프랑스 문명'의 힘으로 파리 수준 이상의 깨끗한 도로들로 정비된 상태였다.[7] 다른 한편으로, 베트남이 '망국(亡國)'에 이르는 굴욕적인

(1675), 마헤(Mahé, 1725), 카리칼(Kârikâl, 1739)이다.

4 윤대영, 2022, 앞의 글, 277쪽.

5 윤대영, 2005, 「프랑스의 베트남 식민정책과 일본의 한국 식민정책 비교연구를 위한 試論」, 한일관계사연구논집편찬위원회, 『일제 식민지 지배의 구조와 성격』(한일관계사연구논집 8), 서울: 景仁文化社, 393쪽.

6 국사편찬위원회 편, 1975, 『윤치호일기』 제4권, 339~3341쪽. 같은 기간에 윤치호는 일본의 정부 사절단을 만났는데, 그들의 목적은 베트남에서 프랑스의 식민지 통치 기술을 배우는 데 있었다고 한다.

7 崔起榮, 1997, 『韓國近代啓蒙運動研究』, 서울: 일조각, 44~62쪽.

상황은 한국 인사들의 관심을 끌기에도 충분했다. 중국의 개혁운동가 량치차오(梁啓超, 1873~1929)의 도움으로 베트남의 독립운동가 판 보이 쩌우(Phan Bội Châu, 1867~1940)가 상하이(上海)에서 출판한 『월남망국사(越南亡國史)』(1905)가 한국에서도 같은 해부터 큰 인기를 끌어 원본이 수입되었을 뿐만 아니라, 3종의 국한문이나 국문 번역본이 출간되기에까지 이르렀다. 이에 대해 1919년 초 김구는 다음과 같이 지적했다.[8]

> 왜놈에게 병탄 당해도 당(唐)·원(元)·명(明)·청(淸) 시대와 같이, 우리가 완전 자치를 하고 명의상으로만 왜(倭)의 속국이 되는 것으로 아는 동포가 대부분이었다. 안남(安南)·인도에서 영국·불란서 식민 정치를 절충하려는 왜놈의 독계(毒計)를 꿰뚫어 보는 인사는 100분의 2, 3에 불과했다

이처럼 일본의 위협을 받으며 식민지로 전락해 가던 현실을 직시하던 한국의 인사들이 베트남의 당시 역사에 대해 관심을 두게 된 이유는 무엇이었을까?

아마도 양국의 비참한 공동 운명에 대한 동병상련(同病相憐)의 마음이 크게 작용했던 것 같다. 망국의 과정 및 망국 이후의 참상, 즉 식민정부의 가혹한 식민정책에 대해 공감하면서 자국이 처해 있던 현실과 비교하면서 미래의 대책을 강구하려는 마음이었을 것이다.[9]

이 글은 프랑스의 베트남 식민 통치 역사와 지배정책을 둘러싼 정치

---

8   김구, 『백범일지』(도진순 주해, 서울: 돌베개, 1997 서울), 300쪽.
9   윤대영, 2005, 앞의 글, 393~394쪽.

적·경제적·사회적·문화적 측면과 그 반향을 검토하고자 한다. 제1절의 '정치'에서는 프랑스령 인도차이나의 형성과 통치 체제를 살펴본다. 그리고 제2절의 '경제'에서는 식민지 개발과 산업이 주요 검토 대상이다. 다음으로 제3절의 '사회'에서는 도시의 변화와 농민 및 노동자의 삶을 다룬다. 마지막으로 제4절의 '문화'에서는 협력의 정신에서 진행된 현지 문명 연구와 교육 문제에 접근한다.

2. 정치-프랑스령 인도차이나의 형성과 통치체제

아프리카와 인도를 통해 진행된 프랑스의 극동 원정은 19세기 중반부터 베트남에게 영향을 미쳤다. 1840년대부터 1860년대까지 프랑스 함대가 천주교 탄압을 이유로 조선을 위협하거나 공격했던 상황은 주지의 사실이지만, 이 함대가 베트남에서도 이미 같은 방식으로 통상을 강요하기 위해 노력했었다는 점은 잘 알려지지 않았다. 예를 들면, 1842~1843년에 프랑스 극동 함대의 지휘를 맡았거나 통상 교섭을 담당했던 세실(Cécille) 제독, 1846~1847년의 라피에르(Augustin de Lapierre)와 주누이(Rigault de Genouilly), 1865~1866년의 로즈(Roze) 제독 등은 무력을 동원하여 베트남 정부와 통상 교섭을 벌인 직후에 동일한 작전을 구사하며 곧바로 조선 정부에 접근하고자 했다.[10]

프랑스의 초기 극동 식민정책은 베트남뿐만 아니라 한국으로 침투하는 가능성도 항상 고려하고 있었다. 그런데 통킹(Tonkin)과 안남(Annam)[11] 지역을 보호령으로 만드는 과정이 길어지고 일본의 영향력이 조선에서 확대됨에 따라, 원래의 전략을 수정하여 베트남을 통해 중국 남부로 진출

---

10   Archives du Ministère des Affaires étrangères(프랑스 외무성문서, 이하 AMAE로 약함), Mémoires et Documents(이하 Mém. & Doc.로 약함), Série Asie, vol.23·76; vol.25·8~20; vol.55·93; Série Chine, vol.17·222; 高麗大學校 亞細亞問題硏究所 六堂全集編纂委員會 編, 1973, 『六堂崔南善全集』 권1, 서울: 玄岩社, 57~58쪽 등 참조; 윤대영, 2005, 앞의 글, 392쪽.

11   통킹(Đông Kinh, 東京)은 홍하(紅河) 유역의 베트남 북부를 지칭하는데, 이 지역의 중심 도시 하노이(河內)의 옛날 지명이기도 하다. 안남(An Nam, 安南)은 프랑스 통치 시대의 베트남 중부를 가리키는 지명으로, 당대(唐代)의 안남도호부(安南都護府)에서 유래했다.

하여 영국의 사례처럼 '프랑스의 홍콩'을 구상하는 방향으로 전력을 기울이게 되었다.¹²

나폴레옹 3세가 1856~1857년에 걸쳐 베트남으로 파견한 몽티니(Charles de Montigny, 당시 상하이 주재 프랑스 영사) 사절단의 교섭이 완전히 실패하자, 1850년대 말부터 본격적으로 무력 침략이 시작되었다. 프랑스군의 전략은 응우옌 왕조의 정규군 혹은 비정규군과 효율적으로 전투하기 위해서 군사적 압력과 정치적 협상을 동시에 수행하면서도 가능한 한 전면적인 장기전을 피하는 것이었다.¹³

주누이 제독은 1858년 9월 1일에 다낭(Đà Nẵng) 항을 점령하면서 베트남 식민지화의 첫발을 내디뎠다. 그런데 이후에 전황이 불리해지자, 1859년 2월부터 남부의 자 딘(Gia Định) 지역을 점령하여 전략 기지로 삼았고, 이 근거지에 코친차이나(Cochinchina)¹⁴ 식민 정권이 성립하게 되었다. 이어서 제2차 중영전쟁이 끝나면서 베트남 남부에 증원된 프랑스

---

12 AMAE, Mémoires et Documents, Asie, vol.55 (1854-1889), Corée vol.1·72; Pierre Brocheux et Daniel Hémery, 2004, *Indochine: la Colonisation Ambiguë 1858-1954*, La Découverte, pp.25-35.

13 George Taboulet, *La Geste Française en Indochine; Histoire par les textes de la France en Indochine des origines à* 1914, Libraire d'Amérique et d'Orient, 1955, vol.1, pp.391, 394-397; Thomas Hodgkin, 1981, *Vietnam: The Revolutionary Path*, St. Martin's Press, New York, p.124; Trinh Van Thao, 1990, *Vietnam du Confucianisme au Comunisme*, Paris: L'Harmattan, p.13.

14 코친차이나는 현재 베트남 동남부의 메콩 델타 지대에 해당한다. 코친차이나라는 지명은 원래 포르투갈 사람들이 인도 서부 해안의 '코친(Cochin)'이라는 도시를 지칭하기 위해 사용한 것에서 비롯되었다. 그리고 코친차이나는 1862년 이후에 프랑스가 장악한 베트남의 남부 6성(Basse-Cochinchine, 원래는 크메르 왕국의 남부)을 의미하게 되었다가, 프랑스령 인도차이나의 남부를 지칭하게 되었다.(P. J. B. Trương Vĩnh Ký, 1875, *Petit Cours de Géographie de la Basse-Cochinchine*, Sài Gòn, p.5)

군은 1860년 9월과 1862년 3월 사이에 딘 뜨엉(Định Tường), 비엔 호아(Biên Hòa) 등지를 장악해 나갔다.[15] 이 무렵 북부에서 일어난 반란에 직면한 응우옌 왕조는 우선 내란을 평정하기로 결정면서 1862년 6월 5일에 제1차 사이공 조약[임술조약(壬戌條約)]을 체결하여 코친차이나의 동부 3성(비엔 호아·자 딘·딘 뜨엉)과 꼰 썬[Côn Sơn, 곤산(崑山)] 섬을 프랑스에 할양했다.[16] 이후에도 주로 서부 3성(Transbassac)을 중심으로 현지인들의 봉기가 끊이지 않았기 때문에, 드 라 그랑디에르(de la Grandière) 제독은 1867년 6월 이 지역을 공격하기 시작하여 1주일 만에 빈 롱(Vĩnh Long), 안 장(An Giang), 하 띠엔(Hà Tiên) 등지를 점령해 버렸다.[17]

베트남 남부를 장악한 프랑스는 이제 북부를 공략하여 식민지를 확대하려고 했다. 프랑스 무역상 뒤삐(Jean Dupuis)와 응우옌 왕조의 분쟁을 해결하기 위해 상하이에서 1873년 11월 초 하노이에 도착한 프랑스 장교 가르니에(Francis Garnier)는 12월 12일까지 이 도시와 주변의 흥 옌(Hưng Yên), 하이 즈엉(Hải Dương), 닌 빈(Ninh Bình), 남 딘(Nam Định) 등을 차지해 버렸다. 그러나 가르니에가 응우옌 왕조를 지원하던 청나라 출신 류융

---

15   John F. Cady, 1976, *The Roots of French Imperialism in Eastern Asia*, Ithaca: Cornell Univ. Press, pp.212-213; Hodgkin, Vietnam, 1989, pp.131-132; Nguyễn Khánh Toàn, *Lịch Sử Việt Nam* [베트남 역사], Hà Nội: Nhà Xuất Bản Khoa Học Xã Hội, 2집, pp.34-36, 41; Truong Buu Lam, *Patterns of Vietnamese Response to Foreign Intervention, 1858-1900*, New Haven: Yale Southeast Asia Studies, 1967, p.5. 프랑스 군대는 쌀 생산지 남부를 점령하여 응우옌 왕조에 타격을 가하면서 중국 진출에 유리한 거점을 마련하고자 했다.

16   『大南寔錄正編』(이하 『寔錄』으로 약함, 東京 慶應義塾言語文化硏究所 再刊, 1977판), 第四紀, 卷26, 22~24쪽.

17   Milton E. Osborne, 1969, *The French Presence in Cochinchina and Cambodia, Rise and Response (1859-1905)*, Cornell University Press, Ithaca and London, pp.60-62; 윤대영, 2005, 앞의 글, 397~398쪽.

푸(劉永福)의 흑기군(黑旗軍)과 싸우다 전사했기 때문에, 프랑스 정부는 통킹 점령 계획을 일단 보류할 수밖에 없었다.[18] 이후 1874년 3월 15일에 양국의 군사적 충돌을 수습하는 제2차 사이공 조약[갑술조약(甲戌條約)]이 체결되었다. 이 조약에서 응우옌 왕조는 남부 6성에 대한 프랑스의 주권을 인정해 주면서 외교권도 프랑스에 이양하기로 약속했다.[19] 결국 프랑스는 베트남을 독점적으로 지배할 수 있는 권리를 보장받게 되었고, 응우옌 왕조는 사실상 식민지 보호령 조약을 체결한 것이나 다름없었다.[20]

이후 프랑스는 1882년 4월부터 북부 공격을 재개했다. 식민지 팽창 노선을 적극적으로 주장하던 제3공화정의 총리 페리(Jules Ferry)가 1883년 2월부터 프랑스 정국을 장악하면서 베트남의 상황은 더욱 긴박해졌다. 프랑스군은 북부에서 중부로 진격하여 1883년 8월에 수도 후에(Huế)를 공격했고, 결국 뜨 득 황제(Tự Đức, 嗣德帝)가 사망한 한 달 후인 8월 25일에 체결된 아르망(Harmand) 조약[제1차 후에 조약 또는 계미조약(癸未條約)]으로 베트남은 프랑스의 보호국으로 전락했다.[21] 지방 행정 재편과 관련하여, 중남부의 빈 투언(Bình Thuận)이 코친차이나에 편입되었고, 중북부의 타인 호아(Thanh Hóa), 응에 안(Nghệ An), 하 띤(Hà Tĩnh) 등은 통킹에 부속되

---

18 『寔錄』, 第四紀, 卷49, 13~15, 19~26, 32~33, 卷53, 18; Taboulet, *La Geste Française en Indochine*, vol.2, pp.702, 733; D. R. SarDesai, 1989, *Southeast Asia*, Westview Press, p.123.

19 협상 과정과 조약 내용에 대해서는 『寔錄』第四紀 卷49, 26~27, 32~35, 卷50, 3, 5~14; 中國史學會 主編, 1957, 『中法戰爭(一)』, 上海人民出版社, 380~384쪽; Taboulet, op. cit., pp.725, 727 note 5 참조.

20 Nguyên Thê Anh, 1992, Monarchie et Fait Colonial au Viêt-Nam (1875-1925), Paris: L'Harmattan, p.9; 윤대영, 2005, 앞의 글, 398~399쪽.

21 이후에 캄보디아 왕국, 루앙 프라방(Luang Phrabang) 왕국(현재의 라오스 북부), 참파삭(Champasak) 왕국(현재의 라오스 남부) 등도 프랑스의 보호령이 되었다.

었다. 이 조약으로 프랑스는 응우옌 왕조가 관할하던 중부 안남 지방의 영향권을 축소하면서 북부 통킹 지방을 본격적으로 장악하고자 시도했음을 알 수 있다.[22]

이후 아르망 조약의 내용은 1884년 6월 6일에 체결된 파트노트르 조약[Patenôtre, 제2차 후에 조약 또는 갑신조약(甲申條約)] 체결로 약간 수정되었는데, 1945년에 베트남이 독립할 때까지 양국 관계를 결정하는 기본적인 방침이 되었다. 개정된 조항 가운데 중요한 점은 빈 투언, 타인 호아, 응에 안, 하 띤 등 네 개의 성을 다시 안남에 귀속시킨다는 내용이었다.[23] 이 조항은 아르망 조약으로 권위가 완전히 실추되어 버린 응우옌 왕조의 권위를 명목적으로나마 회복시키면서 식민지의 경영 비용을 다소 절약해 보자는 프랑스 측의 의도가 함께 담겨 있었다. 아울러, 조약 체결과정에서 프랑스는 중국으로부터 받은 황제의 옥쇄를 녹여 버렸는데, 이 의식은 중국에 대한 베트남의 종속 관계가 종말을 고했음을 상징적으로 표현하고 있었다.[24] 이제 프랑스에게 남겨진 과제는 베트남과 중국의 전통적인 관계를 처리하는 문제로 집중되었다.

그래서 1880년대의 동아시아 국제 관계는 양국의 정치적 격변을 촉발하게 되었다. 1884년 5월에 프랑스와 중국 사이에 체결된 톈진 강화 조약

---

22 Trinh Van Thao, *Vietnam du Confucianisme au Comunisme*, p.13; AMAE, Mém. & Doc., Asie, vol.41, pp.452-463; 윤대영, 2005, 앞의 글, 399쪽; 桜井由躬雄, 1999, 「植民地化のベトナム」, 石井米雄, 桜井 由躬雄 編, 『東南アジア史 I 大陸部』, 山川出版社, 311쪽.

23 『寔錄』, 第五紀(東京 慶應義塾言語文化研究所 再刊, 1980판), 卷4, 3-11; AMAE, Mém. & Doc., Asie, vol.43, 178.

24 윤대영, 2005, 위의 글, 399~400쪽; Philippe Franchini, 1988, Les Guerres d'Indochine, t. 1, Pygmalion - Gérard Watelet, pp.101-103.

에 의해 군기대신(軍機大臣) 리훙장(李鴻章)은 통킹 지방의 청나라 주둔군을 철수하고 베트남과 프랑스 사이에 맺어진 기존의 조약 및 앞으로 체결될 조약을 존중할 것이라고 약속했다.[25] 그러나 후임 쥐중탕(左宗棠, 1812~1885)이 정책을 변경하자, 아르망 조약이 체결된 직후에 청나라는 자신들이 승인하지 않는 베트남의 어떠한 국제조약도 무효라고 선언하면서 프랑스에 대해 강경 노선을 채택하게 되었다. 청나라는 베트남을 둘러싼 주도권 때문에 프랑스와의 전쟁 가능성을 인식했고, 1884년 2월경부터 3천 명의 조선 주둔군 중에서 1,500명의 병력을 베트남으로 이동시켰다. 8월 23일에 발발한 청불전쟁에서 청나라가 연패를 거듭하자, 정변의 기회가 왔다고 판단한 김옥균은 결국 12월 4일에 갑신정변을 일으켰다.[26]

이 과정에서 일본과 충돌한 청나라는 조선의 문제가 더 시급하다고 판단했고, 일본의 조선 침투를 억제하기 위해 1885년 6월 9일에 프랑스와 수호통상화평조약[제2차 톈진 조약 또는 월남신약(越南新約)]을 체결했다. 조약의 내용은 1년 전의 것과 거의 비슷하게 청나라가 프랑스와 베트남 사이의 조약을 존중하며 중월(中越) 간의 변경 무역을 개방하고, 프랑스가 타이완(臺灣)과 펑후도(澎湖島)에서 군대를 철수한다는 내용 등이 주요 골자였다. 이 조약으로 중국과 베트남의 전통적인 책봉·조공 관계는 완전히 해체되었고, 인도차이나에 대한 중국의 간섭도 사라졌다. 그리고 이제 베트남은 본격적인 식민지 보호국의 길을 걷게 되었다.[27]

---

25 AMAE, Mém. & Doc., Asie, vol.43, 304.
26 윤치호, 1973, 「1884년 4월 13일 일기」, 『윤치호일기』, 탐구당; 『六堂崔南善全集』, 61~62쪽; René Grousset, 1976, Histoire de la Chine, Paris: Fayard, p.363.
27 AMAE, Nouvelle Série(이하 NS로 약함) Chine, vol.33, 146; AMAE, Correspondance Politique des Consuls, Chine, vol.6 Tien-Tsien, 115; Grousset, *Histoire de la Chine*,

제2차 톈진 조약의 체결로 이제 프랑스는 베트남에서 독점적인 권한을 행사하게 되었다. 명목상으로는 응우옌 왕조가 프랑스의 간섭 없이 중부 안남을 지배할 수 있었다. 그러나 두메르 총독(Paul Doumer, 1897.2~1902.3. 재임)의 부임 이후 베트남의 모든 영토가 실질적인 식민지로 전락해 가자, 프랑스 관리들이 실권을 행사하면서 베트남 황제는 의례적인 행사에만 참여하는 존재가 되었다. 그래서 결국 청나라의 영향력은 배제되었고, 황실의 권위는 실추되었다.[28]

　　이러한 과정에서 인도차이나 총독이 식민성(Département des Colonies) 관할의 코친차이나 총독(Gouverneur de la Cochinchine)과 외무성(Ministère des Affaires Étrangères) 관할의 안남-통킹 고등 주차관(résident supérieur d'Annam-Tonkin)을 효율적으로 관리할 수 있도록 프랑스령 인도차이나 연방(L'Union Indochinoise Française)도 1887년에 새롭게 등장했다.[29] 아울러, 프랑스가 베트남뿐만 아니라 주변의 캄보디아와 라오스까지 영유하게 된 가장 중요한 동기는 경제적 고려 때문이었다. 육로와 해로로 중국 시장에 진출하기 위한 교두보로서 베트남이 중요했고, 내륙 시장인 윈난과 쓰촨으로 들어가는 경유지로서 캄보디아와 라오스도 필요해 보였다.[30]

---

　　　p.363; Nguyên Thê Anh, *Monarchie et Fait Colonial*, pp.96-97; 윤대영, 2005, 앞의 글, 400쪽.

28　Brocheux et Hémery, *Indochine: la Colonisation Ambiguë 1858-1954*, pp.108-109; Pierre Montagnon, *L'Indochine Française: 1858-1954*, Paris: Éditions Tallandier, 2016, pp.154-159.

29　이 조치로 외무성이 관할하던 통킹과 안남은 식민성 관할로 이전되었다. 1889년에는 안남-통킹 총주차관(résident général de l'Annam et du Tonkin)이 안남 고등 주차관(résident supérieur en Annam)과 통킹 고등 주차관(résident supérieur au Tonkin)으로 분리되었다.

30　Brocheux et Hémery, *Indochine: la Colonisation Ambiguë 1858-1954*, p.81; 최병욱,

〈그림 3-1〉 하노이의 당시 인도차이나 총독부와 지금의 주석부(Phủ Chủ Tịch)

인도차이나 연방의 총독은 프랑스 정부를 대신하여 인도차이나의 정치, 군사, 민사, 외교, 재정, 경제 등의 모든 면을 통괄하는 직책이었다. 그리고 1897년 7월에 구성된 인도차이나 고등 회의(최고 회의)는 예산과 육·해군 경비 등에 대해 총독에게 조언하는 자문 기관이었고, 인도차이나 전역에 관한 사안들을 거의 프랑스인 의원들(베트남인 1명)이 토의하는 기관이었다. 1901년까지 인도차이나 연방의 행정 중심지는 사이공이었으나, 프랑스는 1902년부터 총독부를 통킹의 하노이에 두었다.[31] 그리고 1902년 11월부터 1903년 2월까지 총독부의 하노이 이전과 프랑스령 인도차이나의 새로운 출발을 축하하는 하노이 박람회(L'Exposition d'Hanoï)도 개최되었다. 인도차이나 식민정부는 자신의 식민지들과 극동의 국가들로 참가국을 구성했는데, 한국도 중국, 일본 등과 함께 박람회장 오른편에 전시대를 마련하였다.[32]

다음으로, 베트남의 남부·중부·북부를 구분하여 각각의 상황에 맞게 적응한 프랑스 식민정책의 구조와 각 지역의 통치 상황을 검토할 필요가 있다. 원래 프랑스는 제일 먼저 점령한 코친차이나를 식민지(colonie)로, 그

2016, 『동남아시아사 - 민족주의 시대』, 산인, 18쪽. 안남과 통킹이 프랑스의 보호령이 된 뒤에 신설된 고등 주차관은 원래 외무성의 관할이었지만, 인도차이나 연방이 성립된 후에는 인도차이나 총독의 관할에 들어갔고, 총독은 본국 식민성의 지시를 받게 되었다.

31　Pierre Montagnon, 2016, *L'Indochine Française: 1858-1954*, Paris: Éditions Tallandier, pp.154-159.

32　P. Gaffarel, 1903, "L'Exposition d'Hanoï", *Annales de l'Institut Colonial de Marseille*, 1er volume. 박람회는 현재의 하노이 역과 쩐 흥 다오 거리(Đại Lộ Trần Hưng Đạo, 당시의 거리명은 'Boulevard Gambetta') 사이의 넓은 광장에서 개최되었다. 당시의 보고서는 박람회 개최의 취지 및 경위, 준비 상황, 참가국들이 출품한 상품이나 예술 작품 등을 다루고 있다.

〈그림 3-2〉 하노이 박람회 풍경(1902년 11월~1903년 2월)

리고 안남과 통킹을 보호령(protoctorat)으로 설정했었다. 그래서 이미 언급한 것처럼, 1880년대 중반에 독자적 기반이 닦여 있었던 코친차이나는 본국 식민성으로부터 직접 지시를 받고 있었고, 안남과 통킹에는 외무성이 관할하는 고등 주차관(résident supérieur)이 신설되었다.[33]

1862년부터 1879년까지 코친차이나의 통치 방식은 군정이었다. 이 시기에 언어 소통의 문제를 절감한 보나르 제독(Louis Adolphe Bonard, 1861~1863 재임)은 실무 행정을 현지인 정무 감찰관에게 저임금으로 맡겼다. 보나르의 후임으로 부임한 드 라 그랑디에르 제독(1863~1868 재임)은 남부에서 베트남인들이 계속 저항 운동을 이어 나가자, 1864년에 직

---

33 윤대영, 2005, 앞의 글, 405~406, 414쪽.

접 지배로 통치 방식을 바꾸어 부와 현 단위까지 프랑스인 관리들로 충당했다. 그가 신설한 감찰관은 프랑스 해군 장교로 구성되었는데, 막강한 권한을 소유하면서 재판과 징세도 담당하였다.[34] 식민지 시기 이전과 마찬가지로 현지의 지배층으로 구성된 기목회의(Conseil des Notables)가 촌락 행정을 맡았지만, 하층 출신의 이장(里長)이 촌락과 식민 행정의 실질적인 중간자 역할을 맡으면서 기목회의의 권위는 점차 약해졌다.[35]

그리고 1879년 7월 7일까지 코친차이나의 수장은 군인 총독(gouverneur militaire)이었으나, 이후로는 민간인 총독(gouverneur)이 맡았다. 최초의 민간인 총독 레 미레 드 빌레르(Charles Marie Le Myre de Vilers, 1879~1882 재임)는 1880년 2월 8일에 정치적 발언권이 전혀 없이 단지 행정, 재정, 조세 등에서 자문 역할을 하는 현지의 프랑스인(당시의 약 2천 명 중에서 상인, 사업가, 다양한 공무원 등)과 친불 성향의 베트남인으로 구성된 코친차이나 식민지 의회(Conseil Colonial de la Cochinchine)를 설립하여 총독 아래에 두었고, 의회가 대변인이 식민지 예산과 관세의 독립성을 지키고 있었다.[36]

---

34 André Masson, 1967, *Histoire du Vietnam*, Paris: P.U.F., p.75; Osborne, *The French Presence in Cochinchina and Cambodia*, pp.74-75; Lê Thanh Khôi, 1955, *Le Vietnam. Histoire et Civilisation*, Paris: Minuit, p.370. 징세 항목은 도박장 경영권에 대한 임대계약, 주점의 영업세, 아편세, 선박세 등으로 구성되어 있었다. 프랑스 감찰관들이 1867년에는 537만 5천 프랑, 1871년에는 1,017만 4천 프랑을 세금으로 징수한 사실을 볼 때, 남부 베트남인의 부담이 얼마나 무거웠을지 짐작할 수 있다.(윤대영, 2005, 앞의 글, 406쪽)

35 안남과 통킹에서는 남부의 경우와는 달리 응우옌 왕조의 촌락 기목회의를 그대로 유지하고 권위도 인정해 주었다. 이들은 종래와 같이 마을에서 자치를 시행했는데, 세금의 배분, 공유지 및 기타 자원의 분배, 그리고 수리 시설의 관리와 복지 문제 등에 관한 책임을 지고 있었다(윤대영, 2005, 위의 글, 406~407쪽).

36 J. de Galembert, 1924, *Les Administrations et les Services Publics Indochinois*, Hanoi: Impr. de Mac Dinh-Tu, pp.141-142; Brocheux et Hémery, *Indochine: la Colonisation*

그래서 1883년 8월 25일 조약이 체결될 당시에 코친차이나의 식민정책은 이미 독자적인 기반이 마련되어 있었다고 볼 수 있다.

파트노트르 조약의 체결과 1886년 1월 27일의 법령으로 통킹과 안남의 정치적 위상은 프랑스의 보호령으로 확정되면서 고등 주차관이 1명씩 파견되었다.[37] 이 주차관은 공공의 질서와 안전을 보장하는 임무를 맡았고, 안남-통킹 총주차관(résident général en Annam-Tonkin à Hué) 베르(Paul Bert, 1886 재임)는 식민정책에 대한 현지인들의 반감을 완화하기 위해 후에의 조정을 대표하는 베트남인 낀 르억(kinh lược, 經略)을 임명했다. 그런데 이후에 낀 르억의 활동이 본격적인 식민지 경영에 장애가 된다고 판단한 총독 두메르는 1897년 7월 26일의 법령으로 낀 르억을 폐지하면서 고등 주차관이 낀 르억의 권한을 그대로 이어받도록 했다. 각 성(省)의 책임자는 프랑스인과 베트남인이 공동으로 임명되었으나, 인도차이나 총독의 명령을 받는 고등 주차관은 부(府) 이하의 베트남 관리들을 직접 지휘하고 감독할 수 있었다. 아울러 각 성과 주요 도시에도 프랑스 주차관(résident)이 임명되어 베트남 관리들을 통제하는 역할을 맡았다. 이러한 과정을 통해 통킹은 안남과 단절되어 식민 당국의 직접 통치를 받게 되었다.[38]

통킹에서 시행된 식민 당국의 정책은 2개월 후 안남에서도 비슷한 양상으로 나타났다. 1884년 조약 이후에도 응우옌 왕조의 군주는 명목상

Ambiguë 1858-1954, p.81.

37 Journal Officiel de l'Indochine, N° 4 du 17/1/28, 113

38 AMAE, Mém. & Doc., Asie, vol.41, 452~463; *Masson, Histoire du Vietnam*, pp.83-84; Dương Kinh Quốc, *Việt Nam, Những Sự Kiện Lịch Sử*, 1집, Hà Nội: NXBKHXH, 1981, pp. 274-278. 북부 변경 지대의 성들도 4개의 군관구(territoire militaire)로 편제되어 군 장교가 행정 업무를 담당하게 되었다.

국가 원수로 남아 있었고, 비록 프랑스의 감독을 받긴 했어도 안남의 행정을 책임지고 있었다. 그러나 통킹을 완전히 장악한 두메르는 1897년 9월 27일에 황제를 측근에서 보좌하던 기밀원(機密院, Viện Cơ Mật, Conseil Secret)을 폐지한 후에 내각(內閣, Conseil des Ministres)을 두었다. 내각을 구성하는 조정의 각 부(部) 장관에는 베트남인과 프랑스인이 함께 임명되어 업무를 관장했지만, 내각을 주재하는 책임자는 황제가 아니라 고등 주차관이었다. 각 성에도 고등 주차관이 직접 지휘하는 주차관이, 특히 중요한 성에는 대표부(délégation)가 설치되어 베트남 관리들을 통제했다. 이와 같은 행정권 이외에도 예산권과 징세 업무마저도 고등 주차관에게 이양한 황제는 연금을 받는 것으로 만족해야만 했다.[39]

이러한 과정을 통해 나타난 프랑스령 인도차이나의 정치 시스템은 베트남의 통합을 방해하기 위해 전국을 코친차이나, 통킹, 안남 등 세 지역으로 경계를 나누어 각 지역 사람들의 자유로운 왕래를 엄금했으며, 상업 및 기타 필요한 목적으로 어떤 곳[甲地]의 사람이 다른 곳[乙地]으로 통행할 경우에는 가혹한 입경세(入境稅)를 징수하면서 통행증을 발급했다. 그래서 인도차이나 전국의 행정 조직은 통일적이었으나, 각지의 주민들에게는 전국이 마치 세 나라를 연합한 형태와 다름이 없었다. 아울러 국외 여행자들을 통제하는 방침도 엄격히 시행되었기 때문에, 중국이나 기타 외국으로 도주하거나 밀항하다가 체포되어 처형된 사람들이 많았다. 그리고 1929년 봄에는 베트남의 청년 3명이 유학을 목적으로 중국으로 가려다가, 프랑스 경찰에게 체포되어 5년의 도형(徒刑) 선고를 받은 사례가

---

39 Masson, *Histoire du Vietnam*, p.85; 윤대영, 2005, 앞의 글, 408쪽.

지 있었다.⁴⁰ 이처럼, 프랑스 식민 당국이 중부와 북부를 점령한 이후에도 이 두 지역을 코친차이나에 병합시키지 않고 별도의 보호령으로 설정한 이유는 응우옌 왕조의 권위를 최소한으로 유지하면서 병합 이후에 예상되는 전국적인 반식민지 저항을 고려했기 때문이기도 했다.

아울러 코친차이나의 식민주의자들과 식민 당국 사이의 관계도 살펴볼 필요가 있다. 일부 특권층의 이익 집단으로 성장한 코친차이나 식민지 의회는 1887년에 성립한 연방 정부의 정책과 거듭 충돌하면서 자신들의 권익을 위해 코친차이나를 분리하자는 주장까지 하였다. 아울러, 이 식민지 의회가 본국 의회에 1명의 의원을 선출할 수 있는 권한을 얻으면서부터 연방 정부보다도 우월한 정책 결정권을 확보하는 경우도 있었다.⁴¹ 그래서 각 지역에 따라 단계적으로 진행된 베트남의 식민화 과정은 식민 정권 내부의 갈등과 대립 현상을 초래하게 되었다.

이와 같은 코친차이나의 독자적인 행동은 연방 정부의 예산 집행 과정에서 두드러졌다. 연방 정부는 인도차이나 전체의 예산을 책정한 후에 코친차이나의 프랑스인들도 부담하도록 했지만, 프랑스인들의 강력한 반발로 원래의 목적을 달성할 수 없었다. 그래서 프랑스 정부는 1891년 4월에 총독의 권한을 더욱 확대하여 인도차이나 전체를 강력하게 통치할 수 있도록 했지만, 이러한 노력도 무산되고 말았다.⁴² 열렬한 반교권주의자

---

40 신언준(申彦俊),「안남(安南)의 해방(解放) 운동(運動), 불란서(佛蘭西)의 통치책(統治策) 여하(如何)」(上),『동아일보』, 1930.1.28, 1면 2단;「안남(安南)의 민족(民族) 운동(運動)」(四),『조선일보』, 1930.3.20, 석간 1면.

41 P. Doumer, *L'Indochine Française, Souvenirs*, Paris: Vuibert et Nony, 1904, pp.72-74; Osborne, *The French Presence in Cochinchina and Cambodia*, p.50.

42 Joseph Buttinger, *Vietnam: A Dragon Embattled*, New York; Washington; London: Frederick A. Prager, 1967, vol.1, pp.12-13.

로 유교에도 관심을 표명했던 드 라느상 총독(Jean-Marie Antoine de Lanessan, 1891~1894 재임)은 거액의 재정 적자와 근왕운동(勤王運動)에 직면해 있던 연방 정부의 예산을 확보하는 과정에서 현지 식민주의자들의 반발에 부딪혀 본국으로 소환되었다.[43] 그리고 코친차이나의 압력으로 1888년부터 1890년대까지 총독의 예산이 폐지되었기 때문에, 총독의 권한은 사실상 안남과 통킹에서만 유효할 뿐이었다. 그래서 이러한 어려움을 극복하려던 두메르 총독은 코친차이나 식민지 의회에 대항하기 위해 본국 정부의 승인을 거쳐 1897년 7월의 법령에 근거하여 연방 정부 예산의 분담금을 코친차이나에게도 요구하자, 식민지 의회는 연방 정부의 예산안을 크게 비난하면서 인도차이나 철도 부설을 위해 어떠한 비용도 지불하지 않겠다고 저항하며 크게 반발하였다.[44]

이상에서 언급한 코친차이나의 지역주의와 기타 정책들을 둘러싼 현지 식민주의자들과 식민지 총독들과의 충돌은 이후에도 계속되었다. 클로뷔코스키 총독(Antoni Klobukowski, 1908~1910 재임)은 식민 당국의 전매 정책에서 불법으로 부당 이득을 취하던 대기업들을 철저하게 단속했는데, 이런 조치들에 대항하는 현지와 본국 식민지 언론의 영향력 행사로 16개월 만에 사임해야 했다.[45] 사회주의자 바렌느 총독(Alexandre Varenne, 1925~1928 재임)이 노동자와 농민을 배려하기 위한 노동법 제정이나 농업 협동 기금법 마련, 그리고 정치범 석방 등과 같은 정치 개혁도 모두 식민주의자들의 반감을 샀다. 특히 신설된 소득세의 주요 과세 대상이었던 식

43　Nguyên Thê Anh, *Monarchie et Fait Colonial*, pp.141, 167, 174-179.
44　Osborne, *The French Presence in Cochinchina and Cambodia*, p.49; Buttinger, *Vietnam*, pp.21-22.
45　Buttinger, *Vietnam*, pp.67-68.

민주의자들은 총독이 '공산주의'를 돕고 있다고 극렬하게 비난했다. 이러한 비난에 당황한 바렌느는 개혁을 포기할 수밖에 없었다.[46]

이와 같은 현상들은 프랑스 제3공화정의 소위 '다양하고 민주적인' 정치 상황에서 파생된 결과라고 할 수 있다. 식민 당국이 추진한 다른 정책들도 제3공화정의 여당이 어떠한 정치적 노선을 견지하고 있느냐에 따라 혹은 베트남 현지에 파견된 총독이 어떤 성향의 인물인가에 따라 다양하게 변경될 여지가 있었다.[47]

---

46 Buttinger, *Vietnam*, pp.104-107
47 윤대영, 2005, 앞의 글, 409~410쪽.

3. 경제-식민지 개발과 산업

식민정부의 예산은 독립적으로 운영되는 데다가 식민 지배를 위한 기반 시설, 유난히 강고하고 지속적인 베트남인의 저항을 진압하기 위한 군대와 경찰 유지비, 특히 남부의 코친차이나 식민지에서 직접 지배 체제 운영을 위한 경비(관료 봉급 등) 지출은 식민정부를 적자에 허덕이게 했다.[48] 그래서 재정 자립을 표방한 인도차이나 정부는 1900년 8월에 '인도차이나 재정법'을 제정하여 조세를 확보하기 위해 노력했다.[49] 보통 식민 당국의 재정은 식민지(인도차이나) 고등 회의의 협조를 거쳐 총독이 재결(裁決)하고, 본국의 식민성 장관이 발의한 내용이 내각을 통과한 후에 대통령에 의해서 최종 결정되었다.[50]

당시 인도차이나에 있던 프랑스 측의 경제 관련 주요 기관은 인도차이나 상·농공 위원회(Comité du Commerce, de l'Industrie, de l'Agriculture de l'Indochine)와 인도차이나 경제국(Agence Économique de l'Indochine)이었다. 프랑스 자본가들이 1903년에 창설한 인도차이나 상·농공 위원회는 파리에서 활동하던 일종의 '식민주의 압력단체'였고, 인도차이나 총독부가 지원한 30만 프랑의 자본금으로 현지 동포 사업가들의 이해관계보다는 주로 파리에 본사를 둔 대자본의 이해관계를 대표하며 인도차이나의 경제적 실권을 장악하고

---

48 최병욱, 2016, 앞의 책, 18~19쪽.

49 송정남, 2000.6, 「프랑스의 베트남 식민지 개발 – 1885년에서 1930년까지」, 『부산사학』(부산경남사학회), 제38집, 53쪽.

50 日本植民協會 編, 1932, 『南洋案內: 南洋, 西南アジア エチオピヤ篇』, 移民講座 第4卷, 東京: 日本植民協會, 昭和7, 217쪽.

있었다. 그래서 이 위원회의 의결안과 의견은 총독부의 방침이 되었다. 아울러, 인도차이나의 경제를 진흥하기 위해 1922년에 성립된 정부 기구, 즉 인도차이나 경제국의 목적은 인도차이나의 부원(富源)을 조사하고 개발하여 인도차이나 투자를 유치하거나 인도차이나 상품의 국내 소비를 유발하는 데 있었다.[51]

부임하면서 대대적인 공공사업을 계획한 두메르 총독은 재원을 확보하기 위해서 우선 연방 정부 총국(總局)에 간접세와 관세 징수를 담당하는 부서를 두었다. 이후 시행된 세제 개혁의 골자는 연방 정부가 간접세(아편, 술, 소금 등의 생산과 판매)와 관세를 독점하여 총예산으로 확보하고, 각 지역의 예산은 직접세와 인두세로만 충당한다는 방침이었다.[52] 후임 보 총독(Paul Beau, 1902~1907 재임) 시기에 소금값은 1897년에서 1907년 사이에 무려 5배나 뛰었다.[53] 식민지 정부는 소금·술·아편 3개 품목의 전매 정책으로 재정적 압박에서 많이 벗어날 수 있었지만, 정부가 아편 소비를 금지하지는 못할망정 조장하고 있다는 비판에 시달려야 했다.[54] 이 외에도 인도차이나 당국은 아편 흡연장, 주점, 도박장 등을 개설하였는데, 이러한 유흥 시설들을 통해 1887년 한 해에만 250만 프랑의 수입을 올

---

51 申彦俊, 「安南의 解放 運動, 佛蘭西의 統治策 如何」(中), 『동아일보』, 1930.1.29, 1면 5단; 「안남(安南)의 민족운동(民族運動)」(五), 『조선일보』, 1930.3.21, 석간 1면.

52 Buttinger, *Vietnam*, pp.21, 25; Pham Cao Duong, *Vietnamese Peasants under French Dominatioin*, 1861-1945, Center for South and Southeast Asia Studies, Monograph Series N° 24 (Univ. of California), 1985, pp.102-114; Brocheux et Hémery, *Indochine: la Colonisation Ambiguë* 1858-1954, pp.82-86. 아편 전매 결정 과정에 대해서는 AMAE, NS Chine, vol.690, *Note destinée à la conférence internationale pour la suppression de l'usage de l'opium*, 3-4, 12-20 참조.

53 유인선, 2002, 『새로 쓴 베트남의 역사』, 이산, 302쪽.

54 최병욱, 2016, 앞의 책, 19쪽.

렸다.[55] 아울러, 주조(酒造) 독점권을 소유했던 프랑스 식민 당국의 퐁텐(Fontaine) 회사가 매년 수백만 프랑의 수입을 올리고 있었을 때, 식민정부도 1900~1910년 기간에 4,600만 프랑의 이익을 얻을 수 있었다.[56] 심지어 식민 당국은 아편 매매도 독점했다. 프랑스의 본국에서는 아편 흡연과 소지를 철저히 법으로 금지되어 있었지만, 재정 수입이 필요했던 인도차이나 정부는 공개적으로 판매와 흡연을 허용했기 때문에, 1900~1910년에 7,700만 프랑의 수입을 거두었다.[57] 그래서 1900년 인도차이나 예산에서 1,350만 프랑이었던 간접세가 1910년에는 2,700만 프랑에 이르렀다.[58]

1897~1907년 동안 통킹에서는 소득세가 2배 인상되었다. 또한 18~60세를 대상으로 징수하던 인두세도 베트남인이나 유럽인이 모두 똑같은 액수를 내게 되어 있었지만, 가난한 베트남인으로서는 커다란 부담이었다.[59]

이러한 직·간접세 정책이 베트남 사람들에게 무거운 부담으로 작용하여 1908년 초반에 베트남 중부를 중심으로 항세(抗稅) 운동이 급격하게 일어나게 되자, 신임 총독 클로뷔코스키는 술 소비량의 촌락 할당제를 폐

---

55 R. A.(Régie alcool: 주점)과 R. O.(Régie opium: 아편 흡연점)이 전국의 1천여 마을에 1천5개나 되었다. *Hồ Chí Minh Toàn Tập*, tập I, p.339.

56 Jean Chesneaux, 1955, *Contribution à l'Histoire de la Nation Vietnamienne*, Paris, p.155. 마을별로 술 소비량이 규정되어 강매되었기 때문에. 남녀노소 구분 없이 술을 마셔야 매년 2,300~2,400만 리터의 술을 소비할 수 있었다.(*Ho Chi Minh Toan Tap*, tập I, NXB ST, 1995, p.26)

57 *Hồ Chí Minh Toàn Tập*, tập I, p.339.

58 Trần Huy Liệu, 1956, *Lịch Sử Tám Mươi Năm Chống Pháp*, quyển 1, Nhà Xuất Bản Văn Sử Địa, p.35. 1천3백5십만 프랑 중에서 염세와 아편세가 1천1백50만 프랑이었다.

59 유인선, 2002, 앞의 책, 302쪽.

지하는 등 불합리한 간접세 정책을 개혁하고자 했다.[60] 그러나 메를렝 총독(Henri Merlin, 1923~1925 재임)은 연방 예산이 적자로 돌아서자 행정 비용을 줄이는 대신에 토지세를 인상했기 때문에 농민들의 큰 반감을 사게 되었다.[61]

이상에서 소개한 재정 정책을 바탕으로 공공사업이 추진되었다. 우선, 인도차이나 총독 르 미르 드 빌레르(Le Myre de Vilers)와 루쏘(Armand Rousseau, 1894~1895 재임)는 남북 종단 철도 건설 사업 계획을 입안했다. 그리고 식민 당국은 1898년 12월 25일의 법령으로 철도 부설 경비로 2억 프랑의 공채를 발행했다.[62] 그리고 인도차이나 현지인들에 대한 가혹한 세수 정책으로 1899년과 1903년 사이에 식민지 재정이 안정되자, 두메르는 철도, 도로, 교량 등을 건설하기 위한 기초 작업에 착수했다. 그는 특히 하이퐁(Hải Phòng)에서 하노이를 거쳐 라오까이(Lào Cai)에 이르는 노선과 하노이에서 사이공에 이르는 노선에 막대한 예산을 투입했다.[63] 이 철도 부설은 후임 총독들에게도 막대한 재정적 부담이 되었다. 보 총독은 전임자가 시작한 무리한 철도 건설을 비롯한 토목 사업에 계속해서 막대한 비용을 지출해야 했다.[64]

하노이와 윈난성의 쿤밍(昆明)을 연결하는 진월철로(滇越鉄路, 윈난-베

---

60 潘佩珠 述, 梁啓超 撰, 「越南亡國史」, 『飮冰室專集』, 十九, 10 - 23; Buttinger, *Vietnam*, p.67.
61 Buttinger, *Vietnam*, p.104.
62 Trần Huy Liệu, 1956, *Lich Sử Tám Mươi Năm Chống Pháp*, Q 1, p.219; Đinh Xuân Lâm, chủ biên, 1998, *Đại Cương Lịch Sử Việt Nam,* T. II, NXB GD, p.117.
63 유인선, 2002, 앞의 책, 300~301쪽; Buttinger, *Vietnam*,, pp.27 - 28.
64 Buttinger, *Vietnam*, pp.46, 108.(윤대영, 2005, 앞의 글, 410~411쪽)

트남 철도)가 1910년에 개통되었다. 하노이와 사이공을 연결하는 남북 종단 철도는 이미 1899년에 착공되었는데, 1936년에 이르러서야 결실을 볼 수 있었다.[65] 1912년까지 철도의 길이는 2,059km였고, 1932년 당시 이미 부설되어 운행 중이었던 철도는 2,383km까지 연장되었는데, 관영선이 1,524km, 민영선이 859km였다.[66]

철도는 국도, 현도(縣道), 이동(里道) 등 세 종류로 구별되어 있었다. 이러한 철도 건설은 경제적인 동기 이외에도 연방 전체를 연계하면서 식민지 저항 운동의 근거지를 쉽게 감시하며 진압하기 위해서도 중요했다. 아울러, 군사적인 측면에서 통킹과 중국 남부를 연결하는 철도 부설은 광둥(廣東), 광시(廣西), 윈난(雲南) 등지로 진출하려던 전략의 일환이기도 했다.[67]

제1차 세계대전 이전에 식민 당국은 국도 2만km를 완성했다.[68] 그러나 코친차이나를 제외하면, 인도차이나의 도로 교통은 발달하지 못해서 일반적인 교통로가 없었다. 1926년 당시의 조사에 따르면, 도로의 발달과 연동되어 있던 자동차의 수는 9,289대, 화물 자동차의 수는 706대, 승합 자동차의 수는 1,055대였다.[69] 그리고 1932년 당시 교통 정책을 확립한 인도차이나 정부는 도로의 폭을 일정하게 하면서 교량을 건설하기 시작

---

65 Đinh Xuân Lâm, 1998, chủ biên, *Đại Cương Lịch Sử Việt Nam*, T. II, NXB GD, p.117.

66 日本植民協會 編, 1932, 앞의 책, 216~217쪽. 일본의 철도 2만 3,342km에 비하면, 약 10분의 1정도였다.

67 AMAE, NS Chine, vol.78, pp.214-216.(윤대영, 2005, 앞의 글, 431쪽)

68 Honoré Paulin, 1913, *L'Outillage Économaique des Colonies Françaises*, Paris, pp.171-172.

69 1926년 4~6월에 프랑스는 인도차이나로 923대의 자동차를 수출했다(「불국(佛國)의 자동차 수출 수(自働車輸出數)」, 『조선일보』, 1926.7.30, 석간 1면).

했다.[70] 해안선이 길어서 선박의 출입은 빈번한 편이었는데, 특히 국내선 외에 외국 선박도 각 항만에 상당히 왕래했다. 예를 들면, 사이공에 기항하는 일본의 정기선은 일본우선(日本郵船)과 대판상선(大阪商船)이었다. 그리고 우편물은 기차 이외에도 자동차, 해운 등을 이용하면서 대단히 편리해지고 있었다.[71]

제1차 세계대전 이전까지 인도차이나 식민 당국은 전화선 1만 4,000km를 완성했다.[72] 그리고 1924년 초에는 프랑스가 사이공에 건설 중이던 사이공 무선 전신 개국식이 거행되었다. 이 무선 전신국은 인도차이나에서 직접 프랑스로 통신할 수 있었는데, 당시 프랑스 식민성 장관은 이 전신국을 거쳐 인도지나 총독에게 "사이공 무선국의 개국은 프랑스의 세력을 극동으로 확장한 후에 공헌함이 심대할 줄로 믿는다"고 축전(祝電)했다. 이어서 또 하노이 총독의 반전(返電)은 단지 12분 30초 만에 간 파리에 도착했다고 한다.[73] 1932년 당시에 통신은 계속 발달하고 있었는데, 주된 통신 기관은 우편국, 전신국, 무선 전신국, 전화국 등이었다.[74]

그리고 1880년대 중반부터 베트남 전 지역의 식민지화가 공고해지자, 인도차이나 식민정부는 재정 확보 수단으로 주변의 나라들과 통상하는 데에 본격적으로 관심을 가지기 시작했다.[75] 식민 당국은 통상을 확대하기 위해 각 지역을 다르게 개발했는데, 남부에서는 농업이, 북부에서는 제

---

70 日本植民協會 編, 1932, 앞의 책, 216~217쪽.
71 위와 같음
72 Paulin, *L'Outillage Économaique des Colonies Françaises*, pp.171-172.
73 「서공(西貢)의 무선 전신국 낙성(無線電信局落成)」, 『조선일보』, 1924.1.22, 석간 2면.
74 日本植民協會 編, 1932, 위의 책, 216~217쪽.
75 윤대영, 2005, 앞의 글, 416쪽.

조업이 주된 관심사였다. 특히 주요 수출 품목은 남부의 쌀과 북부의 석탄이었다.

프랑스인들은 쌀이 식민지에서 항구적이고 안정적인 수입을 가져다주는 생산품으로 주목했다. 인구 과밀로 자급자족이 불가능했던 통킹 지역과는 대조적으로, 코친차이나는 식민정부의 적극적인 개간 사업과 수로 개발로 경작지가 크게 확대되면서 베트남의 어느 지역보다도 쌀 생산량이 풍부한 지역이었다.[76] 당시 코친차이나 지역의 쌀 생산과 유통 체계는 정미소의 발달을 통해서도 이해할 수 있다. 프랑스 식민 당국에 협력한 화교(華僑)들의 역할 이외에도 독일의 슈파이델(SPEIDEL) 상사(商社)는 이미 1866년부터 사이공 부근의 쩌런(Chợ Lớn)에 진출하여 지점을 다낭, 하노이, 하이퐁 등지로 확대해 나갔다.[77] 이렇게 해서 인도차이나는 쌀 수출국 반열에 올라섰는데, 특히 코친차이나에서 생산된 쌀이 한반도에까지 유입된 상황을 주목할 필요가 있다.

당시 쌀 수출 루트를 모색하고 있던 식민정부도 1893년 말부터 조선 정부에 쌀 수입 의향을 타진했는데, 1894년 초에 긍정적인 답변을 얻었다.[78] 이후 1901년의 오랜 가뭄 때문에 쌀 생산과 공급에 큰 차질을 빚게 된 대한제국 정부는 코친차이나산 쌀을 수입하기로 결정했다. 1902년에도 쌀 수입은 계속되었는데, 전년도에 33만 엔에 달하던 수입 물량이

---

[76] Trinh Van Thao, *Vietnam du Confucianisme au Comunisme*, p.15; 최병욱, 2016, 앞의 책, 19쪽.

[77] Archives d'Outre-Mer (프랑스 식민지 문서), Fonds du Gouvernement Général de l'Indochine, dossier 4123; *Đại Nam Đồng Văn Nhật Báo*(『大南同文日報』), 531호, 1902.2.23, 6; AMAE, NS Chine, vol. 154, f° 204~205.

[78] AMAE, Correspondance consulaire et commerciale, Séoul, vol.2, p. 117-118, 120.

34만 3,592.30엔으로 증가했고, 기타 인도차이나 물품 2,108엔어치도 함께 들어왔다.[79] 1902년까지는 외국 선박이 쌀 운송을 담당했지만, 두메르 총독이 입안한 후 보 총독이 실행에 옮긴 항만 및 해운 정책이 효과를 나타내기 시작하여, 1903년에는 프랑스 국적의 선박이 직접 코친차이나 쌀을 한국으로 수출할 수 있었다.[80]

아울러, 1902~1904년 동안 한국이 인도차이나 정부를 매개로 프랑스로부터 각종 무기를 수입하는 조약을 체결하게 되었다.[81] 인도차이나 식민 당국도 한국 정부에 대해 자신의 식민지 야욕을 베트남의 경우와 같이 실현하지는 못했지만, 보호국으로 전락한 응우옌 왕조를 대하듯 한국 정부를 상대하며 실익을 얻고자 노력하고 있었음을 알 수 있다.[82]

그리고 1905년부터 제기된 인도차이나와 일본의 경제 교류도 구체화하기 시작하여, 1911년 8월 19일에 양국은 '통상과 항해에 관한 협정'을 체결하여 인도차이나 상품도 프랑스 상품과 마찬가지로 관세 특혜를 받고 일본과 한국에 수출할 수 있게 되었다.[83]

---

79 AMAE, NS Corée, vol.26, 69, 88~89; AMAE, NS Corée, vol.26, t.2, "Rapport sur le commerce de la Corée en 1902, comparée avec les années 1900 & 1901, par M. Berteaux, vice-consul chargé de la chancellerie de la légation de France à Séoul", 117; AMAE, Correspondance consulaire et commerciale, Séoul, vol.2, p. 307-308.

80 AMAE, NS Asie, vol.2, dossier Immeubles I Japon et Corée 1907-1917, Sous-dossier Séoul, 14.

81 이와 관련해서는 AMAE, 1904, NS Corée, vol.16, 18; NS Corée, vol.17, 87, NS Corée, vol.24, p. 16-17, 29, 85; *La Dépêche Coloniale, Mercredi* 16 mars 등을 참조.

82 윤대영, 2005, 앞의 글, 415쪽.

83 AMAE, NS Chine, vol.198, "Ministère des Affaires Étrangères. Copie. Le Président de la commission. Paul Deschanel. Paris, le 12 juillet 1905", 88, NS Chine, vol.258, 59; NS Corée, vol.27, "Paris, le 18 avril 1913. M. Morel, ministre des colonies, à M. Pichon, ministre des affaires étrangères", 137, NS Asie, vol.2, Dossier Immeubles. I.

다음으로 수입과 관련하여, 먼저 양국 교류의 시발점이었던 상품은 인삼이었다. 그래서 조선과 프랑스 사이에 통상수호조약이 체결된 1886년부터 "만병통치약"으로 여겨졌던 인삼이 매년 인도차이나로 수입되었다.[84]

이러한 상황에서, 제1차 세계대전은 식민지 경제 개발의 전환점이었다. 프랑스는 제1차 세계대전으로 입은 막대한 재정 손실을 만회하기 위해 '제2차 식민지 개발'을 통해 집중적으로 투자를 확대해 나갔다. 프랑스는 1918년의 1,700억 프랑에서 1920년의 3,000억 프랑으로 증가한 채무를 식민지 개발에서 만회하려고 했는데,[85] 당시의 여러 식민지 중에서 인도차이나가 가장 중요한 개발 대상이었다. 그래서 인도차이나 투자는 1888~1918년의 약 10억 프랑에서 투자가 본격적으로 진행되었던 1924~1930년 기간에 약 38억 프랑으로 증가했다.[86] 아울러, 이러한 투자 확대는 투자 방향에도 변화를 주었는데, 기존에 광산, 운송교통, 상업, 농업 등의 순으로 진행되었던 투자가 농업(12억 7,206만 프랑), 광산(6억 5,370만 프랑), 가공업(6억 602만 프랑), 상업(3억 6,360만 프랑), 운송교통(1억 7,420만 프랑) 등의 순서로 바뀌었다.[87]

Japon et Corée. Sous-dossiers: Tokyo. nov. 1910-déc. 1917, "Correspondance du 16 Novembre 1913" 참조.

84 *La Dépêche Coloniale*, Paris, Mercredi 16 Mars 1904. 전통적으로 한국의 인삼은 중국을 통해 들어오는 베트남의 중요한 수입 품목 중의 하나였다. 『寋錄』, 第二紀[東京 慶應義塾言語文化硏究所 再刊, 1971판), 卷218, 33; 阮術, 『往津日記』[陳荊和 編註, 香港中文大學 中國文化硏究所 史料叢刊(一)], 81쪽 등 참조.

85 G. Bonnefous, 1923, Histoire Politique de la Troisième République, T. II, p.454: A. Sarraut, *La Mise en Valeur des Colonies Françaises,* Paris, p.463.

86 D. Hémery, *Indochine la Colonisation Ambiguë*, p.117.

87 Jean-Pierre Aumiphin, 1994, *Sự Hiện Diện Tài Chính Và Kinh Tế Của Pháp ở Đông Dương, 1859-1939*, Hội Khoa Học Lịch Sử Việt Nam, p.57.

1923년 당시의 산업 현황을 조금 더 구체적으로 살펴보면, 주로 서구인들(주로 프랑스인들)과 현지인들이 운영하는 경우가 많았다. 이 과정에서 농업, 목축업, 임업, 수산업, 광업, 제조공업 등이 발전하면서 산업 토대를 더욱 확고하게 만들어 가고 있었다.[88]

당시의 인도차이나는 농업국이었다고 할 수 있는데, 농업 경영 양상은 보통 현지인들의 농사와 서구인들의 재배 기업으로 나뉘었다. 현지인들은 주로 쌀, 면화, 옥수수, 깨, 콩, 땅콩, 피마자유, 후추, 야채, 황마, 모시풀 등을 재배했다. 그리고 고무, 커피, 차, 감자, 기름야자, 사탕야자, 케이폭나무, 야자, 연초, 양잠 및 제사(製絲) 등은 서구의 기업들에 의해 생산되었다.[89]

쌀은 주로 통킹과 코친차이나에서 생산되었다. 1926년의 쌀 생산량은 전년도에 비해 5.4% 증가했는데, 1921~1925년의 평균 쌀 생산량과 비교하면, 7.5% 늘어난 셈이었다. 그래서 인도에 버금가는 쌀 수출지가 되었다.[90] 1932년 당시에도 매년 5백만 톤의 산출고를 올렸고, 수출은 115만 톤에 달했다. 미개간지가 많았기 때문에 차후에도 쌀 생산은 유망한 산업 분야였다.[91]

인도차이나 전 지역에서 경작할 수 있었던 옥수수는 1923년 당시 프랑스로 3만 9,000톤이 수출되었고, 땅콩과 피마자유는 1923년 당시 각각 700톤, 460톤이 수출되었다. 주로 코친차이나와 캄보디아에서 생산되던 후추의 생산량은 세계의 약 1할, 즉 4천 톤을 생산하고 있었다. 통킹과 안

---

88 日本植民協會 編, 1932, 앞의 책, 212쪽.
89 日本植民協會 編, 1932, 위의 책, 212~213쪽.
90 「인도지나(印度支那) 미 수출 증가(米輸出增加)」, 『조선일보』, 1927.4.15, 석간 4면.
91 日本植民協會 編, 1932, 위의 책, 213쪽.

남의 황마는 140톤이 수출되었다.[92]

세균학자이자 의사로 파스퇴르 연구소의 연구원 예르생(Alexandre Yersin)이 1899년에 연구비를 마련하기 위해 냐짱에 처음으로 소개한 후, 서구인(특히, 미슐랭 형제)이 관리하던 고무는 주로 코친차이나의 고지에서 재배되었는데, 1932년 당시 수출량은 600톤이었다. 통킹 및 북부 안남에서 주로 생산되던 커피는 연 생산액이 1,350톤이었는데, 이 중에서 623톤은 수출용이었다. 차는 코친차이나 및 라오스 및 통킹의 산지에서 생산되었고, 900톤이 수출되었다. 안남 지역에서 재배되던 누런 설탕[赤砂糖]의 수출은 1만3천 톤에 달했고, 전 지역에서 생산되던 연초는 수출량이 130톤이었고, 야자는 1만 2,500톤이 수출되었다.[93] 쌀이 전통적인 경제작물이라면 고무나무와 커피나무는 프랑스인들이 들여온 외래 환금작물이었다. 그런데 이 나무들은 델타보다 다소 신선한 중남부 고원지대가 재배에 적합했기 때문에 과거 소수민족 거주지로만 인식되었던 이곳에 베트남인이 진출하게 되었다. 프랑스의 지배를 받게 되었지만, 프랑스의 도움으로 베트남인의 영역이 확대되는 현상이 나타났다.[94]

프랑스령 인도차이나의 수산업은 주로 어업과 염업으로 주종이었다. 긴 해안선 덕분에 해수어 관련 어업이 많았고, 또한 장대(壯大)한 하천을 중심으로 담수어 관련 어로도 왕성했다. 매년 선어(鮮魚)는 10만 톤, 건어(乾魚) 및 염어(鹽魚)는 30만 톤이 생산되었고, 후자는 대부분 수출되었다. 특히 통킹만에는 어족의 종류가 많아서 어업이 왕성했다. 염업은 안남, 통

92　日本植民協會 編, 1932, 앞의 책, 213쪽.
93　日本植民協會 編, 1932, 위의 책, 213쪽.
94　최병욱, 2016, 앞의 책, 19쪽.

킹 남부, 코치차이나 동부 등지에서 번성하고 있었다. 제염(製鹽)은 천일법(天日法)과 염전법 두 가지 방법으로 진행되었는데, 연 생산량은 14~15만 톤 정도였다.[95]

인도차이나 산업에서 상당히 중요했던 광업의 광산물은 석탄, 아연광, 주석, 텅스텐, 석회석 등이었다. 석탄은 통킹 북부의 해안 지대에 풍부히 매장되어 있었다. 석탄의 종류는 양질의 무연탄이 주종이었으며, 1923년의 생산액은 105만 6,000톤이었다. 주로 홍콩과 일본으로 수출되었다. 아연은 통킹의 홍강 지역에서 채굴되었는데, 1923년의 생산량은 3만 톤이었고, 하이퐁에는 한 해에 6,000톤의 제련 능력이 있는 아연 정련소가 있었다.[96]

이상에서 언급한 각종 산업의 풍부한 원료 공급은 해당 지방의 제조업 발전에 커다란 역할을 했다. 특히 프랑스령 인도차이나가 정비되자, 프랑스 본국은 점차 공업 시설들을 확충해 나가기 시작했다. 1923년 당시의 주된 산업은 정미, 주조(酒造), 제유(製油) 및 비누 생산, 맥주 양조, 제당, 연초, 제사(製絲), 무두질(tanning), 제재, 펄프, 시멘트, 타일, 유리, 화학, 철, 수도(水道), 공업, 전기 등과 연관된 분야에서 성장하고 있었다.[97]

『삼천리』 제10호(1940.12.1)는 사이공의 한국인 무역상 김상률(金相律)에 관한 일화를 「불인탈출기(佛印脫出記)」라는 제목으로 소개하고 있었는데, 이 주인공의 인도차이나 경제와 산업에 대한 경험담도 흥미롭다. 20년 전에 이곳에 정착한 그의 견해에 따르면, 외국 상품에 높은 관세를

---

95 日本植民協會 編, 1932, 앞의 책, 214쪽.
96 日本植民協會 編, 1932, 위의 책, 214~215쪽.
97 日本植民協會 編, 1932, 위의 책, 215쪽.

부과하는 방침을 고수하던 인도차이나 당국이 제2차 세계대전의 발발로 프랑스 상품의 수입이 어려워져 극심한 물자 결핍에 직면하게 되자, 자진해서 일본 상품에 대해 세금을 낮추고 수입하기에 여념이 없었다고 저간의 사정을 소개했다. 더군다나 일본이 거리상으로 매우 가까워서 다른 어느 나라에서보다도 신속히 수입할 수 있기 때문이었다.

　이러한 상황을 잘 이해하고 있던 김상률은 "이 기회에 자본이 있다면 무역상으로 조선인이 프랑스령 인도차이나에 진출함이 매우 유망한 사업 중의 하나일 것이다. 그중에서도 약품 무역이나 기계 무역 같은 것은 매우 좋은 성적을 보여 줄 것이다"라고 추천하고 있었다. 한국인의 인도차이나 진출과 관련해서, 김상률이 주목하고 있던 또 하나의 '인도차이나의 산업'이었다. 그 당시의 주요 산물로는 쌀, 옥수수, 고무, 후추, 치리, 솜, 육계(肉桂), 대모(玳瑁, 바다거북과의 하나) 등이 있었는데, 아직 개간하지 않은 황무지가 많았기 때문에 한국인의 농업 진출도 적극적으로 권장했다. 사이공에서 20여 년 동안 현지를 경험했던 김상률의 인도차이나 경제 진단과 향후 전망은 적절했다고 평가할 수 있다.

4. 사회-도시의 변화와 농민 및 노동자의 삶

프랑스령 인도차이나에서 자치제를 시행하고 있는 도시는 사이공, 하노이, 하이퐁, 쩌런(Chợ Lớn, 堤岸), 다낭, 프놈펜 등 6개 도시였고, 그 외에 투언호아(Thuận Hóa, 順化) 시가 있었다.[98]

1932년 당시의 상황을 중심으로 살펴보면, 코친차이나의 수도 사이공은 인구가 14만 3,000명이었고, 총독 및 식민지 장관 관저, 교회당, 우체국, 극장(오페라 하우스), 시청, 재판소가 있었으며, 인도차이나 제1의 상업항구[商港]이기도 했다. 하노이는 통킹의 수도로 홍강에 접해 있었고, 인구는 12만 6,137명이었고, 행정 중심 기관의 소재지였다. 하이퐁은 통킹 제1의 항구로 인구는 20만 2,822명이었고, 상공업의 중심지였다. 사이공 근처의 중국인 마을 쩌런은 정미(精米)하는 곳으로 유명했고, 인구는 19만 199명이었다. 다낭은 안남 제일의 항구로, 인구는 6,425명이었다.[99]

그런데 도시를 개발하고 유지하던 과정에서 현지인들이 피해를 보는 사례도 나타났다. 예를 들면, 1929년 5월 중순에는 하노이 부근의 '사릉(沙陵, Sa Lăng) 홍수 사건'이 발생했다. 1929년 5월 중순 대홍수 당시에 식민 당국은 하노이의 프랑스인 거류지를 안전하게 보호하기 위해 사릉 일대 주민들에게 예고도 없이 이곳의 제방을 파괴하여 주민 1만 6천여 명이 하룻밤에 홍수 피해를 보게 되었다.[100]

---

98 日本植民協會 編, 1932, 앞의 책, 216쪽.
99 日本植民協會 編, 1932, 위의 책, 216쪽.
100 申彦俊, 「安南의 解放 運動, 佛蘭西의 統治策 如何」(中), 『동아일보』, 1930.1.29, 1면 5단.

프랑스령 인도차이나는 원래 농업이 주업(主業)이었다. 토지 대부분이 프랑스 자본가의 수중으로 들어갔다. 그런데 토지가 총독부와 프랑스인 대지주 및 대회사(大會社)에 급속히 집중되었기 때문에 현지인들은 토지를 상실하면서 극도의 생활 궁핍으로 신음하게 되었다. 이 과정에서 '조차지(租借地)'라는 불하받은 땅이 많았는데, 이 '조차지'는 식민 당국이 빈농들의 토지를 매수하여 프랑스인 자본가들에게 대여하여 경영하게 한 땅이었다. 1930년 초반 당시 이 '조차지'가 전국적으로 50만ha(50억m²)에 달했다. 통킹 지역만 해도 조차지가 200ha 이상이었다. 더욱이 주의할 만한 점은 소위 '하느님의 뜻으로 복음을 전파'한다는 프랑스 천주교 선교사들이 이 '조차지'를 가지고 있었는데, 코친차이나의 경우에 전(全) 토지 면적의 5분의 1을 가지고 있었고, 하노이의 경우 전 토지의 4분의 1을 가지고 있었다.

이렇게 프랑스인 지주가 나타났고 북부와 중부에서 이주해 오는 농민들이 소작 계층으로 편입되었다[101]. 프랑스인뿐만 아니라 베트남인, 화교 중에도 대지주의 반열에 돌아서는 사람들이 생겼고, 이 중 일부는 부재지주로 분화하면서 토지에서의 생산 관계는 긴장되어 갔다. 이런 현상은 코친차이나에만 국한되지 않았고, 북부와 중부에서도 정도의 차이만 있을 뿐이지 지주와 소작 사이의 긴장 관계는 확산하였다.[102]

그래서 이러한 상황 속에서 인도차이나의 농민들은 삶은 순탄할 수 없었다. 식민 당국의 과중한 세금, 과도한 부역, 소금이나 술에 대한 전매

---

101 申彦俊, 위의 글, 『동아일보』, 1930.1.29, 1면 5단; 「안남(安南)의 민족운동(民族運動)」 (五), 『조선일보』, 1930.3. 21, 석간 1면.
102 최병욱, 2016, 앞의 책, 19쪽.

에 항의하던 농민들이 1908년 3월에 중부의 꽝 남(Quảng Nam) 지방에서 항세(抗稅) 운동(運動)을 일으켰고, 이 운동은 꽝 응아이(Quảng Ngãi), 응에 안(Nghệ An), 하 띤(Hà Tĩnh), 타인 호아(Thanh Hóa) 등지로 확대되었다.

농촌에서 토지를 상실한 현지인들은 프랑스 사람들의 농노(農奴)나 가복(家僕)이 되어 "중세 유럽의 농노나 옛날 미주(美洲) 흑인 노예보다 훨씬 비참한[悲絶慘絶]" 생활을 했다.[103] 1930년 당시에 농작물로는 안남미를 비롯해 두류(豆類), 감서(甘薯), 면(棉), 연초(煙草), 커피(珈琲), 야자, 호초(胡椒), 과실 등과 금이나 석탄 등이 매장돼 있는 광산, 쯔엉썬(Trường Sơn) 산맥의 오지에서 생산되는 각종 목재가 생산되었다. 그런데 이런 풍부한 자원 대부분은 프랑스로 수출되어 경제생활과 사회생활이 점점 참담해지고 있었다.[104]

그리고 현지인들의 사회경제적 어려움을 가중한 또 하나의 요인은 바로 프랑스 자본가들의 노동력 착취를 지적할 수 있다. 1925~1928년 동안 총독으로 재임했던 바렌느(Alexandre Varenne)는 학교를 건설하거나 백신을 접종하는 노력 이외에도 취업의 기회를 마련하고 노동 환경을 감시하면서 현지인들을 우대하는 정책들을 시행했지만, 현지 동포들의 미움을 받아 인도차이나를 떠나야만 했다. 도시의 노동 환경으로 말하자면, 인도차이나 총독은 당시의 프랑스 노동법을 적용하지 않았으며, 1937년 '인민전선' 시기의 노동법을 반포하는 경우는 드물었고 지속적이지도 않았다. 부녀자들과 12세 미만의 아동들이 광산, 직조공장에서 노동하는 경

---

103 申彦俊, 앞의 글, 『동아일보』, 1930.1.29, 1면 5단.
104 북웅생, 1930.9.1, 「세계 각국 약소민족의 생활상, 몽환국(夢幻國) 안남」, 『별건곤』 제32호, 78~79쪽.

우가 보통이었으며, 노동시간은 평균 12시간이나 15~16시간이었고, 광산 노동의 경우에 임금은 일당 평균 5프랑이나 2프랑[20여 전(錢)]에 불과했다. 이러한 가혹한 노동으로 베트남 사람들의 인구는 격감했는데, 하이퐁과 같은 도시의 1929년 2월경 인구 조사에 따르면 현지인들의 출생은 147명, 사망이 204명이었다. 그리고 같은 해 7월과 9월경의 인구 조사에서도 사망률이 출생률을 초과하고 있었다.[105]

광업, 고무공업, 시멘트공업, 유리공업, 섬유업 등이 상당히 발전한 도회지에 20여만 명의 노동자가 두세 곳의 공업 중심지에 집중해 있을 뿐이었기 때문에, 인도나 중국처럼 '무산 계급 운동'이 그렇게 격렬하지는 못했지만, '민중'의 곤궁화로 인해 대중 운동은 빠른 속도로 발전하고 있었다.[106] 1930년 이래 농민들이 섬유 노동자, 광산 노동자, 시멘트공업 노동자, 건축업 노동자, 운반업 노동자 등과 동맹하여 격렬하게 투쟁하고 있었으며, 자신의 지지 기반과 세력을 곳곳에 확장할 수 있었다. 1930년 3월에 남부 비엔 호아(Biên Hòa) 근처의 고무 농장에서 노동자들이 임금 인상과 노동 시간 단축을 주장하면서 파업을 일으켰고, 이어서 통킹 지방의 남 딘(Nam Định)에 있는 직물 공장과 응에 안 성 벤 투이(Bến Thủy)의 성냥 공장 등에서도 파업이 발생했다. 이렇게 시작된 파업은 특히 북부와 중부 각지로 퍼져서 노동자와 농민의 파업과 시위가 전개되었다. 1930년 5월과 8월에 발생한 대규모의 반제국주의 시위는 그러한 추세를 반영한 현상이었다.[107] 그리고 1936년 11월과 12월에는 인도차이나공산당과 트

---

105 申彦俊, 「安南의 解放 運動, 佛蘭西의 統治策 如何」(中), 『동아일보』, 1930.1.29, 1면 5단.
106 해송(海松), 1932.5.1, 「안남 민중 운동의 전망」, 『삼천리』 제5호.
107 『삼천리』 제5호, 1932.5.1.

로츠키파의 주도로 40건의 파업이 발생하여 80개의 공장과 6천여 명의 노동자들에게 영향을 끼쳤다.

특히, 사이공에서 서북으로 125리(哩) 떨어진 "쪼모이"에서는 다수의 현지인이 죽창과 산도(山刀, 나무꾼이 쓰는 낫처럼 생긴 큰 칼) 등을 가지고 "납세 거절(納稅拒絶)"이라고 크게 쓴 깃발을 선두에 들고 시위했다. 이 과정에서 경찰이 선두의 기수를 체포하자, 혼란과 충돌이 생겨 사망자 3명, 중상자 2명이 발생했다.[108] 사이공 근처의 화교 지역 쩌런의 "휘암"에서는 1천여 명의 시위 운동자와 현지인 경찰 간의 충돌로 소동이 야기되었는데, 경찰의 발포로 사망자 2명, 부상자 17명의 유혈 참사가 일어났다.[109]

대공황 당시에는 인도차이나은행[在安南佛蘭西拓植銀行], 대지주, 상업자본가, 관료들의 노동 착취가 베트남 농민들의 '폭동'을 자극하고 있었다. 전공업(全工業) 노동자의 5분의 1이 산업예비군에 편입되었고, 일반 농민은 토지와 자유를 잃고 정치적으로는 "불구의 노예"가 되었고, 경제적으로 "죄수나 걸인"과 동등한 대우를 받고 있었다.[110] 특히, 연 3회의 쌀 생산이 가능했지만, 프랑스의 신입 금융자본이 소농제 촌락을 파괴하며 농업 합리화의 대농제 경영으로 토착 농민을 농촌에서 쫓아낸 이후로, 인도차이나은행은 농업 금융 자본의 '전제적' 지배자가 되었고, 토지를 소유

---

108 「불령 인도지나(佛領印度支那)에 재차 대반란 발발(再次大叛亂勃發)」, 『조선일보』, 1930.6.2, 석간 1면; 「공산주의 혁명 운동(共產主義革命運動) 안남 전토(安南全土)에 치열(熾烈)」, 『조선일보』, 1930.6.3, 석간 1면.

109 「안남(安南)의 반불 운동(反佛運動) 천여 군중(千餘群衆)이 대시위(大示威)」, 『조선일보』, 1930.6.8, 석간 1면.

110 『삼천리』 제5호, 1932.5.1.

한 농민이 거의 없게 되었다.[111] 이러한 상황에서, 농민 대중의 '혁명적' 의식을 높이는 국내의 각종 활동은 더욱 발전할 수 있었다.

그리고 1937년 당시에 친목 단체와 노동조합을 자유로이 조직할 수 있는 각종 권리와 좀 더 나은 생계 조건을 위한 투쟁이 12만 명의 노동자들이 참여한 가운데 400여 건이 발생했다. 아울러, 공유지의 재분배, 조세 및 법정 노동의 감면, 지방 관리에 대한 선거 및 농촌 개혁 등을 요구하며 과다한 기부금 징수 및 부당한 의무에 대항하는 투쟁이 3만 명 이상의 농민들이 참여한 가운데 150여 건이 발생하게 되었다.[112]

다음으로 인도차이나 식민 당국이 현지인들의 집회, 언론, 결사 등을 탄압한 사례를 살펴보자. 1907년에 통킹 응이아 툭(東京義塾, Đông Kinh Nghĩa Thục)을 설립하여 학생들에게 개혁적인 민족주의 사상을 고취했던 르엉 반 깐(Lương Văn Can, 梁文干, 1854~1927)은 1913년 4월 월남광복회의 하노이 호텔 폭탄 투척 사건에 연루되어 캄보디아 감옥에서 10년 징역의 중형을 받게 되었다. 8년 후 감형으로 석방되어 집에 돌아온 그는 출판 활동에 종사하다가 1925년에 사망했다. 그래서 통킹 지역의 남녀 약 수천 명이 바익마이(Bạch Mai, 白梅) 화장장(火葬場)에서 추도회를 개최했는데, 경찰 당국은 이 추도회를 불온한 집회로 보고 해산을 명령했다. 그러나 군중은 이러한 결정에 반항하여 경찰들과 충돌했다가, 이 중에서 수백 명이 학살되었다. 그리고 르엉 반 깐을 추도하던 『신시대(新時代)』와 『안남일보(安南日報)』가 정간되었고, 이 신문들의 사장과 기자들까지도 불온

---

111 해송(海松), 1932.5.1, 「안남 민중 운동의 전망」, 『삼천리』 제5호.
112 베트남공산당사연구회 저, 김종욱 역, 1989, 『베트남 공산당사: 베트남 인민의 반제 반봉건 투쟁에서 해방 후 사회주의 건설까지』(*History of the Communist Party of Vietnam*), 서울: 소나무, 41쪽.

사상을 고취했다고 해서 전부 체포되어 1~3년의 도형(徒刑)을 받았다. 이후에는 근근이 남아 있던 『천시보(天視報)』도 프랑스인을 비판했다는 이유로 1928년 7월에 정간되었다.[113] 그 결과 통킹 지역에서 베트남 사람들은 당분간 자신들의 언론 활동을 전개하는 데에 어려움이 많았다.

---

113 「안남(安南)의 민족운동(民族運動)」(五), 『조선일보』, 1930.3.21, 석간 1면; 申彦俊, 「安南의 解放運動, 佛蘭西의 統治策 如何」(上), 『동아일보』, 1930.1.28, 1면 2단.

5. 문화-문명 연구와 교육

프랑스는 이른바 '순수한 인도주의적 의도'로 '문명화의 임무(mission civilisatrice)'를 달성하여 식민지 모국과 식민지의 간격을 좁힌다는 동화 정책을 견지해 왔다.[114]

그러나 베트남 현지 사정에 점차 밝아진 식민지 고위 관리들 중에는 동화 정책의 실현 가능성 여부에 대해 회의를 제기하는 경우가 종종 있었다. 예를 들면, 레 미레 드 빌레르 총독은 지나치게 프랑스적인 사법·행정 제도가 현지의 여건에 전혀 부합하지 못한다는 결론에 도달하면서 점진적인 동화를 통해 협력을 추구하는 정책 이론을 소개하기 시작했다.[115] 이후 그의 협력 정책론은 현지 문화를 이해할 필요성, 베트남 관리의 식민 행정 참여, 교육의 보급을 통한 현지 협력자들을 양성하는 등의 방안들로 구체화하였다.[116] 1886년에 통킹의 고등 주차관이면서 협력 정책의 지지자이기도 했던 베르는 베트남 관리들의 비중을 높이고 현지인들로 구성된 자문 기구를 만들어 베트남인들의 협조를 얻고자 했다. 그리고 드 라느상 총독도 베트남의 역사와 문화 연구를 장려함으로써 프랑스가 코친차이나 점령 이래 취했던 일방적인 동화 정책을 수정하고자 했다. 그리고 이러한 흐름은 총독 폴 보, 알베트 사로, 모리스 롱, 알렉산드르 바렌느 등의 시기에도 이어지면서 프랑스의 문명적 사명을 정면에 내걸고, 정치

---

114 Osborne, *The French Presence in Cochinchina and Cambodia*, pp.33-56.
115 Lê Thanh Khôi, *Le Vietnam*, p. 398; Osborne, *The French Presence in Cochinchina and Cambodia*, pp.109-110.
116 윤대영, 2005, 앞의 글, 412쪽.

개혁(예를 들면, 새로운 형태의 의회) 이외에도 교육 시스템 개선, 프랑스 관리들의 현지어 교육, 의료 제도 내실화, 현지인의 공무원 채용 등을 통해 「정신의 평정화」를 지향하는 협력 정책으로 이어졌다.[117]

이처럼 식민지 초기에 동화 정책을 채택했던 인도차이나 식민정부는 시간이 지나면서 서서히 협력 정책으로 방향을 전환했다. 서구와 베트남의 사회와 문화가 크게 다르다고 판단한 식민 당국은 급진적인 동화보다는 점진적인 협력을 통해 베트남의 전통 질서를 서서히 변화시켜 가야 한다는 현실적 판단이 우선했기 때문이다. 서구의 인종주의로 무장한 프랑스 식민주의자들은 인종의 차이에서 기인하는 자신들의 문명의 우월성에 대해서는 회의를 갖지 않았지만, 뿌리 깊게 간직한 인종적 편견은 다른 인종을 동화시키기에는 부족했다. 아울러 동화 정책이 프랑스 본국이나 베트남 현지에서 격렬한 비판의 대상이 되자, 결국 1909년 4월 이후 협력 정책은 인도차이나 통치의 기본 방침이 되었다.[118]

그래서 사로(Albert Saraut, 1911~1914, 1917~1919 재임)는 정치적 양보나 사회 개혁 등과 같은 문제를 논의할 때면 언제나 협력 정책을 기본 원칙으로 내세우면서, 현지인 하급 관리를 채용하고자 노력했다.[119] 마찬가지로 파스키에 총독(Pierre Pasquier, 1928~1934 재임)도 통킹 지역에서 구 관리의 행정 참여를 적극적으로 유도하면서 하급 관리들의 봉급을 인상하는 호의적인 정책을 실시하면서 역대 총독 가운데 최장수 총독이

---

117 桜井由躬雄, 「植民地化のベトナム」, 『東南アジア史Ⅰ 大陸部』, p.326; Montagnon, *L'Indochine Française: 1858-1954*, pp.166-177; Brocheux et Hémery, *Indochine: la Colonisation Ambiguë 1858-1954*, pp.114, 292-293.

118 Buttinger, *Vietnam*, pp.75, 85.(윤대영, 2005, 앞의 글, 433~434쪽)

119 Buttinger, *Vietnam*, p.90.

되었다.[120]

 이렇게 점진적인 협력을 도보하던 분위기는 현지 문화를 이해하려는 움직임으로 이어졌다. 예를 들면, 현지 연구 기관 프랑스 극동 연구원(École Française d'Extrême-Orient, 이하 'EFEO'로 약함)은 총독 두메르의 결정과 제안으로 1898년 12월 15일에 창설되어 프랑스령 인도차이나로 파견된 '인도차이나 상주 고고학 조사단(Mission Archéologique Permanente en Indo-Chine)'에서 유래했다. 이후 1900년 1월 20일에 현재의 이름으로 개칭된 본원은 사이공에서 공식 개원했고, 이듬해 본부를 새로운 총독부의 중심지 하노이로 옮기면서 1901년 2월 26일에 대통령 루베(Émile Loubet)의 공식 승인을 받게 되었다.[121] EFEO의 주요 임무는 고고학 탐사, 필사본 수집, 유적 보존, 소수민족 민족지 목록 작성, 언어 유산 연구, 인도에서부터 일본에 이르는 아시아의 문명 역사 연구 등이었다. 아울러, 인도, 동남아시아 그리고 동아시아(Asie Orientale, 예를 들면 중국, 일본, 한국 등) 인문·사회 과학의 고등 연구와 연구자 양성에 힘쓰는 것도 고려 대상이었다. 다른 한편, 프랑스가 진출한 식민지 인도차이나(현재의 베트남, 라오스, 캄보디아 등)에서는 정치적 지배와 경제적 착취라는 목적과 동시에 문화적 관심이 있었던 점도 특징이다. 프랑스는 인도차이나의 문화를 자신의 학술과 과학의 힘으로 해명하는 것도 사명으로 생각해서 인도차이나 각지의 문화유산을 조사하기 위해 학술 조사대를 꾸준히 파견했다. 연구 영역은 인도에서 동남아 전체를 아우르면서 극동의 중국과 한국 그리고 일본에까지 미쳤는데, 역사 전개에서 '인도화' 혹은 '중국화'의 과정을 거친 지역

---

120 유인선, 2002, 앞의 책, 307쪽.(윤대영, 2005, 앞의 글, 412~413쪽)
121 윤대영, 2002, 앞의 글, 282~283쪽.

과 사회를 고려해야 했기 때문이다. 특히 프랑스의 식민 지배를 받는 인도차이나 지역 중에서 베트남은 중국 문화의 영향을 많이 받았고, 캄보디아와 라오스는 주로 인도의 영향을 받은 나라들이었다. 그러므로 이 지역의 역사와 문화를 연구하기 위해서는 중국과 인도에 관한 관심을 동시에 가지지 않을 수 없었다. 그래서 EFEO는 중국학과 인도학을 아우르면서 이 두 문화권 사이의 상호 작용과 관계를 밝혀내는 데 많은 관심을 가지게 되었다.[122]

EFEO의 발전 과정에서 나타난 아시아 연구자들의 역할도 살펴볼 필요가 있다. 식민지 연구 기관 EFEO는 현지의 문화를 존중하면서 어느 정도의 '관용(tolérance)'을 인정했던 것 같다. 이러한 분위기에서 베트남어의 음운론 및 문법이나 민속에 관한 기초 연구에 종사했던 연구자들은 프랑스인이건 베트남인이건 간에 대부분이 EFEO의 연구원이었거나 EFEO와 관계가 있었던 사람들이었다. 그리고 EFEO의 학술지(*Bulletin de l'École Française d'Extrême-Orient*)에도 현지인들의 다양한 연구 성과가 등장하기 시작했다.[123]

점진적인 협력을 위한 현지 문명 연구는 언어 교육과도 병행하여 진행되어야 했다. 인도차이나의 프랑스인들은 식민 당국과 현지인들 사이의 언어 소통 문제를 해결하기 위해 1862년에 통역 학교(Trường Thông Ngôn, Collège des Interprètes)를 열었다. 그런데 이 학교는 충분히 제 역할을 하지 못했는데, 관련 인사들이 번역 및 통역을 잘해야 했을 뿐만 아니라 인도차이나 통치 방식을 잘 알아야 했기 때문이다. 그래서 식민 정권은 1873년

---

122 윤대영, 2002, 앞의 글, 283, 285쪽.
123 윤대영, 2002, 위의 글, 294~295쪽.

2월 20일에 사이공에 후보 학교(Trường Hậu Bổ, Collège des Administrateurs Stagiaires)를 설립했고, 운영은 뤼로(Elucian Luro)가 맡았다.[124] 그리고 현지의 가톨릭 신자로 각국에서 유학한 쯔엉 빈 끼(Trương Vĩnh Ký)가 1875년에 이 학교의 독학(đốc học)으로 부임해서 1879년까지 활동했다.[125] 이 학교의 운영은 1887년까지 이어졌고, 이후에는 파리에 식민지 학교(Trường Thuộc địa, École Coloniale)가 대신 들어섰다.[126]

특히 '문명화의 임무'를 충실히 수행하려고 했던 천주교는 '꾸옥 응으(quốc ngữ, 國語)'의 형성에 영향을 미치게 되었다. 베트남에서는 17세기부터 프랑스 선교사들의 베트남어 학습, 선교 목적으로 로마자화된 표기법이 만들어져 천주교 신자들 사이에서 사용해왔는데, 여기에 '꾸옥 응으'라는 명칭이 붙게 되었다.[127]

프랑스의 식민 지배가 시작되면서 지배자와 피식민인 사이의 의사소통이 문제였는데, 프랑스는 자국어를 공용어로 사용하려고 했지만 베트남인, 특히 프랑스의 지배에 협조했던 천주교 지식인들은 이러한 생각에 반대했다. 이 지식인들은 꾸옥 응으를 이용하는 방식이었다. 프랑스인들은 이 글자 탄생에 자신들의 역할이 포함되어 있다는 사실을 인식하면서 프랑스어 이외에 꾸옥 응으도 공용어로 받아들이는 데 동의했다.[128]

124　Vũ Ngự Chiêu, "Petrus Key Là Ai?," *Tạp Chí Hợp Lưu*, 20 Tháng Tám 2019.
125　Thu Hằng, 2015.3.20, "Trương Vĩnh Ký: Chiếc Cầu Nối Đông-Tây," *Tạp Chí Văn Hóa*.
126　John Kleinen, 1997, "Village as Pretext: Ethnographic Praxis and the Colonial State in Vietnam," in Jan Breman, Ashwani Saith, Peter Kloos, eds., *The Village in Asia Revisited*, Delhi: University of Oxford Press.
127　최병욱, 2016, 앞의 책, 20쪽.
128　최병욱, 2016, 위의 책, 19~20쪽.

인도차이나 당국은 원래 프랑스어를 보급하면서 민족성이 말살되기를 기대했다. 그래서 1921년 당시 인도차이나의 상급 교육 또는 도시 학교에서는 프랑스어가 상당히 사용되었으나, 사실 하급 교육 및 촌락 학교에서는 전부 현지어 꾸옥 응으가 중심이 되었다.[129]

프랑스어와 꾸옥 응으 교육은 확장되어 교육 개혁으로도 이어졌다. 보 총독은 '인도차이나의 항구적인 사명(mission permanente indochinoise)'을 달성하기 위해 40명으로 구성된 현지 관리 시찰단을 프랑스로 파견했고, 이듬해에는 1907년에 하노이대학과 남 딘의 행정 학교를 개설하여 미래의 베트남 관리를 양성하려고 했다. 그러나 클로뷔코스키는 보의 교육 정책을 반대하며 하노이대학과 교육청 및 교육 관련 자문위원회들을 폐지해 버렸다. 하지만 사로는 전통문화를 존중하는 교육 정책을 실시했고, 하노이대학도 1917년에 다시 문을 열었다. 그의 후임 롱 총독(Maurice Long, 1920~1922 재임) 총독도 많은 재원을 교육에 투자했지만, 후임 총독 메를렝은 현지인의 고등 교육을 반대했기 때문에 하노이대학의 법학부를 폐쇄하고 고등학교 지원 예산을 대폭 삭감해 버리면서 현지 고등학교·대학교 졸업장을 프랑스에서 인정하지 않는 정책을 폈다. 이후에 바렌느 총독은 메를렝의 정책과는 대조적으로 대학의 졸업장을 프랑스 본국에서 공식적으로 인정해 주면서 교사들의 봉급을 인상하였다.[130] 현지인들의 협력을 끌어내려는 교육 개혁이 결실을 보지는 못했지만, 정책의 일관성을 유지

---

129 「敎育 調査 委員에 對한 吾人의 希望」(下), 『동아일보』, 1921.5.4, 2면.

130 Abriel Michel, 1909, *Code Judiciaire de l'Indo-Chine: 1904-1908*, F. H. Schneider, p.177; Phạm Quỳnh, *Nouveaux Essais Franco-Annamites*, Éditions Bui-Huy-Tin, Hué, 1938, pp.28-31; Buttinger, Vietnam, pp.47-48, 66-67, 90-91, 103, 106; Brocheux et Hémery, *Indochine: la colonisation ambiguë 1858-1954*, pp.292-293.

하면서 꾸준히 시도되었다고 평가할 수 있다.

1930년대 초반 당시의 상황을 살펴보면, 프랑스령 인도차이나의 교육 기관에는 초등 보통 교육 기관, 중등 보통 교육 기관, 고등 보통 교육 기관, 실업 교육 기관, 현지인 특수 교육 기관 등이 있었다. 초등교육 기관은 프랑스인들의 자녀를 위한 심상소학교(尋常小學校), 고등소학교, 사범학교 등 세 종류로 구분되었다. 지방의 베트남 사람들을 가르치기 위해 설립된 현지인 초등교육은 기관도 프랑스인들의 교육 제도와 같이 세 기관을 두고 있었다. 중등교육 기관은 프랑스인 혹은 현지인이냐에 따라 두 가지 방식으로 운영되었다. 초등교육의 경우와 마찬가지로 프랑스 본국의 중등교육 기관과 동일한 과정이 마련되어 있었고, 이 과정이 원칙적으로는 프랑스인에게 한정되어 있었지만, 현지인 자제도 입학할 수 있었다. 현지인 중등학교의 목적은 베트남 사람들에게 중등교육을 제공하는 것이었다. 고등 보통 교육 기관은 프랑스 학교의 경우에 하노이의 의학교만 있을 뿐이었다. 그리고 현지인을 위한 실업 교육 기관으로서는 공학교(工學校), 장식 공예 학교 등이 있었다. 현지인 특수 교육 기관으로서는 안남 정부 고등 연구소, 캄보디아 법정(法政)학교, 프놈펜 파리 고등학교, 라오스 법정학교 등이 있었다. 기타 도서관, 광물 시험소, 농학 조사소, 인도차이나 파스퇴르 연구소, 기상대, 인도차이나 어업 해양부 등이 학술 기예 조사 연구 기관으로 설립되기도 했다.[131]

인도차이나 총독부는 최고 학부로 대학 하나를 설립했는데, 그 대학에는 실업 교육이란 이름으로, 의(醫)과, 농(農)과, 상(商)과만 두었을 뿐이었고, 경제(經濟) · 사회(社會) · 정치 관련 학과는 설치하지 않았다. 1930년

131　日本植民協會 編, 1932, 앞의 책, 211쪽.

1월 당시 대학에 재학하는 현지인 학생은 겨우 390명에 불과했다. 소학교는 전국에 3,395개에 달했으나, 전국 학령 아동이 250만 명 이상이었지만 입학한 학생 수는 20만 명에 그쳤고, 그 나머지 230만 명이나 되는 학령 아동은 학업의 기회를 전혀 잡고 있지 못했다. 촌락 수와 학교 수를 비교해 보면, 평균 인구 2,000명의 1천 촌락 당 학교의 평균 수는 10개를 넘지 못했지만, 1천 촌락에 설립된 아편 및 주류 권매소(勸賣所)[132]는 오히려 1,500개 정도였다. "이 통계로 본다면 프랑스인은 풍부한 주류와 아편을 베트남 사람들에게 배불리 제공했지만, 교육은 그보다 1천 배나 관심을 두지 않았음을 알 수 있다."[133]

---

132 인도차이나의 프랑스 상인들은 아편 및 주류를 정부의 지원 하에 판매했는데, 이 과정에서 정부는 권매소를 설립했다.

133 申彦俊, 「安南의 解放運動, 佛蘭西의 統治策 如何」(上), 『동아일보』, 1930.1.28, 1면 2단; 「안남(安南)의 민족운동(民族運動)」(四), 『조선일보』, 1930.3.20, 석간 1면.

6. 맺음말

이상에서 살펴본 것처럼 인도차이나의 식민지화 과정과 프랑스의 식민 정책을 통해 다음과 같은 현상들을 이해할 수 있다.

프랑스는 베트남을 보호국으로 만든 이후 1945년까지 응우옌 왕조의 존재 자체는 인정해 주면서 인도차이나 식민 정책을 유지할 수 있었다. 1884년 조약 이후 발생한 베트남의 의병 전쟁은 1897년을 정점으로 계속 쇠퇴해 나갔고, 1905년 이후에 전개된 '동유운동(東遊運動)'의 좌절과 1908년 항세운동(抗稅運動)의 실패는 베트남 독립운동의 국내 기반을 잠식하는 결정적인 계기였다. 따라서 보호국 체제를 유지하면서 전권을 장악하고 있던 식민정부가 굳이 '병합(倂合)'이라는 정치적 모험을 감행하면서까지 응우옌 왕조와 베트남 독립운동가들의 저항을 더욱 고조시킬 여지가 있는 원인을 제공할 필요는 없었다. 인도차이나는 코친차이나의 지역주의와 같은 식민정부 내부의 저항에 직면하기는 했지만, 영국이나 네덜란드와 함께 이미 동남아시아 내부의 지역 분할을 잠정적으로 합의한 상태였다. 이러한 상황에서, 식민지화의 실질을 대외적으로 굳이 알려서 자신의 소유권을 공고화할 필요가 없었기 때문에, 외부적으로는 응우옌 왕조의 '다이 남(Đại Nam, 大南)'이란 국호도 그대로 인정해 주었다.

프랑스의 베트남 식민지화 과정은 중국 본토를 목표로 하여 남부의 코친차이나로부터 중부 안남과 북부 통킹으로의 점진적인 북진(北進)의 역사로 이해할 수 있다. 프랑스의 북진 정책 과정에서 형성된 코친차이나의 지역주의와 다양한 식민주의 세력들은 연방 정부의 '효율적인' 식민 정책 수행을 저해하는 요소로 작용하기도 했다. 이러한 지역주의는 프랑스 본국의 혼란과 연결되어 일관된 식민 정책이 부재하는 결과를 낳기도 했다.

1897년부터 1902년에 걸쳐 인도차이나 총독을 맡았던 두메르는 인도차이나 연방의 재정과 행정 기구를 정비하면서 인도차이나에서 프랑스의 식민지 지배를 완성했다고 할 수 있다. 두메르 재정 개혁의 핵심은 관세와 간접세를 확보하여 인도차이나 연방 예산을 대규모 공공 토목 사업에 투입함으로써 식민지 건설의 인프라를 마련했다는 점에 있다. 그런데 이 과정에서 세금 징수는 과도했으며, 석탄, 광산, 고무 등 식민지 당국과 모국을 위한 산업 분야가 집중적으로 개발되면서 식민지 베트남의 산업 발전은 식민지 모국에 대한 의존성이 점점 강화되는 방향으로 나아갔다.

농촌에서는 식민 당국과 협력하는 지주들이 등장했고, 대토지를 확보한 자본가들은 플랜테이션을 개발하게 되었다. 그리고 도시와 지방, 그리고 지방과 지방을 연결하는 기차, 자동차 등이 등장하여 도시와 농촌의 사이에 새로운 환경이 조성되면서, 농민들이 '근대적인' 공장으로 유인되는 조건이 마련되었다. 특히 조세를 납부할 수 없는 농민들은 도시로 내몰려 값싼 노동자로 전락해 버렸다. 그래서 식민지 농촌 사회 내부에서는 소농 중심의 경제가 무너지면서 대지주의 폐해가 과거보다 훨씬 심각해졌고, 식민지 개발로 등장한 베트남 사회의 '자본주의적' 도시에서 '부르주아', '소시민', '노동자', '빈민' 등이 새롭게 본격적으로 나타났다.

그리고 현지 문명 연구와 교육 정책을 통해서도 알 수 있는 것처럼, 프랑스령 인도차이나의 문화 정책은 피식민지와 어느 정도의 '협력'을 추구하던 분위기에서 진행되었다. 이러한 '협력' 정신의 목적은 상호 간의 이해를 높여서 결국은 현지 식민지와 식민지 모국을 지속적으로 발전시키려는 데 있었다. 그런데 이 과정에서 문화 정책을 담당했던 사람들이 예상하지 못한 현상이 나타나기도 했다.

　꾸옥 응으의 보급으로 전통적인 지배자, 즉 유가 지식인들은 일반 평민들에 대한 통제력이 점차 약화하였다. '근대적인' 교육 과정에서 '전통'과 조금씩 결별해 가던 19세기 말과 20세기 전반이 교차할 무렵에 성장한 세대는 꾸옥 응으를 익히며 성장했다. 그리고 이 꾸옥 응으를 이해하는 계층이 계속 확산하면서 문자를 통해 지식을 전달하는 방식도 확대되었다. 꾸옥 응으를 도입할 당시에는 쯔엉 빈 끼와 같은 친불 성향 학자들의 역할이 컸으나, 꾸옥 응으의 유용성을 이해하게 된 민족주의자들도 '근대적인' 국어를 보급하는 데 열성적으로 앞장섰다. 아울러, 이러한 노력은 20세기의 대표적인 친불 지식인으로 꾸옥 응으의 전파에 공헌한 팜 꾸인(Phạm Quỳnh)의 "꾸옥 응으는 국혼을 보호하기 위한 수단"이라는 주장에서도 확인할 수 있다.

　학교에서 꾸옥 응으를 습득한 사람들은 전통적인 지식인들보다 '근대' 지식을 훨씬 많이 흡수할 수 있었다. 그리고 새로운 세대는 한문보다는 우선 꾸옥 응으를 익히면서 절약한 시간을 프랑스어를 배우는 데에도 투자하여 베트남어와 프랑스어를 동시에 구사하게 되었다. 이 과정에서 피식민지인으로서의 다양한 경험, 프랑스령 인도차이나에 대한 적개심, 베트남인으로서의 각성, 독립을 염원하는 행동 등이 모두 국어를 통해서 교육되고 전파되었다. 이렇게 인도차이나 당국의 정책으로 꾸옥 응으를 배우면서 성장한 신세대는 북쪽의 전통적인 이웃, 중국과는 다른 새로운 형태의 정치적·경제적·사회적·문화적 현상을 체험하면서 과거에서 미래를 지향하는 진보적인 독립운동을 전개하는 주체가 될 수 있었다.

제4장
미국의 식민지 필리핀 정책, 1898 ~ 1946

- 제국주의(Imperialism)와
탈식민주의(Decolonialism)의 접점에서 탄생한
필리핀인 국가 만들기(Making Nation State) 전략 -

_최정수

1. 머리말

미국은 1898년에 필리핀(Philippines)을 차지함으로써 '식민지를 보유한 제국(colonial empire)'이 되었다. 같은 해 5월에 듀이(Dewey) 제독이 지휘하는 동아시아 함대가 마닐라만에서 스페인 해군을 격파하고(Spanish-American War), 12월에는 매킨리 정부가 파리조약(Spanish-American Treaty of Paris)을 통해 해양제국 스페인의 식민지였던 필리핀을 2,000만 달러에 매입함으로써 식민제국의 대열에 합류했던 것이다. 이 과정은 전형적인 제국주의 열강의 수법이요, 식민주의의 표본이었다. 먼저 '전쟁'을 하고 '평화조약'을 통해서 식민지를 양도받았다는 점이 이를 보여 준다.

그러나 이후 미국이 펼친 필리핀 정책은 유럽이나 일본과 같은 식민제국의 그것과 전혀 달랐다. 미국은 필리핀 병합을 철회하고 필리핀인의 국가 만들어 주기(making nation-state) 프로젝트를 진행했다. 그것은 두 방향으로 전개되었다. 한편에서는 필리핀을 '공화국(Republic)'으로 만드는 작업을, 다른 한편에서는 '독립국(independence state)'으로 승인받는 작업을 벌였다. 전자는 필리핀인들을 정부와 국민으로 조직하는 일이요, 후자는 필리핀인들과 외국의 관계를 설정하는 일이다. 즉 전자는 필리핀을 주권재민 국가로, 후자는 주권독립국으로 각각 탄생시키는 일이었다.

미국의 공화국 만들기는 1902~1934년에 걸쳐 3차례의 '연방법'을 제정함으로써 수행되었다. 그리고 독립국으로 승인받는 전략 역시 1902~1945년에 수행된 '국가들의 가족 공동체(family of nations)'를 만듦으로써 실행되었다. 그리하여 미국은 1946년에 필리핀을 독립시키고, 국제연합(United Nations)에 가입시킴으로써 국가 만들기 사업을 일단락지었다.

이런 미국의 필리핀 지배사는 같은 시기의 다른 제국주의 열강에서는 찾아볼 수 없는 것이었다. 예컨대 필리핀 지배사는 첫째, 일본의 한국 지배의 역사와 비교해 보면 그 특성이 분명히 드러난다. 일본의 한국 식민지화는 전쟁(1904~1904)→군사적 점령(occupation, 1904)→정치적 보호국화(protectorate, 1905)→합병(annexation, 1910)으로 이어졌다. 반면 미국의 필리핀 식민지화는 전쟁→군사적 점령(1898)→병합(1899)→병합철회(1901)→독립 결정(1934)으로 전개되었다. 이처럼 미일 양국의 식민지 정책 역사는 시작은 같았지만, 이후 정반대 방향으로 전개되었다.

둘째, 미국의 식민지 자치정부 세우기(making self government)는 영국의 식민지 자치정부 건설정책과도 구별된다. 영국이 식민지인에게 허락한 자치정부는 백인 이주민들에 대해서였다. 그러나 미국이 필리핀에 세우려고 한 식민지 자치정부는 토착 원주민이 100% 운영하는 통치체제였다. 처음에는 백인과 원주민이 공동으로 정부에 참여하지만, 점차로 필리핀인의 참정 범위를 확대하고 마침내 백인(미국인)은 철수한다는 계획이었다. 간단히 말해서 영국 등의 유럽 열강의 식민지에서 원주민은 보조자로 참정했지만, 필리핀의 경우는 백인이 보조자였다.

셋째, 나아가 미국은 식민지를 독립시키고, 그것을 재포획하지 않을 것을 약속하는 '국가들의 공동체(community of nations)'를 만들자고 제안했으며, 실제로 이를 추진했다. 이 점은 열강의 정책과 결정적으로 달랐다. 민족자결주의(self-determination)가 이를 보여 준다. 이 원리에 따라서 많은 식민지가 독립운동을 벌였으며, 실제로 그들의 대부분은 시간의 문제였을 뿐 결국 신생국(new born state)의 지위를 획득했다. 그리고 국제연맹(League of Nations)에 가입하여 신생 독립국의 신분을 보장받으려고 했다. 그런데 민족자결주의는 자치정부 독트린(self government doctrine)을 보편적이고 추상적인 원리로 바꾼 것과 다름없었다. 개개 민족이 자신의 운명을 자신이 결정할 수 있는 권리를 주장하려면, 먼저 민족을 구성하는 개인이 자신의 운명을 스스로 결정할 수 있어야 하기 때문이다. 즉 피치자의 동의를 얻는 정부(government by consent of the governed)를 수립하는 것이 선행되어야만 그런 정부들로 구성한 국가들의 공동체를 조직하고 작동시킬 수 있다는 것이다. 그리하여 필리핀 국가 만들기는 바로 피치자의 동의를 얻는 정부 세우기의 선례로서의 의미를 지니게 되었다. 미국의 필리핀 국가 만들기 정책이 국가들의 공동체 만들기와 동시에 진행되었던 것도 이 때문이다. 그러나 미국을 제외한 열강은 이런 정책을 세울 수 없었다. 미국의 그러한 필리핀 정책은 결국 식민제국의 해체를 전제로 한 것이기 때문이다. 미국의 필리핀 정책이 탈식민주의의 성격을 동시에 지니게 된 이유도 여기서 비롯된 것이다.

 여기서 연구자는 묻지 않을 수 없다. 도대체 미국은 왜 이런 정책을 펼쳤을까. 대부분의 기존 연구를 통해서 이 문제에 대한 답변을 구하기란 쉽지 않다. 몇 가지 이유가 있다. 우선 통설적 연구는 미국의 필리핀 지배 역사와 다른 제국의 식민지 지배 역사가 보여 주는 차이점에 주목하지 않는다. 미국의 필리핀 지배는 미국이 제국주의 열강 대열에 합류한 사건으로 인식될 뿐이다. 즉 필리핀 점령은 미국이 1898년에 제국주의 열강이 되었다는 증거와 다름없다. 또 필리핀에 자치정부를 세우려고 했던 미국의 정책도 유럽 제국주의 열강이 그들의 식민지에서 펼친 자치정부 수립 정책과 다르다는 점보다는 같은 범주의 정책으로 간주한다. 한마디로 미국의 필리핀 정책은 키플링(Kipling)이 말한 '백인의 책무(Whiteman's Burden)'를 수행한 것일 뿐 특별히 구별해야 할 이유가 없다는 식이다.

 그러나 토착 원주민의 국가를 만들어 준다는 전략과 백인 이주 원주민의 자치정부를 만든다는 것이 같은 정책일 수 없다. 그리고 미국의 필리핀 정책은 유럽 및 일본 제국주의 열강의 식민지 정책과 차별성을 부여하며 펼쳐졌다. 미국은 이 점을 특별히 중시했으며, 그것을 시종일관 의도했다. 본문에서 밝히겠지만 미국의 필리핀 점령을 주도한 팽창론자들은 필리핀 정책에 다음과 같은 통치 철학을 투사했다. 첫째, '필리핀은 아시아의 핍박 받는 이들에게 희망의 등불이 되어야' 한다. 둘째, 필리핀은 미국의 자유 투쟁의 역사를 해외에서도 재현할 수 있음을 보여 주는 증거물이 되어야 한다. 한마디로 미국의 필리핀 지배사는 다른 식민제국들이 장차 걸어야 할 역사가 되어야 했다.

이를 위해서 미국은 열강과 '조약(treaty)'을 통해서 자국의 필리핀 정책의 원리를 그들의 식민지 지배의 원리로 받아들이도록 했다. 다음과 같은 골자의 조약이었다. 첫째, 열강은 식민지를 보호하는 역할을 해야 한다. 즉 식민지의 야만화를 막고, 문명화를 도와주어야 한다. 둘째, 그렇게 하려면 지배국은 식민지를 '병합'해서는 안 된다. 즉 '보호한다(protectorate)'는 개념은 '병합(annexation)하지 않는다'는 약속을 담고 있는 말이다. 셋째, 지배자는 식민지의 조약체결권(외교권)을 한시적으로 대행해야 하며, 대신 피보호국을 외침으로부터 보호해야 한다. 넷째, 보호국으로 삼으려면 피보호국의 자발적 동의와 제3국의 승인을 얻어야 한다. 그렇지 않으면 피보호국은 물론이요 제3국의 조약체결권을 침해하는 것이 된다. 피보호국과 제3국 간에 이미 조약이 체결되어 있을 경우에 그렇다. 미국이 제시한 이러한 조약을 모델조약(model treaty)이라고 한다.

필리핀 국가 만들기 정책의 원리를 모델조약의 원리로 만듦으로써 국가들의 가족 공동체 만들기가 가능해졌다. 그러한 원리를 지닌 조약을 맺은 국가들의 숫자가 늘어나면 일종의 조약체제가 될 것이기 때문이다. 이런 체제가 성립되면 피보호국에게 유리하다. 그러한 조약체제가 보호국 단계를 거쳐서 신생 독립국으로 나아갈 수 있는 기회를 주고, 반면 그 반대 방향으로 전개되는 것, 즉 보호국으로부터 나아가 병합하는 것을 반대할 것이기 때문이다. 그리고 신생국가가 되어 국가들의 공동체에 가입하면 다시 식민지로 포획당하는 것을 예방할 수 있다. 실제로 이후의 역사는 그런 방향으로 전개되었다. 국가들의 공동체가 세워질 때마다, 즉 제1차 헤이그 평화회의(Hague Peace Conference)→제2차 헤이그 평화회의→국제연맹→국제연합(United Nations)으로 진화하는 동안 가입하는 국가들의 숫자가 비약적으로 늘어났는데, 대부분이 약소국이었다는 점이 이를 보여 준다. 그리하여 1차 헤이그 회의 때 초청받은 국가의 숫자는 26개국이었지만, 국제연합을 출범시킬 때는 100개국이 창립국이 되었다. 그리고 이후 현재까지 다시 100여 개 국가가 신생국으로 가입했다. 즉 약 1세기 동안 식민제국의 식민지는 점차로 줄어들고, 신생독립국의 숫자는 늘어났다. 신생독립국의 대부분은 이전에 식민지 출신이었다. 이는 무엇을 의미하는가. 국가들의 가족 공동체를 만든 주요한 목적이 식민지 해체에 있었다는 것이다. 그러면 미국은 왜 이런 식의 국가들의 공동체를 만들려고 했을까. 결론부터 말하자면 필리핀 정책이 그러한 정책의 중요한 기원 중 하나였다. 필리핀에 공화국을 세우고, 미국이 철수한 후에도 독립을 유지하는 방법으로 준비된 전략이 국가들의 공동체를 만든다는 것이었기 때문이다. 그리고 이를 위해서 때마침 열린 헤이그 평화회의를 이용한다는 것이었다. 그리하여 미국의 필리핀 국가 만들기 정책은 헤이그 평화회의를 통해서 국가들의 공동체 만들기 정책의 표본으로서의 의미를 지니게 되었다.

이 연구는 바로 이 점을 보여 주려는 것이다. 즉 이 연구의 목적은 1898~

1946년 미국의 필리핀 정책을 국가 만들기 전략에 초점을 맞춤으로써 그동안 가려졌던 필리핀 정책의 다음과 같은 실체를 드러내는 데 있다. 첫째, 미국의 필리핀 국가 만들어 주기는 두 측면으로 전개되었다. 하나는 공화국 만들기요, 다른 하나는 독립국가 만들기이다. 둘째, 공화국 만들기와 독립국가 만들기의 정책은 표리를 이루며 동시에 추진되었다. 셋째, 독립국 만들기 전략은 바로 국가들의 공동체 만들기를 통해서 펼쳐졌다. 넷째, 이렇게 보면 필리핀 정책은 미국의 거대전략(grand strategy)의 중핵을 이루었다. 다섯째, 미국의 필리핀 정책은 세계 식민제국의 해체를 촉발했다. 이는 결과로 그렇게 된 것이 아니라 처음부터 그것을 의도한 결과였다. 이 연구가 보여 주려는 이러한 점들은 필리핀 정책을 경제결정론적인 관점에서만 보면 찾아내기 힘들다.

이를 위해 이 연구는 본문을 6개의 장으로 나누었다. 먼저 제2절을 통해서 미국의 필리핀 정책에 대한 연구사를 소개할 것이다. 이 글이 기존의 연구들과 다른 점을 보여 주기 위해서이다. 다음으로 제3절을 통해서 미국의 필리핀 국가 만들기 정책이 나오게 된 대내외적인 배경을 살피려 한다. 이어서 제4절에서 필리핀 공화국 만들기 전략이 추진되는 과정을 추적한다. 미국 상원이 제정한 필리핀 통치법을 통해서 소개할 것이다.[1] 다섯 번째로 제5절에서는 필리핀을 독립국가로 만드는 과정을 살

---

[1] 왜 이 연구는 미국의 필리핀 통치법에 주목하려는가. 두 가지 이유가 있다. 첫째, 미국은 헌법제정 당시부터 국제법을 공법에 포함시켰기 때문이다. 따라서 미국의 경우 헌법과 국제법이 일치해야 했다. 즉 "국제법(international law)을 헌법(Constitution)으로 간주해야 한다." 미국 헌법의 아버지(Founders) 중의 하나인 존 제이(John Jay)는 '연방주의자(Federalist)'라는 문서를 통해서 '미국 헌법은 국제법이 준수(observance)되도록 증진해야 한다'고 주장했다. 그리고 제임스 매디슨(James Madison)은 그 이유를 이렇게 설명했다. 그 경우 대내적으로 미국 민주주의가 "민주적인 전제주의(democratic

핀다. 이 점은 미국 행정부가 수립한 세계전략(world strategy)을 통해서 구명할 것이다. 미국 행정부가 필리핀 정책을 세계 차원의 대외전략과 결합했기 때문이다. 제6절에서는 필리핀인들이 만들려고 했던 국가상을 소개한다. 과연 필리핀인들은 미국이 이식하려고 했던 공화국·독립국 만들기에 대해서 어떤 생각을 했을까. 이 문제를 검토하려는 것은 필리

despotism)"로 전락하는 것을 막고, 대외적으로 유럽 "제국들의 포식(imperial predations)"으로부터 "깨지기 쉬운 공화국(fragile republics)을 보호하는 방벽(bulwark)"을 만들 수 있기 때문이다. "국가들의 법(law of nations)"이 "헌법"이 되어야 하는 이유가 여기에 있다. 둘째, 헌법과 국제법을 일치시켜야 한다는 원리를 외교 사건(foreign affairs)과 외교관계(foreign relations)에 반영했기 때문이다. 미국은 이를 헌법에 최고법 조항(supremacy clause)으로 명문화했다. Martin S. Flaherty, 'International Law: Public Law in United States Law', Stanley N. Katz(ed), *The Oxford International Encyclopedia of Legal History, Volume 3*(New York, Oxford University Press, 2009), pp.290-291.
국가의 최고법 조항은 헌법 제6조에 명시됐다.
* "제6조 제2절(연방의 우위): 이 헌법, 이 헌법에 준거하여 제정되는 합중국의 법률, 그리고 합중국의 권한에 의해 체결된 또는 장차 체결될 모든 조약은 국가의 최고의 법이며, 모든 주의 법관은, 어느 주의 법률이나 헌법 중에 이것에 배치되는 규정이 있을지라도, 이 헌법에 구속받는다."
* "제6조 제3절: 앞서 언급한 상원의원과 하원의원, 합중국 및 각주의 행정부와 사법부의 모든 공무원은 선서 또는 확약에 의해 이 헌법을 지지할 의무가 있다."
- 한국 미국사학회 엮음, 2006, 『사료로 읽는 미국사』, 궁리, 567쪽.
그러나 유럽에서 국제법은 학문적으로만 인정했기에 국제법을 법으로 볼 것인가를 놓고 미국과 유럽 간에는 충돌을 피할 수 없었다. 유럽 전체가 국제법을 인정한 것은 1945년 국제연합 헌장 설립을 통해서였다. 미국의 필리핀 통치법과 유럽과 일본의 식민지 정책 간에 충돌은 여기서 비롯되었다. 요컨대 조약은 국가의 최고법이라는 조항에 의거하여, 만일 행정부가 상원이 제정한 필리핀 통치법을 위반하면 위헌이 된다. 그리고 미국법과 조약은 일치해야 하니, 미국의 외교 및 국제 관계 역시 이에 구속된다. 만일 조약 상대국이 이를 위반할 경우에도 마찬가지이다. 그러나 국내법과 달리 국제법 위반을 심판할 기구가 없다. 때문에 연방 대법원과 같은 역할을 할 수 있는 국제법정이 필요해진다. 미국은 그러한 성격을 지닌 법정을 헤이그에 설치된 중재재판소를 개혁함으로써 만들려고 했다. 마찬가지로 국제중재법원의 판결은 국내 법원과 달리 집행력이 없다. 국제 경찰이라는 제도는 이 때문에 탄생했다.

핀이 독립 후 1970년대에 독재체제를 경험했기 때문이다. 미국으로부터 약 44년간(1902~1946) 공화국 이식을 훈련받았는데, 어떻게 마르코스와 같은 독재 정부가 등장할 수 있었을까. 그리고 현재까지도 소수의 특정 가문이 부와 권력을 독점하는 현상이 계속되는 이유는 무엇인가. 끝으로 제7절에서는 미국의 필리핀 국가 만들기 전략이 미국의 대한정책에 영향을 미쳤다는 점을 추적할 것이다. 이를 위해서 태프트-가쓰라 협정을 분석할 것이다.

2. 필리핀 문제를 둘러싼 연구사

■ 문제 제기

제국주의 시기의 미국의 필리핀 정책은 논쟁의 대상이다. 크게 세 가지 범주에서 논쟁이 벌어졌다. 첫째, 제국주의 개념 논쟁이다. 1898년 미서전쟁과 이후의 미국의 필리핀 정책을 제국주의로 볼 수 있는가. 둘째, 제국주의의 동기이다. 미국은 무엇 때문에 스페인과 전쟁을 했으며, 필리핀으로 갔는가. 한편에서는 경제적 이득을 취하기 위해서라고 주장하며, 다른 한편에서는 비경제적인 이유를 제시하고 있다. 전자를 경제결정론으로, 후자를 비경제결정론으로 각각 부른다. 셋째, 제국주의의 결과이다. 즉 미국의 필리핀 지배는 식민지인들의 발전을 초래했을까. 종속이론과 문화제국주의가 이 점을 검토했다.

학자들과 평론가들이 시간적으로 가장 먼저 제기한 문제는 동기였다. 동기 논쟁은 경제결정론이 먼저 펼쳐졌고, 다음으로 비경제결정론이 반격하는 형태로 이루어졌다. 사실 양측의 논쟁은 평행선을 달렸다. 어느 편의 주장도 상대방을 압도할 만한 증거를 제시하지 못했다. 이러한 논쟁 구도는 한국에서도 재현되었다. 한편에서는 경제결정론이, 다른 한편에서는 비경제결정론적 해석이 맞서고 있다.

1) 한국학자의 연구

■ 강택구, 1995.12, 「19세기 말 미국 정치계의 제국주의 논쟁: 필리핀 합병안에 대한 상원의 논의를 중심으로」, 『미국사 연구』 3집.

이 연구는 필리핀 병합안을 둘러싸고 전개된 미국 행정부와 상원의 논쟁을 다루었다. 여기서 저자는 미국의 필리핀 정책에 대한 경제결정론적 해석에 대해 다음과 같이 반론을 펼쳤다. 우선 그는 필리핀 문제를 둘러싼 정치가들의 논쟁이 역사가의 논쟁으로 전화되는 과정을 설명했다.

근대 미국 외교사의 분수령이었던 1898년대 스페인전쟁과 파리평화회담에 관한 기록은 당시 유력한 공화당 정치인인 알저(Russel Alger)와 로지(Henry Cabot Lodge)의 저술들로부터 시작된다. 특히 여기 나타나는 필리핀 군도 합병 동기와 과정상의 문제는 차후 미국 제국주의 논쟁의 시발점으로 수많은 역사가의 관심과 논의에 초점이 되었으며, 이 중에서 이른바 경제결정론자(經濟決定論者)들의 연구는 가장 두드러진다.[2]

우선 1900년 초 기딩스(Franklin H. Giddings)는 마닐라만 전투 이전 미국 비즈니스계의 새로운 시장확보 욕구는 매킨리(Mckinley)로 하여금 극동에서의 새로운 영토 확장에 나설 것을 강요했다고 주장하였다. 매킨리의 정치적 라이벌이었던 페티그루(Richard F. Pettigrew)는 1922년 자신의 저서인 『워싱턴의 제국주의자들』에서 매킨리를 미국 비즈니스계의 완전한 하수인으로 묘사하였다. 이러한 경제결정론자들의 해석은 이후 윌리암스(Williams A. Williams)나 래이피버(Walter LaFeber)와 같은 학자들에게는 다르게 나타난다. 이들은 비즈니스계의 행정부에 대한 강하고 직접적인 영향을 평가절하하고 있다. 이들은

---

2   강택구, 1995.12, 「19세기 말 미국 정치계의 제국주의 논쟁: 필리핀 합병안에 대한 논쟁을 중심으로」, 『미국사 연구』 3집, 1쪽

미국 제국주의-원인을 더 복잡하고 결정론적인 관점에서 이해하고 있는바, 당시의 공화당의 매킨리 행정부는 1890년대의 불경기의 지속이 미국의 사회평화를 파괴할지도 모른다고 두려워하였다는 것이다. 따라서 이들 정치인은 해외 팽창이 미국의 잉여생산물 탈출구 역할을 할 것으로 기대하였고, 차후에 스페인전쟁과 필리핀 문제 등도 쿠바와 극동 시장을 확보키 위한 욕심에서 비롯되었다고 해석하였다. 결국 이들의 주장은 미국의 사회·경제적 모순 및 그 한계가 미국을 숙명적인 해외 팽창으로 나아가게 한 직접적인 원인이라는 것이다.

그러나 캠벨(Charles S. Campbell, Jr.)이나 맥코믹(Thomas McComic)의 관점은 약간은 다르다. 이들은 매킨리의 필리핀 통치에 대한 욕심은 근본적으로 중국 시장에 대한 접근의 한 방식으로 보았다. 그러나 캠벨이 비즈니스계의 영향력이 정책에 큰 영향력을 행사했다고 보는 반면에, 맥코믹은 매킨리 스스로가 중국 시장에 대한 교두보로서 필리핀의 가치를 예견했기 때문에 주체적이고 능동적으로 정책을 시행했다고 본다.

한편 매킨리의 전기작가(傳記作家)인 스피엘맨(William C. Spielman)은 대통령이 천성적으로 제국주의자가 아니었으며, 듀이의 승리 직후부터 벌어진 일련의 상황 속에서 팽창의 길로 딸려 들어간 인물로 묘사하고 있다. 같은 맥락에서 프랫(Julius W. Pratt)과 그리스올드(Whitney Griswold)도 의사결정과정에서 대통령의 개입을 평가절하고 있다. 이들은 루스벨트(Theodore Roosevelt)나 로지(Henry C. Lodge) 등이 주도한 소규모 팽창주의 집단들이 카리브해와 극동에서의 군사적·상업적 우월성을 확보하기 위해 모의했고, 이들이야말로 대통령을 팽창의

길로 유도한 인물들이라고 단언하였다.[3]

다음으로 논문의 저자는 필리핀 병합을 둘러싸고 당시에 벌어진 의회의 논의과정과 행정부의 동향을 검토했다. 그리고 이들의 논의를 근거로 경제결정론이 역사적 사실과 부합하는지 의문을 제기했다. 매킨리의 필리핀 정책은 비즈니스계의 로비가 아니라 의회와 타협한 결과였다는 것이다.

그러나 1898년 8월의 스페인전쟁 휴전 조인과 다음 해 2월 상원의 평화조약 비준 간의 시기에 있었던 필리핀 합병 문제에 대한 의회의 논의과정과 행정부의 동향에 대한 분석은 여러 가지 사실을 암시한다. 이는 시장에 대한 욕구가 영토획득의 '절대적 요인'이었다는 주장, 행정부가 제국주의 정책의 수립을 위해 사전에 용의주도한 계획을 세웠다는 주장, 혹은 비즈니스계가 매킨리에게 상당한 압력을 행사했다는 주장 등을 실증적인 측면에서 뒤엎는 것이다. 자료를 면밀히 검토해 볼 때 매킨리는 탐욕스러운 팽창주의자는 아니었다. 오히려 국민과 자기 당의 지원을 확보하고, 기회를 기꺼이 이용할 줄 아는 유능한 대중 정치가였다. 그리고 그가 이러한 확신을 가지게끔 끊임없이 유도하고 용기를 준 것은 로지 등으로 대표되는 강경론자들의 주장이었다. 따라서 본 고에서 필자는 미국의 본격적인 해외 팽창의 상징인 필리핀 합병과정에 나타나는 대통령과 팽창론자들의 상관관계 및 역할, 그리고 의회 내의 토론과정을 분석함으로써 이 시기 미국 제국주

---

3   강택구, 1995, 앞의 글, 1~3쪽.

의의 역사적 성격을 살펴보고자 한다.[4]

의회에서 어떤 논쟁이 오고 갔을까? 연구자는 특히 헌법 논쟁을 소개했다. 필리핀 병합 반대론자들은 그것이 위헌이라고 주장했다.

반제국주의자들은 미국의 새로운 영토 합병을 미국의 역사적·전통적·법적·도덕적·인종적 측면에서 부합되지 않는다고 보았다.[5]
아일랜드 계통의 유권자를 대표하는 상원의원들은 필리핀 문제를 인식하는 데 있어서 영국의 제국주의를 연상시켰다. 브라이언(Bryan)의 영향을 받은 보수적인 남부와 서부 출신의 상원의원들은 합병을 위헌, 국내 개혁의 실종, 그리고 미국 인종의 오염 가능성 등의 단서로서 보고 있었다. 다수의 민주당원은 필리핀인들이 자치정부의 선택권과 독립권을 가져야 한다고 보았다.[6]
필리핀인들에 대한 미군의 공격적 행위는 승인되지 않은 대통령의 전쟁행위가 될 것이며, 나아가 배타적으로 의회에 맡겨진 헌법상의 권리를 부정하는 것이 될 것이다[네브래스카주 출신의 무소속 상원의원인 알렌(Allen)].[7]
미국은 헌법 외적으로 해외 영토를 획득하고 통치할 어떤 천부적인 권리를 가지고 있지 않다.… 식민정책은 우리의 공화주의적 원칙의 포기를 야기할 것이다. 또 미국인들의 관심을 국내 문제로부터 멀어

---

4   강택구, 1995, 앞의 글, 3쪽.
5   강택구, 1995, 위의 글, 25쪽.
6   강택구, 1995, 위의 글, 26~27쪽.
7   강택구, 1995, 위의 글, 24쪽.

지게 할 것이며, 나아가 워싱턴에 독재정권이 나올지도 모른다[민주당의 맥로린(McLaurin)].[8]

미국은 관용스런 전제주의(專制主義, benevolent Despotism)라는 식의 유럽적 사고를 벗어던져야 한다. 미국은 이제 폭넓은 정치가다운 정책을 추구할 기회를 맞이했다. 문명과 비문명 세계 양측은 이제 이러한 기회로부터 변화를 찾을 수 있다[공화당원 찰스 애덤스(Charles F. Adams)].[9]

필리핀 병합 찬성론자들은 그것이 합헌이라고 주장했다.

공화당의 팽창주의자인 플랫(Orville Platt)은… 미국이 주권국가로서 영토를 획득할 타고난 권리를 보유하고 있음을 지적하였다. 미국의 식민지 정책에 대해 헌법적 정당성의 물음에 대해 그는 그러한 권리가 의회에 허용되어 있다고 주장하였다.[10]

의회 내에서 다음과 같은 타협안이 나왔다.

미국은 필리핀 군도를 미국의 한 부분으로서 합병할 의도를 가지고 않는다.… 따라서 미국은 이 지역의 정책적 방향을 지역자치정부로 할 것으로 삼을 것이다[맥에너리(McEnery) 결의안].[11]

---

8   강택구, 1995, 앞의 글, 24쪽
9   강택구, 1995, 위의 글, 25쪽
10 강택구, 1995, 위의 글, 30쪽
11 강택구, 1995, 위의 글, 35쪽

그리고 연구자는 미국의 필리핀 정책은 기업인의 배후조정이 아니라 의회의 논의와 동의를 얻은 정책이었다고 결론을 내렸다.

당시 일부 공화당 의원들은 민주당의 반대에 이미 동의하고 있었고, 그들은 매킨리를 "대통령으로서 매우 위험한 인물"로 묘사했다. 이 시기에 보스턴에 본부를 둔 반제국주의 동맹(Anti-Imperialism League)은 당시 많은 법률가, 학자, 정치가 등을 포함한 정치단체였다. 이들은 정부가 국민의 동의 없이는 존재할 수 없다는 헌법을 팽창주의자들이 깨고 있다는 상원 내 반대파들의 의견에 동의했다. 동맹의 간부들은 호어(Hoar), 그리고 민주당과의 연합을 희망했다. 호어는 필리핀 문제에 대해 그들과 의견을 같이하고 있었지만, 근본적으로 그들을 불합리한 사람들로 간주하고 있었다. 이러한 그의 소신은 상원이야말로 평화조약의 운명에 전적인 책임을 져야 한다는 신념에서 나온 것이다. 그리고 그는 제도권 바깥의 소수들만이 전문가적인 식견을 가지고 있다고 확신했다. 결국 그는 연맹의 반제국주의 운동을 아마추어적인 것으로 간주하였다.[12]

매킨리는 상원에 조약 비준 동의를 얻기 위해 상원 내 소수 팽창론자와 긴밀히 협조하였다. 이에 대해 반대론자들은 인종적 오염 문제, 외국과의 분규, 그리고 공화제 위기 가능성, 자본 낭비 등을 이유로 맹렬히 반대했다. 그러나 반대파들의 대안 없는 투쟁, 그리고 비효율적이고 이기적인 반대(호어와 브라이언, 그리고 반제동맹의 예에서도 잘 나타나는) 등은 오히려 조약 비준에 도움을 준 격이 되고 말았다.… 결국

---

12 강택구, 1995, 앞의 글, 25~26쪽

조약안은 상원을 통과하였고, 이는 미국 외교정책의 공식적인 대전환을 뜻하는 것이었다. 따라서 차후 미국은 아메리카 대륙을 넘어서 아시아를 비롯한 해외 진출 등 식민지 정책을 공식화하게 되었다.[13]

이상의 논쟁을 통해서 강택구의 연구는 무엇을 보여 주려고 했는가. 첫째, 필리핀 정책을 결정한 것은 비즈니스계가 아니라 미국 의회와 행정부였다. 둘째, 미국 상원은 필리핀 병합 문제를 헌법 위반 차원에서 치열하게 논쟁했다. 셋째, 매킨리는 비즈니스계의 하수인이 아니었다. 요컨대 미국의 필리핀 정책은 경제결정론적인 관점에서 결정되지 않았다는 것이다.

- ■ 권오신, 2000, 『미국의 제국주의: 필리핀인들의 시련과 저항』, 문학과 지성사.

권오신은 한국인으로서 미국의 필리핀 정책을 본격적으로 연구한 학자이다. 더욱이 그는 미국이 아니라 필리핀에서 연구하고 박사학위를 취득했다. 그는 서장에서 자신의 연구를 이렇게 소개했다. 먼저 저자는 '미국의 필리핀 정책이 유럽이나 일본과는 다른 방식의 제국주의, 즉 미국식 제국주의임을 인정해야 하는가'라는 문제를 다루었다. 즉 미국식 제국주의를 인정해야 하는가 하는 문제 제기에 미국과 유럽 간의 제국주의 정책에 차별성을 부여할 수 없다고 말한다.

제국주의에는 일반적 특성이 있고, 나름대로 특이성도 있다. 이 책에

---

13   강택구, 1995, 앞의 글, 37쪽

서는 제국주의 국가군 중에서 미국 제국주의의 성격은 어떠하며, 그 특이성은 무엇이었는지를 살피고자 한다.… 20세기 전반기의 세계질서를 이해하기 위한 하나의 구도로 오늘날 우리에게 중요한 영향력을 행사하고 있는 미국은 당시 그들의 식민지였던 필리핀에 대하여 어떠한 성격의 제국주의 정책을 운용하고 있었는가 하는 점을 밝혀보고자 하는 것이 이 책의 목적이다. 그것을 위해 한편으로 미국이 필리핀에 대하여 어떠한 지배이념으로 무슨 기구를 통하여 어떠한 방식으로 통치하였는가 하는 주제와, 다른 한편으로 미국의 지배에 대하여 필리핀인들은 어떻게 대처하였는가 하는 주제에 중점을 두고 서술하겠다. 미국 제국주의만이 갖는 특이성이 있고, 그런 측면에서 차별화를 시도하려는 연구자들도 있다. 하지만 결국 우리 모두의 기대인 역사 연구의 목적 중 하나는 우리와 그들의 과거를 통해서 현재와 미래를 발전적인 방향으로 이끌어야 한다는 당위론적 요구에 충실히 하고자 함이다. 이런 점들 또한 이 책의 성취 동기로 삼고자 한다.[14]

다음으로 저자는 필리핀 자치정부 만들기의 진정성을 검토했다. 그리고 민주주의 전시장으로 만들려고 했다는 점을 완전히 부정할 수는 없지만, 그보다도 제국주의의 이기적 목적을 위한 것이었다고 보았다.

  미국인들이 식민지 지배에서 대외적으로 나타내며 추구하고자 하였던 목표 중 하나는 필리핀에 자치정부를 실현하고자 하는 것이었다.… 필리핀에서 미국인들의 사명은 미개한 사람들을 개화시키고,

---

14 권오신, 2000, 『미국의 제국주의: 필리핀인의 시련과 저항』, 문학과 지성사, 7~8쪽.

가난하고 잘못 인도된 갈색 피부의 토착민들을 돕는 것이라고 하였다. 이런 논조는 결국 과거에 행한 제국주의적 조치를 정당화시키는 백인의 짐이라는 논리와 당시 필리핀에 대한 미국의 모험을 정당화시키려는 논리에서 비롯되었다고 본다. 아시아에서 '미국 민주주의의 전시장'을 구축하려는 노력도 일면 있겠지만, 제국주의의 이기적인 목적들이 완전히 감추어지거나 무시될 수는 없었다. 따라서 미국의 자비로움이라는 명분도 결국은 자국의 이익을 복선으로 깔고 있는 것이다.[15]

세 번째로 저자는 미국이 필리핀을 독립시키기로 한 타이딩스-맥더피법의 제정 동기를 살폈다. 자치정부 만들기와 마찬가지로 필리핀 독립법 제정 또한 미국이 대내외의 상황(대공황, 필리핀 농산물과 노동자 유입에 대한 미국 농민·노동자의 불만)에 몰려서 취한 정책일 뿐이라는 것이다.

그러면 당시 식민 지배국인 미국이 과도기 설정이라는 조건부이긴 했지만, 왜 식민지에 독립을 확약해 주었는가 하는 중요한 문제가 남는다. 제국주의 시기에 제국주의 국가가 인도적 차원에서 식민지를 해방해 독립을 인정해 주었던 경우를 찾을 수 있는가? 우리는 그런 사례를 찾을 수 없다. 미국의 경우도 마찬가지였다. 우리는 1930년대 전반기의 미국 내 변화된 상황 면면들을 읽을 필요가 있다. 1930년대 미국의 대표성은 한마디로 경제공황에 직면했다는 사실이다. 현실적인 경제 문제를 타개하기 위한 해법을 찾는 것은 쉽지 않았다. 특히 식민

---

15   권오신, 2000, 앞의 책, 22쪽.

지인 필리핀과 관계된 부분에서의 문제점은 농산물 무관세 유입과 값싼 필리핀 노동자의 대거 유입으로 미국 내 농민과 노동자 세력들이 강하게 반발하는 상황이 발생했다. 각종 이익 단체들과 연계된 그 세력들은 각종 요구조건을 제시했지만, 해결될 기미가 보이지 않자 종국에는 원천적인 해법을 제시하였다. 그것은 곧 문제의 원천인 식민지를 아예 독립시켜 버리자는 단순한 논리였다. 상황이 이에 이르자 현실적으로 미국 정치권에서도 이 문제를 좌시할 수 없게 되었고, 어떻게 해서든 해결해야 하는 당위성에 직면하게 된 것이었다. 결국 그 결과들이 바로 타이딩스-맥더피법으로 나타난 것이다. 미국은 편의상 10년이라는 과도기를 설정하는 조건으로 독립 과도정부를 성립시켰다.[16]

끝으로 저자는 필리핀인의 독립운동을 평가했다. 상황에 몰려 제정한 미국의 필리핀 독립법에 필리핀 지도층이 협조했기 때문에 이 점을 검토하지 않을 수 없었다고 설명하며, 결국 필리핀인의 독립운동이 있었기에 미국이 독립을 확약했다고 한다.

결국 미국이 필리핀 독립을 인정한 것은 제국주의적 지배를 근본적으로 반성했다거나 변화된 세계 환경을 고려해서가 아니라 필리핀 상품과 노동력 유입으로 미국 내 불만 세력들이 늘어나는 상황을 타개하는 조치로서 시행되었다고 보아야 한다. 여기에 꾸준히 독립운동을 전개해 온 필리핀 독립운동 세력과 공조하기에 이른 것이다. 내용에

---

16 권오신, 2000, 앞의 책, 25~26쪽.

서 이렇게 본다면 필리핀 독립운동은 일면 크게 희석될 수도 있겠지만, 집요하게 독립 달성이라는 대의를 위해 활동한 그들의 노력이 없었다면 독립 확약을 얻어내는 것은 불가능했다고 보여지며, 그런 의미에서 그들의 노력에도 그것에 상응하는 의의가 주어져야 하겠다.[17]

권오신의 연구는 4가지 주장으로 정리할 수 있다. 첫째, 미국의 필리핀 정책은 경제적 이익을 목적으로 한 것이다. 독립법을 제정한 것도 이를 위한 것이었다. 둘째, 식민지 자치정부를 세우는 것이 미국의 목표 중 하나였지만, 그것은 지배를 정당화하기 위한 논리일 뿐이다. 따라서 다른 제국주의 열강의 정책과 다르지 않다. 셋째, 필리핀을 독립시키기로 한 것은 대공황과 미국 내 농민들의 수입과 노동자들의 일자리를 지키기 위해서였다. 즉 필리핀을 독립시키기로 한 것은 미국의 진의가 아니었다. 넷째, 비록 필리핀인들이 미국의 독립법 제정에 공조했지만, 필리핀인들이 독립운동을 통해 미국으로부터 쟁취한 것으로 보아야 한다.

2) 미국 학계의 연구

■ Gordon Martel(ed), *American Foreign Relations Reconsidered*, 1890-1993(New York, Routeledge, 1994), 정진위 편역, 『미국 외교정책, 1890~1993』(박영사, 1996)

앞서 언급했듯이 한국 학계의 논쟁은 미국에서 벌어진 논쟁을 재현한 것이다. 미국 학계의 논쟁을 잘 보여 주는 연구서 중 하나가 저명한 외교

---

17 권오신, 2000, 앞의 책, 26쪽.

사가 고든 마르텔이 편집한 책이다. 그는 미국 외교를 둘러싸고 1890~1993년에 일어난 학자들 간의 논쟁을 소개하였다.

이 책에는 모두 12편의 연구 논문이 12장에 나누어 실려 있으며, 이 중에 미국의 필리핀 정책과 관련지어 살펴보아야 할 논문은 모두 6개 장에 나뉘어 있다. 제1장 미국 외교의 전통: 식민지에서 강대국으로, 제2장 미국 외교의 제도와 정책 결정 과정, 제3장 경제적 이익과 미국 외교정책, 제4장 미국적 제국주의 1890~1916, 제5장 윌슨의 외교정책, 제6장 고립주의의 승리 등이다.

제1~3장은 19세기 말부터 20시기에 걸쳐 펼쳐진 미국 외교의 배경과 같다. 예컨대 제2장의 논자(J. Carry Clifford)는 이렇게 주장한다. 왜 역사가들이 미국 외교의 제도와 정책 결정 과정을 살펴야 하는가?

첫째, 외교정책을 둘러싼 입법부와 행정부 간의 투쟁이 실제로 일어났기 때문이다.

> 외교정책을 둘러싸고 입법부와 행정부 간의 투쟁은 끊임없이 전개되었으며, 때로는 전장을 방불케 하는 치열한 대립양상을 보이기도 했다.[18]

둘째, 외교정책을 둘러싼 미국의 권력 분립 기관 간의 대립을 권력분립론에 입각한 헌법을 가진 영국조차 이해하지 못했기 때문이다.

1941년 초임 신임 영국대사가 워싱턴에 부임하였다. 탁월한 정치가

---

18 Gorden Martel(ed), *American Foreign Relations Reconsidered, 1890-1993*(New York, Routeledge), 정진위 편역, 1996, 『미국 외교정책, 1890~1993』, 박영사, 39쪽.

이면서 인도 총독을 역임한 바 있고, 과거 3년간 외무장관이었던 핼리팩스 경(Lord Halifax)은 미국에 대한 직접 경험의 기회가 전혀 없었으며, 더욱 미국정치의 혼란함에 대한 사전지식이 전혀 없었다.… 그는 워싱턴의 정책 과정에 있어서 비효율성과 비합리성에 불만을 토로하는 장문의 보고서를 런던으로 보냈다. 핼리팩스는 루스벨트 대통령이 여론에 신경을 쓰는 것에 놀라움을 금치 못했다. 또한 백악관과 의회 간의 거리감과 불신감을 보고 깜짝 놀랐으며, 다양한 행정부처들 사이에서 제도적인 역류 현상과 개인적인 경쟁을 "마치 서로 다른 국가의 행정부인 것 같다"며 이해하지 못했다. 이러한 상황을 핼리팩스는 그가 가장 좋아하는 비유를 통해 미국 외교 제도와 정책 과정에 대해 다음과 같이 표현했다. "내가 생각에 이건 마치 총을 쏘아대는 몰이꾼들의 무질서한 상황과 같아. 그들은 토끼를 덤불에서 내쫓기는 하지만 정작 토끼들이 어디에서 나올 것인지는 그 누구도 예측할 수 없거든." 핼리팩스를 비롯한 다른 관찰자들이 가장 이해하기 어려웠던 것은 권력 분립과 아울러 복잡한 견제와 균형 체제, 즉 외교적 사안에서 대통령의 강력한 주도권 행사에 대한 법적·제도적 제한이었다.[19]

사학자 윌슨(Theodore A. Wilson)이 언급했듯이 "미국이 수용한 제도, 특성 그리고 제도적 제약 등은 다른 국가들의 통치제도와 중요한 의미에서 차이를 보인다. 이러한 차이는 매우 중요하다."[20]

셋째, 외교정책을 둘러싼 입법부와 행정부 간의 투쟁을 미국 외교에

---

19 정진위 편역, 1996, 앞의 책, 35~36쪽.
20 정진위 편역, 1996, 위의 책, 36쪽.

일관성이 없는 증거로 해석해서는 안 되기 때문이다.

의회와 대통령의 상호적용과 행정부 내의 경쟁적 역동성-여론의 효과, 압력단체와 로비단체의 역할, 언론매체(이른바 정부의 제4부)의 영향, 사회 내 사회적·경제적 힘과 문화, 그리고 이데올로기적 가치의 구조변화 등은 미국 외교를 연구하는 사학자들이 고려해야 하며 이러한 추가 요소들을 큰 틀 속에서 이해하려고 시도해야 한다.

조직 내의 갈등과 우연한 결과에 대한 강조가 장기간에 걸친 미국 외교정책의 족적과 방법론의 일관성을 강조하는 해석을 부인하는 것은 아니다. 정책의 급정지와 급선회에도 불구하고 핵심적인 국가 이익에 관한 대체적인 일반적인 동의가 미국 역사 전반에 걸쳐 있었다. 이는 외교정책의 목적에 관한 실용적인 합의를 의미한다. 논쟁이 있었다면 그것은 방법에 관한 것이었다. '어떤 쪽으로 영토 확장을 할 것인가?', '공식적으로 제국을 건설할 것인가?', '어떻게 하면 미국의 국익에 유리한 국제정치 질서를 창출하고 또 유지할 수 있을 것인가?', '어떻게 하면 해외에서 그리고 국내에서 민주주의적 가치를 보호하면서 다른 목적을 추구할 수 있는가?… 다시 말해서 미국 외교관계의 역사는 정책 과정의 작동 이외에 많은 요소의 영향을 받는다. 루스벨트(FDR)는 한때 말하기를 "나는 코페르니쿠스에 동조하지 않는다. 그는 망원경을 바른 방향으로 보아 그의 문제를 크게 보이게 하였다. 나는 망원경의 반대쪽으로 바라보았고, 그것은 문제들을 더욱 쉽게 느낄 수 있도록 해주었다"고 했다. 이러한 재치 있는 진술은 대통령들이 더욱 넓은 시각에서 문제들을 보려 하고 있음을 나타내는 것이며, 그가 국가라는 배를 현재의 정치라는 풍랑에 휩쓸려 가면서 항로를 바꾸기도 하고, 때로는 응급처치를 위해 180도 선회하는 경우 또한 있음에도 불구하고, 궁극적으로는 명확한 목적지로 유도해 가는 자신의 모습을 보여 주고 싶어 한다는 것을 알 수 있다. 따라서 정치의 내부를 들여다 봄으로써 특정 정책을 추적하는 사학자들은 그것이 예측하지 못한 결과로 나타나더라도 놀라지 말아야 한다.[21]

즉 클리포드의 주장에 따르면 미국 대통령들은 일관성을 지닌 대외 정책을 추구하려고 한다는 것이다. 그러면 그것이 무엇일까. 이 책의 나머지 부분에서 이 문제에 대한 해답을 찾을 수 있다. 예컨대 제1장의 논자인 마이클 헌트(Michael H. Hunt)는 미국 외교에 영향을 미친 정책원리와 이데올로기가 있다고 주장했다. 그는 미국 외교의 이데올로기를 "공식적인 정책원리(formal policy doctrine)"와 "비공식적 정책 이데올로기(informal policy ideology)"로 범주화했다. 그리고 전자의 두 가지 원리로 먼로주의(Nonroe doctrine)와 문호개방주의(open door doctrine)를 들었다. 이들 원리는 "중남미, 동시아시아, 유럽 등 세계 3대 지역에서 발생한 사건에 대응"하는 논리라고 한다. 처음에는 모호하게 제정되었지만, 반복해서 적용하는 동안에 보편적인 공리의 권위를 획득했다는 것이다. 특히 문호 개방정책은 20세기에 이르러 전 세계적으로 적용되었으며, 유럽에 대해 미국은 추가로 공해상 항행의 자유와 고립주의정책을 구사했다. 즉 "고립주의는 초기 미국 외교정책의 유일한 원리라기보다는 여러 가지 원리 중 하나였다."[22]

비공식적 정책 이데올로기는 "초기 미국 외교정책의 다른 지적 전통

---

21 정진위 편역, 1996, 앞의 책, 56~57쪽.
22 정진위 편역, 1996, 위의 책, 10~16쪽.

을 형성"하였으며, "위에서 소개한 네 가지 공식 정책원리들의 기반을 제공했다. 역사학자들은 이 점을 이해해야 한다." 그의 주장은 이렇다. 첫째, 미국 외교정책의 이데올로기에 대해 종종 오해하기 때문이다.[23]

미국의 정책에 관한 연구들은 종종 이데올로기를 세계에 대한 경직되고 오도된 관점으로 묘사하거나, 워싱턴이 미국의 상품과 자본 진출을 위한 개방된 세계를 추구하도록 하는 일종의 편협한 시장확보의 방편으로 묘사해 왔다. 그러나 이데올로기는 제3의 방식으로 이해될 수도 있다. 즉 이데올로기란 국제적 문제에 관심이 있는 정책 결정자들이나 대중이 세계를 보는, 그리고 세계가 미국을 보는 시각에 구조와 의미를 더해 주는 상호보완적인 사고들의 일관된 실체를 말한다. 이런 사고들의 비공식적 체제는 문화적 가치와 관행의 기반 위에서 형성된다. 다시 말해 정책 결정자들의 지적 자원이다.[24]

둘째, 비공식적 이데올로기 또한 미국 팽창주의를 이해하는 실마리이다.

…실제적인 면에서 이런 비공식적 이데올로기는-왜 미국 지도자들이 외교 과정에 있어서-팽창주의적이며 외부 지향적인 국가를 만들어냈는지 설명해 준다. 이데올로기는 초창기 지도자들에게 신념과 어려움을 헤쳐 나갈 수 있는 공동의 목적을 부여했으며, 1815년 이후의 성공은 그들의 핵심 이념에 타당성과 깊이를 더해 주었다. 또한 초기의 정

---

23 정진위 편역, 1996, 앞의 책, 17쪽.
24 정진위 편역, 1996, 위의 책, 17쪽.

책원리들에 의미를 부여하였고, 정책 결정자들이 과거의 공식적 원리들을 포기하고 집단 안, 봉쇄, 발전 이론 등의 새로운 개념으로 무장하였을 때까지도 정책의 연속성 유지를 가능케 하였다.[25]

셋째, 비공식적 이데올로기 중에 가장 크게 영향을 미친 것은 '자유'라는 개념이다.

비공식적 이데올로기 중에 가장 두드러진 것은 자유의 증진이라는 견지에서 민족적 위대성 추구를 실행하는 것이었다. 미국인들은 자신들을 역사적·세계적으로 중요한 정치적 실험을 행하는 사람들로 생각하였다. 애국자이자 격문 필자로인 페인(Thomas Paine)은 독립 투쟁 초기에 미국인들은 '다시 세계를 시작시킬 힘(power to begin the world over again)을 가졌다고 선언하였다. 그러나 미국 민족주의자들의 핵심인 자기중심적 인식은 모호성을 내포하고 있었으며, 이는 미국 외교정책의 출발점인 1790년대의 기득권을 가진 연방주의자와 급속히 등장한 반대파 공화주의자 사이에 치열하고 광범위한 투쟁에서 관심의 초점이 되었다. 그 첫 번째 대결의 메아리는 다음 두 세기 동안 내내 울렸으며, 오늘날도 그 소리를 들을 수 있다.[26]

자유의 증진은 두 방향으로 추진되었다. 하나는 연방주의였다.
연방주의적 외교정책의 수립자인 알렉산더 해밀톤(Alexander Hamilton)

---

25 정진위 편역, 1996, 앞의 책, 17~18쪽.
26 정진위 편역, 1996, 위의 책, 18쪽.

은 세계에서 미국의 국력 증진과 자유를 위한 국력 행사를 강조하면서 국가적 위대성을 추구하는 행동주의자의 비전을 분명히 말한 첫 번째 인물이다. 해밀턴은 무엇보다도 해외에서 자유의 활발한 추구 그 자체를 헌신으로 여길 뿐 아니라 그것을 국내의 자유에 대한 촉진제로 생각하며 헌신하는 역동적인 공화국으로 여겼다. 이러한 시각으로 무장한 해밀턴주의자들은 강력한 연방정부를 건설하고 해외에서 미국의 국력 행사를 실행하였는데, 그 범위와 규모는 국가 자원이 증가함에 따라서 확대되었다.[27]

다른 하나는 공화주의였다.

공화주의자의 대표자인 토머스 제퍼슨(Thomas Jefferson)은 워싱턴 대통령의 국무장관과 그 이후 야당 정치인을 겪으며 더 신중한 대안적 시각을 제시하였다. 제퍼슨은 해밀턴주의자들의 외교정책을 비판하였는데, 왜냐면 국민복지 증진과 민주주의의 완성과 보호라는 국가의 일차적 임무를 소홀히 하도록 한다고 여겼기 때문이다. 그는 제국주의적 야심과 제국주의적 정책 수행은 공화주의적 이상과 모순되는 것으로 간주하였고, 세계의 변환을 추구하는 강제적 외교정책을 파괴적인 현상으로 여겨 거부하였다. 제퍼슨과 동료 공화주의자들이 주장한 미국의 국제적 역할은 자유를 추구하는 사람들의 수호자가 아니라 자유를 추구하는 사람들에게 모델을 제시하는 것에서 그쳐야 한다는 것이다.[28]

---

27 정진위 편역, 1996, 앞의 책, 18~19쪽.
28 정진위 편역, 1996, 위의 책, 19쪽.

연방주의와 공화주의는 마치 수레의 양쪽 바퀴처럼 미국의 비공식 이데올로기를 구성하며 미국 외교의 추진력이 되었다.

이 논쟁은 미국이 대륙적 강국이 됨에 따라서 반복되었다.… 그 논쟁은 미국이 아메리카 대륙에서 지배권을 확립하고, 제국주의적 경쟁을 시작하는 1890년대에 다시 대두되었다. 매킨리는 초기 행동주의자들의 주장에 공명하여 미국은 식민지를 획득하고, 억압받는 민중을 돕고, 일반적으로 자신의 힘과 영향력을 세계에 투영할 권리와 의무를 갖고 있다고 주장했다. 미국의 이러한 역할은 미국뿐 아니라 모든 인류에게 혜택을 가져다줄 것이라고 했다. 반면에 이러한 시각에 대한 비판적 견해를 가진 비평가들은 자유 추구와 타인 지배는 양립될 수 없는 것이라는 주장을 전개하였다. 그들은 제국주의적 해외 진출이 가져다줄 순수 효과는 군사적 부문이 비대한 국가 형태의 창출일 것이라고 예견하였다. 이들은 파벌들이 이러한 집중된 권력 획득을 위해 경쟁할 것이고, 이는 결국 공화주의자의 가치를 무참히 타락시키고, 궁극적으로 자유를 전복시킬 것이라고 하였다.[29]

연방주의와 공화주의의 대결은 미국이 필리핀을 지배한 반세기 간에도 멈추지 않고 계속되었다.
19세기 말 해밀턴주의자들의 국가적 위대성에 대한 개념은 제퍼슨주의자들의 대안들과 초기 대결에서 승리하며 우세해졌다. 하지만 윌슨 행정부가 제1차 세계대전 개입을 시도하고, 국제연맹 가입을 제안했

---

29 정진위 편역, 1996, 앞의 책, 19~20쪽.

을 때도 회의론은 제기되었다. 이후 제2차 세계대전 개입을 앞두고 제퍼슨주의자들은 유럽 분쟁에 개입하는 것이 과연 현명한 선택인지 질문을 제기하였다. 회의론자들은 공화주의적 가치와 보통 사람들의 복지 희생을 강조하면서 외부 지향적 외교정책 수행을 막으려 하였다. 그들은 미국이 국가적 정력과 재산을 해외로 돌려 이 위험한 세계를 통제할 수 있으리라는 환상에서 벗어나 국내적 복지에 집중함으로써 국가 이익을 더욱 성취할 수 있다고 믿었다. 이 같은 논쟁은 냉전에 의해 잠식되기는 했으나, 외교정책의 목적과 그것에 연계된 비용과 관련한 고전적 질문들이 지난 10년 사이에 중심 무대로 또다시 등장하면서 국가적 쇠퇴 징조에 좌·우익 비평가들이 레이건(Ronald Reagan)과 부시(George Bush)의 정책 노선을 공격하였다.[30]

요컨대 제1장과 제2장을 정리하면 미국 외교는 일정한 프레임 속에서 전개되었다는 것이다. 제3장에서 에밀리 로젠버그(Emily S. Rosenberg)는 미국 외교 전체를 경제적 이익 추구라는 관점에서 설명했다.

외교정책에 있어서 경제적 이익 문제와 관련된 논쟁의 역사적 추이를 명확히 하고 구체화하기 위해선 세 갈래의 해석에 초점을 맞추는 것이 유익하리라고 본다. 스콧 니어링(Scott Nearing)은 사학자는 아니지만 제1차 세계대전에 대한 수정주의적 관점과 미국 외교정책에 대한 반제국주의적 분석을 강조하는 1920년대의 사회주의적 비판을 정형화하는 데 기여하였다. 20세기에 가장 영향력 있는 미국 역사학자라

---

30 정진위 편역, 1996, 앞의 책, 20~21쪽.

할 수 있는 찰스 비어드(Charles Beard)는 비사회주의적인 경제적 해석을 1920~1930년대에 유행시켰다. 위스콘신학파(Wisconsin School)의 역사학자 윌리엄 윌리엄스(William A. Williams)는 비어드의 경제적 해석과 냉전 기간 중 형성된 비판론적 전통에 기반을 둔 연구를 진행했다. 이들은 모두 현존질서에 대한 비판의 일환으로 외교정책에서 경제적 이익을 강조하고 있다. 그들은 미국 사회를 급진적으로 변화시킬 희망이 있었고, 모두 사회운동가였으며, 미국 역사에 대한 그들의 분석 틀은 모두 많은 논쟁을 불러일으켜 이 분야 연구에 많은 영향을 미쳤다.[31]

그러나 논문의 저자는 "냉전이 종식된 이래로 경제적 이익을 강조하는 해석은 더 이상 이론의 여지가 없어지고 있다"고 보았다. 민주당 후보 지명자인 빌 클린턴(Bill Clinton)이 유세 기간 중 첫 번째 주요 외교정책 연설에서 다음과 같은 약속을 했다는 점이 이를 상징적으로 보여 준다. "외교정책에서 경제 부문을 강화하고, 국가안보위원회(National Security Council)와 비슷한 경제안보위원회를 창설"할 것이다.[32]

제4장에서 조셉 프라이(Joseph A. Fry)는 미국의 제국주의를 논했다. 그는 미국에서 '제국주의란 무엇인가'라는 논쟁의 시작을 이렇게 설명했다.

1899년 4월 루스벨트(Theodore Roosevelt) 대통령은 국민에게 제국주의적 외교정책이 수반하는 책임과 도전을 수용하기를 권유했다. "우

---

31 정진위 편역, 1996, 앞의 책, 63~64쪽.
32 정진위 편역, 1996, 위의 책, 64쪽.

리가 진정으로 위대한 국민이 되려면 굳건한 신념을 바탕으로 이 세상에서 위대한 역할을 수행하려는 노력을 경주해야 한다." 그의 머릿속에는 파나마 운하 건설, 즉 동서 대양의 운명을 지배하기 위해서는 필수적인 전략 기지 확보, 스페인으로부터 획득한 제도들을 굴복시키고 지배하는 것 등이 포함되어 있었다.

3년 후 상원의원 호어는 루스벨트 대통령을 추종하는 민심의 동향에 대해 개탄을 금치 못하였다. 호어 의원은 미국이 "영구적인 정도와 정의를 상징했던 먼로선언을 자국의 이익만을 추구하는 무자비하고 이기적인 정책 추구의 이념적 도구로 바꾸어 놓았다"고 비난했다. 이는 필리핀에서 혁명을 진압하기 위해 "아시아에서 유일한 민주공화체제를 붕괴시켰고, 동양에서 유일한 기독교 국민과 전쟁했으며, 비무장 민간인에게 고문을 가했다는 사실"을 지적하고 있다. 이러한 대조적인 시각은 미 제국의 성격을 규정함에 있어서 역사가들이 직면한 어려움을 암시해 준다.[33]

두 현실 정치인의 상충하는 견해는 이후 학자들이 논쟁하는 출발점이 되었다. 연구자들은 특히 두 가지 점에서 대립했다. 하나는 제국주의의 개념 정의요, 다른 하나는 미국 제국주의의 동기이다. 먼저 제국주의의 개념에 대한 논쟁은 왜 일어났을까?

사실 일반적으로 많은 미국인과 다수의 유명학자는 1890년 이후 제국주의의 대열에 미국이 유럽 국가들과 동참한 사실을 인정하기 꺼

---

33 정진위 편역, 1996, 앞의 책, 87쪽.

린다. 자신들의 제국주의적 정책에 대해서 커다란 자부심을 느끼고 정당화하였던 영국과는 대조적으로 미국인들은 미국 제국주의의 존재를 계속 부정하거나, 아니면 미국 제국주의는 유럽의 제국주의와는 달리 시혜적이고 일시적이라는 점을 보여 주기 위해 노력했다. 미국 제국주의의 존재와 성격에 대한 이러한 이견은 1890~1916년 미국의 대외관계 성격에 대한 해석을 둘러싼 논쟁의 핵심이었다. 당시에는 제국주의라는 용어를 정의하는 것 자체가 극도의 의견 대립을 가져오기도 하였다.[34]

이어서 연구자는 제국주의의 동기 또한 연구자 간에 합의가 어렵다고 했다. "제국주의의 개념 정의만큼이나 학자들 간의 동의가 이루어지지 않고 있는" 주제가 바로 "1890년부터 1916년 동안 전개되었던 미국 제국주의의 동기"이다. "특히 견해 차이가 가장 심하게 드러나는 부분은 미국 제국주의의 경제적 동기가 무엇이었는가 하는 문제이다."[35]

조셉 프라이는 미국 제국주의에 대한 동기 및 결과로 경제결정론, 비경제결정론, 종속이론, 문화제국주의론 등을 소개하고 비판했다. 그리고 다음과 같은 결론을 제시했다.

첫째, 미국 제국주의는… 유럽과 마찬가지로 다른 국가들을 지배하기 위해 우세한 힘을 발휘했다. 이 점에서 "미국의 제국주의는 그렇게 특별하지도 순수하지도 않았다." 둘째, 1890년대의 경제적·정치적·사

---

34 정진위 편역, 1996, 앞의 책, 88쪽.
35 정진위 편역, 1996, 위의 책, 91쪽.

회적 혼란은 더욱 공격적인 외교정책의 기본 배경을 제공하였으나, 미국 제국주의는 음모, 대중적 비합리성, 무능한 지도력, 혹은 전국적 망각 상태 등의 결과가 아니었다. 매킨리, 루스벨트, 그리고 윌슨 등은 모두 외교정책 결정 과정을 효과적으로 장악한, 그리고 국가적·국제적 이해관계를 신중히 평가하여 행동한 유능한 지도자들이었다.
미국 제국주의는-1890년 이후에 보여 준 민주주의적 제도와 자본주의를 근간으로 하는 자유주의적 세계질서 수립 시도는 견고한 기반 위에서 진행되었다.-미국인들은 미국의 제국주의가 피지배 민족들에게 이로운 것이라고 진심으로 믿었다. 그리고 다양한 제국주의의 동기들은 상호보완적이었지 상호배타적이진 않았다. 국가 위대성의 추구와 이타주의적인 동기는 서로 공존하였다. 경제적·인종적·철학적·종교적 영향력이 제국주의와 이상주의를 결합한 것이다.[36]

제5장에서 존 쿠간(John W. Coogan)은 윌슨의 외교정책에 대해서 왜 세계대전에 개입했는가를 중심으로 다음을 논했다. 윌슨의 "평화정책"이 "확장된 식민지 제국에 대한 통제를 둘러싼 투쟁에 말려들게" 한 이유는 무엇일까? 왜 유럽과 일본의 제국주의와 달리 미국은 전후에 영토 확장에 나서지 않았을까?

> 미국의 경우 제국주의 국가들의 이러한 영토 확장 요구에 대해 적극적으로 대응하지 않은 결과, 식민지 강대국과 어느 정도 거리를 유지하게 되었다. 이후 20여 년이 넘도록 미국의 잠재적 라이벌들은 14개

---

36 정진위 편역, 1996, 앞의 책, 111~112쪽.

항의 제5항을 시행하는 데 실패함으로써 식민지 문제를 해결하기 위해 그들이 가진 주요 자원을 계속하여 낭비해야 하였다. 반면에 미국은 선택적 반제국주의와 선택적 문호개방정책을 통해서 서서히 경제적으로 비교우위를 점해 가면서 선두로 부상하였다.[37]

제6장에서 토마스 귄스버그(Thomas N. Guinsberg)는 미국이 세계대전 사이에 고립주의로 복귀했는지를 검토했다. 그는 이를 "고립주의와 국제주의 사이에 대논쟁"이 벌어진 시기로 규정했다.

영국의 정치가인 로디언 경(Lord Lothian)은 1929년 저술에서 제1차 세계대전 이후 미국이 취한 국제정치적 태도가 모호하다는 점을 지적하였다.… 그 결과 양차 대전 사이의 기간에 이른바 독립적 국제주의(independent internationalism)의 입장을 유지했다. 미국은 주로 경제·외교를 통해 더욱 안정된 세계질서 구축을 추구하고 있었지만, 국제 평화 유지를 위한 다른 국가와의 실질적인 협력은 하지 않았다. 이러한 미국의 태도는 이후 점진적인 변화를 겪게 된다. 그 첫 번째로 하딩(Warren G. Harding) 대통령 당시 미국은 태평양조약체제를 출범시켰고, 이후 국제연맹(미국은 가입하지 않았지만)과의 협력도 시도하였으며, 결과적으로 실패하기는 했지만 국제사법재판소 활동에 참여하기도 했다. 마지막으로 미국은 국가정책 수단의 하나로 전쟁을 무효화시키는 켈로그-부리앙 조약(Kellog-Briand pact)을 발효시키기도 하였다. 그러나 이후 10년은 이러한 타협정책이 와해하는 기간이었다.

---

37 정진위 편역, 1996, 앞의 책, 145~146쪽.

대공황과 외부 사건들은 미국이 그동안 견지한 타협정책의 기조를 손상시키고 아울러 고립주의로 알려진 미국의 전통적인 입장이 다시 부각한 것이다.[38]

그렇다고 해서 프랭클린 루스벨트의 고립주의는 국제주의를 포기하지는 않았다. 미국이 민주주의의 본보기가 됨으로써 민주주의를 세계에 전파해야 한다는 것이 루스벨트의 일관된 목표였기 때문이다. 즉 그의 고립주의는 국제주의 노선을 걷기 위한 방편이었다.

이상의 기존의 연구 성과는 필리핀 문제를 설명하는 데 있어서 그대로 적용할 수 있다. 첫째, 미국의 필리핀 정책은 헌법과 외교 이데올로기라는 프레임 속에서 전개되었다는 점이다. 연방 헌법은 필리핀 정책에 대해 3권분립의 원리를 투사시켰으며, 미국의 건국 및 헌법 제정의 이데올로기들은, 즉 제퍼슨주의·고립주의와 해밀톤주의·국제주의는 필리핀 정책이라는 수레의 양 바퀴가 되어 움직였다. 필리핀 점령 당시의 매킨리 정부도, 이후에 필리핀 정책의 이정표와 같은 정책을 수립한 3명의 대통령들(시어도어 루스벨트, 윌슨, 프랭클린 루스벨트)의 필리핀 정책도 예외는 아니었다. 둘째, 그럼에도 경제결정론이나 비경제결정론이나 모두 이 점들을 복합적으로 검토하지 않았다는 것이다. 전자는 미국 자본주의 경제의 착취성을 보여 주기 위해 헌법이나 추상적 이데올로기들을 무시해야 했으며, 후자는 미국의 필리핀 점령이 의도하지 않은 결과였다는 주장을 고수해야 했기 때문이다. 따라서 두 연구 결과는 평행선을 달리며, 필리핀 정책에 대한 통일된 해석 또는 합의를 불가능하게 만들었다. 이러한 식의

---

38 정진위 편역, 1996, 앞의 책, 153~154쪽.

연구는 필리핀 문제를 둘러싼 학술논쟁의 기본 틀을 이루며, 지금도 반복되고 있다. 이 연구는 이러한 선행 연구자들의 연구 성과를 바탕으로 20세기 전반기의 미국의 필리핀 정책을 다시 살펴보려는 것이다.

3. '필리핀 문제(Philippine Problems)'의 기원

■ 문제 제기

미국의 필리핀 점령은 당시에는 생각할 수 없었던 대내외적인 문제를 야기했다. 그것의 대부분은 다른 열강이 식민지를 점령했을 때 겪지 못한 일이었다. 필리핀정복은 대내적으로는 미국을 분열시킬 정도의 '대논쟁(great debate)'을 일으켰으며, 대외적으로는 열강, 특히 일본과의 분쟁을 의미하는 '필리핀 문제(Philippine Problem/Question)'가 되었다. 전자는 1901년부터 1932년 선거 때까지 미국 대선에서 후보자들이 공약으로 제시해야 할 만큼 논쟁거리였다. 후자는 한편에서는 태평양전쟁의 원인이 되었지만, 다른 한편에서는 식민지를 둘러싼 전쟁을 막는 국가들의 공동체 만들기 작업에 미국을 나서게 했다.

그렇다면 도대체 미국은 왜 이런 상황에 직면하게 되었을까?

이 장에서 알아보려는 것이 이 문제이다. 간단히 말해서 미국의 필리핀 정책이 필리핀인의 국가 만들기에 초점이 맞춰지게 된 배경을 살펴보자는 것이다. 이 문제를 이해하는 것은 이후 미국의 필리핀 정책의 실체를 이해하는 데 가장 중요한 점이다. 구체적으로 다음을 검토할 것이다.

Q. 미국은 왜 1898년에 필리핀으로 갔을까?
Q. 미국은 필리핀 점령을 놓고 왜 분열했는가?
Q. 일본은 필리핀 문제에 왜 개입했을까?
Q. 미국은 왜 병합을 최소화하고, 독립을 전제로 한 자치 정부 만들기를 했을까?

1) 미서전쟁과 필리핀 병합

미국은 왜 필리핀으로 갔는가?

이 문제를 밝히는 것은 중요하다. 필리핀으로 간 동기가 필리핀 정책의 성격과 방향을 결정하는 데 큰 영향을 미쳤기 때문이다. 통설적 입장은 자본가들의 욕망이 미국을 필리핀으로 끌고 갔다고 한다. 그러나 자본가들은 처음에는 미서전쟁을 반대했다. 전쟁 비용을 자신들이 부담할 것이 두려웠기 때문이다. 이들이 전쟁을 옹호하기 시작한 것은 필리핀을 점령했다는 소식을 접한 후였다. 이들은 점령한 필리핀을 병합하라고 당시 대통령 매킨리(William Howard McKinley)를 압박했다. 그에 대해서는 다음과 같은 계산이 작용했다.

'필리핀 점령은 국민 여론을 자극하여 아시아 진출에 대한 열망을 일으킬 수 있다. 국민이 관심을 가지면 정부는 지금까지의 무관심한 태도와는 달리 중국에 대한 정책을 마련할 것이다.' 즉 필리핀은 중국 진출의 교두보였다. 실제로 미국은 필리핀을 병합했으며, 미국은 병합한 다음 해에 중국에 대해 문호개방(open door) 정책을 발표함으로써 자본가들이 필리핀에 담아내려고 했던 의도는 관철되었다. 이후 문호개방은 미국이 필리핀으로 간 가장 큰 이유가 되었다. 그리하여 문호개방을 위해서 미국은 전쟁을 일으켰다는 해석이 설득력을 얻게 된 것이다.

그러나 이러한 설명은 역사적 사실과 부분적으로만 부합한다. 미국의 아시아에 관한 관심의 초점이 중국이며, 문호개방을 통해서 중국을 미래의 상품 및 자본시장으로 삼으려고 했던 것은 부정할 수 없다. 그런데도 문호개방이 필리핀으로 간 이유의 전부는 아니었다. 미국이 필리핀으로 간 동기를 이해하려면 이렇게 질문을 바꾸어야 한다. '누가 1898년에 미국을 필리핀으로 데리고 갔는가.' 그러면 소위 '라지 폴리시(large policy)' 주창자들에게 주목하게 된다. 문자 그대로 미국은 큰 정치를 해야 한다는 것이다. 도대체 '큰 정치'가 무엇일까. 라지 폴리시를 대표하는 인물들이 이를 보여 준다. 정치가 시어도어 루스벨트(Theodore Roosevelt), 해군 전략가 알프레드 마한(Alfred Thayer Mahan), 상원의원 비버리지 로지(Albert Beveridge Lodge) 등이다. 이들은 공통적으로 다음을 주장했다.

첫째, 미국은 전통적인 고립주의(isolationism)를 벗어나 전 세계를 무대로 외교를 펼쳐야 한다. 즉 미국은 '세계정치(world policy)'를 해야 한다. 둘째, 이를 위해 미국은 해외에서 전쟁을 수행할 수 있는 국가와 개입 외교를 전개할 수 있는 국가로 변신해야 한다. 셋째, 그렇게 하려면 미국을 다음과 같이 개혁해야 한다. 즉 '경제력을 군사력과 외교력으로 전환할 수 있는 시스템'을 구축해야 한다. 물론 이러한 시스템은 반대로 '외교력·군사력을 경제력으로 교환'할 수 있어야 한다. 즉 미국은 경제력·군사력·외교력, 3개의 힘을 '호환'할 수 있는 시스템을 갖추어야 한다는 것이다. 이들의 개혁정책을 혁신주의(Progressivism)로 부르는 것도 이 때문이다.

그러나 세계정치의 초점에 대해서는 세 사람 모두 달랐다. 마한은 해양을 지배함으로써 '상업 제국(commercial empire)'을 이루고자 했으며, 이는 로지도 같았다. 그 역시 '문호개방제국'을 원했다. 그러나 루스벨트는 달랐다. 그는 '정치적 제국'을 추구했다. 힘의 제국을 지향하며, 동시에 도덕적 제국을 이루고자 했다. 따라서 루스벨트는 경제력을 군사력과 외교력으로 바꿀 수 있어야 하지만, 군사력과 외교력이 자본가에게 종속되는 것도 경계했다. 그러면서 자신의 외교는 힘이 뒷받침되지 않으면 어떠한 조치도 취하지 않겠지만, 외교가 더러운 자본가의 탐욕에 의해 지배당하는 것도 혐오한다는 외교원칙을 내세운 것이다. 루스벨트는 미국이 필리핀으로 가야 하는 이유를 이렇게 제시했다. 요약하면 이런 식의 논리였다.

스페인은 그들의 식민지인 필리핀을 통치할 힘을 상실했다. 만일 이를 방치하면 필리핀은 독일이나 일본의 식민지가 될 것이다. 그리고 그들은 이곳에 해군기지를 건설할 것이다. 청일전쟁(1894~1895) 후의 일본은 타이완을, 독일은 삼국간섭(1895)을 통해서 자오저우만을 각각 해군기지로 차지했다는 점이 이를 예상케 한다. 필리핀은 일본 해군기지가 있는 타이완으로부터 지근[39]이다. 만일 독일이나 일본이 필리핀을 차지하면 어떤 일이 벌어질까? 그럴 경우 유사시에 미국은 서태평양에서 항해와 교역의 자유를 위협받게 된다. 나아가 필리핀은 군사적으로 유사시에 미국의 서부해안을 공격하는 기지가 될 것이다. 세계에서 가장 긴 해안선을 가지고 있는 미국의 지정학적 조건을 생각할 때, 이는 심각한 안보상의 위협이다. 서부해안이 위협받으면 방위를 위해 해군력을 배치해야 하는데, 그러면 동부해안의 안전이 위협받게 된다. 그리고 미국은 아직 양쪽 대양을 이동할 수 있는 운하를 가지고 있지 않다. 또 양쪽 대양에 분리하여 배치할 만큼의 전함도 보유하고 있지 않다. 따라서 최상의 방어책은 필리핀에 미국의 해군기지를 세우는 것이다. 그러면 가상의 적국이 필리핀에 해군기지를 구축하는 것을 막을 수 있다고 설명했다.

루스벨트의 이러한 결론은 즉각 계획으로 수립되었다. 이들은 그렇게 할 수 있는 지위에 있었다. 루스벨트는 해군성 차관이었으며, 마한은 해군대학 학장이자 바다의 클라우제비츠로 비유될 만큼 세계적으로 저명한 해군 전략가였다. 로지는 루스벨트의 친구이자, 상원 외교분과 위원장이었다. 더욱이 루스벨트는 마한과 로지 두 사람과 사적인 교분을 오랫동안

---

[39] 타이완으로부터 필리핀까지의 거리는 약 320km이다.

쌓아왔다. 그리하여 다음과 같은 전쟁계획을 수립했다. 미국이 쿠바 문제를 놓고 카리브해에서 스페인에게 선전포고를 하면, 이 틈을 타서 전장을 스페인의 아시아령으로 확대한다는 것이다. 루스벨트가 동아시아 함대 사령관 듀이(Dewey) 제독에게 내린 다음과 같은 비밀 명령이 이를 보여준다.

> 모노케이시호를 제외한 홍콩에 정박 중인 전 함대에 명령한다. 석탄을 만재하라. 만일 미국이 스페인에 대해 선전포고를 하면 귀관의 임무는 스페인 함대가 아시아 수역을 떠나지 못하게 하고, 필리핀에 대해 공격적인 작전을 펼치는 일이다. 추가 명령이 있을 때까지 올림피아호(기함-역자)를 떠나지 말라.⁴⁰

듀이는 대통령 매킨리가 선전포고하자 즉각 행동으로 옮겼다. 스페인 함대를 격파하고 마닐라만을 점령했다. 그의 승리가 본국에 전해졌을 때, 미국 대통령은 다음과 같은 고민을 해야 했다.

첫째, 필리핀의 군사적 점령을 추인할 것인가. 왜냐면 필리핀 점령은 해군성 장관인 롱 제독이 조퇴한 틈을 타서 해군성 차관이 내린 월권행위의 결과였기 때문이다. 즉 미국의 공식적인 전쟁계획은 쿠바에 국한된 것이며, 필리핀 해역으로 전쟁을 확대하는 의도한 바가 아니었지만, 일단 점령한 이상 이 문제에 대해 정부의 입장을 정해야 했다. 둘째, 필리핀에서 어떤 방식으로 철수할 것인가. 어찌 되었든 군사적으로 점령했으니, 전쟁

40　Theodore Roosevelt To George Dewey, 1898.2.25., Theodore Roosevelt, Morison, Elting E.,(ed), *The Letters of Theodore Roosevelt, Volume II, The Years of Preparation*(Cambridge, Harvard University Press, 1951).

을 끝내려면 스페인과 필리핀을 점령한 미군의 철수 조건 및 방식을 놓고 협상해야 했다.

미국 정부는 다음과 같이 입장을 정리했다. 비록 루스벨트의 명령은 월권행위였지만, 필리핀의 군사적 점령을 사실상 추인한다. 전쟁을 수행하는 데 군사적으로 필요한 조치였기 때문이다. 예컨대 미국은 전쟁을 시작하기 전에 본국의 스페인 함대가 전선에 투입되는 것을 막기 위해 대서양을 건너 마드리드를 봉쇄하는 작전도 고려하였다는 점은 이를 보여준다. 따라서 필리핀에 있는 스페인 함대의 태평양 횡단을 차단하는 것은 카리브해에서 승리하기 위한 필수 작전이기도 했다.

이어서 대통령 매킨리는 필리핀에서 철수하는 조건으로 스페인에 다음과 같은 조건을 제시하기로 했다. 첫째, 필리핀의 4대 도서 중 하나(루손)를 양도받는다. 둘째, 스페인이 필리핀에서 다른 나라에 제공한 정도로 미국에게도 통상의 문호를 개방해야 한다. 셋째, 필리핀의 나머지 도서들은 스페인에게 되돌려준다. 그리하여 라지 폴리시 주창자들이 의도했던 전쟁 목적을 이루었다.

2) 미국·필리핀 전쟁과 필리핀 병합을 둘러싼 대논쟁

만일 매킨리가 필리핀의 일부만 양도받는다는 당초의 계획을 그대로 집행했다면 미서전쟁을 아시아로 확대한 것과 필리핀 점령은 쿠바를 놓고 일어난 미서전쟁의 부수적인 사건으로 끝났을지 모른다. 그러나 미국이 계획을 바꾸어 필리핀 전체를 인수하기로 함으로써 필리핀은 대내외적으로 빅이슈가 되었다. 언급했듯이 매킨리가 섬 전체를 병합하기로 결정한 것은 자본가들의 압력을 받은 결과였다. 재선을 노리는 매킨리로서는 자본가들의 후원금이 필요했다.

이런 결정은 즉각 반대에 봉착했다. 누구보다 루스벨트가 반대했다. 그는 두 가지 이유를 들었다. 첫째, 필리핀 전체를 차지하는 것은 미국에 방어의 부담을 안길 것이다. 현재 미국의 군사력은 이를 감당할 수 없다. 둘째, 헌법의 저항을 받을 것이다. 상원은 하와이 병합조약 비준을 거부한 바 있다.

그러나 매킨리는 원래의 계획으로 돌아가지 않았다. 파리로 간 미국 협상단은 필리핀을 2천만 달러에 매입하는 등 바뀐 협상 조건을 제시하고 스페인과 조약을 맺었다. 1898년 12월에 체결된 미국-스페인 평화조약이 그것이다. 미국 헌법에 따라 행정부가 조약을 체결하면 상원의 비준 절차를 거쳐야 했다. 헌법에 따라서 상원 출석의원 3분의 2 이상의 승인을 받아야만 조약은 발효한다. 그러나 이는 쉽지 않은 일이었다. 공화당을 제외한 민주당 의원들은 미서전쟁과 필리핀 병합을 반대했기 때문이다.[41]

이들의 반대 논리는 미국의 반식민주의 역사에 위배된다는 것이었다. 미국은 식민지에 반대하여 전쟁해 왔다. 독립전쟁과 남북전쟁이 대표적이다. 그런데 미서전쟁은 필리핀을 식민지로 삼았다. 이는 식민주의에 반대한 미국의 역사적 전통에서 벗어나는 일이다. 반식민주의는 역사 논쟁

---

41 필리핀 병합을 반대한 대표적인 인물들은 다음과 같다. 클리블랜드(Grover Cleveland), 브라이언(William Jennings Bryan), 리드(Thoman B. Reed), 해리슨(Benjamin Harrison), 칼 슈츠(Carl Schuez), 고드킨(E. L. Godkin), 카네기(Andrew Carnegie), 마크 트웨인(Mark Twain), 윌리엄 호우(William Dean Howells), 윌리엄 제임스(William James), 사무엘 곰퍼스(Samuel Gompers), 제인 아담스(Jane Addams) 등이다. Robert L. Beisner, 1986, *From the Old Diplomacy to the New, 1865-1900*, Illinois, Harlan Davidson Inc., p.139; 반제국주의자들의 구체적 반론은 다음 책에 소개되어 있다. Robert L. Beisner, 1992, *Twelve Against Empire: The Anti-Imperialists 1898-1900*, Chicago, Imprint Publication, Inc.

으로 그치지 않고 헌법 논쟁으로 이어졌다. 전직 대통령 클리블랜드도 나섰다. 그는 하와이 병합을 반대한 인물로 미국 헌법상 필리핀 병합은 불가능하다는 점을 근거로 들었다. 격렬한 논쟁이 있었지만, 결국 조약은 비준되었다. 단 2표 차이였다(찬성 57 : 반대 27).

이는 무엇을 의미하는가?

미국 내에 필리핀 병합에 반대하는 세력이 아직도 많다는 것이며, 따라서 필리핀 병합론자들은 반대론을 무마하고 설득해야 하는 숙제를 안게 되었다는 것이다.

3) 미국·필리핀 전쟁(American-Philippine war, 1889~1902)

상원의 비준에도 불구하고 필리핀 병합을 둘러싼 찬반 논쟁은 가라앉지 않았다. 이번에는 필리핀인들이 무장 저항에 나섰다. 필리핀 독립운동을 이끌던 아기날도(Aguinaldo)는 그동안 미국의 병합을 반대했지만, 무장항쟁은 자제했다. 미국 민주당의 반제국주의 노선에 기대하며 상원에서 병합조약이 부결되기를 기대했다. 따라서 상원에서 필리핀 병합이 가결되었을 때, 그에게 남은 길은 미국의 지배를 받아들이든가 아니면 무장투쟁에 나서는 길밖에 없었다. 아기날도는 후자를 택했다.

필리핀인의 무장 항쟁이 시작되자 미국은 군대를 파견하여 진압에 나섰다. 전쟁은 곧 끝날 것처럼 보였다. 화력과 병력 규모, 훈련 정도 등에서 필리핀 독립군은 미군의 상대가 되지 못했다. 그러자 아기날도는 게릴라전으로 전술을 바꾸었다.

게릴라전으로 대항하는 필리핀 독립군을 맞은 미국은 당황했다. 그 이유는 바로 미국이 경험하지 못한 전술이었고, 마을 전체가 전쟁에 동원된다는 점 때문이었다. 이런 상황은 예상했던 것보다도 많은 병력을 필요로 했다. 그리하여 미군은 본국의 병력보다 많은 수를 파견했다. 잇단 증파 요청으로 본국에서는 혹시 징병제를 채택하려는 포석이 아니냐는 의심이 일었다.[42]

마을 전체가 동원되는 게릴라전은 다음과 같은 양상으로 전쟁을 바꾸었다. 미국은 게릴라들의 은신처를 찾아내고 파괴하기 위해 필리핀인으로 구성된 정찰대를 만들어 은신처에 대한 정보를 수집했다. 이 과정에서 민간인에 대한 고문과 학살이 일어났다. 나아가 정보를 알려주지 않거나 게릴라를 도와주었다는 증거가 나오면 마을을 불태웠다. 그리하여 미서 전쟁과 달리 미국·필리핀 전쟁은 오늘날의 개념을 빌리면 테러(terror)의 양상을 띠었다. 미군이 자행한 학살은 언론을 통해 본국에 전해졌으며, 이는 이 전쟁의 목적을 놓고 논쟁케 했다. "무엇을 위한 전쟁인가." 이 논쟁은 팽창론자들에게 필리핀 점령을 도덕적 관점에서 정당화해야 하는 과제를 남겼다.

미국을 당황케 한 또 다른 사건은 아기날도를 체포한 후에 일어난 일 때문이다. 미군은 아기날도의 측근을 매수하여 그를 체포했다. 아기날도는 전향한 후 필리핀 국민에게 무장투쟁의 종식을 호소했다. 그러나 필리핀 국민은 동의하지 않았으며, 일부는 저항을 계속했다. 비록 큰 저항은 아니었지만, 아기날도의 설득이 통하지 않음으로써 '미국은 전쟁을 어떻게 끝내야 할지', 즉 전쟁을 종식시키는 방법까지 고민해야 했다.

---

42 때마침 미국 내에서는 군대 개혁을 놓고 논쟁 중이었기 때문이다. 직업군인제를 채택하느냐를 둘러싸고 일어난 것이다. 국방을 위한 임무를 돈을 받은 군인에게 맡길 수 있느냐는 것이 반대론의 근거였으며, 찬성론은 현대전에서 군인은 전문성을 요구하기 때문에, 직업으로 인정하자는 것이 근거였다.

필리핀 무장 독립군을 목격한 미국 장군들은 본국에 "필리핀인은 상당한 수준의 정치 인식을 지녔고, 문명도 가지고 있다. 그들은 열등하지 않다"고 보고했다. 특히 듀이 제독은 진급에 불리할 수 있음에도 공식적인 문서로 이런 보고를 했다. 이 소식들이 본국에 전해지자 미국 내에서는 반제국주의 운동이 더욱 격렬하게 일어나며 정치적 압박이 가해졌다. 반제국주의자들은 다음과 같은 반대론을 펼쳤다. 요약하면 이렇다.

미국·스페인 조약으로 양도받은 것은 필리핀 땅이다. 그것이 미국인이 필리핀을 통치할 수 근거가 될 수는 없다. 미국이 필리핀을 통치하려면 피치자의 동의를 얻어야 한다. 그러나 미국은 이 과정을 거치지 않았다. 필리핀인의 무장 저항이 그 근거이다. 필리핀인의 무장 저항은 독립운동이다. 그것은 1776년 미국인이 영국인에게 주장했던 것과 같다. 따라서 미국은 필리핀을 즉각 독립시키고 철수해야 한다. 만일 필리핀을 계속 점령하면 미국의 민주주의는 파괴되고 군국주의 국가로 전락할 것이다. 아울러 필리핀을 지키기 위해 미국은 유럽과 군사동맹을 요구받게 된다. 그러면 워싱턴 대통령이 경고한 유럽의 분쟁에 휘말리는 일이 일어난다.

요컨대 필리핀 점령과 병합 결정은 필리핀 문제를 종식하는 조치가 아니라, 오히려 미국인에게 대내외적으로 해결해야 할 새로운 문제의 진앙지로 작용했다.

4) 미국의 대응 방안

이런 논쟁 속에서 워싱턴을 장악하고 있는 팽창주의자들은 다음과 같이 조치를 취했다. 첫째, 전쟁을 일방적으로 종식했다. 미국은 1902년 7월 4일을 기해 종전을 선언했다. 종전 선포일을 미국 독립선언일과 맞춤으로써 미국의 진압이 필리핀을 독립시키기 위한 전쟁이라는 메시지를 담으려고 했다. 둘째, 필리핀인의 무장 저항을 독립전쟁이 아닌 반란(rebellion)으로 규정했다. "필리핀인의 저항은 반란이다. 그리고 미국은 전쟁한 것이 아니라 치안을 유지하기 위한 행위를 한 것이다(시어도어 루스벨트)." 셋째, 미서전쟁이 필리핀인에게 자유를 찾아주기 위한 전쟁이었다는 점을 세계에 선전하기로 했다. "필리핀인에게 필리핀 주둔 미군은 정복자가 아니라 해방자임을 주지시켜라(매킨리)", "미국은 전쟁에서 인도주의와 관대함을 보여 주었다(육군성 장관 루트)."

미국은 이런 고민을 해결하는 방법으로 필리핀에 국가를 세우기로 했다. 제1차 필리핀 조사 위원단 단장이었던 셔먼(Jacob Gould Schurman)은 1902년 미국 정부에 다음의 전략을 추천하였다.

> 필리핀 섬은 주(State)나, 준주(準州, territory)가 될 운명이 아니었다. 그것은 우리 공화국의 딸(daughter republic of ours)이 되어야 할 운명이자 태평양 저편 끝에 새로운 자유의 탄생(new birth of liberty)이 되어야 한다. 열대 바다의 사랑스러운 이 섬에 생동감이 넘치게 하고(animate), 에너지를 불어 넣어야 한다. 그들에게 머리를 높이 들도록 가르치고, 진보의 기념비(monument of Progress)를 세우게 해야 한다. 그리고 아시아 대륙의 미개하고(benighted) 무수히 많은 피압박 민족에게 희망의 횃불(beacon of hope)이 되어야 한다.[43]

---

43 Garel A. Grunder and William E. Livezey, *The Philippines and the United States,*, Norman: University of Oklahoma Press, p.XI.

셔먼의 추천 전략은 미국의 필리핀 정책의 두 가지 골자를 보여 준다. "필리핀에 공화국을 세우고, 필리핀에 공화국을 만들어 아시아의 피압박 민족에게 희망의 등불이 되어야 한다." 그가 제시한 필리핀 공화국 만들기는 미국 대통령들이 실행에 옮기며 미국의 공식 전략이 되었다. 셔먼의 전략을 가장 먼저 정책으로 옮긴 대통령은 시어도어 루스벨트였다. 매킨리의 암살로 대통령직을 승계한 루스벨트는 약 7년 6개월의 재임기(1901.9~1909.2)에 다음과 같은 4가지 원칙을 지닌 필리핀 정책을 펼쳤다.

① 필리핀을 공화국으로 만든 후 철수한다

명예와 인간성 등 모든 것들을 고려할 때 우리는 필리핀에 머물며-자유와 자치정부(self government)를 항구적으로 증진하는 방법들을 제공한다. 이를 위해 우리의 통치는 지혜롭고 정의로워야 한다. 섬이 홀로 설 수 있을 때가 되면, 나를 가장 기쁘게 할 수 있는 유일한 것은 섬에서 철수하는 것이다.[44]

② 미국의 필리핀 지배는 다른 열강의 식민지 정책과 차별성을 지녀야 한다

현재 미국이 필리핀에서 직면하고 있는 문제는 유럽의 문명국들이 소유한 식민지에서 겪는 문제와 유사하지만 똑같지는 않다. 영국은 인도와 이집트에서, 프랑스는 알제리에서, 네덜란드는 자바에서, 러시아는 투르키스탄에서, 일본은 타이완에서 각각 우리와 비슷한 일을 하

---

[44] David F. Trask, 1994, The Spanish-American War snd Its Aftermath, John E. Jessup & Louise B. Ketz (eds) *Encyclopedia of the American Military, Volume II*, Charles Scribner's Sons, New York, p.866.

고 있다. 그런데도 분명한 차이는 있다. 우리는 필리핀을 발전시키기 위해 노력한다. 그리하여 필리핀인들은 자치정부에서 자신들의 비중을 높이기 위해 노력한다. 그 결과 자치정부 내에서 필리핀인들의 비중이 높아졌으며, 정부 운영에 있어서 미국인과 동등한 지위에 이르렀다. 우리는 그것을 허용했다.[45]

③ 미국식 자치정부의 특징은 바로 필리핀인 입법부를 설립하는 데 있다

자치정부에 대한 진정한 진보는 필리핀에서 구현되었다. 필리핀 입법부는 아시아에서는 완전히 새로운 진전이다. 유럽 열강의 아시아 식민지는 물론이요, 아시아 열강의 아시아 식민지와 관련해서 보면 그렇다.[46]

④ 미국의 필리핀 정책을 세계 식민지의 모델로 삼아야 한다는 정책도 수용했다

우리 국민은 필리핀에서 우리가 머물러야 하는 정당성을 그 섬에서 행할 수 있는 선에 토대를 두어야 한다는 점을 명심해야 한다.… 그리고 필리핀에서 우리가 머물러야 하는 본질적인 동기는 섬을 소유함으로써 얻어지는 것이라기보다는 훌륭한 신념을 가지고 '세계의 과업'에 우리가 참여하는 것이 되어야만 한다. 그리고 그 임무는 스페인과

---

45 Theodore Roosevelt, 1926, *State Papers as Governor and President Campaign and the Controversies, Volume XV*, New York, Charles Scribners's Sons. *The Works of Theodore Roosevelt*, National Edition, p.264.

46 *Ibid.*, p.538.

의 전쟁 결과로 주어졌다.[47]

요컨대 미국은 필리핀인에게 국가를 만들어 주고 철수한다는 전략을 통해서 다음을 입증하고자 했다. 첫째, 미서전쟁은 침략전쟁이 아니다. 둘째, 필리핀의 무장 저항은 독립전쟁이 아니라 문명 건설행위에 대한 반란이다. 셋째, 미국은 필리핀인에게 국가 만들어 주기를 세계의 과업으로 만들어야 한다.

이러한 루스벨트의 필리핀 정책은 이후 윌슨과 프랭클린 루스벨트로 이어졌다. 필리핀인에게 국가를 만들어 주고 철수해야만 1898년 전쟁이 정복 전쟁이 아니며, 필리핀인들의 무장 저항은 반란이었다는 점이 최종적으로 입증되기 때문이다. 아울러 필리핀인에게 국가 만들어 주기를 세계의 과업으로 만들기 위해서는 미국은 이를 모범적으로 실행해야만 했다. 필리핀 국가 만들어 주기가 미국의 과제가 되었다고 보는 것도 이 때문이다.

그것은 구체적으로 어떻게 실행되었을까? 이어서 살피려는 것이 이 문제이다.

---

47 *Ibid.*, p.264.

4. 미국 의회의 '필리핀 통치법(Philippines Law)' 제정[48]

■ 문제 제기

필리핀인에게 국가 만들어 주기는 두 방향으로 전개되었다. 하나는 공화국 만들기요, 다른 하나는 독립국 만들기였다. 그리고 공화국 만들기는 두 단계로 나누어 진행되었다. 먼저 미국인이 공화국의 토대를 놓았다. 1902~1934년에 미국 상원이 제정한 필리핀 통치법이 이를 위한 것이었다. 다음으로 필리핀인이 그 위에다가 자신들이 원하는 국가를 세웠다. 1935~1946년에 그러한 작업을 수행했다. 필리핀 헌법을 제정하고, 이 헌법에 따라 필리핀인만으로 구성된 정부를 수립한 후 국가 만들기를 직접 실행했다. 비유하자면 전자의 단계가 미국인이 운전자요, 필리핀인이 보조자로 참가한 공화국 만들기의 교습 기간이었다면, 후자의 단계는 필리핀인이 운전자요, 미국인이 보조자로서 참여한 실습 기간이었다고 할 수 있다.

여기에서는 미국인의 필리핀 공화국 만들기를 소개할 것이다. 1935년 이후에 전개된 필리핀인의 공화국 만들기는 제5장에서 알아볼 것이다.

---

48 이 장에서 다루려는 주제들은 본서의 총론에서 소개했다. 중복을 피하기 위해 이 글에서는 총론의 필리핀 부분을 보완하거나 소개하지 못한 부분을 다룰 것이다. 아울러 총론의 필리핀 관련 내용의 전체 윤곽도 제시할 것이다.

1) 피치자의 동의를 얻은 정부 세우기

미국이 필리핀 병합을 철회하고, 대신에 필리핀인의 국가를 만들어 주기로 함으로써 필리핀에 세울 국가의 정치체제를 정해야 했다. 그런데 그것은 이미 정해져 있었다. 공화국이었다. 미국 연방헌법(1787)과 서북조례(Northwest Ordinance, 1787.7.13)가 그 점을 보여 준다. 연방헌법은 미국의 주는 공화국 체제 외에는 다른 체제를 선택할 수 없다는 점을, 서북조례는 미국 서부가 주로 승격하기 전에도 공화국의 원리에 따라 통치되어야 한다는 점을 각각 분명히 했다. 서북조례의 골자는 이랬다.

① 연합정부는 새로 획득한 서부 영지에 대해서 잠정적인 통치를 목적으로 한 법을 제정할 수 있다.
② 그러나 그 지역민에게 자치권을 부여해야 한다.
③ 자치권은 삼권분립의 원리가 적용된다. 따라서 잠정적 지배 지역의 지역민으로 구성된 의회는 입법권을 지닌다.
④ 자치법은 권리장전을 준수해야 한다.
⑤ 원주민에게 교육의 권리를 보장해야 한다.
⑥ 헌법을 제정해야 하며, 공화국을 정치체제로 해야 한다. "항구적인 헌법을 제정하고,… 수립될 헌법과 정부는 공화정이어야 한다."[49]

요컨대 두 법 모두 미국의 지배를 받아야 하는 지역은 공화국을 공동체의 정치체제로 삼아야 한다는 점을 명시했다. 이런 법이 존재하는 가운

---

49 한국 미국사학회 엮음, 2006, 『사료로 읽는 미국사』, 궁리, 75~77쪽.

데 미국은 필리핀을 자국 영토로 만들기로 했다. 따라서 그곳에 공화국을 세우는 것은 선택의 문제가 아니라 결정된 것이었다.

2) 필리핀 통치법의 제정권자: 의회인가, 행정부인가.

헌법과 서북조례를 통해서 공화국 만들어 주기는 결정되었지만, 해결해야 할 문제가 남아 있었다. 미국의 삼권분립 부서 중 "누가 필리핀 통치권을 행사할 것인가"였다. 미국 의회는 두 가지 법을 근거로 주도하기로 했다. 그 첫 번째 근거는 미국·스페인 조약이었다.

> 미국에 양도받은 영토(territories)의 원주민 거주자(the native inhabitants)들의 시민적 권리(civil rights)와 정치적 지위(status)는 의회(Congress)에 의해서 결정되어야만 한다.[50]

미국 헌법에 따르면 '조약의 효력은 연방의회법과 같다. 따라서 미국·스페인 조약은 의회제정법과 효력이 같다. 또 연방헌법은 상원에 조약비준권을 주었다. 그리하여 미국·스페인 조약은 상원의 비준을 받았다. 상원은 이를 근거로 필리핀의 입법권을 주장했다. 간단히 말해서 미국·스페인 조약은 의회의 비준을 통해서 미국 전체가 복종해야 하는 국내법이 되었다.

두 번째 근거는 대법원(Supreme Court)의 도서판례(Insular Cases, 1901~

---

50 Article IX, 1898.12.10, Treaty of Peace between the United States of America and the Kingdom of Spain.

1910)였다. 미국 대법원은 1898년에 얻은 해외 식민지에 대해서 "길잡이가 될 수 있는 결정들(landmark decisions)"을 1901~1910년에 연이어 냈다. "도서판례"로 불리는 것도 이 때문이다. 골자는 다음과 같았다.

미국 정부는 1898년 전쟁 후에 새롭게 획득한 식민 소유지(new colonial possessions)에 대해서 통치법(laws governing)을 통과시킬 수 있는 실질적인 자유 재량권(blank check)을 행사할 수 있다.[51] 정복으로 획득한 땅에 사는 사람들에게는 완전한 시민권(full citizenship rights)을 줄 수 없다. 다만 그 지역에 사는 주민들은 오직 기본적인 권리(fundamental rights)만 누릴 수 있다. 그들은 합병되지 않은 지역(unincorporated territories)에 살기 때문에 입법부의 권한(congressional authority)에 종속된다.[52]

이리하여 필리핀 통치에 관한 입법권은 미국 의회가 지니게 되었다. 그러면 의회가 만들려고 한 공화국의 구체적인 모습은 무엇일까?

3) 의회가 제정한 필리핀 통치법

필리핀 통치법령 제정권을 쥔 의회가 가장 먼저 한 일은 청문회를 소집하는 것이었다. 이는 상원으로서는 당연한 취해야 할 일이었다. 청문회는 상원의 원로인 호어(Hoar)의 요청으로 1902년 1월 28일에 열렸다. 그리고 다음의 주제로 논쟁했다.[53]

51　Walter LaFeber, 1993, *The Cambridge History of American Foreign Relations, Volume II : The American Search for Opportunity, 1865-1913*, New York, Cambridge University Press, p. 54.

52　*Ibid.*, p.153.

53　Henry F. Graff(ed.), 1969, *American Imperialism and the Philippine Insurrection:*

제1주제: 아기날도에게 독립을 약속했는가?

제2주제: 미국과 필리핀 중에 누구에게 전쟁의 책임이 있는가?

제3주제: 필리핀을 복종시킬 방법은 무엇인가? 왜 자치정부 이식 약속에도 불구하고 필리핀인들은 반란(counter-insurgency)을 일으켰는가?

제4주제: 필리핀인은 자치정부에 적합한 천성을 지녔는가?

미국이 청문회에서 필리핀인이 자치정부에 적합한 속성을 지녔는가를 검토해야 했던 이유가 있다. 그것은 인종적 편견에서 비롯된 것만은 아니다. 미국의 필리핀 공화국 만들기는 다음과 같은 현실을 고려해야만 했다. '필리핀인은 공화국이 무엇인지를 알고 있는가.' 일각에서 자치정부론을 이해할 수 있는 필리핀인이 100명 정도에 불과하다는 주장도 제기되었기 때문이다. 또 미국의 자치정부 만들기는 궁극에 가서 '진정한 자치권이라면 피치자들이 독립을 결정할 수 있어야 하지 않을까?' 하는 문제에 직면하기 때문이다. 즉 자치 정책은 언젠가 독립을 전제로 해야 한다는 것이다.

이런 문제들은 이후 상원이 제정한 필리핀 통치법의 설계 원리가 되었다. 다음과 같은 입법은 이를 보여 준다.

(1) 필리핀 조직법(Cooper Act, 1902)

필리핀에 세울 자치정부의 통치구조를 만드는 법이다. 정부조직법이

Testimony taken from Hearings on Affairs in the Philippine Islands before Senate Committee on the Philippines-1902. Boston, Little Brown and Company, p.xvi.

라고 하는 것도 이 때문이다. 이 법은 시어도어 루스벨트 정부하에서 제정되었다. 상원의원 쿠퍼가 발의했기 때문에 쿠퍼법으로도 불리는 이 법의 내용을 요약하면 다음과 같다.

① 연방정부에 파견한 미국인과 필리핀인이 공동으로 정부를 구성하고 운영하는 법을 정한다.
② 필리핀인에게 삼권분립의 원리를 이식하는 데 초점을 맞춘다. 필리핀의 삼권분립체제는 미국의 감독을 받는다.-이 구조는 필리핀에 삼권분립의 원리를 가르치는 목적도 있지만, 필리핀에 수립된 미국인의 정부가 본국의 통제를 벗어나는 것을 염려한 것이기도 하다.
③ 식민지에 삼권분립 원리에 입각한 자치정부를 세우려면 백인의 삼권분립 정부만으로는 성립될 수 없으며, 필리핀인들로 구성된 삼권분립체제도 같이 수립해야 한다. 특히 필리핀인으로 구성된 입법부를 세워야 한다.-'법을 제정할 수 있는 권리'를 필리핀인이 행사할 수 없다면 자신의 운명을 자신이 결정할 수 있다는 원리에 근거한 자치정부 독트린은 성립될 수 없기 때문이다. 즉 피치자(필리핀인)의 운명을 결정할 통치자를 피치자가 투표로 선출한다는 것이다. 1902년 필리핀 조직법은 바로 필리핀 하원의 설립을 명령한 법이다.

이 법에 따라서 필리핀인의 입법부 설립은 준비에 들어갔으며, 그리하여 1907년에 필리핀 하원을 출범시켰다. 필리핀 전 지역을 선거구로 나누고, 각 지역에서 주민들의 투표로 국회의원을 선출했다. 필리핀인의 하원이 열림으로써 1902년 필리핀 조직법은 필리핀인의 헌법이 제정(1935)

되기 전까지 필리핀 헌법과 같은 역할을 했다. 따라서 이후에 발의된 필리핀 통치법은 모두 이를 근거로 했다.

(2) 필리핀 조직법(Jones Act, 1916)

필리핀에 자치정부를 세운다는 1902년의 필리핀 통치법은 윌슨 정부하에서 더욱 구체화되었다. 1916년의 존스법을 통해서 미국이 필리핀과의 전쟁 당시에 구두로 약속했던 독립은 사실상 문서화되었다. 이 법은 목적을 이렇게 밝혔다. 첫째, 미국민은 "1898년의 미서전쟁은 처음부터 '영토를 차지하기 위한 정복 전쟁(a war of conquest or for territorial aggrandizement)'이 아니었"음을 보여 주기 위해 존스법을 제정하고 선언한다. 둘째, 필리핀의 "미래의 정치적 지위(the future political status)"에 대한 미국인의 생각을 밝힌다. 셋째, 필리핀에 "더욱 독립적인 정부(more autonomous government)"를 제공한다. 즉 "미국이 늘 그래왔듯이 미국의 목적은 필리핀에서 주권을 철수하고, 안정적인 정부가 수립되자마자 필리핀의 독립(independence)을 승인하는 것이다." 넷째, 따라서 이 법은 "완전한 독립(complete independence)"을 준비하기 위한 법이다. 요컨대 존스법은 되돌릴 수 없는 법, 즉 영구법이다. 이 점은 1902년의 필리핀 통치법의 성격을 선언한 것과 비교하면 확인할 수 있다. 미국은 이 법을 시민 정부(civil government) 조직법(organic law)으로 부르면서 "임시법(an Act Temporarily)"이라고 규정했다. 따라서 미국은 1902년 필리핀 정부조직법을 통해서 임시법이 아닌 영구법을 예고한 셈이다.[54]

이 법이 제정됨으로써 1902년의 정부조직법은 필리핀 통치의 헌법적

---

54 법안의 표제(Title)와 전문(Preamble), The Jones Law of 1916.

성격이 더욱 분명해졌다. 1916년 법은 1902년 법의 골자인 자치정부 만들어 주기를 더욱 강화한 것이기 때문이다. 이 법이 말뿐만이 아니라는 것은 윌슨의 '공직자의 필리핀화' 정책을 통해서 확인할 수 있다.

> 필리핀인들에게 자치의 기회를 꾸준히 확대해 나가겠다.… 우리가 취하는 모든 조치는 필리핀의 완전 독립이라는 관점에서 고려될 것이며, 나아가 그 독립을 위한 준비 조치가 될 것이다.[55]

그리고 1913년 12월의 연두교서에서 재확인했다.

> 우리는 점진적으로 필리핀인들에게 자치정부 조직을 확대해야 하고, 완성해야 한다.… 우리는 필리핀인들에게 그들 생명의 본질적인 기구, 정부의 지역조직, 학교, 공동체의 모든 제도 등을 그들 스스로 정하도록 만들어야 한다. 그리고 정부를 세우는 데 조언과 경험을 제공함으로써 세계 모든 사람은 자국민의 문제가 그들 자신의 통제에 있다는 것을 볼 수 있을 것이다.[56]

즉 존스법에 따라서 필리핀에 수립된 정부 공직자 비율 중 필리핀인의 수를 미국인 통치자보다 더 높일 수 있게 되었다.

---

55 권오신, 2000, 『미국의 제국주의: 필리핀인들의 시련과 저항』, 문학과 지성사, 153쪽.
56 권오신, 2000, 위의 책, 155쪽

(3) 타이딩스-맥더피법(Tydings-McDuffie Act, 1934)

이 법은 프랭클린 루스벨트 정부하에서 제정되었다. 이 법을 통해서 미국은 세 가지를 선언했다. 첫째, 10년 후 필리핀 독립일(1944년 7월 4일)을 확정했다(Section 10). 둘째, 필리핀 헌법을 만든다. 셋째, 필리핀인으로 구성된 삼권분립 공화국을 구성한다. 이 법안을 공화국 만들기와 독립국 만들기 법(The Philippine Commonwealth and Independence Law)으로 부르는 것도 이 때문이다. 요컨대 상원의 세 가지 연방법은 상원 청문회에서 제기한 주제들에 대한 해법이자 필리핀 공화국 만들기의 설계도와 같았다.

4) 공화국 만들기의 초점

미국의 필리핀 공화국 만들기는 연방법 제정만으로 세워질 수 없었다. 연방법은 설계도를 제공했을 뿐, 설계도상의 공화국이 실제로 작동하려면 다음과 같은 구체적인 문제를 해결해야 했다.

첫째, 국가를 운영할 재정을 공급할 수 있는 시스템(국가 수입원)도 구축해야 했다. 이 점은 매우 중요했다. 미국은 중남미 국가에서 다음과 같은 현상을 목격했기 때문이다. 이들 국가의 지도자들은 국가의 운영 비용을 차관을 통해서만 해결하려고 한다. 그리하여 차관은 갚을 수 없는 단계에 도달한다. 오늘날의 개념을 빌리면 국가 파산에 직면한다. 그러면 채권국(유럽 열강)은 회수 불능에 빠진 채무를 환수하기 위해 나선다. 여기서 전쟁은 채권을 강제 집행하는 방법이 되며, 이는 국제관습으로 허용된다. 결국 채권국과 채무국 간에는 영토의 일부 또는 자원 개발권을 주는 방법으로 평화를 회복한다. 즉 미국이 보기에 차관은 약소국을 국가로 만들기의 원동력이 아니라 식민지로 전락시키는 매개체인 것이다. 미국은 이를 막아야 했다. 그 방법은 다음과 같은 논리를 지닌 것이었다. 1) 국가를 세금으로 운영할 수 있어야 한다. 2) 이를 위해서 세금을 낼 수 있는 국민을 만들어야 했다. 그러나 필리핀인에게는 국가를 위한 세금의 개념이 없었다. 그들이 스페인 통치하에서 체험한 세금은 중세 봉건지대와 같은 착취였다. 3) 필리핀의 국토를 필리핀 국민들이 활용할 수 있게 해야 한다. 즉 필리핀인 자작농을 만들어야 한다.

둘째, 필리핀인이 필리핀의 천연자원을 개발할 수 있는 능력을 지녀야 했다. 이를 위해서는 다음과 같은 조치가 필요했다. 1) 필리핀인의 노동력의 질을 높여야 한다. 그러나 필리핀인의 노동력의 질은 중국인과 일본인에 비해 떨어졌다. 미국은 이런 상황을 우려했다. 필리핀을 개발하기 위한 노동력을 해외에서 조달할 것을 요구할 것이기 때문이다. 그러면 필리핀의 자원은 필리핀의 국부가 될 수 없을 것이다. 따라서 필리핀인의 노동력의 질을 높여야 한다. 한편에서는 필리핀인의 지적인 능력을, 다른 한편에서는 육체적 능력을 향상시켜야 한다. 전자는 교육을 통해서, 후자는 건강 및 후생·복지사업을 통해서 증진시키기로 했다. 미국이 후자를 필리핀을 외국의 침략으로부터 지키기 위한 '생물학적 무기'로 부르며, 중요한 의미를 부여한 것도 이 때문이다. 2) 노동력의 이동망을 구축해야 한다. 필리핀 노동력의 또 다른 문제는 부족하다는 것이다. 그 이유 중의 하나는 섬으로 분리되어 있다는 점에서 기인한다. 따라서 지리적 조건 때문에 섬들에 흩어져 있는 노동력을 필요한 곳에 공급할 수 없다. 이를 위해서 노동력이 이동할 수 있는 교통 인프라를 구축해야 했다. 먼저 섬에는 도로망을 깔고, 섬 간에는 항구와 선박을 통해서 연결해야 한다. 3) 외국인의 자원 개발권을 제한해야 한다. 미국은 국유지를 저렴하게 분할하면서 개인이나 기업이 소유하거나 빌릴 수 있는 면적을 제한했다. 외국인의 토지 소유를 통해서 필리핀을 지배하는 것을 막자는 것이다. 이는 미국 기업인의 불만을 샀다. 이들은 토지 소유 및 빌릴 수 있는 한도를 늘려 달라고 했다. 그리고 그 근거로 고무 플란테이션은 초기 자본이 많이 투하된다는 점, 주변의 네덜란드와 영국이 인도네시아와 말레이시아에서 운영하고 있는 고무 농장에서 허락한 농장의 소유 면적이 필리핀보다 넓다는 점을 예로 들었다. 또한 필리핀의 총독도 이 문제를 지적하며 토지법의 개정을 요구했다. 이에 법을 개정하여 소유 면적을 넓혔지만, 인도네시아나 말레이시아의 경우와 비교되지 않았다. 그런데도 미국 정부는 필리핀의 자원은 필리핀이 개발해야 한다는 원칙을 고수했다. 플란테이션은 미국의 1898년 필리핀 점령이 섬을 착취하기 위해서가 아니라 독립을 위해서였다는 명분을 훼손시키는 것을 막기 위해서였다.

요컨대 미국의 공화국 만들기는 필리핀에게 삼권분립체제를 구축해 주는 것만으로는 완성될 수 없었다. 그 밖에도 다음과 같은 중요한 작업이 병행되어야 했다. 즉 헌법을 읽을 수 있는 정치적 동물 만들기, 세금을 낼 수 있는 납세자 만들기, 토지를 가진 농부 만들기, 자원을 개발할 수 있는 지적 및 육체적 능력을 지닌 노동자 만들기 등이 그러한 것이다.[57]

---

57 상세한 내용은 이 책의 제1장 총론을 참고하기 바란다.

5. 미국 행정부의 '세계전략(world strategy)'과 '필리핀 통치정책'

■ 문제 제기

필리핀 국가 만들기는 공화국 만들어 주기로 끝날 수 없었다. 왜냐면 독립을 시키더라도 '약한 국가(weak state)'였기 때문이다. 약한 국가는 외부의 물리적 침략으로부터 국가의 생존을 지켜내기를 기대할 수 없다. 이는 필리핀만의 문제는 아니었다. 지구상의 많은 약소국이 직면한 공통의 문제였다. 미국이 스페인으로부터 필리핀을 양도받고, 계속 점령한 가장 큰 이유도 여기에 있다. 필리핀을 미국이 아닌 군사 강국이 차지할 경우 부딪히게 될 가상의 위험을 예방하자는 것이다.

앞서 언급했듯이 만일 독일이나 일본이 필리핀을 차지한다면 미국은 유사시에 서태평양상에서 해양의 자유, 즉 통상무역로 항행의 자유는 물론 서부해안의 안전을 담보할 수 없다. 이것이 전략가에게 선제적 전쟁과 점령을 계속하게 한 것이다. 오늘날의 개념을 빌리면 이런 미국의 전쟁론에는 '예방전쟁(preventive war)'의 논리가 깔려 있다. 그리고 이러한 예방전쟁의 논리는 미국만 가지고 있는 것은 아니다.

예컨대 일본은 '만일 러시아가 한반도를 차지한다면 일본 열도의 안전을 담보하기 어렵다'는 불안감으로 러일전쟁을 일으켰다. 이는 러시아도 마찬가지여서 '만일 일본이 한반도를 차지한다면 동시베리아의 안전은 없다'고 생각했다. 이러한 두려움 때문에 러시아와 일본의 한반도 정책은 공존할 수 없었다. 그리고 이런 논리가 제국주의 시대를 열강 간의 식민지 재분할 전쟁으로 점철되게 한 것이다. 따라서 미국도 필리핀을 독립시킨 후 다른 제국주의 열강이 다시 식민지로 삼는 상황을 걱정하지 않을 수 없었다. 다시 말해 '필리핀 문제가 미일전쟁의 원인이 될 수 있다'는 미일전쟁론의 실체를 대비하지 않을 수 없었다.

이러한 두려움은 미국의 필리핀 정책에 영향을 미쳤다. 미일전쟁을 막으면서, 필리핀 국가 만들기를 수행해야 했기 때문이다. 특히 미국은 필리핀을 독립시킨 후에 어떻게 안전을 보장할 것인가를 고민했다. 여기서 미국이 제시한 해법은 국가들의 공동체를 만들고, 필리핀을 독립시킨 후 이곳에 가입시켜 독립국의 지위를 보전시킨다는 것이었다.

그렇다면 미국의 이런 해법, 즉 국가 간의 공동체를 만들고, 이를 통해서 약한 국가들의 안전을 보장하는 방법은 언제부터 생각했을까? 그리고 미국은 그것을 어떻게 추진했을까?

필리핀 문제를 국가들의 공동체 만들기와 결부시킨 대통령 세 명의 필리핀 전략을 통해서 알아보자.

1) 미국의 필리핀 독립국 만들기 전략 수립 배경

미국이 필리핀 공화국 만들기에 못지않게 힘을 써야 했던 것은 바로 필리핀을 독립국으로 만드는 일이었다. 왜냐하면 일본이 미국의 필리핀 국가 만들기 정책에 반대를 표시하며 다음과 같이 협박했기 때문이다. 다음에 소개하는 사례는 1898~1899년에 일어났던 일이다.

(1) 일본 외상 오쿠마의 협박
오쿠마는 1898년 미국이 필리핀을 점령한 직후에 다음과 같은 필리핀 정책을 수립했다.

첫째, 미국은 필리핀을 병합해야 한다. 따라서 필리핀 자치화 정책은 철회해야 한다.

미국이 이 섬으로 주권을 확장하면 그것은 일본이 전적으로 받아들일 수 있는 완전한 해결책을 제공하는 것이다.[58]

둘째, 그러나 미국이 필리핀을 병합할 수 없다면, 일본 또는 영·일과 더불어 필리핀을 공동보호령으로 만들어야 한다.

제국 정부는 필리핀 사태가 해결되지 않은 상태에서 초래할 위험이 완전히 살아서… 지리적 인접성(propinquity), 다른 열강과의 이해관계 등을 고려할 때 그 지역에 적합한 정부 형태(suitable government for the territory)는 미국과 다른 열강 간에 공동(joint) 또는 3국의 보호(tripartite protection) 아래 두어야 한다.… 귀관의 판단에 따라 미국과 영국 및 프랑스에 이러한 입장을 전하라.[59]

(2) 이토의 협박

필리핀인들이 무장 독립운동을 일으키자 일본은 이토를 내세워 미국·필리핀 전쟁의 중재자(mediator)로 개입할 의사를 통보하며, 미국에 필리핀 문제에 대한 추가 지침을 보냈다. 이토의 중재안의 골자는 다음과 같았다.

---

58 Saniel Josefa M., 1973, *Japan and The Philippines, 1868-1898*, New York, Rusell & Russell, pp.219-220.

59 *Ibid.*, pp.219-220.

첫째, 일본은 미국이 강력한 통제와 주권을 행사할 것을 요구한다.

일본은 필리핀 섬에서 일어나고 있는 일에 지대한 관심이 있다. 일본은 반란자들에게 미국의 통제와 주권이 관철되는 것이 보여지기를 강력히 바라고 있다. 그것은 그들의 복리와 보전을 위한 것이다. 또 미국인의 생명과 무력에 의한 평화를 획득하기 위해 들어가는 막대한 비용을 구하는 일이기도 하다.[60]

둘째, 일본은 필리핀인의 저항과 미국의 통치방식을 동양평화의 관점에서 보고 있다.

일본과 동양 전체의 관심은 다음과 같다. 미국은 신속하게 섬의 평화와 좋은 정부(good government)를 수립해야만 한다. 현재 상황은 주로 일본의 역할에 대한 오해에서 비롯되었다. 우리의 역할은 아시아적 특성에 의한 것이다. 예컨대 우리는 필리핀인의 본성에 의심이 있으며, 우리 내부에는 그들에 대한 신뢰가 결여되어 있다.[61]

셋째, 일본은 필리핀인의 반란을 완벽히 통제할 능력이 있다. 미국이 요청한다면 즉시 출동할 수 있다.

---

60 Payson J. Treat, 1963, *Diplomatic Relations between the United States and Japan, 1895-1905*, Gloucester, Mass., Peter Smith, p.69.
61 *Ibid.*, p.69.

…섬 사람들에 대한 (우리의) 지식, 그들과 일본인 간의 지난 관계 등을 고려할 때, 반란자들의 항복에 영향을 미칠 수 있다고 자신 있게 말할 수 있다. 만일 미국이 바란다면 우리는 그곳에 가서 그것을 완수할 것이다.[62]

넷째, 필리핀인이 자치능력이 없음을 주지해야 한다.

덧붙여 다음도 전한다. 필리핀 사람들은 자치정부를 운용할 능력이 없다. 그들의 안전은 오직 미국의 권위와 통제에 조용히 복종하는 데 있다. 그럼으로써 그들은 사람으로서 그들의 모든 권리를 보장받을 수 있을 것이다.[63]

요컨대 이토는 아시아주의와 동양평화론을 내세우며, 미국의 필리핀 자치화 정책의 폐기를 요구했다. 그리고 미국과 필리핀의 분쟁은 일본이 중재할 수 있다고 자청했다. 이를 거부하면 미일전쟁을 각오해야 한다는 압박이었다. 표현은 '중재'였지만, 미국의 필리핀 정책은 일본의 관리·감독을 받으라는 것이며, 이는 일본판 '국제경찰권'을 행사하겠다는 것과 다름없었다.

(3) 일본 외상 아오키의 협박

이토의 제안은 외상 아오키 남작을 통해서 재차 전달되었다. 특히 "이

---

62 *Ibid.*, p.69.
63 *Ibid.*, p.69.

토의 중재안이 일부 필리핀인들에게 받아들여졌다"는 점을 강조한 후, 일본은 현재 필리핀에서 벌어지고 있는 "다음과 같은 상황에 많은 흥미를 가지고 있다"면서 이렇게 전했다.

> 미국의 군사력이 필리핀인의 반란을 즉각 굴복시킬 수 있는 능력을 지녔기를 희망(hope)한다. 일부 필리핀인들은… 일본군 장교에 접근하여 다음과 같은 요구를 강하게 해왔다. 일본 정부가 거중조정권을 사용하라는 것이다. 그리하여 일본이 두 교전국(belligerents) 간에 더 나은 협정을 끌어낼 수 있도록 해 달라는 것이다.[64]

아오키의 전언은 미국에게 모욕적이었다. 일본은 미국의 군사적 약점을 파악한 상태에서 미국이 군사력으로 필리핀의 반란을 진압하기를 "희망(hope)"한다고 했기 때문이다. 즉 일본은 미국이 진압할 능력이 없다고 판단한다는 것이다. 더욱이 일본은 필리핀의 개입 요청을 수락하지 않았으며, 이는 일본이 미국에 은혜를 베푼 것이라는 의미도 아울러 전달했다.

> 현재 (일본은) 이러한 방향으로 나아가는 어떤 조치도 취할 생각이 없다. 따라서 미국 정부가 이러한 제안을 적당하다고 보지 않는 한, 어떤 일도 일어나지 않을 것이다. 만일 언제든지 그것이 요구되어야만 한다면, 일본 정부는 할 수 있는 어떤 방식을 통해서든 기꺼이 그 문제를 도울 것이다.[65]

---

64   *Ibid.*, p.70.
65   *Ibid.*, p.70.

그러나 일본은 동시에 필리핀인의 무장 저항을 반란으로만 보지 않을 수도 있다는 점, 즉 독립운동으로 간주할 수도 있다는 점을 주지시켰다.

나는 일본인의 혈통이 필리핀인의 혈통과 연결되어 있다고 생각한다. 이는 기후와 비슷한 것과 같다. 따라서 강력한 일본은 (필리핀에서) 제2의 아메리카가 되어야 한다. 쿠바의 반란에서 미국이 취한 조치를 따라야 한다. 반란군이 독립의 깃발을 올릴 수 있도록 해야 한다.[66]

일본의 이러한 입장은 말뿐이 아니었다. 실제로 일본은 필리핀 독립운동가들에게 무기를 지원하려고 했다. 민간 상인을 통해서 필리핀 무장저항군에게 무기를 제공하려 했고, 일본 정부는 이를 막지 않았으며, 필리핀인에게 총기제조법을 전수하겠다는 제안도 했다.[67]

역사가 트리트(Treat)는 이러한 미국의 딜레마를 다음과 같이 묘사했다.

국무성은 미국 내에서 라틴 아메리카 정부에 맞서 싸우는 혁명가들이나 모험가들의 행동들로부터 야기된 것과 매우 유사한 고발(complaints)에 직면했다. 다만 다른 점은 그때와는 반대 입장에 처했다는 것이다. 일본과 중국에서 필리핀인 대리인(agent)과 총기 밀수업자(gunrunners)의 활동에 직면했기 때문이다.[68]

---

66 Saniel Josefa M., *Japan and The Philippines, 1868-1898*, p.232.
67 Payson J. Treat, *Diplomatic Relations between the United States and Japan, 1895-1905*, p.69.
68 일본의 미국정책 모방은 이것이 전부가 아니었다. 일본은 필리핀인의 반란에 직면한

요컨대 일본의 필리핀 정책은 이런 것이었다. 일본은 필리핀인의 무장저항을 반란으로도, 독립운동으로도 어느 쪽으로도 볼 수 있다. 어느 쪽이든 일본의 개입 명분이 될 수 있다. 또 일본이 어느 쪽의 정책을 펼칠지는 미국의 태도에 달렸다. 일본은 미국이 필리핀에 대해 다음과 같은 정책을 펼치기를 요구한다. 첫째, 필리핀 자치정부 만들기를 철회하라. 둘째, 대신 필리핀을 완전히 병합하라. 셋째, 일본 또는 영·일과 군사동맹을 맺고 공동보호령으로 만들어야 한다. 넷째, 일본의 근거는 '아시아주의'와 '동양평화론'이다. 다섯째, 만일 미국이 따르지 않으면 전쟁이다.

그러나 미국은 일본의 요구에 응할 수 없었다. 언급했듯이 미국의 각종 법은 필리핀 병합을 금지하고 공화국 수립을 명령했기 때문이다. 특히 대법원은 필리핀을 병합할 수 없다는 점을 분명히 했다. 이런 상황은 미국에게 다음과 같은 대응책을 마련케 했다.

2) 미국의 대응 전략: 식민지 재분할 전 방지 체제 만들기

(1) 미국식 '보호국' 제도 수립

필리핀을 국가로 생존케 하려면 필리핀의 국방력을 키워 주어야 한다.

스페인 정부가 필리핀을 유럽에 양도하는 것을 막기 위해 필리핀의 독립을 지지하는 정책을 취했다. Saniel Josefa M., *Japan and The Philippines, 1868-1898*, p.240; 이 또한 미국이 중남미 지역에서 사용한 방식이다. 식민지인의 반란을 독립운동으로 승인하는 정책이었기 때문이다. 전시중립을 선언하고, 마닐라에 있는 일본인의 생명과 재산을 보호한다는 명분으로 전쟁에 개입하자는 전략도 마찬가지였다. *Ibid.*, p.232. 전시 중립 선언 역시 미국이 건국 직후부터 유럽에의 전쟁 시에 사용한 전략으로 유럽에는 없는 방식이었다. 이처럼 일본은 미국의 중남미 정책을 모델로 삼아 필리핀 문제에 개입할 수 있는 다양한 명분과 경로를 마련한 것이다. 이러한 일본의 '미국 정책 따라하기'는 미국의 필리핀 정책의 딜레마였다.

미국이 필리핀 공화국 만들기 정책을 설계하고 추진하면서 직면한 가장 큰 딜레마 중 하나가 바로 이 문제였다.

"필리핀이 스스로 국가를 유지할 군사력을 갖출 수 있을까?"

이 문제는 국가를 세울 때 가장 근본적으로 물어야 할 주제였지만, 당시의 상황에서는 성립될 수 없는 질문이었다. 필리핀의 주변은 온통 식민제국으로 둘러싸여 있었기 때문이다. 인도네시아와 말레이시아는 네덜란드와 영국의 식민지였다. 그리고 타이완은 일본의 식민지였다. 따라서 미국이 필리핀을 독립시킨다면 이들 식민제국의 식민지로 재포획당할 것이 분명했다. 필리핀인이 미국의 지배를 받아들인 가장 큰 이유도 여기에 있다. 앞서 언급한 상원 청문회에서 나온 다음의 증언이 이를 보여 준다.

필리핀 전쟁에 참전했던 휴(Hughes) 장군은 "말로로스(Malolos)에서 아기날도와 거래가 있었는가(Was there a deal with Aguinaldo?)"라는 상원의원 헤일(Hale)의 질문에 이렇게 답변했다.

첫 번째 말로로스 위원회가 열렸을 때, 이들은 준비가 되어 있지 않았다. 우리는 14일에 만나서 그들에게 아기날도와 상의할 시간을 주었다. … 되돌아 지금 생각해 보니 그들이 돌아왔을 때. 비록 나는 그 회의에 대한 어떤 정보도 가지고 있지 않았지만, 아기날도 조직(establishment)의 브레인인 마비니(Mabini)로부터 한 장의 편지를 받았다. 이런 진술이 담겨 있었다. 가장 원하는 것은 절대 독립(absolute independence)이다. 다음으로 그것을 양보한다면, 일종의 보호(protection)를, 또는 그와 같은 종류의 어떤 것을 토론할 것이라고 했다. … 우리는 그들에게 물었다. "우리는 당신들이 주장한 절대적 독립은 이렇게 이해했는데, 맞는가. 즉 미국이 이 나라에서 떠나는 것인가. 당신들은

(미국이) 그들의 수송선을 타고 이 나라 항구에서 떠나기를 바라는가.”
"오 아니, 아니 그것은 아니다. 우리는 법을 만들 수 없다. 그리고 당신들은 여기 머물면서 지켜보아야 할 것이다. 외부인들이 우리를 침해하지 못하도록 해야 한다.[69]

헤일의 뒤를 이어서 상원의원 엘리슨과 휴 장군 간에는 다음과 같은 질문과 답변이 이어졌다.

상원의원 엘리슨(Allison): 그들은 이 일에 대해서 이해하고 있는 것처럼 보이는가?"
휴 장군: 그렇다. 이 일에 대해서 다음과 같은 것 외에 어떤 것도 존재할 수 없다. 절대적 독립과 누군가가 그들을 돌보아야 한다는 것이다. 그들은 자력으로 존립할 수 없다는 사실을 인지하고 있다. 그들은 만일 누군가의 보호를 받지 못한다면 누군가의 수중에 떨어질 것이라는 사실을 인지하고 있다. 그러나 그들이 첫 번째 원하는 것은 절대 독립이지만, 그다음은 그들이 할 수 있는 것을 가지고 세계와 흥정(dicker)해야 한다는 것을 인지하고 있다.[70]

이 논쟁은 결국 미국으로 하여금 다음과 같은 필리핀 정책을 추진케 했다. 첫째, 필리핀을 보호국으로 한다. 둘째, 공화국을 만든다. 즉 보호국

69　Henry Graff, F.(ed.), 1969, *American Imperialism and the Philippine Insurrection: Testimony taken from Hearings on Affairs in the Philippine Islands before Senate Committee on the Philippines-1902*, Boston, Little Brown and Company, pp.30-31.
70　*Ibid.*, pp.30-31.

화의 목적은 공화국 만들어 주기이다. 상원의 이러한 필리핀 정책은 청문회를 열기 직전에 만든 플랫 수정안(Platt Amendment, 1901)을 통해서 확인할 수 있다. 다음과 같은 내용이었기 때문이다. 1) 필리핀에도 쿠바에 적용하는 법을 적용한다. 2) 미국은 쿠바를 병합하지 않는다. 3) 쿠바의 조약체결권을 미국이 대행한다. 4) 외침으로부터 쿠바의 안전을 지켜준다. 즉 필리핀은 언제가 독립시켜야 하는 보호국이다. 그리하여 미국의 필리핀 통치법은 미국식 보호국에 대한 개념을 담게 되었다.

(2) 식민지(약한 국가)를 보호할 수 있는 국가들의 공동체 만들기

미국이 보호국제도를 통해서 필리핀의 안전을 보장한다는 전략을 수립했지만, 이것은 필리핀을 공화국으로 만들 때까지 취할 수 있는 것이었다. 보호국제도를 계속 유지하면서 공화국을 완성할 수 없기 때문이다. 그렇다고 해서 독립시키면 필리핀은 일본의 식민지가 될 것이 분명했다. 여기서 미국이 생각한 해법이 국가들의 공동체를 만드는 전략이었다. 이 전략은 1899~1900년에 탄생했다. 당시 미국은 러시아가 제안하여 1899년에 열린 제1차 헤이그 평화회의에서 다음과 같은 평화 공동체가 가능하다고 보았다. 첫째, 헤이그 평화회의에 약소국을 초청함으로써 열강으로부터 독립국으로 승인받게 할 수 있다. 즉 약한 국가를 식민지로 만드는 것을 막을 수 있다. 둘째, 보호국제도를 헤이그 평화회의의 대의명분으로 삼는다. 1900년에 루스벨트의 다음과 같은 언설이 이를 보여 준다.

> 작년 여름에 헤이그 평화회의가 열렸다. 여기서 미국은 주도적 역할을 했다. 그리고 우리는 이미 그러한 역할을 해오던 중이었다. 회의가 열리기 이전 해에 미국은 반세기 동안 속박당해 온 어떤 국가에서 가

장 정의로운 해외 전쟁을 하고 승리를 얻기 위해 싸웠다. 우리의 힘은 세계의 문명화된 국가들과 더불어 평화의 대의명분을 광대하게 증대시키는 일을 진전시키는 데 사용되어야 한다. 왜냐면 세계의 황무지(waste spaces)에서 질서를 유지하고, 세계의 치안(policing the world)을 잡기 위해 우리가 역할을 할 능력이 있다는 점과 기꺼이 할 의지가 있다는 점을 우리 스스로 보여 주었기 때문이다. 만일 우리가 이미 시작한 그런 과업을 함에 있어서 위축된다면 우리는 선을 통해 미칠 수 있는 영향력을 상실케 될 뿐이다. … 작년에 우리가 헤이그에서 보여 주었던 것과 같이 강력한 국민은 세계 속에서 그러한 임무, 즉 평화를 위해 싸울 때 선한 결과는 즉각 명백히 드러난다. 세계의 야만(barbarianism)이 문명화로 대체될 때까지 … 평화로운 지배(reign of peace)를 준비하고, 국가는 그것을 할 수 있도록 최선을 다해야 한다.[71]

요컨대 이런 논리였다. 1899년에 열린 헤이그 평화회의는 세계평화라는 대의명분을 증진하기 위한 문명국들의 모임이었다. 그런데 미국은 이미 1898년에 쿠바와 필리핀에서 그런 일을 했다. 속박당한 국가를 구하는 것은 세계의 치안을 안정시키는 행위와 같다. 따라서 미국은 이 사업을 계속할 것이며, 국가들은 이에 동참해야 한다. 그리하여 평화의 지배체제를 구축하는 데 협조해야 한다. 다시 말해서 필리핀에서 미국이 하는 일(자치정부 훈련 후 독립국으로 만들어 주기)을 세계평화 체제 만들기의 토대로 삼는다는 것이다.

71　Theodore Roosevelt, 1926, *State Papers as Governor and President Campaign and the Controversies*, New York, Charles Scribners's Sons, The Works of Theodore Roosevelt, Volume XIV, National Edition, p.339.

이러한 언설은 추상적으로 보이지만, 매우 중요한 원리를 담고 있었다. 즉 필리핀 통치행위를 세계평화를 위한 치안 행위로 삼는 것이기 때문이다. 그 경우 일본이 필리핀 문제에 개입하면 세계평화를 해치는 것이 된다. 그리고 일본은 세계평화를 위한 치안 행위의 대상이 된다. 이는 매우 중요한 발상이다. 미국의 관점에서 문명국과 야만국의 기준을 다시 설정한 셈이기 때문이다. 그동안 문명국과 야만국을 가르는 유럽의 기준은 고정적이었다. 서구 문명과 그 세례를 받은 지역은 문명국이요, 그렇지 않은 아시아나 아프리카는 비문명 지역으로 간주해 왔기 때문이다. 이 기준에 따르면 유럽과 일본은 문명국의 범주에 속했다. 그러나 루스벨트는 식민지 정책을 가지고 문명국의 여부를 가렸다. 따라서 모국이 문명국 체제를 가지고 있을지라도 식민지 정책이 야만적이면 모국도 야만국으로 간주했다.

3) 국가들의 공동체 만들기 전략 집행

(1) 루스벨트의 국가들의 공동체 만들기

위의 전략은 실제로 집행되었다. 루스벨트가 미국 대통령이 되었기 때문이다. 그는 한국과 만주 문제를 놓고 러일 간의 위기가 발생하자 이를 헤이그 평화회의를 추진할 기회로 삼았다. 그의 계획은 다음과 같았다.[72]

첫째, 국가 간의 분쟁을 전쟁터가 아니라 국제재판을 통해서 해결하는

---

[72] 이곳에 소개한 루스벨트의 국가들의 공동체 만들기 계획은 다음 두 가지 글을 정리 요약한 것이다. Theodore Roosevelt, 1926, 'International Peace', American Problems, New York, Charles Scribners's Sons, The Works of Theodore Roosevelt, Volume XVI, National Edition, pp.304-310; 'The Peace of Righteousness', *Ibid*., pp.310-319.

제도를 국가의 의무로 만든다. 이를 위해 평화 시 국가 간의 중재재판조약(arbitration treaty)을 체결하고, 체약국 간에 분쟁이 발생하면 무조건 중재재판을 거쳐야 한다. 루스벨트는 자신의 의도를 제2차 헤이그 평화회의를 통해서 추진했다. 그의 이러한 제안은 제1차 헤이그 평화회의의 동기와 결과물을 개혁하자는 것과 같았다. 제1차 평화회의 때 합의를 본 중재재판 협약은 국가의 의무조항이 아니라 선택 사안이었기 때문이다.

둘째, 중재재판의 대상에 식민지 문제를 포함한 것도 제1차 평화회의와 다른 점이었다. 제1차 평화회의는 초청국을 제한함으로써 초청받지 못한 약소국을 열강의 식민지의 대상으로 전락시키는 결과를 초래했다. 국제법을 제정하는 회의에서 배제된 약소국은 해당 국가의 입장에서 보면 국가 승인을 취소당한 것이 되며, 열강의 입장에서 보면 축출된 약소국은 더 이상 국가가 아니기 때문에 식민지화해도 좋다는 신호로 받아들일 것이기 때문이다. 그리하여 제1차 평화회의는 오히려 열강 간의 식민지 전쟁의 원인을 잠재하게 되었다. 미국은 제2차 헤이그 회의를 통해서 바로 이 문제를 해결하려고 했다. 식민지 문제를 둘러싼 분쟁도 전쟁터가 아니라 법정에서 평화롭게 해결할 수 있는 방법으로 그동안 헤이그 협약문(Hague Convention) 속에만 존재하는 중재재판제도를 실제로 작동시키자는 것이다. 그것은 바로 식민지를 보유한 국가들 간에 중재재판조약을 맺는 것이다. 그럼으로써 가장 큰 전쟁의 원인을 제거해 보자는 전략이었다. 그것을 추진한 인물이 루스벨트였다. 루스벨트가 유럽에서 제정한 노벨평화상을 미국 정치인임에도 최초로 수상할 수 있었던 것도 이 때문이다.

셋째, 식민지 문제를 조약 내용에 포함하려면 '식민지'의 개념을 먼저 법적으로 정립해야 한다. 그것은 두 가지 측면에서 구축되어야 했다. 하나는 식민지를 보유한 국가와 식민지 간의 합의요, 다른 하나는 식민지를 보유한 국가와 제3국 간의 합의이다. 다시 말해서 식민제국은 피식민국과 제3국의 동의를 얻어야 한다. 이때 합의와 동의해야 할 것은 바로 '식민지를 병합할 수 있는가'의 문제였다. 미국은 식민지 병합을 반대했다. 대신 보호국 정도의 지배력만 인정했다. 보호국은 국가 간의 관계를 결정할 수 있는 조약체결권을 대행하고, 대신 피보호국을 외침으로부터 지켜주는 것이다. 따라서 미국과 식민지 문제를 놓고 조약을 맺으려면 체약 상대국은 이 점에 동의해야 했다.

넷째, 헤이그 평화회의에 약소국을 초청한다. 약소국 입장에서 볼 때 국제회의에 초청받는 것은 독립국임을 승인받는 것과 같았다. 그렇게 되면 약소국과 열강의 분쟁은 중재재판소에서 재판받게 되며, 불평등조약을 구실로 전쟁을 일으켜 약소국을 식민지로 만드는 것이 불가능해진다. 그리고 미국은 세계 헌법과 같은 헤이그 협약을 근거로 중재자로 개입할 수 있다. 미국은 이미 1902년 베네수엘라 위기를 이런 식으로 해결한 바 있다. 영국과 독일을 포함한 유럽 6개국이 베네수엘라에 제공한 차관을 회수한다는 명분으로 전쟁을 일으키자, 베네수엘라는 먼로독트린 발동을 요청했으며, 이에 루스벨트는 함대 총동원령을 내려 유럽의 철수를 요구했다. 이 문제는 헤이그 중재재판소에 회부하기로 합의함으로써 전쟁이 일어나는 것을 막았다. 그리고 중재재판소는 '국가 채무에 대한 강제 징수는 가능하다. 그러나 무력으로 징수해서는 안 된다'라며 판시했다. 그리하여 헤이그 평화회의가 약소국을 식민지로 전락시키는 루트를 차단할 수 있음이 입증되었다. 그리고 이를 제도화하면 약소국의 식민지화는 차단할 수 있다. 즉 헤이그 평화회의에 초청하여 독립국의 자격을 주는 것이다. 그러면 약소국은 열강에 대해 중재재판 청구권을 갖는다.

다섯째, 헤이그 평화회의를 정기적으로 개최해야 한다. 그러면 헤이그 중재재판소를 약소국의 식민지화를 막는 방법으로 활용할 수 있다. 또 식민지 문제를 인류 전체의 숙제로 만들 수도 있다. 그리고 회의에 초청하는 약소국의 범주를 확대하고, 중재재판조약에 가입하는 국가의 숫자도 늘린다. 그러면 헤이그 평화회의는 세계평화공동체가 된다. 조약을 매개로 하니 '조약공동체'요, 전쟁을 막기 위한 것이니 '평화공동체'가 된다. 그리고 정기적으로 열기로 했으니 회의 참석국은 늘어날 것이며, 그러면 '세계공동체'가 된다. 또 식민지 문제가 주요 의제니 헤이그 평화회의는 식민지 문제를 해결함으로써 평화를 얻는 회의이기도 하다.

나아가 회의를 정기적으로 열면 국가 간의 공동체를 더욱 발전시킬 수 있다. 국제재판소가 있으니 재판소의 판결을 어떻게 집행하느냐의 문제를 제기할 것이다. 즉 국내 법원의 판결을 집행하는 사법 경찰이 필요하듯이 국제법원도 그런 제도를 요구할 것이다. 미국은 이를 국제경찰(international police)로 개념화했다. 중재법원 판결의 공정성을 담보하고, 국제경찰의 출동을 정당화하기 위한 상위 법도 요구할 것이다. 즉 세계의 마그나 카르타(Magna Carta) 또는 세계 헌법을 요구할 것이다. 그러면 중재재판소는 세계법정(world court)이 된다. 요컨대 헤이그 평화회의의 미래 목표는 집단안전보장체제였다. 그리고 이런 시스템이 구축되면 식민지는 독립시켜도 독립을 보전할 수 있다. 세계법정, 세계헌법, 국제경찰 등이 독립한 약소국을 지켜주는 보호망이 될 것이기 때문이다.

루스벨트의 이러한 전략은 다음과 같은 결과를 내었다. 첫째, 미국은 실제로 제2차 헤이그 평화회의를 여는 주역이었다. 러일전쟁 전에 회의를 제안하고, 전쟁 후 다시 제안했기 때문이다. 둘째, 개최권을 러시아에 넘기고 대신 중남미 18개국을 초청케 했다. 그리하여 중남미 18개국은 그동안 그것을 거부한 유럽으로부터 독립 국가로 승인받는 결과를 낳았다. 셋째, 중재재판 제도를 항구적인 의제로 삼게 했다. 그리하여 세계헌법과 국제경찰 창설을 계속 고민케 했다. 특히 미국 대통령의 숙제가 되었다. 이후 모든 대통령은 필리핀 문제를 해결할 수 있는 국제 공동체 계획을 설계하고 이를 제시해야 했다. 요컨대 1900년에 루스벨트는 "미국은 필리핀에서 치안 질서를 잡는 행위를 하고 있으며, 이는 헤이그 평화회의의 목적과 일치한다"고 했다. 그리고 재임기에 식민지 문제를 평화롭게 해결할 수 있는 치안체제를 헤이그 평화회의를 통해서 추진했다. 1900년의 '국제 치안 질서를 잡는 행위'와 재임기에 수차례나 언급한 '국제경찰'은 같은 개념이다. 국제 치안 행위는 일본의 질주를 막는 방법이었다. 국제 공동체를 통해서 필리핀의 독립을 보호한다는 전략은 이렇게 하여 출범한 것이다. 바꾸어 말하자면 식민지를 독립국으로 만들고, 이를 열강이 상호 보증하면 식민지 쟁탈전으로 인한 전쟁을 막을 수 있다는 논리였다.

(2) 국가들의 공동체를 만들기 전략 계승

시어도어 루스벨트의 국가들의 공동체를 만들고 이를 통해서 필리핀의 독립을 보전한다는 전략은 윌슨과 프랭클린 루스벨트를 통해서 구체적으로 실행되었다.

① 윌슨(Woodrow Wilson): 필리핀 법과 세계평화공동체(국제연맹) 만들기 계획

윌슨의 필리핀 공화국 만들기와 독립 국가 보전하기 전략은 동시에 추진되었다. 1913년 두 명의 전직 대통령(루스벨트와 태프트)은 윌슨이 대

통령으로 취임하자마자 이 문제에 대해 입장표명을 요구했다. 그리고 제1차 세계대전이 발발하자 필리핀 문제는 매우 현실적이며 시급히 해결해야 할 빅이슈가 되었다. 필리핀 문제 때문에 미국이 일본과 전쟁에 휘말릴 가능성이 커졌기 때문이다. 아울러 일본이 중화민국에 21개조 요구를 통해 만주를 넘어 전 중국의 식민지화를 노골화했다는 점, 독일의 식민지인 산둥성을 빼앗을 능력이 있음을 보여 주었다는 점 등이 미국민을 불안케 했다. 그리하여 필리핀을 독립시키라는 요구와 헤이그 평화공동체를 보호하기 위해 개입해야 한다는 주장도 나왔다. 즉 필리핀을 독립국으로 만들라는 것이었다.

1916년 윌슨은 이 문제에 답변했다. 다음 두 가지 조치가 이를 보여 준다. 첫째, 평화를 집행하는 연맹(League to Enforce Peace) 협회에 초청을 받고 워싱턴에서 "모든 사람은 그들이 살 수 있는 통치권(sovereignty)을 선택할 권리가 있다. 따라서 평화회의(peace conference)는 민족자결주의에 토대를 두어야만 한다. 그것이 세계평화공동체의 근본원리(fundamental principle)이다"라고 연설했다(5.27).[73]

> 어떤 평화도 다음의 원리를 받아들이지 않는다면 계속될 수 없다. 정부는 피치자의 동의(consent of the governed)로부터 그들이 지닌 모든 권력의 정당성을 끌어내야만 한다.[74]

---

73 Alexander DeConde (ed) 1978, *Encyclopedia of American Foreign Policy: Studies of the Principle Movements and Ideals, Volume II*, New York, Charles Scribner's Sons, p.638.
74 *Ibid.*, p.638.

윌슨은 피치자의 동의를 얻는 정부 독트린이 민족자결주의의 근거임을 분명히 했다. 바꾸어 말하자면 필리핀 정책이 민족자결주의의 모델이라는 것이다.

둘째, 존스법 제정이다(8.29). 앞 장에서 언급했지만 존스법은 필리핀 자치정부 만들기 법(1902년 쿠퍼법)을 심화하고, 사실상 독립 정부 만들기로 전환하는 법이다. 이렇게 보면 14개조는 필리핀 법(존스법)을 확장한 것이다. 즉 1916년에 윌슨이 취한 두 가지 조치는 '필리핀 국가 만들어 주기' 법이 전후에 열릴 세계평화회의의 근본원리가 되어야 한다는 점을 대내외에 천명한 것과 같았다.

이후 윌슨은 필리핀 통치'법'을 국가들의 공동체를 만드는 '원리'로 전화하는 작업을 수행했다. 민족자결주의(national self-determination)가 그것이다. 민족은 자신의 운명을 자신이 결정할 수 있는 권리를 "정의라는 추상적인 원리(abstract principle of justice)"로 바꾸어 열강과 교전국·추축국은 물론 연합국에도 되풀이하여 주장한 것이었다. 그리고 1918년 1월 8일 의회 앞에서 이를 14개조(Fourteen Points)로 구체화하고 "전쟁 목표(war aims)"로 제시했다. 윌슨은 전문에서 이렇게 밝혔다.

> 의원 여러분… 이 세계를… 우리와 마찬가지로 자국민들이 자신의 방식대로 살면서 자신의 제도를 결정하고, 또 상호 폭력과 이기적인 침략이 아닌 정의롭고 공평하게 대해 주기를 바라는 평화 애호국가들에게 안전한 장소로 만들어야 한다는 것입니다.… 세계평화계획은 바로 우리의 계획입니다.[75]

---

75 *Ibid.*, p.638.

14개조 중에 식민지 관련 조항은 두 가지였다. 첫째, 식민지인의 운명은 식민지인이 결정한다.

> 식민지 주권 문제를 결정할 때, 이와 관련된 주민들의 이익은 앞으로 지위가 결정될 정부의 정당한 권리 주장과 동등하게 중요한 것으로 다룬다는 원칙을 엄격히 준수하며, 모든 식민지의 요구를 자유롭고 편견 없고 절대적으로 공평하게 조정한다.[76]

둘째, 약소국과 강대국이 독립을 상호 보장하는 국가 간의 공동체를 수립한다.

> 강대국과 약소국 모두의 정치적 독립과 영토 보전을 상호 간에 보장하기 위해 하나의 일반적인 연합체제가 특별한 협약하에 형성되어야 한다.[77]

이처럼 윌슨은 한편에서는 공화국 만들기(존스법)를 통해서, 다른 한편에서는 독립국으로 보전하기(14개조와 민족자결주의를 통해서)를 동시에 추진시켰다. 윌슨이 시어도어 루스벨트 정부의 필리핀 정책을 계승하고 확대했다고 보는 것도 이 때문이다.

---

76 Wilson, Fourteen Points, 제5조.
77 *Ibid.*, 제14조.

② 프랭클린 루스벨트: 필리핀 헌법 제정과 세계평화공동체(국제연합) 만들기 계획

프랭클린 루스벨트의 필리핀 정책도 두 측면에서 전개되었다. 하나는 필리핀 공화국 만들기요, 다른 하나는 필리핀을 독립국으로 보전하기이다. FDR이 추진한 다음 세 가지 조치가 이를 보여 준다. 즉 필리핀 독립법 제정, 4대 자유론, 대서양 헌장 등이 그것이다. 차례대로 소개하면 이렇다.

■ 타이딩스-맥더피 법안(1934 The Philippines Commonwealth and Independence Law/the Tydings-McDuffie Act, 1934)과 공화국 만들기

프랭클린 루스벨트는 이 법을 통해서 독립 일자를 확정하고, 독립헌법 제정을 결정했다. 독립 일자를 7월 4일로 잡고 헌법 제정을 못 박은 것은 바로 미국 독립혁명과 연방헌법 제정 과정을 압축하여 필리핀에 전달하고자 함이었다. 그리고 쿠바를 같은 해에 독립시킴으로써 필리핀 독립법이 반드시 집행될 것임을 대내외에 밝혔다.

무엇보다도 이 법안은 처음으로 국가들의 공동체를 필리핀 독립을 보전하기 위한 안전장치로 이용할 뜻을 밝혔다. 그것은 두 단계로 이루어진 것이다. 먼저 필리핀이 독립을 선언하면 열강은 외교적으로 국가 승인을 해야 한다.

> 필리핀 섬의 독립을 선언하고 승인받기 위해 대통령은 미국과 외교 관계(diplomatic correspondence)가 있는 정부들을 초청하고 통보함으로써 이들에게 필리핀 섬이 독립국임을 승인(recognition)케 해야 한다.[78]

---

78 Tydings-McDyffie Act, Section 12.

다음으로 독립 후 필리핀의 안전을 보장하는 '국제법(조약)을 매개로 한 국가 간의 공동체'를 설립한다. 즉 국제연맹에 가입시켜 독립을 보장받는다는 것이다.

> 만일 필리핀의 독립이 달성된다면, 대통령은 가장 이른 시일 내에 열강(foreign powers)과 다음을 협상해야 한다. 필리핀 섬의 영구 중립화(perpetual neutralization)를 위한 조약(treaty)을 체결하는 것이다.[79]

요컨대 프랭클린 루스벨트의 필리핀 독립국 만들기는 두 번의 승인 절차를 밟는다는 것이었다. 한 번은 필리핀이 독립국임을 '외교적'으로 사전 승인하고, 다른 한 번은 '국제법'으로 사후 승인을 각각 받는다는 것이다. 이를 위해 국가들의 공동체가 설립되어야 한다. 중립국으로 보장받는 것은 국가들의 공동체가 성립되어 있을 때 택할 수 있는 제도이기 때문이다.

■ 4대 자유론(Four Freedoms Speech, 1941.1.6)

타이딩스-맥더피 법안은 윌슨의 존스법이 제1차 세계대전기에 그랬듯이, 제2차 세계대전을 통해서 보편적 원리로 바뀌었다. FDR이 선언한 4대 자유론이 이를 보여 준다. "영구적 평화는 다른 나라 국민의 자유를 희생한 기반 위에서 얻어질 수 없다고" 했기 때문이다.

> 우리의 국가정책은 다음과 같다.⋯ 도덕성의 원칙과 우리 자신의 안보를 고려함으로써 침략자가 지시하고 유화론자들이 응원하는 평화

---

79   Tydings-McDyffie Act, Section 11.

를 결코 묵묵히 받아들이지 않겠다는 신조를 고수할 것이다. 우리는 영구적 평화가 다른 나라 국민의 자유를 희생함으로써 이루어질 수 없음을 안다.… 자유는 어디서든 인간 최고의 권리를 뜻한다. 우리의 지지는 자신들의 권리를 얻기 위해 또는 그것을 지키기 위해 투쟁하는 사람들의 것이다.[80]

■ 대서양 헌장(The Atlantic Charter, 1941.8.14)

'4대 자유론'을 통해서 식민지 해방의 원리(민족자결주의)로 추상화된 필리핀 독립법은 '대서양 헌장'을 통해서 실행되기 시작했다. 프랭클린 루스벨트로부터 미국이 수립한 식민지 해방론에 동참할 것을 요구받은 국가는 영국이었다.

미국 대통령과 영국 정부를 대표하는 처칠 수상은 회담 결과 바람직한 세계의 미래를 위한 희망에 근거하여 양국 정부의 국가정책 중에서 확실한 공통의 원칙을 공표하는 것이 옳다고 생각하여 다음과 같이 선언한다. 첫째, 양국은 영토나 그 밖의 어떤 세력 확장도 추구하지 않는다. 둘째, 양국은 자유롭게 표현된 국민의 소망에 어긋나는 어떠한 영토적 변화도 원치 않는다. 셋째, 양국은 모든 국민이 그 속에서 영위할 정부 형태를 선택할 권리를 존중한다. 또 강압적으로 빼앗겼던 주권과 자치정부를 인민들이 다시 찾기를 원한다.[81]

---

80   Franklin D. Roosevelt, Four Freedoms Speech.
81   Franklin D. Roosevelt, The Atlantic Charter.

미국의 한 역사가는 프랭클린 루스벨트의 이런 정책을 다음과 같이 평가했다.

> 필리핀 공화국(Republic of the Philippines)은 1946년 7월 4일에 국가들의 가족 공동체(family of nations) 일원으로 자리 잡았다. 필리핀의 이러한 출범(assumption)은 미국인의 완벽한 약속 이행이며, 필리핀인의 희망과 야망이 완성되었음을 보여 주는 표식이다. 새롭게 태어난 이 국가(new-born state)는 "미국인의 위대한 실험(great experience)"으로 자랑할 만한 축복을 받아야 하며, "아시아의 진열장(show case of Asia)"으로 자신 있게 묘사되어야 한다.[82]

프랭클린 루스벨트의 필리핀 정책에 대한 이러한 평가는 그 이전의 정책에도 적용될 수 있다. 프랭클린 루스벨트의 필리핀 정책 개념과 1902년 필리핀 조사위원단 단장인 셔먼의 전략에 등장하는 필리핀 정책의 개념이 일치하기 때문이다. 도식화하면 이렇다.

셔먼	미국 역사가
우리 공화국의 딸(daughter republic of ours)	필리핀 공화국(Republic of the Philippines)
새로운 자유의 탄생(new birth of liberty)	새로 태어난 국가(new-born state)
진보의 기념비(monument of Progress)	위대한 경험(great experience)
아시아 핍박민의 희망의 등불(beacon of hope to all the oppressed of the Asiatic continent)	아시아의 보여 주기 사례(show case of Asia)

---

82 Garel A. Grunder and William E. Livezey, *The Philippines and the United States*, Norman: University of Oklahoma Press, p.276.

아울러 프랭클린 루스벨트의 필리핀 정책이 '국가들의 가족 만들기(family of nations)' 일환이었다는 역사가의 평가 또한 이전 대통령의 정책에도 적용할 수 있다. 1900년의 시어도어 루스벨트는 '헤이그 평화회의(Hague Peace Conference)'를 '평화의 지배(reign of peace)' 체제로 만들어야 한다고 주장했기 때문이다. 그리고 윌슨은 파리 평화회의에서 '국가들의 가족 공동체'를 결성할 것을 요구했다. 즉 제2차 헤이그 평화회의, 국제연맹, 국제연합 등은 필리핀 국가 만들기를 전제로 추진할 수 있는 전략이었다. 필리핀을 독립시키고 이를 유지하기 위해 국가들의 공동체를 만들고 이를 통해서 보장받는다는 전략은 시어도어 루스벨트가 정책을 수립한 이래로 윌슨을 거쳐서 프랭클린 루스벨트에 이르기까지 일관성을 갖고 추진되었던 것이다.

미국의 필리핀 정책을 묘사하는 위의 표현들은 모두 한곳을 지향한다. 식민제국은 해체되어야 한다는 것이다. 즉 필리핀 정책은 수립하는 그날부터 '식민지 없는 세계공동체' 만들기의 지렛대로 활용되었다. 때문에 필리핀인의 국가 만들기 정책은 독립을 선언한 1946년에 종식될 수 없었다. 오히려 1946년은 새로운 의미를 지니게 되었다. 이후 승전국의 식민지와 국제연합의 신탁통치령을 국가로, 독립국으로 전환하는 작업이 벌어졌기 때문이다.

요컨대 1902년 아시아 핍박민에게 희망의 등불을 제공해야 한다는 셔먼의 언설은 미국의 필리핀 공화국 만들기의 바탕이었으며, 미국의 필리핀 자치정부 만들기는 헤이그 평화회의에서 대의명분을 수행하는 것이며, 또 세계의 과업이 되어야 한다는 루스벨트의 1900년의 언설은 말로만 끝나지 않고 실제로 추진되었다.

6. 필리핀 독립운동가들의 민족 국가(nation state) 만들기

■ 문제 제기

미국의 국가 만들어 주기 정책에 대해서 필리핀인들은 어떻게 받아들였을까? 이 문제를 검토할 수밖에 없는 것은 바로 다음과 같은 이유에서다.

첫째, 독립 후에도 미군이 필리핀에 주둔했기 때문이다. 1898년의 상황과는 달리 필리핀인은 1946년에 미국과 조약을 체결하고 자발적으로 군사기지를 제공했다. 둘째, 필리핀은 1970년대에 독재국가를 경험했기 때문이다. 셋째, 1990년대에 시민혁명을 통해서 민주주의를 회복했지만, 필리핀인들이 복귀한 정치체제는 미국식 공화국체제가 아니었기 때문이다. 그것은 소수의 가문이 권력과 부를 독점하는 체제였다.

그러면 필리핀은 왜 미국 군대의 완전 철수를 요구하지 않았을까? 또 필리핀은 미국으로부터 국가 만들기 수업을 장기간에 걸쳐 체계적으로 훈련받았음에도 독립 후에 독재체제를 왜 겪어야 했을까? 그리고 현재까지도 과두정과 다름없는 통치체제가 계속되는 이유는 무엇인가?[83]

---

83 이 문제는 오늘날 새로운 연구주제로 주목받고 있다. 최근의 한 역사가의 설명이 이를 보여 준다. 그는 아시아에서 벌어지고 있는 이러한 현상을 "가문의 힘(Family power)"에 근거한 "인민 왕조(demo-dynasties)"의 "부활(resurgent)"로 설명했다. "가문의 힘 또한 부활하고 있다.… 왕조적 통치로의 복귀(Dynastic reversion)는 자연적(natural)이며 실제적(programatic)이다. 약한 국가들(weak states)은 정의(justice) 또는 보호(protection)를 신뢰하지 않는다. 충성(royalties)은 제도(institutions)에 바쳐지지 않은 채로 남아 있다. 지도자들은 누구도 신뢰하지 않으며, 보통은 가족(family)을 신뢰한다. 아시아, 라틴 아메리카, 그리고 아프리카 국가들은 예컨대 케냐에서부터 파키스탄 및 필리핀까지 인민 왕조는 증가 중이다. 인민 왕조는 가문의 힘을 재보증하는 마

이 장에서는 이 문제를 밝히기 위해 다음 세 가지를 검토할 것이다.

Q1. 필리핀이 세우려고 한 공화국은 미국의 그것과 같은 것이었을까.
Q2. 필리핀인은 독립 국가를 어떻게 유지하려고 했을까.
Q3. 미국은 필리핀인의 독재체제를 왜 묵인했을까.

1) 아기날도의 국가론

아기날도는 스페인 통치 때부터 필리핀인의 권리를 찾기 위해 투쟁했다. 그리고 미국이 새로운 통치자로 들어서자 다시 투쟁했다. 두 번 모두 무장투쟁이었다.

(1) 대스페인 항쟁: 스페인 시민으로 인정받기

필리핀인들의 스페인에 대한 투쟁 목표는 독립이 아니라, 필리핀인에

법과 같은 역할(magical reassurance)을 했다. 니카라과로부터 아제르바이잔까지, 우간다로부터 캄보디아까지 다른 약한 국가들은 전제주의적인 공화주의 군주국가(absolutist republican monarchies)로 되는 중이다. 그것은 민주주의가 그랬던 것보다도 더 나쁜 길로 나라를 나아가게 할 것이 분명하다." 그는 이러한 가문 정치의 부활 현상을 "우리 인간이라는 종의 특성(characteristic of our species)"으로 설명했다. Simon Sebag Monte Fiore, 2023, *The World: Family History of Humanity*, New York, Alfred A. Knop, p.1258. 만약 이 설명이 맞는다면, 미국은 처음부터 필리핀에 부적합한 정치체제를 이식하려고 시도한 것이 된다. 그리고 자치정부 이식을 반대하며 병합을 요구한 일본의 주장이 부분적으로 타당성을 얻게 된다. 자치정부는 아시아인에게는 좋은 정부가 아니며, 강력한 권력에 의한 지배가 적합하다는 것이 일본의 일관된 입장이었기 때문이다. 그러나 이런 식으로만 볼 수 있는지는 의문이다. 한국은 일본에 봉건적 통치를 받았지만, 공화국을 수립했기 때문이다. 따라서 이 문제는 앞으로 더욱 검토되어야 하며, 필리핀인의 국가 인식을 알아보려는 것도 이 때문이다.

게 참정권을 달라는 것이었다. 즉 원주민 필리피노(Filipino)가 본국의 스페인인과 동등하게 대접받자는 것이 투쟁 목표였다. 그러나 스페인은 필리핀을 외국으로 간주했으며, 이를 끝까지 고수했다. 더욱이 스페인의 입헌정치가 붕괴하자, 필리핀인들은 헌법을 통해서 스페인 시민으로 인정받을 수 있다는 희망을 더는 가질 수 없게 되었다. 이에 필리핀인들은 투쟁 목표를 독립으로 바꾸었다. 그러던 중에 미서전쟁이 필리핀으로 확대되었다. 여기서 필리핀 독립운동가들은 미국과 손잡고 스페인을 몰아낸 후 독립하기로 했다. 그러나 이들의 기대는 깨졌다. 미국이 스페인을 대신하여 필리핀을 식민지로 삼았기 때문이다.

(2) 대미국 투쟁: 필리핀 공화국 수립과 말로로스 헌법 제정

미서전쟁이 벌어질 당시 필리핀의 독립운동을 이끌고 있던 유력한 지도자는 아기날도였다. 언급했듯이 그는 처음에 미국과 연합하여 스페인을 축출한 후 독립국을 세운다는 전략을 세웠다. 그러나 미국은 스페인과 조약을 통해서 필리핀을 병합했으며, 미국 상원은 이를 비준했다. 이에 아기날도는 공화국을 세운 후 말로로스 헌법(The Malolos Constitution, 1899)을 제정하고 선포했다. 그런 후 무장독립운동을 벌이기 시작했다.

말로로스 헌법은 쿠바가 스페인에 대항해 독립운동할 때 제정한 헌법을 베낀 것이다. 그런데 쿠바의 독립헌법은 미국 헌법을 복제한 것이었다. 따라서 말로로스 헌법은 미국 연방헌법을 모델로 한 것이 된다. 즉 '말로로스 헌법=쿠바 헌법=미국 헌법'의 관계가 성립된다.

그렇다고 해서 필리핀 헌법 제정과 선포가 지닌 역사적 의미를 낮게 평가하면 안 된다. 말로로스 헌법은 필리핀인이 스페인 헌법과 미국 헌법을 비교한 후에 내린 결론이기 때문이다. 즉 미국이 필리핀에 미국식 헌법을 이식하기 전에 필리핀인은 자신들의 결정으로 미국 헌법을 선택했다.

말로로스 헌법이 필리핀인의 내면화된 가치관이었는지는 생각해 볼 필요가 있다. 다음 두 가지 사건이 이를 보여 준다.

하나는 아기날도가 미국의 포로가 된 후에 보인 태도이다. 그는 체포된 지 한 달도 안 되어 필리핀인에게 미국의 보호를 받아들이라고 호소문을 발표했다. 이는 독립국에 대한 의지가 강하지 않았음을 보여 준다. '독립국이면 좋겠지만, 보호국도 괜찮다'는 인식이었다.

또 공화국에 대해서도 이론으로만 깨우쳤을 뿐, 신념의 차원은 아니었던 것으로 보인다. 미국 장군의 필리핀 현지 보고가 이를 보여 준다.

"아기날도가 꿈꾸는 국가는 남미의 독재체제이며, 이는 필리핀 민중이 원하는 것과 다르다."

이에 매킨리는 아기날도의 생각을 '사악하다'고 비판했다. 즉 미국이 공화국을 건설해야 하는 대내적 이유가 하나 더 생긴 것이다. 공화국 수립은 아기날도의 독재를 막기 위해서도 필수적이었다.

요컨대 아기날도의 국가론은 이랬다. 첫째, 독립국이 최상이지만, 보호국도 차선으로 택할 수 있는 제도였다. 둘째, 서구세계에서 공화국과 독재국은 양립할 수 없는 개념이었지만, 아기날도에게 공화국의 외향을 지닌 독재국가는 가능한 개념이었다.

2) 급진적 민족주의자들의 국가론

아기날도의 국가론은 급진적인 민족주의자들에게도 발견된다. 이들은 미국의 지배를 반대했다. 그렇다고 해서 그것을 독립국에 대한 염원으로만 볼 수 없다. 급진적인 민족주의 계열의 한 신문(*El Renacimiento*)의 논설이 이를 보여 준다. 주제는 '필리핀인은 러일전쟁에 대해서 어떤 태도를 취해야 하는가'였으며, '필리핀은 미국 대신에 일본의 보호를 받아야 한다'는 결론이었다. 신문은 두 가지 이유를 제시했다.

첫째, 미일이 전쟁하면 일본이 승리할 것이기 때문이다.

> 일본이 지리적으로 필리핀과 인접해 있기 때문에 만일 전쟁이 선포된다면 4일 안에 일본군이 상륙하여 점령할 것이다. 즉 전쟁의 첫 번째 국면에서 2월 8일 뤼순항에서 러시아 함대에 펼친 유명한 공격이 재현될 것이다(1908.3.5).[84]

즉 "미국의 통치(American rule)로부터 필리핀의 해방(liberate)을 위해 일본의 침공(Japanese invasion)을 희망(hope)한다"는 것이다.

둘째, 필리핀인에게 필요한 것은 자유주의가 아니라 아시아주의이기 때문이다.

> 필리핀인들은 일본을 통치자(ruler)요, 지도자(leader)요, 구원자(redeemer)요, 안내자(guide)로 원한다. 그렇다고 해서 우리가 그들의 황제에게 광신적이고 맹목적인 경배(fanatical and blind adoration)를 하려는 것은 아니다. 우리는 다음과 같은 이유로 일본을 원하고 있다. 그들은 동양의 국가들과 동양이라는 이름으로 모이게 하고, 우애와 다소간의 혈연적 유대로 묶인 사람들에게 공동체적 생기(breath)를 느끼게 해 줄

---

84 Paul A. Rodell, Inspiration for Nationalist Aspirations? Southeast Asia and Japan's Victory, John W. Steinberg(ed), 2005, *The Russo-Japanese War in Global Perspective: World War Zero, Volume, One*, Boston, Brill, p.641.

것이다(1908.12.3).[85]

즉 "미국 제국주의(American Imperialism)로부터 필리핀을 해방(redeem)해 줄 국가는 일본이어야 한다"는 것이다.

급진주의자들의 이러한 주장에 담긴 국가관을 요약하면 이렇다.

첫째, '아시아인의 운명은 아시아인이 결정한다'는 일본의 주장을 미국의 '피치자 동의를 얻는 정부' 독트린보다 중시했다. 물론 민족주의자들은 천황제는 받아들이지 않았다. 그러나 이들은 자치정부론과 아시아주의를 놓고 후자를 선택했다. 이는 민족주의를 위해서 자유주의나 민주주의를 희생시킬 수 있음을 보여 준다. 한마디로 민족주의의 관점에서 공화국은 필리핀의 정체성이 될 수 없었다.

둘째, 급진적 민족주의자들에게 독립은 미국인으로부터의 독립을 의미하며, 그것을 위해서라면 일본의 보호국 지위도 받아들일 수 있었다. 즉 급진주의 민족세력은 아시아주의를 정체성으로 내세우기 위해서 대내적으로 공화국으로서의 정치체제도, 독립국으로서의 지위도 포기할 수 있다는 입장이었다.

급진적 민족주의자들은 자신들의 주장을 태평양전쟁기에 실험했다. 3년간(1942~1945) 일본의 지배를 받았기 때문이다. 일본 역시 미국 흉내를 내며 독립국을 약속하고 괴뢰정부를 세웠다. 그러나 이들의 실험은 실패했다. 우선 일본이 전쟁에서 미국에 패배했으며, 다음으로 아시아주의의 실체를 목격했기 때문이다. 그것은 바로 '아시아인의 운명은 일본이 결정한다'는 것이었다.

---

85   *Ibid.*, p.641.

3) 케존(Quezon)의 국가론: 과도정부의 실험

케존은 미국의 필리핀 국가 만들기 전 과정에 참여한 정치인이다. 처음에는 국회의원으로, 과도정부하에서는 대통령으로 이끌었다. 따라서 케존은 누구보다도 미국이 세우려는 국가의 실체를 가장 잘 이해한 인물이었다. 그런데도 그는 미국식 국가 건설론에 동의하지 않았다. 몇 가지 사례가 이를 보여 준다.

첫째, 케존은 필리핀의 독립에 대해서 이중적인 태도를 보였다. 필리핀 시민들 앞에서는 독립론을 주장하고, 미국 의회에서는 독립 유예를 요청했기 때문이다. 그는 1916년 존스법과 1934년 타이딩스-맥더피 법안 제정을 반대했다. 케존은 필리핀 독립 유예론의 근거로 일본의 위협을 들었다. 미국이 철수하면 필리핀은 일본의 식민지가 된다는 것이었다.

그런데 미국 내에서는 그의 반대론에 대해 진의를 의심했다. 그 배경은 케존이 자유무역정책의 큰 수혜자 중 하나였기 때문이다. 또 필리핀 민중의 민족주의를 필리핀의 독립을 위한 자산으로 보지 않고 자신의 권력을 유지하고 확장하는 자양분으로 이용한다고 의심받았기 때문이다. 미국의 일각에서는 케존이 경제적 부와 정치적 권력을 보전하기 위해서 필리핀의 독립을 원치 않는다고 본 것이다.

둘째, 케존은 미국식 공화국 만들기에 대해서도 완전히 동의하지 않았다. 이 점은 1934년 후에 드러났다. 타이딩스-맥더피법을 근거로 필리핀은 헌법을 제정하고 대통령을 선출하여 공화국과 독립국 실습에 들어갔다. 당시 케존은 기회를 틈타서 자신이 생각하는 공화국론을 필리핀 헌법과 통치에 투사했다. 그는 "필리핀 헌법은 개인주의보다도 전체의 공공복리를 중시해야 한다. 즉 '사회입법'을 정해야 한다. 이를 위해 대통령의 권한을 강화해야 한다"는 생각을 하고 있었다.

언뜻 보면 이런 정책은 미국의 예를 따른 것처럼 보인다. 프랭클린 루스벨트도 공공 후생에 초점을 맞춘 사회 입법을 제정했으며, 이를 위해서 연방정부의 권한을 강화했기 때문이다. 그러나 필리핀의 헌법은 미국과 같은 연방정부의 권한을 강화하는 수준이 아니었다. 타이딩스-맥더피 법안 제정 때부터 필리핀 헌법 제정기에 필리핀 부총독(vice-Governor of the Philippine Island, 1933~1935 재임)이었던 조셉 하이든(Joseph Ralston Hayden)은 필리핀 헌법의 문제점을 이렇게 지적했다.[86] 요약하면 이렇다.

권력분립에 대해서 미국과 필리핀의 개념이 다르다. 미국의 삼권분립 제도는 보편적인 불신(general distrust)에 토대를 둔 것이지만 필리핀 헌법은 그렇지 않다. 필리핀 헌법은 행정부에 권력을 집중시켰다. 그리하여 입법부에 의한 행정부 견제 시스템이 훼손되었으며,[87] 대통령과 의회 간의 세력균형은 일어날 수 없게 되었다. 또 헌법 그 자체에 대한 인식도 다르다. 미국인에게 헌법은 근본법이다. 그러나 필리핀인에게 헌법은 독특한 독트린(particular doctrine)이요, '필리핀 정치시스템(Philippine political system)'의 일부일 뿐이다.[88] 따라서 필리핀의 사회 입법은 유럽의 전체주의의 영향을 받은 것이었다.[89]

케존도 이를 부정하지 않았다.

---

86 조셉 하이든은 필리핀 부총독 퇴임 후 필리핀 문제를 정리하고, 이를 박사학위 논문으로 제출했다. 그의 논문은 1955년에 책으로 발간되었다. Joseph Ralston Hayden, 1935, *The Philippines: A Study in National Development*, New York, The Macmillian Company.

87 *Ibid.*, p.33.

88 *Ibid.*, pp.41-42, 44.

89 *Ibid.*, p.46.

우리의 헌법에서 국가의 주요 의무 중 하나는 다수의 이익을 돌보는 것이다.… 우리 정부 내에 자유방임의 철학은 죽었다. 그것은 정부의 간섭 철학으로 대체되었다. 국가는 필요로 할 때마다 간섭할 수 있어야 한다는 것이다.… 비록 우리 정부가 공화국 정부라고 할지라도, 나는 감히 말할 수 있다. 미합중국 헌법의 근본이 되는 정치철학과 필리핀 헌법의 그것은 매우 다르다는 것이다.… 전자는 그 무엇보다도 개인을 앞세우는 철학이다. 생명, 재산, 행복 추구권 등은 박탈당할 수 없는, 이것이 정부가 주목적이며, 헌법 제정자들의 해석이다. 반면 필리핀 헌법은 이런 정치철학을 전복시켰다. 우리 헌법에서 광범위하게 주장되는 정치철학은 비개인적이다. 필리핀에서 통용되어야 하는 선은 개인의 그것이 아니라 국가의 선이다.[90]

결국 케존의 헌법 철학에 들어 있는 것은 민족주의였다.

무엇보다도 헌법적 토대는 진짜 필리핀인의 정부를 위해 제공되어야 하며, 그것을 하는 사람들은 외국의 도구가 아니라 필리핀인의 그것이어야 한다.[91]

사실 케존의 이러한 헌법론은 반공화국적인 발상이었다. 개인이 아니라 국가를 선의 주체로 설정했기 때문이다. 그럼으로써 필리핀의 삼권분립 기관은 어느 부서도 국가(Commonwealth)의 정책 실패에 대한 책임을

---

90 *Ibid.*, p.49.
91 *Ibid.*, p.59.

물을 수 없게 되었다. 물론 필리핀 헌법은 이에 대한 견제 장치를 가지고 있었다. 특히 사법부가 그러한 역할을 할 수 있었다. 그러나 실제로는 작용할 수 없었다. 필리핀 대법관 호세 로렐(Jose P. Laurel)의 권리장전에 대한 다음과 같은 해석이 이를 보여 준다.

> …우리는 강력한 행정부, 자기주장이 강한 국회, 독립적인 사법부를 창조했다. 정부 내 어떤 최고위 공직자라 할지라도 권리장전(Bill of Rights)에 의해서 구축된 한계를 넘거나 초월할 수 없다. 왜냐면 권리장전의 이러한 제한은 정부의 권력이라는 가장 근원적인 뿌리에서 나오기 때문이다. 그것은 바로 시간과 장소에 구애받지 않고, 모든 것을 행할 수 있다는 것이다.[92]

권리장전이 정부의 권력으로부터 나온다는 필리핀 대법관의 해석은 충격적이다. 이는 사법부의 고유한 권한인 권리장전 해석권을 행정부로 넘기는 것과 같기 때문이다. 사법부의 권력 해석이 이러했기 때문에 전혀 행정부를 견제할 수 없다.

4) 필리핀인의 국가론에 대한 미국의 평가

그렇다면 미국은 이를 방지할 수 없었을까. 왜냐하면 미국은 이런 사상을 지닌 필리핀 헌법의 제정을 막을 수 있었기 때문이다. 그 근거는 타이딩스-맥더피법이었다. 이 법은 필리핀인에게는 헌법을 제정할 수 있는

---

92   *Ibid.*, p.50.

권한을 부여하는 한편, 미국에게 위임통치국(mandatory)의 권한을 주었다. 따라서 필리핀인의 헌법이 미국 헌법과 다른 원리를 제정할 경우 개입할 수 있었다. 만일 미국이 이를 좌시하면 독립법(Independence Law)의 가장 중요한 목적 중의 하나를 무효로 만드는 셈이 된다. 그럼에도 루스벨트 행정부는 1934년 독립법과 1935년의 필리핀 헌법을 일치시키려고 하지 않았다. 미국의 고등 판무관 프랜시스 세이어(Francis B. Sayer)는 대통령의 그러한 조치를 다음과 같이 설명했다.

> 대통령의 승인은 모순됨이 없이 일관된 것이다. 미국이 필리핀인에게 주려는 정책은 가능하면 그들 자신의 문제에 대해서 자결권(self-determination)을 최대한 부여하는 것이기 때문이다.[93]

즉 미국의 개입은 민족자결주의와 충돌한다는 것이다. 사실 미국은 필리핀인들의 공화국 만들기가 미국식과 다르다는 것을 일찍부터 인식하고 있었다. 필리핀 통치에 대한 두 개의 보고서를 통해서 알아보자. 먼저 베이커(Baker)의 서한[94]이다.

베이커는 미국 육군성 장관으로서 해리슨 필리핀 총독에게 1916년의 필리핀 조직법인 존스법에 대해 의견을 나누었다. 이 서한은 이 도서를 관리하는 소관부서로서 육군성이 자국의 필리핀 정책에 대한 이해의 정도를 보여 준다. 그는 이 법안에 대해 다음과 같이 의견을 표시했다. 주제는 '필리핀 입법부에 많은 권한을 주는 것이 타당한가'였다.

---

93 *Ibid.*, p.59.
94 Newton D. Baker, 1926, 'Baker Letters', Nicholas Roosevelt, *The Philippines: A Treasure and A Problem*, New Yoek, J.H. Sears & Company, Inc., pp.287-296.

첫째, 본국의 입법권 상당 부분은 필리핀 입법부에 넘겨야 한다. 그것은 본국의 정부 형태 발전에도 기여할 것이다. 아울러 필리핀의 자치능력을 촉진할 것이다. 둘째, 미국에서와 같은 사고방식으로 필리핀 의회가 작동하기를 기대해서는 안 된다. 필리핀 입법부는 그들의 권한을 행사함에 있어서 필리핀인의 일반의지를 담아내지 못하고 있기 때문이다. 하지만 존스법은 식민지법이라는 점과 식민지 공직자들의 충성을 얻어내기 위한 점에서 준수되어야 한다. 셋째, 필리핀 입법부에 준 권한을 회수해서는 안 된다. 과도한 필리핀화이기는 하지만, 만약 그렇게 되면 필리핀인들은 그것을 배신행위로 간주할 것이다. 넷째, 필리핀 입법부에 대한 견제는 미국 의회보다는 사법부가 해야 한다.[95]

나아가 필리핀인의 자치권 확대를 주장했다. 이런 식의 논리였다. "필리핀 자치법 강화는 왜 필요한가. 필리핀 의회에 준 입법권이 과도하며, 그것이 미국에 불리하게 작용할 것이라는 주장이 있다. 그래도 필리핀인에게 준 권한을 다시 빼앗아서는 안 된다. 그래야만 필리핀 의회가 소득세법과 이민금지법을 제정케 할 수 있다. 그리고 필리핀 통치는 미국 정부 형태의 발전을 위한 실험이다." 요컨대 필리핀인의 자치정부 만들기는 문제점에도 불구하고 확대되어야 한다는 것이다.

미국의 이러한 입장은 타이딩스-맥더피 법안을 제정하는 순간에도 유지했다. 1931년에 『뉴욕 타임즈(New York Times)』가 발간한 「필리핀 문제 보고서(Philippines Problem)」[96]가 이를 보여 준다. 이 보고서는 미국이 필리핀인의 국가 만들기 프로젝트가 벌인 사업을 주제별로 검토했다. 이

95　The Baker Letters, *Ibid*., pp.287-297.

96　Nicholas Roosevelt, 1926, The Philippines: A Treasure and A Problem, New Yoek, J. H. Sears & Company, Inc.

때 미국이 검토한 주제들은 다음과 같았다.

- 필리핀 통치는 문명의 충돌인가?
- 필리핀에 자유를 이식하는 데 문제점은 무엇인가?
- 필리핀을 정치적 동물로 만드는 데 검토해야 할 사안은 무엇인가?
- 필리핀에 적합한 정부 형태는 무엇인가?
- 필리핀에 적합한 종교정책은 무엇인가?
- 필리핀을 위한 외교는 무엇인가?
- 필리핀은 보물섬이다. 미개발 자원을 어떻게 개발할 것인가?
- 필리핀의 발전을 가로막는 정책은 무엇인가?
- 필리핀의 미래를 위한 공화국으로 만들려면 길과 항만을 건설해야 한다.
- 열대 지역의 교육은 어디에 초점은 두어야 할까?
- 필리핀인을 인종 개량해야 한다.
- 열대 지역의 길 만들기는 어떻게 해야 할까?
- 필리핀 통치에 적합한 조직과 기구는 무엇인가?
- 미국은 왜 필리핀인에게 감사를 받지 못할까?

1931년 시점에서 검토한 위 정책들은 필리핀 통치 초기부터 제기되었던 항목들과 거의 일치한다. 이 보고서는 미국의 필리핀 정책에 대한 중요한 정보를 담고 있다. 첫째, 필리핀인의 국가 만들기는 독립시킬 단계에 이르지 못했다. 둘째, 그래도 미국은 필리핀인의 국가 만들기 사업을 계속 추진해야 한다.

우리의 필리핀 정책은 국내적인 이슈가 아니라 국제적인 것이다. 그것은 동아시아는 물론, 우리 자신과 필리핀인에게도 영향을 미친다. 우리가 그곳에서 하는 일들은 세계 전체의 관점에서 평가해야 할 것이다.[97]

조사보고서의 미래 지향적인 결론 또한 초기부터 일관된 것이었다. 필리핀인의 국가 만들어 주기 프로젝트는 세계 식민지 정책의 모델로 설계되고 운영되었다. 이는 필리핀을 공화국으로 만들어 아시아의 핍박민에게 희망의 등불을 켜준다는 1902년 셔먼의 전략과 같다. 이 점은 필리핀인들이 미국식 공화국 체제를 변형·왜곡시켜 받아들였음에도 미국이 이를 용인한 이유 중 하나였다. 만약 미국이 필리핀인에게 부여한 자치권을 축소한다면, 필리핀 정책을 약소국민에게 희망의 등불로 내세울 수 없기 때문이다.

그렇다면 필리핀에 독재체제가 등장한 데 대해서는 이런 식의 설명이 가능하지 않을까. 미국이 전수하려고 한 삼권분립제도를 왜곡한 것은 필리핀 정치인들이었다. 그렇다고 해서 필리핀인에게만 책임을 물을 수 없다. 왜냐면 미국은 필리핀 정치 지도자들이 미국식 공화국을 왜곡하는 것을 알면서도 용인했기 때문이다. 더욱이 미국은 그 경우 개입할 수 있는 법적 근거가 있었지만 행사하지 않았다. 미국은 민족자결주의라는 이름으로 필리핀 지도자들의 자국민에 대한 독재를 용인했고, 책임을 회피했다. 미국의 필리핀 국가 만들기 정책의 한계가 이것이다.

97　*Ibid.*, p.284.

7. 필리핀 국가 만들기 전략과 태프트-가쓰라 협정
- 미국의 필리핀 정책의 한국 확장

■ 문제 제기

　미국의 필리핀 국가 만들기 정책은 필리핀만을 위한 정책이 될 수 없었다. 필리핀에 공화국을 수립하려는 미국의 정책은 두 가지 지향점을 지녔기 때문이다. 필리핀에 공화국을 세움으로써 한편에서 미국의 공화국과 연대하고, 다른 한편에서 아시아의 피압박민의 희망의 등불로 삼는다는 것이다. 두 방향의 정책은 동전의 양면을 이루며 전체로서는 하나의 전략을 구성했다. 필리핀 공화국 만들기 전략을 다른 식민제국의 식민지 정책의 모델로 제시하고, 이를 원리로 한 국제체제를 구축한다는 것이기 때문이다. 미국은 이를 '세계연방(world federation)'으로 불렀으며, 독립 공화국들 간의 가족 공동체를 의미했다. 그리하여 필리핀 공화국 만들기는 세계의 식민지에 대한 모델정책의 성격을 띠게 되었다. 이러한 야망을 품은 미국의 필리핀 정책은 그것이 펼쳐진 때가 약육강식의 정글의 법칙이 작동하는 제국주의 시대였다는 점을 고려하면, 그야말로 플라톤의 '철인왕(philosopher-king)'이나 할 수 있는 유토피아적 발상이요, 어느 면에서는 '무능한 이기주의자(incompetent egotist)'가 빠질 법한 돈키호테적인 망상으로 보일 수 있었다.

　그러나 미국은 이를 실제로 추진했다. 중남미의 약한 국가(weak state)들을 제2차 헤이그 평화회의에 초청함으로써 열강 모두로부터 국가(독립국가) 승인을 받게 했다. 미국은 아시아 지역에서도 그런 전략을 구사했다. 문호개방 선언의 '영토보전조항'에 '반식민주의' 원리를 담아냈다.

'약한 국가'와 마찬가지로 '약한 중국(weak China)'도 식민지로 삼으면 안 된다는 것이다. 이처럼 미국은 중남미 대륙의 '약소국'들과 아시아 대륙의 중국과 같은 '약한 제국'이 다른 열강의 식민지로 전환되는 것을 막으려고 했다. 그리고 이런 정책은 모두 필리핀 국가 만들기 정책으로부터 퍼져 나간 것이다. 필리핀인의 운명을 필리핀인이 결정하려면 필리핀인의 국가가 있어야 하듯이, 중남미인들이나 중국인도 그래야 한다는 것이다.

그렇다면 미국은 이런 식의 정책을 한국에서도 펼쳤을까. 즉 필리핀 국가 만들기 정책은 미국의 대한정책의 가이드 라인이었을까. 이를 검토하지 않을 수 없다. 언급했듯이 필리핀 국가 만들기 정책을 아시아의 피압박민에게 희망의 등불로 만들어 주려면, 한국에게도 적용해야 했기 때문이다. 결론부터 말하자면 미국은 필리핀 정책을 한국으로 확장했다. 그리고 필리핀 정책을 미국의 한국정책의 모델로 삼았다. 이를 태프트-가쓰라 협정(Taft-桂 Agreement, 1905.7.27)을 통해서 알아볼 것이다. 미국의 필리핀 정책이 대한정책에 적용되었음을 보여 주는 증거가 태프트-가쓰라 협정이기 때문이다.[98] 다음 세 가지를 보여 줄 것이다.

Q1. 태프트와 가쓰라 간의 대화는 '협정'인가, 단순한 '의견교환'인가?
Q2. 태프트는 필리핀 가는 도중에 일본을 방문한 것일까, 아니면 처음부터 일본을 최종 목적지로 한 것일까?

---

[98] 이 절은 2~6절의 내용을 근거로 분석했다. 아울러 연구자의 다음 논문들도 참고하였다. 최정수, 2019, 「미국의 세계조약체제와 한국 문제, 1905-1946-T. 루스벨트의 한국정책을 둘러싼 헌법 및 국제법상의 논쟁을 중심으로」, 『서양사론』, 141; 同, 2015, 「한일병합조약의 국제법적 기원과 국제적 승인 문제: 일본의 '헤이그 포비아(Hague Phobia)'와 '국제법 전쟁'」, 『한일관계사연구』 51; 同, 2013, 「태프트-가쓰라 협정의 국제법적 기원-미일중재조약과 헤이그협약(1899)」, 『서양사론』 118.

Q3. 태프트-가쓰라 협정은 러일전쟁만의 산물인가?

1) 비밀 협정 체결 경위와 공개
 - '협정'인가 '의견 교환'인가

1905년 7월 러일전쟁이 종반을 향해 치달을 무렵 미국 육군성 장관 태프트(William Howard Taft)는 일본을 방문했다. 그리고 7월 27일 오전에 수상 가쓰라와 미일 간의 3대 외교 현안(필리핀 문제, 동양평화, 한국 문제)을 놓고 의견을 나누었다. 태프트는 대화를 문서로 기록하고 가쓰라로부터 내용에 이상이 없음을 확인받은 후 국무장관 루트(Elihue Root)를 경유하여 대통령 루스벨트(Theodore Roosevelt)에게 보고했다. 루스벨트는 이틀 후인 7월 29일 이를 추인했다. 그리하여 훗날 태프트-가쓰라 비밀협정으로 알려진 외교문서가 탄생했다.

이 협정은 1924년에 공개되었다. 이 협정을 미국 의회의 비밀서가에서 발견한 역사가 타일러 데넷(Tyler Dennett)은 「대통령 루스벨트의 미일 비밀협정(President Roosevelt's Secret Pact with Japan)」이라는 논문을 통해서 최초로 공개했다. 그는 두 가지를 검토했다. 하나는 이 문서를 법적 효력이 있는 협정(agreement)문서로 보아야 할까. 왜냐하면 태프트가 필리핀을 가다가 도중에 일본을 방문했다는 점, 또한 대화체로 되어 있다는 점 등은 국가 간의 공식적인 협정의 요건을 갖추지 못한 것으로 볼 수 있기 때문이다. 반면 비밀로 했다는 점은 협정이라는 증거로 해석되었다.

다른 하나는 미국이 협정을 체결한 동기는 무엇일까. 정말로 미국은 필리핀의 안전을 보장받기 위해 일본에게 한국의 보호국화를 인정한 것일까(필리핀-한국 교환론). 그리고 미국은 영일과 사실상의 동맹을 맺은 것일까. 미국의 전통적인 외교 정책 노선(반식민주의와 고립주의)에 따르면 이런 내용의 협정을 체결하는 것은 거의 불가능했기 때문이다. 데넷은 이 협정의 법적 효력을 인정하고, 협정의 동기를 필리핀-한국 교환론으로 설명했다.

이후 역사가들이 이 협정 연구에 뛰어들었다. 그러나 이들의 연구는 데넷이 제기한 두 가지 쟁점을 놓고 이루어졌다. 데넷의 해석에 전면 동의 또는 반대하거나, 부분 수정 등의 입장을 취하는 형태였다. 첫째, 미국은 왜 협정을 체결했을까. 데넷은 이렇게 설명했다. 미국과 일본은 필리핀의 안전과 한국의 보호국화를 협상물(quid pro quo)로 삼아 교환했다는 것이다(필리핀-한국 교환론). 그러나 후속 연구자들은 이를 비판하며 협정의 동기로 다음을 주장했다. 한국을 희생시킴으로써 만주의 문호개방을 대가로 받으려고 했다(Andrew C. Nahm, 미국판 만주한국 교환론). 또는 조약의 비준 절차로 인하여 헌법상 봉쇄되어 있는 군사동맹에 가담하기 위한 방편으로 협정을 체결했다(White, 영일동맹 가담설) 등이 그것이다. 둘째, 법적 효력을 인정해야 할까. 대부분의 연구자들은 이를 부정한다. 협정은 아니었으며, 각서(Note) 정도의 의미를 부여할 수 있다거나 심지어는 단순한 의견 교환(Raymond A. Esthus)에 불과했다는 주장도 등장했다. 그는 「태프트-가쓰라 협정은 실재했는가, 아니면 신화인가(Taft-Katsura Agreement-Reality or Myth?)」라는 논문을 통해서 협정은 실재한 적이 없는 것으로 만들어진 신화에 불과했다고 평가했다. 그리하여 이 협정에 대한 대부분의 해석은 한편에 위치한 데넷의 테제와 다른 한편에 위치한 에스터스의 테제 사이에 놓이게 되었다.

그러나 학술논쟁이 데넷의 최초의 해석을 둘러싸고 벌어짐으로써 그것은 이 협정의 실체를 가려버리는 결과를 초래했다. 연구자들이 데넷이 문제시하지 않은 내용은 검토하지 않았기 때문이다. 다음과 같은 가쓰라의 언설이 대표적이다. 1) 가쓰라는 미국에게 "필리핀 자치정부(self government) 만들기의 철회"를 요구했다. 그것이 필리핀인에게 "부적합(unfit)"하기 때문이라는 점을 이유로 들었다. 2) 가쓰라는 "전쟁이 끝난 후 한국과 어떤 열강(other powers)이 어떤 협정(any agreements)나 조약(any treaties)을 맺을 경우 일본은 다시 한번 전쟁전과 같은 국제분규(same international complications)에 들어갈 수밖에 없다"고 했다. 3) 가쓰라는 일본은 영국과 더불어 "고위의 원리(principle of eminence)"를 지지한다고 했다.

왜 가쓰라는 이런 발언을 했을까. 사실 이런 언설은 상식적으로 납득하기 어렵다. 첫째, 한국에 대한 지배권을 부탁해야 하는 입장에 있는 일본이 미국의 필리핀 지배방식에 제한을 걸었기 때문이다. 필리핀인에게 자치권을 주지 말라는 것이다. 왜 일본은 미국의 필리핀 통치방식에 이의를 제기했을까. 둘째, 일본은 러일전쟁에서 군사적으로 압도적인 승리를 거두었기 때문이다. 그럼에도 일본은 제2차 러일전쟁을 걱정했다. 전쟁 후 한국과 어떤 열강이 협정이나 조약을 맺으면 일본은 전쟁전과 같은 국제분규를 치를 것이라고 했기 때문이다. 러시아가 패배하는 것을 목격했으면서도 과연 한국과 같은 무력하기 짝이 없는 약한 국가와 협정이나 조약을 맺을 열강이 있었을까. 설령 맺었다고 할지라도 일본은 왜 2차 국제전쟁을 각오해야 할 정도로 위협적인 것이었을까. 도대체 일본을 걱정케 한 어떤 열강은 누구이며, 어떤 협정이나 조약은 무엇인가. 셋째, 일본이 영국과 더불어 "고위의 원리"를 지지한다고 했기 때문이다. 고위의 원리가 극동의 평화유지가 아닌 것은 분명하다. "극동(extreme East)에서 일반적인 평화(general peace)를 유지하는 것이 일본의 국제정치의 근본 원리(fundamental principle of Japan's international policy)"라고 했기 때문이다. 일본이 미국에게 가입할 것을 제안한 영일군사동맹도 고위의 원리로 볼 수 없다. 군사동맹(military alliance)은 세력균형의 원리(principle of balance of power)에 의한 것으로, 현실정치(Realpolitik)의 대표적인 제도이기 때문이다. 따라서 "고위의 원리(principle of eminence)"는 "리얼 폴리틱"이 아닌 그 무엇으로 보인다. 그것이 무엇일까. 대부분의 기존 연구는 이에 대해 아무런 설명도 하지 않았다.

그러나 이 세 가지 언설은 태프트-가쓰라 협정의 실체를 이해하는 열쇠와 같다. 왜냐하면 가쓰라의 이러한 언설은 태프트와 회담하기 전(1904.12~1905.6)에 미국 대통령 루스벨트로부터 받은 제안에 대한 답변이었기 때문이다. 이때 루스벨트는 다음과 같이 제안했다. 첫째, 러일전쟁을 헤이그에서 끝내자. 둘째, 일본은 미국과 중재재판조약을 체결하자. 셋째, 일본은 한국을 보호국화만 할 수 있으며 그 이상은 안 된다.

이에 일본은 답변해야 했다. 태프트와 가쓰라의 만남과 대화는 이런 상황에서 일어난 것이다. 따라서 양자의 만남은 태프트가 가쓰라의 답변을 듣는 시간이었다. 이 점은 대화의 주제를 보면 알 수 있다.

> 다음은 일본 수상과 본인 간의 회담에서 합의된 각서(agreed memorandum)이다. 가쓰라 수상과 본인은 7월 27일 오전에 장시간 비밀 회담(confidential conversations)을 했다. 양자 간에 토의 중에 다음 세 가지를 놓고 의견(views)을 교환(exchanged)했다. 즉 필리핀 군도 문제, 한국 문제(the question), 극동에서의 전반적인 평화유지 문제(the questions of Philippines, of Korea, and of the maintenance of general peace in the Far East) 등에 관한 것이었다.(태프트-가쓰라 협정문)

즉 위의 협정 전문에 소개된 양자의 대화 주제 세 가지는 태프트의 방문 전에 루스벨트가 제안한 것과 조응한다. 먼저 루스벨트가 제안한 미일 중재재판조약은 양국이 식민지를 놓고 일어날 수 있는 분쟁을 예방하는 것이 주목적이었다. 필리핀은 미국의 식민지였으며, 루스벨트는 필리핀의 수성문제를 미국 외교의 아킬레스건으로 간주했다. 따라서 미국은 무엇보다도 필리핀에 대한 일본의 입장을 가장 알고 싶었다. 가쓰라는 이를 알고 있었다. 태프트를 만난 가쓰라가 가장 먼저 필리핀 문제를 이야기한 것은 우연이 아니다.

두 번째로 가쓰라는 동양평화론을 언급했다. 그는 군사동맹에 근거한 평화론을 설파하며 미국의 동참을 요청했다. 그러나 미국은 헤이그 평화체제를 통해서 평화를 담보해야 한다는 입장이었다. 그리고 이를 위한 중재재판조약을 제안해 놓은 상태였다. 즉 가쓰라의 동양평화론은 루스벨트의 헤이그평화론에 대한 답변이었다. 세 번째로 가쓰라는 한국 문제가 전쟁의 원인이 되는 것을 막기 위해 헤이그 평화체제에 대한 접근을 봉쇄하자고 했다. 그러나 루스벨트는 태프트의 방문 전에 그것은 한시적으로만 가능하다고 전한 바 있다. 그리하여 태프트-가쓰라 협정문은 외관상으로는 가쓰라와 태프트 간의 대화로 보이지만, 실제로는 루스벨트와 가쓰라 간의 대화였다. 그리고 이에 주목하면 태프트와 가쓰라가 대화하기 이전에 구축된 다음과 같은 세 가지 대결구도 '미국의 필리핀 정책 vs 일본의 필리핀 정책', '미국식 동양평화론 vs 일본식 동양평화론', '미국의 대한정책 vs 일본의 대한정책'을 확인할 수 있다. 이에 루스벨트가 일본에게 한 제안은 구체적으로 무엇이며, 왜 했느냐는 이 협정을 이해하는 배경으로서 매우 중요하다.

이 문제를 살피기에 앞서 과연 태프트가 일본 측의 답변을 듣기 위해 루스벨트가 파견한 비밀 특사인가라는 점을 검토해 보자. 그래야만 태프트의 방문 목적이 루스벨트가 제안한 것에 대한 일본의 답변을 듣는 데 있었다는 점을 확인할 수 있기 때문이다. 과연 태프트는 필리핀 가는 도중에 일본을 방문한 것인가. 아니면 처음부터 일본 방문을 목적으로 한 것일까.

2) 미일 비밀 특사 외교 시스템의 구축과 태프트의 임명
- 태프트의 일본 방문은 우발적인가, 계획된 것인가

태프트의 일본 방문은 필리핀 가는 도중에 방문한 '경유'인가, 아니면 처음부터 '계획'된 것인가. 이 문제는 태프트와 가쓰라 간의 대화를 협정으로 보느냐, 아니냐를 가늠하는 중요한 잣대였다. 이 문제에 대한 답변을 얻으려면 먼저 미국 대통령이 비밀 특사를 이용한 중재외교가 가능했음을 알아야 한다. 헌법은 대통령에게 조약체결권 외에도 다음과 같은 외교권을 부여했다. 중재권, 특사임명권, 행정협정(executive agreement) 체결권 등이 그것이다. 이 세 가지는 상원의 통제를 받지 않고 대통령이 단독으로 행사할 수 있다는 점에서 대통령의 외교 전략의 비밀병기가 될 수 있었다. 즉 대통령은 공식적인 특사가 아니라면 누구라도 비밀 특사를 임명할 수 있었다. 그런 후 비밀 특사를 통해서 중재(러일전쟁)에 나설 수 있었다. 그리고 이를 위해 협정을 체결할 수 있었다. 비밀 특사 임명, 협정 체결 등은 공식적 특사 임명이나 조약체결과 달리 사전에 상원의 동의는 물론 사후 보고나 승인을 요구하지 않았다. 즉 세 가지 권한을 활용하면 육군성 장관 태프트를 비밀 특사로 임명하고 일본으로 파견하는 것이 가능했다. 그리고 루스벨트는 세 가지 장치를 최초로 사용한 대통령이다.

또한 협정은 형식에 구애받지 않았다. 대화체도 상관없으며, 문자화하지 않아도 성립되었다. 특사가 전한 것을 추인하면 그것으로서 성립된다. 이런 식의 협정을 신사협정(gentlemen agreement)으로 부르는 것도 이 때문이다. 마치 신사들의 약속이 신뢰에 근거하듯이 외교 결정권자 간의 대화도 그렇다는 것이다. 따라서 구두 약속은 물론 메모지에다 적은 것도 협정이 될 수 있다. 심지어 사진을 함께 찍은 것도 협정이 될 수 있다. 루스벨트는 태프트의 대화를 재가했다. "당신과 가쓰라 백작과의 대화는 모든 점에서 완전히 옳다. 당신은 가쓰라에게 당신이 말한 모든 것을 받아들이며 이를 가쓰라에게 전해도 좋다."

왜 루스벨트는 태프트를 비밀 특사로 임명했을까. 그것은 다음과 같은 점을 고려한 것이었다. 우선 육군성 장관이라는 신분은 비밀 임무를 수행하기에 적합했다. 러일전쟁 강화 문제가 국제간에 논의되기 시작한 시점에 미국의 각료가 일본을 방문하면 워싱턴에 모인 세계 외교관들의 시선을 집중시킬 것이기 때문이다. 그러면 루스벨트는 평화의 중재자 역할을 하기 어렵다. 중재의 공정성을 의심받을 것이기 때문이다. 그러나 태프트는 샌프란시스코로부터 태평양을 횡단하는 선박에 오르더라도 육군성 장관이기에 필리핀의 군사적 방비를 점검 차 간다고 둘러댈 수 있었다. 일본은 필리핀으로 가는 태평양 정기 항로의 중간 기착지였다.

또한 태프트는 루스벨트의 제안에 대한 일본의 답변을 듣고 분석한 후 단독으로 대응할 수 있는 최상의 능력을 지녔다. 두 가지 점에서 그랬다. 하나는 태프트는 국무장관 루트와 더불어 루스벨트 행정부를 대표하는 법률 전문가였다는 것이다. 루스벨트가 일본에 제안한 것은 모두 국제법의 성격을 지닌 문제였다. 태프트의 법률가로서의 전문성은 훗날 대법원장으로 추대되었을 정도였다. 태프트가 전혀 군사에 대해 문외한이었음에도 루스벨트가 육군성 장관에 임명한 이유가 여기에 있다. 더욱이 태프트는 제2차 필리핀 조사위원회 단장과 초대 민간 총독을 역임했다. 필리핀 문제에 대해 이론과 실무를 경험한 최고의 능력을 지닌 인물이었다. 미국이 필리핀에 이식하려는 자치제가 무엇인지를 깊이 깨닫고 있었다. 이것이 루스벨트가 태프트를 임명한 또 다른 이유였다.

무엇보다도 루스벨트가 태프트를 비밀 특사로 임명할 수밖에 없었던 특별한 까닭이 있다. 그것은 일본 천황이 러일전쟁 직전에 루스벨트에게 태프트를 미일 간의 비밀교섭통로의 미국 측 담당자로 임명해 줄 것을 부탁했다는 것이다. 루스벨트는 이를 거절할 수 없었다. 이것이 일본의 특유한 문화에 바탕을 둔 외교방식('체면외교'/'이중외교')임을 깨닫고 있었기 때문이다. 루스벨트가 이를 수락하자 일본은 가네코 겐타로를 일본 측 비밀 특사로 임명하고 러일전쟁 발발과 동시에 워싱턴에 파견했다. 그는 외상 고무라와 더불어 일본 내각의 구성원 중에 단 2명뿐인 하버드 법대 출신이었다. 특히 조약법과 미국 헌법을 전공했기 때문에 미국이 추진 중인 헤이그 평화회의에 단독으로 대응할 수 있는 능력을 지녔다. 즉 미국과 일본은 러일전쟁이 발발하기 전에 각각 자국을 대표하는 법률 전문가를 비밀 특사로 임명함으로써 양국만의 비밀 특사외교 시스템을 구축해 놓았다.

이런 상황에서 전쟁 중에 루스벨트는 일본에게 언급한 제안을 하고 그 답변을 듣기 위해 태프트를 일본에 파견했던 것이다. 그렇다면 루스벨트가 한 구체적인 제안은 무엇인가. 그는 왜 그런 제안을 했을까. 이 점을 살피는 것은 중요하다. 태프트-가쓰라 협정의 배경이기 때문이다. 루스벨트의 제안을 대화의 바탕에 깔고 태프트-가쓰라 협정의 본문을 재구성해 보자.

3) 협정의 체결 배경
- 미서전쟁, 헤이그 평화회의, 러일전쟁

(1) 미서전쟁과 미국 외교의 '아킬레스건 필리핀'

태프트-가쓰라 협정은 러일전쟁 말에 체결되었지만 미서전쟁의 산물이기도 하다. 1898년 전쟁을 하지 않았더라면 미국은 필리핀을 식민지로 보유할 수 없었을 것이기 때문이다. 그리고 필리핀을 차지하지 않았더라면 미국이 일본의 군사력으로부터 필리핀의 안전을 놓고 '미국 외교의 아킬레스건'이라며 노심초사할 필요도 없었을 것이다. 또한 '미국은 자국령의 안전을 놓고 다른 열강의 승인을 받을 필요가 없다'며 두려움을 감추기 위한 허세를 떨지 않아도 되었을 것이다.

사실 미국의 이러한 고민은 해결하기 어려운 것이었다. 필리핀을 점령하는 것과 수성하는 것은 전혀 다른 차원의 정책을 요구했기 때문이다. 이는 필리핀을 차지하기 위해서 미국이 상대해야 했던 제국과 수성하기 위해서 대적해야 하는 제국이 힘의 크기는 물론 내용에 있어서도 차원이 다른 열강이었다는 점에서 비롯되었다. 우선 힘의 규모에 있어서 스페인은 석양의 제국이었지만, 일본은 떠오르는 해와 같은 제국이었다. 미국은 일본의 군사적 실력을 청일전쟁기에 확인한 바 있다.

그리고 미국은 스페인과 전쟁기에 군사 제국으로서 일본의 실체를 직접 체험했다. 일본은 1898년에 미국-스페인이 마닐라만 해전을 벌일 때, 군함을 파견하고, 그 후 미국에게 다음과 같은 요구를 한 바 있다. 미국은 필리핀 자치정부 만들기를 폐기하고 병합하거나, 아니면 일본과 또는 일본, 영국과 더불어 동맹을 맺고 공동보호령으로 삼아야 한다. 그리고 이를 거부하면 전쟁을 각오해야 한다면서, 그 근거로 동양평화론과 아시아주의를 내세웠다. 아시아의 운명은 아시아가 결정해야 하며 그럼으로써 동양평화가 구축된다는 것이다.

미국은 이를 일축하고 다음과 같이 대응했다. 미국은 필리핀에 자치정부를 세운 후 독립국가로 전환한다. 또한 헤이그 평화체제를 아시아로 확장한다. 그리하여 미국의 '필리핀 자치/독립국가 만들기'는 일본의 '필리핀 병합론' 또는 '필리핀 공동보호령화 정책'과 대결구도를 이루게 되었다. 또한 미국은 일본의 '동양평화론'에 대해 '헤이그평화론(헤이그 평화회의를 통해서 평화를 제도화한다)'을 준비함으로써 '헤이그평화론'은 '동양평화론'에 맞서게 되었다. 즉 미국은 일본과 한편에서 군사력으로, 다른 한편에서 사상적(평화론)으로 대립했다. 미국이 힘의 크기는 물론 힘의 내용에 있어서도 차원이 다른 적과 만났다는 이유도 여기에 있다.

그리하여 미서전쟁 후 미국은 일본과 이중의 대결구도를 구축하게 되었다. 하나는 필리핀 정책을 놓고, 다른 하나는 헤이그 평화체제를 놓고 그랬다. 그리고 양 대결구도는 동전의 양면을 이루었다. 미국은 필리핀 자치화/독립국가 만들기 정책을 헤이그 평화회의를 통해서 다른 열강의 식민지 정책 모델로 제시하려고 했던 반면, 일본은 필리핀 병합/공동보호령 정책을 서구의 아시아 식민지 정책의 표준형으로 설정하려고 했기 때문이다.

1898~1899년에 구축된 미일의 필리핀 정책을 놓고 벌어진 이러한 대결체제는 이후에도 계속되었다. 특히 러일전쟁기에 본격적으로 벌어졌다. 이때 대통령 루스벨트는 러일전쟁에 개입하고 일본에게 다음을 제안했다. 첫째, 미국과 중재재판조약을 맺자.(1904.12) 양국 간에 식민지를 둘러싸고 일어나는 전쟁을 예방하기 위해서이다. 둘째, 러일전쟁을 헤이그에서 종식시키자.(1905.6) 복수전을 막기 위해서이다. 셋째, 일본은 한국을 보호국화

할 수 있다. 그 모델은 미국-쿠바 보호국조약(1903)이다. 따라서 일본은 미국이 쿠바에서 지니고 있는 것과 같은 지위를 한국에서 누릴 수 있다. 그러나 그 이상의 지위는 안 된다.(1905.6)

　루스벨트의 세 가지 제안은 모두 한 곳을 지향했다. 1899년에 1차 회의가 열린 후 사실상 종료된 제2차 헤이그 평화회의를 여는 것이다. 그는 이 회의를 유럽은 물론 일본식 식민지 정책을 제어할 수 있는 호기로 생각했다. 때문에 루스벨트는 백악관에 입성하자마자 헤이그 평화회의의 부활에 나섰다. 그리고 1903년부터 러일 간의 갈등이 전쟁 위기로 치닫자 제2차 회의를 공식적으로 제안하고 본격적으로 추진하기 시작했다. 따라서 루스벨트가 일본에게 한 제안들은 2차 헤이그 평화회의를 열기 위한 사전정지 작업이었다.

(2) '헤이그 평화회의'와 필리핀 정책의 한국 적용

　가쓰라는 필리핀 문제→동양의 평화 문제→한국 문제 등의 순서로 답변했지만, 세 가지 주제는 별개의 문제가 아니라, 전체로서 하나의 문제였다. 필리핀과 한국은 모두 동양평화를 위해 중요한 지역이었기 때문이다. 즉 동일한 정책의 세 측면으로서 삼위일체의 관계였다. 언급했듯이 이 대화는 겉으로 보기에는 가쓰라와 태프트 간에 이루어진 것이지만, 실제로는 루스벨트가 제안한 것을 가쓰라가 태프트를 통해서 답변한 것이다. 이를 염두에 두면서 대화를 재구성하면 이렇다. 가쓰라는 먼저 필리핀 문제를 언급했다. 필리핀의 안전을 보장하겠지만, 대신 미국은 필리핀에 자치정부 만들기를 철회해야 한다는 점을 분명히 했다.

　첫째, 가쓰라는 일단의 친러파 미국인들은 일본이 러일전쟁에 승리할 경우 필리핀 섬들로 침략의 시선을 돌릴 것으로 보고 있다는 점을 알고 있다고 말했다. 이어서 그는 필리핀에 대해 다음과 같은 견해를 표명했다. 일본의 유일한 관심은 미국과 같은 강력하고도 우호적인 국가가 필리핀을 다스려야 하며 토착인의 잘못된 통치에 맡겨서는 안 된다. 그리고 원주민에게 자치권을 부여하거나 기타 일부 비우호적인 유럽 열강에게 통치권을 맡겨서도 안 된다. … 필리핀에 어떤 일이 일어나더라도 일본은 어떤 식의 침략도 의도하고 있지 않다. 친러파 미국인들이 황화(yellow peril)와 같은 것을 드러내는 것은 일본을 계획적으로 손상하려는 악의적인 중상모략에 다름 아니다(태프트-가쓰라 협정문).

가쓰라의 위의 진술은 미국의 필리핀 자치정부 만들기 정책을 거부한 것으로 새로운 정책은 아니다. 일본의 이런 입장은 이미 1898~1899년에 밝힌 바 있다. 일본의 의도는 분명했다. 미국은 필리핀 정책을 아시아의 다른 지역으로 확장하면 안 되며, 오히려 일본이 아시아를 다루는 방식을 따라야 한다는 것이다. 태프트는 전혀 동의할 수 없었다. 필리핀 자치정부 만들기는 이미 1902년 연방법으로 제정되어 집행 중이었기 때문이다. 그러나 그는 듣기만 했다. 비록 단서를 붙였지만, 가쓰라가 "일본은 필리핀에 대한 침략하지 않겠다"고 했기 때문이다.

이어서 가쓰라는 두 번째 현안(동양평화 문제)에 대해 논했다. 여기서 미국이 추진 중인 헤이그 평화체제를 거부했다. 이렇게 제안했기 때문이다. "일본은 '고위 원리'를 지지할 것이다. 그러나 미국은 일본과 비공식적 동맹관계를 맺어야 하며, 유사시에 마치 미국은 일본과 조약을 맺은 국가처럼 행동할 것을 약속해야 한다"는 것이다. 가쓰라의 언설이 이를 보여 준다.

둘째로, 가쓰라 백작은 극동에서의 전반적인 평화유지는 일본의 국제 정책의 기본원리고 진술했다. 그렇기 때문에 가쓰라 수상은 이러한 원리를 확보하기 위해 이에 대한 가장 효과적인 방책에 관해 의견 교환을 열망했다. 가쓰라는 자신의 생각이라며 이렇게 말했다. "상기한 목적(극동의 평화유지)을 달성하는 데 있어서 최선의, 그리고 사실상의 유일한 방안은 일본, 미국, 대영제국 등 3국 간의 훌륭한 이해를 구축하는 것이다. 특히 이들 3국은 '고위의 원리(the principle of eminence)'를 지지하는 데 공동의 관심을 가지고 있다." 가쓰라 백작은 이 점에서 미국의 전통적인 정책을 충분히 양해하고 있으며, 특히 미국은 다른 열강과 공식적인 동맹관계를 맺을 수 없다는 점을 충분히 이해하고 있다고 했다. 그러나 그는 "… 극동 문제에 국한해서 이들 3국 사이에 명의상으로 불가능하다면, 적어도 사실상의 동맹관계를 수립할 수 없는 이유를 이해할 수 없다"고 말했다. … 가쓰라 백작은 말했다. 아메리카 합중국 대통령은 사실상 상원의 동의를 얻지 않고는 비공식 비밀협정(confidential informal agreement)에 해당하는 어떤 국제적인 양해를 구할 수 없다는 사실을 인지하고 있지만, 미국은 공식적인 협정 체결은 아니지만 미국 국민은 극동에서 평화를 유지함에 있어서 일본과 영국의 정책(영일동맹)에 전적으로 동의하고 있다고 확신하고 있다. 그러므로 어떤 경우가 발생할지라도 미국 정부는 영일과 협력하여 마치 조약 의무(treaty obligations)를 지고 있는 것처럼 이러한 목적의 달성을 위해 적절한 조치를 취할 것을 기대한다(태프트-가쓰라 협정문).

도대체 가쓰라가 지칭한 '고위원리'는 무엇인가. 상기 언설에서 가쓰라는 세 가지 종류의 국제관계원리(principle of international relations)를 제시했다. 군사동맹, 동양평화론, 고위원리 등이 그것이다. 따라서 고위원리가 군사동맹이나 동양평화론이 아닌 것은 분명하다. 군사동맹은 유럽식 국제관계론(balance of power)에 기반을 둔 국제체제이다. 동양평화론은 아시아식 국제질서(국가들 간에도 위계 질서가 있다)에 기반을 둔 국제체제이다. 이렇게 보면 고위원리가 의미하는 것은 하나밖에 없다. 헤이그 평화체제가 그것이다. 루스벨트는 러일전쟁이 발발하기 약 1년 전인 1903년 초에 세계에 대해서 제2차 헤이그 평화회의를 제안했다. 그리고 러일전쟁이 한창 중인 1904년 12월에 루스벨트는 일본에게 미일중재재판조약을 체결하자고 요청했다. 일본은 동의했지만, 미국 상원이 제동을 걸어 비준은 유보되었다. 그럼에도 루스벨트는 헤이그 평화회의를 계속해서 추진했으며, 열강은 누구나가 전후에 열릴 것으로 예상할 수 있었다. 그리고 미국이 추진하는 중재재판조약은 영국으로부터 세계법치주의의 이상을 품고 있다는 평가를 받은 바 있다. 또한 루스벨트는 연두교서를 통해서 중재재판조약을 '부정의 간의 세력균형'이 아니라, '정의 vs 부정의의 세력균형'으로 설명하며, 군사동맹을 대체해야 한다고 주장하는 중이었다. 가쓰라는 이를 잘 알고 있었다. 고위원리를 헤이그 평화체제/중재재판조약이 아닌 다른 것으로 볼 수 없는 이유가 여기에 있다.

그리하여 위의 가쓰라의 언설은 이런 의미를 지닌 것이었다. 미국은 일본과 '이중 조약', 즉 '이중의 국제관계'를 맺어야 한다. 하나는 '고위의 원리'에 의한 것이요, 다른 하나는 '세력균형의 원리(군사동맹)'에 의한 것이다. 즉 공식적으로는 헤이그 협약에 근거한 미일중재재판조약을 체결하고, 비공식적으로는 미영일 군사동맹관계를 구축하자는 것이다. 그리고 이것을 동양평화의 방법으로 제시했다. 이때 비공식적인 동맹관계를 수립하고 유지하는 방법은 무엇일까. 바로 태프트-가쓰라 협정과 같은 것을 맺는 것이다. 즉 '조약과 같은 효력을 지닌 협정'을 체결하자는 것이다.

　태프트는 이러한 가쓰라의 제안을 받아들일 수 없었다. 이는 미국에게 헤이그 평화회의를 가짜/위장 평화회의로 만들라는 것이요, 필리핀 국가 만들기를 포기하라는 것이며, 대신 일본의 동양평화론을 받아들이라는 것이기 때문이다. 만약 이를 수용하면 동아시아 지역은 헤이그 평화체제의 적용지역으로부터 배제되고, 대신 일본을 축으로 한 군사동맹체제가 이 지역의 평화의 담지자가 되고 만다. 즉 이는 '필리핀에 자치정부를 만들기를 철회하라'는 가쓰라의 요구와 같았다. 그뿐만 아니라 가쓰라의 제안은 미국의 헌법체제를 무너뜨리려는 의도도 지니고 있었다. 동경정부는 조약체결에 대한 미국 헌법의 제약(상원의 비준절차)이 있으며, 이 때문에 미국은 일본과 공식적인 군사동맹을 맺을 수 없다는 점도 잘 알고 있다고 하면서 사실상의 조약과 같은 것을 맺자고 했기 때문이다. 태프트는 이에 대해서 간단 명료하게 답변했다. '미국 상원의 동의없이 대통령이라고 할지라도 일본이 원하는 식의 비공식적 거의 불가능하다.'

　가쓰라는 태프트의 부정적인 답변에 개의치 않았다. 그리고 마지막으로 한국 문제를 거론했다.

> 셋째로 가쓰라 백작은 한국 문제(Korean question)에 관해 언급했다. 러일전쟁의 직접적인 원인(direct cause)이다. 때문에 일본에게 절대적으로 중요한 문제이다. 따라서 한반도 문제는 러일전쟁의 논리적 귀결(logical consequence of the war)이라는 관점에서 처리되어야 한다. 일본은 한국이 장래의 일을 생각하지 않고 <u>전쟁 종식 후 틀림없이 다른 열강(other powers)과 어떤 협정(any agreements)이나 조약(any treaties)을 체결할 것으로 예상하고 있다.</u> 이렇게 될 경우 전쟁 전에 보았던 것과

똑같은 <u>국제적 분규가 재현될</u> 것이다. 한국이 전쟁 이전의 상태로 복귀하는 것을 막아야 한다. 일본이 다른 나라와 전쟁에 말려드는 것을 예방하기 위해서 부득불 어떤 확고한 조치를 취하지 않을 수 없다(태프트-가쓰라 협정문).

가쓰라의 언설은 언뜻 보면 한국 문제 처리안으로 보인다. 그러나 미국의 제안에 대한 답변을 담고 있다. 첫째, '헤이그 중재재판을 통해서 러일전쟁을 끝내자'는 루스벨트의 제안을 받아들일 수 없다는 것이다. 러일전쟁을 헤이그 중재재판소에 회부하려면 분쟁국들 간에 중재재판조약을 체결해야 한다. 분쟁 중인 사건을 중재재판에 회부할 것을 의무로 하며, 판결에 복종한다는 약속이다. 그리하여 일본은 이런 상황을 가상하였다. '한국과 러시아(어떤 열강)가 한러중재재판조약(어떤 협정이나 조약)을 체결하고, 한반도 문제를 중재재판에 회부할 수 있다. 그 경우 일본은 제2의 러일전쟁을 일으킬 것이다.' 둘째, 대신 미국은 한국 문제가 헤이그 중재재판소로 가는 길을 막을 수 있는 조치를 취해야 한다는 것이다. 그렇지 않으면 또다시 전쟁터로 달려가겠다고 했기 때문이다.

이로써 가쓰라의 역제안이 담긴 답변은 모두 끝났다. 그리고 가쓰라는 루스벨트의 제안 모두를 사실상 거부했다. 다음과 같은 조건을 걸었기 때문이다. 가쓰라는 필리핀의 안전을 보장하겠다고 했지만, 필리핀 자치화 정책을 철회하라고 했다. 또한 미국이 추진 중인 헤이그 평화체제에 일본을 가입시키려면 사실상의 군사동맹에 가입하라고 요구했다. 한국 문제를 헤이그에 제소하면 전쟁을 각오해야 한다고 했던 것이다.

이번에는 태프트가 답할 차례였다. 태프트는 가쓰라의 답변에 담긴 이러한 거절의 의미를 모르지 않았다. 사실 가쓰라의 언설은 미국에 대한 협박을 은연중에 깔고 있었다. 그는 필리핀 자치화 정책을 철회하라는 말로 대화를 시작하고, 만일 러일전쟁을 헤이그 중재재판에 회부하면 전쟁으로 응수할 것이라는 말로 대화를 끝냈기 때문이다. 그리고 동맹은 불가능하다고 했음에도 조약 의무를 질 수 있는 수준의 비공식 비밀협정을 요구하고, 나아가 일본이 다시 전쟁하는 것을 막으려면 미국이 나서야 한다고 했다. 태프트는 이렇게 답변했다.

> 가쓰라 백작의 발언은 전적으로 정당하다. 개인적 사견이지만 한국은 일본의 동의를 받지 않고 다른 나라와 조약을 체결할 수 없으며, 그러한 범위로 일본군(Japanese military troops)은 한반도에서 종주권(suzerainty)을 수립할 수 있다. 이는 현재의 러일전쟁의 논리적 귀결(logical result of the war)이다. 이것은 동아시아에서 영원한 평화(permanent peace in the East)를 수립하는 데 직접적으로 공헌할 것이다.(태프트-가쓰라 협정문)

태프트의 발언은 가쓰라의 발언에 비교하면 분량이 매우 짧았다. 그뿐만 아니라 태프트의 발언은 언뜻 보면 가쓰라의 세 가지 답변에 대해 오직 한 가지 문제, 즉 한국 문제에 대한 미국의 입장만 밝힌 것처럼 보인다. 한국이 조약체결권을 행사하려면 일본의 승인을 받아야 한다고 했기 때문이다. 즉 미국은 일본이 한국의 조약체결권을 행사해야 한다는 점을 허락했다.

가쓰라는 태프트의 답변에 만족했을까. 그렇게 보기 힘들다. 물론 한국의 조약체결권을 일본이 행사할 수 있게 되었다는 점은 일본이 바라마지 않던 상황이었다. 그리하여 일본은 한국과 러시아가 손을 잡고 러일전쟁을 헤이그 중재재판소에 제소하는 것을 막을 수 있게 되었다.[99] 그러나 그 점을 제외하면 가쓰라의 모든 역제안은 일축당했다. 태프트는 오히려 한국 문제를 통해서 일본 제국의 식민지 정책 전체에 대한 미국의 가이드라인을 제시했다.

그렇게 볼 수 있는 이유는 무엇인가. 첫째, 태프트가 일본이 행사할 수 있다고 통보한 한국의 조약체결권은 '대행'할 수 있다는 의미였기 때문이다. "한국이 일본의 동의를 받지 않고 다른 나라와 조약을 체결할 수 없다는 그러한 범위로" 인정한다고 했다는 점이 이를 보여 준다. 이는 조약체결권의 행사를 한정하는 것과 같았다. 즉 일본은 한국의 조약체결권을 대행할 수 있을 뿐이며, 한국의 조약체결권은 한시적으로 유보당하는

---

[99] 일본은 왜 한국 문제가 헤이그 중재재판에 회부되는 것을 두려워했을까. 두 가지 이유가 있다. 첫째, 일본은 1901~1905년에 유럽 열강(영국, 프랑스, 독일)과 헤이그 중재재판(사건명: 가옥세 심판사건)을 벌였지만, 1905년 5월 초에 패소판결을 받았다. 둘째, 서구의 국제법 학자들은 일본이 중립을 선언한 한국을 전쟁 기지로 사용했다는 점과 선전포고 없이 전쟁을 개시했다는 점을 국제법 위반으로 지적했다. 러일전쟁을 헤이그에서 끝내자는 루스벨트의 제안에 일본이 위축될 수밖에 없었던 것도 이 때문이다. 더욱이 유럽과 미국에서 황화론(yellow peril)이 팽배했다. 서구의 언론은 전후에 열릴 제2차 헤이그 평화회의는 러일전쟁을 심판하는 회의가 될 것으로 내다보았다. 일본은 이를 모를 수 없었다. 태프트를 만난 가쓰라가 가장 먼저 전한 것이 미국 여론이 황화론으로 무장하고 있다는 점이었기 때문이다. 일본은 황화론의 위력을 이미 겪은 바 있다. 청일전쟁기의 3국 간섭을 통해서였다. 러시아, 프랑스, 독일 등이 무장 개입하기 전에 유럽 언론에 의한 인종차별적 반일 여론이 유포되었기 때문이다. 따라서 러일전쟁 말에 재현된 친러반일적 서구여론은 일본을 헤이그 중재재판으로 끌고 가는 지렛대요, 재판관들에게 영향을 미칠 수 있었다. 즉 서구 열강은 군사력이 아닐지라도 법적 삼국 간섭이 가능해졌다. 때문에 일본은 한국 문제를 가지고 헤이그 평화회의에 가면 패소한다는 점을 100% 확신했다. 일본의 이러한 공포감은 '헤이그 포비아(Hague Phobia)'로 부를 수 있을 정도였다. 가쓰라는 이를 막을 수 있는 국가는 미국뿐이라고 생각했다. 이것이 일본이 태프트-가쓰라 협정을 필요로 했던 이유이다. 이에 대한 상세한 내용은 각주 98에서 소개한 논문에서 다루었다.

것이다. 바꾸어 말하자면 한국은 독립국의 지위를 상실하는 것이 아니며, 병합해서는 안 된다는 것이다. 여기서 "조약체결권을 일본이 행사할 수 있다"는 태프트의 발언은 한국을 보호국으로 인정함으로써 오히려 병합을 막으려는 제한의 뜻을 지니게 되었다.

둘째, 태프트가 한국을 일본군에 의해 점령된 상태로 규정했기 때문이다. "한반도에서 일본군이 종주권을 수립할 수 있으며, 이는 러일전쟁의 논리적 귀결이었다"는 태프트의 언설이 이를 보여 준다. 즉 미국은 일본이 한국을 지배할 수 있는 법적 근거로 '전쟁'과 승리로 인한 '군사적 점령'을 인정한다는 것이다. 물론 이 언설도 '한국을 병합해서는 안 된다'는 메시지를 담고 있었다. 조약체결권을 한시적으로 대행할 수 있듯이 일본의 점령은 무한정 계속될 수 없다는 것이다. 즉 종주권은 보호국과 같은 개념으로서 병합은 안 된다는 의미를 담고 있다.

셋째, 나아가 미국은 일본이 한국의 조약체결권을 대행하는 것을 '영구적인 동양평화'로 규정했기 때문이다. 이는 가쓰라가 말한 동양평화론을 정면으로 거부하는 것이었다. 미국은 식민지의 지배 근거를 헤이그 평화회의에서 찾으려고 했음은 이미 설명한 바 있다. 이런 논리였다. 국가들 간의 중재재판조약이 거미줄과 같이 네트워크를 이루면 조약을 통한 세계평화체제가 구축된다는 것이다. 그러면 헤이그 '평화회의(peace conference)'는 헤이그 평화체제(peace system)가 된다. 따라서 조약체결권을 가진 국가들만이 이 체제에 가입할 수 있다.

문제는 조약체결권을 지녔지만, 평화회의의 취지에 맞게 조약체결권을 행사할 능력이나 의지가 없는 국가들이 있다는 것이다. 미국은 그런 국가를 두 범주로 분류했다. 하나는 열강 중에 지목했다. 황제체제를 가진 열강, 예컨대 독일이나 러시아와 같은 제국이었다. 이들의 조약체결권은 누구의 통제도 받지 않으며 오직 황제가 독단적으로 행사한다. 따라서 이들은 언제든지 조약을 파기할 수 있다. 다른 하나는 약소국에 속한 일부 국가들이다. 중남미 국가와 아시아의 한국과 같은 나라가 대표적이다. 미국은 한국이 조약체결권을 다음과 같이 악용한다고 보았다. 이런 식의 논리였다. 한국은 부패하고 무능한 왕권을 유지하기 위해 조약체결권을 남용한다. 그리고 열강은 이를 악용한다. 그리하여 헤이그 체제는 오히려 식민지화의 도구로 전락하고 만다. 때문에 한국의 헤이그 체제 이용하기는 차단되어야 한다. 그럼으로써 전제주의 국가들의 무능한 국가의 조약체결권 악용하기도 막을 수 있다. 일본이 한국의 조약체결권을 행사하는 것이 '동양의 영원한 평화에 공헌할 수 있다'고 본 것도 이 때문이다.

그러나 한국의 헤이그 체제 가입이 영구히 봉쇄되어서는 안 된다는 것이 미국의 입장이었다. 만일 한국의 조약체결권의 영구 박탈을 허락하면 한국의 헤이그 평화체제 가입을 영구히 차단하는 것이 되기 때문이다. 이는 결과적으로 헤이그 평화체제가 영구 식민지의 존재를 인정하는 셈이 된다. 그러면 헤이그 평화체제는 약소국의 식민지화를 막는 역할을 할 수 없게 되며, 식민지화를 합법화할 수 있는 도구로 전락한다. 그리하여 헤이그 중재조약시스템은 식민지를 둘러싼 전쟁을 막는 것이 아니라 조장하는 장치가 된다. 헤이그 평화회의는 이런 음모를 막아야 하며, 이를 위해 국제치안기구의 역할을 해야 한다. 미국이 헤이그 평화회의를 국제치안을 바로잡고 세계평화를 유지케 하는 국제경찰의 역할을 하게 해야 한다고 했던 것도 이 때문이다. 그리고 이런 의도를 제1차 헤이그 평화회의 직후인 1900년에 발설하고, 1904년 12월 루스벨트 대통령의 연두교서를 통해 세상에 공표했다. 이것이 미국이 생각하는 '헤이그평화론'의 골자였다. 따라서 일본의 한국 보호국화를 용인하는 태프트의 발언 또한 미국의 헤이그 평화론에 근거한 것이다. 다시 말하지만 태프트가 한국의 조약체결권을 대행하는 것이 동양의 영구평화를 담보한다고 한 이유도 여기에 있다.

그리하여 태프트는 한국 문제에 관한 입장 표명을 통해서 가쓰라의 모든 조건부 역제안을 거부하고 다음과 같은 미국의 입장을 전달했다. 일본의 동양평화론은 헤이그평화론으로 대체되어야 하며, 한국의 보호국화는 한시적으로 허용될 뿐이다. 또한 한국의 지배범위를 한정함으로써 필리핀 자치화 정책은 철회할 수 없으며, 오히려 일본의 대한정책의 모델이 되어야 한다는 점을 간접적으로 전했다.

그런데 일본은 태프트의 언설에 담긴 메시지를 읽어냈을까. 일본은 모를 수 없었다. 1) 루스벨트가 태프트를 파견하기 전에 한국 보호국화의 모델로 미국-쿠바보호국조약을 지목하고 그 이상은 안 된다고 제한을 걸었기 때문이다. 2) 태프트가 일본군의 종주권을 허용한다고 했기 때문이다. 일본은 그것이 미서전쟁 후 미군의 필리핀 주둔을 모델로 한 것임을 알았다. 미국이 미서전쟁을 하고 바로 그런 논리로 필리핀에 미군을 계속 주둔시키고 있기 때문이다. 그리고 미군의 주둔은 독립국을 세울 때까지만이며, 이후 철수한다고 약속했다. 일본은 미서전쟁을 러일전쟁으로 대치하면 태프트가 제시한 주둔의 의미를 곧바로 알아챌 수 있었다. 3) 일본은 "한국은 일본의 승인 없이 조약체결권을 사용할 수 없다"는 태프트의 언설이 조약체결권의 영구박탈(병합)을 불허하는 의미를 지니고 있음도 알고 있었다. 이 당시 외상이었던 고무라는 하버드 법대 출신으로서 미국헌법과 조약법을 전공하고 강단에서도 활동했던 전력을 지니고 있었다. 그는 보호국의 법률적 의미[100]와 보호국을 병합할 수 없다는 점을 분명히

---

100 미국은 러일전쟁기에 보호국제도를 한국에 적용함으로써 식민지 정책의 표준 모델로

인식하고 있었다. 다음과 같은 사례를 통해서 확인할 수 있다. 한일병합조약에도 불구하고 일본은 이를 미국으로부터 승인받을 생각을 해서는 안 된다고 하면서 일본외교관들에게 다음을 명심하라고 했기 때문이다. "미국 상원의 조약명부에는 한미통상조약이 등재되어 있다. 이를 삭제할 수 없다"는 것이다. 실제로 병합 이후에도 미국은 일본에게 보호국만 인정했다는 점을 계속 주지시켰으며 일본 또한 이의를 제기하지 않았다. 그러

설정했다. 보호국제도는 법치주의를 대외로 확장하는 과정에서 탄생한 산물로서, 미국 헌법 시스템하에서 성립되었으며, 법률의 프레임 아래서 작동했다. 1) 미국 헌법은 조약에 국내의 연방법과 같은 효력을 부여했다. 따라서 보호국조약은 연방법과 같았다. 2) 그런데 미국은 1901~1903년에 식민지 필리핀과 쿠바에 대해 다음과 같은 법적 시스템을 구축했다. 먼저 1901년 미국 상원은 플랫 수정안을 결의했다. 쿠바를 병합할 수 없으며, 독립시킬 때까지 외교권을 대행한다는 것이다. 이 결의안으로 미국의 보호국제도는 사실상 연방법이 되었다. 동시에 플랫 수정안은 필리핀 정책의 가이드 라인이 되었다. 수정안의 설계자(육군성장관 루트)가 필리핀에 적용할 법을 제정하라는 상원의 요구에 응하려 만든 것이기 때문이다. 그리하여 미국의 필리핀 정책과 쿠바정책은 보호국정책으로 통일되었다. 이어서 1902년 미국 상원은 필리핀 정부조직법을 통과시켰다. 필리핀에 삼권분립 공화국을 세우기로 하고, 먼저 전원이 필리핀인으로 구성된 하원을 설립하기로 했다. 그리하여 필리핀의 운명은 필리핀인이 결정한다는 원리(피치자의 동의를 얻는 정부 독트린)는 법제화(연방법)되었다. 끝으로 1903년 미국은 쿠바와 보호국조약을 맺었다. 내용은 플랫 수정안을 구체화한 것이지만, 형식은 연방법에 근거한 통치로부터 국제 조약관계로 전환시킨 것이다. 이로써 미국의 경우 '식민지 국가 만들기 법'은 '국제 조약'의 원리가 되었다. 동시에 '플랫수정안=필리핀 자치정부 만들기 법=쿠바 보호국조약'의 관계가 되었다. '조약=연방법'이어야 한다는 헌법의 조약규정은 이렇게 작동했다. 그리고 헌법의 조약규정과 '국제법은 미국법의 일부'라는 대법원의 유권해석이 결합하여 헤이그 평화회의로 투사되었다. 필리핀 자치정부 만들기 법은 헤이그 협약의 일부가 되어야 했다. 그렇게 하려면 한국에 대해서도 같은 정책을 펼쳐야 했다. 그랬기 때문에 제국주의적인 기질을 지닌 루스벨트였지만, 이것을 벗어날 수는 없었다. 언급한 바와 같이 루스벨트는 1905년 6월에 일본 비밀 특사에게 한국을 보호국화할 수 있다면서 그 모델로 미국-쿠바조약을 들었던 것도, 그리고 7월에 일본을 방문한 태프트는 가쓰라에게 한국을 보호국화만 할 수 있다고 했던 것도 식민지에 적용된 헌법-법률 시스템이 이미 정해져 있었기 때문이다.

면 일본은 미국과 다른 조약을 맺거나 기존의 조약을 개정할 수 없다는 점을 알고 있었기 때문이다.

제7장을 정리하면 이렇다. 이 연구는 기존의 연구와 다른 관점에서 '태프트-가쓰라 협정문 읽기'를 했다. 첫째, 이 연구는 "필리핀에 자치정부를 세우지 말라"는 가쓰라의 언설에 초점을 맞추었다. 그러나 대부분의 연구는 '필리핀에 대한 침략 의도가 없다'는 가쓰라의 언설만 부각시켰다. 둘째, 이 연구는 당시 미국의 정책이 '현실외교(Realpolitik)'이자, 동시에 '이상외교(Ideal Diplomacy)'라는 점에 초점을 맞추었다. 그러나 대부분의 연구는 '현실외교'라는 점에만 집중했다. 그리고 동시에 펼쳐진 이상외교를 '문서상에만 존재하는 외교(paper diplomacy)'로, 헤이그 중재재판소를 '종이 법정(paper court)'으로 치부하고 말았다. 셋째, 이 연구는 미국의 한국의 보호국화 승인을 병합을 막기 위한 의미도 담긴 것으로 보았다. 그러나 대부분의 연구는 '미국이 한국의 외교권 박탈을 승인했다'고 해석한다. 그러나 미국은 이를 승인할 수 없다. 한국의 조약체결권 박탈을 인정하는 것은 미국의 조약체결권 박탈을 받아들이는 것이기 때문이다. 미국은 1882년에 한미통상조약을 맺었으며, 이 때문에 미국은 보호국 승인이 가능했다.

그리하여 태프트-가쓰라 협정에 대한 다음과 같은 해석을 할 수 있게 되었다. 첫째, 필리핀 문제, 동양평화 문제, 한국 문제 등에 대해 일본은 '현실외교'라는 측면에서만 접근했지만, 미국은 '현실외교'와 '이상외교'라는 두 측면 모두에서 접근했다. 그랬기 때문에 한편에서 한국의 보호국화를 허용하면서도, 필리핀 정책의 확장, 즉 '필리핀 공화국 만들기는 아시아의 피압박민에게 희망의 등불이 되어야 한다'는 전략을 한국에 투사할 수 있었다. 이 연구가 태프트-가쓰라 협정을 통해서 미국이 필리핀 정책을 한국으로 확장했다고 주장한 이유도 여기에 있었다. 둘째, 태프트-가쓰라 협정으로 양국 간의 필리핀과 한국 문제가 해결되었다고 보아서는 안 되며, 새로운 분쟁의 씨앗으로 작용했다는 점도 간과되어서는 안된다. 일본은 미국의 필리핀 정책이 한국에 적용되는 것을 막기 위해서 필리핀 자치정부 만들기를 파괴해야 했고, 미국은 필리핀 정책을 존속시키기 위해 일본의 한국 지배범위를 제한해야 했다. 이후 이런 관계는 계속되었다. 대서양 헌장의 민족자결주의를 한국에 적용하고 카이로 선언을 통해서 한국의 독립을 예고해야 했던 정책도 필리핀 자치정부 만들기 전략을 한국으로 확장한 데서 비롯된 것이다. 그렇다면 태프트-가쓰라 협정을 '필리핀-한국 교환론'으로만 보아야 할까. 필리핀과 한국은 미국이 추진하는 헤이그평화론 속에서 운명공동체가 되었다고 보아야 하지 않을까.[101] 미국이 헤이그 평화체제를 국제연맹과 국제연합을 통해서 이어 갔으며, 마찬가지로 헤이그 체제하의 보호국제도 또한 위임통치제도와 신탁통치제도로 계속되었기 때문이다.

---

101 필리핀 정책이 한국에 투사되었다는 점을 보여 주려면 태프트-가쓰라 협정 이후 (1905~1945년) 미국의 한국정책을 살펴야 한다. 그래야만 미국의 대한정책이 끝까지 한국 병합을 불허했는지의 여부를 확인할 수 있을 것이기 때문이다. 필자는 이 문제를 각주 98에서 소개한 논문에서 다루었다.

8. 맺음말

지금까지 1898~1946년에 수행된 미국의 필리핀 정책의 실체를 원주민에게 '국가 만들어 주기' 관점에서 살펴보았다. 이를 위해서 본문을 6개 장으로 나누었다.

먼저 제2절에서는 미국의 필리핀 정책에 대한 학술 논쟁을 소개했다. 한국과 미국 학자들의 연구를 사례로 들었다. 도대체 역사가들이 지금까지도 필리핀 정책에 대해서 토론하는 이유는 무엇인가를 보여 주자는 것이다. 이어서 제3절에서 필리핀 문제의 기원을 살폈다. 미국이 필리핀에 국가를 세우려고 했던 배경을 보여 주기 때문이다. 다음으로 제4절과 제5절을 통해서 필리핀 국가 만들기 작업이 두 방향으로 나누어 전개되었다는 점을 확인했다. 전자로부터 필리핀인들의 내부의 상호관계(통치자 vs 피치자)가 형성되는 점을, 후자로부터 필리핀이라는 국가와 다른 국가 간의 국제관계(기존의 독립국 vs 신생독립국)를 구축하는 점을 각각 알 수 있었다. 제6절에서 필리핀인들이 만들려고 했던 국가상을 보여 주었다. "말을 물가로 데리고 갈 수는 있어도 물을 먹게 강제할 수 없다"는 속담이 있다. 만일 필리핀인이 1898년에 독립을 얻었다면 그들이 건설하고 싶었던 국가는 무엇일까? 과연 필리핀인은 미국의 국가 만들기를 어떻게 받아들였을까? 끝으로 제7절을 통해서 미국의 필리핀 국가 만들기 전략이 미국의 대한정책에 영향을 미쳤다는 점을 드러냈다. 이를 위해 태프트-가쓰라 협정의 내용과 배경을 분석했다.

그리하여 연구자는 다음과 같은 결론에 도달했다. 이를 모두 8개의 문답식으로 소개한다.

Q1. 기존의 학술 논쟁의 문제점은 무엇인가.

통설적 연구의 가장 큰 문제점은 실제로 미국의 필리핀 정책을 둘러싸고 실제로 일어난 일을 제대로 전하고 있지 못하다는 것이다. '미국은 왜 필리핀에 독립 주권 국가를 세우려고 했을까.' 이를 살피는 것은 중요하다. 첫째, 다른 제국주의 열강은 자신의 식민지를 독립시킨다는 정책을 펼치지 않았기 때문이다. 둘째, 미국은 필리핀을 독립시킨 후 독립국의 지위를 보전하는 문제까지 걱정하였기 때문이다. 셋째, 그리고 이를 위해 국가들의 공동체를 만들어야 한다고 보았기 때문이다.

통설적 연구는 바로 이 점에 대한 답변을 제시할 수 없었다. 처음부터 그 문제는 검토의 대상이 아니었기 때문이다. 이는 경제결정론이든, 비경제결정론이든 마찬가지이다. 왜냐하면 그동안 대부분의 연구들은 국내외를 막론하고 다음과 같은 두 가지 쟁점에만 갇혀 있었기 때문이다. 하나는 '미국은 왜 필리핀을 식민지로 삼았는가.' 다른 하나는 '미국의 필리핀 지배는 피정복민의 삶을 문명화시켰는가.' 전자는 필리핀 점령 동기를, 후자는 필리핀 통치의 결과를 각각 묻고 있다. 물론 이 문제를 밝히는 것은 중요하다. 미국이 필리핀을 문명화시키기 위해 지배한다고 했기 때문이다. 따라서 역사가들은 그것이 진정성 있는 동기였는지. 그리고 실제로 필리핀을 문명화시켰는지를 확인하는 것은 당연히 해야만 했다.

그뿐만 아니라 이러한 식의 접근 방식은 다음과 같은 점을 간과하게 만들었다. 그것은 바로 필리핀 문제가 '국제적 이슈(international dispute)'였다는 사실이다. 미국이 필리핀 정책을 다른 제국의 식민지 정책의 모델로 만들려고 했기 때문이다. 그러나 열강은 이를 수용할 수 없었다. 유럽의 경우 자신들의 식민지 정책이 취할 수 있는 최대치는 피정복민에게 식민지 통치에 참여할 기회를 부여하는 것이기 때문이다. 그리고 일본은 이런 정도의 정책조차도 펼칠 수 없었다. 일본이 궁극적으로 추구한 식민지 정책의 이상은 완전한 병합이었다. 이에 일본은 미국의 필리핀 정책에 대해 공격적인 요구를 했다. 미국은 필리핀을 완전히 병합하거나 일본과 동맹 또는 영국과 더불어 삼국동맹을 맺고 필리핀을 공동보호령으로 삼아야만 한다는 것이다. 그리고 그것을 거부할 경우 미국은 일본과의 전쟁을 각오해야 한다고 위협하면서 그 근거로 '아시아주의'와 '동양평화론'을 들었다.

아시아주의와 동양평화론은 이런 식의 논리였다. "아시아인의 운명은 아시아인이 결정해야 한다. 그런데 미국이 필리핀인의 운명을 결정하고 있다. 아시아인에게 서구식의 자치정부와 독립 국가는 적합하지 않다. 때문에 미국의 필리핀 정책은 성공할 수 없다. 과거에 스페인이 필리핀에서 겪었던 것과 같은 혼란만 야기할 것이다. 미국이 필리핀을 통제하지 못하면 유럽 열강이 필리핀 문제에 개입할 것이다. 그리하여 아시아는 다시 분쟁의 소용돌이 속에 빠지게 될 것이다. 이런 국제정황은 일본의 안전을 위협한다. 때문에 일본은 이를 미연에 방지하기 위해, 즉 동양 평화를 위해서 필리핀 문제에 대해서 외교적 및 군사적 개입을 할 수 있다"는 것이다.

일본의 이러한 논리는 사실상 '미일전쟁 정당화론'과 같았다. 아시아주의에 따르면 아시아안이 아시아의 운명을 결정하는 것을 미국이 막고 있는 것이 되며, 동양평화론에 따르면 미국의 필리핀 지배방식(자치화 및 독립국가 만들기)은 아시아인에게는 성공할 수 없는 것으로서 결국 아시아 지역의 평화를 해치는 결과를 초래할 것이기 때문이다.

요컨대 대부분의 기존 연구는 미국의 필리핀 정책이 미일 간 갈등의 원인이었다는 점을 간과했다. 그 결과 그러한 갈등관계가 미국으로 하여

금 필리핀 독립 후 이를 보전하는 문제까지 염려케 하고 그 대응책으로 헤이그 평화회의를 이용하려는 전략을 마련케 했다는 점을 알 수 없었다. 또한 헤이그 평화회의가 미서전쟁과 더불어 미국의 필리핀 정책의 기원과 같았다는 점도 잡아낼 수 없었다.

그리고 현재와 같은 통설적 연구방식으로는 이 점을 알아내기가 힘들다. 언급했듯이 기존 연구는 한편에서는 미국이 필리핀에 자치정부를 세우려고 한 것이 진정성 있는 정책이었는가에, 다른 한편에서는 미국의 필리핀 정책이 실제로 필리핀인들의 삶의 수준을 향상시켰지의 여부에만 관심을 기울이기 때문이다. 그뿐만 아니라 경제결정론은 미일 갈등의 진앙지를 중국 문제로만 국한시켰다. 중국에서 미국의 문호개방론과 일본의 문호폐쇄론이 맞붙었다는 식이다. 그러나 이는 미일 갈등의 한 부분이었다. 그리고 문호개방을 하려면 중국이 독립국의 지위를 유지해야만 했다. 하지만 미국은 군사력으로 문호개방을 뒷받침할 수 없었다. 그렇다면 미국은 어떤 대응책을 마련했을까. 헤이그 체제를 만들고 중국을 가입시킴으로써 독립국의 신분을 유지시킨다는 것이다. 이는 필리핀 독립국가 만들기 및 보전하기 전략과 같았다. 경제결정론에만 매몰된 식민지 정책 연구는 재고되어야 한다.

Q2. 미국은 왜 필리핀에 국가를 세우려고 했을까?

미국이 1898년 5월에 필리핀을 점령했을 당시의 목적은 필리핀인의 국가 세워주기가 아니었다. 당시 필리핀은 스페인 제국의 식민지였으며, 미국은 필리핀의 일부 도서를 양도받아 해군기지 및 무역 거점으로 이용하려고 했다. 다시 말해서 미국이 처음부터 유럽/일본과 같은 방식, 즉 해외에 식민지를 거느린 제국이 되기를 원했던 것은 아니다.

그러나 미국은 논쟁 끝에 섬의 일부가 아니라 전체를 병합하기로 결정했다. 이런 결정은 새로운 문제를 야기했다. 필리핀이 미국령이라면 그 땅에 사는 필리핀인은 미국인인가? 이에 대한 결정은 행정부가 내릴 수 없었다. 필리핀 전체를 매입하기로 결정한 입법부도 마찬가지였다. 필리핀을 미국의 한 주로 편입시킬 것인가가 문제였기 때문이다. 결국 연방대법원이 나서서 필리핀은 미국령이지만, 그곳에 사는 필리핀인에게는 미국 시민권을 줄 수 없다고 판결했다. 즉 필리핀은 연방의 일원이 되지 못하고, 외국인(필리핀 원주민)이 사는 미국 땅이 되었다.

미국은 이런 영토에 적용할 수 있는 법적 제도가 있었다. 바로 헌법 제정기에 만들어진 서북조례가 그것이다. 서부에서 획득한 영토는 주로 편입하기 전까지 자치정부를 세우고, 그곳의 거주민이 통치하게 하며, 정부 형태는 반드시 공화국이어야 한다는 것이다. 미국은 이를 필리핀에도 적용했다. 비유하자면 필리핀은 '새로운 서부(new west)'였다. 다만 대법원이 연방으로 편입을 금지함으로써 원주민의 자치정부 만들어 주기는 새로운 문제를 내포하게 되었다. 진정한 자치정부라면 궁극적으로 자신들이 사는 땅의 운명을 결정할 수 있어야 했기 때문이다. 제국주의가 절정으로 치달을 무렵에 수립된 정책이었지만, 미국의 필리핀 자치정부 만들기가 필리핀인의 독립 국가 세워주기의 성격을 띨 수 밖에 없었던 이유도 여기에 있다.

Q3. 미국은 왜 필리핀에 '공화국' 체제를 세우려고 했을까?

사실 미국이 필리핀 전체를 양도받게 된 순간 그 섬에 세울 수 있는 국가의 모델은 정해져 있었다. 공화국이었다. 언급했듯이 미국은 그 점을 연방 헌법과 서북조례에 새겨 놓았다. 연방 헌법은 미국 땅에 공화국이 아닌 다른 정치체제가 존재할 수 없음을 명시했으며, 서북조례는 서부인들이 자치권을 누리며, 주(State)로 편입되는 것을 거부할 수 있었다. 하지만 그 경우에도 공화국이 아닌 다른 체제를 세울 수 없게 했다.

필리핀에 공화국을 세우는 것은 현실적으로도 매우 중요했다. 첫째, 필리핀 원주민에게 공화국 만들어 주기 전략은 '피치자의 동의를 얻지 않고 지배한다'는 내부(반제국주의자)의 비판으로부터 식민지 통치를 정당화하는 것이었다. 즉 미국의 지배는 영구적인 것이 아니라, 공화국을 만들어줄 때까지 한시적임을 분명히 밝힐 수 있기 때문이다. 둘째, 필리핀 원주민에게 공화국 만들어 주기를 일본이 반대함으로써 미국과 필리핀만의 문제가 아닌 것이 되었기 때문이다. 일본은 필리핀인이 열등하기에 자치정부 독트린이 아니라, 아시아식 전제정치가 적합하다고 주장했다. 만약 일본의 주장이 맞다면 아시아에서는 공화국 수립이 불가능한 것이 된다. 그러나 미국인들에게 공화국은 인종과 지역을 불문하고 이루어야 하는 보편적인 정치체제였다. 이들은 아메리카 대륙에서 이미 그 점이 입증되었기 때문에 아시아에서도 가능하다고 믿었다. 그런데 일본이 반대함으로써 이제 필리핀은 '아시아인에게 공화국 체제가 가능한지'를 실험하는 무대가 된 것이다. '필리핀을 공화국의 딸로 만들어 아시아 핍박민에게 희망의 등불로 만든다'는 필리핀 조사위원단의 추천 전략이 미국 대통령들의 필리핀 전략이 된 이유가 여기에 있다. 더구나 일본은 미국에 전쟁을 불사하겠다며 협박하여 자치정부 만들기 정책 철회를 요구했다. 그리하여 미국의 필리핀 공화국 만들기 정책은 미일 간의 외교 문제, 누구도 양보할 수 없는 그런 외교 쟁점이 되었다. 요컨대 일본이 미국의 필리핀 정책(자치정부 만들기)을 반대함으로써 필리핀 공화국 만들기는 '국내적인 이슈'에서 '국제적인 이슈'가 되고 말았다.

Q4. 미국은 왜 필리핀을 '독립국'으로 만드는 데까지 신경써야 했을까?

　미국의 필리핀 국가 만들어 주기 프로젝트는 대내적으로만 보면 필리핀에 공화국을 세우는 것으로 완료되어야 했다. 즉 그 계획은 필리핀인이 헌법을 제정하고, 그 헌법에 따라서 정부를 구성하며, 동시에 미국이 철수함으로써 종료된다. 그러나 미국은 그렇게 생각하지 않았다. 필리핀은 외침으로부터 독립을 유지할 힘이 없기 때문이다. 그 경우 필리핀은 다른 열강의 식민지로 전락하는 것을 피할 수 없게 된다. 그 과정에서 필리핀은 다시 식민지 쟁탈전의 원인이 되고 만다. 미국은 필리핀이 이런 악순환을 불러오는 원인이 되어서는 안 된다고 보았다. 여기서 필리핀에 공화국을 만드는 계획에 외부의 식민지화 위협으로부터 공화국을 유지하는 문제가 포함된 것이다. 즉 필리핀은 대외적으로도 자신의 운명을 스스로 결정할 수 있는 독립국이 되어야 했다. 이론적으로 외국의 식민지화를 막고, 독립을 유지하는 방법에는 세 가지가 있었다. 첫째, 필리핀의 군사력을 키워주는 것이다. 그러나 이것은 현실적으로 불가능한 정책이었다. 예컨대 필리핀인에게 자력으로 일본과 맞설 수 있는 군사력을 갖추게 하려면 먼저 군사과학과 산업기술로 무장한 국가로 변신시켜야 했기 때문이다. 설령 그렇게 되었더라도 필리핀이 단독으로 일본의 군사적 위협에 맞설 수는 없었다. 필리핀은 섬이었으며, 일본은 아시아 최강의 해군력을 지녔기 때문이다. 즉 필리핀에 제국주의 열강과 맞설 수 있는 군사력을 배양시켜 준다는 계획은 처음부터 고려될 수 없었다. 둘째, 미국이 필리핀에 군대를 주둔시킴으로써 다른 열강의 위협으로부터 독립을 보장해 주는 것이다. 그러나 '독립국' 신분을 유지하기 위해서 외국 군대가 주둔한다'는 논리는 그 자체가 모순이었으며, 사실상 보호국과 같았다. 미국은 보호국이 피보호국을 외침으로부터 지켜주는 대신, 외교 주권 및 군사 주권을 일시적으로 양도받는 것을 보호국제도로 규정했기 때문이다. 그리하여 미군의 철수 여부는 필리핀이 독립국임을 입증하는 의미를 지니게 되었다. 셋째, 열강으로부터 필리핀의 독립을 보장받는 것이다. 그렇게 하려면 미국은 열강으로부터 '미국이 필리핀을 독립시키더라도 열강은 이 섬을 다시 식민지로 점취하지 않는다'는 약속을 문서로 받아야 했다.

미국은 바로 세 번째 방식을 택하기로 했다. 1946년에 독립을 선언한 필리핀과 상호방위조약을 맺었기 때문이다.

Q5. 열강에게 '필리핀의 독립을 보장한다'는 약속을 받아내기 위해 미국이 세운 구체적인 전략은 무엇인가?

그것은 바로 국가들의 공동체, 즉 다음과 같은 장치를 갖춘 공동체를 만드는 것이었다. 첫째, 국가 간의 분쟁을 전쟁이 아니라 평화적으로 해결할 수 있어야 한다. 둘째, 이를 위해서 분쟁을 해결할 수 있는 국제법정을 세운다. 셋째, 국제법정이 판결의 근거로 삼을 수 있는 세계헌법을 제정한다. 넷째, 국제법정의 판결을 집행할 수 있는 국제경찰을 창설한다. 즉 미국이 제시한 국가들의 공동체는 중재법정, 세계헌법, 국제경찰 등으로 구성된 조직이었다.

이런 조직이 만들어지면 필리핀과 같은 약한 국가는 열강과 분쟁이 발생하더라도 세계헌법에 따라 중재재판을 받아야 하기에 전쟁을 피할 수 있다. 만약 열강이 중재재판을 거부하고 전쟁을 일으켜 약한 국가를 식민지로 만들 가능성은 없었을까. 열강은 그런 침략전쟁을 생각해 볼 수 있지만, 실제로 결행하기란 쉽지 않다. 그 경우 국제경찰과 맞설 것을 염두에 두어야 했기 때문이다.

미국은 이 계획을 필리핀 공화국 만들기와 동시에 수립했다. 처음에는

1899년에 열린 헤이그 평화회의를 이용했다. 이 회의에서 헤이그에 상설 중재재판소를 설립하기로 합의했기 때문이다. 다만 중재재판은 분쟁 당사국의 동의를 요구했다. 즉 국제재판은 선택사항이었다. 그러자 미국은 이 점을 수정하여 중재재판제도를 국가들의 의무로 만들고자 했다. 이를 위해 미국은 다음과 같은 계획을 세웠다.

우선 미국을 중심으로 한편으로는 열강과 다른 한편으로는 약소국과 개별적인 중재재판조약을 체결한다. 전쟁을 막자는 것이니 '평화체제'이다. 그리고 중재재판조약 체약국의 수가 늘어나면 그것은 '세계체제'가 된다. 이 공동체는 조약을 통해서 이루어지는 것이니 '조약체제'이다. 열강의 입장에는 약소국을 놓고 일어날 수 있는 전쟁을 방지한다는 점에서 상호 간의 불가침조약 성격을 띠며, 약소국의 입장에서는 독립을 보장해 주는 안전보장체제이다. 이런 기능을 합치면 '세계평화조약체제'라고 할 수 있다. 오늘날의 개념을 빌리면 일종의 집단안보체제(establishment of collective security)였다. 이 체제에 가입하려면 조약체결권을 지닌 국가여야 했다. 여기서 필리핀 국가 만들기 계획은 세계조약공동체 만들기 전략과 결합하게 되었다.

미국은 이런 계획을 1907년에 열린 제2차 헤이그 평화회의를 통해 제시했다. 그리고 이를 토대로 하여 계속 발전시켰다. 윌슨은 세계의회제도(world parliament)를 도입했다. 중재재판은 일단 분쟁이 발생한 후에 개입하는 사후 장치이기 때문에 사전 예방의 역할을 하기에는 부족하다고 보았기 때문이다. 그리하여 약소국과 열강의 분쟁이 국제법정으로 가기 전에 해결할 수 있는 장치를 만들려고 했다. 세계의회에 모인 모든 국가에 동등한 발언권을 주고 토론한 후에 도달한 합의라면 깰 수 없을 것이라는 믿음에 기초한 제도였다. 이렇게 하려면 많은 국가를 참여시켜야 했다. 특히 약소국의 발언권을 보장해야 했다. 여기서 민주주의 원리는 국가들의 세계공동체로 확장되어야 했으며, 세계의회는 세계민주주의(world democracy)라는 개념으로 무장하게 되었다. 이것을 원리화한 것이 민족자결주의였으며, 윌슨은 이를 국가들의 공동체조직 및 운영원리로 내세웠다. 미국의 필리핀 국가 만들기가 윌슨에게도 계승되어야 했던 중요한 이유가 여기에 있다. 그뿐만 아니라 윌슨의 국제연맹은 시어도어 루스벨트의 국제경찰제도도 부분적으로 실현하여 집단안전보장제도를 수립했으며, 프랭클린 루스벨트의 국제연합 역시 마찬가지 토대 위에 세워졌다.

요컨대 미국이 국가들의 공동체를 세우려고 했던 대의명분은 바로 식민지가 전쟁의 원인이 되는 것을 막아보자는 것이었다. 그것은 먼저 필리핀인의 운명을 필리핀이 결정할 수 있는 내부 구조(공화국)를 만들고, 다음으로 그것을 열강이 보장케 하는 외부구조(독립국 승인)를 구축하는 것이다. 따라서 공화국 만들기와 독립국 만들기는 동전의 양면을 이루면서 국가 만들기의 두 측면이 되었다. 미국의 필리핀 공화국 만들기가 국가들의 공동체 만들기와 동시에 진행되어야 했던 이유가 여기에 있다.

Q6. 미국의 필리핀 전략의 세계사적 의의는 무엇인가?

미국의 필리핀 정책은 세계식민제국 해체 전략의 진앙지가 되었다. 미국은 필리핀을 해방하며 식민지 없는 제국을 지향함으로써 다른 식민제국에게도 이에 동참할 것을 요구할 수 있었기 때문이다. 실제로 제2차 세계대전이 끝났을 때, 제국주의 시대를 호령했던 식민제국들은 거의 해체되었다. 그리고 해체된 식민제국으로부터 많은 식민지가 신생 독립국으로 탄생했다. 1899년에 열린 제1차 헤이그 평화회의에 초청받은 국가는 26개국이었으며, 제2차 회의 때는 45개국이었다. 이 중에는 중남미 18개국이 포함되었다. 즉 중남미 국가가 더는 식민지의 대상이 될 수 없게 된 것이다. 제1차 세계대전 후에는 패전국의 식민지가 다시 신생 독립국 대열에 합류했으며, 제2차 세계대전 후에는 승전국의 식민지도 독립국 신분을 얻었다. 전후 성립된 국제연합 가입국은 100개국이었다. 1899년과 비교하면 74개국이 독립국의 지위에 오른 것이다. 이들 대부분은 '전직' 식민지였음은 말할 나위도 없다.

미국의 필리핀 전략의 영향은 전후 본격화하였다. 냉전이 해체되기 전인 1970년대에 국제연합에 가입한 국가의 수는 170여 개국을 넘었다. 오늘날 많은 연구자는 이를 탈식민지화 현상으로 부른다. 그리하여 20세기 후반에 벌어진 본격적인 식민지 해체 현상이 언제, 어디서 비롯되었을까를 설명하려면 미국의 필리핀 국가 만들기 전략을 빼놓고 논할 수 없게 되었다. 이 연구의 부제를 '제국주의와 탈식민주의의 접점에서 탄생한 필리핀 정책'으로 붙인 것도 이 때문이다.

Q7. 미국의 필리핀 독립국 만들기 정책은 '누구를 위한 것이었을까?'

또한 미국의 필리핀 국가 만들기 정책에 대해서 진정성과 의도에 대한 비판이 있다는 점도 지적하지 않을 수 없다. 특히 역사학계 일각(수정주의 역사가)에서는 필리핀 독립국 만들기 정책에 대해 '그것이 누구를 위한 것이었는가'라며 반문한다. 이들은 미국이 필리핀에서 펼친 정책을 신식민주의 또는 신제국주의로 본다. 필리핀인에게 국가 만들어 주기 정책은 외관상의 독립일 뿐 미국의 자본에 예속된 국가로 만들기 위한 음모라는 것이다. 월러스틴의 세계체제론의 개념을 빌리면 세계자본주의 체제를 구축하기 위해 준비된 전략이라고 볼 수 있다. 즉 필리핀의 독립은 제국주의 시대의 '보호국'을 '종속국'으로 바꾼 것에 불과하다는 것이다.

사실 위와 같은 식의 문제 제기는 편견이 들어 있다. 미국이 필리핀을 위해서 자치정부를 수립하고 독립을 시켰을 리가 없으며, 오직 미국의 자본가를 위한 정책이라는 전제가 깔렸기 때문이다. 그러나 이런 식의 문제 제기는 성립될 수 없다. 미국인에게도, 필리핀인에게도 독립국가 만들기 정책은 필요한 것이었기 때문이다. 필리핀인의 입장에서는 미국을 통해서 일본의 지배를 막으면서 독립국가를 건설할 수 있었다. 반면 미국의 경우는 필리핀 정책을 지렛대로 하여 식민제국 해체론을 펼칠 수 있었다. 미국이 만들려는 지구적 차원의 국가들의 공동체는 식민지를 해체하고 독립국가를 만들어야만 가능한 것이었기 때문이다. 이처럼 식민제국이 해체되는 것은 미국과 필리핀 모두에게 좋았다. 그럼에도 미국의 필리핀 지배가 누구를 위한 것이었느냐는 식으로 묻는다면, 이런 관계를 가려 버린다.

독립국으로 가기 이전에 '보호국의 단계' 또한 미국에게도 필리핀에게도 필요한 것이었다. 당 시대가 약육강식의 논리가 판을 치는 제국주의라는 현실 세계였기 때문이다. 필리핀 입장에서 볼 때 미국이 철수하면 일본의 식민지가 될 것이 분명했다. 이 점을 염려했기 때문에 미국의 지배기간 내내 필리핀의 지도자들은 미국이 독립을 확정하려고 할 때조차도 보호국을 차선책으로 요청했던 것이다. 즉 일본의 침략으로부터 안전을 위해서라면 보호국도 받아들일 수 있다는 입장이었다. 이 점은 미국의 반세기의 지배기간 내내 일관되었다. 다음의 역사적 사실들이 이를 보여준다. 필리핀은 대미독립전쟁을 벌일 때에도 보호국을 수용할 수 있다는 점을 미국에게 통보했다. 과도정부가 수립되었을 때에 필리핀인들이 가장 먼저 만든 법은 '국방은 국민의 의무'라는 골자의 법이었다. 필리핀은 독립한 후에도 미국에게 군사기지를 제공하는 조약을 맺었다. 필리핀인들은 자국 영토 내에 외국의 군사기지를 두는 것이 식민지에 다름없다고 생각하면서도 그런 조약을 받아들였다. 이는 그들이 외침으로부터 필리핀을 자력으로 지킨다는 것이 불가능함을 알고 있었기 때문이다. 이렇게 보면 필리핀은 미국을 이용하여 국가를 만들고 지킨 셈이다.

미국의 입장에서도 마찬가지였다. 필리핀에 자치정부를 수립하고 독립시키는 정책은 미국에게 다음과 같은 막대한 이익을 가져다주었다. 첫째, 미국은 식민지를 둘 수 없다는 헌법의 원리를 지킬 수 있었다. 둘째, 보호국제도를 국제체제(헤이그 평화회의)로 만들 수 있었다. 만일 미국이 이런 정책을 취하지 않았더라면 일본식 보호국제도가 자리 잡았을 가능성이 있었다. 미국이 국제체제가 보장하는 보호국제도를 추진하기 전에 일본은 자신들이 생각하는 방식의 보호국제도를 제안한 바 있기 때문이다. 일본은 미국에게 군사동맹(미영 또는 미영일 등 3국 간에)을 체결하고 필리핀을 공동보호령으로 만들자고 했던 것이다. 이에 미국은 헤이그 평화회의를 세계체제로 만들고 이곳을 통해서 필리핀을 보호한다는 전략으로 맞섰던 것이다. 따라서 필리핀은 '미국식 보호국제도'와 '일본식 보호국제도'가 맞붙는 곳이 되었다. 미국은 이후에도 이런 정책을 계속했다. 국제연맹하의 위임통치제도와 국제연합의 신탁통치제도가 그것을 보여 준다. 이는 헤이그 체제하에서 성립된 보호국제도를 계승한 것에 다름 아니다.

셋째, 미국은 필리핀을 지렛대로 하여 식민제국을 해체할 수 있었다. 예컨대 미국의 필리핀 정책은 일본의 한국 지배의 가이드 라인이었다. 미국은 러일전쟁기에 이를 일본에게 통보했다. 태프트-가쓰라 협정이 이를 보여 준다. 태프트는 가쓰라에게 이렇게 통보했기 때문이다. "일본은 한국에서 종주권을 행사할 수 있다." 종주권은 외교권을 대행할 수 있음을 뜻했다. 즉 일본은 한국을 대신해 조약체결권을 대행할 수 있다는 것이다. 이로써 일본은 한국이 헤이그 회의에 참석하는 것을 막을 수 있었다. 그러나 다른 한편에서 이는 일본에게 족쇄였다. 일본은 한국을 병합할 수 없으며, 보호국도 한시적으로만 가능하다는 것이 미국이 법제화한 보호국의 개념이었기 때문이다.

    미국은 끝까지 이런 정책을 고수했다. 일본이 한국을 병합했을 때에도 미국은 이를 승인하지 않았다. 그리고 일본이 태평양전쟁을 일으키자, 대서양 헌장의 민족자결주의를 한국으로 확장시켰다. 그런 후 1943년에는 '카이로 선언'을 통해서 '적당한 절차를 거쳐 한국을 독립시킨다'고 했다. 적당한 절차란 바로 신탁통치제도를 의미했다. 그러나 이 제도는 국제연맹의 위임통치제도를 재현한 것이다. 그리고 국제연맹의 위임통치제도는 헤이그 체제를 통해서 미국이 추진한 보호국제도를 계승한 것이었다. 다시 말해서 적당한 절차를 거친다는 것은 한국을 필리핀 방식으로 독립시킨다는 의미를 품고 있었다는 것이다.

    도대체 식민제국 해체라는 결과가 어떻게 가능했을까. 제2차 세계대전의 연합국인 영국과 프랑스가 끝까지 반대했음에도 미국이 밀어붙일 수 있던 힘은 어디서 나온 것일까. 또한 마르크스-레닌의 식민지 해방론이 예언한 것과 달리 자본주의 국가의 주도하에 일어날 수 있었던 이유는 무엇일까. 그것은 바로 미국의 필리핀 독립 전략이 큰 역할을 했기 때문이다. 피정복민의 입장이라면 미국과 다른 열강의 식민지 정책 중에 어느 편을 택할까. 물을 것도 없이 전자였다. 그리하여 제국주의라는 국제 정치판에 새로운 게임의 법칙이 등장했다. 국제주의(Internationalism)가 그것이다. 이는 힘을 근간으로 하는 기존의 국제관계(세력균형)를 새롭게 바꾸는 중요한 원리가 되었다. 비유하자면 국제주의가 헤이그 체제를 통해서 현실정치로 투사됨으로써 국가들 간의 생존 경쟁을 벌이는 체스판 자체를 바꾸려고 했던 것이다. 우선 약소국에게 세계 문제에 대한 발언권을 주었다. 다음으로 피식민지인들에게도 영향을 미쳤다. 이들은 독립의 명분을 민족주의에만 두지 않았다. 독립이 세계평화와 인류의 공영과 발전을 위해 필수적이라는 점을 강조했다. 즉 국제주의는 독립의 대의명분이 되었다. 무엇보다도 국제주의는 미국으로 하여금 고립주의하에서도 국제 문제에 대해 개입주의 정책을 펼칠 수 있는 명분과 이데올로기를 주었다. 그리하여 약소민족, 식민지 민족, 미국 간에는 눈에 보이지 않는 거대한 공동체가 성립되었다. 그리고 '꼬리(피식민지인)가 몸통(제국)을 흔들 수 있는 국제 정황', 즉 약소국과 피식민지인들이 미국과 유럽/일본 사이에 캐스팅 보트를 행사할 수 있는 국제환경이 조성되었다. 이는 전통적인 국제질서 체제(세력균형)하에서는 일어날 수 없는 불가능한 현상이었다.

　이러한 국제 정황은 더 이상 세계가 전통적인 유럽식 세력균형 원리(군사력과 군사동맹)에 의해서만 움직이게 하지 않았다. 민족자결주의는 국가의 권리를 넘어서 보편적인 국제정의가 되었다. 이에 따라 세계는 국제정의(식민지 독립) vs 부정의(식민지)가 맞서는 새로운 세력균형이 성립되었다. 이런 구도하에서 유럽/일본 식민제국들은 상호 간에 분열(세계대전)했다. 그리하여 미국은 자연스럽게 세계의 중재자/균형추(balancer)의 위치에 서게 되었다. 그리고 그러한 국제관계는 식민제국 해체를 가져왔다. 필리핀을 독립시킨다는 미국의 식민지 정책을 세계로 확장한다는 전략은 이런 식으로 실현되었다. 그것은 모든 식민제국이 해체될 때까지 계속되었다. 그리하여 미국은 제국주의 시절에 식민제국으로 출발했음에도 현재까지 여전히 제국의 신분을 유지하는 제국으로 남았다. 이런 무형의 성과를 돈으로 계산할 수 있을까. 미국의 필리핀 정책(자치화 및 독립)이 누구를 위한 것이었느냐는 식의 문제 제기와 미국이 경제적 수탈을 하기 위한 위장전략이었다는 식의 답변이 성립되기 어려운 것도 이 때문이다. 그렇다면 미국이 필리핀 국가 만들기를 통해서 얻은 이익을 경제적 관점에서만 볼 수 있을까. 제국주의 시대의 미국의 필리핀 정책을 경제결정론에 입각하여 연구하는 역사가들은 바로 이 점을 되돌아 보아야 한다.

Q8. '제국주의(imperialism)'와 '제국(empire)'은 구별해야 할까.

이제 역사가들은 '제국주의(imperialism)'와 '제국(empire)'을 구별해야 할 것을 고민해야 할 때이다. 근자의 한 연구는 그 이유를 이렇게 설명했다. 두 개념을 구별해야만 첫째, 미국식 제국과 유럽식 제국이 달랐다는 점을 볼 수 있기 때문이다. 제국주의는 영토를 통해서 자신의 존재를 드러내려고 하는 반면, 제국은 영토를 넘어서 지구 전체를 자신의 영역과 일치시키려고 하기 때문이다. 유럽 열강은 전자를, 미국은 후자를 택했다.

> 우리는 제국을 제국주의와는 완전히 다른 어떤 것이라고 이해한다. ⋯ 제국주의는 유럽 국민 국가들의 주권이 자신들의 경계를 넘어서 확장된 것이다. 결국 거의 세계의 모든 영토들이 분할될 수 있었고 전체 세계 지도가 유럽의 색깔들, 즉 영국 영토는 빨간색, 프랑스 영토는 파란색, 포르투갈 영토는 초록색 등으로 칠해질 수 있었다. ⋯ 제국주의와는 달리 제국은 결코 영토적인 권력 중심을 만들지 않는다. 제국은 개방적이고 팽창하는 자신의 경계 안에 지구적인 영역 전체를 점차로 통합하는 탈중심화되고 탈영토화하는 지배 방식이다.[102]

---

102 Michael Hardt & Antonio Negri, 윤수종 역, 2001, 『제국(Empire)』, 이학사, 16~17쪽.

둘째, 미국의 제국으로서의 특권적 지위는 미국 헌법에서 나온 것이기 때문이다. 미국 헌법은 제국이 제국주의적으로 일탈하는 것을 막고, 헌법적 이상을 전지구적으로 투사토록 요구했다. 반면 유럽의 특권은 헌법이 아니라 힘에 근거한다.

미국은 사실상 제국 안에서 특권적 지위를 점하고 있지만, 이러한 특권은 낡은 유럽 제국과의 유사점에서 나오는 것이 아니라 차이에서 나오는 것이다. 우리는 이러한 차이를 미국 헌법의 적절히 제국적인 (제국주의적인 것이 아니라) 근거들에 초점을 맞춤으로써 아주 분명하게 인식할 수 있다.…이러한 제국적 사상은 미국 헌법의 역사를 통해 계속 존속하였고, 성숙해 왔으며, 이제는 그러한 사상이 완전히 실현된 형태로 전지구적 규모로 나타나고 있다.[103]

셋째, 미국식 제국에 대한 현재의 연구 프레임(경제결정론의 비판 vs 비경제결정론의 옹호)이 반복되는 것을 막을 수 있기 때문이다.

많은 사람들이 전지구화 과정과 새로운 세계질서를 지배하는 최종적인 지위는 미국에 있다고 생각한다. 지지자들은 미국을 세계 지도자이자 최강권력으로 칭송하고, 비판자들은 미국을 제국주의적인 압제자라고 비난한다. 이 두 견해는 유럽 국가들이 지금은 잃어버린 전제구적 권력의 외투를 미국이 단순히 걸치고 있다는 가정에 입각해 있다. 19세기가 영국의 세기였다면 20세기는 미국의 세기였다. 즉, 사

---

103 Michael Hardt & Antonio Negri, 윤수종 역, 2001, 앞의 책, 18~19쪽.

실상 근대가 유럽적이라면, 탈근대는 아메리카적이다. 그래서 비판자들이 가할 수 있는 가장 심한 비난은 미국이 낡은 유럽 제국주의자들의 행태를 반복하고 있다는 것이고, 반면에 지지자들은 미국을 유럽 국가들의 잘못된 점을 바르게 하는 더 효율적이고 자비로운 세계의 지도자라고 칭송한다. 그러나 새로운 제국적 주권 형태가 나타났다는 우리의 가설은 이 두 견해에 반대한다. 미국은 제국주의적인 기획의 중심을 형성하지 않으며, 진정으로 어떤 국민 국가도 오늘날에 제국주의적 기획의 중심을 형성할 수 없다. 제국주의는 끝났다. 어떤 국가도 근대 유럽 국가들이 그랬던 것과 같은 방식으로 세계 지도자가 되지 못할 것이다.[104]

위의 인용문은 기존의 방식으로 제국주의 논쟁을 벌이는 역사가들이 들으면 기분이 상할 수 있는 비판을 담고 있다. 그의 주장에 따르면 기존의 방식은 사실상 학술 토론이 될 수 없다는 것이기 때문이다. 즉 그의 언설은 이런 식의 비판에 다름 아니다. 즉 제국과 제국주의를 구별하지 않으면 경제결정론과 비경제결정론 간의 논쟁이 비학술적인 성격을 띠게 되는 것을 피할 수 없다. 경제결정론은 미국의 제국주의는 유럽의 그것을 답습한 것에 불과한 것이었다고 주장할 것이고, 비경제결정론은 그렇지만 미국의 제국주의는 유럽의 그것과 달리 자비적인 성격을 지녔다는 점만을 부각시킬 것이기 때문이다. 바꾸어 말하자면 비경제결정론에 따르면 미국은 유럽보다도 상대적으로 '덜 나쁜 제국주의였다'는 것이며, 경제결정론에 따르면 미국은 '덜 나쁜 척 위장했다'는 것이다. 그리하여 양자

---

104 Michael Hardt & Antonio Negri, 윤수종 역, 2001, 앞의 책, 17~18쪽.

의 논쟁은 외면상으로는 학술논쟁을 표방하지만, 사실상 상호 비난에 가까운 말의 공방전을 반복할 뿐이다.

그러나 이런 식의 프레임에 갇힌 설명은 미 제국의 본질을 보여 줄 수 없다. 만약 위의 비판을 반박하려면 '제국적 주권'이라는 가설이 잘못된 것임을 지적해야 한다. 이는 쉽지 않다. 제국적 주권이라는 개념은 제국주의가 바탕을 둔 '영토주권' 또는 '민족 국가의 주권'과 대비되는 개념이기 때문이다. 제국적 주권은 한편에서는 미국 헌법에, 다른 한편에서는 국제주의로부터 논리 귀결로 연역되는 개념이다. 반면 영토주권/민족적 주권은 인종주의적이고 폐쇄적인 민족주의를 근거로 한 것이다. 간혹 민족주의자들이 개방적 민족주의를 주장하기는 하지만, 유럽에서의 그런 주장은 공허한 외침에 불과하다. 제국주의 시대의 유럽 헌법은 미국 헌법과 달리 국제법(조약)과 헌법이 일치해야 한다는 원리를 가지고 있지 않았기 때문이다. 개디스(John Lewis Gaddis)가 "미 제국은 유럽식의 제국적 의식(consciousness)과 계획(design)을 거의 반영하지 않았다"라고 했던 것도 이런 조건에서 연유한다. 미국 헌법하에서 제국적 의식과 계획을 갖는다는 것 자체가 불가능하기 때문이다. 바꾸어 말하자면 유럽의 영토주권은 법을 불평등조약의 도구로 활용할 수 있을지언정 그것을 약소국임에도 평등한 조약으로 바꾸게 하는 제국적 주권의 역할을 할 수 없다. 반면 미국의 법은 불평등조약을 체결했을지라도 평등조약으로 나아가게 한다. 헌법이 그것을 용인하지 않기 때문이다. 헌법의 조약 조항(의회제정법은 조약과 배치되는 법을 제정하지 못한다)은 '힘의 정치' 앞에서 일시적으로 침묵할 수 있어도 영원히 입을 닫고 있을 수 없다.

미국은 그런 경우를 필리핀에서 직면했다. 미국-스페인조약으로 필리핀을 매입하고 상원은 비준했지만, 대법원이 나서서 무효화시켰다. 이에 행정부는 미국 헌법이 제시한 방향으로 복귀할 수밖에 없었다. 일본이 병합하라고 협박했지만, 헌법을 폐기하지 않는 한 대통령도 수용할 수 없었다.

미국 외교가 헌법에 복종해야 했던 두 번째 사건이 러일전쟁기 한국에서 일어났다. 일본은 한국 병합을 원했다. 필리핀 병합을 요구했다는 것이 이를 보여 준다. 그러나 미국의 누구도 병합을 용인할 수 없었다. 한국은 미국의 조약국(한미통상조약)이었기 때문이다. 미국은 이 점을 태프트-가쓰라 협정을 통해서 전했다. 일본도 이 점을 알았다. 그럼에도 한국을 병합했다. 미국이 이를 인정하는 것은 불가능하지만, 반대하지는 못할 것이라는 자신감이 있었기 때문이다. 일본이 미국의 필리핀 국가 만들기를 끝까지 거부해야 했던 이유가 여기에 있다. 그래야만 미국이 일본의 한국 병합에 제동을 걸 수 없다고 판단했기 때문이다. 즉 일본은 필리핀을 인질물로 삼아 보호국으로 허용된 수준을 넘어서 폭력적인 한국 정책을 펼칠 수 있었다.

그러나 미국은 끝까지 인정하지 않았다. 한국 문제에서 양보하는 것은 일본의 필리핀 정책을 받아들이는 결과가 되기 때문이다. 이 점은 1921년에 미국이 취한 두 가지 조치를 통해서 알 수 있다. 하나는 국무성 주도로 한국 관련 조약집(Korea, Treaties and Agreements, 1921)을 내고 한국 문제를 '미해결된 문제(Unsettled Questions)'로 분류했다는 것이다. 그리고 그 증거로 한국이 일본과 맺은 조약을 들었다. 조약집에 실린 27개의 조약 및 협정 중에 한 개(조중통상장정)를 제외한 나머지(26개)는 모두 일본이 당사자이며, 마지막 조약은 한일병합조약이었다. 즉 미국은 한국을 '국제평화(International Peace)'와 '국제법(International Law)'상의 국제 분쟁 지역으로 지목했던 것이다. 다른 하나는 국제사법재판소를 통해서 보호국의 법적 개념에 대한 가이드 라인을 제시했다는 것이다. 골자는 그동안 미국이 주장해 온 것과 같다. 보호국조약은 피보호국의 자발적 동의와 제3국의 승인을 받아야 한다는 것이다. 이로써 을사협약을 국제법상의 보호국조약으로 볼 수 있느냐의 문제가 제기되었다. 그야말로 한국 문제는 '미해결된 문제'가 되었던 것이다.

이처럼 '법'은 '힘'과 더불어 특히 미일 간의 국제관계를 규정하는 중요한 요소였다. 최근의 지구사(global history) 연구자가 미일의 대결이 법을 매개로 하여 일어났다는 점을 주목하면서 그러한 대결 구도를 기존의 제국주의적 질서와 구별했던 것도 이 때문이다. 미일 간의 그러한 법의 대결을 잘 보여 주는 사례가 필리핀과 한국이다. 미국은 연방 헌법의 조약 원리 앞에서 필리핀과 한국을 운명공동체로 취급해야 했다. 그것이 바로 제국적 주권이다. 그리고 모델조약은 바로 제국적 주권이 조약이라는 형식을 통해서 발현된 것이다. 이런 개념의 조약은 제국주의 시기에는 미국에게만 존재했다. 유럽이나 일본은 이러한 헌법적 제약이 없기 때문에 합의하면 어떤 것도 조약이 될 수 있다. 식민지를 분할하는 조약이 유럽/일본에서는 가능하지만, 미국에서는 거부되는 것도 이 때문이다.

그렇다면 이제 '식민지 수탈론' 대 '식민지 근대화론'이라는 식의 연구 프레임으로 제국주의 시대를 해석하는 것을 재검토해야 하지 않을까. 그렇지 않으면 미국의 필리핀 정책이 한국 문제에까지 영향을 미쳤다는 점을 알아채기 어렵기 때문이다. 필리핀과 한국 문제가 운명공동체라는 점을 몰랐기 때문에 길지도 않은 태프트-가쓰라 협정문 중의 일부만을 선택적으로 독해하고 나머지는 검토하지 않는 일이 지금까지 계속되고 있는 것이다. 이에 이 연구는 마지막 장에서 '제국주의적'이 아니라, '제국의 논리'로 협정문 다시 읽기를 시도했다. 필리핀 정책에 대한 통설적 읽기가 한국 문제에 대한 실체를 외면하고 오해를 불러일으키는 원인이라는 점을 보여 주자는 것이다. 이는 필리핀 정책을 '국가 만들기'에 초점을 맞추지 않으면 파악하기 힘들다. 미국의 필리핀 정책 연구가 '국가 만들기'로 시작하고, 태프트-가쓰라 협정으로 마무리하게 된 이유가 여기에 있다.

제5장
영국의 아일랜드 지배, 1801~1921

_김기순

1. 머리말

 이 글은 1801년 1월 영국과 아일랜드를 통합한 「합방법(Act of Union)」의 발효부터 1921년 12월 아일랜드 자유국(Irish Free State)을 규정한 앵글로-아이리시 협정(Anglo-Irish Treaty)에 의해서 합방이 해체될 때까지 영국의 아일랜드 지배를 이른바 "아일랜드 문제(Irish Question)"에 대한 입법을 중심으로 서술하여 그 성격을 파악한다.[1] 입법은 지배의 성격과 정책의 추이를 파악할 수 있는 실제적인 근거의 하나이기 때문이다.

 "아일랜드 문제"는 16~17세기 정복과 식민을 거쳐 18세기 아일랜드에서 확립된 "프로테스탄트 우위(Protestant Ascendancy)"가 합방 이후에도 해소되지 않고서 지속한 결과 나타난 현상을 가리키는 개념이다.[2] 그런데 합방 시기에 이 "문제"가 무엇인지에 관한 단일한 규정은 없었다. 19세기 후반 보수당 정부의 수상을 역임한 디즈레일리(Benjamin Disraeli)는 굶주린 주민, 부재지주, 이방 교회(국교회), 최약체 정부 등을 아일랜드 문제의 특징으로 지적하였고, 네 차례 자유당 정부를 이끌었던 글래드스턴(William E. Gladstone)은 아일랜드 민족성의 실체, 지주계급의 실패, 가톨릭 교회의 신장 등을 꼽았으며, 20세기 벽두 보수당 정부의 수상을 지낸 밸푸어(Arthur Balfour)는 헌정 개혁 문제, 토지 보유 관계, 만성적인 빈곤, 정

---

1   이 글에서 영국은 1707년 잉글랜드와 스코틀랜드 합방으로 성립한 브리튼 연합왕국(United Kingdom of Great Britain)을 가리킨다. 1800년 「합방법」으로 성립한 국가는 브리튼(영국)과 아일랜드 연합왕국(United Kingdom of Great Britain and Ireland)이다.

2   "프로테스탄트 우위"는 아일랜드에서 정치 권력과 토지를 독점한 국교도 엘리트를 가리키는 개념으로 1782년 처음 사용되었다.

치 운동 등을 들었다. 그렇지만 아일랜드 문제를 포괄적으로 구성하는 세 요소를 들 수 있다. 그것은 가톨릭 문제, 토지 문제, 민족 문제 등이다.[3] 이 세 문제의 공통 특징은 "불평등"이다. 아일랜드는 연합왕국의 구성 부분이면서도 차별받았다.

가톨릭 문제는 합방 시기(1861) 아일랜드 인구의 78%를 차지한 가톨릭교도가 받은 정치적·종교적·사회적 차별과 불평등을 둘러싼 갈등과 관련된다. 토지 문제는 프로테스탄트 지주 1만여 명이 아일랜드 토지의 95%를 소유하고, 대다수가 가톨릭인 차지인(tenant: 소작인)은 착취와 빈곤에 허덕였던 점과 관련된다. 민족 문제는 영국과 아일랜드의 헌정적 관계에서 아일랜드인의 참여와 자율성 요구가 합방폐지 혹은 자치, 나아가 독립을 요구하는 가톨릭 민족주의로 변모했다는 사실과 관련된다. 이 세 차원은 복합적으로 상호작용했다. 즉, 아일랜드 가톨릭은 자신을 연합왕국 안에서 지위를 박탈당한 소수파일 뿐 아니라 억압받는 민족으로 여겼고, 그들 대다수는 프로테스탄트 지주의 토지를 경작하는 차지인이었다.

그렇다면 영국이 합방 체제를 유지하기 위해 아일랜드 문제에 대처한 여러 조치의 성격을 어떻게 파악할 것인가?

커티스에 따르면, 영국은 아일랜드의 저항에 강압법(coercion acts)으로

---

3 이 세 요소는 각각 문화, 사회경제, 정치 영역에 해당한다. 이 글에서는 문학과 예술이 대표하는 통상적인 의미의 "문화"를 통한 아일랜드인의 정체성 추구에 대한 영국 정부의 대응은 다루지 않았다. 합방폐지 운동 실패 이후 1840년대의 청년 아일랜드 운동과 자치운동 좌절 이후 1890년대의 문예부흥 운동을 탄압하는 입법이나 정책은 없었다. 합방 시기 영국 정부의 문화 정책에 해당하는 대표적인 사례는 1831년 아일랜드 초등교육에서 종파주의를 지양한 근대적인 무상의무 국가학교 체계(national system)를 연합왕국 다른 지역에 앞서 도입한 조치였다. 국가학교에서 수업이 영어로 진행되었으므로, 이 조치는 아일랜드어 쇠퇴에 큰 작용을 하였다.

대처하다가 소요가 지속하면 마지못해 개혁 혹은 양보를 취했다. 영국의 대아일랜드 정책의 특징은 "강압과 회유" 두 국면의 순환이었다.[4] 그런데 순환은 반복성을 나타내는 무시간적 개념이다. 따라서 역사적 현상으로 아일랜드 문제에 대한 영국의 정책을 파악하기 위해서는 합방 시기를 구분하여 추이를 파악할 필요가 있다.

호펜은 합방 시기 영국의 아일랜드 정책을 세 시기로 구분하였다. 첫째, 합방 이후 가톨릭 해방(1829)까지 영국 정부는 "변방이자 잉글랜드와 다르고 이해할 수 없는 곳"인 아일랜드를 "열등하므로 가혹하게 다루어야 한다"는 탄압 정책으로 대했다. 1822년 "효과적인 탄압"을 위해 도입한 준(準)군사조직인 무장경찰제(Royal Irish Constabulary)가 그 한 사례이다. 둘째, 1820년대에 합방 체제에 대한 아일랜드인의 조직적이고 대중적인 저항은 가톨릭 해방 운동으로 전개되었다. 1829년 가톨릭 해방을 양보한 이후 영국 정부는 탄압 대신 동화(assimilation) 정책으로 전환하였다. 1830~1860년대 영국의 정책 기조는 아일랜드를 "연합왕국의 여타 부분처럼" 다루는 것이었다. 동화는 아일랜드를 영국의 가치, 제도, 사회경제적 구조 등에 맞추는 것을 의미했다. 셋째, 1860년대 중반 전투적인 민족주의(피니언주의: Fenianism)가 등장하자,[5] 영국 정부는 동화주의가 실패했다고 깨달았다. 영국 정부는 잉글랜드의 기준을 따르는 동화 정책(잉글랜드화)으로부터 아일

---

4   L. P. Curtis, 1963, *Coercion and conciliation in Ireland, 1880-1892: a study in conservative unionism*, Princeton University Press, p.3. 강압법은 농촌 소요를 진압하기 위해 제정된 「소요진압법(Suppression of Disturbances Act, 1833)」 이후 일련의 탄압 조치를 총칭한다. 강압법은 총독(Lord Lieutenant)에게 소요 지역을 선포하고 통금을 강제하며 재판 없이 3개월 구금하는 권한을 부여하고, 해당 사건을 군사 법정에서 재판토록 하였다.

5   피니언은 고대 아일랜드의 전사를 가리키는 용어이다.

랜드인의 다름과 독특성을 인정하는 구별(differentiation) 정책으로 전환하였다.⁶ 그렇지만 동화 정책과 구별 정책 모두 아일랜드를 합방 체제와 연합왕국, 그리고 (아일랜드는 연합왕국의 일원으로서 제국 경영에 참여하게 되었으므로) 영제국에 붙들어 매려는 의도의 산물이었다. 1860년대 후반 이후 그 목표를 달성하는 방식과 수단이 달랐을 뿐이다.

그런데 영국의 지배에 대한 아일랜드의 저항이 매우 치열했다고 해서 영국의 대아일랜드 정책을 방어적 대응으로만 볼 수는 없다. 영국은 합방 체제가 연합왕국과 영제국의 안전에 긴요하므로 어떤 대가를 치르더라도 유지되어야 한다는 "합방주의(unionism)"를 고수하면서도⁷ 때로 아일랜드 상황의 변화나 민족주의 정치 세력의 도전을 계기 삼아 적극적이고 주도적으로 아일랜드 문제를 해결하려거나 합방 체제를 구조적으로 바꾸려고 했다. 더구나 흔히 주변부 현상으로 여겨온 민족주의를 중심부 민족국가가 재생산되는 이념적 수단으로 본다면,⁸ 영국의 대아일랜드 정책의 성격도 달리 파악할 수 있을 것이다. 이를테면, 1886년 글래드스턴의 자치법

---

6 K. Theodore Hoppen, 2016, *Governing Hibernia: British politicians and Ireland, 1800-1921*, Oxford University Press, pp.2-7; Hoppen, 2011, "Gladstone, Salisbury and the end of Irish assimilationism," in Mary E. Daly & K. Theodore Hoppen ed., *Gladstone: Ireland and beyond*, Four Courts Press, pp.45-63; Hoppen, 1997, "Nationalist mobilisation and governmental attitudes: geography, politics and nineteenth-century Ireland," in Laurence Brockliss & David Eastwood ed., *A union of multiple identities: the British Isles, c.1750-c.1850*, Manchester University Press, pp.162-178.

7 R. V. Comerford, 1991, "The British state and the education of Irish Catholics, 1850-1921," in Janusz Tomiak ed., *Schooling, educational policy and ethnic identity*, New York University Press, p.15; Alan O'Day, 2004, "Ireland and the United Kingdom," in D. George Boyce & Roger Swift ed., *Problems and perspectives in Irish history since 1800*, Four Courts Press, p.29.

8 O'Day, "Ireland and the United Kingdom," pp.15-16.

안은 제국주의 시대에 연합왕국을 복수민족국가로 재편성해서 새로운 국민 정체성을 수립하려는 시도였고, 글래드스턴의 주도성은 자치 정국과 이후의 자치 담론을 형성하는 데 결정적으로 작용하였다.

아일랜드 역사서술은 크게 보아 민족주의 해석과 수정주의 해석이 대립해 왔고, 합방 시기 영국의 아일랜드 지배도 이 틀 안에서 파악되었다. 민족주의 역사서술에 따르면, 독특한 언어와 문화를 가진 아일랜드 민족은 합방 이후에도 영국의 지배에 맞서 중단 없는 민족해방투쟁을 전개했다. 1830~1840년대 오코널(Daniel O'Connell)이 주도한 합방폐지 운동, 고대 게일족 신화와 이야기 복원을 통해 독립 정신을 고취한 1840년대 "청년 아일랜드(Young Ireland)" 운동, 무장 투쟁을 통해 영국으로부터 독립할 것을 주창한 피니언주의는 민족 운동사의 이정표였다. 1840년대 후반 "대기근"은 영국의 압제에 대한 저항을 심화하는 계기가 되었으며, 1870년대 후반 토지를 둘러싼 농민 투쟁은 민족 감정을 부활시켰고, 자치당(민족당)은 아일랜드 민족의 정치적 대변자가 되었다.[9] 1886년 자치법안은 이러한 지속적인 투쟁의 산물이었다. 1890년대에 민족 감정은 문화 영역으로 전환하여 게일어와 게일 전통 스포츠를 부흥시켰다.

한편 1860년대 중반 이후 쇠퇴했던 무장 투쟁 노선은 1916년 부활절 봉기를 계기로 다시금 아일랜드 민족주의의 전면에 등장하였고, 민족당을 제치고 아일랜드 민족주의를 대표하게 된 신페인당(Sinn Féin)은 공화주의와 분리주의를 표방하면서 영국의 지배에 저항하였다.[10] 영국 정부의

---

9   민족당(Irish Nationalist Party)은 1882~1922년 시기의 자치당(Home Rule Party), 즉 아일랜드 의회당(Irish Parliamentary Party)을 말한다.

10 신페인은 1905년 더블린의 언론인 그리피스(Arthur Griffith)가 창설한 공화주의·민족주의·분리주의 정당으로서 "우리 자신"을 뜻하는. 게일어이다.

탄압에도 불구하고, 1919~1921년 아일랜드인은 아일랜드 공화국군(Irish Republican Army: IRA)을 중심으로 영국에 맞서 "독립전쟁"을 전개하였고,[11] 영국은 결국 독립을 승인할 수밖에 없었다. 이 민족주의적 역사 해석은 신생 아일랜드에 목적 및 방향 의식을 부여함으로써 체제의 정당성과 권위를 뒷받침하였다.

민족주의 정통 해석에 대한 도전은 1930년대 말부터 경험주의적 연구와 "가치 판단에서 자유로운" 객관성을 표방한 일군의 아일랜드 역사가가 주도하였다. 1960~1970년대에는 정치와 이념에 대한 회의주의와 냉소주의의 영향을 받은 영국의 연구자들이 가세하여 민족주의 정통 해석에 도전하였다. 1980년대 중엽에 그 이름을 얻은 "수정주의"는 민족주의 거대 담론을 제치고 아일랜드 역사서술의 지배적인 경향이 되었다. 수정주의는 특히 경제사 분야에서 실증적 성과를 거두었다. 수정주의 연구에 따르면, 대기근은 영국의 탓이라기보다는 아일랜드 경제의 고질적인 취약성과 구조적 한계의 결과였으며, 토지 문제도 억압적인 이방인 지주와 차지인 사이의 갈등으로만 점철되지는 않았다. 지주는 농민과 종교적·문화적으로 공통점을 갖고 있었으며 온정주의를 견지하였다.

한편 민족해방운동도 '오코널→파넬(Charles Stewart Parnell)→1916년 봉기'라는 단선적인 계보보다 훨씬 더 복잡성을 보였으며, 민족주의 세력은 지속적인 성장 못지않게 후퇴와 분열을 겪었다. 그리고 19세기 말 문화 운동이 보여 주듯이, 정치와 토지 이외의 영역에서 다양한 이념과 운동이 존재했고, 아일랜드 인민의 관심도 민족주의 이념 못잖게 일상사에

---

11   1916년 부활절 봉기에 참여한 공화주의형제단(Irish Republican Brotherhood)은 1919년 1월 "아일랜드 의회"가 1916년에 선포된 "공화국"의 부활을 선언한 이후 점차 "공화국군"으로 불리기 시작했다.

기울어 있었다. 또한 파넬을 위시한 민족운동 지도자들과 1916년 부활절 봉기의 성격에 대한 비판적이고 종종 냉소적인 재평가도 뒤따랐다.¹² 그런데 수정주의도 사료 선택과 해석에서 민족주의 사학 못잖게 이념적 경직성과 편협성을 보였다.

이 글은 합방 시기 영국의 아일랜드 지배의 성격과 정책의 추이를 다룬다. 먼저 합방 시기 아일랜드 문제의 세 차원을 이해하기 위해 1800년 「합방법」의 배경과 성격을 검토한다. 이어 아일랜드 문제에 대한 영국의 정책을 다룬다. 가톨릭 문제는 1829년 가톨릭의 법적·정치적 해방과 1845년 「메이누스 대학법」을 통한 가톨릭의 사회적 해방을 거쳐, 1869년 아일랜드 국교회 자체를 폐지하는 방향으로 해소되었다. 1840년대 후반 대기근 때 그 구조적 한계를 여실히 드러낸 토지 문제는 1870년 이후 차지인의 보유권 안정을 도모한 글래드스턴의 제2차 토지법을 거쳐 1903년 「윈덤법」으로 자작농제(농민소유권: peasant proprietorship)를 수립함으로써 해결되었다. 민족 문제는 1840년대 합방폐지 운동, 1870년대 이후 자치운동, 1916년 이후 공화주의를 중심으로 전개되었다. 이에 대한 영국 정부의 대응은 글래드스턴의 두 차례 자치법안과 보수당의 "친절로써 자치를 죽이는(killing Home Rule by kindness)" 정책을 거쳐 1912년 자유당 정부의 제3차 자치법안으로 귀결했다.

---

12   Jeremy Smith, *Britain and Ireland: from home rule to independence*, pp.1-7. 수정주의 논쟁을 정리한 논문집은 Ciaran Brady ed., 1994, *Interpreting Irish history: the debate on historical revisionism, 1938-1994,* Irish Academic Press; D. G. Boyce & Alan O'Day ed., 1996, *The making of modern Irish history: revisionism and revisionist controversy,* Routledge. 국내 소개는 박지향, 2002, 「아일랜드 역사서술: 민족주의와 수정주의를 넘어서」, 『역사비평』 50호, 251~279쪽. 수정주의의 연구 성과를 반영한 아일랜드사 개관은 R. F. Foster ed., 1992, *The Oxford history of Ireland*, Oxford University Press.

그러나 제1차 세계대전을 겪으면서 아일랜드에서 의회주의와 자치 노선이 몰락하고, 공화주의적 분리주의와 합방주의의 대립이 격화하였고, 영국 안에서도 자치 문제를 둘러싼 이념 대립이 치열했다. 1920~1921년 보수당이 지배한 영국의 연립정부는 결국 아일랜드의 분할과 독립을 선택하게 되었다.

2. 합방

12세기 말 아일랜드에 대한 잉글랜드 왕의 종주권이 수립되고, 13세기 초 잉글랜드의 봉건제와 행정 체계가 아일랜드에 이식되었지만, 잉글랜드의 지배 범위는 더블린 부근(Pale)에 한정되었다. 16~17세기 튜더·스튜어트 왕조 때 잉글랜드의 아일랜드 지배가 본격화했다. 첫째, 법적·정치적 지배로서, 아일랜드 의회가 제정한 법이 잉글랜드 의회의 승인을 받도록 함으로써 아일랜드 의회의 독자적인 입법권이 부정되었고, 잉글랜드 법은 아일랜드에서도 효력을 갖게 되었으며, 잉글랜드 왕이 동시에 아일랜드의 왕이 되었다. 둘째, 종교적 지배로서, 잉글랜드에서 그랬듯이 아일랜드에서도 프로테스탄트 국교회인 아일랜드교회(Church of Ireland)를 수립하고, 잉글랜드 왕을 그 수장으로 삼으며, 가톨릭교도에게서 교구세(십일조: tithe)를 징수하여 국교회를 부지하였다. 셋째, 경제적 지배로서, 여러 차례 일어난 반란에 가담한 가톨릭의 토지를 몰수하고, 이를 잉글랜드 혹은 스코틀랜드 출신 프로테스탄트 이주자나 정복에 참여한 군인에게 배분하였다.

이 지배 강화는 18세기 "프로테스탄트 우위"로 귀결하였다. 1691년 윌리엄 3세(William III)가 명예혁명(1688) 때 제임스 2세(James II)를 지지한 가톨릭 아일랜드를 정복한 이후 제정된 차별법(penal codes, 1695~1727)과 영국 의회가 아일랜드와 관련된 입법권을 직접 행사한다는 1720년 「선언법(Declaratory Act)」이 그 법적 수단이었다. 아일랜드 인구의 15%를 차지한 국교도의 엘리트 부류는 가톨릭이 배제된 아일랜드 의회를 중심으로 자신이 "아일랜드인" 전체를 대표한다고 자처하였고, 자신의 자유를 아일랜드인의 자유와 동일시하면서도 소수파로서 자신의 지위를 지키기 위해 영국의 권력에 의존하는 모순된 정체성을 가졌다.

반면 인구의 75%를 차지한 가톨릭은 이 체제에서 체계적으로 차별받았다. 1745년까지 여러 차례 일어난 제임스 2세 복위 혹은 스튜어트 왕가 복원 운동에서 보듯이, 아일랜드 가톨릭은 명예혁명으로 성립한 프로테스탄트 헌정을 부정하고, 프랑스와 동맹하여 영국을 위협하는 세력으로 여겨졌기 때문이다. 차별법 아래에서 100만 에이커에 달하는 가톨릭의 토지가 몰수되었다. 가톨릭은 프로테스탄트로부터 토지를 매입하거나 유증받을 수 없었고, 가톨릭의 토지는 분할되어 영세화했으며, 토지 임차 기간은 31년을 넘을 수 없었다. 가톨릭은 예배의 자유를 박탈당했고, 선거, 의회, 중앙과 지방의 공직, 군대, 법률직과 배심원단, 교직 등에서 배제되었으며, 성직자는 등록이 강제되었다.[13]

18세기 말 아메리카 독립과 프랑스혁명 시기에 아일랜드 의회는 가톨릭에 대한 차별을 점차 완화하였다. 영제국이 외부의 도전으로 위협받는 상황에서 인접한 아일랜드 가톨릭의 이반을 우려하였기 때문이다. 특히 1793년 「가톨릭 구제법(Catholic Relief Act)」은 가톨릭에 재산권, 배심원 자격, 학교 보조금, 무기 소지 등을 허용하였고, 연수(年收) 40실링 가치의

---

13 그런데 18세기 아일랜드 사회가 이처럼 국교도와 가톨릭, 지주와 농민 같은 이분 구도 속에서 특권과 차별 개념으로만 특징되지는 않았다. 인구의 10%를 차지한 또 다른 부류는 북부 지방(province)인 얼스터를 중심으로 독특한 정체성을 구축하였다. 아일랜드와 지리적으로 가까운 스코틀랜드 출신 장로교도가 많았던 이들은 엘리트도 아니고 주변인도 아니었다. 그렇지만 이들이 국교도와 마찬가지로 프로테스탄트였으므로, 종교와 정체성 차원에서 그리고 19세기 산업화 시기에는 경제적 차이가 더해져 아일랜드는 프로테스탄트 대 가톨릭의 구도였다. Hilary Larkin, 2014, *A history of Ireland, 1800-1922: theatres of disorder?*, Anthem Press, pp.5-6.

토지를 보유한 농민(freeholder)에게 선거권을 부여하였으며, 일부 문관직과 군 하급 장교직을 허용하였다. 그러나 가톨릭은 여전히 의회에 진출할 수 없었고, 총독, 수석장관(chief secretary)을 비롯한 고위 관직도 맡을 수 없었으며,[14] 치안판사와 군 고위직에서도 배제되었다. 그럼에도 이 법이 가톨릭 득세의 발판을 마련하고 완전한 가톨릭 해방의 길을 열었다는 프로테스탄트의 위구심은 강했고, 그에 따른 종파 갈등이 늘었다.[15]

이념으로서 영국의 합방주의는 1740년대 프랑스와의 전쟁과 식민지 획득을 둘러싼 경쟁 상황에서 지식인과 제국 관리 가운데 "대서양 제국"의 일부로서 잉글랜드-아일랜드 합방을 지지한 부류들의 합의를 지칭하였다.[16] 그러나 권력 중심부에서 합방 "정책"의 맥락은 1780~1790년대 두 나라 사이의 갈등, 프랑스혁명과 혁명전쟁, 1798년 봉기 등이었다.[17] 오로지 프로테스탄트 국교도로 구성된 아일랜드 의회 안에는 입법적 자율성을 요구하는 세력("애국자들")이 있었다. 이들은 아일랜드의 고통을 아일랜드 의회가 영국 의회에 종속한 탓으로 여겼다. 18세기 말 아메리카 독립전쟁이 발발하자, 아메리카에 이어 아일랜드도 독립으로 나아갈 수 있다고 우려한 영국 정부는 「선언법」을 폐지함으로써 아일랜드에 "입법적 독립"을 허용하였다[그래튼 의회(Grattan's parliament), 1782~1800].[18]

---

14 수석장관은 원래 총독의 보좌역이다가 합방 이후 아일랜드 행정을 관장하고 웨스트민스터 의회에서 아일랜드 행정부의 입장을 대표하며 영국 내각의 일원이 된 총독부의 실세였다.

15 1795년 얼스터 장로교도가 결성한 오렌지단(Orange Order)은 반가톨릭주의, 프로테스탄트주의 방어, 영국 왕권에 대한 충성을 표방하였다.

16 Douglas Kanter, 2009, *The making of British unionism, 1740-1848: politics, government and the Anglo-Irish constitutional relationship*, Four Courts Press, pp.14-15.

17 Hoppen, *Governing Hibernia*, p.13.

18 1770년대 후반 아일랜드 의회에서 "애국자들"을 이끈 그래튼(Henry Grattan)에서 유

프랑스혁명과 시간상 중첩된 그래튼 의회 때 아일랜드는 1783년 말 성립한 피트(William Pitt)의 토리 정부와 여러 번 갈등을 겪었고, 그에 따라 상호 불신이 깊어졌다. 1785년 아일랜드 의회는 영국 의회를 통과한 자유무역 통상법안을 부결했고, 1789년 국왕 조지 3세(George III)의 정신질환에 따른 왕권 위기 때 아일랜드 의회는 왕세자의 섭정을 지지하는 결의안을 독자적으로 채택하였으며, 1795년 휘그와 연립내각을 구성하였던 피트는 총독으로 임명된 개혁파 휘그 인사가 가톨릭 해방을 지지하자 곧바로 총독을 소환하였다.[19]

이런 갈등 상황에서 프랑스혁명의 급진주의 이념과 아일랜드 애국주의 전통을 결합한 반체제 세력들이 등장하였다. 그 가운데 1791년 벨파스트와 더블린에서 발족한 통합아일랜드인협회(Society of United Irishmen)는 프로테스탄트(장로교도)와 가톨릭을 망라하여 반영국 세력을 규합하려는 비종파적인 조직이었다. 협회는 영국과 동등한 지위, 아일랜드 사안에 대한 자율성, 의회 개혁, (일부 프로테스탄트의 우려에도 불구하고) 가톨릭 해방 등을 요구하였다. 그러나 1793년 프랑스와의 혁명전쟁이 발발할 무렵 협회는 공화주의와 분리주의로 나아갔다. 1798년 봄 협회의 지도부가 체포되었지만, 얼스터와 렌스터를 중심으로 대규모 봉기가 일어났다. 결국 내부의 종파적 분열과 프랑스의 뒤늦은 지원 때문에 3만 명의 희생을 치르고 봉기는 진압되었다. 아일랜드에서 대중적인 혁명적 공화주의의 최

래한 명칭이다. 그렇지만 그래튼 의회 시기에 두 나라의 헌정적 관계는 여전히 애매했고, 외교·통상·왕권에 관한 아일랜드 의회의 역할은 불확실했으며, 총독부는 후원제를 통해 의회를 조종할 수 있었다.

19 토리(Tory)는 17세기 말에 등장한 초기 단계의 정당으로서 국왕의 대권, 국교회, 지주의 이해 등을 대변했다. 이와 경쟁한 휘그(Whig)는 왕권의 제약, 비국교도, 상업 이해 등을 대변했다. 19세기 중엽 각각 보수당과 자유당으로 발전했다.

초의 표현인 1798년 봉기는 합방주의 합의(unionist consensus)가 등장하는 결정적 계기였다.[20]

봉기를 진압한 피트는 즉시 합방을 추진하였다. 1798년 가을 피트 정부는 합방의 조건으로 의회와 공직에서 가톨릭에 대한 남은 모든 차별을 없애고, 공직 취임 조건인 충성 서약과 가톨릭 교리 부인을 폐지하며, 가톨릭 사제에게도 국왕 하사금(regium donum)을 주는 방안 등을 마련하였다.[21] 그러나 전임 총독들과 런던의 유력 정치가들이 반대하고, 특히 국왕 조지 3세가 국교회를 부지한다는 자신의 즉위 선서를 내세우며 가톨릭의 의회 진출을 완강히 반대하자, 합방의 조건에서 가톨릭 해방은 배제되었다.[22]

1799년 1월 영국 의회 양원을 각각 압도적 차이로 통과한 합방법안은 아일랜드 하원에서는 근소한 차이로 부결되었다. 그러나 1800년 1월 제안된 제2차 합방법안은 6월 아일랜드 의회를 여유 있게 통과하였다. 합방의 주역인 수상 피트, 총독 콘월리스(Marquis Cornwallis), 수석장관 캐슬리(Viscount Castlereagh)가 다양한 유인책-의원직 포기에 대한 보상, 뇌물, 후원을 통한 명예·작위·승진 등-을 동원하여 아일랜드 의회가 스스로 폐지를 의결토록 하였기 때문이다. 합방 반대는 주로 프로테스탄트 쪽에서 나왔다.

반면 1660년 왕정복고 이후 아일랜드 의회에 진출하지 못한 가톨릭

---

20 Kanter, *The making of British unionism*, p.73.
21 잉글랜드에서는 비국교도 목사에게, 얼스터에서는 장로교 목사에게 준 국왕의 하사금을 말한다.
22 Patrick M. Geoghegan, 2000, "The Catholics and the union," *Transactions of the Royal Historical Society* 10, pp.247-248; Alvin Jackson, 2011, "Gladstone, Ireland, Scotland and the 'union of heart and spirit'," in Mary E. Daly & K. Theodore Hoppen ed., *Gladstone: Ireland and beyond*, Four Courts Press, p.35.

은 프로테스탄트가 지배한 아일랜드 의회보다는 웨스트민스터 의회가 자신들의 지위 향상에 우호적이라고 여겨 합방을 지지하였다. 1800년 8월 아일랜드 의회가 폐지되었고, 1801년 1월 1일 「합방법」이 발효하였다.

합방으로 아일랜드는 연합왕국의 일원이 되었지만, 영국에 흡수되지는 않았다. 「합방법」은 영국 의회와 아일랜드 의회를 통합하여 단일 의회로 바꿈으로써 1782년 이래 아일랜드의 입법적 독립을 종식했다. 종래 300명 규모였던 아일랜드 의회가 폐지되고, 아일랜드는 연합왕국 의회(웨스트민스터 의회) 상원 32석과 하원 100석을 차지했다.[23] 또한 통합된 두 국교회는 합방의 "필수적이고 근본적인 부분"으로 선언되었다. 나아가 두 나라 사이의 자유로운 통상의 권리와 특권의 완전한 평등을 규정했다.

「합방법」은 16세기 이래 준독립적인 정치체였던 아일랜드 왕국을 폐지하였다. 합방의 핵심은 별개로 존재했던 두 의회를 통합하여 새로운 연합왕국 의회를 만든 (실제로는 아일랜드 대표자를 수용하여 웨스트민스터 의회를 확대한) "입법부의 통일(legislative union)"이었다. 합방 과정에서 아일랜드를 "어떻게" 통치하느냐는 문제는 언급되지 않았다. 영국 정부가 직접 임명해왔던 더블린의 총독체제와 행정부는 그대로 존속하였다. 그러므로 합방은 불완전한 통합이었다. 합방 이후에는 쓸 수 없는 "아일랜드 정부(Irish government)"라는 용어는 여전히 사용되었고, 축소되어야 했을 아일랜드 행정부의 규모는 오히려 확대되어 별개의 왕국에 더 적합할 정도였다.[24]

23　1832년 선거법 개혁에 따라 아일랜드에 배정된 의석수는 105석이 되었다.

24　Hoppen, Governing Hibernia, pp.17, 19, 40-41; Hoppen, 2012, "A question none could answer: 'What was the Irish viceroyalty for?', 1800-1921," in Peter Gray & Olwen Purdue ed., *The Irish lord lieutenancy c.1541-1922*, University College Dublin Press, pp.132-133. 총독제가 존속하고 가톨릭 해방이 무산된 점에서 합방이 영국 정부의 "기회주의"와 "무정책"을 드러냈다는 해석은 Oliver MacDonagh, 1983, *States of*

그렇다면 피트와 그의 동료들이 합방을 단행한 목적은 무엇인가?

첫째, 영국은 프랑스혁명을 영제국의 강화와 확대의 기회로 간주하였는데, 아일랜드는 그 시금석이었다. 만약 아일랜드가 영국의 지배로부터 독립한다면 영국 내부에서 스코틀랜드와 웨일스의 분리를 재촉하여 영국의 해체를 초래할 것이고, 나아가 영국 식민지들의 이탈로 이어질 것이었다. 1798년 봉기에서 보듯이, 공화주의 프랑스가 아일랜드에서 영향력을 강화한다면 이 또한 제국과 영국 헌정에 큰 위협이 될 것이었다. 합방은 "제국의 권력·안정·전반적 복리"에 필수였다.

둘째, 영국 정부는 가톨릭 중간계급의 선거권과 공직 취임권이 확대되는 마당에 가톨릭에 대한 적대와 차별을 지속하여 소외시키기보다 그들을 충성하는 신민으로 만듦으로써 가톨릭을 더 효과적으로 통제할 수 있다고 판단하였다. 아일랜드를 합방 체제의 하위 협력자로 만들면, 아일랜드에서 가톨릭 다수파가 연합왕국에서는 소수파가 되는 것이다.

셋째, 피트는 합방이 두 개의 독립적 의회가 있음으로써 생기는 두 나라 사이의 통상 차원의 갈등을 제거함으로써 자유무역주의를 통해 아일랜드의 상업을 증진하고 농업을 개선하며, 잉글랜드의 영향력과 자본이 아일랜드의 경제 성장을 촉진할 것이라고 주장하였다.[25]

---

    mind: a study of Anglo-Irish conflict, 1780-1980, George Allen & Unwin, pp.134-135.

25 Larkin, A history of Ireland, pp.11-15. 합방의 장기적인 경제적 효과는 단일 시장 구축과 경제적 자유주의 진작, 균일 과세 체계 수립, 아일랜드 경제의 중심축이 더블린에서 런던으로 이동함으로써 아일랜드 이해가 영국의 이해에 종속된 점이었다 (pp.23-24). 1817년 두 나라의 재무부가 통합되었고, 1826년 통화가 통일되고 일부 잔존한 보호관세도 폐지되었다.

3. 가톨릭 문제

1) 가톨릭 해방

총독체제의 존속과 가톨릭 해방의 무산은 아일랜드에서 "프로테스탄트 우위"가 합방으로 오히려 강화되었음을 뜻했다. 합방은 아일랜드에서 가톨릭의 정치적·종교적 불평등을 재확인했을 뿐 아니라, 연합왕국에서 아일랜드 가톨릭을 소수파로 만들었기 때문이다. 따라서 합방 체제에 대한 도전은 우선 가톨릭 해방 운동으로 나타났다. "해방"은 공식적인 법적 평등과 비공식적인 사회적 평등을 뜻하는데, 특별히 "가톨릭 해방"은 18세기 말 프로테스탄트 아일랜드 의회에 진출하려는 가톨릭의 갈망을 뜻했다.[26] 그런데 합방으로 아일랜드 의회가 사라졌으므로 가톨릭이 진출할 의회는 웨스트민스터 의회였다.

1829년까지 가톨릭 해방은 영국과 아일랜드의 관계에서 지배적인 문제가 되었다. 여기에는 아일랜드에서의 해방 운동뿐 아니라, 영국 내부에서 급진주의자, 비국교도, 휘그 등이 정치적 자유와 종교적 평등을 요구하면서 토리 정부를 압박한 상황이 작용하였다. 1815년 나폴레옹 전쟁 종결 이후 헌정 변화를 비롯한 영국 내부의 개혁 요구에 탄압으로 대응했던

---

26 Ian Machin, 1999, "British Catholics," in Rainer Liedtke & Stephan Wenderhorst ed., *The emancipation of Catholics, Jews and Protestants: minorities and the nation state in nineteenth-century Europe,* Manchester University Press, pp.11, 18, 21 – 22. 상세한 연구는 Brian Jenkins, 1988, *Era of emancipation: British government of Ireland, 1812-1830,* McGill – Queen's University Press.

토리도 1820년대에는 관세 인하, 노동조합 합법화, 형법 개정 같은 자유주의적인 개혁으로 나아갔다.

이런 분위기 속에서 1823년 아일랜드 가톨릭 중간계급 출신 변호사이자 급진주의자인 오코널이 가톨릭협회(Catholic Association)를 조직하여 혁신적인 방식으로 해방 운동을 전개하였다. 협회는 "합법적인" 모든 수단을 동원하여 영국 정부를 압박하면서도, 해방이 왕권과 헌정에 대한 가톨릭의 충성을 보증할 것이라고 주장하였다. 또한 협회는 가톨릭의 의회 진출 요구를 십일조에 대한 농민의 불만과 결부시켜 가톨릭교도뿐 아니라 가톨릭교회와 성직자를 해방 운동에 끌어들였다. 대규모 집회와 청원은 미사 때 거둔 한 달 1페니 "가톨릭 지대(Catholic rent)"로 뒷받침되었다.

1820년대에는 가톨릭 해방법안이 의례적일 정도로 제안되고 매번 부결되었다. 1828년 워털루 전투의 주역이자 아일랜드 출신의 완고한 토리 웰링턴(duke of Wellington)과 오랫동안 아일랜드 수석장관(1812~1818)을 지내고 1820년대 토리 정부 때 아일랜드에 무장경찰제를 도입했던 필(Robert Peel)의 정부가 들어섰다. 그러나 휘그가 추진한 「심사법(Test Acts)」 폐지 동의안이 소수 토리의 지지를 얻어 통과되자, 가톨릭 해방의 도래에 대한 기대가 커졌다.[27]

토리 정부는 가톨릭 해방을 완강히 거부하였다. 수상 웰링턴은 가톨릭

---

27 왕정복고(1660) 이후 국교회의 우위를 재확립하기 위해 1673년 제정된 「심사법」은 비국교도를 모든 공직에서 배제하였다. 의회 의원을 포함하여 모든 공직자는 1년에 한 번은 국교회 의식을 따른 성찬례에 참여토록 강제되었다. 또한 국왕의 지상권 승인 선서(oath of supremacy)와 충성 서약 및 화체설 부인을 공직 취임의 조건으로 강제하였는데, 이는 특히 가톨릭을 겨냥한 조치였다. 「심사법」 폐지는 오코널의 가톨릭 해방 운동의 주요 목표였다. 1828년 「심사법」이 폐지되어 모든 공직이 프로테스탄트 비국교도에게 허용되었지만, 가톨릭은 여전히 의회에 진출할 수 없었다.

교도가 사제에 충성하고, 사제는 국왕보다 교황에 충성한다고 믿었고, 내무장관 필은 해방이 프로테스탄트 신앙과 헌정 및 왕권과의 연계를 파괴한다고 믿었다. 그러나 영국 정부는 결국 오코널과 가톨릭협회의 실력 행사에 굴복하였다. 이미 1828년 초 아일랜드 전역에서 대규모 집회가 열렸고, 7월 클레어 카운티(county: 郡)[28] 보궐선거에 출마한 오코널은 연수 40실링 가톨릭 유권자를 동원하여 압승하였다. 가톨릭인 오코널은 웨스트민스터에서 취임 선서를 할 수 없었지만, 그의 출마와 승리 자체는 정부 권위에 직접적으로 도전하였다. 종래 가톨릭은 선거에 출마한 적이 없었다.

영국 정부는 합법적 절차를 따른 선거 결과를 무력을 써서 부정할 수는 없었다. 가톨릭은 선거에 출마할 수 없다는 법은 없었다. 또한 합법적인 오코널 세력을 억압하면 더 급진적인 분리주의 운동과 폭력 사태가 전개될 수도 있었다. 해방을 지지하는 세력이 의회 다수파인 상황에서 1829년 4월 해방법안은 통과되었다. 하원에서 필은 "양보 아니면 내란"으로 반대파를 압박했다. 그 신속한 통과는 토리 의원 대다수와 휘그 의원 전원이 법안을 지지했기 때문에 가능했다.[29]

18세기 후반 이래 일련의 가톨릭 구제법의 대미인 「해방법(Catholic Relief Act)」에 따라 아일랜드뿐 아니라 영국의 로마 가톨릭교도는 의회에 진출할 수 있게 되었다. 또한 대법관, 섭정, 국새상서, 아일랜드 총독직 등을 제외한 대부분의 공직이 가톨릭에 개방되었다. 가톨릭교회와 수도단

---

28 지방 행정 단위로서 자치도시인 버러(borough)와 구별된다.
29 가톨릭협회 창설부터 해방에 이르는 과정은 Jenkins, *Era of emancipation*, pp.216-276; Ambrose Macaulay, 2016, *The Catholic Church and the campaign for emancipation in Ireland and England*, Four Courts Press, pp.326-388 참조.

체에 대한 제약은 지속하였지만, 정치적·행정적 측면에서 가톨릭은 연합왕국의 온전한 구성원이 되었다. 따라서 해방은 "명목상의 합방을 실질적인 합방으로" 만든 것이기도 했다.[30]

「해방법」의 목적은 아일랜드 가톨릭의 불만을 무마하여 그들을 합방 체제에 동조하게 만들려는 것이었다.[31] 그것은 아일랜드가 영국과 다르다는 인식의 결과가 아니라, 영국인의 법적·정치적 자유와 시민권 이념을 아일랜드 가톨릭에 적용한 상향 평준화 동화 정책이었다. 또한 해방을 계기로 영국 정부는 아일랜드 인민의 의지에 반하는, 이전처럼 강압 일변도로 아일랜드를 지배할 수 없다고 인식하게 되었다.[32] 이후 영국의 아일랜드 지배는 그 정책 기조가 잉글랜드식이든 아일랜드식이든 회유 또는 화해의 원리를 반영하였다.

단기적이고 정치적인 측면에서 가톨릭 해방은 토리를 분열시켜 1830년대 휘그의 집권을 가능케 했다. 또한 해방은 연합왕국에서 소수파인 가톨릭의 의회 진출을 허용함으로써 의회 개혁의 성격도 포함하였다.[33] 거시적인 측면에서 보자면, 가톨릭 해방은 영국이 법률상으로나 사실상으로나 프로테스탄트 국가라는 전제를 무너뜨렸다. 그런데 당시 가톨릭 가운데 의원이 될 수 있는 이는 몇 안 되었기 때문에, 오코널의 승리는 결과 자체보다 쟁취한 "수단", 그리고 가톨릭의 "열등감"을 제거한 것이 중요했다. 해방은 오직 내란의 위협 속에서 이루어진 양보였다. 이는

---

30 Kanter, *The making of British unionism*, p.322.
31 Machin, "British Catholics," pp.18, 21-22; Norman Gash, 1979, *Aristocracy and people: Britain, 1815~1865*, Harvard University Press, pp.141-142.
32 Kanter, *The making of British unionism*, p.161.
33 Machin, "British Catholics," p.18.

합방이 아일랜드인에게 "좋은 정부"를 줄 수 없고, 오직 자치정부만이 그럴 수 있다는 주장을 강화했다.[34]

2) 메이누스 대학 문제

가톨릭 해방은 논란의 여지 없이 가톨릭을 "아일랜드의 인민(people of Ireland)"으로 확인했지만, "아일랜드 문제"의 끝은 아니었다.[35] 역설이지만, 「합방법」의 근본 결함을 교정한 가톨릭 해방은 합방을 더 문젯거리로 만든 측면도 있었다. 의회와 공직 이외 분야에서 남은 차별, 국교회와 십일조, 대학교육 기회 등의 문제가 현안이 되었다. 따라서 1830년대부터 아일랜드 관련 입법은 대체로 사회적 평등을 위한 자유주의적 개혁 조치였다.

휘그 정부 시기에(1830~1834, 1835~1841) 영국은 아일랜드 문제에서 상당히 적극적인 동화 정책을 추진하였다. 휘그의 개혁은 당시 보편적인 행정 원리로 여겨진 공리주의(utilitarianism)에 근거해서 불합리한 제도를 바꾸어 영국과 동등하게 "효율성"을 증진하려는 적극적인 상향 평준화 정책이었다. 그것은 아일랜드를 연합왕국에 더 긴밀히 통합하고 두 나라 사이의 차이를 메우기 위한 정책이었다. 공공건물과 사회 기간시설을 개선하는 업무를 담당한 아일랜드 공공사업국(Irish Board of Work) 설치

---

34 Thomas Bartlett, 2014, "The emergence of the Irish Catholic nation, 1750-1850," in Alvin Jackson ed., *The Oxford handbook of modern Irish history*, Oxford University Press, p.536; Patrick M. Geoghegan, 2018, "The impact of O'Connell, 1815-1850," in Thomas Kelly ed., *The Cambridge history of Ireland, v.3: 1730-1880*, Cambridge University Press, pp.109, 114.

35 Bartlett, "The emergence of the Irish Catholic nation," pp.536-537.

(1831), 초등교육에서 종파주의를 지양한 근대적인 무상의무 교육의 국가 학교 체계(national system) 도입(1831), 국교회 세수를 빈자 구호와 교육에 쓰도록 한 조치(1833), 차지인의 십일조를 경감하고 지주의 십일조 부담을 늘린 조치(1838), 지방세로 운영되는 구빈원(workhouse) 설립(1838), 비효율적이고 대표성과 기능을 상실한 자치시 법인 정비(1840) 등이 그 사례이다.

휘그 정부는 강압도 병행했다. 토지와 관련된 만성적인 농촌 소요를 다스리기 위해 제정된 「소요진압법」(1833)과 경찰 조직의 체계화와 전문적 훈련을 규정한 「무장경찰법(Irish Constabulary Act, 1836)」이 그 사례이다. 이 법들의 원리는 아일랜드인의 인성을 부정적으로 보고, "타고난" 무질서와 폭력의 성향을 가혹한 제재를 통해 억누르고, 종국에는 영국인의 준법과 법치의 수준으로 끌어올리려는 동화 정책이었다.

1841년 9월 성립한 보수당(토리) 필 정부의 아일랜드 정책도 강압과 동화의 병행 기조에서 이루어졌다. 가톨릭 해방 이후 필의 대아일랜드 정책은 실용주의적 동화주의였다. 그 원리는 1834년 탬워스 선언(Tamworth Manifesto)에 나타난 "자유주의적 토리즘(liberal Toryism)"이었다. 필은 도시 중간계급에게 선거권을 확대하고 의석을 재분배한 1832년 선거법 개혁에 따른 헌정 변화와 산업화 시대에 보수당이, 세속과 교회에서 제도의 입증된 오용을 교정하고 실제의 불만을 시정할 뿐 아니라 재검토해야 한다고 선언하였다.

그러나 동화주의와 실용주의 이념 자체가 아일랜드 문제에 관한 필의 개혁을 필연으로 만들지는 않았다. 거기에는 오코넬이 전개한 합방폐지 운동의 압력이 있었다. 1843년 필 정부는 더블린 인근에서 예정된 대규모 집회를 금지하고 오코넬을 체포함으로써 위협적인 합방폐지 운동을 저지하였다. 그렇지만 필은 아일랜드 민족운동에 "병영의 원리"만으로 대처할 수는 없다고 깨달았다. 그는 무력 대신에 영국의 기준에 맞춰 아일랜드의 상태를 끌어 올리는 식으로 통치해야 한다고 보았다. 합방폐지 운동이 계기로 작용했지만, 그것은 사회적 평등을 위한 적극적인 상향 평준화 동화주의였다.

1844~1845년 필의 3부작 아일랜드 정책은[36] 1830년대 이래의 회유 정책의 흐름을 계승하였다. 필은 합방을 유지하려면 설사 보수당의 통합에 불리하더라도 아일랜드 가톨릭 세력에게 실질적 양보를 해야 한다고 판단하였다.[37] 가톨릭교회에 대한 평신도의 기부를 원활하게 만든 「유증법(Charitable Bequests Act, 1844)」, 장로교도와 가톨릭에 문호를 개방한 비종파적 칼리지를 설립한 「퀸즈 칼리지 법(Queen's College Act, 1845)」에 이어, 직접적으로 성직자의 충성과 관련된 조치인 「메이누스 대학법(Maynooth College Act, 1845)」이 제정되었다.

1789년 프랑스혁명 발발 무렵 해외에서 훈련을 받던 아일랜드 신학생 대다수는 프랑스에 있었다. 국내에서의 신학생 교육이 불법이었기 때문이다. 1793년 프랑스 혁명정부가 파리의 신학교를 폐쇄하자, 아일랜드 가톨릭 주교들은 아일랜드 안에서 사제를 양성해야 했다. 1793년 혁명전쟁에 돌입한 영국 정부로서도 신학생들이 프랑스에서 민주주의와 혁명 이념에 물들고, 이들이 귀국해서 평신도에게 큰 영향력을 가질 것을 우려하였다. 동시에 영국 정부는 프랑스의 사례에서 보듯이 가톨릭교회가 반

---

[36] 상세한 연구는 Donal Kerr, 1982, *Peel, priests and politics: Sir Robert Peel's administration and the Roman Catholic Church in Ireland, 1841-46*, Oxford University Press.

[37] Hoppen, *Governing Hibernia*, p.117.

혁명적임을 알고 있었다. 1795년 아일랜드 의회의 의결에 따라 8,000파운드의 보조금을 받는 성 패트릭 신학교가 더블린 근교의 메이누스에 설립되었다. 메이누스 대학 설립은 차별법 완화 과정의 정점에 해당하였다.[38]

대학 설립은 아일랜드인의 충성을 견지하기 위한 "전시 조치"였다. 합방 이후에는 웨스트민스터 의회가 보조금 지급을 의결하였다. 그러나 영국 반가톨릭주의자의 반발이 거셌으므로, 보조금 의결은 1845년까지 매년 의회에서 큰 물의를 일으켰다. 인구 증가에 따른 신학생 수의 증가로 1808년부터 보조금은 9,000파운드로 늘었지만, 적자 운영을 전혀 개선하지 못했다. 1843년 "합방폐지의 해"의 소요에 가톨릭 성직자, 특히 메이누스 출신 젊은 사제들이 오코널을 적극적으로 지지하는 상황이 벌어졌다. 필은 신학교의 재정 악화를 기회로 포착하였다.

1845년 4월 제안된 메이누스 법안은 임기응변 조치를 "정책"으로 전환하였다. 필은 메이누스 대학을 법인으로 규정하여 토지를 구입하고 보유할 수 있도록 하고, 매년 2만 6,000파운드의 보조금을 지급하며, 건물을 세우고 보수하기 위해 3만 파운드를 별도로 지급하도록 요청하였다. 필의 논점은 액수가 아니라 보조금 자체를 입법화하여 연례적인 논란을 종식하려는 것이었다. 그것은 새로운 "원리"의 도입이 아니라 "오직 수단만의 개선"이었다. 그렇지만 거기에는 영향력 있는 가톨릭 성직자를 합방폐지 운동으로부터 떼어놓고, 영국 정부가 아일랜드 가톨릭교회에 우호적이며 합방을 지지하는 것이 가톨릭교회의 이익이라는 생각을 심으려는

---

38 Lawrence J. Taylor, 1993, "Peter's pence: official Catholic discourse and Irish nationalism in the nineteenth century," *History of European Ideas* 16(1-3), p.105.

의도가 들어있었다.[39]

필의 회유 정책은 "합방폐지 운동을 친절로써 죽이는(killing Repeal by kindness)" 것이었지만, 오코널은 법안이 "정당하고 화해의 정신에서 마련된" 용기 있는 조치라고 높이 평가하였다. 국교도를 비롯한 여러 교파의 치열한 반대와 보수당 내부에서 전통주의 토리와 자유주의적 보수주의자의 분열에도 불구하고 법안은 휘그와 아일랜드 의원의 지지에 힘입어 통과되었다. 보수당의 분열은 이듬해 대다수 "반메이누스 의원=필 반대자"가 「곡물법(Corn Laws)」 폐지를 반대함으로써 완결되었다.[40]

3) 아일랜드 국교회 폐지

「가톨릭 해방법」과 「메이누스 대학법」이 가톨릭이 겪는 불평등을 시정하려고 했던 것과 달리, 아일랜드 「국교회 폐지법(Irish Church Act, 1869)」은 교회 차원에서 합방을 재규정하였다. 1861년 인구조사에 나타난 전체 580만 명 가운데 가톨릭교도 450만 명(77.6%)과 국교도 70만 명(11.9%)이라는 수치에서 보듯이, 아일랜드 국교회의 지위는 거대한 비정상이었다. 아일랜드인 절대다수가 가톨릭임에도 프로테스탄트 국교회를 부지하기 위해 십일조를 내는 부조리를 해소하는 길은 국교회의 특권적 지위를 폐지하는 것이었다.

완고한 토리 국교회주의자였던 글래드스턴은 필 행정부(1841~1846)

---

39 Larkin, *A history of Ireland*, p.82.
40 김기순, 1997, 「메이누스 문제와 19세기 영국의 국민 정체성」, 『영국연구』 창간호, 27~51쪽.

에서 통상부장관과 식민부장관을 역임하면서 점차 자유주의자로 이행하였다. 1859년 그는 필파(Peelites)[41]와 더불어 휘그, 자유주의자, 급진주의자 등이 연합한 자유당에 합류하였다. 자유당 정부(1859~1866) 때 재무부장관을 역임하면서 글래드스턴은 균형 예산, 자유무역주의, 보호관세 폐지 등의 정책을 주도하여 전국적인 명성을 얻으면서 자유당의 지도자로 부상하였다. 1860년대 중엽 이후 글래드스턴은 아일랜드 문제의 세 가지 국면(민족·토지·종교)에 진지한 관심을 기울였다. 자신의 정치적 멘토인 필의 실용주의를 계승하면서도, 정치를 통해 사회를 기독교화하려는 글래드스턴에게 아일랜드 문제는 단순히 연합왕국과 영제국의 안전 같은 실제적 현안에 그치지 않고 본질상 도덕적인(종교적인) 문제였다. 그는 아일랜드에 대한 영국의 실정을 교정하고 아일랜드의 불만을 해소하는 것을 영국의 도덕적 의무라고 여겼다.

글래드스턴이 아일랜드 문제 해결을 자신의 "소명"으로 천명하게 된 계기는 1860년대 후반 아일랜드에서 재등장한 분리주의적·혁명적 민족주의였다. 1858년 결성된 피니언협회(Fenian Society)는 공화주의적·민주적 아일랜드라는 이념에 헌신하였고, 아일랜드 공화주의형제단은 그 무장 조직이었다. 특히 1867년 맨체스터와 런던에서 피니언의 공격으로 경찰과 여러 민간인이 사망한 사건은 영국인과 영국 정치가들에게 아일랜드 문제의 심각성을 일깨웠다. 아일랜드가 연합왕국에서 분리하는 것을 막으려는 글래드스턴은 자신의 아일랜드 정책의 목적을 "피니언과 아일랜드인을 구분하는 선"을 설정하는 것이라고 제시하였다. 그 구분선은

---

41 1846년 「곡물법」 폐지를 지지한 보수당 의원.

"아일랜드 노선을 따른 아일랜드 정책"이었다.[42] 동시에 글래드스턴의 개혁은 1860년대 후반 영국의 지적 분위기의 변화와 맞물려있었다. 그 변화는 공리주의의 추상적 보편주의로부터 역사주의(historicism)와 상대주의로의 이행이었다.[43] 글래드스턴은 아일랜드가 영국과 "다름"을 인정해야 한다고 확신했다.

그런데 글래드스턴의 정책은 또한 정치적 상황의 변화 속에서 전개되었다. 1866~1867년 선거법 개혁 과정에서 디즈레일리에게 참패를 당하고 자유당의 내홍을 경험했던 글래드스턴은 아일랜드 문제에서 자유당을 결속하고 1867년 선거법 개혁으로 등장한 새로운 대중 유권자를 동원하는 기회를 포착했다. 1868년 4월 의회에서 글래드스턴은 국교회 폐지, 장로교 목사에 대한 국왕 하사금 폐지, 메이누스 대학 교부금 폐지 등 세 가지 결의안을 관철하였다. 글래드스턴은 아일랜드교회를 더 "받아들여질 만하게" 개혁하고자 하지 않았다. 그는 아일랜드 국교회의 특권 자체를 폐지함으로써 아일랜드에서 모든 교회가 "공정하고 동등한" 지위를 갖고 경쟁하게 만들고자 하였다.[44] 그것은 적극적인 구별 정책이자 하향 평준화 성격의 화해 정책이었다.

1868년 11월 총선에서 글래드스턴이 이끈 자유당은 대승을 거두

42　H. C. G. Matthew, 1997, *Gladstone, 1809-1898*, Oxford University Press, p.194 재인용.

43　공리주의는 행복의 최대화가 모든 인간 행위의 궁극적이고 보편적인 목표라고 주장하지만, 역사주의는 사회 현상의 역사적 개체성과 독특한 발전성을 강조한다. 따라서 영국의 가치와 제도의 보편성을 전제한 동화 정책은 공리주의적 사고의 소산이며, 아일랜드의 독자성을 인정하는 구별 정책은 역사주의적 사고의 표현이다.

44　Alan Megahey, 2010, "Gladstone, church and state," in D. George Boyce & Alan O'Day ed., *Gladstone and Ireland: politics, religion, and nationality in the Victorian age*, Palgrave and Macmillan, p.55.

었다. "아일랜드의 평온"을 다짐하며 집권한 글래드스턴은 교회·토지·교육에서 프로테스탄트 우위와 특권을 제거하는 정책을 폈다.[45] 그것은 아일랜드의 이념에 따라서 아일랜드를 통치한다는 원리였다. 1869년 5월 국교회 폐지법안은 보수당과 빅토리아 여왕(Queen Victoria)의 거센 반발을 무릅쓰고 하원을 통과했다.

글래드스턴은 "자유로운 국가 안에서 자유로운 교회"라는 원리로 아일랜드에서 앵글리칸주의(Anglicanism)[46] 국교회 폐지를 정당화했다. 그 특징은 국가와 교회의 분리, 교부금 폐지, 내부 업무에서 자치였다. 이제 아일랜드에서 국가는 종교적으로 중립적(세속적)인 존재가 되었고, 종교적 평등이 법적으로 수립되었다. 「폐지법」에 따라 아일랜드교회는 교회총회(General Synod)가 대표하는 사적인 자치단체가 되었다. 국교회를 지원하기 위해 가톨릭으로부터 징수했던 십일조는 폐지되고, 국교회 성직자에게는 보상과 연금으로 1,000만 파운드를 지급하였다. 국교회 재산 1,600만 파운드는 몰수되어 일부는 학교, 병원, 구빈원 등에 지출하고, 나머지는 국교회의 재정 자립을 위해 쓰도록 하였다. 교회 재산을 비종교적 분야에 쓰기로 한 점에서 "혁명적인" 조치였다.[47] 아울러 장로교회에 대한

---

45 후술할 토지 문제 외에 삼부작의 마지막 시도는 대학교육 문제였다. 1873년 대학법안은 주로 중간계급 가톨릭을 위한 고등교육의 문호를 확대하고 조직화하려는 실용주의적 시도였다. 법안은 하원 2독회에서 고작 3표 차로 부결되었다. 특히 철학이나 근대사 같은 논란의 소지가 많은 인문 과목을 배제한 "비종파적인" 교과 과정이 가톨릭교회 지도부의 거센 반발을 샀다.

46 16세기 잉글랜드 종교개혁으로 성립한 기독교 교파로서 잉글랜드교회(Church of England)를 가리킨다.

47 K. Theodore Hoppen, 1998, *The mid-Victorian generation, 1846-1886*, Oxford University Press, p.595.

국왕의 하사금과 가톨릭 메이누스 대학에 지원하는 교부금도 폐지되었다. 이들 손실에 대한 보상은 아일랜드교회 기금에서 지급되었다.

이처럼 국교회 폐지는 아일랜드의 "종교적 피정복" 상태를 종식하는 특권 타파 정책이자 해방의 조치였다. 그런데 글래드스턴의 개혁은 자유주의 노선에 따라 영제국을 재형성하려는 더 광범한 의제의 일부이기도 했다. 그가 보기에 영제국의 안전은 본국과 식민지 사이의 "마음과 정신의 유대"에 토대를 두어야 했다. 그 유대는 실정과 낭비를 교정하는 개혁을 통해, 구심성보다는 원심성 원리에 의해, 영국적 원리에 따른 동화보다는 다름과 독특성 인정을 통해 유지되고 강화될 것이었다. 따라서 글래드스턴에게 아일랜드는 단지 연합왕국의 통합 차원에 머물지 않고 영제국을 조망하는 창이자 영제국의 건강 여부를 가늠하는 리트머스지였다.[48]

---

48 글래드스턴의 "자유주의적 제국관"에 대해서는 김기순, 2017, 『디즈레일리와 글래드스턴: 국가 경영의 이념, 정책, 스타일』, 소화, 233~241쪽.

4. 토지 문제

1) 대기근과 영국 정부의 대응

19세기 전반 아일랜드는 압도적으로 농업 사회였다. 급속한 인구 증가에 따른 토지의 세분화,[49] 낙후한 영농 기술, 영국으로 수출하기 위한 곡물 생산의 압박, 오막살이농(cottier)과 농업노동자의 감자 의존도 심화 등 빈곤이 아일랜드 농촌 세계의 특징이었다. 1841년 아일랜드 인구 820만 명(연합왕국 전체 인구의 1/3) 가운데 다수가 부재지주인 1만 명의 지주가 거의 전체(95%) 토지를 소유했고, 차지농 170만 명과 그 가족이 전체 인구의 70% 이상을 차지했다. 80에이커 규모의 토지를 경작한 자본가적 농민인 부농 5만 명(2.9%)과 50에이커 규모의 토지를 보유한 "유족한" 농민 10만 명(5.9%)이 이 전체 토지의 50%를 경작했다. 외부 노동력을 쓰지 않고 가족 영농으로 20에이커를 경작한 농민이 25만 명(14.7%)이었다. 빈농 부류인 5에이커 이하 토지를 경작한 오막살이농 30만 명(17.7%)과 1에이커 혹은 경작 토지가 없는 농업노동자 100만 명(58.8%)이 전체 농민의 76.5%를 차지했지만, 이 부류가 경작한 토지는 전체 경작지의 13% 이하였다. 부농에서 농업노동자에 이르는 부류 모두 차지농, 즉 소작인이었다. 일부 오막살이농과 농업노동자는 부농의 토지를 임차하였다. 기근 이전 아일랜드 농촌 세계는 매우 불균등한 소득 분배를 보였고, 지주와

---

[49] 18세기 후반 이후 아일랜드 인구는 200만(1740)→500만(1800)→820만(1841)→850만 명(1845)으로 급증했다. 특히 사회 하층민에서 증가가 두드러졌다.

차지인, 부농과 소농, 가족농과 빈농 사이에서 경제적 이해의 충돌이 빈번했다.[50]

아일랜드는 유럽의 다른 나라들에 비해 감자 의존도가 훨씬 높았다. 1845년 전체 인구 850만 명 가운데 40%가 감자를 주식으로 연명하였다. 특히 부농이 빈농에게 재임대한 매우 규모가 작은 밭(conacre)에서 주로 감자가 재배되었다. 기근 직전 감자 재배 면적은 200만 에이커로서 전체 경작지의 1/3에 달했다.[51] 이 상태에서 1845~1849년 아일랜드는 사망률 급증으로 이어지는 심각한 식량 부족 사태인 기근을 겪었다. 그것은 근대 아일랜드 역사에서 최악의 재앙이자 19세기 유럽에서 가장 큰 규모의 자연 재앙이었다. 이 대기근은 반복된 감자 작황 부진의 결과였다. 1845년 9월 감자에 마름병이 들어 수확이 급감하고, 씨감자를 확보하기 어려워 다음 파종이 줄어들고, 다시금 수확이 감소하는 악순환이 수년간 지속하였다.

기근의 피해가 전례 없었던 이유는 급속한 인구 증가에 따른 토지 부족과 농민 대다수를 차지한 빈농이 거의 전적으로 감자에 의존했기 때문이다. 1845~1849년에 100만 명 이상이 기아와 질병으로 사망하고, 1845~1851년에 150만 명이 미국, 영국, 캐나다 등으로 이민하였다. 여기에 출생

---

50   K. Theodore Hoppen, 1999, *Ireland since 1800: conflict and conformity*, second ed., Longman, pp.38-41; Terence Dooley, 2014, "Land and the people," in Alvin Jackson ed., *The Oxford handbook of modern Irish history*, Oxford University Press, p.110; Andy Bielenberg, 2018, "The Irish economy, 1815-1880: agricultural transition, the communications revolution and the limits of industrialisation," in Thomas Kelly ed., *The Cambridge history of Ireland, v.3: 1730-1880*, Cambridge University Press, pp.180-182.

51   Bielenberg, "The Irish economy, 1815-1880," p.181.

했을 수도 있었을 것으로 추정되는(averted births) 40만 명을 추가할 수 있다. 이민자 대다수는 비숙련, 가톨릭, 게일어 사용 하층민이었다.[52] 특히 지역적으로는 서부에서, 계층적으로는 오막살이농과 농업노동자가 감소하였으며, 소농이 반으로 줄고, 부농층이 농촌을 지배하였다. 위기는 탐욕과 함께했다. 지대 수입이 50% 이상 감소한데다 세금 부담 때문에 지주는 자의적으로 지대를 인상하고 7만 명의 농민을 토지에서 추방하였다. 기근은 대규모 인구 감소, 추방, 토지의 정리 통합, 수요 증가에 따른 목축업 발달 등을 촉진하였다. 농촌에서는 지주를 겨냥한 폭력적 비밀결사가 등장하였고, 영국 정부는 강압법으로 대응하였다.[53]

기근 초기(1845~1846)는 필의 보수당 정부 시기였고, 휘그가 집권했던 때(1846~1852)는 기근 상황이 최악이었다. 필 정부는 직접 구호가 아니라 곡가를 조절하기 위해 외국산 곡물을 수입하거나 공공근로사업을 실시했지만, 일자리 사업은 재정 낭비라고 비난받아 곧 폐지되었다. 오히려 필의 더 큰 관심은 기근 구호를 내세워 「곡물법」을 폐지하는 데 있었다.[54] 1845년 말 폐지를 결심한 필은 이듬해 보수당의 분열을 감수하면서 「곡물법」을 폐지하였다.

---

52 물론 아일랜드인의 대규모 이민은 이전 시기에도 있었다. 17~18세기에는 주로 프로테스탄트가 유럽 대륙으로 이민하였다. 반면 대기근 이후 북아메리카로의 이민자 대다수는 가톨릭이었다.

53 Peter Gray, 2018, "The Great Famine, 1845-1850," in Thomas Kelly ed., *The Cambridge history of Ireland, v.3: 1730-1880*, Cambridge University Press, p.664.

54 Gray, "The Great Famine, 1845-1850," p.646. 「곡물법」은 1815년 나폴레옹 전쟁이 끝나자 영국 정부가 자국산 곡물 가격을 일정 수준으로 유지하여 지주계급의 이익을 도모하기 위해 외국산 수입 곡물에 고율의 관세를 부과하거나 수입을 제한한 조치였다.

1847년 휘그 정부는 재정 부담 때문에 공공근로사업을 폐지하고 직접 구호 방식의 무료급식소(soup kitchens)를 운영하였지만, 일부 성과를 거둔 이 조치 역시 곧 중단되었다. 이런 와중에서도 아일랜드산 곡물 수출은 계속되었다. 굶주린 사람들은 곡물을 실은 배가 무장경찰의 엄호 아래 영국으로 떠나는 것을 바라보았다. 이런 임시적인 조치 외에 지속성 있는 두 가지 입법 조치가 있었다. 개정된 「빈민법(Poor Law Amendment Act, 1847)」은 빈자를 대상으로 삼은 구호 차원의 대처였고, 「저당토지법(Encumbered Estates Act, 1849)」은 지주를 대상으로 삼은 토지 차원의 처방이었다.[55] 잉글랜드적 이념과 제도를 기준으로 삼은 동화 정책인 양자는 연관성이 있었다.

1847년 가을부터 「빈민법」이 기근 구제의 주요 방식이 되었다. 그 원리는 "아일랜드의 재산(유산계급)이 아일랜드의 빈곤 구제 비용을 지불한다"였다. 구빈감독관위원회(board of guardians)는 구호가 절대적으로 필요한 병자, 장애인, 2명 이상의 자녀가 있는 과부 등에게 구빈원 밖에서의 구제(원외 구제)를 허용하였다. 일할 수 있는 신체를 가진 자는 오직 악명 높은 구빈원 안에서만 구제를 받았지만, 만약 구빈원이 만원이면 이들에게도 원외 구제를 허용하였다. 또한 1/4에이커 이상의 토지를 보유한 자는 구빈원에 들어오지 못하도록 했다. 정부는 일할 수 있는 신체를 가진 자와 한 뼘의 토지라도 보유한 자가 공공재원을 축내지 못하게 했다. 이 점을 악용한 지주는 자신의 토지에서 주저 없이 빈농을 추방하였다.[56]

---

55 Hoppen, "Gladstone, Salisbury and the end of assimilationism," p.48; Hoppen, *Governing Hibernia*, pp.147-153..

56 Peter Gray, 2014, "Famine and land, 1845-1880," in Alvin Jackson ed., *The Oxford handbook of modern Irish history*, Oxford University Press, pp.552-553.

한편 구빈세 부담, 부채, 지대 수입 감소 등으로 저당 잡힌 지주의 토지를 쉽게 매각하도록 한「저당토지법」은 토지 보유 관계를 "잉글랜드화"하려는 것이었다. 그 원리는 "토지의 자유무역"이었다. 신설된 저당토지법정은 채권자가 청원하면 부채액이 1년치 지대의 반 이상인 저당 토지를 매각하는 권한을 가졌다. 청원자를 포함한 채권자들이 이 토지의 경매에 참여하였다. 1849~1857년에 3,000건의 매매가 이루어졌고, 금액은 2,000만 파운드였다. 영국 자본가의 투자를 염두에 둔 조치였지만, 매입자의 4%만이 영국인이었고 겨우 300만 파운드가 아일랜드 외부에서 온 자본이었다.[57] 아일랜드인 매입자 대다수는 주로 지주, 부농, 전문직 종사자, 상인, 제조업자 등으로 자본주의적 영농에는 관심이 적었다. 구빈세를 납부한 신·구 지주와 부농은 1849~1854년에 토지 개선에 대한 보상 없이 차지인 5만 명을 추방하고 경작지를 통합하여 소와 양을 기르는 목초지로 전환하였다. 차지인 수와 구빈세액이 비례했고, 경작에는 목축보다 더 많은 노동자가 필요했기 때문이다. 구빈 체계가 오히려 추방을 조장하였다.

영국 정부가 기근에 대처해서 투입한 재정은 1845~1850년에 810만 파운드였다. 재앙의 규모나 다른 부문에서의 지출과 비교하면 변변치 않았다. 수정주의 연구는 아일랜드 농업의 후진성 때문에 기근은 불가피했고, 영국 정부로서는 최선을 다해 구제했다고 본다. 그러나 기근에 대한 영국 정부의 대응은 1847년 이후 점차 "체계적이고 의도적으로" 불충분했다. 영국 정부는 자유무역주의와 자유방임주의 정치경제학과 저비용 정부론에 교조적으로 매달리면서 국가 개입을 꺼렸고, 기근을 아일랜드 사회의 해체와 재건의 기회로 여겼기 때문이다. 그리하여 나라에는 충분

---

57   Dooley, "Land and the people," p.113.

한 식량이 있었지만, 그 식량을 가질 "자격"을 갖지 못해서 사람들이 아사한 것이 아일랜드 기근의 "비극적 역설"이었다. 비효율적인 아일랜드 농촌에 잉글랜드식 자본주의를 도입해서 번영으로 나아간다는 동화주의 시기(1830~1845)의 정치경제학 "이론"은 1845~1849년 기근 시기에 "실천"으로 이행하였다.[58] 그런데 기독교 복음주의 견지에서 자유방임 이론을 해석한 또 다른 흐름이 있었다. "구원론적(soteriological) 경제학"은 시장의 자유가 번영을 낳고, 다시금 능동적인 "덕"을 가진 시민을 형성한다고 가르쳤다. 이 시각에서 보면, 기근은 "게으르고 자립심 없는 자에 대한 신의 심판"이었다.[59]

2) 보유권 안정: 1881년 토지법

대기근의 가장 중요한 사회경제적 결과는 오막살이농과 농업노동자의 감소, 토지의 정리 통합에 따른 보유지 규모의 확대, 대규모 가축 사육과 차지인 추방 등이었다. 「저당토지법」은 이 변화를 촉진하였다. 1850년 이후 "중기 빅토리아 시대의 번영"에도 불구하고, 아일랜드에서는 1861~1864년 불황 때 차지인이 이룬 토지 개선에 대한 보상 거부, 억압

---

[58] Christine Kinealy, 2004, "Economy and society in Ireland," in Chris Williams ed., A companion to nineteenth-century Britain, Blackwell, p.492; Larkin, *A history of Ireland*, pp.90-91; Hoppen, *Governing Hibernia*, pp.141-151; Hoppen, "Gladstone, Salisbury and the end of assimilationism," pp.46-48; Peter Gray, 1999, *Famine, land and politics: British government and Irish society, 1843-1859*, Irish Academic Press, pp.328-332; Gray, "Famine and land, 1845-1880," pp.550-552; Gray, "The Great Famine, 1845-1850," pp.651-656.

[59] 상세한 연구는 Boyd Hilton, 1988, *The age of atonement: the influence of evangelicalism on social and economic thought, 1785-1865*, Oxford University Press.

적인 지주의 자의적인 지대 부과, 보유권의 불안정과 빈번한 추방 등으로 지주와 차지인 관계는 계속 악화하였다.[60]

1860년대 후반 토지 문제에 관해 동화에서 구별(아일랜드 예외주의)로의 정책 전환이 있었다. 고전경제학과 공리주의적 보편주의로부터 역사주의로 지적 분위기가 변화했고, 피니언주의의 등장, 아일랜드 유권자의 요구, 그리고 글래드스턴의 주도성 등이 작용한 결과였다.[61] 1870년 이후 영국 정부가 제정한 토지법들은 지주의 재산권에 대한 "간섭"을 강화하는 추세를 보였다. 글래드스턴 정부의 1870년 제1차 토지법[「지주와 차지인법(Landlord and Tenant Act)」]은 지대를 전액 납부하는 차지인의 보유권을 보장하였고, 지주의 승인 아래 자신이 이룩한 토지 개선의 가치를 다른 차지인에게 매각하는 권리(차지권: tenant right), 즉 "얼스터 관습(Ulster custom)"을 법적으로 인정하였다. 그러나 이 조치는 얼스터에서만 적용되었고, 3F 가운데 공정한 지대 문제를 해결하지 못했다.[62] 그럼에도 1870년

---

60 반면 수정주의 연구는 연합왕국의 틀(중기 빅토리아 시대의 번영) 속에서 1850~1870년대 아일랜드 경제와 사회를 파악한다. 지속적 경제 성장이 이루어지고 영국과의 정치적·사회적 통합이 가속하였다는 해석의 근거로 상업 활동 증가, 철도 교통 발달, 문해 증가, 중간층 농민의 지위 강화, 물질적 소비의 증가, 이민에 따른 농업노동자의 지속적 감소가 제시되었다. 또한 수정주의 연구는 지주와 차지인 관계에서 대립과 갈등의 양상을 희석하였다. 지대는 보통 수준으로 인상되었고, 지대 인상률은 농산물의 가격 상승률보다 낮았으며, 전형적인 지주는 부재지주가 아니었고, 지주와 차지인 관계는 동질성이 강했으며, 추방도 이전 시기보다 덜 빈번했다. 대표적인 연구는 W. E. Vaughan, 1994, *Landlords and tenants in mid-Victorian Ireland*, Oxford University Press. 이에 대한 비판은 Michael Turner, 1996, *After the famine: Irish agriculture, 1850-1914*, Cambridge University Press.

61 Hoppen, "Gladstone, Salisbury and the end of assimilationism," p.50; Gray, "Famine and land, 1845-1880," p.557.

62 3F는 차지인의 사회경제적 불만을 대변한 차지인 동맹(Tenant League, 1850)이 요구했던 공정한 지대(fair rent), 보유권의 고정(fixity of tenure), 차지인이 이룩한 토지 개

토지법은 이후 반세기 동안 지배적인 흐름이 될 구별 정책의 "진정한 시작"이었다.[63]

1870년 이후 아일랜드는 경제적·정치적·사회적 안정을 누리고, 빈부 격차에 따른 사회적 적대감이 완화되지만, 이러한 외견상의 안정은 대규모 이민에 따른 인구 유출에 의존하고 있었고, 그 기간도 10년 남짓했다. 1870년대 후반 유럽 차원의 대불황기에 연이은 흉작과 감자 마름병의 재발, 해외로부터 농산물 수입에 따른 농산물 가격 하락, 체납 지대 누적, 대규모 추방 등으로 아일랜드 농민의 경제적 상황, 특히 지주와 차지인 관계는 과거 어느 때보다 더 악화하였다. 1880년에는 차지농 만 명 이상이 추방되었고, 10만 명이 지대를 체납했다. 이 상황에서 토지 문제(농촌 위기)와 민족 문제가 독특하게 결합하는 사태가 전개되었다.

1870년 프로테스탄트 변호사이자 보수주의자인 버트(Isaac Butt)가 자치정부협회(Home Government Association : 자치당)를 결성하였다. 공통된 제국의회와 잉글랜드, 스코틀랜드, 아일랜드 등에서 각각 국내 사안을 관장하는 의회를 수립하는 연방제를 의미한 버트의 자치 이념은 온건했다.[64] 그러나 1877년 프로테스탄트 지주이자 카리스마를 가진 파넬이 자치당의 의장이 되면서 아일랜드 자치운동의 성격은 바뀌었다. 파넬은

선 가치의 자유로운 매매(free sale of improvements made by tenants)를 말한다.

63   Hoppen, "Gladstone, Salisbury and the end of assimilationism," p.51. 이 법은 차지인의 토지 매입을 부수적으로 규정하였다. 지주가 매각 의사를 밝히면 차지인은 매입가 일부를 선납하고 국가가 나머지 금액을 빌려주며, 차지인은 35년에 걸쳐 원리금을 상환하는 방식이었다. 선납금 때문에 소수의 차지인만이 자신의 보유지를 매입할 수 있었다.

64   Matthew Kelly, 2014, "Home rule and its enemies," in Alvin Jackson ed., *The Oxford handbook of modern Irish history*, Oxford University Press, pp.583-584.

농촌 문제와 민족(자치) 문제를 결합함으로써 자치당의 대중적 기반을 확대하고자 했다. 1879년 6월 파넬은 반(反)지주 농업 급진주의자, 혁명적 민족주의자(피니언), 의회주의 민족주의자(자치론자)를 연합하여 자작농제 수립과 지주지배 폐지를 표방하며 "새로운 출발(New Departure)"을 선언하였다.[65]

이어 1879년 10월 아일랜드 민족토지동맹(Irish National Land League)의 의장이 된 파넬은 "아일랜드 토지는 아일랜드인에게 속한다"를 기치로 내걸고 "토지전쟁(Land War, 1879~1882)"을 전개하였다. 그 목표는 자작농제 확립이었지만, 현실적인 요구 수준은 지대 인하였다. 지대 납부 거부, 추방 방해, 보이코팅[66] 외에도 방화, 지주와 대리인 공격, 가축을 불구로 만들기 등 다양한 수단이 동원되었다. 토지전쟁은 농촌에서 지주의 통제력을 무너뜨렸을 뿐 아니라 아일랜드 정부의 권위에 근본적으로 도전하였다. 토지전쟁은 파넬과 자치당이 아일랜드 민족주의 세력, 차지농, 가톨릭교회 등의 지지를 확보할 수 있었던 중요한 계기였다. 1880년대 아일랜드 문제의 새로움은 의회 차원의 자치 투쟁이 민족적·가톨릭적 운동

---

65 Larkin, *A history of Ireland*, pp.150-151. 농촌 상황의 악화, 정치 세력들의 연합에 치중하던 종래의 연구 경향에서 벗어나, 근래의 연구는 사회세력의 연합을 강조한다. 토지전쟁의 성격을 경제적으로 이해가 맞물린 도시 상인과 농촌 부농의 연합으로 보는 것이다. 또한 대기근으로 오막살이농과 농업노동자가 대폭 감소하여 농촌의 사회 구조가 훨씬 더 단순해졌으므로 농촌 갈등은 응집력을 가진 전국적 사안이 될 수 있었다. Dooley, "Land and the people," p.115; Sean J. Connolly, 2014, "Patriotism and nationalism," in Alvin Jackson ed., *The Oxford handbook of modern Irish history*, Oxford University Press, p.38.

66 메이오 카운티 소재 1만 2,000에이커 영지의 관리인으로서 차지인들을 추방하였던 찰스 보이코트(H. C. Boycott)와 결부된 용어이다. 특정인을 사회적으로 고립시키는 것을 뜻한다.

으로 전환한 데 있었다. 그것은 민족 문제와 토지 문제의 결합이자 "영국의 지배에 대한 반대와 지주의 지배에 대한 반대의 혼합물"이었다.[67]

1881년 글래드스턴 제2차 내각(1880~1885)은 흉작 때문에 지대를 내지 못해 추방된 차지인에게 한시적인 보상을 허용하는 추방보상법안(Compensation for Disturbance Bill)을 제안하는 동시에(상원에서 부결됨) 농촌 소요에 대해서는 강압 조치인 「인신과 재산 보호법(Protection of Persons and Property Law)」으로 대처했다. 그러나 글래드스턴은 아일랜드 문제에 관한 자신의 이전 개혁에도 불구하고 아일랜드의 상황이 새로운 조치를 요구함을 깨달았다. 글래드스턴은 강압법을 "전도된 이념"으로 간주하였는데, 그는 강압이 정반대인 적극적인 개혁 조치와 병행해야 한다고 보았다. 제2차 토지법(Land Law Act)은 이러한 사고의 표현이었다.

글래드스턴은 정치경제학의 원리와 계약의 자유에 관한 개인적 신념을 꺾고서 3F를 규정한 대규모의 토지개혁을 내각에서의 휘그의 반발과 의회에서의 치열한 논란을 무릅쓰고 관철하였다. 1881년 8월 제정된 제2차 토지법은 아일랜드의 "다름"을 인정한 화해 정책이었다. 첫째, 차지인은 토지위원회(Land Commission)[68]가 산정하는 "공정한 지대"만 납부하였다. 지대는 15년간 고정되었다. 차지인은 자의적인 지대 인상에 대한 두려움에서 벗어나 자신이 경작하는 토지에서 개선을 도모할 수 있게 되었다. 둘째, 지대를 납부하는 차지인은 "보유권의 고정"을 보장받았다. 지

---

[67] Curtis, *Coercion and conciliation*, p.10. 그렇지만 파넬의 근본적인 관심은 자치에 있었다. 그는 토지동맹을 자치라는 목표를 달성하기 위한 수단으로 간주하였다. 따라서 "새로운 출발"은 입헌적 민족주의와 혁명적 민족주의의 "불편한 동거"의 산물이었다. Hoppen, *The Mid-Victorian Generation*, p.586.

[68] 1881년 토지법에 따라 설립된 기구로서 "공정한" 지대를 조정하는 토지법정을 설립하고, 차지인에게 매입 토지가의 일부를 빌려주며, 토지를 매입하는 권한을 가졌다.

주는 더는 자의적으로 차지인을 추방할 수 없게 되었다. 셋째, 차지인은 자신이 원하는 때에 차지권을 누구에게나 "자유롭게 매각"할 수 있었다. 차지인은 자신이 보유한 토지에 대한 권리를 보장받았다.

제2차 토지법은 지주지배, 시장과 계약의 자유를 천명한 정치경제학을 버리고 국가 간섭을 통해 얼스터 관습을 전국에서 법적으로 인정함으로써 "소유자-점유자" 체제, 즉 토지에 대한 실질적인 "이중적 소유권"을 수립하였다. 영국의 관점에서 보자면 하향 평준화 정책이었지만, 그것은 아일랜드에서 지주의 토지 재산권의 절대성을 종식하고 자작농제로의 길을 열었다. 이념적으로 보자면, 1870년대 이래 등장한 "공리주의를 겨냥한 역사주의의 반발"을 반영하였다. 글래드스턴의 역사주의는 아일랜드 농촌 관습과 토지 보유 관념이 "역사성"을 갖는다고 인정하였고, 따라서 아일랜드 토지 문제에서 시장과 계약의 자유의 초시간성을 전제하고 국가 간섭을 거부하는 "영국식" 접근을 배제하였다.[69]

제2차 토지법은 토지전쟁에 대응한 정책이었지만, 그 효과는 컸다. 입법 두 달 만에 1만 1,000건 이상의 지대 검토 신청이 토지법정에 제기되었다. 또한 강압과 병행한 토지법은 아일랜드 농촌 소요를 진정시키고 토지동맹을 와해시켰다. 글래드스턴 정부는 파넬파의 저항에 강압으로 대처하면서도, 제2차 토지법에서 제외되었던 체납 차지농의 지대를 상환하는 「체납지대법(Arrears Act)」을 제정하였다. 그 대가로 파넬이 지대 거부 운동을 철회하고 법과 질서 준수를 약속함으로써 농촌 위기는 종식되

---

69 Hoppen, "Gladstone, Salisbury and the end of assimilationism," p.53. 글래드스턴의 역사주의에 관해서는 Clive Dewey, 1974, "Celtic agrarian legislation and the Celtic revival: historicist implications of Gladstone's Irish and Scottish land acts, 1870-1886," *Past and Present* 64, pp.30-70.

었다. 이후 파넬과 자치당은 의회주의로 선회하였다.

3) 자작농제 수립: 1903년 토지법

이중적 소유권을 확립한 제2차 토지법도 지주가 동의하면 차지인이 정부의 재정 지원을 받아 자신이 보유한 토지를 매입하여 자작농이 되는 부수적인 조항을 담고 있었다. 그러나 차지인에게는 예치금(토지가의 25% 현금)에 더해 지대를 초과하는 연납액이 부담이었으므로[70] 토지 소유권 이전의 규모는 매우 작았고, 소수의 부농만이 혜택을 입었다.

제2차 토지법 이후 영국 정부가 시도 혹은 제정한 토지법(안)은 모두 토지 매입과 관련되었다. 그 이유는 제2차 토지법 제정으로 3F가 실현된 이후, 논리상 남은 문제는 자작농제로의 전환일 수밖에 없었기 때문이다. 이들 법(안)은 대부금 규모, 연납률, 상환기간, 매입 방식, 예치금 유무 등 조건이 달랐지만, 그 공통된 목적은 자작농제를 통해 민족당의 자치운동에 대한 농민의 지지를 차단하고 농촌에서 질서를 유지하는 것이었다. 다만, 글래드스턴의 토지법안은 오히려 자치를 촉진하기 위한 것이었다.[71]

---

70 이를테면 지대 50£를 납부하는 차지인이 20년치 지대액으로 보유지를 매입할 경우, 5% 연납률에 따른 납부액은 50£이고, 여기에 구빈세와 지방세 5£를 더하면 55£가 된다. 지대보다 연납액이 더 많게 되어 차지인은 매입 동기를 갖지 못한다. Barbara L. Solow, 1971, *The land question and the Irish economy, 1870-1903*, Harvard University Press, p.188.

71 비록 입법에 성공하지 못했지만, 1886년 글래드스턴이 자치법안과 동시에 제안한 토지법안은 보수당의 자작농제 토지매입법들과 비교될 수 있다. 토지법안은 지주가 농업용 토지를 매각하기를 원하면 차지인이 매입해야 하는 강제 매입 원칙을 채택하였고, 「애쉬번법」의 10배 규모인 영국 재무부 공채 5천만 파운드 발행을 제시한 점에서 본격적인 자작농제 시도라고 할 수 있다. 신설되는 "국가당국(State Authority)"은 매각

1885년 6월 예산안 문제로 자유당 정부가 실각하였다. 이어 등장한 솔즈베리(Marquis of Salisbury)의 보수당 정부는 아일랜드에서 경제적으로 안정된 부농을 창출하면 탈정치화, 전통주의, 보수당 지지 등에 근거해서 자치운동을 무너뜨릴 수 있으리라고 여겼다. 그 첫 성과가 1885년 「애쉬번법[Ashbourne Act(Purchase of Land Act)]」이었다. 아일랜드 대법관의 이름을 담은 이 법은 차지인에게 보유지 전체 매입가격을 현금으로 빌려주고, 이를 4% 연납률로 49년에 걸쳐 상환하여 소유자가 될 수 있도록 하였다. 대부액이 500만 파운드에 불과했지만, 예치금이 없어서 이 조치는 성공했다. 그러나 1886~1891년 시기에 전개된 지대 인하 운동(Plan of Campaign)에서 보듯이, 이 법이 의도한 정치적 평온에는 한계가 있었다.

　1886년 글래드스턴의 자치법안이 부결된 후, 솔즈베리 제2차 내각(1886~1892)은 또 다른 토지매입법을 제정하였다. 그러나 3,300만 파운드를 마련한 제1차 「밸푸어법[Balfour Act(Purchase of Land Act), 1891]」은 예치금제와 공채 발행 방식 때문에 각각 매입과 매각 동기를 떨어뜨렸다. 이에 솔즈베리 제3차 내각(1895~1902)은 제2차 「밸푸어법」(1896)을 제정하여 예치금제를 폐지하고 연납액 납부 방식을 원금이 아니라 잔금에 적용하였다. 그 효과는 컸지만, 보유지가 15에이커 이하인 소농은 별로 혜택을 입지 못했다. 서부와 중부에서 경작보다 목축농의 지속적인 번영은 소농과 농업노동자를 더욱 좌절시켰다. 따라서 지주와 차지인 모두 훨씬

을 원하는 지주의 토지를 구입하고, 차지인은 국가당국으로부터 이를 재매입하였다. 글래드스턴은 혐오의 대상인 영국 정부가 물러나 있는 채, 아일랜드의 자치정부가 농민과 접촉하여 매입과 연납액 상환을 책임지도록 하였다. 따라서 자치와 토지는 서로를 촉진하는 관계로 파악되었다. 김기순, 2010, 「글래드스턴과 아일랜드 토지 문제: 토지법안의 성격」, 『영국연구』 23, 158~184쪽.

더 실용적이고 넉넉한 조건이 필요하다고 공감하였다.

　이 상황에서 1898년 결성된 통합아일랜드동맹(United Irish League)은 소차지농이 토지를 매입할 수 있는 조건을 마련하라고 정부를 압박하였다. 1901~1902년 보이코팅을 비롯한 이전 시기 토지전쟁의 양상이 재현되었다. 1903년 1월 지주와 차지인 대표들의 합동대회가 더블린에서 개최되었다. 이 대회는 지주가 소득에 근거해서 공정한 토지 가격을 확보할 것, 차지인은 지대보다 15% 낮은 연납액을 납부할 것, 그 차액을 영국 재무부가 지급할 것 등을 결의하였다. 관건은 영국 정부의 넉넉한 재정 지원이었다.[72]

　1903년 3월 수석장관 윈덤(George Wyndham)의 토지법안이 제안되었다. 법안은 확정 이율 2.75%의 공채 발행을 통해 대부금 8,300만 파운드를 현금으로 마련하여 지주에게 지급하였고, 차지인의 연납액이 현행 지대보다 훨씬 적게끔 연납률을 3.25%로 낮추고 상환 기간도 68.5년으로 늘렸으며, 차지인의 예치금도 없앴다. 부농은 연납액이 연간 지대보다 낮아서 이득이었다. 또한 연납액 인하에 따른 지주의 손실을 보전하기 위해 임대 토지 아닌 영지(demesne)를 매각하면 전체 매입가의 12% 현금 보너스를 지급하였고, 이를 위해 별도로 1,200만 파운드를 마련하였다. 토지위원회는 차지인 3/4의 동의를 전제로 지주의 "전체 토지"를 매입하여 차지인에게 재매각하는데, 이 경우 나머지 차지인도 매입해야 했다(강제매각). 동시에 지주와 차지인이 토지위원회에 신청하여 개별적으로도 거래하도록 허용하였다.[73]

72　Solow, *The land question and the Irish economy*, p.192.

73　Fergus Campbell, 2002, "Irish popular politics and the making of the Wyndham land

토지 문제의 "혁명적인" 해법이었던 「윈덤법[Wyndham's Act(Irish Land Act)]」은 민족당과 통합아일랜드동맹도 지지했다. 아일랜드 농촌 소요는 일시적으로 크게 잦아들었다. "합방 전 기간을 통해 영국 정부가 제정한 가장 중요한 토지법"으로 평가받은 이 법의 성격은 물론 아일랜드인의 요구를 따른 것이어서 구별 정책이었다. 그런데 자작농제를 수립한 이 법은 영국 정부의 정책적 기획의 산물이라기보다는, 1901~1903년 시기 통합아일랜드동맹이 주도한 강제 매입 운동과 농촌 소요가 영국 정부를 압박한 결과였다.[74]

영국 재무부의 부담에도 불구하고, 「윈덤법」은 토지 이전을 가속했다. "전체 토지" 매매가 9,500건에 육박하였고, 차지인 27만 명 이상이 자작농이 되었으며, 아일랜드 토지의 50%를 넘는 900만 에이커가 이전되었고, 대부금은 8,500만 파운드에 이르렀다. 1870년에 아일랜드 전체 농민 가운데 자작농은 3%였는데, 1914년 무렵이면 75%였다.[75] 1923년 아일랜드 자유국이 「토지법」을 제정하여 3,000만 파운드 보상 방식으로 지주가 소유한 잔여 토지를 농민에게 매각함으로써 자작농제로의 전환을 마

---

act, 1901-1903," *Historical Journal* 45, pp.755-756.

74 Campbell, "Irish popular politics and the making of the Wyndham land act," pp.772-773.

75 그렇지만 「윈덤법」은 농촌의 불안 요소를 완전히 제거하지는 못했다. 통합아일랜드동맹은 서부 지역의 빈곤과 인구 감소를 목축농의 탓으로 비난하면서, 차지인이 없는(untenanted) 토지의 재분배를 요구하였다. 보이코팅과 가축 내몰기 같은 저항, 협박과 재산 침해 같은 수법을 동반한 "방목장 전쟁"(ranch war, 1906-1909)에서 토지 문제의 중심은 "소유권에서 재분배로" 이동하였다. Terence Dooley, 2018, "Irish land questions, 1879-1923," in Thomas Bartlett ed., *The Cambridge history of Ireland, v.4: 1880 to the present*, Cambridge University Press, pp.137-139. 가축 내몰기(cattle driving)는 주로 밤에 불법으로 가축을 목초지와 인클로저에서 몰아내는 것을 말한다.

무리했다.

이로써 16세기 이래 400년 이상 지속한, 아일랜드 문제의 한 축이자 영국과 아일랜드 관계의 핵심 중 하나였던 토지 문제가 해결되었다. 1870년 이후 아일랜드에서 자작농제가 확립되는 과정은 일련의 입법을 통해 시행착오를 거치면서 전개되었고, 보유권 안정에서 자작농제 수립 방향으로, 지주제 개선이 해법이라는 생각으로부터 지주지배의 해체만이 답이라는 훨씬 더 급진적인 확신으로 이동하였다. 그러므로 1870년 이래 영국의 토지 정책은 동화가 아닌 구별의 정책이었고, (영국 정부의 견지에서 보자면) 하향 평준화 정책이었다. 그것이 아일랜드 농촌에서 영국식 토지 소유관계를 포기했기 때문이다.[76] 그런데 자유당과 보수당은 아일랜드의 이념에 따른 정책이 합방을 유지하는 최선의 길이라고 믿었지만, 그 실행에서는 달랐다. 보수당은 대규모 재정 지원을 통한 자작농제 "토지 정책"으로 자치를 사장하고자 했고, 글래드스턴과 자유당은 재정 절약을 함축한 (정치적) "자치 정책"을 아일랜드 문제의 최선 해법으로 보았다.[77]

---

76 그런데 토지법의 정치적 의미에 치중한 해석과 달리, 경제적 의의 차원에서 과연 개혁이 토지 자원 이용의 "경제적 효율성"을 증진했는가를 따지는 주장도 있다. 아일랜드에서 토지개혁은 농업 효율성을 개선하기 위한 일련의 시도라기보다는 영국이 재정 지원한 부의 재분배 프로그램의 성격이 훨씬 더 컸다. 즉, 당시에는 매입(자작농제)보다 효율성 개선이 더 시급한 과제였고, 일단 자작농제가 시행된 상태에서라도 토지를 담보로 한 "신용 대출의 보장"이 활성화했더라면 효율성을 크게 증진했을 것이라는 주장이다. Timothy W. Guinnane & Ronald I. Miller, 1997, "The limits to land reform: the land acts in Ireland, 1870-1909," *Economic Development and Cultural Change* 45(3), pp.591-592, 608.

77 Hoppen, "Gladstone, Salisbury and the end of assimilationism," pp.57, 59; Hoppen, *Governing Hibernia*, p.230.

5. 민족 문제

1) 합방폐지 운동

1800년 합방 무렵 아일랜드섬의 주민은 정치적·종교적 입장과 무관하게 모두 자신을 "아일랜드인"으로 여겼다. 그러나 합방 시기에 "아일랜드인(the Irish)"은 가톨릭을 지칭하게 되었다. 아일랜드 의회를 없앤 합방은 새로운 "가톨릭" 민족주의가 형성되는 데 매우 중요했다. 합방이 오히려 해방을 가로막는 장애물로 확인되자, 가톨릭은 합방 체제에 도전하면서 자신을 "아일랜드인의 민족"으로 주장하게 되었다.

반면 「가톨릭 구제법」과 1798년 봉기에 경악한 프로테스탄트는 1800년에 자신이 아일랜드 민족이라는 주장을 포기하였다.[78] 이 의식은 합방 체제가 안정적으로 존속하는 한 조직화할 이유는 없었다. 그러나 1886년 글래드스턴의 자치법안이 제안되면서 아일랜드 프로테스탄트의 위기감은 합방주의의 조직화로 나타나게 되었다.

가톨릭 해방을 성취한 후, 1830년대 전반기에 오코널은 합방폐지 운동을 시작하였다. 그러나 가톨릭 해방과 달리, 합방폐지 운동은 영국 정부가 굴복할 리 없었으므로 실패 이외에는 현실적인 대안이 없었다. 그러므로 1830년대의 합방폐지 운동은 영국 정부로부터 실제적 양보를 얻기 위한 오코널의 전략적 선택일 수 있었다. 휘그 정부의 자유주의적 개혁은

78　Connolly, "Patriotism and nationalism," p.35; Bartlett, "The emergence of the Irish Catholic nation, 1750-1850," pp.517, 525, 527-532.

그 성과였다.[79]

1841년 휘그 정부가 실각하고 필의 보수당 정부가 성립하였다. 휘그 집권 시기에 나타났던 영국 정부와 오코널의 협력은 중단되었고, 오코널은 즉각 합방폐지 운동의 재개를 선언하였다. 1840년부터 오코널은 합방폐지, "역사적" 아일랜드 의회의 복원과 입법적 독립, 연방제 연합왕국 등을 주창하였다. 그것은 분리가 아니라 두 개의 입법부가 하나의 왕권 아래 존재하는 체제였다.[80]

전국 충성파 합방폐지협회(Loyal National Repeal Association)는 1840~1848년 시기 합방폐지 운동을 주도한 조직이었다. "충성파" 개념은 분리나 독립이 아닌 자치와 왕권 인정을 전제했고, "전국" 개념은 종파주의를 지양했던 통합아일랜드인협회의 정신을 계승했음을 뜻했다. 협회는 가톨릭 사제들이 징수한 "합방폐지 지대(Repeal rent)"로 대규모 집회를 후원하고 청원을 모으고 선거 후보자를 조정하였다. 1843년 1월, 오코널은 이 해를 "합방폐지의 해"로 선언했다.

영국 정부는 합방폐지를 받아들일 수 없었다. 폐지는 영국 헌정의 존폐와 직결되었기 때문이다. 보수당 정부의 수상 필은 강압을 선택했다. 아일랜드 주둔 영국군 병력을 증원한 영국 정부는 총독에게 10월 클론타프(더블린 북부 외곽)에서 예정된 집회를 금지하라고 지시했다. 오코널은 자신의 입헌주의 신념에 따라 후퇴했다. 그는 영국 정부와 직접 충돌하는

---

79 Bartlett, "The emergence of the Irish Catholic nation, 1750-1850," pp.537-538; Geoghegan, "The impact of O'Connell, 1815-1850," p.121.

80 Oliver MacDonagh, 1997, "O'Connell's ideology," in Laurence Brockliss & David Eastwood ed., *A union of multiple identities: the British Isles, c.1750-c.1850*, Manchester University Press, pp.158-160.

합방폐지 운동을 원치 않았다. 여세를 몰아 1844년 영국 정부는 오코널을 반역 음모 혐의로 투옥하였다. 필은 합방을 유지하기 위해 "왕권과 법이 정부에 부여한 어떤 권한이라도 사용할 것"이라고 천명하였다. 이것은 합방 이전은 물론이거니와 합방 이후에도 영국 정부가 법과 질서를 유지하는 일관한 방식이었다.

2) 글래드스턴의 자치법안

1860년대에 아일랜드 민족 문제는 피니언주의를 통해 다시 부상하였다. 피니언 운동이 영국 정부의 강경 대응과 글래드스턴의 개혁 정책으로 퇴조하자, 이를 대신하여 아일랜드 민족주의를 장악한 것이 1840년대 오코널의 "역사적 아일랜드 의회의 복원" 운동의 전통을 이은 자치당의 입헌주의적 민족주의였다.[81] 1870년 창설된 자치당은 초기에는 소수의 프로테스탄트가 중심이었지만, 이후 교육에서 가톨릭교회의 역할을 강조하면서 가톨릭 사제와 농민이 가세하여 대중적 기반이 확대되고 이념도 더 명확해졌다. 자치당(아일랜드 의회당)은 처음 참여한 1874년 총선에서 약진하였지만, 디즈레일리의 보수당 정부를 압박하기에는 역부족이었다.

1877년 버트를 제치고 자치당의 지도자가 된 파넬은 1879년 버트의 온건 노선을 버리고 더 전투적인 자치운동을 전개하였다. 버트는 아일랜드를 영국의 하위 협력자로 보았지만, 파넬은 아일랜드가 영국과 동등한

---

81   Alvin Jackson, 2003, *Home rule: an Irish history, 1800-2000*, Oxford University Press, p.15. 자치정부협회(1870)는 자치동맹(1873)→영국자치연맹(1877)→민족당(1882~1922)으로 명칭이 바뀌었다. 1874년 총선 이후의 자치당은 아일랜드 의회당(Irish Parliamentary Party)으로 부른다.

협력자라고 여겼다. 파넬은 분리주의자, 피니언주의자, 급진적 토지개혁론자 등과 동맹하여 농촌 문제와 민족(자치) 문제를 결합하였고, 토지전쟁을 통해 의회 차원의 자치 투쟁을 민족적·가톨릭적 운동으로 전환하였다. 그는 "누구도 민족의 행진에 경계를 정할 권리를 갖지 않는다"고 선언하였다.

한편, 제2차 토지법 시행과정에서 글래드스턴은 아일랜드 문제에 대한 자치 해법의 필요성을 인식하고 있었다. 그는 혐오 받는 영국 정부가 전면에 나서지 않은 채 대규모의 토지 매입(자작농제)을 달성하기 위해서는 "진지하게 책임 있는 주체"가 아일랜드를 대표해야 한다고 보았다. 즉, 자치와 토지는 "샴쌍둥이"로 파악되었다. 그래서 1886년 자치법안과 토지법안은 동시에 제안되었다. 글래드스턴은 자치를 아일랜드 문제의 해법으로 확신하였지만, 그것은 합방의 폐지가 아니라 수정이라고 주장하였다. 그는 웨스트민스터 의회의 수위권, 경제적 통일성, 군사적 안전, 아일랜드 지주계급의 사회적 지도력 등을 자치의 본질적 조건으로 제시하였다.[82]

이처럼 자치운동, 토지전쟁, 글래드스턴의 결심 등은 자치법안이 등장하는 상황을 마련하였지만, 그것이 자치 정국으로 전개된 데는 카운티 세대주 선거권(household suffrage)을 규정한 1884~1885년의 제3차 선거법 개혁이 결정적으로 작용하였다. 아일랜드 유권자 규모는 22만 명에서 73만 명으로 대폭 증가하였고, 이들 대다수는 가톨릭이었다. 1885년 말 총선 결과 아일랜드에서 자유당이 몰락하였고, 얼스터를 제외한 아일랜드 전역을 석권한 민족당(자치당)이 캐스팅 보트를 쥐게 되었다. 이에 글

---

[82]　Jackson, "Gladstone, Ireland, Scotland and the 'Union of hearts and spirit'," p.35.

래드스턴은 아일랜드 인민이 "발언"하였다고 판단하였다. 글래드스턴이 자치로 "회심"했다고 확신한 파넬은 자유당과 합세하여 솔즈베리의 보수당 정부를 실각시켰다. 1886년 2월 글래드스턴 제3차 내각이 성립하였다.

1886년 4월 제안된 자치법안에 따르면, 제국 문제와 구별되는 아일랜드 문제만을 다룰 의회("입법체")를 더블린에 설치한다. 의회는 동일 의사당에서 함께 회의하는 두 원(order)으로 구성한다. 1원은 1884년의 세대주 선거권에 따라 선출된 의원 103명으로 구성하고, 2원은 아일랜드 귀족과 25파운드 재산 자격을 가진 유권자가 선출한 의원 48명으로 구성한다. 두 원은 각각 거부권을 갖고, 원하면 별도 회합에서 투표하는 권한을 갖는다. 아일랜드 행정부는 국왕을 대신하는 총독이 관장하며, 총독직은 가톨릭에 개방된다. 아일랜드 대표는 제국의회(웨스트민스터 의회)에서 배제된다. 아일랜드 의회는 왕위, 외교, 국방, 교역, 종교, 통화, 관세와 물품세 등에 관한 법을 제정할 수 없다. 아일랜드는 일정액의 제국 유지비를 부담한다.

의회에서 자치법안은 치열한 논란을 일으켰다. 글래드스턴은 자치 부여가 영국 정부의 도덕적 권리임을 강조하였다. 글래드스턴은 합방을 유지하는 수단으로 강압은 불신받았고, 영국이 만든 아일랜드 입법은 실패했으며, 따라서 동의에 토대를 두는 자치만이 유일하고 "최종적인" 해법이라고 주장하였다. 글래드스턴은 "역사적 논증"을 구사하여 이 주장을 정당화했다. 즉, 아일랜드인은 자치를 갈망하는 역사적 민족이며, 이 갈망은 총선에서 확인되었다. 아일랜드에서 법에 대한 존경은 단지 좋은 입법뿐 아니라 "합당한" 사람에 의해 법이 제정되는 것에 달려 있다. 요컨대 아일랜드인이 자신에 관한 사안을 자신의 방식대로 처리하는 것이 오히려 영국과 아일랜드 사이의 유대를 강화하는 길이다. 왜냐하면 "마음과 정신"의 유대에 근거한 합방만이 영국과 영제국의 안전을 보증할 것이기 때문이다.[83]

그러나 자치반대파는 아일랜드인이 독자적인 민족이 아니며, 인성 또한 자치에 부적합하고, 설사 별개의 민족이더라도 자치는 영국과 영제국의 이해관계를 침해한다고 주장하였다. 이 우려는 네 가지 차원에서 제기되었다. 자치는 영국인에게 재정적 부담을 안길 것이고, 아일랜드 대표를 웨스트민스터 의회에서 배제하면 "대표 없는 과세 없다"는 원리를 침해한다. 자치 이후 아일랜드는 연합왕국과 영제국에서 분리될 것이다. "자치=가톨릭 지배(Home Rule=Rome Rule)"이므로 자치는 가톨릭교회를 강화할 것이다. 역사적 경험, 종교, 경제에서 얼스터는 나머지 아일랜드와 아주 다르므로 자치에서 배제해야 한다.[84]

6월 하원 표결 결과는 찬성 313표, 반대 343표였다. 민족당 의원 전원이 찬성하고 보수당 의원 250명이 반대했으며, 자유당은 찬성파 227명과 반대파 93명으로 분열하였다. 법안을 반대한 이들 자유당 합방파(Liberal

---

[83] Alan O'Day, 1998, *Irish home rule, 1867-1921*, Manchester University Press, pp.111-112; Kelly, "Home rule and its enemies," p.590.

[84] O'Day, *Irish home rule*, pp.112-115. 의회에서의 자치 논쟁에 관한 상세한 설명은 김기순, 2009, 『글래드스턴과 아일랜드: 자치법안 정치사 연구』, 한림대학교출판부, 111~299쪽. 글래드스턴에게 자치는 민족의 문제이지 지방의 문제가 아니었다. 그는 근본적으로 아일랜드 민족은 하나라고 인식하였다(『글래드스턴과 아일랜드』, 175쪽). 자치법안에서 얼스터에 관해 별도 규정을 마련하지 않은 점은 글래드스턴의 "중대한 판단 착오"이자 법안 부결의 중요한 이유라고 빈번히 지적되었다. 그러나 이는 현대적 관점을 적용한 해석이다. 1886년 당시에 얼스터 저항은 그리 중대한 위험이 되지 못했다. 김기순, 2001, 「글래드스턴과 여론정치: 아일랜드 자치법안에 관한 대중 청원 운동을 중심으로(1886, 1893)」, 『영국연구』 6, 95~132쪽.

Unionists)와 보수당은 합방주의 이념과 "자치=제국 해체"라는 고정관념을 공유했다.

한편, 신학적·사회적·경제적 차이를 넘어서서 얼스터 장로교도와 국교도는 자치를 가톨릭 지배와 동일시하였다. 자치법안 이후 아일랜드에서는 남부 대 북부, 가톨릭 대 프로테스탄트, 민족주의 대 합방주의의 대립이 점차 뚜렷해졌다.

글래드스턴은 아일랜드의 "독특성"을 고려한 새로운 합방 체제를 만들고자 했다. 그는 아일랜드에서의 사태 변화를 계기 삼아, 이미 1882년 무렵 자신이 그 필요성을 인식하였던 자치 해법을 추진하였다. 그것은 매우 적극적인 구별 정책이자, 가톨릭의 "새로운 충성"을 형성하려는 시도였다."[85] 또한 글래드스턴의 제안은 중요한 헌정 실험이었다. 그의 제안의 새로움은 "아일랜드가 연합왕국의 구성 부분으로 남으면서" 국내 사안에 대해 자율성을 갖는다는 점이었다. 즉, 권한 이양을 통한 연합왕국의 강화, 원심성과 구심성의 결합이었다. 그것은 자치를 통해 영국과 아일랜드의 관계를 재정립함으로써 복수민족국가로서 연합왕국의 토대를 재구축하려는 미래 지향적 구상이었다. 그는 연합왕국의 통일성을 다원주의 인정을 통해 달성하고자 했다.[86]

글래드스턴의 제안은 1867년 「영국령 북아메리카법(British North America Act)」으로 연방제 자치령(dominion)이 된 캐나다 사례에 근거하였고, 의회 토론에서도 캐나다와의 유비 여부는 자주 언급되었다. 자치와 자치령을

---

85 Richard A. Keogh, 2017, "'From education, from duty, and from principle': Irish Catholic loyalty in context, 1829–1874," *British Catholic History* 33(3), pp.425–426, 443.

86 김기순, 2009, 앞의 책, 324쪽; O'Day, "Ireland and the United Kingdom," pp.17~18.

동일시한 법안 반대자는 자치가 결국 분리와 독립으로 나아갈 것이라고 주장하였다. 그러나 자치법안에서 제시된 아일랜드 의회는 외교, 국방, 과세, 통화, 무역 등에서 자율성을 갖지 못했다. 아일랜드는 연합왕국이 일부이어서 주권적 권위를 가질 수 없기 때문이다. 즉, 자치령은 "영제국"의 자율적 부분이고, 자치(home rule) 아일랜드는 "연합왕국"의 자율적 부분이었다. 둘은 서로 다른 수준의 권한 이양 개념이었다.

제4차 내각 때인 1893년 2월 글래드스턴은 다시 자치법안을 제안하였다. 제1차 자치법안과 다른 중요한 변화는 아일랜드 의회를 영국처럼 상하 양원(houses)으로 구성하고, 규모가 80석으로 축소된 아일랜드 대표자가 웨스트민스터 의회에서 아일랜드 사안과 제국 사안 모두에 대해 표결하는 것이었다. 9월 격렬한 논란을 거쳐 하원을 통과한 법안은 상원에서 고작 4일간의 토론 끝에 419 대 41로 부결되었다. 제2차 자치법안은 자치 논쟁의 역사에서 그리 중요하게 서술되지 않았다. 그러나 글래드스턴의 제안은 "이후의 자치 구상들이 측정되는 기준"이 되었다. 나아가 법안이 하원을 통과한 사실 자체는 의미심장한 현상이었다. 왜냐하면 합방 체제에서 연합왕국 권력의 중심은 영국(잉글랜드)이었고, 따라서 합방은 오직 영국 지배층이 주변부 민족의 요구에 자발적으로 동의해야만 변개 혹은 해체될 수 있었기 때문이다.[87]

---

87 Kanter, *The making of British unionism*, pp.319-320.

3) 보수당의 "건설적 합방주의"(1886~1906)

    1886년 7월 총선에서 압승한 보수당은 자유당 합방파와 공조하여 솔즈베리 제2차 내각을 수립하였다. 보수당 정부는 강압과 회유 병행 정책을 폈다. 솔즈베리와 아일랜드 수석장관들은[88] 일관해서 아일랜드 문제를 물질적인 것으로 보았다. 또한 보수당과 자유당 합방파의 연립내각에서 국가 간섭을 통해 빈곤을 완화하고 제국 행정부를 합리적으로 재조직할 것을 요구한 급진주의자 체임벌린(Joseph Chamberlain)의 존재도 중요했다. 이처럼 합방주의는 19세기 말 이래 제국주의 사고라는 더 광범한 맥락과도 연관되었다. 따라서 아일랜드 자치는 전 세계에서 영제국의 우위를 근본적으로 위협하는 것으로 여겨졌다. 사실, 아일랜드 분리주의자와 영국의 합방주의자 모두 아일랜드의 독립이 제국 해체의 시작이라고 주장했다.[89] 분리주의를 표방한 신페인당은 민족당이 요구하는 자치를 제국 해체(아일랜드 독립)를 방지하는 것으로 여겼기 때문이다.

    1886~1906년 대부분 시기에 집권한 보수당의 "친절로써 자치를 죽이는" 정책의 기조는 아일랜드 농민의 물질적 조건을 개선하여 이들을 민족당과 자치운동으로부터 분리함으로써 합방을 더 대중적인 기반 위에 놓는 것이었다. 따라서 보수당의 건설적 합방주의는 수단과 방법에서는 급진적이었다. 예컨대, 이중적 소유권 자체를 제거한 「윈덤법」에서 보듯이. 보수당 정부는 자작농제가 성취되면 자치 혹은 독립 민족국가 요구가

---

[88] 아서 밸푸어(Arthur Balfour, 1887~1891), 제럴드 밸푸어(Gerald Balfour, 1895~1900), 조지 윈덤(George Wyndham, 1900~1905).

[89] Kelly, "Home rule and its enemies," p.592.

사라질 것으로 예상하였다.

건설적 합방주의 정책은 대체로 국가가 대규모 재정을 투입하여 경제적으로 낙후한 농촌을 지원하는 프로그램이었다. 첫째, 자작농제로의 이행은 「애쉬번법」과 두 차례 「밸푸어법」을 거쳐 「윈덤법」으로 완결되었다. 소농 체제는 오히려 강화되었다. 둘째, 빈곤하고 인구가 과밀한 서부 농촌 지역에서 빈자 구호를 위한 토지 매입, 사회 기간시설 건설, 영농과 축산 및 어로 개선, 가내 산업 육성, 기술 훈련 등을 지원하고, 감독하는 인구과밀지역 공공사업국(Congested Districts Board, 1891~1923) 설치는 의의가 컸다. 제1차 「밸푸어법」에 의거해 설치된 이 부서의 관할 범위는 1900년에 아일랜드 2/3 지역에 이르렀다. 이 "원대하고 상상력 있는 구상"은 자유당 합방파의 급진주의자 체임벌린에게서 영감을 받았다.[90] 셋째, 잉글랜드의 법(1888)을 모델로 삼은 1898년 「지방정부법(Local Government Act)」은 아일랜드 정치를 근대화했다. 「빈민법」 체계를 따랐던 지방 행정을 "민주화한" 이 조치는 지역 기반시설, 구빈을 비롯한 복지 서비스, 공중보건 업무 등을 모든 토지 보유자가 선거를 통해 구성한 지방협의회(council)가 관할하고, 이 협의회를 지방정부청(Local Government Board)이 감독하도록 규정하였다. 그 결과 지방 행정에서 지역 유력자인 지주와 합방주의자의 권력이 쇠퇴하였다.[91]

---

[90] 그래서 보수당의 회유 정책이 아일랜드 민족주의자와의 화해보다는 체임벌린이 대표한 자유당 합방파와의 공조를 유지하기 위한 것이었다는 주장도 있다. 건설적 합방주의에 관한 상세한 연구는 Andrew Gailey, 1987, *Ireland and the death of kindness: the experience of constructive unionism, 1880-1905*, Cork University Press.

[91] Frederick H. Aalen, 2008, "Constructive unionism and the shaping of rural Ireland, c.1880-1921," in N. C. Flemming & Alan O'Day ed., *Ireland and Anglo-Irish relations since 1800: critical essays, vol. 2: Parnell and his legacy to the Treaty*, Ashgate,

건설적 합방주의 정책은 개량주의 개혁으로 자치론을 불식하고, 합방이 아일랜드의 이익에 최선임을 보여 주고자 했다. 글래드스턴의 시도가 자치를 촉진해서 민족 문제를 해결하려 했다면, 건설적 합방주의는 자치를 저지함으로써 민족 문제를 제거하고자 했다. 그런데 합방주의를 강화하기 위한 건설적 합방주의 정책의 결과가 실제로는 자치와 "유사하게" 되었고, 결국 "친절 자체의 죽음"으로 귀결했다.[92] 보수당의 장기 집권 후 1906년 자유당이 집권했을 때, 아일랜드는 합방 시기 어느 때보다 더 경제적으로나 정치적으로 역동적이었다.

그렇지만, 민족당이 주도한 지대 인하 운동(1886~1891)에 대한 밸푸어의 강압 정책에서 보듯이("유혈의 벨퍼"), 보수당은 강압도 병행했다. 회유와 달리, 강압은 보수당 "원리"의 희생을 동반하지 않았기 때문이다.[93] 그러나 강압과 회유의 이중정책은 결국 실패했고, "아일랜드 문제"는 해결되지 않았다. 그 이유는 영국의 합방주의자가 아일랜드 민족주의를 "그 자체 실체로서" 파악하지 못했기 때문이다. 잉글랜드의 "돈"으로 아일랜드인의 "영혼"을 매입한 건설적 합방주의 시기에 민족당 의석은 아일랜드 전체 의석 105석 가운데 80석 이하인 적이 없었다. 민족당에 대한 지지는 "특정한 헌정 형태[자치]에 대한 명백한 선호보다는 전반적인 강력한 민족주의 감정으로부터" 나왔다.[94]

---

    pp.146-165.

92 Aalen, "Constructive unionism and the shaping of rural Ireland, c.1880-1921," pp.143-145, 166-168; Andrew Gailey, 1992, "Failure and the making of the new Ireland," in D. George Boyce ed., *The revolution in Ireland, 1879-1923*, Macmillan, pp.47-70; Gailey, *Ireland and the death of kindness*, pp.310-311, 319.

93 Curtis, *Coercion and conciliation*, pp.429-430, 433.

94 Gailey, *Ireland and the death of kindness,* p.305; Alan O'Day, 1979, "Irish home rule

한편, 건설적 합방주의 시기에 아일랜드 합방주의에서 지역화한 강경파 노선이 우세해지고 있었다. 1884~1885년 선거법 개혁 때 등장한 아일랜드 합방주의 의회당(Irish Unionist Parliamentary Party : "Ulster" party), 즉 얼스터 합방당이 대중 동원력을 갖추면서 "지역적 집중과 우세"를 얻고, 그 결과 아일랜드 합방주의의 "얼스터화"가 이루어진 것은 1904~1905년의 얼스터 합방주의위원회(Ulster Unionist Council)의 등장부터였다. 이 조직은 1904년 보수당 정부가 아일랜드에 정부의 일부 기능을 이양하는 구상을 제시한 데 반발해서 결성되었다. 권한이양에 대한 얼스터 합방당의 두려움은 1907년 자유당 정부가 일부 입법과 행정 기능을 선출 대표자로 구성되는 행정위원회에 이양하는 아일랜드위원회 법안(Irish Council Bill)을 제안하면서 더욱 커졌다. 이어 1911년 「의회법」은 얼스터 합방주의의 전투성이 대중성까지 확보하는 중요한 계기였다.[95]

1905년 이후 얼스터 합방주의의 핵심은 "자치=관세 장벽"과 "자치=가톨릭 지배"라는 두려움이었다. 17세기에 스코틀랜드와 잉글랜드에서 온 이주민에 의해 일부 지역이 식민화한 얼스터는 종교적으로는 장로교도가 우세했고, 린넨 산업과 조선업을 중심으로 발달한 산업은 영국과의

---

and liberalism," in Alan O'Day ed., *The Edwardian age: conflict and stability, 1900-1914*, Archon Books p.117; Curtis, *Coercion and conciliation*, pp.425, 427; Gearóid Ó Tuathaigh, 2018, "Introduction : Ireland 1880-2016: negotiating sovereignty and freedom," in Thomas Bartlett ed., *The Cambridge history of Ireland, v.4: 1880 to the present*, Cambridge University Press, pp.3-4.

95 Alvin Jackson, 2014, "Loyalists and unionists," in Alvin Jackson ed., *The Oxford handbook of modern Irish history*, Oxford University Press, pp.46, 52-53; Jackson, 2018, "The origins, politics and culture of Irish unionism," in Thomas Bartlett ed., *The Cambridge history of Ireland, v.4: 1880 to the present*, Cambridge University Press, pp.107-110.

연계를 통해 기술과 시장에서 제국의 혜택을 입고 있었다. 또한 얼스터 합방주의자는 아일랜드 민족당의 요구에 동정적인 "상당수 영국인" 때문에 좌절감을 느꼈고, 보수당의 최우선 의제인 영제국의 통일성에 관한 관심보다는 자치가 시행되면 자신이 "식민지"가 될 수 있다는 두려움이 더 컸다. 그들은 1800년 「합방법」을 아일랜드 프로테스탄트의 근본적인 권리와 자유의 보증으로서 재상상하였다.[96] 그리하여 얼스터 합방주의자는 언젠가는 결국 자신의 대의를 위해 스스로 조직하고 동원해야 한다고 인식하고 있었다. 제3차 자치법안 위기 때 이 의식은 현실이 되었다.

4) 자치법안 위기(1912~1914)

1886년 이후 20년 동안 대부분 야당이었던 자유당은 1906년 총선에서 자유무역주의 기치 아래 단합하여 유례없는 대승을 거두었다.[97] 1900년 레드먼드(John Redmond)를 중심으로 어렵사리 통합을 이룬 민족당은 여전히 아일랜드 의석을 석권했지만, 자유당이 집권을 위해 민족당에 의존할 필요가 없었으므로 자치는 자유당의 의제에서 우선순위가 되지 못

---

[96] D. G. Boyce, 1986, "The marginal Britons: the Irish," in R. Colls & P. Dodd ed., *Englishness: politics and culture, 1880-1920*, Croom Helm, pp.232-233; Alvin Jackson, 1989, *The Ulster Party: Irish unionists in the House of Commons, 1884-1911*, Oxford University Press, pp.116-124; Jackson, 1989, "The social and political roots of Irish partition," *Revue Française de Civilisation Britannique* 5, pp.13-28; Kelly, "Home rule and its enemies," p.593; 김기순, 『글래드스턴과 아일랜드: 자치법안 정치사 연구』, 170~172쪽.

[97] 전체 670석 가운데 자유당 400석, 보수당과 자유당 합방파 157석, 노동당 30석, 민족당 83석.

했다.[98]

　자유당 정부가 자치를 재론한 중요한 계기는 아일랜드 문제가 아니라 영국 내부에서 정치 구조의 변화였다.[99] 1908년 자유당 제국주의자(Liberal imperialist) 애스퀴스(Herbert H. Asquith)가 수상이 되었다. 1909년 재무장관 로이드 조지(David Lloyd George)는 사회복지와 전함 건조에 필요한 재원을 마련하기 위해 부유층의 토지와 소득에 대한 세금을 대폭 인상한 예산안("인민예산": People's budget)을 제안하였다. 하원을 통과한 예산안은 상원에서 부결되었다. 이 예산안을 둘러싼 논란은 1910년 두 차례 총선으로 이어졌다.

　두 총선에서 민족당은 캐스팅 보트를 쥐게 되었고, 1890년대 이후 처음으로 아일랜드 문제는 연합왕국 정치의 중심에 섰다. 레드먼드는 1909년 예산안과 상원 개혁을 지지했고, 반대급부로 애스퀴스는 새로운 자치법안 제안을 약속하였기 때문이다.[100] 애스퀴스는 1911년 「의회법(Parliament Act)」을 제정하여 상원의 거부권을 제한하였다. 재정법안에 대한 상원의 거부권은 폐지되었고, 상원은 하원을 통과한 일반 법안을 두 번 거부할 수 있지만, 하원이 세 번째에도 통과시키면 상원의 승인 없이

98　비록 자치는 뒷전으로 밀렸지만, 자유당 정부의 아일랜드 정책에는 이전 시기 보수당의 건설적 합방주의 정책과 유사한 측면이 있었다. 공공주택 건설, 추방된 차지인에 대한 공적 부조, 토지매입법(1909), 국민보험법(National Insurance Act, 1911), 가톨릭 국립대학 설립(1909)이 그 사례이다.

99　D. George Boyce, 1994, "British politics and the Irish Question, 1912-1922," in Peter Collins ed., *Nationalism and unionism: conflict in Ireland, 1885-1921*, Institute of Irish Studies, p.92.

100　Conor Mulvagh, 2018, "Home rulers at Westminster, 1880-1914," in Thomas Bartlett ed., *The Cambridge history of Ireland, v.4: 1880 to the present*, Cambridge University Press, p.82.

법이 되었다. 글래드스턴의 자치 시도를 좌절시켰던 가장 중요한 요소가 이제 제거되었다. 상원의 무력화는 제3차 자치법안에 대한 얼스터의 격렬한 저항과 연관된다.

1912년 4월 제안된 제3차 자치법안은 "온건하고 보수적인 형태의 입법적 권한 이양"이었다. 애스퀴스의 기본 입장은 웨스트민스터 의회의 수위권을 지키면서 아일랜드 국내 사안을 관장하는 자치정부를 수립하는 것으로서, 이는 글래드스턴의 유산을 따랐다. 다만 웨스트민스터에서 아일랜드 대표성의 규모가 80석에서 42석으로 줄어든 점이 1893년 제2차 자치법안과 달랐다. 1893년 제안처럼 제국의회는 국방, 외교, 경찰, 세수 등을 관장하였다. 아일랜드는 영국의 자유무역 시장에 남게 되었다. 재정은 아일랜드-영국 합동위원회에서 운영하지만, 아일랜드는 부채가 변제될 때까지 자신의 재정을 통제할 수 없었다.[101]

1913년 1월, 1913년 7월, 1914년 5월 법안은 하원을 세 번 통과했다. 그러나 국왕의 재가를 받는 1914년 9월 자치법안은 "정치적으로" 부적합해졌다. 법안 제안과 통과 사이의 2년 기간에 아일랜드 여론이 양극화하고, 이어 그 양극화가 내란 직전의 사태로 나아갔기 때문이었다. 얼스터 합방당의 지도자 카슨(Edward Carson)은 얼스터 배제를 내세워 자치 자체를 파괴하고자 했다. 1912년 9월 얼스터 프로테스탄트 47만 명이 국왕에 대한 충성과 자치 반대를 서약했다. 1913년 1월 자치를 반대하는 얼스터 의용군(Ulster Volunteer Force)이 조직되었다.

---

101 D. George Boyce, 2014, "The third home rule bill in British history," in Gabriel Doherty ed., *The home rule crisis, 1912-1914*, Mercier Press, p.412. 재정 통제권 유예 조항은 아일랜드 행정부가 균형 예산을 유지해야 한다는 압박이었다. 글래드스턴 시대 이래 자유당의 아일랜드 자치 정책에는 재정 지출 축소 원칙이 있었다.

아일랜드에서의 사태 전개 못잖게 중요한 변화는 영국에서 정치적 여론의 양극화와 정당 대립의 격화였다. 1911년 11월 보수당의 지도자가 된 보나 로(Andrew Bonar Law)는 자유당 정부를 "전제적 권력"으로 비난하면서 얼스터를 지지하였고, 1913년 3월 합방과 얼스터를 지지하는 대중적 조직인 영국동맹(British League)이 발족하였다. 그러자 1913년 11월 얼스터 의용군에 대응하는 아일랜드 민족의용군(Irish National Volunteers)이 자치 "방어"를 표방하면서 아일랜드 남부에서 출현하였다. 1913년 9월 얼스터 합방주의위원회는 얼스터 임시정부를 선언하였다. 이처럼 세계대전 발발 이전에 두 진영의 무력 위협이 고조되었고, 의회주의와 대의정부의 특징인 설득과 타협의 정치는 경멸받았다.[102]

아일랜드에서 무력 대결 위기가 고조된 1914년 3월, 킬데어 카운티 쿠라 기지의 영국군 지휘관들이 얼스터로 이동하라는 정부의 명령을 거부한 "쿠라 항명 사태"가 일어났다. 그러나 애스퀴스 정부는 명령 불복을 군법으로 다스리지 않고 육군장관을 경질하는 선에서 후퇴했다. 그런데 영국 정부가 얼스터에서 "신중하게" 무력을 과시했더라면 효력이 있었을 것이다. 카슨은 군대와의 대결이나 내란에서 아무것도 얻지 못함을 알고 있었기 때문이다.[103] 쿠라 사태를 계기로 얼스터에 대한 강압은 더욱 어려워졌다. 위기는 1914년 4월 얼스터 의용군과 7월 아일랜드 의용군의 무기 밀반입으로 가중되었다. 얼스터의 무력 저항 위협은 자유당 정부가 아일랜드 문제를 해결하려면 분할이 불가피하다고 결정하게 만든 결정적인

---

102 Ó Tuathaigh, "Introduction: Ireland 1880-2016: negotiating sovereignty and freedom," pp.6-7.

103 E. J. Feuchtwanger, 1985, *Democracy and empire: Britain, 1865-1914*, Edward Arnold, p.344.

요인이었다.[104]

한편 자치법안을 둘러싼 의회 토론에서 의외의 변화가 일어났다. 1912년 6월, 합방주의자가 다수인 얼스터 4개 카운티를 자치법안에서 제외하자는 수정안이 제기되면서 여러 분할 구상이 난무했다. 이는 이 무렵 자유당이나 보수당 모두 "자치=얼스터 배제"를 묵시적으로 수용했음을 뜻했다. 로이드 조지의 제안은 이런 분위기에서 나왔다. 상원이 자치법안을 두 번 부결한 후, 1914년 3월 하원에서 로이드 조지는 "카운티 선택권(county option)" 수정안을 제안하였다. 그 핵심은 아일랜드 32개 카운티 가운데 얼스터 6개 카운티를 더블린 의회의 관할 구역에서 제외하고, 이들 카운티가 6년간 자치에서 배제되는지를 주민투표로 결정하자는 것이었다. 6월 하원은 로이드의 수정안을 통과시켰다.[105] 그러자 상원은 얼스터 전체 9개 카운티를 항구적으로, 그리고 주민투표 없이 자치에서 배제하는 재수정안을 제안하였다. 1914년 7월 국왕이 참석한 버킹엄궁 연석회의에서 타결이 모색되었지만, 자유당-민족당과 보수당-얼스터 합방당이 배제 지역과 배제 기간에 관해 합의를 이루지 못한 채 연석회의는 종결되었다. 보이스에 따르면, "해법"은 오직 자유당과 보수당이 아일랜드 정당들과 "거리를 두고서" 타협할 때라야 가능했다.[106]

---

104 Éamon Phoenix, 2010, "Northern nationalists in conflict: from the third home rule crisis to partition, 1900-21," in Alan F. Parkinson & Éamon Phoenix ed., *Conflicts in the north of Ireland, 1900-2000: flashpoints and fractured zones*, Four Courts Press, p.47.

105 따라서 분단의 기원은 1920~1921년이 아니라 1914년이라는 해석은 Conor Mulvagh, 2019, "Ulster exclusion and Irish nationalism: consenting to the principle of partition, 1912-1916," *Revue Française de Civilisation Britannique* 24(2), pp.1, 15; Hoppen, *Governing Hibernia*, p.306.

106 Boyce, "British politics and the Irish Question, 1912-1922," p.95.

1914년 8월 제1차 세계대전이 발발하였다. 자유당 정부는 민족당의 도움이 필요했다. 애스퀴스와 레드먼드의 타협에 따라 9월 자치법안은 수정 없이 「자치법」이 되었다. 그러나 이 법은 전쟁이 지속하는 동안 실시가 유예되었다. 동시에 애스퀴스는 얼스터에 대한 특별한 조치 없이는 자치가 시행되지 않을 것이라고 확약하였다.[107] 즉, 1914년 9월 시점에서 확정된 것은 전쟁이 끝날 때까지 자치가 유예되지만, 자치는 분할을 포함한다는 점이었다.

그렇다면 자치법안 위기의 의미는 무엇인가?

첫째, 1911년 「의회법」의 "가장 파괴적이고 역설적인" 측면은 상원의 거부권을 "합법화"함으로써 자치법안이 1914년 이전에는 법이 될 수 없었다는 사실이다. 이는 영국 행정부와 의회의 권위를 실추시켰을 뿐 아니라, 정치 의제에 대한 통제권을 얼스터의 "거리정치"에 넘겨주었다. 즉, 자치 위기와 민주주의 위기는 연관성이 있었다.[108]

둘째, 역설이지만, 보수당과 합방당은 자유당과 민족당의 자치 시도를 "민주주의"에 대한 폭거로 규정하였다. 보나 로는 「의회법」이 잠정법이므로 헌정은 "유예"되었고, 헌정을 위배한 정부의 입법은 법적 효력을 갖지 않으며, 헌정 문제는 국민의 선택이 필요한 사안이라고 주장하였다(국민

---

107 Ronan Fanning, 2004, "The home rule crisis of 1912-1914 and the failure of British democracy in Ireland," in Maurice J. Bric & John Coakley ed., *From political violence to negotiated settlement: the winding path to peace in twentieth-century Ireland,* University College Dublin Press, pp.47-48; David Fitzpatrick, 2018, "Ireland and the Great War," in Thomas Bartlett ed., *The Cambridge history of Ireland, v.4: 1880 to the present,* Cambridge University Press, p.224.

108 Fanning, "The home rule crisis of 1912-1914 and the failure of British democracy in Ireland," pp.32-33, 45-46; O'Day, "The Irish home rule and liberalism," pp.129-132; Mulvagh, "Home rulers at Westminster, 1880-1914," p.83.

투표론). 보수당은 자치 반대 담론의 성격을 "자치=제국 해체"와 "자치=가톨릭 지배"로부터 "자치=헌정 파괴"로 바꾸었다. 그리고 헌정을 지키기 위해서 의회 밖의 물리력(인민의 권위)에 의존하는 것이 정당하다는 논리가 뒤따랐다. 보수당은 이 논리를 얼스터 문제에 적용하였다.[109]

셋째, 1880년대에 아일랜드 합방주의는 얼스터보다는 아일랜드 전국적 현상이었지만, 이후 "아일랜드 합방주의의 얼스터화(Ulsterization of Irish unionism)"가 일어났다. 보수당이 그랬듯이, 얼스터 합방당도 연합왕국과 얼스터에서 합방주의자가 다수라고 주장하면서 민주주의와 주권 이념으로 자신의 저항을 정당화했다.[110]

---

109 Robert Saubders, 2013, "Tory rebels and Tory democracy: the Ulster crisis, 1900–1914," in Bradley W. Hart & Richard Carr ed., *The foundations of the British Conservative Party: essays on conservatism from Lord Salisbury to David Cameron*, Bloomsbury, pp.67, 70ff, 80–82; Jeremy Smith, 1996, "Conservative ideology and representations of the union with Ireland, 1885–1914," in Martin Francis & Ina Zweiniger-Bargielowska ed., *The Conservatives and British society, 1880-1990*, University of Wales Press, pp.32–34; Alan Macleod, 2013, "The Conservative Party and the Irish Question, c.1885–2010," in Bradley W. Hart & Richard Carr ed., *The foundations of the British Conservative Party: essays on conservatism from Lord Salisbury to David Cameron*, Bloomsbury, pp.88–89.

110 Stephen Evans, 1998, "The Conservatives and the redefinition of unionism, 1912–1921," *Twentieth Century British History* 9(1), pp.1–27; Colin W. Reid, 2017, "Democracy, sovereignty and unionist political thought during the revolutionary period in Ireland, c. 1912–1922," *Transactions of the Royal Historical Society* 27, pp.211–232.

6. 분단과 독립

1) 부활절 봉기와 징집 위기

18세기 말에 등장한 아일랜드 공화주의는 1798년 봉기의 패배 이후 아일랜드 민족주의의 주류에서 배제되었다. 이 공화주의는 1860년대 피니언주의로 부활하였다. 그러나 글래드스턴의 개혁으로 피니언주의는 쇠락하였고, 1870년 이후 자치당(민족당)과 자치 이념이 아일랜드 민족주의의 주류를 이루었다. 자치에 첫 번째 타격을 가한 얼스터 합방주의는 이미 제3차 자치법안 위기 때 극단성을 드러냈지만, 남부를 중심으로 민족당은 여전히 의회주의와 입헌주의를 고수했다. 자치에 대한 두 번째 타격은 아일랜드에서 의회주의 민족주의가 공화주의에 패배한 데서 왔다. 그 결과 분리주의 대 합방주의의 대결이 더욱 첨예해졌다. 이 변화는 전쟁 "동안에" 일어났고, 따라서 전시 상황에서 영국 정부의 대응이 중요한 작용을 했다. 특히 1915년 이후 영국과 아일랜드의 합방주의자가 연립내각에서 다수파 혹은 지배 세력으로서 자신들이 무산시키려 했던 자치 문제에 대해 해법을 마련해야 하는 상황은 영국 정부의 정책 결정에 중요한 요소가 되었다.[111]

1914년 8월 제1차 세계대전이 발발하자, 레드먼드와 카슨은 영국 정부의 전시 노력과 입대 독려 운동에 협조하였다. 아일랜드 민족의용군 다

---

111 Macleod, "The Conservative Party and the Irish Question, c.1885-2010," pp.90-92. 상세한 연구는 John O. Stubbs, 1990, "The unionists and Ireland, 1914-18," *Historical Journal* 33, pp.867-893.

수파는 참전했다. 그러나 공화주의 신페인당과 아일랜드 민족의용군 내부의 공화주의형제단 계열(아일랜드 의용군)은 전쟁 참여와 자치를 거부하면서 "전 아일랜드의 완전한 독립"을 주장하였다. 전쟁 승리라는 절박한 목표를 달성하기 위해 1915년 5월 애스퀴스는 연립내각을 제안하였다. 보수당과 합방당은 참여했지만, 민족당은 거부했다. 그 결과 영국 정부 안에서 합방주의자의 영향이 증가하였다. "자치의 운명이 자치 반대자의 손에 달리게 된 것이다."[112]

이 상황에서 부활절 봉기(Easter Rising)가 일어났다. 1916년 4월 신페인당의 공화주의형제단은 사회주의 공화국을 표방한 또 다른 무장 세력인 아일랜드 시민군(Irish Citizen Army, 1913)과 합세하여 봉기를 주도하고 아일랜드 공화국(Irish Republic)을 선포하였다. 이들은 6일간 아일랜드 출신이 다수인 영국군 2만 명과 싸웠다. 봉기 참여자는 자치 아일랜드가 아니라 공화국 아일랜드를 위해 승산 없는 싸움에서 "순교"를 선택했다. 부활절 봉기는 이후 아일랜드 공화주의뿐 아니라 아일랜드 민족의 신화가 되었다.

이 "성공한 실패"의 역설은 다른 무엇보다도 영국의 정책 때문이었다. 봉기 직후 부임한 군사 총독은 계엄을 실시하고 봉기와 아무 연관이 없었던 3,500명을 체포하였으며, 공화국 선언서에 서명한 봉기 지도부 15명 모두를 처형하였다. 전시 상황이었음을 고려하더라도, 영국 정부의 가혹한 보복과 계엄은 아일랜드에서 영국의 위신과 평판을 추락시키고 봉기 참여자를 공화주의의 순교자로 만들었다. 이들에 대한 대중의 지지가 갑

---

112 Phoenix, "Northern nationalists in conflict: from the third home rule crisis to partition, 1900–1921," p.49.

자기 치솟았다.[113] 영국 정부에 대한 분노는 "종전 후 전국적 자치 시행"을 얻어내지 못한 민족당에 대한 불신과 결합하였다. 반면 자치에 대한 얼스터 합방주의지의 두려움은 더욱 커졌다. 또한 봉기는 신페인당이 얼스터 합방주의에 대항하는 아일랜드 분리주의 민족주의를 전유하는 중요한 계기가 되었다. 신페인당은 민족당과 민족당-자유당 연합 모두에 반대하였고, "완전히 별개의 정부"를 요구하면서 자치 해법을 거부했으며, 웨스트민스터 의회와 국왕에 대한 충성을 거부한 독립 공화국과 보호무역을 주장하였고, 탈잉글랜드화를 주장하였다.

봉기 진압 직후, 애스퀴스의 요청에 따라 로이드 조지는 자치에 관해 레드먼드와 카슨과 교섭하였다. 그는 얼스터 6개 카운티를 제외한 아일랜드 26개 카운티에서 즉각 1914년 「자치법」을 시행하고, 제외된 6개 카운티의 장래는 전쟁이 끝난 뒤 제국회의를 열어 결정한다는 제안을 하였다. 그러나 보수당과 얼스터 합방당, 아일랜드 남부의 합방주의자, 민족당의 입장이 서로 달라 이 구상은 수포가 되었다. 교섭이 실패하면서 레드먼드와 민족당은 다시 타격을 입었다.

전쟁이 교착 상태에서 소모전으로 전개되면서 국내에서는 애스퀴스의 지도력에 대한 비판이 거셌다. 정치적 야심이 컸던 로이드 조지는 1916년 12월 보수당과 노동당의 지지를 얻어 연립정부를 구성했다. 자유당은 분열했다. 1917년 연립정부는 수감자 석방 같은 화해 정책 대신에

---

[113] 수정주의 해석도 영국 정부의 무차별 탄압이 끼친 부정적 결과에는 이의가 없다. 첫째, 1880년대 이래 앵글로-아이리시 화해 과정에서 어렵게 얻은 성과가 사라졌다. 민족주의자는 아일랜드가 협력자라기보다는 여전히 본질적으로 식민지라고 여기게 되었고, 합방주의자는 국왕과 제국에 대한 민족주의자의 지지가 피상적이고 뒤바뀔 수 있다는 두려움을 확인하였다. 둘째, 아일랜드에서 전쟁 지지(pro-war) 합의는 파괴되었다. Fitzpatrick, "Ireland and the Great War," p.230.

공화주의 탄압으로 돌아섰다.

그런데 신페인당이 대중적 기반을 확립하게 된 결정적인 사건이 일어났다. 1918년 4월 독일군의 공세에 맞서 총력을 다하던 영국 정부는 자치시행의 대가로 「징집법(Military Service Act)」을 제정하여 징집을 아일랜드에 확대하였다. 영국에서는 이미 1916년에 징집이 시행되고 있었다. 아일랜드 전역에서 신페인당, 민족당, 가톨릭교회, 노동조합회의가 합세한 징집 반대 운동이 거셌다. 보복이 뒤따랐다. 5월 신페인당 지도부는 독일과 내통했다는 (증거 없는) 혐의로 체포되었다. 그러나 11월 종전 강화가 시작되면서 자치와 징집 모두 무산되고, 얼스터 문제는 여전히 해법을 찾지 못했다.

로이드 조지 정부는 "아일랜드 상황이 (자치를) 가능하게 만들 때까지" 자치를 연기한다고 선언하고 총선을 실시했다. 1918년 12월 새로운 선거법(30세 이상 여성도 선거권을 행사한 보통선거제)에 따른 총선 결과는 상전벽해였다. 신페인당과 얼스터 합방당이 처음 참여한 1910년 12월 총선에서 민족당은 84석을 석권했지만, 두 당은 아무런 성과도 얻지 못했다. 그러나 1918년 12월 총선 결과는 민족당 6석, 신페인당 73석(득표율 47%), 합방당 26석이었다. 신페인당은 얼스터를 제외한 지역을 석권하였고,[114] 합방당 의석은 모두 얼스터에서 획득되었다. 이처럼 1914~1918년에 아일랜드에서 더 온건한 노선을 희생시키면서 더 극단적인 두 당의 지지세가 급격히 증가하였다. 신페인당은 1918년 총선 승리를 통해 1916년의 유산을 온전히 전유하였다.

1919년 1월 영국과의 전면적인 단절을 과시하기 위해 남부의 신페인

---

114   73석 가운데 45석의 당선자가 아직 감옥에 있었다.

당 의원은 웨스트민스터에 참석하지 않았고, 더블린에 "아일랜드 의회(Dáil Éireann)"를 수립하였으며, 1916년에 선언한 공화국의 부활을 선포하였다. 부활절 봉기 지도부 가운데 유일한 생존자인 (미국 시민) 데 벌레라(Eamon de Valera)가 대통령으로 선출되었다. 민족당과 합방당은 아일랜드 의회에 합류하지 않았다. 1919년 9월 아일랜드 의회는 불법으로 선언되고 탄압받았지만, 남부 아일랜드 대부분 지역에서 간섭을 받지 않고 정식 국가 행세를 하였다. 공화주의를 무법과 볼셰비즘과 결부시키려는 영국 정부의 선전은 효과가 없었다.[115] 이로써 자치는 사실상 사망하였다.

2) 「아일랜드 정부법」(1920)

그러나 영국과 평화적으로 공존하려는 신페인당의 계획은 1919년 1월 공화국군이 남부에서 영국군과 무장경찰을 상대로 "독립전쟁(Anglo-Irish War)"을 시작하면서 무산되었다. 공화국군을 이끈 콜린스(Michael Collins)는 경찰 정보원과 관리를 상대로 암살과 게릴라전을 벌였다. 영국 정부는 제대군인(도시 노동계급 출신 프로테스탄트 영국인)으로 구성한 특수경찰(Black and Tans: 흑갈단)과 영국군 퇴역 장교로 구성한 보조부대(Auxies)로 전력을 강화하였고, 이들은 집단 처형, 무차별 폭력, 고문, 살인, 방화, 약탈을 자행하였다. 특히 보조부대의 폭력은 국가 테러(state terrorism) 수준이었다.[116]

---

115 Fearghal McGarry, 2018, "Revolution, 1916-1923," in Thomas Bartlett ed., *The Cambridge history of Ireland, v.4: 1880 to the present,* Cambridge University Press, p.273.
116 Niall Whelehan, 2014, "The Irish revolution, 1912-1923," in Alvin Jackson ed., *The Oxford handbook of modern Irish history,* Oxford University Press, p.630.

1920년 말까지 영국 정부가 계속해서 강경하게 대응한 이유는 첫째, 공화주의자를 "살인갱단" 혹은 공산주의자(볼셰비키)로 여긴 "당파적"인 사들이 아일랜드 정책을 주도했기 때문이다. 둘째, 로이드 조지를 비롯해 대다수 영국인은 아일랜드 독립과 영제국 안전의 연관성에 관해 매우 경직된 생각을 가졌으므로 자치 수준 이상의 "더 현실적인 타결"을 적시에 모색하지 못했다.[117] 영국과 아일랜드에서 적대 행위의 종식을 요구하는 여론이 일었고, 1921년 7월 휴전이 발효하였다.

한편 영국에서는 1918년 12월 총선에서 연립정부가 압승했다. 그러나 보수당이 압도하는 상황에서 연립정부는 1912~1914년 자유당 정부보다 합방주의에 더 기울었다. 독립전쟁이 전개되는 동안 로이드 조지는 아일랜드 사태의 가능한 유일한 해결책은 분할이라고 결단하였다. 보수당이 내각을 지배하고 수상이 자유당 소속인 예외적인 상황에서 로이드 조지는 하원 다수파인 합방주의자의 지지를 얻어야 했다. 그 결과가 아일랜드 정부법안(제4차 자치법안)이었다.

독립전쟁이 한창이던 1920년 12월 제정된 「아일랜드 정부법(Government of Ireland Act)」은 북부 아일랜드의 6개 카운티(앤트럼·아르마·데리·다운·퍼매너·티론)와 남부와 서부 아일랜드 23개 카운티 및 얼스터 3개 카운티(캐번·도니골·모너헌)에서 국내 사안을 관장하는 두 개의 자치정부를 수립하였다. 벨파스트와 더블린에 각각 의회가 설치되었다. 웨스트민스터 의회에는 남부 아일랜드 33석, 북부 아일랜드 13석이 배정되었다. 국방·외교·재정은 웨스트민스터 의회의 통제 아래 둠으로써 영국은 전반적인 통제권을 유지하였다. 이 제한은 이전의 자치법안 수준이었다. 또한 전 아일

117　McGarry, "Revolution, 1916-1923," p.285.

랜드 관련 사안을 처리하기 위해 아일랜드위원회(Council of Ireland)를 설치하였다.[118]

「정부법」은 1914년에 유예되었던, 그리고 더는 남부 아일랜드 민족주의 여론의 지지를 받지 못한 「자치법」의 대안이었다. 영국 정부가 얼스터 6개 카운티를 나머지 3개 카운티와 구별한 것은 민족주의자와 합방주의자의 "양립 불가성"을 전제하고서 얼스터 문제를 해결하려는 조치였다.[119] 그러나 이 법은 제1차 세계대전 이후 널리 퍼진 자결 원리를 "따르는 듯" 했지만, 주민투표나 공개 토론 같은 민주적 절차를 거친 해법이 아니었다. 티론과 퍼매너는 가톨릭이 다수파였지만, 보수당이 장악한 내각은 가톨릭이 우세한 이 2개 카운티를 포함해도 나머지 프로테스탄트 우위의 4개 카운티로 제압할 수 있다고 판단하였다.

실질적으로 이 법은 얼스터 합방당의 중요한 승리였다. 그것이 6개 카운티에서 프로테스탄트 다수파의 비율을 높이기 때문이었다. 제외된 6개 카운티에서 프로테스탄트는 67%, 나머지 3개 카운티에서는 18%였다. 얼스터 전체에서 가톨릭이 43%를 차지했으므로, 종국적인 통일의 개연성은 전체 얼스터를 배제하면 오히려 더 커지지만, 프로테스탄트가 우세한 6개 카운티를 더블린 의회의 관할 구역에서 배제하면 얼스터를 "항구적으로" 연합왕국에 남게 만들 수 있는 것이다. 합방당은 아일랜드위원회 참석을 거부하면서도 이 법을 수용하였지만, 아일랜드 의회는 이 법을 거

---

118 이는 통일을 염두에 둔 조치였지만, 아일랜드위원회는 이후 한 번도 모인 적이 없었다.

119 호펜에 따르면, "분할" 이념은 사실은 1800년 이후 오랜 시간 "대리석 속에 갇힌 천사"였다. Hoppen, *Governing Hibernia*, p.288. 그렇지만 이는 결과론적인 판단이자 120년 시간에 대한 정태적인 시각이다.

부하였다. 이리하여 얼스터 합방주의자가 연합왕국의 다른 어느 지역보다 앞서 자치를 달성하는 역설이 일어났다.[120] 그들은 가톨릭이 압도적인 아일랜드에서 자치를 얻었다.

「정부법」은 1921년 5월 발효하였다. 5월 총선에서 합방당은 6개 카운티 52석 가운데 40석을 차지했다. 6월 새로운 북부의회와 자치정부가 수립되었다.[121] 합방당은 "프로테스탄트 인민을 위한 프로테스탄트 민족"을 선언하였다. 글래드스턴의 제1차 자치법안 때 자치 반대 논리로 제기되었던 "두 민족론"이 현실이 되었다. 한편 남부의 총선에서는 신페인당이 124석을 석권하였다. 그러나 신페인당 의원 전원은 남부의회가 아니라 아일랜드 의회에 참석하였다.

더블린과 벨파스트에 각각 의회를 수립한 1920년 「정부법」의 숨은 목적은 영국이 공화주의자와 협상하기 "전에" "북아일랜드의 존재"를 확인하는 것이었다. 이는 얼스터 합방주의자가 얼스터 3개 카운티의 합방주의자를 저버리는 것을 보증하였다. 「정부법」은 아일랜드의 항구적인 분단과 합방 해체의 시작이자, 북아일랜드에서 50만 명 이상의 가톨릭을 항구적인 소수파로 만든 조치였다. 동시에 그것은 얼스터 1/3 지역과 남부 합방주의자 전체를 배제한 것이기도 했다. 합방주의는 아일랜드 북동부, 압도적인 부르주아지 중심부로 축소되었다.[122]

---

120 Jackson, "The social and political roots of Irish partition," p.24.
121 얼스터 9개 카운티 가운데 6개 카운티가 이 의회의 관할 구역이었으므로 북부의회는 얼스터 의회가 아니라 북아일랜드 의회이다. 북아일랜드 의회는 1972년까지 존속했다.
122 McGarry, "Revolution, 1916-1923," p.286; Jackson, "Loyalists and unionists," p.54; Alvin Jackson, 2018, "The origins, politics and culture of Irish unionism," in Thomas Bartlett ed., *The Cambridge history of Ireland, v.4*: 1880 to the present, Cambridge

3) 앵글로-아이리시 협정(1921)

남부에서 「정부법」에 따른 의회가 무산되자, 예비 협상을 거쳐 로이드 조지와 데 벌레라는 런던회담을 개최하기로 합의했다. 의제는 "영제국이 아일랜드의 민족적 갈망과 어떻게 화해될 수 있는가"를 확인하는 것이었다. 그러므로 처음부터 회담은 "보수적인 성격의 화해"였다. 즉, 공화국에는 미치지 않는 선에서 영제국과의 연계가 어떤 식으로든 유지되도록 타협하는 것이었다.[123]

로이드 조지는 영연방 "안에서의" 자치령 지위를 염두에 두었다. 반면, 아일랜드 협상단을 이끈 그리피스와 콜린스는 데 벌레라가 고안한 "외부적 결합(external association)"을 영국에게 요구하였다. 이 개념은 아일랜드가 자신의 "주권"을 가지지만 영연방과 "외적으로" 연계를 유지하는 것이었다. 즉, 아일랜드는 국왕을 단지 영연방의 수장으로 인정할 뿐이다. 그것은 독립국 이념과 영연방 이념의 절충이었다. 그것은 자치령이 아니었다. 그래서 로이드 조지는 영연방과의 자발적 결합에 토대한 외부적 결합을 거부했다.

협상이 교착되자, 1921년 11월 그리피스는 영국이 "본질적 통일(essential unity: 하나의 아일랜드)"을 약속하면 아일랜드가 왕권 및 영연방과의 결합을 지속하겠다고 동의했다. 그러나 북아일랜드 정부가 "전 아일랜드 의회" 제안을 거부하자, 로이드 조지는 아일랜드 대표단에 얼스터가 독자성은 유

University Press, p.90. 그래서 아일랜드를 가톨릭 지배에 넘겼다기보다는 북아일랜드를 프로테스탄트 지배에 넘긴 「정부법」이 영국 정부의 책임 의식 부재의 결과라는 비난은 Kelly, "Home rule and its enemies," p.598.

123　Larkin, *A history of Ireland*, p.250.

지할 수 없을 정도로, 그리하여 결국 자유국에 합류할 정도로 얼스터의 크기를 줄일 경계획정위원회(Boundary Commission)를 제안하였다. 본국에 간 아일랜드 대표단은 로이드 조지의 조건을 아일랜드 의회에 제출하였지만, 아일랜드 의회는 국왕에 대한 충성 선서 문제를 들어 거부하였다.

아일랜드 대표단이 런던에 돌아오자, 12월 5일 로이드 조지는 아일랜드의 재정적 자율성을 보장한다고 최종적 양보를 하면서, 제안을 거부하면 3일 안에 전면적인 전쟁이 일어날 것이라고 최후통첩을 하였다. 12월 6일 아일랜드 대표단은 최종 타결안을 더블린에 보고하지 않고 협정에 서명하였다. 로이드 조지가 제시한 "영연방 안에서의 자치령" 지위를 수용한 것이다. "본질적 통일"을 확보하려는 아일랜드 대표단의 노력은 수포가 되었다. 그렇지만 그들은 분할이 잠정 조치이며, 북아일랜드가 생존력을 갖지 못할 것이고, 따라서 머잖아 통일이 이루어지리라고 믿었다.[124]

협정은 얼스터 6개 카운티를 제외한 아일랜드 26개 카운티를 "아일랜드 자유국(Irish Free State)"으로 규정했다. 이 영역은 「정부법」이 규정한 대로였다. 협정의 명칭에서 "영국과 아일랜드 간"이라고 했으므로 협정은 주권을 시사하였다. 그러나 협정은 국왕과 영연방에 대해 아일랜드 의회 의원이 시민으로서 충성을 선서토록 함으로써 아일랜드의 독립을 포기하였다. 총독은 여전히 아일랜드에서 영국을 대표했다. 자치령은 정치, 재정, 사법, 경찰, 군대, 경제, 교육 등에서 독립을 인정받았다. 영국군과 무장경찰은 사라지지만, 영국은 외교와 군항 세 곳을 관장하였다. 합방(연합왕국)은 해체되었지만, 자유국은 영제국의 구성 부분으로 남았다. 연합왕국의 틀에서 나온 아일랜드는 영제국의 틀 속으로 들어갔다. 결국 자치령

---

124 Phoenix, "Northern nationalists in conflict," p.55.

은 자치도, 독립도, 공화국도 아니었다.

신페인당과 공화국군 다수파는 협정을 수용하였지만, 데 벌레라는 아일랜드가 영국 왕권에 계속 종속하고 총독제가 지속한다는 점을 들어 협정파를 공화국의 "배신자"라고 비난하였다. 아일랜드 의회의 비준 토론에서 분할은 거의 언급되지 않았다. 공화주의자에게는 국왕에 대한 충성 선서나 영제국의 회원 같은 주권에 초점을 맞춘 상징적 문제들이 압도적으로 중요했다.[125] 1922년 1월 비준 표결 결과는 찬성 64표, 반대 57표였다. 이에 협정 반대파는 아일랜드 의회를 떠났고, 반년 뒤 내전(1922~1923)이 전개되었다. 협정은 1922년 12월 6일 발효하였다. 한편, "본질적 통일"이 언젠가 달성될 것으로 희망한 북부의 민족주의자 대다수는 협정을 지지하였다. 이미 「정부법」에서 분할과 각각의 자치가 규정되었으므로, 북아일랜드 자치정부는 협정을 수용하였다. 영국 보수당도 협정을 수용하였다. 1922년 3월 웨스트민스터 의회는 협정을 비준하였다.

이렇듯 아일랜드의 분단은 불가피했던 것도 아니었고, 19세기의 민족주의자 혹은 합방주의자 누구도 요구하지 않았던 결과였다. 이 결과를 초래하는 데 아일랜드 내부에서 입헌주의적 혹은 공화주의적 민족주의와 합방주의의 대결 못지않게 영국 정부의 대응과 정책은 큰 영향을 끼쳤다. 그것은 두 개의 정치적 국가를 수립함으로써 연합왕국을 해체한 것이기도 했다.[126]

---

125 McGarry, "Revolution, 1916 - 1923," pp.287 - 288.
126 1937년 자유국은 총독부를 폐지하여 실질적인 공화국인 에이레(Éire)로 바뀌었고, 1948년 아일랜드 공화국(Republic of Ireland)이 선포되어 영국 왕권과의 연계가 종식되었다. 1949년 아일랜드는 영연방을 탈퇴하였다.

7. 맺음말

합방 시기 영국의 정치가와 정당은 치열한 논란 속에서도 정치력을 발휘하여 "아일랜드 문제" 가운데 가톨릭 문제와 토지 문제를 해결하였다. 가톨릭 문제는 「가톨릭 해방법」, 「메이누스 대학법」, 「국교회 폐지법」 등을 거치면서 점진적이지만 근본적으로 해소되었다. 「해방법」과 「대학법」은 아일랜드 가톨릭이 겪는 "불평등"을 제거하기 위해 가톨릭교도와 가톨릭 대학에 대해 영국의 기준을 적용하였다. 그것은 차별 철폐를 통한 상향 평준화 동화 정책이었다. 그러나 「해방법」이 아일랜드의 압력에 따른 조치였다면, 「대학법」은 더 적극적인 대응이었다. 반면 「폐지법」은 아일랜드의 시각에서 국교회의 특권적 지위를 박탈한 하향 평준화 구별 정책이자 영국 정부의 주도성이 강한 정책이었다.

토지 문제는 1840년대 후반 대기근 이후 보유권 인정에서 자작농제 수립으로 이행하였고, 이 역시 근본적으로 해결되었다. 대기근 때 영국 정부는 자유방임주의 이론에 따라 기근에 대응했고, 기근을 아일랜드에서 영국식 토지 제도를 수립하는 호기로 파악하여 상향 평준화 동화 정책을 폈다. 그러나 1860년대 말 글래드스턴의 개혁부터 토지 문제는 아일랜드적인 이념에 따라 다루어졌다. 이중적 소유권 개념을 확립한 1881년 토지법과 자작농제를 확립한 「윈덤법」은 구별 성격을 가진 하향 평준화 정책이자 두 차례의 토지전쟁에 대응한 결과였다.

민족 문제에서도 1870년대 이전 시기는 동화 정책이 현저했다. 아일랜드 의회 수립을 요구한 1840년대 오코널의 합방폐지 운동은 필의 상향 평준화 동화 정책과 강압으로 퇴조했다. 그러나 오코널의 아일랜드 자율성 이념을 계승한 1870년대 입헌주의적 자치운동에 대해 영국 자유당 정부와 연립정부는 구별 정책으로 대응했다. 네 차례의 자치법안은 자치를 통한 두 나라의 통합과 제국의 안전을 근본 목표로 설정했다. 반면 보수당 정부는 아일랜드인의 물질적 조건을 개선해서 자치운동을 좌절시키려고 했다. 그런데 자치운동에 대한 자유당과 보수당의 입장은 달랐을지라도, 1869~1921년 시기 영국의 아일랜드 정책 기조는 "아일랜드는 특별 사례로 취급되어야 한다"였고, 그 해법 가운데 "가장 특별한 해법"은 아일랜드의 분할과 독립이었다.[127]

실패했지만, 글래드스턴의 두 차례 자치 시도는 매우 적극적이고 주도적으로 아일랜드의 요구에 부응하였다. 이후 아일랜드 민족 문제를 해결하려는 영국 정부의 노력은 「자치법」, 「정부법」, 협정 등으로 성과를 거두었다. 「자치법」은 자치가 사장되기를 원했던 자유당이 내키지 않은 채 선택한 정책이었고, 「정부법」과 협정은 타협의 여지가 없을 정도로 아일랜드의 두 세력이 대립하는 상황에서 로이드 조지의 정치적 수완이 크게 발휘된 정책이었다. 그런데 「정부법」과 협정에서 "구별"은 이중적이었다. 왜냐하면 「정부법」과 협정은 얼스터 일부를 배제하는 식으로 자치 문제를 타결했기 때문이다. 즉, 영국은 아일랜드가 영국과 다르다는 점뿐 아니라, 얼스터가 나머지 아일랜드와 다르다는 사실도 인정했다. 아니, 오히려 후자를 먼저 고려했다. 그 결과는 차이 나는 자율성이었다. 「정부법」은 남과 북에서 자치 수준의 자율성을, 협정은 남부 아일랜드의 실질적인 독립을 인정하였다.

---

127 Hoppen, "Nationalist mobilisation and governmental attitudes: geography, politics and nineteenth-century Ireland," p.175.

결국 민족 문제에서 영국의 정책은 실패했거나 의도한 성과를 거두지 못했다. 합방 체제에 도전한 19세기 아일랜드 민족주의의 주류는 자치였다. 1914년 이전 어느 때에도 아일랜드의 분단과 독립은 불가피한 것으로 여겨지지 않았다. 자치론자는 아일랜드가 합방에서 이탈하거나 완전히 분리하는 것을 추구하지 않았고,「합방법」폐지를 요구하지도 않았다. 자치는 "합방 안에서 권한이 이양된 정부의 한 형태"였다. 따라서, 만약 성공리에 수립되었다면, 자치는 아일랜드에 대한 영국의 주권을 양보하지 않으면서 합방이 손상을 입지 않게 했을 것이다.[128]

영국은 왜 아일랜드 민족 문제를 해결할 수 없었을까? 혹은 잘못 해결했을까?

영국 정부는 민족주의와 합방주의의 대립을 해소하지 못했다. 그 가장 큰 이유는 얼스터 합방주의자의 저항이었다. 이 상태에서 자치를 둘러싼 정치권 수뇌부의 정략이 상황의 변화와 맞물리면서 어지럽게 전개되었고, 두 노선의 대립은 내란의 위기에 근접할 정도였다. 반면 1886년 제1차 자치법안 때 얼스터 합방주의는 1893년 제2차 자치법안이나 1912년 제3차 자치법안 때와 비교하면 저항력이 현저히 낮았다. 물론 글래드스턴의 1886년 자치법안은 얼스터 합방주의가 조직화하는 중요한 계기였다. 따라서 우리는 만약 1886년에 (하다못해 1893년에) "영국의" 자유당과 보수당이 합의하여 자치가 실현되었더라도 역시 분단과 독립으로 나아갔을까 하는 반사실적 가정을 해보는 것이다. 자치가 1886년에 실현되었더라면 (설사 결국에는 독립과 분단으로 나아갔을지라도) 아일랜드인의 고통은 훨씬 덜했을 것이다.

---

128 Kelly, "Home rule and its enemies," p.582.

120년 합방 기간에 영국 정부는 상당히 광범한 양보로 아일랜드의 불만에 대응했다. 제1차 세계대전 전까지는 아일랜드 가톨릭도 분리에 미치지 못한 수준의 조치에 만족했다. 합방 체제는 꽤 잘 유지되었다. 이 점에서 영국의 정치 엘리트의 역량은 높이 평가될 수 있다. 합방 시기 영국의 아일랜드 지배는 동화 정책에서 구별 정책으로의 전환을 통해 두 나라 사이의 정치적·종교적·사회경제적 차원의 구조적 불평등을 전면적으로 해소하는 방향으로 전개된 점이 다른 식민 지배 사례들과 달랐다.

그러나 자치와는 전혀 다른 아일랜드의 분단과 독립은 결국 합방이 실패했음을 뜻했다. 이는 합방의 실패와 연합왕국의 해체가 필연이었다는 말은 아니다. 1912~1921년에 영국 정부와 영국 정치가들의 정책과 행위에는 분명 아일랜드에서 화해하기 어려운 두 정치 세력이 득세하고, 영국 정치문화의 특징인 온건 노선을 따라 문제를 해결하기 어렵게 만든 요소가 있었다.[129] 또한 전시 상황에서 예기치 않은 사태에 대한 영국 정부의 대응이 그런 사태를 역전시키기는커녕 오히려 악화한 점도 분명 있었다. 그리고 영국 정부가 반복적으로 자치를 연기한 것도 사태 변화에 작용하였다. 나아가 영국 정부 입장과 태도는 대체로 가톨릭 민족주의보다는 얼스터 합방주의에 확실히 더 우호적이었다. 하여간 영국 정부는 변전하는 조건 속에서 새로운 영국-아일랜드 관계 정립이라는 방향으로 나아갔다. 동시적인 분단과 독립의 해법은 아일랜드 내부에서 두 극단이 대립하고 있는 현실을 가차없이 인정한 점에서 손쉽고도 명쾌했다. 그래도 우리는 여전히 또 다른 반사실적 가정을 해본다. 1912~1914년 "영국

---

[129] Charles Townshend, 1992, "British policy in Ireland, 1906-1921," in D. George Boyce ed., *The revolution in Ireland, 1879-1923*, Macmillan, pp.173, 191-192.

의" 자유당과 보수당이 타협하여 자치법안을 처리했더라면 어땠을까? 1912~1914년 "얼스터 문제"로 재형성되었던 "영국의 아일랜드 문제"는 아직 해결되지 않았다.

제6장
식민지 조선에 비추어보는 일제하 타이완 통치의 역사

_문명기

1. 머리말-참조 대상으로서의 타이완 식민지사

이 글은 통치체제의 기본 구조, 경제와 재정, 경찰통치와 기층행정 등에 초점을 맞추어 식민지 타이완의 역사를 전체적으로 개관하는 것을 목적으로 삼는다. 주지하듯이 타이완은 1895년 시모노세키조약의 결과 일본제국 최초의 식민지가 되었고, 타이완 통치를 위해 일본제국이 설계하고 실행한 각종 제도와 정책은 조선, 남양군도, 만주국 등 이후에 성립한 일본제국의 다른 식민지에도 적용되는 일종의 원형(prototype)을 이루었다고 할 수 있다. 식민지 위임입법제도, 무관총독제, 식민지(외지)특별회계 제도, 행정에의 종속을 특징으로 하는 식민지 사법제도 등은 특히 식민지 조선에도 거의 그대로 적용되었기 때문에, 식민지 타이완 역사의 이해는 식민지 조선 역사의 이해에도 적지 않은 도움이 된다는 점에서 중요하다.[1]

다만 식민지 타이완의 각종 제도와 정책이 식민지 조선에 거의 그대로 이식되었다고 해서, 다시 말해 조선에도 타이완과 유사한 통치체제가 구축되었다고 해서, 자동적으로 타이완과 유사한 통치 효과가 생기는 것

---

1   식민지 시대 타이완사 연구가 활발한 지역은 타이완, 일본, 중국 정도인데, 타이완 학계의 동향은 林玉茹·李毓中 編著, 2004, 『戰後臺灣的歷史學研究, 1945~2000』(제7책: 臺灣史), 國立臺灣大學出版中心, 중국 학계의 동향은 張海鵬·李細珠 主編, 2015, 『當代中國臺灣史研究』, 中國社會科學出版社, 일본 학계의 동향은 日本植民地研究會 編, 2018, 『日本植民地研究の論點』, 岩波書店(한국어 번역본은 일본식민지연구회 편, 서정완·송석원 역, 2020, 『일본식민지 연구의 논점』, 소화) 등이 있다. 한국 학계의 동향은 문명기, 2013, 「한국의 대만사 연구, 1945~2012」, 『중국근현대사연구』 57을 참조. 영어권 학계의 동향에 관해서는 타이완 중앙연구원 타이완사연구소가 매년 편찬하는 『臺灣史研究文獻類目』(各年)을 참조할 수 있다.

은 아닐 것이다. 본문에서 자세히 다루겠지만, 타이완과 조선의 통치 효과라는 면에서 무시하기 힘든 차이는 타이완과 조선의 식민지 역사를 비교하여 이해하는 데 중요한 단서를 제공한다. 그동안 식민지 역사를 이해하는 큰 틀을 제공해온 거대이론들(grand theories), 예컨대 식민지근대화론이나 식민지수탈론, 식민지근대(성)론 등은 보편타당성을 추구하는 거대이론의 특성상 개별 식민지가 보여 주는 역사적 개성의 이해에는 다소 약점을 보였다고도 할 수 있다. 이 글이 두 식민지 역사의 보편성·유사성보다 차이점이나 개(별)성에 초점을 맞추고자 하는 것은, 기존의 이해 방식으로는 잘 드러나지 않는 측면을 부각함으로써 기존의 식민지사 이해에 보완하거나 수정할 점은 없는지 성찰해 보기 위해서이다.

따라서 본문에서는 자연스럽게 식민지 조선의 역사와 비교하는 방식으로 식민지 타이완의 역사를 살피면서 식민지 조선과 구별되는 식민지 타이완의 '개성'을 제시할 텐데, 본론에 들어가기에 앞서 우선 지적해두고 싶은 것 중 하나는 식민지의 규모(Size)를 적극적으로 고려할 필요가 있다는 점이다. 식민지 시대 전체 기간에 걸쳐 면적은 조선(22만 792km²)이 타이완(3만 5,961km²)의 6배(1938년 기준), 인구는 조선이 타이완의 약 4.4배(전년 평균)였다. 타이완은 일본 규슈(3만 6,782km²) 정도이거나 경상남·북도에 비해서는 10% 더 큰 정도였다. 식민지 타이완과 조선의 여러 역사적 현상을 비교할 때에는 인구와 면적이라는 요소를 늘 고려해야 한다.

예컨대 1930년 현재 타이완의 경찰 인력은 7,763명, 조선의 경찰 인력은 18,811명으로 조선의 경찰력이 타이완을 압도하는 것처럼 보이지만, 두 지역의 인구를 고려하여 산출한 경찰 1인당 담당 인구는 타이완이 603명, 조선이 1,075명으로 실제로는 타이완의 경찰력 배치가 훨씬 더 조밀하고 촘촘했다. 이러한 통계상의 맹점이나 주의할 점들을 잘 이해하면 일본의 조선 통치에 대하여 '전대미문의 폭압적인 경찰통치였다'는, 단정적이기도 하고 사실과 반드시 부합하지도 않는 표현을 쓰는 것에 좀 더 조심스러워질 수 있다(후술).

아울러 본문에서는 식민지 타이완과 식민지 조선의 다양한 현상의 비교를 주로 수량적 검토의 방식으로 수행할 것이다. 그 과정에서 『타이완총독부통계서(臺灣總督府統計書)』와 『조선총독부통계연보(朝鮮總督府統計年報)』를 비롯하여 두 총독부가 발간한 다양한 원시통계와 1945년 이후 생산된 각종 가공통계를 활용하여 식민지 타이완의 역사를 계수적(計數的)으로 가시화하고자 한다. 가공통계, 즉 추계의 타당성 여부에 관해서는 (특히 식민지 조선 경제사 분야에서) 대립되는 견해가 없는 것은 아니지만, 상대적으로 논란의 여지가 적으면서도 의미 있는 통계를 잘 활용한다면 식민지 타이완과 식민지 조선의 역사상을 서로 상대화하여 이해하는 데 도움이 될 것이다. 그리고 계수적 가시화는 타이완 식민지사의 개성을 드러내는 더없이 좋은 방법의 하나이기도 하다.[2]

---

2   若林正丈, 「諸帝國の周緣を生き拔く—臺灣史における邊境ダイナミズムと地域主體性」, 川喜田敦子·西芳實 編著, 2016, 『歷史としてのレジリエンス—戰爭·獨立·災害』, 京都大學出版會는 통치 초기 타이완총독부가 행한 방대한 규모의 조사와 통계에 대하여 타이완 통치에 필요한 모든 정보에 대한 '가시화(可視化) 프로젝트'였다고 본다. 또 "물 한 방울도 새어나가지 못하게 할 정도의 기량"이라고 표현될 정도로 타이완총독부의 통계 능력과 강박적인 집착은 잘 알려져 있다(李力庸, 2009, 「日本帝國殖民地的戰時糧食統制體制—臺灣與朝鮮的比較硏究, 1937~1945」, 『臺灣史硏究』 16-2, 71쪽).

2. 통치체제의 기본 구조[3]

1895년 4월에 조인된 시모노세키조약을 통해 근대 일본 최초의 식민지로 타이완을 영유하게 된 일본 정부는 무엇보다도 식민지 통치체제 구축이라는 근본적인 문제에 직면해 있었다. 식민지 타이완 통치체제의 구성 요소 중에서도 특히 입법 제도의 설정은 새로 편입된 영토인 타이완에 메이지 헌법을 적용할 것인지, 적용한다면 어느 범위까지 적용해야 하는지, 적용하지 않는다면 타이완에는 어떤 형식과 내용의 법령을 만들어 시행해야 하는지 등 다양한 문제를 제기하며 전개되었다. 메이지 헌법 체제(1890년 반포)의 설계자인 당시의 내각 수반 이토 히로부미는 내각에 설치된 타이완 문제 주무 기관인 타이완사무국(臺灣事務局)의 총재로서 타이완 통치체제의 설계자이기도 했는데, 타이완 통치체제의 설계에 있어서 중요한 문제 중 하나는 통치에 필요한 법률을 누가 제정하는가, 하는 문제였다.[4]

타이완의 입법 제도를 정하는 법안은 1896년 「타이완에 시행할 법령에 관한 법률안」으로 제국의회에 제출되었다. 당시 정부위원으로 타이완 총독부 민정국장 미즈노 준(水野遵)은 '토비(항일 무장집단)'의 저항이 끊이지 않고, '인정과 풍토가 다른' 타이완의 상황에 비추어 내지와 동일한 법률과 명령을 시행할 수는 없으므로 타이완 총독에 법률과 동일한 효력을

---

[3] 이 장은 기본적으로 문명기, 2023, 「일제하 대만의 통치체제와 생활 수준-일제하 조선과의 비교를 겸하여」, 『한국학논총』 59집, 222~238쪽에 따랐다.
[4] 吳密察, 1994(3版), 『臺灣近代史硏究』, 稻鄕出版社, 111~116쪽.

가지는 명령을 발포할 권한을 부여해야 한다고 주장했다. 즉 (헌법이 부분적으로만 시행된다는 전제 아래) 헌법이 시행되지 않는 부분의 법률 사항에 관한 입법을 제국의회가 제정하는 법률을 통하여 타이완 총독의 명령에 위임한다는 발상이었다. 반면 일부 중의원 의원은 어떤 영토라도 제국의 소유에 귀속됨과 동시에 헌법이 시행되어야 한다든가, 천황 외에는 법률과 명령을 발포할 대권을 가지고 있지 않다는 등의 논리를 내세워 반대했다.[5]

이 문제는 타이완 총독에 입법 권한의 일부를 위임하되 해당 법안에 유효기한을 설정하는 것으로 타협이 성립되었고, 1896년 법률 제63호로 「타이완에 시행할 법령에 관한 법률」이 제정되었다(소위 「육삼법(六三法)」).[6] 주된 내용은, ① 타이완 총독은 관할구역 내에서 법률의 효력을 가지는 명령[=율령(律令)]을 발포할 수 있다. ② 이 명령은 타이완총독부 평의회(評議會)의 의결 후 척식무대신(拓殖務大臣)을 거쳐 칙재(勅裁)를 청한다. ③ 긴급한 사안의 경우 타이완 총독은 정상적인 절차를 거치지 않고 명령을 발할 수 있으나 사후에 칙재를 청해야 한다. ④ 현행 법률 또는 장래 반포할 법률로서 그 전부 또는 일부를 타이완에 시행할 필요가 있는 것은 칙령(勅令)으로 정한다. ⑤ 시행일로부터 만 3년이 지나면 효력을 잃는 것으로 한다. 등이었다.[7] 이로써 식민지에서는 식민지 장관(총독)이 내지와 다른 독자적 입법권을 가지는 위임입법제도(委任立法制度)가 성립하게 되었다.

---

5   春山明哲, 2008, 『近代日本と臺灣 – 霧社事件·植民地統治政策の硏究』, 藤原書店, 159~162쪽.

6   제국의회가 제정, 공포하는 법률은 일개 연도를 단위로 하여 제정된 순서에 따라 번호를 붙였는데, 「육삼법」은 1896년의 63번째에 해당하는 법률이었다(黃昭堂 著, 黃英哲 譯, 1993, 『臺灣總督府』, 前衛, 217쪽).

7   臺灣總督府 警務局 編, 1933, 『臺灣總督府警察沿革誌』(一), 南天書局 (영인본, 1995), 224~225쪽.

이후 「육삼법」은 세 차례의 기한 연장을 거쳐 1906년 사이온지(西園寺) 내각 때 일부 조항이 개정된 「삼일법」으로 수정되기도 했는데,[8] 1918년 하라(原) 내각에 이르러 내지 법률의 식민지 적용을 원칙으로 하고 타이완 '특수 사정'에 기인하는 타이완 독자의 입법을 특례로 하고 종전의 「육삼법」이나 「삼일법」처럼 유효기한을 설정하지 않은 법률 제3호(1922년, 소위 「법삼호」)가 제정되어 1945년까지 시행되면서, 식민지의 특수성을 중시한다는 발상에 기초한 위임입법제도보다는 내지와 식민지를 가능한 한 동일한 법률적·제도적 틀로 묶는다는 내지연장주의에 기초한 입법 원리로 전환하였다.[9]

식민지 입법 제도의 기본적인 틀이 만들어진 직후부터 일본 정부와 타이완총독부는 「타이완총독부 조례」(타이완총독부 기구 정비), 「타이완총독부 평의회 장정」, 「척식무성 관제」 등을 제정하여 행정 면의 정비를 꾀했다. 사법 면에서는 내지의 사법제도를 적용하지 않고 「타이완총독부 법원 조례」(율령 제1호)를 정하여 타이완총독부라는 행정조직 내에 사법조직을 포섭하는 형태를 취했다.[10] 군사 면에서는 「타이완총독부 조례」 제2조 "총독은 친임(親任)으로 하고 육·해군 대장 또는 중장으로 충임한다"는 규정에 따라 타이완 총독 임용 자격을 무관(武官)으로 제한하고, 같은 조례 제3조와 제6조, 즉 타이완 총독은 위임받은 범위 내에서 육·해군을

---

8 「삼일법」은 타이완총독부 평의회 규정을 삭제하고, 법률과 칙령이 율령보다 우위에 있음을 확인하며(제5조), 기한을 5년으로 한 것(부칙) 외에는 「육삼법」과 기본 구조나 내용에서 다르지 않았다[臺灣總督府 警務局 編, 『臺灣總督府警察沿革誌』(一), 237쪽].

9 春山明哲, 2008, 앞의 책, 211~213쪽.

10 이 때문에 사법권 독립이 보장되지 않는다는 비판이 제기되었다(黃昭堂, 1993, 앞의 책, 224~227쪽).

통솔하고 병력을 사용할 수 있다는 규정에 따라 군대통솔권 일부와 병력 사용권을 가지는 무관총독(武官總督) 제도가 시행되었다.[11] 또 재정 면에서는 타이완경영비가 폭증하여 중앙정부의 재정을 압박하는 상황이 연출됨에 따라 타이완의 재정독립을 꾀하는 방향에서 「타이완총독부 특별회계법」이 제정되어 타이완 재정은 중앙정부의 일반회계에서 분리되었다(1897년, 법률 제2호).[12]

타이완 통치 초기에 입법·행정·사법·군사·재정 등 여러 방면에서 취해진 일련의 법률적·제도적 조치들을 통한 타이완 통치체제의 수립은 이후에 제국 일본이 추가로 획득한 식민지에도 적용되는 하나의 원형을 이루었다. 예컨대 본국과는 다른 법률 체계를 식민지에 적용하는 이법역(異法域)의 형성원리로서의 식민지 위임입법제도,[13] 군부에 의한 식민지 통치를 가능케 한 무관총독 제도, 식민지 재정을 본국 재정과 분리하여

---

11 春山明哲, 2008, 앞의 책, 170쪽.

12 吳密察, 1994, 앞의 책, 115쪽.

13 dward I-te Chen(陳以德), 1970, "Japanese Colonialism in Korea and Formosa: A Comparison of the Systems of Political Control", *Harvard Journal of Asiatic Studies*, vol.30, pp.136-141은 1921년 제정된 「법삼호」가 최대한 내지의 법률을 타이완에 적용할 것을 규정한 데 반해 조선에서는 제령(制令) 제정과 관련하여 이러한 규정이 없었고, 내지 법률을 조선에 적용할 때에는 항상 제국의회에 보완법률의 제정을 요구해야 했다고 지적하면서, 결과적으로 조선에서의 내지 법률의 적용은 드물었고 조선 총독은 광범하게 제령에 의존할 수 있었다고 보았다. 요컨대 제령과 율령을 제정할 수 있는 범위의 차이는 본국 정부가 두 식민지에 대해 행사할 수 있는 권한에서의 커다란 차이를 낳았다고 보면서 민법과 상법도 내지 법률이 아니라 제령으로 제정되었다고 보았다. 반면 김낙년, 2010, 「식민지 조선 경제의 제도적 유산」, 『정신문화연구』 33-4는, 주민의 정치적 권리나 인권에 관한 법률(예컨대 중의원선거법)은 조선에서 시행되지 않았지만, 그 외의 것, 특히 경제 관련 법령은 조선에서 거의 그대로 시행했다고 보았다. 예컨대 민법과 상법을 비롯한 경제 관련 제 법령은 약간의 예외를 제외하면 일본의 것을 조선에도 그대로 시행했다고 보았다.

식민지의 재정 상황이 본국 재정에 끼치는 영향을 최소화한 외지특별회계 제도, 사법의 행정에의 종속을 특징으로 하는 식민지 사법(법원) 제도 등은 1910년 이후의 조선 통치에도 거의 그대로 적용되었다.[14]

타이완 영유와 함께 형성된 이러한 식민지 통치체제에 다소의 변화가 발생하는 것은 1910년대 후반이었다. 일본 국내 정치에서는 다이쇼 데모크라시의 진전에 따라 기존의 번벌(藩閥)-육군 주도의 내지 정치와 식민지 통치에 대한 수정을 중시한 '평민 재상' 하라 다카시(原敬)의 등장, 제1차 세계대전 이후 세계적으로 전개된 민족자결주의의 흐름, 그리고 조선의 3·1운동으로 상징되는 식민지 내셔널리즘 흥기 등의 요인이 겹치면서, 식민지 통치체제에도 일정한 변화가 불가피해졌다. 우선 타이완 총독이 보유한 율령제정권에 대하여 「법삼호」를 통해 중대한 제약이 가해졌다. 「법삼호」는 법률의 전부 또는 일부를 타이완에 시행할 필요가 있는 것은 (율령이 아니라) 칙령으로 한다는 기본 원칙을 수립했고(제1조), 타이완에서 법률을 요하는 사항으로서 시행할 (내지) 법률이 없는 경우나 칙령으로 하기 곤란한 경우, 타이완의 특수한 사정에 따라 필요한 경우에 한하여 율령을 제정한다는 제한 조건을 명기함으로써(제2조), 타이완 총독의 율령제정권은 대폭 축소되었다.[15] 아울러 타이완 총독의 자격에 육·해

---

14 다만 조선에 시행된 위임입법, 즉 조선 총독에 제령 제정권을 부여한 1911년 법률 제30호(「조선에 시행할 법령에 관한 법률」)에는 타이완의 「육삼법」이나 「삼일법」과 같은 기한이 설정되지 않은 '영구법'이었고, 무관총독 제도 역시 조선 총독은 육·해군 대장(大將)만 가능하도록 한 점은 다르다(春山明哲, 2008, 앞의 책, 189쪽).

15 春山明哲, 2008, 앞의 책, 212쪽. 타이완 통치 50년 동안 타이완총독부는 총 466건의 율령을 반포했는데, 「육삼법」 기간(1896~1905)에 174건(연평균 17.4건), 「삼일법」 기간(1906~1921)에 124건(연평균 8.3건), 「법삼호」 기간(1922~1945)에 168건(연평균 7.0건)으로 율령 반포는 줄고 내지 법률을 의용하는 경우가 많아지게 되었다고 한다(黃昭堂, 1993, 앞의 책, 223쪽). 반면 이형식, 2011, 「조선 총독의 권한과 지위에

군 대장 또는 중장으로 한다는 조항이 1919년의 「타이완총독부 관제」 개정을 통하여 수정됨으로써 문관총독 임명이 가능해졌고, 실제로 타이완에서는 1919년 10월부터 1936년 9월까지 총 9명의 문관총독이 임명되기도 했다.[16]

하지만 (군사권에서의 약간의 변동을 제외한다면)[17] 1919년 이전과 이후를 막론하고, 또 총독이 무관이냐 문관이냐에 크게 관계없이 입법·행정·사법의 핵심적 권한을 장악하고 전제적으로 통치했다는 점은 기본적으로 변하지 않았다. 예컨대 최초의 문관총독인 덴 겐지로는 재임 기간에 지방제도 개정의 일환으로 군제(郡制)를 창설하면서 군의 전신인 지청(支廳)의 장이 모두 경찰(주로 경부)이었던 점을 의식하여 "일반 문관은 일반 행정사무를, 경찰은 경찰 본연의 기능을 발휘하게" 하겠다던 발언과는 달리 군수에게 경찰권을 부여하여 소위 '군경합일(郡警合一)'의 국면을 계속 유지했다. 타이완인의 민도(民度)가 낮고, 정치적 훈련과 자치 관념이 결핍

관한 시론」,『사총』 72, 204쪽은『外地法制誌』를 인용하여 "율령은 1896년부터 1945년까지 507건 제정되었던 데 비해, 제령은 1910년부터 1945년까지 675건 제정되었다"라고 파악하여. 율령의 제정 건수에서 다소의 차이가 있다. 다만 타이완총독부 쪽이 율령의 제정에 있어서 조선총독부보다 상대적으로 더 큰 제약을 받았다는 점은 달라지지 않는다.

16 「조선총독부 관제」 역시 같은 내용의 개정이 있었지만, 문관총독이 부임한 적은 없었다. 그만큼 조선은 관동주와 마찬가지로 줄곧 일본 육군의 '영역(territory)'이었음이 확인된다(Edward I-te Chen, 1970, 앞의 글, p.136). 1929년 조선 총독의 문관 임용 시도와 그 시도가 좌절되는 과정에 관해서는 이형식, 2011, 앞의 글 참조.

17 1919년 타이완총독부 관제 개정 이후 문관총독이 임명되면서 타이완총독부의 군사권은 신설된 타이완군 사령관에게 이전되었다. 무관총독 시대에는 타이완 총독이 실질적으로 보유하던 군사권이 타이완군 사령관으로 이전되고 때때로 타이완군 사령관에 육군 대장이 임명되기도 하면서 타이완 총독과 타이완군 사령관 사이의 정치 투쟁이 발생하는 일도 있었다고 한다(黃昭堂, 1993, 앞의 책, 210~212쪽).

되었다는 점을 이유로 (1920년 현재) 군수의 약 70%를 '경찰 경력자'로 임명한 것이다.[18] 요컨대 문관총독의 임명이 있었다고 해서 '경찰 만능'으로 상징되는 전제적인 통치 기조가 바뀌거나 하지는 않았다(후술).

타이완을 시작으로 하는 식민지 통치체제의 설계자가 이토 히로부미였다면, 이토가 설계한 통치체제의 틀 안에서 이를 구체적으로 실행하는 것은 타이완 총독과 민정장관의 몫이었다. 이 역할을 충실히 수행하여 타이완 통치의 기반을 닦은 이가 제4대 총독 고다마 겐타로와 민정장관 고토 신페이였다. 특히 본국에서의 겸직으로 인해 타이완 통치에 전력을 다할 수 없었던 고다마를 대신해[19] 실질적으로 타이완 통치의 기반을 만든 이가 고토다.

타이완을 영유한 시점에서 "타이완 정책에 도움이 될 만한 우리(일본) 국민의 경험도 전혀 없고", "문명적 식민 정책이라고 할 만한 것 역시 거의 없는" 상황에서[20] 고토는 타이완 경영에 산적한 문제들을 하나하나 해결해나갔다. 우선 타이완 영유 이래 계속되던 항일 무장투쟁 진압과 치안 회복을 위해 경찰력을 대거 증원하여 전도(全島)에 배치하고, 구래의 자위 조직을 환골탈태하여 경찰보조기구인 보갑(保甲) 조직을 그물망처럼 구축했고,[21] 종관(縱貫) 철도 건설, 도로 수축, 우편 및 전신망 구축 등 '타이

18　藍奕青, 2012, 『帝國之守－日治時期臺灣的郡制與地方統治』, 國史館, 192쪽, 223~224쪽.

19　고다마는 1900년부터 1902년 3월까지 이토 내각과 가쓰라 내각에서 육군대신을 겸하고 있고, 1903년 7월에는 내무대신과 문부대신까지도 겸하게 된다. 1904년 러일전쟁 발발 시점에는 대본영 참모차장과 병참총감 직에 있었고 같은 해에 만주군 총참모장으로서 러일전쟁에 관여하고 있었다(黃昭堂, 1993, 앞의 책, 82쪽).

20　後藤新平, 1921, 『日本植民政策一斑』, 拓殖新報社, 4쪽, 6쪽.

21　문명기, 2018, 「保甲의 동아시아－20세기 전반 대만·만주국·중국의 기층행정조직 재편과 그 의미」, 『중앙사론』 47, 제3절 참조.

완 통치의 기초공정', 나아가 내지 자본을 유치하기 위한 '자본주의의 기초공정'을 위한 사회간접자본 건설에 힘쓰는 한편,[22] 재원 증대를 위한 지세(地稅) 수입 확보와 근대적 토지제도 수립의 근간이 되는 토지조사사업(1898~1903)을 실행하고[지적(地籍)의 확보], 일본제국을 통틀어 최초의 국세조사인 임시타이완호구조사(臨時臺灣戶口調査, 1905)를 단행하여[인적(人籍) 확보] 타이완 통치의 물적·제도적 기초를 공고히 했다. 아울러 공의(公醫) 제도 보급과 철저한 공공위생 추구를 통한 전염병 예방과 위생 수준의 획기적 제고에도 성공하게 된다.[23]

이렇게 총체적인 통치 인프라 구축의 전제가 되는 각종 조사 사업과 통계 시스템 구축이라는 식민지 통치의 운영 원리는 이후 관동주, 조선, 만주국 등지에도 거의 그대로 적용되었다고 할 수 있는데,[24] 식민지에 대한 철저한 조사와 정확한 통계에 바탕을 둔 '과학적 통치' 또는 '생물학적 원칙에 입각한 통치'라는 발상은 본래 의사이자 내무성 위생국장이었던 고토의 초기 저서인 『국가위생원리(國家衛生原理)』(1889)에서 일찌감치 표방되고 있었다. 의료 통계학의 창시자 중 한 명으로 알려진 영국의 윌리엄 파(William Farr)의 『생명 통계학(vital statistics)』에 큰 영향을 받은 고토는 인류의 목적이 '생리적 원만(圓滿)'의 향유에 있다고 보았고, 따라서 타이완 사회의 생리적 원만을 도모하기 위한 '위생', 즉 과학적 문명의 도입

---

22 이에 대해서는 커즈밍 저·문명기 역, 2008, 『식민지 시대 타이완은 발전했는가 - 쌀과 설탕의 상극, 1895~1945』, 일조각, 제1장 제1절(타이완총독부와 상품화의 기초 작업)과 제2절(토지제도의 보존과 개조)을 참조.

23 공의 제도와 그 성과에 관해서는 문명기, 2014, 「일제하 대만·조선 공의제도 비교연구 - 제도 운영과 그 효과」, 『의사학』 23-2 참조.

24 고바야시 히데오 저, 임성모 역, 2004, 『만철-일본제국의 싱크탱크』, 산처럼, 47~48쪽.

을 주장했다. 식민지 통치에서 생물학적 원칙을 강조한 것은 식민지 인민의 고유한 관습(구관)의 (선택적) 존중과 그에 기반한 통치 정책의 개발로 연결되고, 나아가 식민지 구관의 이해를 위한 철저한 조사와 통계로 연결되었다.[25]

"넙치의 눈을 도미의 눈에 바꿔 끼울 수 없다"고 한 고토의 유명한 명제가 상징하는 생물학적 원칙에 입각한 식민지 통치라는 구상과 그 실천은 자연스럽게 일본 본국의 법률이나 제도를 식민지에 시행한다는 동화주의적 발상보다는 개별 식민지에 적절한 개별적 통치를 실행한다는 발상에 가까웠고, 이는 내지연장주의를 표방한 하라 다카시와 대립적인 '특별통치주의(特別統治主義)' 주장으로 연결되기도 했지만,[26] 어쨌든 식민지 통치에서 과학적 원리에 대한 확신, 그에 기반한 (강박적이라고도 표현할 수 있을 정도의) 조사와 통계에 대한 집요한 추구, '생리적 원만'의 중대한 조건으로 부원(富源) 개발 추구와 일정한 성공(후술) 등은 한편으로 식민지민의 참여를 철저히 배제한 채 진행되었기 때문에 '이성(理性)의 독재'라고 평가되기도 하는데,[27] 어쨌든 다른 한편으로는 일본제국의 타이완 통치에 여타 식민지 통치와는 다소 결을 달리하는 '개성'을 불어넣은 것만은 틀림없는 듯하다.

식민지 통치체제와 관련하여 총독부 체제나 통치 원리 못지않게 중요

---

25 春山明哲, 2008, 앞의 책, 328~330쪽.

26 타이완 통치와 통치체제를 둘러싼 하라를 대표로 하는 내지연장주의와 고토를 대표로 하는 특별통치주의의 대립과 교착의 역사에 대해서는 春山明哲, 2008, 앞의 책의 제2부 제2장(明治憲法體制と臺灣統治-原敬と後藤新平の植民地政治思想, 222~241쪽)을 참조.

27 溝部英章, 1976·1977, 「後藤新平論-鬪爭的世界觀と'理性の獨裁'」(一)·(二), 『法學論叢』 100권 2호 및 101권 2호.

한 것이 지방행정 체제의 존재 양태일 것이다. 통치 초기, 특히 1895년부터 1901년 사이 지방행정 제도는 변화무쌍했는데,[28] 1901년 고토가 기존의 현과 청을 없애고, 20개의 청을 설치[소위 폐현치청(廢縣置廳)]한 이후 지방행정 구획은 비로소 안정되었다.[29] 통치 초기 복잡다단한 지방행정 체제의 변화를 따라가기에는 지면의 제약이 있으므로〈표 6-1〉을 중심으로 하여 타이완 지방행정 체제의 특징을 살펴보자.

〈표 6-1〉 내지(일본)·타이완·조선의 각급 행정기관

구분	내지(일본)	타이완		조선
		1920년 이전	1920년 이후	
광역(행정)기관	도도부현(都道府縣)	현청(縣廳)→청(廳)	주청(州廳)	도(道)
중간(행정)기관	군(郡)	변무서(辨務署)→지청(支廳)	시군(市郡)	부군도(府郡島)
말단(행정)기관	정촌(町村)	가장(街庄)→구(區)	가장(街庄)	읍면(邑面)
기층(행정)조직	구·부락(區·部落)	보갑(保甲)	보갑(保甲)	동리(洞里)

출처: 문명기, 2020, 「일제하 타이완·조선 기층행정 운영의 비교분석-행정인력의 수량적 검토를 중심으로」,『동양사학연구』150, 418쪽.

식민지 타이완에서 광역행정기관은 청(廳, 1920년 이전)과 주청(州廳, 1920년 이후)이었다. 1901년 기존의 현청(縣廳)을 없애고 그 아래 행정단위인 변무서(辨務署, 40여 개)를 통폐합하여 20개의 청을 만들고, 청을 타

---

28 지방행정 제도의 잇따른 변화에 관해서는 許雪姬 總策劃, 2004,『臺灣歷史辭典-附錄』, 遠流出版公司, A079쪽의〈歷代臺灣行政區域建置沿革表〉및 黃正雄, 2019,「臺灣行政區劃之沿革與區劃之合理性」,『中國地方自治』72-10, 40~41쪽을 참조.

29 藍奕青, 2012, 앞의 책, 33쪽.

이완총독부가 직접 감독하는 체제로 만들었다.[30] 청의 장관인 청장은 주임관이어서 조선의 도지사나 1920년 이후 타이완의 주지사가 칙임관인 것과는 같은 수준에서 논하기 어렵지만, 이후 1909년 20청이 12청으로 통합되고, 소속 직원도 대폭 확충함에 따라[31] 1920년 이후의 광역행정기관(州廳)으로 승격이 가능해진 측면이 있다.[32] 1920년 이후의 광역행정기관인 주(州) 장관인 주지사를 칙임관으로 함으로써 광역행정기관에 걸맞은 체제를 갖추게 된다. 다만 조선의 도(道)에 둔 참사관(參事官, 주임관 이상의 조선인 관료)이 타이완의 주에는 없었다.[33]

그 아래의 중간행정기관은 지청(支廳, 1920년 이전)과 시군(市郡, 1920년 이후)이었다. 다만 조선에서 부윤과 군수는 일반행정 관료(주로 주임관)가 담당했지만, 타이완에서는 지청장의 대부분을 경찰 관료인 경부(警部)가 담당했고, 지청 소속 직원 역시 대부분 경찰(주로 순사)로 충원하게 된다.[34]

---

30 臺灣總督府 警務局 編, 『臺灣總督府警察沿革誌』(一), 512쪽.
31 臺灣總督府 警務局 編, 『臺灣總督府警察沿革誌』(一), 564~565쪽.
32 때문에 20청 시대의 청을 광역행정기관으로 분류하는 것이 적절한 구분법은 아닐 수도 있다. 持地六三郎, 1912, 『臺灣殖民政策』, 富山房, 62쪽 역시 폐현치청을 "3급제를 폐지하고 2급제를 실시"하였다고 보고 있다. 다만 그렇게 간주할 경우 청(廳)과 가장(街庄) 사이에 있는 지청의 존재가 애매해지는 문제가 있기는 하다. 참고로 일본 내지는 1889년 시제(市制)·정촌제(町村制), 1890년 부현제(府縣制)·군제(郡制)의 실시를 통해 전국을 1청(홋카이도) - 3부(도쿄, 오사카, 교토) - 43현으로 편제한 지방행정 제도가 정착하는데, 면적을 기준으로 보면 전형적인 광역행정기관인 부현(府縣)의 경우 (특별행정구역인 홋카이도청을 빼고 계산하면) 부현당 대략 6,400km^2의 면적인 데 반해 20청 시대의 타이완은 청당 1,798km^2의 면적이었고, 12청 시대에는 청당 2,997km^2로 내지 부현의 대략 절반 규모가 되었다.
33 Edward I-te Chen, 1970, 앞의 글, pp.142-143.
34 臺灣總督府 警務局 編, 『臺灣總督府警察沿革誌』(一), 521쪽에 따르면 "경부 이외의 전임 지청장을 둔 예가 없었고, 직원도 대개 경찰관으로 채웠으며, 때때로 한두 명의 속(屬)을 배치하여 총무과의 사무를 취급하도록 한 사례는 있지만, 이것도 거의 예외

이러한 조치는 민정에 대한 군부의 개입 여지를 차단함과 동시에 민정 수행을 강력하고 효율적으로 뒷받침하기 위해 경찰 부문을 민정장관의 직접적인 통제 아래 두고 '경정(警政)과 민정(民政)의 합일'을 이루고자 한 고토 신페이의 염원이 관철된 결과이다.[35] '경찰국가(Polizeistaat)'라고 불러도 손색없을 만큼 강력한 경찰력에 뒷받침된 통치의 장기 지속이 타이완 통치체제의 중요한 특징 중 하나임이 잘 드러난다(후술).

말단행정기관으로서 조선의 면에 해당하는 것이 가장(街庄)이었다. 가장의 장은 조선과 마찬가지로 대개 판임관이었다.[36] 하지만 조선과 타이완에서 중요한 차이가 발생한 행정단위가 바로 이 말단행정기관이다. 광역·중간 행정기관의 전부(타이완) 또는 대부분(조선)을 일본인 관료가 담당한 점에서는 큰 차이가 없으나, 면장(面長)이 대부분 조선인이었던 반면 가장장(街庄長)은 대부분 일본인이었다.[37] 그 아래에 자리한 기층 행정조직의 편제 역시 타이완과 조선의 중대한 차이점 중 하나인데, 조선과 달리 타이완은 경찰행정 보조조직이자 일반행정 보조조직인 보갑(保甲)을 강력하게 구축함으로써 식민지 권력의 의지가 기층사회 말단에까지 침투할 수 있는 통치 기제를 만들어내는 데 성공했다(후술).

에 속했다."

35 藍奕青, 2012, 앞의 책, 46쪽.

36 1917년을 기준으로 조선의 면과 타이완의 가장을 비교해 보면, 평균 면적은 가장이 4.94km², 면이 5.48km²였고, 평균인구는 가장이 7,824명, 면이 6,600명 수준이었다. 참고로 일본 내지의 정촌은 평균 면적이 2.01km², 평균 인구가 4,494명이었다(문명기, 2020, 앞의 글, 418쪽).

37 대부분의 재조(在朝) 일본인이 도시지역에 거주한 데 반해 전체 인구에서 차지하는 비중이 재조 일본인의 거의 두 배에 달했던 재대(在臺) 일본인은 도시뿐만 아니라 향촌에 거주하는 사례도 많았다. 그 결과 주로 농촌 지역인 가장의 행정 책임자가 될 개연성이 그만큼 높기는 했을 것이다(Edward I-te Chen, 1970, 앞의 글, p.144).

이러한 지방행정 기관의 편성과 여러 차례의 재편을 통하여 타이완 전역은, (1905년을 기준으로 하면) 타이완총독부(1)-청(廳, 20)-지청(支廳, 83)-가장(街庄, 486)-보(保, 4,828)-갑(甲, 48,413)-호(戶, 600,635)-개인 (3,123,302명)으로 연결되는 물샐 틈 없는 통치 구조를 갖춘 셈이다(괄호 안은 기관의 수).[38] 이로써 타이완총독부 중앙의 정책이나 방침이 기층사회의 개별 주민에까지 관철될 수 있는 체제가 적어도 편제상으로는 완성되었다고 할 수 있다. 참고로 타이완총독부와 지방행정 기관에 충임된 현지인 관료의 구성을 보면 식민지 조선과 선명한 대조를 이룬다.

〈표 6-2〉 타이완인 관료의 규모와 직급별 비중[39]

연도	타이완인 관료			조선인 관료		
	칙임관(%)	주임관(%)	판임관(%)	칙임관(%)	주임관(%)	판임관(%)
1937	1(1.6)	19(1.9)	4,191(19.1)	40(28.2)	377(16.1)	21,583(38.2)
1938	1(1.3)	15(1.4)	4,337(18.4)	35(24.6)	388(15.4)	22,405(37.3)
1939	1(1.3)	15(1.3)	3,976(16.6)	36(24.3)	396(15.0)	23,509(36.4)
1940	1(1.2)	15(1.2)	4,272(17.3)	34(22.4)	420(14.6)	24,375(35.6)

---

38 藍奕靑, 2012, 앞의 책, 84쪽. 1920년의 지방 제도 개정 이후인 1925년을 기준으로 하면 타이완총독부(1) - 주청(7) - 시군(59) - 가장(280) - 보(5,161) - 갑(50,120) - 호(754,084) - 개인(4,147,462명)이다.

39 조선에 대해서는 김낙년 편, 2012, 『한국의 장기통계 - 국민 계정 1911~2010』, 서울대출판문화원, 596~599쪽, 타이완에 대해서는 岡本眞希子 著, 郭婷玉 譯, 2019, 『殖民地官僚政治史 - 朝鮮・臺灣總督府與日本帝國』(制度編・上), 臺灣大學出版中心, 42~46쪽에 따랐다. 괄호 안의 '%'는 해당 직급의 전체 관・공리에서 타이완인 또는 조선인이 차지하는 비중을 표시한 것이다. 타이완총독부는 조선총독부와 달리 관・공리의 민족별 구성에 관한 통계를 작성하지 않았다. 따라서 비교가 가능한 몇 개 연도에 대해서만 통계를 제시한다. 타이완의 경우 주임관은 주임관과 주임관대우를 합한 숫자이고, 판임관 역시 판임관과 판임관대우를 합한 숫자이다.

타이완 통치의 실태와 관련하여 풍부하고도 유용한 정보를 제공하는 『타이완총독부통계서(臺灣總督府統計書)』는 『조선총독부통계연보(朝鮮總督府統計年報)』와 달리 타이완인 관료와 일본인 관료의 규모와 비중을 구분하고 있지 않아 그 추이를 온전히 이해하기는 곤란하지만, 파악 가능한 연도에 국한하여 살펴보더라도 타이완인 관료 비중이 조선보다 극히 작다는 점을 쉽게 파악할 수 있다. 1902년 타이완인 관료는 고등관이 아예 없고 판임관만 27명(촉탁 56명, 고원 432명)이었다. 1931년에는 사정이 조금 나아지기는 했지만, 판임관 이상이 48명이고 이 중 고등관은 단 4명에 그쳤다.[40] 1945년 초에는 칙임관 161명 중 타이완인은 1명, 주임관 2,121명 중 타이완인은 29명(1.4%), 판임관 2만 1,198명 중 타이완인은 3,726명(17.6%)이었다.[41]

반면 조선의 경우 전체 시기에 걸쳐 〈표 6-2〉에 제시된 비중과 크게 다르지 않았다. 예컨대 1942년 칙임관 172명 중 조선인 39명(22.7%), 주임관 3,271명 중 조선인 451명(13.8%), 판임관 7만 4,201명 중 조선인 2만 7,286명(36.8%)이었다.[42] 이러한 차이에 대하여 한 연구자는, 타이완은 전쟁의 결과 할양된 식민지인 반면 조선은 조약을 통해 병합된 식민지

---

40 岡本眞希子, 2012, 앞의 책, 44~45쪽.

41 吳文星, 2008, 『日治時期臺灣的社會領導階層』, 五南, 174쪽. 판임관 중 타이완인의 비중이 15~20%를 차지하는 것은, 타이완 경찰 중 타이완인이 차지하는 비중이 1931년 15.6%, 1934년 14.9%인 점과 무관하지 않을 것이다(문명기, 2013, 「대만·조선의 '식민지 근대'의 격차-경찰 부문의 비교를 통하여」, 『중국근현대사연구』 59, 86~87쪽).

42 김낙년 편, 2012, 앞의 책, 597~599쪽에는 1913년부터 1942년까지의 칙임관, 주임관, 판임관, 이원(吏員), 촉탁, 고원(雇員) 등의 조선인 인원과 비율이 상세히 정리되어 있어 참고할 수 있다. 조선인 관·공리 비중은 최저였던 1930년의 37.9%에서 최고였던 1942년의 48.9% 사이를 추이하고 있다.

였기 때문이라는 점을 제시하고 있다. 즉 일본 정부는 타이완인에 대해서는 우대 여부를 명시하지 않았지만, 조선의 경우 병합조약에 조선인을 동등하게 대우한다는 점, 조선인을 관료기구 내에 포함하겠다는 점을 밝혔기 때문이라고 설명하고 있다.[43]

이상에서 거칠게나마 개관한 통치체제의 기본 골격에 대한 이해를 바탕으로 하여 타이완 통치의 구체적인 양상을 부문별로 살펴보기로 하는데, 우선 타이완 통치의 물적 토대를 이루는 경제 문제를 살펴보자.

---

43 Edward I-te Chen, 1970, 앞의 글, p.158.

3. 경제-경제성장과 생활 수준[44]

청일전쟁 결과 타이완을 획득한 일본에 있어서 식민지 경영은 만만치 않은 도전이었다. 무력 점령과 타이완 주민의 저항은 거액의 군사비 지출을 유발해 일본 재정의 밑 빠진 독이 될 가능성도 없지 않았다. 따라서 식민 통치 초기의 정책 목표는 질서와 생산 회복을 통해 재정자립을 달성하는 것, 그리고 일본 자본의 타이완 진출을 유인하기 위해 투자환경을 개선하는 것, 구체적으로 대규모 공공투자를 통해 사회간접자본의 건설에 힘쓰는 것이었다.[45]

이를 위해 타이완총독부는 토지조사사업과 지조개정(地租改正),[46] 그리고 아편(1897)·장뇌(樟腦, 1899)·담배(1906)·주류(1922) 등의 전매사업을 통한 세원의 확대를 도모함과 동시에[47] 관세와 통화제도를 일본에 통합시키고 재산권에 관련된 일본 민법·상법 등 여러 법령도 일부 예외를 제외하면 식민지에 거의 그대로 시행되었다.[48] 타이완총독부는 타이완

---

44 이 장은 기본적으로 문명기, 2023, 「일제하 대만의 통치체제와 생활 수준-일제하 조선과의 비교를 겸하여」, 『한국학논총』 59집, 238~248쪽에 따랐고, 조선인과 타이완인의 역외이주에 관해서는 문명기, 2018, 「20세기 전반기 타이완인과 조선인의 역외이주와 귀환-역외이주 및 귀환 규모의 추산을 중심으로」, 『한국학논총』 50 및 문명기, 2019, 「식민지 시대 타이완인과 조선인의 역외이주 패턴과 그 함의」, 『동양사학연구』 147에 따랐다.

45 커즈밍, 2008, 앞의 책, 61쪽.

46 이 점에 대해서는 江丙坤, 1974, 『臺灣地租改正の硏究』, 東京大學出版會 참조.

47 타이완총독부의 전매사업에 대해서는 문명기, 2015, 「대만·조선총독부의 전매정책 비교연구-사회경제적 유산과 '국가' 능력의 차이」, 『사림』 52 참조.

48 김낙년, 2007, 「식민지 시대 공업화 비교-대만과 조선」, 호리 가즈오·나카무라 사토

농업자원을 개발하기 위하여 막대한 비용이 소요되는 사회간접자본 건설을 떠맡았고, 기업 경영에 편리한 근대적 시장체제 수립에 착수해 일본 자본이 진출할 수 있도록 길을 닦았다. 타이완의 농산물 중에서 쌀의 이출은 (특히 1920년대 이후) 일본의 식량문제 해결에 크게 기여했다. 열강 간의 치열한 경쟁 속에서 타이완 쌀은 제국 일본의 자급자족 능력 강화에 공헌했다. 특히 일본이 본격적으로 공업화에 나선 시점에 해당하는 1897~1903년 사이에 일본은 연간 평균 2,300만 엔을 설탕 수입에 지출했고, 이는 일본 대외무역 적자의 54%에 달하는 규모였다. 타이완총독부의 적극적인 노력과 일본 당업(糖業) 자본의 진출에 따른 타이완당(臺灣糖)의 대량 생산과 일본으로의 이출은 설탕 수입으로 인해 발생한 적자를 개선할 수 있었고, 1920년대 말에 일본의 설탕 생산은 자급 단계에 도달하게 되었다.[49]

식민지 경제의 구조적 변화라는 측면에서 볼 때 대일 무역이 급증하여 무역의존도가 매우 높은 경제로 변모했다는 점, 이 과정에서 전통산업인 농업이 중요한 수(이)출 산업으로 등장했다는 점, 일본 자본이 주도하는 이식(移植) 공업화가 전개되었다는 점 등은 타이완과 조선에서 모두 나타나는 현상이었다.[50] 하지만 식민지 타이완은 쌀, 설탕, 장뇌, 차 등 풍부한 농업 잠재력을 보유하고 있었고,[51] 식민지화 이전에 이미 상당한 수준

루 편저·박섭·장지용 역, 『일본 자본주의와 한국·대만-제국주의 하의 경제변동』, 전통과 현대, 144쪽.

49 커즈밍, 2008, 앞의 책, 73쪽.
50 김낙년, 2007, 앞의 논문, 144쪽.
51 타이완은 차, 설탕, 장뇌 등의 수출을 통해 개항 이후인 1879년 현재 개항장을 보유한 중국의 10개 성(省)과 비교해도 월등한 1인당 무역액을 보였다. 그 결과 1894년 타이완의 1인당 무역액이 5냥(海關兩 기준)에 달한 데 반해 중국은 1901년에 가서야 1냥에

의 상품경제화와 수출상품화에 도달해 있었으며,[52] 효율적이고 기업가적 정신으로 충만한 타이완총독부를 포함한 다양한 행정기구가 수리·관개의 확충, 품종 개량, 비료 개선, 교통통신 건설, 농산물 가공, 공공위생에 대한 대대적인 투자 등이 결합하여, 경제성장과 생활 수준의 향상이라는 측면에서는 식민지 조선보다 훨씬 나은 성적을 거두었다는 것이 일반적인 평가이다. 식민지 시대(1903~1940) 타이완의 1인당 GDP 성장률은 1.97% 또는 2.19%로 추계하고 있다.[53] 반면 식민지 시대(1910~1940) 조선의 1인당 GDP 성장률은 2.3%로 추계하고 있어서 성장률 자체는 두 지역이 큰 차이를 보이지 않는 것 같다.[54] 하지만 같은 시기 1인당 실질 GDP를 지역별로 비교하면 무시할 수 없는 차이가 보인다. 〈표 6-3〉을 보면 이 점을 쉽게 확인할 수 있다.

〈표 6-3〉 1인당 실질 GDP 비교(1934~1936년 가격, 일본=1.00)

연도	매디슨(Maddison)의 추계		위안(袁)·후카오(深尾)의 추계	
	조선	타이완	조선	타이완
1915	0.81	0.58	0.52	0.78
1920	0.72	0.56	0.46	0.74
1925	0.65	0.57	0.45	0.78

도달하고 있었다(林滿紅, 1997, 『茶·糖·樟腦業與臺灣之社會經濟變遷(1860~1895)』, 聯經出版社, 6쪽).

52 木村光彦, 1981, 「植民地下臺灣·朝鮮の民族工業」, 名古屋學院大學産業科學硏究所 Discussion Paper no.3, 김낙년, 2007, 앞의 논문, 145쪽에서 재인용.
53 吳聰敏, 2004, 「從平均每人所得的變動看臺灣長期的經濟發展」, 『經濟論文叢刊』 32-3, 301쪽.
54 김낙년 편, 2012, 앞의 책, 341쪽.

| 1930 | 0.66 | 0.62 | 0.44 | 0.83 |
| 1935 | 0.70 | 0.63 | 0.44 | 0.79 |

출처: 袁堂軍·深尾京司, 2002, 「1930年代における日本·朝鮮·臺灣間の購買力評價-實質消費水準の國際比較」, 『經濟研究』(一橋大學) 53-4, 333쪽.

〈표 6-3〉은 장기적 경제성장의 국제비교에 널리 사용되고 있는 매디슨(Angus Maddison)의 추계 방법이 교역조건의 변화를 무시하고 있어서 추계의 기준점인 1990년으로부터 멀어질수록 현실과 괴리하는 추정결과가 도출되기도 하는 약점을 보완하여 새로이 추계한 것이다. 위안(袁)·후카오(深尾)의 추계에 따르면, 일본의 1인당 실질 GDP를 1로 하였을 경우 조선과 타이완의 1인당 실질 GDP는 1915년 0.52와 0.78, 1925년 0.45와 0.78, 1935년 0.44와 0.79로 나타났다. 즉 1915년부터 1935년 사이의 타이완의 1인당 실질 GDP가 일관되게 조선의 1인당 실질 GDP의 두 배 정도였다는 것이다.[55] 두 식민지주민의 1인당 실질소득에 있어서 두 배 정도의 격차가 일관되게 꾸준히 나타났다는 것은 생활 수준에도 무시할 수 없는 차이가 존재했음을 암시한다.

---

55 매디슨 추계의 약점에 관해서는 김낙년 역시 같은 문제점을 지적하고 있다. 즉 매디슨은 1990년에 조사된 국가 간 소득수준의 차이를 기준점(benchmark)으로 삼아 그 이전 시기는 소득증가율로 연장하는 방법(back projection)을 이용했는데, 1990년으로부터 멀어질수록 국가 간 소득수준 비교의 오차가 커지게 됨을 지적하면서 2018년까지 매디슨의 후학들에 의해 업데이트된 수치를 제시하고 있다. 해방 이전에 해당하는 식민지 시대의 수치를 보면, 조선의 1인당 GDP를 기준으로 하는 경우 미국은 11배, 일본은 3배, 타이완은 2배 수준이었고, 식민지 시대 내내 대체로 이 수준이 유지되었다고 평가하고 있다(金洛年, 2017, 「韓國の經濟成長-長期推移と國際比較」, 『社會經濟史學』 83-3, 340쪽). 조선의 1인당 GDP가 식민지 시대를 통하여 타이완의 1인당 GDP의 절반 수준에 있었다는 점에 관해서는 최근의 연구들이 대체로 일치하는 듯하다.

최근의 식민지 시대 타이완 경제사 연구는 식민지 타이완의 지속적인 경제성장과 그에 따른 타이완인의 생활 수준 향상을 증언하는 연구들이 적지 않다. 한 연구는 1918~1937년 사이 (1930년대 초 세계 농업공황이라는 악영향에도 불구하고) 타이완총독부의 농업기술 혁신 노력이 불경기의 타이완 농가소득에 대한 불리한 영향을 크게 줄일 수 있었다고 보았다. 즉 식민지 시대 타이완 전체 농가소득 분배의 불평등은 시간이 지날수록 축소되었고, 특히 미작(米作) 농가 소득분배의 불평등은 1918~1937년 사이에 분명한 축소를 보였다고 보았다.[56] 다른 연구는 식민지 시대 전반기 타이완인 신장의 변화, 그리고 식민지 시대 후반기 타이완 농가의 엥겔계수 분석을 통해 생활 수준을 측정했다. 신장의 경우 1908~1910년 사이에 출생한 타이완인 남성은 1887~1889년 사이에 출생한 남성보다 2.62cm 컸고, 같은 조건의 여성은 2.48cm 컸다는 점, 그리고 식료품비는 1908~1942년 사이에 (1940년대 초반 전쟁에 따른 상승 추세로의 전환을 제외하면) 꾸준히 하락하는 추세였음을 근거로 식민지 시대 타이완인의 생활 수준 향상을 주장하고 있다.[57]

또 다른 연구 역시 1인당 GDP, 사망률과 출생률을 포함한 인구 변천, 신장 변화, 단위면적당 생산량 등에 대한 추계를 통하여 (쿠즈네츠의 정의에 따른) 근대적 경제성장이 식민지 시대에 시작되었음을 주장하고 있다.[58]

---

56 張素梅·葉淑貞, 2003,「日治時代臺灣農家所得之分析」,『臺灣史研究』10-2, 17쪽.

57 葉淑貞, 2009,「日治時代臺灣經濟的發展」,『臺灣銀行季刊』60-4, 262~263쪽. 한편 식민지 시대 조선인의 평균 신장은 25~30세 남성의 경우 식민지 시대 전체 기간에 걸쳐 약 2.2cm 성장한 것으로 파악되고 있다(김두얼, 2017,「최하층민을 통해 본 식민지기 생활 수준」, 김두얼,『한국 경제사의 재해석-식민지기·1950년대·고도성장기』, 해남, 25쪽).

58 吳聰敏, 2004, 앞의 글, 314쪽. 신장 측정만큼의 신뢰도를 가지는 지표는 아니지만 칼

그렇다면 식민지 타이완의 경제성장과 생활 수준은 어느 정도였을까. 이하에서는 경제성장과 관련된다고 판단되는 몇 가지 지표를 주로 식민지 조선과의 비교를 통해 식민지 타이완의 생활 수준을 간접적이나마 파악해 본다. 우선 두 식민지의 행려사망자 추이를 비교해 보자.

〈표 6-4〉 행려사망자(行旅死亡者) 추이[59]

연도	행려사망인 (타이완)	행려사망인 (조선)	배율1	배율2	연도	행려사망인 (타이완)	행려사망인 (조선)	배율1	배율2
1913	237	2,053	8.66	1.97	1929	166	3,499	21.08	4.79
1914	175	2,246	12.83	2.92	1930	162	4,405	27.19	6.18
1915	156	1,736	11.13	2.53	1931	154	4,436	28.81	6.55
1916	150	1,759	11.73	2.67	1932	176	5,088	28.91	6.57
1917	147	2,927	19.91	4.53	1933	167	4,751	28.45	6.47
1918	191	3,947	20.66	4.70	1934	142	4,541	31.98	7.27
1919	138	2,405	17.43	3.96	1935	166	4,975	29.97	6.81
1920	195	2,147	11.01	2.50	1936	129	5,447	42.22	9.60

로리 섭취량을 통해 생활 수준을 가늠하는 방법도 경제사에서는 활용하고 있는데, 조선인의 (주식으로부터의) 1인당 1일 섭취 열량이 대체로 1,500~1,800kcal(김낙년, 2012, 앞의 책, 611쪽)나 (1인당 곡물로부터 섭취한 열량으로 측정한) 1인당 1일 섭취 열량이 1,600~1,700kcal인 반면[이헌창, 2011(제4판 제1쇄), 『한국경제통사』, 해남, 336쪽], 타이완인의 1인당 1일 섭취 열량은 약 3,600kcal로 국제연합 권장량인 3,000kcal나 중국인의 2,500kcal보다 많았다고 한다(葉淑貞, 2009, 앞의 글, 263쪽). 다만 칼로리 측정 방식이나 섭취 식품의 범주 등에 따라 큰 편차를 보인다는 점은 주의를 요한다.

59 타이완은 『臺灣總督府統計書』, 조선은 『朝鮮總督府統計年報』(各年版)에 근거함. '배율1'은 조선의 행려사망인 합계를 타이완의 행려사망인 합계로 나눈 값이고, '배율2'는 조선 인구가 타이완 인구의 평균 4.4배임을 고려하여 '배율1'을 다시 4.4로 나눈 값이다.

1921	169	1,670	9.88	2.25	1937	128	4,793	37.44	8.51
1922	192	2,125	11.07	2.52	1938	120	4,124	34.37	7.81
1923	163	2,304	14.13	3.21	1939	109	4,755	43.62	9.91
1924	210	2,747	13.08	2.97	1940	152	4,485	29.51	6.71
1925	178	3,441	19.33	4.39	1941	108	3,222	29.83	6.78
1926	166	3,609	21.74	4.94	1942	108	3,883	35.95	8.17
1927	151	4,275	28.31	6.43	합계	4,763	105,683		
1928	158	3,888	24.61	5.59	평균	159	3,523	22.16	5.04

행려사망자란 변사자들 가운데 시체를 수습하려는 일가친척이나 지인이 아무도 없는 사망자를 지칭하며, 일부 행려사망자는 익사, 교통사고사, 자살, 피살 등으로 발생하기도 하지만 대다수는 걸인, 마약 중독자, 나병 환자처럼 사회의 최빈곤층이었고, 가난이 가장 큰 사망 원인이었다.[60] 따라서 행려사망자의 발생 규모는 해당 사회나 지역의 생활 수준을 일정하게 반영한다고 간주할 수 있다. 1913년부터 1942년 사이에 타이완에서는 총 4,763명의 행려사망자가 집계된 데 반해 같은 기간 조선에서는 총 10만 5,683명의 행려사망자가 집계되었다. 단순 계산으로는 타이완에서 행려사망자가 매년 1명 발생할 때마다 조선에서는 약 22명이 발생한

---

60 김두얼, 2017, 앞의 글, 6쪽 및 23쪽. 이 연구는 『조선총독부관보』에 게재된 행려사망자 광고에 담긴 행려사망자의 정보(시신 발견 일시, 장소, 사망 원인, 사망자의 외모, 소지품, 성명, 본적, 직업 등)에 근거하여 1910~1942년 사이에 발생한 약 10만 5,476명의 행려사망자 중 일부 자료를 활용하여 식민지기 조선인의 신장을 시계열적으로 추적한 흥미로운 연구이다. 아쉽게도 『조선총독부관보』에 해당하는 『타이완총독부부보(府報)』에는 행려사망자의 정보를 담은 광고가 게재되지 않고, 『타이완총독부통계서』에 행려사망자 전체 규모만 매년 제시되어 있다.

셈이다('배율1'). 다만 조선 인구가 타이완 인구의 약 4.4배(전년 평균)였음을 고려하면, 타이완에서 행려사망자가 매년 1명 발생할 때마다 조선에서는 약 5명이 발생하는 비율이었다('배율2').

타이완총독부나 타이완 경찰의 식민지인의 일상생활에 대한 규제가 조선총독부나 조선 경찰의 그것과 비교하여 최소한 뒤처지지는 않았으므로(후술) 행려사망자 발견, 사후 조치 및 집계에 관하여 조선총독부가 특별히 효율적이었다고 보기 힘들다면, 또 두 지역의 기후에 따른 차이(예컨대 조선의 '추위')가 행려사망자 규모에 끼치는 영향은 크지 않았다고 본다면,[61] 1(타이완):5(조선)에 달하는 행려사망자 비율의 차이는 타이완인과 조선인의 일정한 생활 수준의 격차를 (최소한 간접적으로) 암시하는 것 같다. 생활 수준과 관련한 사회적 현상의 하나로서 역외이주의 규모와 특징을 살펴보는 것도 일정한 의미가 있을 것이다.

〈그림 6-1〉은 식민지 시대 타이완인 역외이주 규모('타이완 역외인구1')와 조선인 역외이주 규모('조선 역외인구')를 대조해 본 것인데, 점선으로 표시된 '타이완 역외인구2'는 식민지 시대 조선 인구가 타이완 인구의 약 4.4배였다는 점을 반영하여 타이완 인구를 조선 인구 수준으로 조정한 후의 수치이다. 그런데도 조선인 역외이주 규모와는 비교할 수 없을 정도로

---

[61] 타이완이 아열대 기후라고는 해도 추위가 초래하는 타이완인의 동사(凍死)나 돌연사와 관련된 뉴스가 최근에도 심심치 않게 등장하는 것을 보면 추위가 조선인 행려사망자에게만 불리하게 작용했을 가능성은 크지 않다. 그리고 추위에 대한 대비(연료비 지출, 주거환경, 적절한 체온 유지 등) 역시 생활 수준과 무관하지 않다. 행려사망자의 월별 또는 계절별 통계가 확보되지 않은 상황에서 단정하기는 어렵지만, 1930년 농가의 절반이 춘궁(春窮) 농가였다는 지적도 있는 것을 보면(이헌창, 2011, 앞의 책, 337쪽), 필자의 추측으로는 추위가 기승을 부리는 12~2월보다는 춘궁기에 해당하는 3~5월에 행려사망자가 더 많이 발생했을 가능성도 없지 않은 것 같다.

<그림 6-1> 타이완인과 조선인의 역외이주 규모

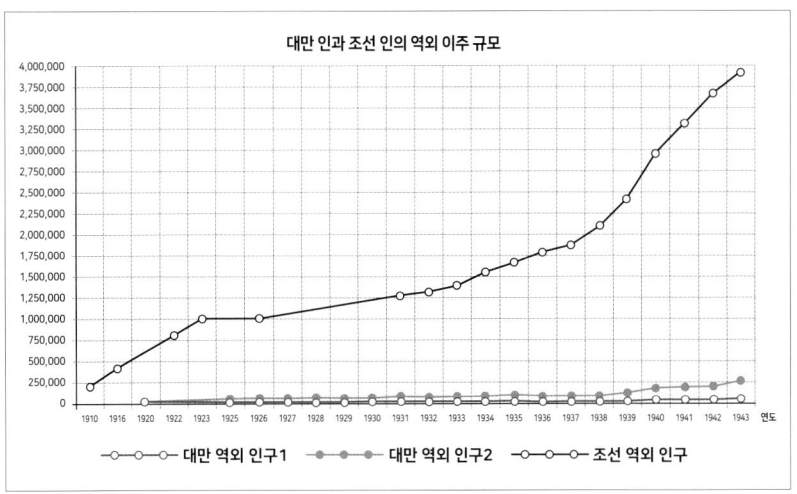

출처: 문명기, 2018, 「20세기 전반기 타이완인과 조선인의 역외이주와 귀환-역외이주 및 귀환 규모의 추산을 중심으로」, 『한국학논총』 50, 519~520쪽.

소규모라는 점에는 변함이 없다. 역외이주 타이완인은 1920년 6,052명, 1930년 1만 4,483명, 1940년 4만 1,416명, 1943년 5만 6,615명에 불과하다. 타이완 총인구에서 타이완인 역외이주 인구가 차지하는 비중은 1920년 0.17%, 1930년 0.33%, 1940년 0.72%에 불과했다. 식민지 시대를 통틀어 타이완 총인구에서 역외이주 인구가 1%를 넘긴 해가 없었다.

반면 식민지 조선의 경우에는 만주로의 농업 이민, 일본으로의 노동 이민 등의 결과 1926년에 역외이주가 100만 명을 넘어섰고, 1938년 200만 명을 돌파한 데 이어 1943년에는 역외이주 인구가 400만 명에 달했다. 1926년 역외이주자는 조선 총인구의 5.16%, 1938년 8.72%, 1943년에는 13.84%까지 도달했다. 1910년 역외이주자의 규모가 조선 총인구의 1.6%였음을 고려하면, 식민지 시대는 한국 인구사(人口史)에서

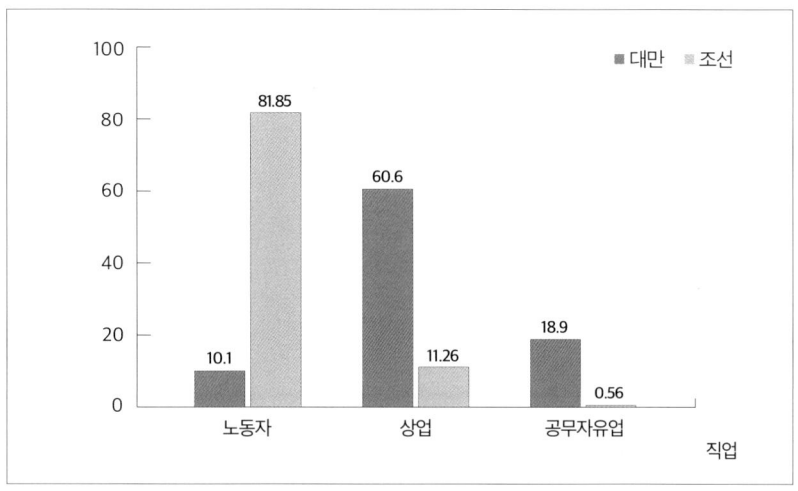

〈그림 6-2〉 재일 타이완인과 재일 조선인의 직업구성(1940)

출처: 문명기, 2019, 「식민지 시대 타이완인과 조선인의 역외이주 패턴과 그 함의」, 『동양사학연구』 147, 347쪽.

역외이주가 가장 활발했던 시기 중 하나라고 해도 과언이 아니다.[62] 역외이주한 타이완인과 조선인의 직업구성 면에서도 의미 있는 차이가 발견된다.

우선 눈에 띄는 점은 상업 종사자 비율의 차이다. 재일 타이완인 중 상업 종사자는 전체 유업자(有業者)의 60.6%(1941)인 데 반해 재일 조선인 중 상업 종사자는 11.3%(1940)이다. (노점상, 행상 등의 영세상인인 경우를 제외하면) 상업에 종사하기 위해서는 일정한 자금의 확보가 전제되어야 한다고 보면, 재일 타이완인은 기본적으로 어느 정도의 자금력을 확보하고 내지로 이주한 부류라고 볼 수 있다.[63] 이와 대조적으로 공업 종사자,

---

62 문명기, 2018, 앞의 글, 522쪽 및 527쪽.
63 재일 조선인의 경우 상업 종사자라고 해도 점포를 가지고 상품을 취급하는 사람('보통

즉 노동자 비중은 재일 타이완인이 10.1%(1941)인 데 반해 재일 조선인은 81.9%(1940)로 나타난다. 여기에 더하여 관리나 변호사, 의사, 신문기자 등 고학력 직업군을 의미하는 공무자유업 항목에서 재일 타이완인은 18.9%(1941)인 데 반해 재일 조선인은 0.6%(1940)로 격차가 상당히 크다. 이러한 두 집단의 직업구성으로 볼 때, 재일 조선인은 내지의 (비숙련) 노동시장에 참여하기 위한 '생계형(生計型)' 이주였던 반면, 재일 타이완인은 생계 해결보다는 더 나은 사업적·직업적 기회를 찾아 이주한 '입신형(立身型)'에 가까웠던 것 같다.[64]

정리하자면 식민지 조선인의 역외이주는 '대규모+생계형'인 반면, 식민지 타이완인의 역외이주는 '소규모+입신형'이라는 대조적인 패턴이라고 할 수 있다. 이러한 대조적 특징이 나타난 가장 근본적인 원인은 무엇보다도 경제적 요인이었을 것이다. 주지하듯이 식민지 타이완의 농업은 크게 보아 일본인 자본이 장악한 자작(蔗作, 사탕수수) 부문과 타이완인 지주자산계급이 지배력을 행사한 미작(米作, 쌀) 부문으로 나뉘어 있었다.[65] 식민지 타이완의 자본주의화·공업화에 있어서 압도적 비중을 차지하는 제당업의 토대를 이루는 자작 부문에 대해 타이완총독부는 각종 제도적

상인')보다 오히려 행상, 노점상, 엿장수 등을 포함한 보통상인 이외의 사람이 더 많았다(도노무라 마사루 저, 신유원·김인덕 역, 2010, 『재일조선인 사회의 역사학적 연구』, 논형, 99~100쪽).

[64] 이 문제와 관련하여 永野武, 1994, 『在日中國人 - 歷史とアイデンテイテイ』, 明石書店, 235쪽은 "1940년경까지 재일 타이완인은 학생 및 지적 직업 종사자와 상인이 큰 비중을 차지했다."라고 결론짓고 있다. 巫靚, 2016, 「日本統治期における臺灣人の移動 - 日中戰爭前に大陸に留學する臺灣人を中心に」, 『人間·環境學』 25, 105쪽 역시 "중일전쟁 이전 타이완인의 이동은 하층 노동자의 이동이 눈에 띄지 않고 상인이나 유학생이 대부분을 차지했다"라고 보고 있다.

[65] 커즈밍, 2008, 앞의 책, 99쪽.

장치와 제당 기업에 대한 특혜를 통해 일본인 자본의 지배력을 유지·강화한 반면, 이윤율이 낮아서 일본인 자본의 흥미를 끌기 힘들었던 미작 부문에 대해서는 방임적 자세를 보였다. 그 결과 미작 부문은 타이완인 자본의 수중에 남아 있을 수 있었다.[66]

하지만 1910년대 후반 이래 '쌀소동'으로 상징되는 내지의 미곡 수급 위기에 대응하기 위해 일본 정부는 식민지의 쌀 생산을 독려했다. 이는 조선에서는 산미증식계획 실시, 타이완에서는 (내지 소비자의 기호에 맞지 않는 인디카 계열의 재래미를 대체하는) 봉래미(蓬萊米) 보급으로 구체화했다. 내지 쌀시장의 호응을 얻은 봉래미 이출의 급증은 미작 부문을 장악하고 있던 타이완인 농업인구의 소득향상에 기여했다. 즉 자작 부문=일본인 자본, 미작 부문=타이완인 자본으로 양분되어 있던 농업구조가 1925년 전후에 시작된 봉래미 특수(特需)라는 예기치 못한 사태를 계기로 타이완 농민의 소득을 끌어올렸고, 이는 타이완 농민의 꾸준한 소득증가와 안정적인 경제생활에 유리하게 작용했다.

반면 타이완의 일본인 (제당업) 자본과 달리 조선에 진출한 일본인 자본의 대부분은 미작 부문에 투자했다. 그 결과 조선 농업인구의 0.2%에 불과한 일본인이 조선 전체 논의 16.1%(1932)를 차지하게 되었고,[67] 쌀 가공과 유통을 담당하는 정미소 역시 1931년 현재 조선 전체 정미소의 56.3%를 일본인이 차지하고 있었다(마력 기준으로는 80%).[68] 즉 조선에서

---

66 柯志明, 1993, 「'米糖相剋'問題と臺灣農民」, 小林英夫 編, 『岩波講座近代日本と植民地』(卷3: 植民地化と産業化), 岩波書店, 134~139쪽.

67 허수열, 2005, 『개발 없는 개발』, 은행나무, 80쪽.

68 반면 조선의 정미소에 해당하는 타이완의 토롱간(土壟間, 정미소)은 타이완인 자본이 장악하고 있었다. 1932년 현재 3,051개 정미소 중 일본인 소유는 겨우 37개(1.2%)에

는 농업 생산성의 향상에 따라 증가한 수익을 일본인 자본이 더 많이 차지할 가능성이 훨씬 컸다. 요컨대 미작 부문은 타이완인, 자작 부문은 일본인이 분점한 식민지 타이완의 농업구조, 그리고 미작이라는 단일 부문을 두고 (일본인이 우위에 서서) 일본인과 조선인이 경합했던 식민지 조선의 농업구조 차이를 함께 고려하면, 농업 생산성 향상과 이출 증가로 발생하는 이윤의 분배에 있어서 조선인 농민이 타이완인 농민에 비해 불리했을 것으로 추측된다.

게다가 대체로 이모작(이나 삼모작)을 운영했던 타이완 봉래미의 1기작(1~6월)의 이출 시점(6~10월)은 일본의 보릿고개와 겹쳐 내지의 계절적 식량부족을 해결하는 데 적합했던 반면,[69] 일본미(日本米)의 생장 기간과 겹치는 조선미(朝鮮米)는 내지 시장에 진입할 때 시장 경쟁이라는 면에서 '직접적인 상극관계'에 직면했다. 이 점도 두 식민지의 농가소득에 일정한 영향을 미쳤을 것이다.[70]

이상의 논의를 정리하면, 두 지역에서 비슷한 수준의 농업생산력 향상이 있었다 해도 그 과실인 소득의 분배에서는 무시할 수 없는 차이가 발생했을 것이다.[71] 물론 농업부문의 소득분배가 악화했어도 비농업 부문,

---

불과했다(커즈밍, 2008, 앞의 책, 245쪽 및 269쪽).

69 식민지 타이완의 미작은 대체로 2기작을 기본으로 했는데, 제1기작의 수확기는 5월 5일부터 7월 15일, 제2기작의 수확기는 9월 15일부터 11월 25일이었다. 때문에 봉래미는 일본 시장에서 높은 가격을 받을 수 있었다(鄭澤文, 2006, 「長官公署爲何失敗？－以1945－1947年的糧食政策爲例」, 國立淸華大學 社會學硏究所 碩士學位論文, 59쪽).

70 커즈밍, 2008, 앞의 책, 268쪽.

71 타이완 농가의 호당 노동 투입 일수(日數)는 1935년 449일인 데 반해 조선은 194일로 절반에도 미치지 못했고, 그에 따라 농업의 노동생산성에서 큰 격차가 없었던 것과 달리 토지생산성은 타이완이 조선의 두 배에 달했다(김낙년, 2007, 앞의 논문, 162쪽).

예컨대 공업부문의 성장과 고용 창출이 농업부문의 인구를 흡수했다면 소득수준 악화나 정체를 어느 정도 막았을 수도 있다. 하지만 조선에서 그런 현상은 일어나지 않은 것 같다. 농업인구가 전체 인구에서 차지하는 비율은, 타이완이 1939년 현재 49.6%였던 반면 조선은 1939년 현재 72.5%였다. 두 지역 모두 농업인구의 비중은 식민지 초기보다 감소했지만 감소 폭에는 큰 차이가 있었다. 다시 말해서 1939년 시점에서 조선은 타이완보다 여전히 농업인구 비중이 압도적이었다.[72] 즉 식민지 조선의 농업인구는 적절한 배출구를 찾지 못한 채 농촌에 누적되는 양상이었다.

이상은 농업인구에 국한된 관찰이지만 전체 인구의 생활 수준과 관계된 수치, 예컨대 전술한 위안(袁)·후카오(深尾)의 추계를 신뢰한다면, 타이완인의 실질 GDP는 일본인의 80% 수준이었고 조선인의 그것은 40~50% 수준이었다는 것이다. 타이완인의 생활 수준에 대한 조선인 생활수준의 상대적 저위성(低位性)은 비교적 분명해 보인다. 내지 일본인의 80%에 가까운 소득을 올리는 타이완인이 역외이주에 동반되는 제반 곤란을 감내하고 이주를 감행할 이유는 별로 없었던 반면, 내지 일본인 소득의 40~50%에 불과했던 조선인이라면 역외이주에 따른 여러 곤란을 감내하고 이주할 이유가 확실히 있었던 것 아닐까.

한편 사망률 개선에 따른 인구 증가, 즉 노동력 공급의 증가 속도가 토지·자본의 증가 속도를 앞지른다면 이는 실질임금 상승을 억누르는 요인으로 작용할 수 있는데,[73] 만일 사망률 개선이 소득의 증가(생활 수준의 향

---

72 涂照彦, 1975, 『日本帝國主義下の臺灣』, 東京大學出版會, 267쪽. 李力庸, 2009, 앞의 글, 83쪽은 1944년 현재 타이완의 농업인구를 56%로 파악하고 있다.
73 차명수, 「경제성장·소득분배·구조변화」, 김낙년 편, 2012, 앞의 책, 350~351쪽.

상)가 동반하지 않은 채로 일어났다면, 사망률 개선에 따른 인구 성장은 심화한 농촌경제의 어려움을 가중하는 요인이었을 수 있다.[74] 식민지 조선에서 농업부문의 위기나 정체를 얘기할 때 빠지지 않고 언급되는 이 '과잉인구'는 이러한 구조 속에서 누적되었을 개연성이 있다. 그리고 이 '과잉인구'가 아마도 만주나 일본 내지로 이주를 감행한 역외이주 조선인의 거대한 저수지(pool)였을 것이다.

두 지역의 생활 수준 차이는 그 자체로 '근대적 상품'이라고 할 수 있는 설탕 소비량을 통해서도 간접적으로 관찰할 수 있다. 〈표 6-5〉는 일본인·타이완인·조선인의 1910~1933년 사이의 설탕 소비량을 비교한 것이다.

〈표 6-5〉 일본인·타이완인·조선인의 1인당 설탕 소비량 추이[75]

연도	타이완 소비량 합계(A) (1,000근)	(在臺) 일본인 (1,000명)	(在臺) 일본인 1인당 소비량(근)	(在臺) 일본인 소비량 합계(B) (1,000근)	타이완인 소비량 합계(A-B) (1,000근)	타이완인 (1,000명)	타이완인 1인당 소비량(근)	조선인 1인당 소비량 (근)
1910	25,802	98	5.17	507	25,295	3,187	7.94	0.80
1911	25,031	110	5.52	607	24,424	3,243	7.53	1.08

---

74 박경숙, 2009, 「식민지시기(1910~1945) 조선의 인구 동태와 구조」, 『한국인구학』 32-2, 55쪽.

75 '타이완 소비량 합계'는 臺灣總督府 殖産局 特産科, 『臺灣糖業統計』(昭和4年版), 120~121쪽, 일본인 1인당 소비량과 조선인 1인당 소비량은 이은희, 2018, 『설탕, 근대의 혁명 – 한국 설탕산업과 소비의 역사』, 지식산업사, 149~150쪽에 따랐다. 타이완의 타이완인 인구와 일본인 인구는 王德睦 等, 2011, 『臺灣全志』(卷3: 住民志 – 人口篇), 國史館 臺灣文獻館, 62쪽에 따랐다. 이은희는 재조 일본인 1인당 설탕 소비량을 내지 일본인 1인당 설탕 소비량과 같다고 가정했는데, 재대 일본인 1인당 설탕 소비량 역시 같은 가정에 따른 것이다.

1912	20,302	123	6.17	759	19,543	3,294	5.93	1.22
1913	23,657	134	8.23	1,103	22,554	3,349	6.73	1.38
1914	23,200	142	8.27	1,174	22,026	3,393	6.49	1.18
1915	22,818	137	7.88	1,080	21,738	3,414	6.37	0.85
1916	20,456	142	9.70	1,377	19,079	3,435	5.55	0.88
1917	27,437	145	10.47	1,518	25,919	3,482	7.44	0.95
1918	41,010	149	13.00	1,937	39,073	3,500	11.16	1.37
1919	30,264	153	14.22	2,176	28,088	3,539	7.94	0.72
1920	23,523	167	11.58	1,934	21,589	3,566	6.05	0.65
1921	32,628	175	17.37	3,040	29,588	3,633	8.14	1.33
1922	31,798	180	18.97	3,415	28,383	3,697	7.68	0.60
1923	36,312	182	17.58	3,200	33,112	3,764	8.80	1.12
1924	35,188	183	18.37	3,362	31,826	3,827	8.32	0.77
1925	52,000	190	19.00	3,610	48,390	3,925	12.33	0.98
1926	55,159	196	20.30	3,979	51,180	4,010	12.76	1.22
1927	51,912	203	20.07	4,074	47,838	4,096	11.68	1.67
1928	65,158	211	21.27	4,488	60,670	4,187	14.49	1.20
1929	62,267	221	21.87	4,833	57,434	4,285	13.40	1.73
1930	68,881	232	20.57	4,772	64,109	4,400	14.57	1.20
1931	66,275	244	20.58	5,022	61,253	4,515	13.57	1.15
1932	67,106	248	21.58	5,352	61,754	4,639	13.31	1.25
1933	68,410	256	20.73	5,307	63,103	4,759	13.26	1.20
평균			14.94				9.64	1.10
지수1			100				65	7
지수2							100	11

〈표 6-5〉를 통해 볼 때, 일본인의 설탕 소비량을 100으로 놓고 보면('지수1') 타이완인의 설탕 소비는 65%, 조선인의 설탕 소비는 일본인의 7%였고, 타이완인의 설탕 소비량을 100으로 놓고 보더라도('지수2') 조선인의 설탕 소비는 그 11%에 불과했다. "설탕 소비량이 곧 근대 문명 수준의 척도"라는 식민지 조선에서 유행한 담론을 곧이곧대로 수용할 건 아니지만, 최소한 근대 문명 수용 정도를 보여 주는 여러 지표 중 하나가 될 수 있다면, 설탕 소비에서 타이완인과 조선인의 현격한 차이는 타이완인과 조선인의 생활 수준의 격차를 반영한 결과라고 해석해도 큰 무리는 없을 것이다.[76]

이상의 논의를 정리하면, 식민지 타이완의 1인당 실질 GDP는 식민지 조선의 약 2배에 가까웠고, 이러한 소득수준의 격차는 행려사망자 발생 비율의 현저한 차이, 역외이주의 대조적인 패턴이나 설탕 소비의 현저한 격차 등에 직접적인 영향을 미치고 있었음을 확인할 수 있었다. 이러한 1인당 실질 GDP의 차이가 식민지 권력의 재정운영에는 어떤 영향을 미쳤을까?

---

[76] 물론 일본과 타이완은 20세기 이전부터 설탕을 꽤 많이 소비한 지역임에 반해 조선은 그렇지 않았다는 사정도 어느 정도 작용했을 것이다. 하지만 〈표 2-5-5〉가 보여 주는 수치는 이러한 소비 전통의 문제만으로 환원하기에는 그 격차가 너무 크다. 또 설탕 소비량 통계는 해당 지역의 설탕 생산량+설탕 수입량-설탕 수(이)출량으로 구해지므로, 설사 타이완 농민이 사탕수수를 재배하여 사사로이 설탕을 제조해서 소비했다 하더라도 해당 통계에는 포착되지 않을 것이다. 따라서 위의 통계는 여전히 의미가 있다. 설탕 가격 역시 일본 당업 자본을 중심으로 한 강력한 카르텔의 존재로 인하여 통제되었을 가능성이 크므로 설탕 가격의 지역 차이가 이러한 소비량의 차이를 낳았다고 보기도 힘들 것이다.

4. 재정-풍부한 세입과 경제 지향적 세출

식민지 타이완의 재정 상황을 살펴보기에 앞서 우선 식민지의 재정 제도에 관하여 간략히 정리해 두기로 한다. 근대 일본의 식민지재정은 '외지특별회계(外地特別會計)'라고 총칭되어 내지 중앙정부의 일반회계와는 구분되는 특별회계제도를 근거로 하여 운영되었다. 1897년 4월부터 시행된 「타이완총독부 특별회계법」은 식민지 최초로 특별회계제도가 영위된 사례이다.[77] 하지만 타이완 통치 초기부터 식민지재정 제도에 관하여 명확한 방침이 있었던 것은 아니었다. 예컨대 메이지 정부의 법률고문 커크우드(Kirkwood)는 각 식민지의 재정이 자립하여 본국의 보조를 바라지 않는 영국의 식민지가 모범이 될 수 있다고 본 데 반해 프랑스인 법률고문 르봉(Levon)은 장래에는 식민지를 제국의 한 지방[현(縣)]으로 삼아야 한다는 쪽에 가까웠다. 커크우드가 제안한 '영국식'은 식민지재정을 본국 재정과 별개의 것으로 다루면서 '재정독립'을 지향했고, 르봉이 제안한 '프랑스식'은 타이완을 일본과 동등한 행정제도에 편입시키고 재정을 처리한다는 생각이었다.

당시 총리 이토 히로부미와 대장대신(大藏大臣) 마쓰카타 마사요시(松方正義) 등은 대체로 타이완 재정을 특별회계로 하되 제국의회의 심의를 거치게 한다는 데 공감대를 가지고 있었고, 결국 특별회계라는 형식의 식

---

[77] 일본제국 전체로 보면 1897년 타이완총독부, 1905년 가라후토(樺太)와 관동주, 1910년 조선, 1921년 남양군도 등 총 다섯 개의 외지특별회계가 설치되었다(溝口敏行·梅村又次 編, 1988, 『舊日本植民地經濟統計 - 推計と分析』, 東洋經濟新報社, 28쪽).

민지재정 제도가 제국의회를 통과했다.[78] 재정 방침으로는 통치 초기에 중앙정부의 일반회계로부터 경비보충금을 지원하여 부족한 세입을 보전해 주지만 장래에는 타이완 재정의 독립을 추구한다는 것이 기본적인 골격이었다.

식민지 조선 역시 큰 틀에서 식민지 타이완과 다를 바 없는 재정 제도를 수립하고 있다. 타이완·조선총독부 특별회계 형식이나 제도적 측면의 특징을 꼽자면, 첫째 식민지에 주둔하는 상비군 경비와 군사시설 건설비 등 군사비를 포함하지 않는 회계라는 점이다.[79] 따라서 식민지재정 수지나 세입·세출 구조를 이해할 때 통상적으로는 군사비를 제외해왔지만, 이를 포함할 경우 식민지재정이 일본 중앙재정에 대해 가지는 의미가 달라질 수 있다.[80]

둘째, 예산 형식상 일반 재정과 관업(官業) 재정이 분리되지 않아서 관업 수지가 일반 재정의 수지에 직접 영향을 끼치고 있다는 점이다. 그 결과 전매사업이 일본 중앙정부 회계처럼 특별회계의 형태로 독립되어 있지 않은 타이완·조선 재정에서는 전매사업의 수입과 지출이 조세(租稅)와 마찬가지로 일반 재원으로 취급되고 있었다. 이러한 특징은, 예컨대 연초 전매나 철도사업의 수입과 지출이 세입과 세출에 모두 포함됨으로써

---

78 平井廣一, 1997, 『日本植民地財政史硏究』, ミネルヴァ書房, 17~20쪽.

79 坂入長太郎, 1983, 『日本財政史 資本主義と財政の政治過程』, バリエ社, 193쪽. 다만 1935년부터는 급증해 가는 군사비 부담을 위해 식민지로부터 중앙정부의 일반회계나 임시군사비특별회계로의 조입이 이루어지게 된다(溝口敏行·梅村又次 編, 1988, 앞의 책, 28쪽).

80 이 점에 대해서는 문명기, 2017, 「일제하 대만·조선총독부 세입의 비교분석 – 일반회계보충금과 공채를 중심으로」, 『한국학논총』 48을 참조.

식민지재정을 실제의 재정 규모보다 훨씬 커 보이게 만든다.[81]

셋째, 두 총독부의 재정은 모두 일본 중앙정부로부터 일반회계보충금 등의 형태로 재정보조를 받을 수 있는 제도적 장치가 있었고 실제로도 꽤 많은 재정보조를 받았지만, 총독부 재정에 대한 지원의 형태나 규모는 시기별로 매우 달랐다. 이 점 역시 두 총독부 재정을 관찰하는 데 있어서 중요한 측면 중 하나이다.[82]

마지막으로 외지특별회계 제도는 총독부가 통치에 관련된 모든 부문을 통괄하는 '총합적(總合的) 특수행정'이라는 특징에도 잘 들어맞는 제도였다.[83] 총독에 부여된, 행정은 물론이고 입법과 사법을 포함한 강대한 권한은 총독부의 일정 범위 내에서 자율적 식민지 운영을 가능하게 했고, 이를 재정제도 면에서 뒷받침한 것이 바로 외지특별회계라는 형식이었다. 하지만 제도적으로 유사했다고 해서 재정의 실제 운영까지 유사했던 것은 아니다. 오히려 두 식민지의 재정 실질은 상당히 달랐다고 하는 것이 실태에 가까운 듯하다. 이러한 식민지재정 제도의 특징을 염두에 두고 두 식민지의 재정 운영의 구체적인 모습을 살펴보기로 한다.

우선 총독부 세입을 보면, 인구 면에서 약 4배 차이를 보인 총독부 세입의 절대 규모는 당연히 조선 쪽이 컸지만 1인당 세입 면에서는 타이완 쪽이 훨씬 컸다.

81　黃通 等, 1988, 『日據時代的臺灣財政』, 聯經, 5쪽.
82　문명기, 2017, 앞의 글, 249~257쪽.
83　平井廣一, 1997, 앞의 책, 『日本植民地財政史研究』, 275쪽.

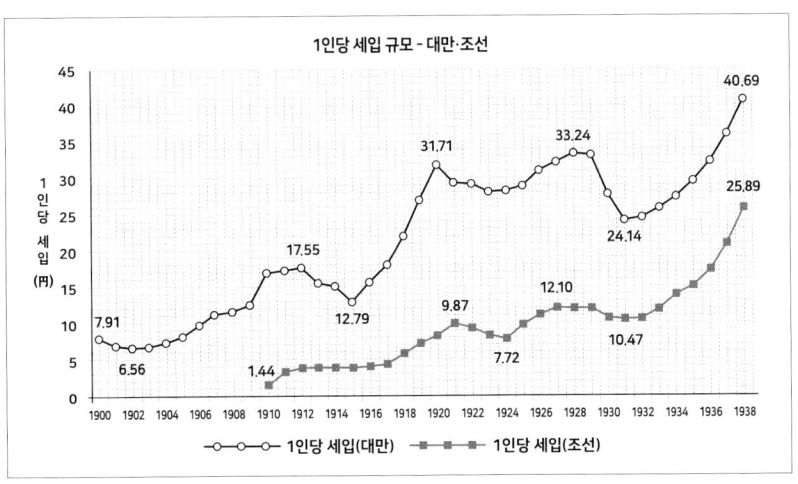

〈그림 6-3〉 1인당 세입 비교(단위: 엔)

출처: 문명기, 2016, 「일제하 대만·조선총독부 세입의 추이와 구조-조세수입과 조세 부담을 중심으로」, 『사림』 56, 215쪽.

　전체적인 추이는 1911년 17.17(타이완) : 3.34(조선), 1920년 31.71 : 8.35, 1930년 27.73 : 10.79, 1938년 40.69 : 25.89로 통치 후기로 갈수록 격차가 줄어드는 추세이기는 했으나 전 기간에 걸쳐 타이완의 1인당 세입이 훨씬 높은 수치를 보였고, 전체 평균으로는 타이완이 21.47엔, 조선이 9.64엔으로 타이완의 1인당 세입이 조선의 약 2.2배에 달했다. 표면적으로 보면 타이완인이 조선인보다 훨씬 많이 '수탈'된 것처럼 보인다.
　실제로도 그러했을까?
　총독부 세입의 조세수입 항목과 대중 과세의 성격을 띠는 전매 순익 항목의 합계인 조세 부담 액수 비교를 통해 살펴보자.
　1911년 9.55(타이완) : 1.40(조선), 1920년 15.50 : 2.06, 1930년 13.59 : 4.07, 1938년 18.21 : 7.66으로 전 기간에 걸쳐 큰 격차를 보였고, 전체 평

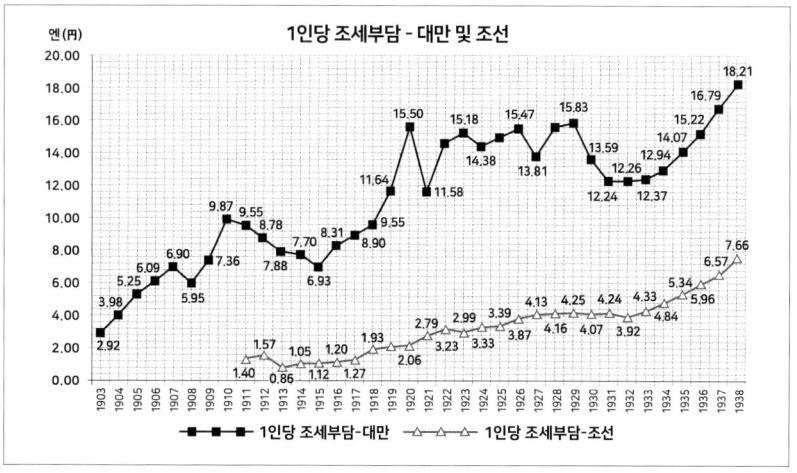

〈그림 6-4〉 1인당 조세 부담 비교

출처: 문명기, 2016, 「일제하 대만·조선총독부 세입의 추이와 구조-조세수입과 조세 부담을 중심으로」, 『사림』 56, 216쪽.

균으로는 11.17 : 3.35로 약 3.3배의 격차를 보여 주고 있다. 하지만 절대적인 조세 부담 액수만을 가지고 '수탈'의 정도를 가늠하는 것은 논리적으로나 현실적으로 타당하지 않다. 무엇보다 두 지역의 생산력 발전이라는 요인을 고려해야 한다. 〈그림 6-5〉는 두 지역의 생산력 발전 수준을 보여 주는 지표로 국내총지출(GDE)을 활용하여 생산력 발전과 조세 부담의 상관관계를 나타낸 것이다.[84]

1인당 조세 부담과 1인당 국내총지출(GDE)에 대해 타이완은 1906년, 조선은 1918년을 100으로 잡고 각각 증감 추이를 지수화하여 계산한 결

---

84 국내총생산(GDP)이 아니라 국내총지출(GDE)이라는 지표를 활용하는 이유에 대해서는 溝口敏行·梅村又次 編, 1988, 앞의 책, 143쪽을 참조.

〈그림 6-5〉 조세부담지수와 국내총지출지수 비교

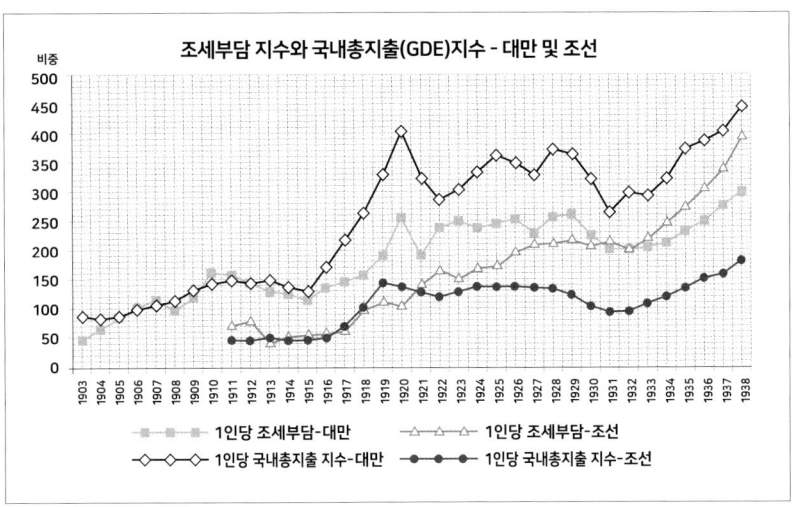

출처: 문명기, 2016, 「일제하 대만·조선총독부 세입의 추이와 구조-조세수입과 조세 부담을 중심으로」, 『사림』 56, 216쪽.

과가 〈그림 6-5〉이다. 타이완의 1인당 조세부담지수와 1인당 국내총지출 지수를 보면, 1915년까지 양자가 거의 동일한 등락을 보이다가 1915년 이후부터는 1인당 국내총지출지수가 급격히 상승하면서 1인당 조세부담지수의 상위에 위치함을 알 수 있다. 이는 타이완의 조세 부담이 생산력 발전에 동반되어 늘어갔다는 점, 아울러 생산력 발전의 수준이 1915년경부터는 조세 부담 수준을 다소나마 앞질러 나갔음을 말해 준다.

반면 조선의 1인당 조세부담 지수와 1인당 국내총지출지수를 보면, 1920년 이전까지는 양자가 보조를 맞추다가 1920년 이후부터는 1인당 국내총지출지수가 1인당 조세부담지수에 뒤처져 갔음을 알 수 있다. 즉 생산력 발전은 상대적으로 정체되었음에도 조세 부담은 계속 늘어갔음을 말해 주는 것이다. 요컨대 절대 액수로는 타이완의 1인당 조세 부담액이 조선의 그것을 크게 상회했지만, 생산력 발전이 동반된 타이완에서는 조세 부담 증가가 감당할 만한 수준이었던 반면,[85] 조선에서는 생산력 발전이 조세 부담에 뒤처졌기 때문에 늘어나는 조세 부담을 감당할 여력은 조금씩 줄어들었다고 보아야 할 것 같다.[86] 필자가 최근에 수행한 타이완과 조선의 지방세입에 대한 관찰의 결과를 대입해 보아도 이러한 전체상에는 변화가 없었다.[87]

그렇다면 세출은 어떠했을까? 1인당 세출을 1인당 통치경비로 간주하여 계산한 결과는 〈그림 6-6〉과 같다.

세출은 직·간접적으로 통치에 관련되므로 세출을 통치경비로 간주하고 1인당 세출, 즉 1인당 통치경비를 보면, 1910년은 12.49(타이완) : 1.18(조선), 1915년은 10.71 : 3.45, 1920년은 25.37 : 6.97, 1930년은 25.5 : 9.54로 추이하고 있다. 통치 후기로 갈수록 그 격차가 좁혀지기는 했지만, 기본적으로 1인당 통치경비의 차이는 대단히 커서 통치 기간 전체를 놓고 보더라도 전체 평균 16.91(타이완) : 8.49(조선)로 약 2배의 격차를 보였다. 전술한 1인당 세입과 부합하는 결과이다. 그렇다면 피통치자에 대하여 매년 약 2배 정도의 경비를 더 쓸 수 있는 식민지 권력이 그렇지 못한 식민지 권력보다 통치 효과라는 면에서 꽤 큰 우위에 섰을 것이라고 추론하는 것이 자연스러울 것이다.

예컨대 타이완 인구 1인당 통치경비를 조선 인구에 적용하면 조선총

---

85 黃通 等, 1987, 앞의 책, 16~17쪽 역시 유사한 평가를 내리고 있다.
86 우명동, 1987, 『일제하 조선재정의 구조와 성격』, 고려대학교 경제학과 박사학위논문, 17~19쪽.
87 문명기, 2020, 「일제하 조선 지방세입의 구조와 추이, 1910~1936-대만과의 비교를 겸하여」, 『한국학논총』 54, 139~141쪽.

〈그림 6-6〉 세출, 인구 및 1인당 세출(통치경비) 비교(단위: 엔)

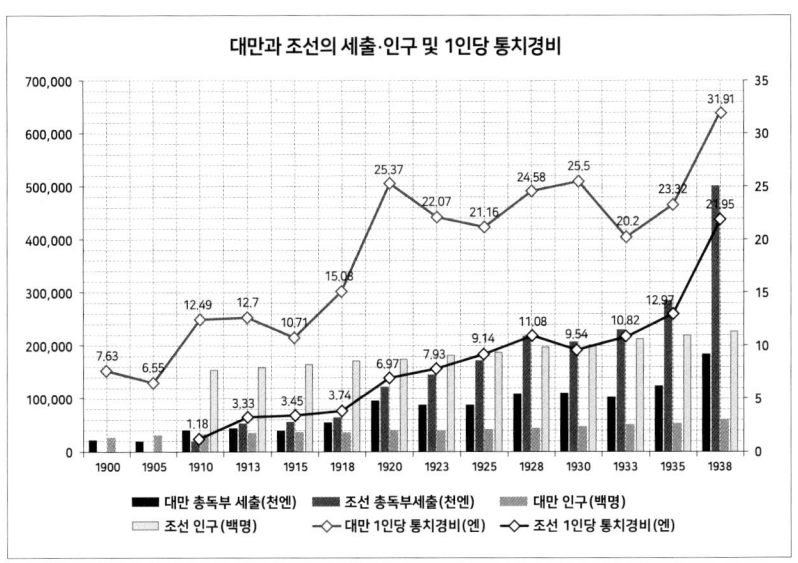

독부가 타이완 통치의 효과에 상응하는 통치 효과를 거두는 데 필요한 세출 규모가 대략 산출될 것이다. 이 도식에 따라 계산해 보면 1915년 조선 통치에 필요한 필요경비는 10.7엔(타이완 1인당 통치경비)×16,300,000명(조선 인구)=1억 7,441만 엔인 데 반해 실제 투입된 경비(세출)는 5,690만 엔으로 필요경비의 33% 수준에 그쳤다. 10년 후인 1925년의 경우를 보더라도 21.2엔(타이완 1인당 통치경비)×19,000,000명(조선 인구)=4억 280만 엔이 조선 통치의 필요경비였으나 실제 투입된 경비(세출)는 1억 7,200만 엔으로 필요경비의 43%에 불과했다.[88] 이렇게 타이완의 1인당

---

88 문명기, 2009, 「대만·조선총독부의 초기재정 비교연구」, 『중국근현대사연구』 44, 104~105쪽.

<그림 6-7> 타이완총독부와 조선총독부의 세출 구성

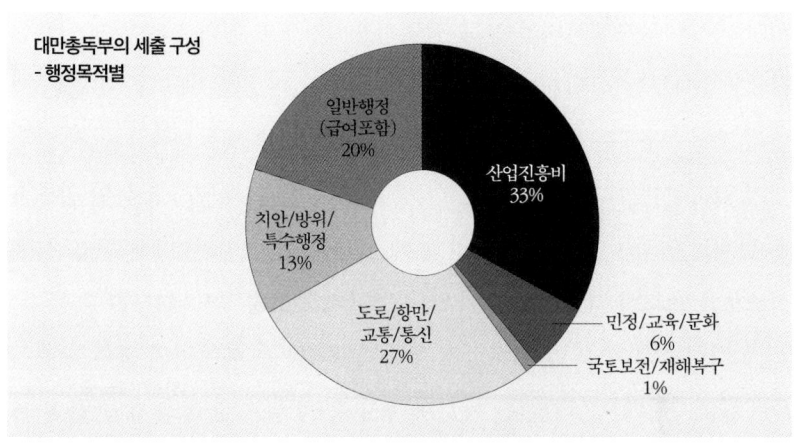

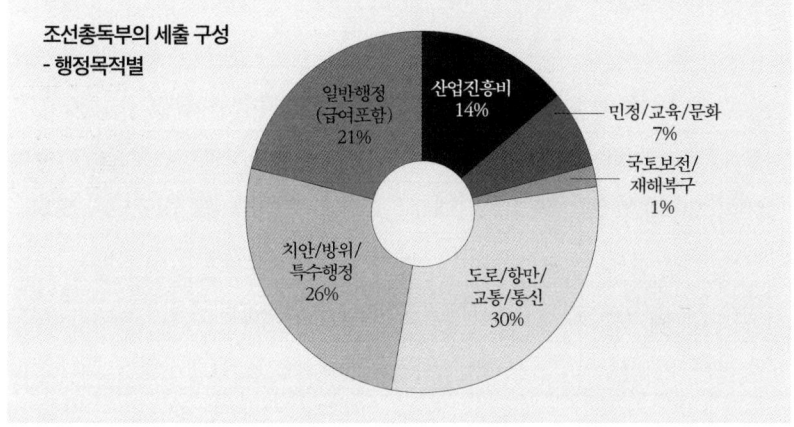

출처: 문명기, 2015, 「일제하 대만·조선총독부의 세출구조 비교분석」, 『한국학논총』 44, 424~425쪽.

세출을 개입시켜 산출한 조선 통치에서의 '필요경비'와 '실제경비'의 현저한 간극은 실제로 어떤 양상으로 나타났을까.

〈그림 6-7〉에서 잘 나타나듯이 두 총독부의 세출에서 가장 큰 대조를 이루는 것이 산업진흥비와 치안·방위·특수행정비 부문이다. 타이완 세출

은 산업진흥비가 33%, 치안·방위·특수행정비가 13%인 데 반해 조선은 치안·방위·특수행정비가 26%, 산업진흥비가 13%이다. 단순하게 말하면 타이완총독부는 산업개발에 상대적으로 훨씬 더 많은 재원을 투입한 데 반해 조선총독부는 재정 지출의 우선순위가 산업개발보다는 치안과 방위에 있었다는 뜻이다. 이러한 대조적인 지출 경향은, 식민지 조선이 만주와의 관계로 인하여 군사 지향적인 성격을 띤 데 반해 식민지 타이완은 상대적으로 경제 지향적이었다는 한 연구 결과와도 모순되지 않는다.[89]

이러한 식민지 타이완 재정의 상대적 풍부함은 세부적인 통치경비 지출에서도 분명히 드러난다. 예컨대 후술할 식민지 경찰 통치 관련 비용 지출에서 타이완과 조선은 큰 차이를 보였다.

〈표 6-6〉 경찰비 총액과 인구 1인당 경찰비(단위: 엔)[90]

타이완			조선		
연도	경찰비 총액	인구 1인당 경찰비	연도	경찰비 총액	인구 1인당 경찰비
1909	3,892,371	1.20	1920	23,946,415	1.37
1910	5,312,400	1.61	1921	21,964,987	1.24
1914	7,087,614	1.99	1922	22,256,241	1.24

---

89 山本有造, 1992, 『日本植民地經濟史研究』, 名古屋大學出版會, 162쪽. 김재호, 2009, 「식민지기의 재정 지출과 사회간접자본의 형성」, 『경제사학』 46, 109~110쪽은 식민지기 정부 부문 고정자본형성에서 사회간접자본 투자 중 교통 부문이 81.4%를 점했으며, 그중에서도 철도가 월등한 지위를 점했다고 보았다. 그리고 "극단적으로 높은 철도의 비중은 일본 제국주의의 대륙침략 외에는 달리 설명할 수 없을 것"이라고 평가하고 있다.

90 지면 관계상 몇 개 연도는 제외했다. 臺灣總督府 警務局, 1942, 『昭和十五年臺灣總督府警察統計書』, 15쪽 및 민족문제연구소 편, 2000, 『일제하 전시체제기 정책사료총서』(제국의회설명자료) 제2권, 한국학술정보, 216~217쪽에 근거함.

1915	4,564,251	1.28	1923	22,067,512	1.21
1919	6,038,427	1.63	1924	21,973,789	1.19
1921	11,436,311	2.98	1925	19,670,070	1.05
1928	10,543,973	2.38	1926	19,768,404	1.04
1930	10,924,915	2.33	1927	20,123,583	1.04
1931	10,751,665	2.24	1929	20,996,895	1.05
1932	10,443,819	2.12	1930	20,925,308	1.03
1933	10,556,752	2.09	1931	20,146,974	0.98
1934	10,690,815	2.06	1932	19,577,596	0.94
1935	10,805,844	2.03	1933	19,798,596	0.93
1936	10,944,341	2.01	1934	19,316,600	0.90
1937	11,480,612	2.05	1935	19,837,127	0.91
1938	11,236,300	1.96	1936	20,070,412	0.90
1939	11,356,537	1.93	1937	20,779,561	0.92
평균	-	1.99	평균	-	1.02

　조선과 타이완 모두 「봉급령(俸給令)」이 개정됨에 따라 경찰비가 급증한 1921년, 타이완과 조선의 1인당 경찰비 지출은 2.98(타이완) : 1.24(조선)로 타이완 쪽이 2.4배 많았고, 1930년 2.33 : 1.03, 1935년 2.03 : 0.91, 대상 기간 평균은 1.93 : 1.02로 타이완이 항상 조선에 대해 약 2배를 지출하고 있었다. 물론 1인당 경찰비를 더 많이 지출한다고 해서 반드시 더 효율적인 경찰행정이 이루어지는 것은 아니고 경찰과 관련한 각종 제도적 배치나 교통·통신 시설 상황, 식민지사회가 조직하는 저항의 상대적

〈그림 6-8〉 1인당 산업진흥비와 농림어업비의 비교(단위: 엔)

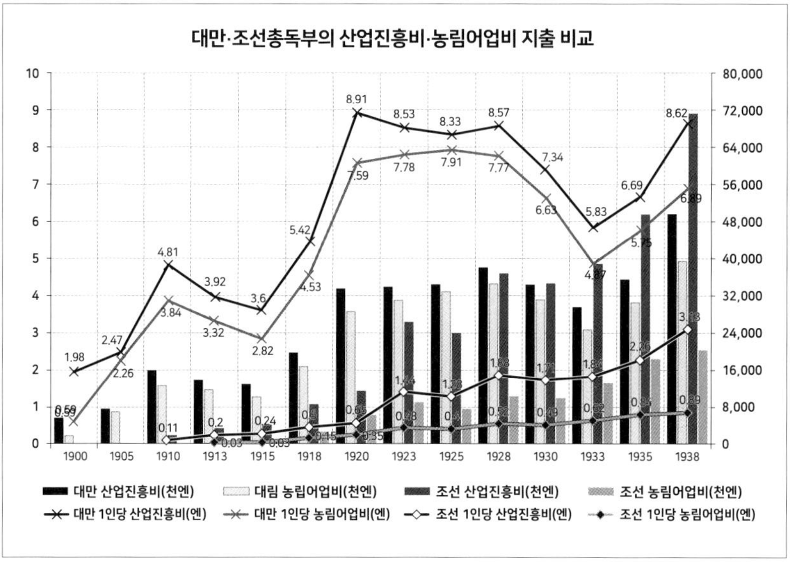

대만·조선총독부의 산업진흥비·농림어업비 지출 비교

출처: 문명기, 2015, 「일제하 대만·조선총독부의 세출구조 비교분석」, 『한국학논총』 44, 425~426쪽.

강약 등도 살펴보아야 하겠지만(후술), 상대적으로 더 많은 경찰비를 지출할 수 있다는 점은 더 많은 인력의 투입이나 더 많은 시설과 장비의 제공이 가능하다는 점에서 유리한 조건인 것만은 분명하다. 경제성장과 직접적인 관련이 있는 산업진흥비 부문에서도 이러한 차이를 관찰할 수 있다.

산업진흥비의 경우 1910년 4.81(타이완):0.11(조선), 1920년 8.91:0.65, 1930년 7.34:1.71, 1938년 8.62:3.13으로 최소 3배에서 최대 10배까지 격차를 보였고, 농림어업비의 경우에도 1915년 3.60:0.24, 1925년 7.91:0.40, 1935년 5.75:0.84 등이었다. 산미증식계획 등을 통해 조선총독부가 농업 분야에 대한 투자를 늘려나갔다고 하는 1920년대 이후에도 조선의 1인당 농림어업비가 1엔대에 그친 데 반해 타이완의 그것은 6~7엔이었다.

 이상의 논의를 간략히 정리하면, 식민지 시대 거의 전체 기간에 걸쳐 1인당 실질 GDP는 타이완이 조선의 약 2배였고, 1인당 세입과 1인당 세출 역시 약 2배의 격차를 보였다. 생활 수준 면에서의 격차는 행려사망자, 역외이주 및 설탕 소비라는 지표 등을 통해 확인할 수 있었고, 재정 면에서의 격차는 1인당 통치경비, 1인당 산업진흥비 및 1인당 경찰비 등의 지표를 통해 확인할 수 있었다. 이러한 경제·재정 면에서 두 식민지의 격차는 두 식민지 권력의 국가 능력(state capacity)이 '대동소이'하다고 평가하는 것이 과연 타당한지 의문을 던져 준다. 다만 재정 능력이 자동으로 통치 능력으로 환원되는 것은 아니다. 재정 능력의 격차가 실제로 어떠한 통치 효과의 격차를 낳았는지는, 식민지 통치와 관련한 제도적 배치(institutional arrangements)의 관찰을 통해 좀 더 명확히 이해할 수 있을 것이다. 이에 대해서는 다음 장에서 살펴보기로 한다.

5. 경찰-경찰국가(Polizeistaat) 지향과 실제

　　식민지 통치와 관련하여 가장 중요한 공권력이 경찰이라는 점은 누구나 동의할 수 있을 것이다. 좁은 의미의 정치적인 면에서나 일상생활의 측면에서나 식민지주민의 삶과 직결된 존재가 경찰이었기 때문이다. 경찰행정과 일반행정이 긴밀하게 결합하여 작동한 식민지 타이완에서는 더욱 그러했을 것이다. 조선과 마찬가지로 타이완의 경찰제도 역시 통치 초기의 헌병경찰제도에서 보통경찰제도로 전환했다. 타이완인의 격렬한 무장 항일을 진압하고 신속하게 질서를 회복하는 것이 통치 초기의 최대 과제 중 하나였던 타이완총독부의 경찰행정은 초기에는 경찰과 헌병이 함께 수행하되 헌병이 주도했다. 특히 제3대 총독 노기 마레스케(乃木希典, 1896.10~1898.2 재임)는 군대·헌병·경찰이 제각기 경찰권과 사법권을 행사함으로써 발생한 반목과 충돌, 그리고 치안 회복과 관련한 난맥상을 해소하기 위해 소위 '삼단경비제(三段警備制)'를 실시하지만, '토비'와 양민의 준별에 실패하고 오히려 '토비'를 양산하는 결과를 초래했다.[91] 1898년 노기에 이어 부임한 고다마 겐타로(兒玉源太郎, 1898.2~1906.4 재임)와 민

91　李理, 2007, 『日據臺灣時期警察制度研究』, 海峽學術出版社, 55~56쪽. 삼단경비제는, 타이완 전체를 일등지(一等地, '토비의 창궐'이 극심한 산지, 주로 항일 무장집단의 근거지)와 삼등지(三等地, 소요가 적거나 거의 없는 평지), 이등지(二等地, 일등지와 삼등지의 중간지대)로 나누고, 일등지는 군대[타이완수비혼성여단(臺灣守備混成旅團)]가, 삼등지는 경찰이, 이등지는 헌병과 경찰 공동으로 경비를 담당했던 제도이다. 1897년 6월부터 약 1년에 걸쳐 실시되었다(臺灣總督府 警務局 編, 『臺灣總督府警察沿革誌』(二), 279쪽 및 石丸雅邦, 2008, 「臺灣日本時代的理蕃警察」, 國立政治大學 박사학위논문, 3-1-10쪽(제3장 제1절의 10쪽).

정장관(民政長官, 조선의 정무총감에 해당) 고토 신페이(後藤新平, 1898.3~ 1906.11 재임)는 삼단경비제를 폐지하고 항일분자의 귀순을 유도하는 정책으로 변경하여 무장활동 진압에 점차 성공하게 된다. 이에 따라 무장활동 진압을 위해 일본에서 대거 파견된 임시타이완헌병대(臨時臺灣憲兵隊)는 현저하게 축소되고 이를 경찰력으로 대체하게 된다.

이 과정에서 타이완 지방 관제의 개혁이 진행됨에 따라 경찰행정과 일반행정의 일원화가 완성되어 가는데, 이는 식민지 조선에서 경찰행정과 일반행정이 분리된 것과는 다른, 식민지 타이완 경찰의 중요한 특징을 이룬다. 즉 기존의 현(縣)을 폐지하고 청(廳)을 신설하면서 타이완 전역에 20개의 청을 설치하고 필요에 따라 청 아래에 지청(支廳, 약 80여 개)을 두도록 했다. 이때 지청장 대부분을 경찰 관료인 경부(警部)가 담당했고, 지청 소속 직원 역시 대부분 경찰(주로 순사와 순사보)로 충원하게 된다. 이러한 변화는 민정에 대한 군부의 개입 여지를 원천적으로 차단함과 동시에 민정의 수행을 강력하게 뒷받침하기 위해 경찰 부문을 민정장관의 직접적인 통제 아래 두고자 한 고토 신페이의 염원이 관철된 결과이다.

1901년 타이완 지방 관제 개정을 위해 고다마와 고토는 도쿄에서 중앙정부와 협의에 들어가는데, 이때 경찰제도를 둘러싸고 중앙정부와 고토 사이에 대립이 첨예해졌다. 즉 민정부(民政部) 내에 경무국(警務局)을 두되 경무국은 경찰행정만을 담당한다는 것이 중앙정부의 입장이었던 데 반해 고토는 민정부 내에 경무국 대신 경찰본서(警察本署)를 두고 경찰본서장이 경찰 사무에 관해 직접 청장(廳長)을 지휘·감독할 수 있게 하자고 주장했다. 이에 대해서는 고토의 강력한 후원자이기도 한 고다마조차 경찰기관과 (일반)행정기관 사이의 권한이 애매해지고 형식 면에서도 변칙이라는 이유로 반대했지만, 고토는 민정장관 사임이라는 배수진을 치면

서까지 끝내 본인의 주장을 관철했다.[92]

고토는 어째서 그토록 강력하게 경찰본서장의 청장에 대한 지휘·감독을 주장한 것일까?

고토는 "향후 3~4년 간 경찰이 지방행정의 주체가 되어 각종 행정사무를 추진해야 한다. 그렇지 않으면 징세와 전매사업, 토지조사사업 등의 산적한 행정업무는 큰 곤란에 직면하게 될 것이다. 명칭이야 어쨌든 제반 행정사무는 경찰기관의 역량에 의존할 수밖에 없다"고 보았다. 아울러 "총독부에 경시(警視) 23명을 두고 그중 20명을 청장에 임명하게 되면 3~4년 안에 총독부는 순수한 경찰행정계통으로 변모하게 될 것이다. 그렇지 않으면 통치 실적을 거두기 어렵다. 특히 현재 헌병 인원이 크게 감축된 상황에서 보갑제도를 보급하기 위해서라도 경찰 역량에 의지해야 한다"라고도 했다.[93] 요컨대 항일운동이 진압되어 본격적인 민정이 막 시작되는 시점에서 식민지 통치를 위한 제반 시책을 동시다발적이고 효율적으로 수행하기 위해서는 강력한 폭력장치(경찰)에 기반한 강제력에 기대야 한다는 것이었다.

그 결과 (모든 청장에 경시가 임명된 것은 아니지만) 민정장관이 경찰계통에 대한 직접적인 지휘·감독 권한을 제도적으로 보장받게 되었다. 그리고 약 80여 개의 지청장에 모두 경부가 임명되고 지청 소속 직원 모두가 경찰로 충원되었다.[94] 또 청이 지청에 위임하는 사무가 부단히 확대되어

---

92 「警察機關の擴張に關し後藤民政長官の接衝」, 『臺灣總督府警察沿革誌』(一), 102쪽.

93 「警察機關の擴張に關し後藤民政長官の接衝」, 『臺灣總督府警察沿革誌』(一), 101~102쪽.

94 규정상으로는 지청장은 경부 외에도 담당할 수 있었으나 실제로는 하나의 예외도 없이 경부가 지청장에 임명됨으로써 사실상 행정 관할과 경찰 관할이 일치되는 결과를

지청의 협조 없이는 청의 존립이 힘들 정도로 지청의 중요성이 증대되었다. 이렇게 지청이 지방행정의 중추적 기관이 되어감에 따라 고토가 주장한 '경찰 정치'는 거의 그대로 실현되었다.[95]

여기에 타이완 전역을 2개의 경찰 관구(管區)로 나누고, 경찰 관구에 10개씩의 청을 배속시킴과 동시에 경찰 관구장(管區長)에 소속 청장에 대한 지휘 권한을 부여함으로써 행정 관할과 경찰 관할을 일치시키는 효과를 거둘 수 있었다.[96] 나아가 「타이완총독부 관방(官房), 민정부 경찰본서 및 각국(各局) 분과규정」(훈령) 제정을 통해 경찰이 각종 민정 사무에 광범하게 참여할 수 있게 됨으로써 이후 어떠한 지방 관제의 개정에 의해서도 경찰의 일반행정에 대한 지배적 위상이 흔들리는 일은 없게 되었다.[97] 경찰에 의한 민정 전반의 지휘와 감독이라는 고토의 지론이 끝내 관철된 것이다.

이후 1918년 내지연장주의자인 하라 내각의 탄생과 1919년 3·1운동의 발발 등에 영향을 받아 타이완 최초의 문관총독인 덴 겐지로(田健治郞)가 부임하고, 경찰 정치에 대한 기왕의 불만과 제도상의 문제점을 고려하여 경찰제도의 개혁에 나서게 된다. 개혁의 요점은, 행정기관과 경찰기관을 분리함으로써 일반행정을 경찰 이외의 문관이 담당하고 경찰은 '본연

낳았다(「支廳制度に關する變遷」, 『臺灣總督府警察沿革誌』(一), 521쪽).

95 이렇게 일반행정 사무를 사실상 경찰 인력이 담당함으로써 타이완총독부는 두 가지 문제를 동시에 해결할 수 있었다. 즉 각종 항일무장운동의 진압으로 인해 과도하게 팽창한 경찰 인력을 일반행정에 재배치함으로써 경찰 인력의 과다라는 문제를 해결할 수 있었고, 동시에 일반행정에의 경찰 인력의 투입을 통해 일반행정을 보다 효율적이고 강력하게 실행할 수 있게 되었다(李理, 2007, 앞의 책, 75쪽).
96 「警察管區設置」, 『臺灣總督府警察沿革誌』(一), 104쪽.
97 「支廳制度に關する變遷」, 『臺灣總督府警察沿革誌』(一), 522~523쪽.

의 기능'에 충실하도록 한 것에 있다. 그 결과 형식적으로는 경찰기관을 지방행정기관의 감독 아래 두게 되기는 했지만, (본국 정부의 간섭과 제약을 받지 않는) 각종 하위 규정에 따른 경찰의 권한이 워낙 커서 주지사나 청장 등 광역행정기관의 장관들은 경찰을 제대로 감독할 수 없었다. 게다가 경찰은 기층행정의 실질적 담당자인 보갑(후술)을 지배하고 있었기 때문에 여전히 강력하고도 전면적으로 지방행정에 간여할 수 있었다. 이렇게 일반행정에 대한 경찰의 개입이 일상화된 타이완의 경찰제도는 1945년까지 본질적인 변화 없이 그대로 유지되었다.

이러한 식민지 타이완 경찰제도의 형성은, 경찰 본연의 업무에 중점을 두는 영국식이 아니라 내무행정에 광범하게 개입하는 독일식을 받아들인 근대 일본의 경찰제도가 기본적으로 '내무행정으로서의 경찰'이라는 방향을 취한 결과이지만,[98] 동시에 중앙정부와 일전을 불사하면서까지 경찰의 일반행정에 대한 강력한 개입을 관철한 고토 신페이의 '개성'이 만들어낸 결과이기도 하다. 다만 경찰의 일반행정에의 효율적인 개입을 실제로 구현하기 위해서는 충분한 경찰력이 확보되어야 함은 물론이다. 이 점을 식민지 조선의 경찰력과 비교하면서 살펴보자.

---

98 大日方純夫, 2020, 「近代日本の警察 - 世界史のなかで」, 『근현대 일본과 동아시아 - 경찰, 군, 전쟁 책임』[연세대 국학연구원 주최 〈국학연구원 해외학자 초청 강연 - 토론회〉 자료집], 5쪽.

〈표 6-7〉 타이완과 조선의 경찰 인력 및 경찰 1인당 담당 인구[99]

연도	타이완		조선			
	경찰 인력	경찰 1인당 담당 인구	경찰 인력	경찰업무에 종사한 헌병	합계	경찰 1인당 담당 인구
1910	6,616	499	5,694	2,019	7,713	2,010
1912	6,922	496	5,397	7,769	13,166	1,206
1914	7,671	463	5,661	7,971	13,632	1,195
1916	7,103	506	5,621	8,041	13,662	1,225
1918	7,535	487	5,402	7,978	13,380	1,281
1920	7,412	507	18,376		18,376	954
1922	7,712	496	20,771		20,771	867
1924	7,371	537	18,458		18,458	1,004
1926	7,403	561	18,462		18,462	1,034
1928	7,582	585	18,670		18,670	1,052
1930	7,763	603	18,811		18,811	1,075
1932	7,958	619	19,328		19,328	1,079
1934	8,035	647	19,326		19,326	1,115

[99] 지면의 제약으로 홀수 연도는 생략했으나 문명기, 2013, 앞의 글, 81쪽에는 모든 연도가 제시되어 있다. 참고로 타이완총독부는 1900년부터 번지를 담당하는 경찰관을 보조하도록 애용이나 경수를 상당한 규모로 배치하기 시작했다(『臺灣總督府警察沿革誌』(一), 387~391쪽). 특히 1913년부터 배치되기 시작한, 초기에는 주로 일본인 퇴역 군인 출신이 임용되었던 경수는 순사와 거의 같은 직무를 담당하면서 봉급은 순사보다 적었다(石丸雅邦, 2008, 앞의 글, 제2장 17쪽). 경수와 애용을 합한 인원은 1905년 4,028명, 1910년 5,500명, 1915년 2,982명, 1920년 4,214명, 1925년 2,983명, 1930년 3,100명 등으로 상당한 규모를 자랑하고 있었다(『臺灣總督府統計書』). 따라서 이들 경수와 애용을 경찰 인력에 포함할 경우 타이완의 경찰 1인당 담당 인구는 더욱 줄어들 것이다. 이에 관해서는 별도의 논문을 준비하고 있지만, 여기서는 일단 이 점을 지적해두고 싶다.

1936	8,122	671	19,724		19,724		1,129
1938	7,726	744	21,782		21,782		1,047
평균			557				1,119

경찰 인력 배치에 있어서 타이완이 조선보다 훨씬 촘촘했다는 점이 〈표 6-7〉을 통해 선명하게 드러나고 있다. 예컨대 1914년의 경찰 1인당 담당 인구가 타이완은 463명으로 조선(1,195명)의 3분의 1 수준이고, 그 격차가 줄어든 1930년대에도 타이완 쪽이 여전히 2분의 1 수준이다. 물론 경찰 인력의 절대 수치에서는 전체 기간에 걸쳐 조선이 타이완보다 압도적으로 크지만, 면적에서는 조선이 타이완의 6배, 인구에서는 조선이 타이완의 약 4.4배라는 점을 고려하면, 타이완의 경찰력 배치가 실제로는 조선보다 훨씬 촘촘했다는 점을 쉽게 알 수 있다. 사실 타이완의 경찰력은 동시대 일본제국의 다른 지역과 비교해도 월등한 편이었다.

1936년 현재 인구 1인당 경찰 비용을 보면, 타이완은 2.098엔으로 조선의 2.4배였다. 1km^{2}당 경찰 비용 역시 타이완은 304엔으로 조선의 3.3배였고 일본 내지의 1.5배였다. 비교 기준을 인구로 하든지 면적으로 하든지 간에 타이완의 경찰력 배치의 밀도는 (관동주 같은 특수한 지역을 제외하면) 일본제국 안에서도 두드러졌다.[100] 이러한 경찰력의 밀도 차이는 공권력 집행능력에서 실질적인 차이를 드러낼 개연성이 높다. 이 점을 보다 구체적으로 확인하는 방편으로 타이완과 조선의 범죄즉결처분 건수를 비교해 보자.

---

100 문명기, 2015, 앞의 글, 433쪽.

<표 6-8> 타이완과 조선의 범죄즉결처분 건수[101]

연도	타이완		조선	
	범죄즉결처분 건수	1,000명당 범죄즉결처분 건수	범죄즉결처분 건수	1,000명당 범죄즉결처분 건수
1904	28,391	13.48		
1905	37,954	12.15		
1911	40,171	12.17	12,099	0.78
1913	43,940	12.55	29,827	1.86
1915	40,146	11.25	41,236	2.50
1918	43,921	11.97	71,279	4.16
1920	38,095	10.14	46,955	2.68
1923	46,419	11.67	64,628	3.54
1925	73,230	17.66	83,214	4.43
1928	104,912	23.64	83,596	4.26
1930	130,360	27.86	82,953	4.10
1933	163,399	32.29	89,529	4.22
1935	175,174	32.95	99,950	4.57
1938	104,912	18.26	101,677	4.46
평균		17.72		3.46

식민지 일상생활에 대한 경찰력의 개입 정도를 판단하는 기준으로 범죄즉결처분을 선택한 이유는, 형사재판을 거쳐야 하는 중죄는 전통사회

---

[101] 문명기, 2013, 앞의 글, 84쪽. 범죄즉결처분을 통계로 잡기 시작한 것은 『타이완총독부통계서』가 1904년, 『조선총독부통계연보』가 1910년부터이다.

에서도 처벌의 대상이 된 데 반해 범죄즉결처분에 해당하는 사안은 대체로 전통시대에는 규제의 대상이 되지 않다가 식민지화 이후 규제의 대상이 되었기 때문에, 경찰력에 의한 일상생활 규율의 정도를 파악하는 데 적합하기 때문이다.[102] 또한 『통계서』와 『통계연보』 모두 범죄즉결처분에 관하여 매년 상세한 통계를 제공하기 때문에 자료의 일관성과 비교의 편의라는 점에서도 적절하다.

〈표 6-8〉에서 알 수 있듯이 대체로 치안 질서가 훨씬 잘 유지된 것으로 평가되는 타이완에서 오히려 범죄즉결처분 건수는 연도별로 적게는 3배, 많게는 10배 가까이 많다. 전체 기간에 걸쳐서는 타이완의 처분 건수가 평균 5배 정도 많다. 이는 타이완인이 조선인보다 훨씬 더 경찰의 감시의 눈에 노출되었음을 뜻한다. 다시 말해 경찰에 의한 감시나 처벌이 타이완에서 훨씬 더 강도 높게 일상적으로 진행되었으며, 근대적 규율의 세례를 타이완인이 훨씬 더 강하고도 지속적으로 받았을 가능성이 크다는 것이다.

타이완인 사회·정치 운동에 대한 대응 역시 상대적으로 훨씬 촘촘한 경찰력을 보유한 타이완총독부가 조선총독부보다 철저했을 개연성이 크다. 「치안유지법」이 실시된 1925년부터 1940년에 이르는 15년간 타이완의 치안유지법 위반 건수는 55건, 위반 인원은 856명[수리(受理) 기준]에 불과했다.[103] 같은 기준으로 조선을 보면, 1928년 한 해에만 치안유지법 위반 건수 168건, 위반 인원은 1,415명이었다. 1926~1935년의 10년

---

102 이종민, 2001, 「1910년대 경성 주민들의 죄와 벌 - 경범죄 통계를 중심으로」, 『서울학연구』 17의 「서론」 참조.
103 臺灣總督府 警務局 編, 『臺灣警察沿革誌』(四), 287쪽.

간 수리된 조선에서의 치안유지법 위반 건수는 총 1,638건, 위반 인원은 1만 7,819명이었다.[104] 조선 인구가 타이완의 4.4배였다는 점을 고려하더라도 '공산주의 기타 과격사상' 단속을 목적으로 한 치안유지법 위반 사례는 조선 쪽이 압도적으로 많았다. 이러한 대비되는 통계는 일견 조선 경찰의 사회·정치 운동에 대한 대응이 더 효과적이었음을 말해 주는 것으로 해석될 수도 있지만, 역으로 타이완 경찰이 타이완인에 의한 사회·정치 운동의 여지 자체를 주지 않았기 때문에 생겨난 결과일 가능성이 오히려 더 크다.

예컨대 1929년과 1931년의 타이완공산당에 대한 일제 검거, 1932년 타이완적색구원회(臺灣赤色救援會, 타이완공산당 재건 조직) 회원에 대한 대량 검거 등으로 인해, 타이완공산당·농민조합·타이완문화협회 등 타이완의 사회·정치 운동 단체 대부분이 괴멸 상태에 빠져 버렸다.[105] 타이완의 급진적인 사회·정치 운동 세력이 통치 초기부터 약세였고, 미약하게나마 유지되던 사회·정치 운동이 1931년 만주사변 이전에 이미 괴멸 상태가 되었다는 것이 일반적인 평가인데,[106] 식민지 조선과 비교하여 식민지 타이완의 저항운동이 상대적으로 미약했던 이면에는 식민지 조선보다 훨씬 조직적이고 밀도 높은 경찰력에 의한 선제적 단속의 결과였음을 기억할 필요가 있다. 요컨대 "소위 경찰국가(Polizeistaat)는 당국자의 이상인데, 실제로 타이완 경찰은 이 이상을 실현"했다고 할 수 있지 않을까.[107] 다

---

104 홍종욱, 2000, 「중일전쟁기(1937~1941) 조선 사회주의자들의 전향과 그 논리」, 『한국사론』 44, 160쪽.
105 許世楷, 1972, 『日本統治下の臺灣-抵抗と彈壓』, 東京大學出版會, 258~375쪽.
106 홍종욱 엮음, 2017, 『식민지 지식인의 근대 초극론』, 서울대학교 출판문화원, 57~58쪽.
107 持地六三郎, 1912, 앞의 책, 68쪽.

만 경찰력 운용과 관련한 조선과 타이완의 차이는 단지 경찰력의 밀도라는 양적인 측면에서만 나타난 것은 아니고, 경찰보조기구의 조직과 활용, 나아가 식민지 기층행정으로의 침투라는 질적인 면에서도 분명하게 드러난다. 이에 대해서는 다음 장에서 살펴보기로 하자.

6. 보갑(保甲)-기층행정의 만능열쇠

타이완의 경찰보조기구인 보갑을 살펴보기에 앞서 조선의 경찰보조기구 조직 상황을 간단히 살펴보자. 조선에서도 1920년대부터 일본 내지의 동향에 맞추어 '민중의 경찰화(警察化)'가 추진된 바 있다. 대체로 행정 동리(洞里)를 기준으로 1호에서 한 명씩 차출해 만드는 보안조합·안전조합·자경단(自警團)을 통칭하는 경찰협력단체의 조직이 시도되어, 1923년 8월까지 약 1만 2,000조(組), 인원으로는 139만여 명이 경찰협력단체로 조직되었다. 같은 해 조선 인구 1,826만 5,757명의 약 7.6%가 경찰보조기구로 조직된 셈이다. 하지만 대개는 "지도가 곤란한 데다 자위심(自衛心)이 결여하여 유명무실로 끝나는 결과"를 낳았다.[108] 달리 말하면 민중의 경찰화가 목표로 삼았던 경찰과 민중의 일체화는 이뤄지지 않았다.[109]

반면 타이완의 경찰보조기구인 보갑 조직은 통치 초기부터 높은 완성도를 보이며 조직되었고, 경찰행정의 보조는 물론이고 일반행정의 보조까지 광범하게 동원되어 식민지 권력의 기층사회로의 침투에 두드러진 역할을 담당했다. 이 점 역시 조선 통치와 크게 다른 타이완 통치의 중요

---

[108] 松田利彦, 2009, 『日本の植民地支配と警察 - 1905~1945年』, 校倉書房, 480~485쪽.
[109] 1915년부터 1921년까지 타이완 민정장관을 지낸 시모무라 히로시(下村宏)는 조선 시찰의 소감을 밝힌 바 있는데, 조선의 제도 중 내무와 경찰이 순조롭게 협조하지 못한 주된 원인은 경찰과 보갑이 분리되어 있기 때문이라고 진단한 바 있다[鷲巢敦哉, 『臺灣警察四十年史話』, 中島利郎·吉原丈司 編, 2000, 『鷲巢敦哉著作集』(Ⅱ), 綠蔭書房, 133쪽]. 조선에 없었던 보갑을 언급한 것이 의아하기는 하지만, 그가 말하는 보갑이 조선의 경찰보조기구를 통칭한 것이라고 본다면 그의 관찰은 타이완과 조선의 차이가 어디에 있었는지를 짐작하게 한다.

한 특징이었다.

타이완총독부는 1898년 8월 「보갑조례」(율령 제21호)를, 「보갑조례 시행규칙」(부령 제87호)을 제정하여 보갑제도를 실시하기 시작했다.[110] 그 기본적인 목적은 지방의 안녕(치안 질서)을 유지하는 데 있었다. 보갑 조직은 10호를 1갑으로 하고 책임자인 갑장(甲長)을 두고, 10갑(100호)을 1보로 하고 책임자인 보정(保正)을 두었다. 비유하자면 갑장은 해방 이후 한국의 반장(班長), 보정은 통장(統長)·이장(里長) 정도에 해당했고,[111] 보갑은 조선에서 1939년부터 국민정신총동원조선연맹의 하부 조직으로서 10호 단위로 조직된 애국반(愛國班)과 유사한 것이었다.[112] 보(保)마다 비적이나 수재·화재를 방비하기 위해 (조선의 자경단과 유사한) 장정단(壯丁團)을 둘 수 있었으며, 보갑에 소속된 보갑민(保甲民)의 연대책임을 묻는 연좌(連坐) 규정도 두었다. 보정, 갑장, 장정단 단장 등 보갑 간부의 자격은 지역사회의 '일류(一流) 인물'로서 재산과 명망을 갖춘 자로 규정되었고 보수가 없는 무급의 명예직이었다.

보갑제도는 청대 타이완에서도 실시되었지만 유명무실하다는 평가를 피할 수 없었던 반면, 식민지 타이완의 보갑제도에 대한 평가는 사뭇 달랐다. 예컨대 장기간에 걸쳐 타이완에서 경찰로서 근무한 와시즈 아쓰야(鷲巢敦哉, 1896~1942)는[113] 타이완총독부가 타이완 통치에 '성공'한 것은

---

110 洪秋芬, 1992, 「日據初期臺灣的保甲制度(1895~1903)」, 『中央研究院近代史研究所集刊』 21, 451쪽.

111 다만 반은 30~60가구를 단위로, 통은 8~12개의 반을 단위로 설치되었다고 한다(김찬동, 2014, 「근린생활 행정자치제도의 개혁 방향-서울시 사례」, 『서울도시연구』 15-4, 141~142쪽).

112 윤해동, 2006, 『지배와 자치』, 역사비평사, 353~357쪽.

113 와시즈 아쓰야(1896~1942)는 1917년부터 1933년에 걸쳐 타이완 각지에서 경찰로

최소 절반이 보갑제도의 공이라고 했고,[114] 식민정책학자 야나이하라 다다오(矢內原忠雄) 역시 일본의 타이완 통치와 조선 통치의 중대한 차이의 하나로서 보갑제도의 유무를 들고서, "타이완 경찰은 보갑을 이용하여 징세 협조나 토목건설 동원, 식산(殖産) 장려, 교육, 구휼(救恤) 등에 이르기까지 관여하지 않는 분야가 없다. 타이완에서 경찰과 보갑의 힘을 빌리지 않으면 어떤 일도 시행하기 어렵다는 것이 작금(1920년대 후반)의 상황이다."라고 말하고 있다.[115] 이렇게 청대에는 유명무실했던 보갑제도가 식민지 시대에 들어서 환골탈태한 데에는 몇 가지 원인이 있었다.

첫째, 청말 타이완 지역유력자(local elite)의 지역사회에서의 영향력 행사를 위한 중요한 조건 중 하나가 사적(私的) 무장력을 보유했다는 점인데,[116] 타이완총독부는 이들에게서 사적 무장력을 철저하게 제거해나갔다. 타이완총독부는 1901년부터 민간 소유 총포(民有銃砲)에 대한 회수 조치를 강력하게 시행하여 1904년 현재 총 51,229정의 민유총포 회수에 성공했다.[117] 이후에도 정기적·지속적으로 민유총포를 단속함으로써[118]

근무했다(警部로 은퇴). 퇴직 후에는 타이완총독부 촉탁(1933~1942)이 되어 타이완 경찰의 활동을 망라하여 정리한 『臺灣總督府警察沿革誌』(전5권)를 완성하는 데 크게 기여했다. 이 책은 현재까지도 식민지 타이완 경찰 연구의 가장 기본적이고 중요한 자료로 꼽힌다. 와시즈는 타이완 경찰에 관련된 다양한 이야기를 보다 대중적인 형태로 풀어서 출간하기도 했다(鍾淑敏, 2015, 「臺灣警察界第一寫手-鷲巢敦哉」, 『臺灣學通訊』 88, 8~9쪽).

114 鷲巢敦哉, 『臺灣保甲皇民化讀本』, 中島利郎·吉原丈司 編, 2000, 『鷲巢敦哉著作集 Ⅲ』, 綠蔭書房, 120쪽.
115 矢內原忠雄, 1988(1929), 『帝國主義下の臺灣』, 岩波書店, 120쪽; 175쪽.
116 문명기, 2017, 앞의 글, 104~105쪽.
117 『臺灣總督府警察沿革誌(二)』, 640~644쪽.
118 臺灣總督府, 1917, 『民政事務成績要覽』(第22編, 1916年分), 362~363쪽.

타이완총독부를 제외한 폭력장치의 존재를 허용치 않았다. 즉 타이완총독부는 짧은 기간 내에 지역유력자가 보유한 사적 무장력을 제거하고 이를 공권력으로 대체함으로써, 사적 무장력을 기반으로 국가권력에 대해 상당한 자율성을 갖고 있던 기존 지역유력자 집단의 국가권력에 대한 협상력을 제약할 수 있었다.[119]

동시에 타이완총독부는 보갑 간부로 포섭된 지역유력자에게 적절한 경제적 이익을 제공함으로써 무보수로 보갑 관련 직무를 수행하는 것에 대한 경제적 보상을 충족시켰다. 이는 청대 보갑제도 하에서 '책임은 중하고 보상은 적은' 지역유력자 동원 구조를 변혁시키는 데 성공했음을 의미한다. 타이완총독부 전매 품목 지정 판매자인 우리사바키진(賣捌人)을 분석한 연구에 따르면, 전매국이 우리사바키진을 신규 지정하거나 지정 이후의 실적을 심사할 때 지방 공공사무 참여 여부는 실적 판단의 중요한 지표였다. 즉 타이완인 우리사바키진은 지방행정기관의 참사(參事)나 가장장(街庄長, 조선의 면장에 해당), 각급 협의회 회원, 보정 등의 직책을 통해

---

[119] 뿐만 아니라 사적 무력의 제거와 공권력으로의 대체는, 식민지화 직전까지 만연하던 타이완 사회의 폭력적 충돌, 소위 분류계투(分類械鬪, 출신 지역이 다른 촌락 간의 무력 충돌)의 소멸에도 결정적으로 기여했다. 청대 타이완은 대륙으로부터의 이민과 이들에 의한 개간을 통해 개발되었는데, 개간 집단은 개간의 확대에 따른 경쟁 관계의 한인(漢人)이나 원주민과의 충돌에도 대비해야 했을 뿐만 아니라 출신지와 종족의 차이에 따른 갈등과 충돌, 즉 분류계투에도 대비해야 했다. 따라서 개간 집단은 대개 사적 무장력을 보유했고, 지방관 역시 이를 용인했다. 지방관으로서는 충분히 갖추어지지 못한 행정력으로 인해 지방사회의 치안을 이들 개간 집단의 상대적으로 조직화된 역량에 기댈 수밖에 없었다(戴炎輝, 1979, 『淸代臺灣之鄕治』, 聯經, 112~114쪽). 이러한 지역유력자의 사적 무장력은 타이완총독부의 타이완판 가타나가리(刀狩令)를 통해 제거되었다. 청말까지 빈번하게 기록되던 분류계투가 소멸하는 과정은, 지역유력자가 주도하던 지역 질서가 타이완총독부라는 공권력이 주도하는 치안 질서로 대체되는 과정이기도 했다.

각종 지방 공공사무에 참여하는 것을 조건으로 매팔권(賣捌權)을 획득하거나 유지했다.[120] 요컨대 사적 무장력 제거를 통해 지역유력자의 국가권력에 대한 발언권을 크게 줄이고 식민지화 이전보다 훨씬 순치(馴致)된 협력자 집단을 창출하면서, 보갑 간부의 헌신에 대해서는 적절한 경제적 유인을 제공함으로써 이들을 보갑제도로 포섭하는 데 성공했다.

둘째, 청대 타이완의 보갑제도가 유명무실해진 근본 원인 중 하나는 국가권력에 의한 관리·감독이 거의 이루어지지 않았다는 점인데, 타이완총독부는 방대한 경찰력을 보갑의 지휘·감독에 적극적으로 활용했다. 예컨대 대략 4~5개의 보를 하나의 파출소가 통할하면서, 역시 4~5개의 보로 구성된 보갑연합회(保甲聯合會)를 파출소 단위로 운영함으로써[121] 파출소 관할구역과 보갑 활동 구역을 일치시켰고, 이를 통해 경찰의 보갑에 대한 지휘·감독을 가능하게 했다.[122] 여기에 더해 민방위나 자경단에 해

---

120 蕭明治, 2010, 『日治時期臺灣煙酒專賣經銷商之研究』, 國立中正大學 歷史學硏究所 博士學位論文, 167~180쪽.

121 규정상 보갑연합회가 개최하는 회의에는 반드시 경찰관이 입회하게 되어있었다(臺灣總督府 警務局, 1920, 「보갑규약」, 『保甲制度及附錄』, 33쪽). 즉 한 파출소 관할 아래 몇 개의 보를 묶어 보갑연합회를 설치하고 보갑연합회에 보갑연합회 사무소와 보갑 서기를 두는 것이 일반적이었다(中島利郎·吉原丈司 編, 2000, 『鷲巢敦哉著作集』Ⅲ, 156쪽). 1930년대에 보정을 담당했던 이금진(李金鎭)의 구술에 따르면, 당시 신죽주(新竹州)의 신성파출소(新城派出所)는 신성(新城), 보두(寶斗), 쌍계(雙溪)의 세 보를 관할하면서 세 개의 보를 묶어 보갑연합회를 설립하고 있다. 보갑연합회 사무소 역시 파출소 바로 옆에 둠으로써 공간적으로도 긴밀한 협조가 가능하도록 했다(蔡慧玉, 1995, 「保正·保甲書記·街莊役場-口述歷史(李金鎭·陳榮松·陳金和)」, 『臺灣史研究』 2-2, 189쪽).

122 보갑과 파출소의 관계에 관하여 1901년 민정장관은 "파출소 관할구역 역시 가능한 한 보갑 구역과 일치하도록 함으로써, 파출소 경찰이 보갑제를 철저히 감독하고 수시로 장정을 훈련할 수 있도록 한다."라는 지시를 내리고 있다[『臺灣總督府警察沿革誌』 (一), 506~507쪽]. 그 결과 민웅(民雄) 지방의 5개 파출소가 감독하는 31개의 보는 각

당하는 장정단은 비상시에 경찰의 허가로 무기를 사용할 수도 있었기 때문에 파출소의 감독이 필수적이었는데,[123] 식민지 시대 전체 기간을 통해 타이완총독부는 하나의 파출소가 하나의 장정단을 관리한다는 원칙을 철저히 지켰다.[124]

셋째, 보갑의 직무 범위가 경찰행정 보조에서 일반행정 보조로 크게 확대되었다. 1909년에 "보정 및 갑장은 구장[구장(區長)=가장장(街庄長)]의 지휘를 받아 구장의 직무 집행을 보조한다"는 조항을 「보갑조례 시행규칙」에 추가하는 개정이 단행되면서, 애초 치안 유지(경찰행정 보조)에 중점을 두었던 보갑의 직무 범위가 크게 확대했다.[125] 이 개정의 배경에는 1910년 현재 (면사무소에 해당하는) 가장역장(街莊役場)은 455개인 데 반해 파출소는 952개로 파출소가 타이완 전역에 걸쳐 그물망처럼 배치된 상황에서 가장역장을 늘리기보다는 이미 존재하는 경찰력을 최대한 활용하여 일반행정의 효율을 높이고자 한 타이완총독부의 의도도 작용했다.[126]

어쨌든 1909~1910년의 이 조치를 통해 보갑의 직무는 호구조사, 출

보의 명칭 제일 앞부분에 파출소 명칭을 붙이고 일련번호로 불렀다. 예컨대 '민웅파출소 제1보', '민웅파출소 제5보' 등으로 불렀다. 또 1921년 11월에는 장정단 역시 파출소 명칭을 제일 앞에 붙이고 있다. 이런 사례들은 모두 보갑과 장정단이 편제상으로나 공간적으로나 파출소에 긴밀히 연결되어 있음을 보여 준다(施添福, 2001, 「日治時代臺灣地域社會的空間結構及其發展機制 - 以民雄地方爲例」, 『臺灣史硏究』 8-1, 22쪽).

123 臺灣總督府 警務局, 1920, 앞의 책, 36쪽.

124 1905년 파출소는 978개, 장정단은 987개, 1910년 파출소는 952개, 장정단은 938개, 1915년 파출소는 973개, 장정단은 977개, 1920년 파출소는 969개, 장정단은 949개 등의 비율을 보였다(문명기, 2017, 앞의 글, 115~118쪽).

125 藍奕青, 2012, 앞의 책, 86~87쪽.

126 持地六三郎, 1912, 앞의 책, 80쪽. 다만 업무의 폭증과 보갑 간부의 업무 과중을 고려해 1910년부터 보갑에 보갑 서기를 둘 수 있도록 하는 조치도 취해진다(中島利郎·吉原丈司 編, 2000, 『鷲巢敦哉著作集 Ⅲ』, 85쪽 및 228쪽).

입자 단속, 풍·수·화재 및 토비·강도 경계, 전염병 예방, 아편 폐습 교정, 도로·교량 보수와 청소, 병충해 예방, 수역(獸疫, 가축 전염병) 예방 등의 기존 직무는 물론이고[127] 과세 작물의 조사, 징세 공문 배포, 품종 개량 독려 등 세무·식산 행정까지 이르게 되었다.[128] 경찰행정 보조라는 기존 직무에 더하여 일반행정까지를 담당하는 것으로 직무 범위의 확장이 대폭 일어난 것이다. 확장 결과 거의 모든 행정부문에서 "보갑의 활동을 기다리는 일이 많아질" 정도가 되었다.[129] 이렇게 되면서 "보갑의 힘을 빌리지 않으면 만족스러운 처리가 불가능"할 만큼 보갑은 지방 기층행정에서 불가결한 존재로 변모했다.[130]

이렇게 환골탈태한 보갑제도는 구체적으로 타이완 통치에 어떻게 관여했을까? 몇 가지 사례를 들어보자.

첫째, 타이완 통치에 불가결한 도로 정비에서 보갑의 기여는 현저했다. 1904년 가의청(嘉義廳)의 도로건설에 동원된 보갑민이 연인원 60만 명에 달했다는 보고도 있지만,[131] 보갑의 주된 역할 중 하나는 도로와 교량의 건설과 보수·유지였다. 식민지 시대 타이완의 도로는 크게 시가장

127　臺灣總督府 警務局, 1920, 앞의 책, 41~47쪽.

128　王學新, 2008, 「日治時期臺灣保甲制度的經濟分析」, 國史館 臺灣文獻館, 『第五屆臺灣總督府檔案學術研討會論文集』, 54~64쪽.

129　臺灣總督府, 1908, 『民政事務成績提要』(1907년판), 91쪽.

130　中島利郎·吉原丈司 編, 2000, 『鷲巢敦哉著作集』 Ⅲ, 103쪽. 식민지 시대의 보갑제는, 고토 신페이가 말하듯이 청대 보갑제('전통적 자치제도')를 단순히 복원한 것이 아닌, 이름만 빌려왔다고 해도 좋을 정도로 완전히 탈바꿈한 새로운 제도였다는 의미에서 '만들어진 전통'의 한 사례라고 말해도 좋을 것이다(西川潤, 2010, 「日本の臺灣統治思想－後藤新平·田健治郎·矢內原忠雄」, 西川潤·蕭新煌 編, 『東アジア新時代の日本と臺灣』, 明石書店, 311쪽.

131　鷲巢敦哉, 『臺灣警察四十年史話』, 251쪽.

도(市街莊道)와 지정도로(指定道路)로 구분되었는데, 전자는 '보갑도로(保甲道路)'라 불릴 정도로 해당 지역의 보갑민이 그 건설과 유지를 감당했다.[132] 이 점은 『타이완총독부민정사무성적제요(臺灣總督府民政事務成蹟提要)』와 『타이완총독부경찰통계서(臺灣總督府警察統計書)』의 관련 자료를 정리한 〈표 6-9〉을 보면 쉽게 알 수 있다.

〈표 6-9〉 보갑민 출역(出役) 연인원과 도로·교량 출역 비중[133]

연도	출역 연인원	호당(戶當) 출역 인원	도로·교량 관련 출역 인원의 비중(%)
1930	2,293,701	2.79	71.4
1932	3,797,429	4.38	67.4
1933	5,647,875	6.38	76.5
1935	4,074,493	4.41	70.1
1936	6,246,353	6.61	-
1937	8,357,399	8.63	56.7
평균	5,069,542	5.53	68.42

1930년대 6개년의 출역 내역을 보면, 전체 출역 중 도로·교량 관련이 전체의 70%에 가까웠다. 1930년만 보더라도 보갑 출역 연인원은 229만 3,701명, 이 중 보갑도로 확장공사와 도로·교량 보수 및 청소에 동원된 출역 인원은 163만 8,056명으로 전체 출역의 71.4%였다.[134] 지정도로 건

---

132 王學新, 2008, 앞의 글, 63~64쪽.
133 문명기, 2017, 「일제하 대만 보갑제도의 재정적 효과, 1903~1938」, 『중국근현대사연구』 75, 64쪽.
134 문명기, 2017, 위의 글, 65~66쪽.

설에도 해당 지역 인민의 부담이 적지 않았다. 1929년 대중주(臺中州)는 6년에 걸친 지정도로 건설 계획을 집행했는데, 전체 경비 385만 엔 중 주비(州費) 부담이 200만 엔, 보갑 부담이 185만 엔으로 절반에 가까운 비용이 보갑민의 부담이었다.[135]

둘째, 의료위생 관련 정책 집행에서도 보갑의 역할은 중요했다. 통치 초기 타이완총독부는 물론이고 타이완인을 가장 공포에 떨게 한 전염병의 하나는 페스트였다. 페스트는 쥐를 숙주로 하여 전염되었기 때문에 서역(鼠疫)으로도 불렸다. 타이완총독부는 페스트 박멸을 위해 1900년대 초부터 대북청(臺北廳), 대남청(臺南廳) 등에서 현상금을 내걸거나 의무화하는 방식으로 쥐잡기를 독려했는데, 재대(在臺) 일본인을 대상으로는 일본인으로 조직된 지방위생조합(地方衛生組合)에, 타이완인을 대상으로는 보갑에 그 시행을 지시했다. 보갑마다 「포서규약(捕鼠規約)」을 만들고 가옥 크기에 따라 호별로 매달 일정 수량의 쥐를 포획하여 제출토록 하고 포획한 두수(頭數)가 부족한 경우에는 과태금을 징수하는 등 강력한 쥐잡기운동을 벌여나갔다. 그 결과 1902년 말 현재 구제(驅除) 총수는 701,286두에 달했다.

보갑을 통한 쥐잡기운동의 효과가 나쁘지 않음을 확인한 타이완총독부는 타이완 전역으로 확대실시하기에 이르렀고, 그 결과 1903년 전반기(6개월)의 성적은 224만 2,190두(한 달 평균 27만 3,698두)였고, 1902년 쥐잡기운동 개시 이래의 성적은 294만 4,576두였다.[136] 1912년 8월까지 약

---

135 蔡龍保, 2008, 『殖民統治之基礎工程-日治時期臺灣道路事業之研究, 1895~1945』, 國立臺灣師範大學 歷史學系, 206~222쪽.
136 「鼠族驅除成績」, 『臺灣總督府府報』1425호, 1903.11.6, 5~7쪽.

10년간 '서생원 대학살'의 결과는 무려 4,192만 3,644두, 연평균 400만 두로 엄청난 수량이었다.[137] 쥐잡기와 병행한 여러 다른 조치가 결합한 결과, 1916년부터는 페스트 환자가 발생하지 않았고, 1917년 타이완총독부는 페스트 박멸을 선언할 수 있었다. 페스트에 대한 치료제(항생제)가 1930년대 초에야 만들어졌음을 고려하면 1917년의 박멸 선언은 실로 달성하기 쉽지 않은 과제였다.[138]

셋째, 지속적이고 일상적인 보갑민 동원 외에 짧은 기간 대량의 인원을 동원한 사례도 있었다. 대표적인 사례가 1914년 타이완총독부가 이번 사업(理蕃事業) 과정에서 실시한 타이완 원주민 타이루거족(泰魯閣族)에 대한 '토벌' 작전이다. 이는 1914년 4월부터 8월에 걸쳐 실시한, 타이완 원주민[주로 생번(生蕃)]에 대한 '최후의 일격'이라는 성격을 가진 작전이었다. 따라서 동원 인력 규모도 꽤 컸다. 식민지화 이후 총독부와의 접촉을 거부한 전통 지식인 중 한 명인 홍기생(洪棄生)이 남긴 〈역부행(役夫行)〉이라는 시에는 이 작전에 관하여 "병사 3천 명, 인부 10만 명(兵卒三千夫十萬)"이라는 구절이 있는데, 실제로 이 작전을 위해 총독부는 대중(臺中), 가의(嘉義), 대남(臺南), 신죽(新竹), 도원(桃園), 남투(南投) 등지로부터 육군 인부 3만 8,958명, 경찰 인부 2만 5,517명, 기타 인부 3만 279명, 합계 9만 4,754명의 보갑민을 동원하고 있다. 홍기생의 표현은 결코 과장이 아니었다.[139]

다만 이러한 '관역(官役) 인부' 동원은 1921년의 「보갑조례시행세칙표

---

137 臺灣醫學會, 1913, 『臺灣衛生槪要』, 臺灣日日新報社, 142~143쪽.
138 문명기, 2014, 「일제하 대만·조선 공의제도 비교연구-제도 운영과 그 효과」, 『의사학』 23-2, 176~179쪽.
139 王學新, 2009, 『日治時期臺灣保甲制度之硏究』, 國史館 臺灣文獻館, 97~98쪽.

준」 개정을 통해 비로소 보갑민의 의무가 된 사항이어서, 1914년의 타이루거 번족에 대한 작전을 위한 보갑민 동원은 1914년 시점의 「보갑조례 시행세칙표준」의 범위를 명백히 넘어선 것이었다. 그 때문인지는 몰라도 1914년에 동원된 보갑민에게는 (경찰 인부의 경우) 일급(日給) 60전, 수당 20전, 식비 20전, 합계 하루 1엔 내외의 보수가 지급되었다. 하지만 동원된 보갑민은 봉(棒), 밧줄, 반합, 우구(雨具), 침구, 물통, 칼 등의 휴대품을 각자 알아서 마련해야 했다. 그리고 이 비용을 보갑민의 추렴으로 해결했기 때문에, 위험천만한 작전에 요행히 동원되지 않은 보갑민이라 하더라도 금전을 갹출해야 했다.[140]

넷째, 식민지 관료들이 타이완의 '삼대 악습'으로 지목한 아편·변발·전족 철폐에 보갑이 수행한 역할 역시 작지 않았다.[141] 지면 관계상 여기서는 전족 문제만 살펴보기로 하자.[142] 일부 일본인 지식인, 예컨대 다케코시 요사부로(竹越與三郞)처럼 아편 엄금, 변발 금지, 전족 해방[이하 방족(放足)이라고 부름]을 타이완 통치의 '삼대 주의(主義)'로 삼아야 한다는 일본 국내 여론을 의식하던 타이완총독부는[143] 처음에는 악습 철폐에 그다지 적극적이지 않았다.

가장 주된 이유는 통치 초기 치안이 안정되지 못한 상황에서 타이완

---

140 王學新, 2009, 앞의 책, 87~120쪽..

141 吳文星, 2008, 앞의 책, 210쪽.

142 식민지 시대 타이완에서의 단발 운동에 관해서는 吳文星, 2008, 위의 책, 아편 문제에 관해서는 劉明修(伊藤潔) 著, 李明峻 譯, 2008, 『臺灣統治與阿片問題』, 前衛나 문명기, 2015, 「대만·조선총독부의 전매정책 비교연구-사회경제적 유산과 '국가' 능력의 차이」, 『사림』 52 등을 참조.

143 Takekoshi, Yosaburo, *Japanese Rule in Formosa*, Taipei: Southern Materials Center, 1978, p.156, 吳文星, 2008, 위의 책, 248~249쪽에서 재인용.

사회의 오랜 관행이던 아편이나 전족 문제에 개입함으로써 민심을 자극할 필요는 없다는 판단 때문이었다.[144] 이러한 상황에 변화가 생기는 것은 1910년대 초부터였다. 우선 중국에서 1911년 신해혁명 이후 전개된 (단발과 방족을 포함한) 일련의 문명화 캠페인에 대응해야 했고, 1914년부터 이타가키 다이스케(板垣退助) 등의 일본인 정치가와 타이완인 엘리트가 결성한 타이완동화회(臺灣同化會)가 표방하는 타이완인과 일본인 간의 차별 철폐 주장을 다른 방향으로 유도할 필요도 있었다.[145] 무엇보다도 1910년대에 들어서면 총독부가 통치 초기와 달리 타이완 통치에 상당한 자신감을 보였고, 그동안 소극적인 대처에 그쳤던 '문명화의 사명'을 적극적으로 추진할 환경이 마련되어 있었다.[146] 방족은 이러한 흐름을 타고 본격적으로 추진되었다.

타이완총독부는 1915년부터 방족을 「보갑규약」 규정에 추가하여 전족 문제를 단속 대상으로 삼기 시작했으나 일부 지방에서는 좀 더 일찍 방족 캠페인이 전개되었다. 1911년 11월 의란(宜蘭) 지역유력자들이 발기한 해전족회(解纏足會)는 의란청 경무과장의 참여와 소속 보정의 협조로 방족을 달성하기로 하고 이듬해 1월부터 본격적으로 방족에 나섰다. 의란을 네 개 지역으로 구분하고 구역마다 선정된 위원 몇 명이 보정(保正), 의사(醫師)와 조를 이루어 가가호호 방문하여 방족 실행을 권유했다. 필요한 경우 전족을 푸는 행위에 따른 고통과 상처를 치유하는 의료도 제

---

144 苗延威, 2009, 「日治初期的身體政治 - 以纏足解放運動爲中心的討論」, 『〈女性·消費·歷史記憶〉國際學術硏討會論文集』, 5~6쪽.

145 苗延威, 2009, 위의 글, 21~22쪽.

146 張淑雯, 2008, 「日治時期臺灣解纏足運動之硏究」, 國立雲林科技大學 文化資産維護硏究所 碩士論文, 81~82쪽.

공했다. 아울러 전족 여성이 있는 가정에 대해서는 문 앞에 팻말(紙札)을 붙여 담당 순사들이 순찰하면서 방족 여부를 점검하게 했다. 표면상으로는 '권유'였지만, 「보갑규약」에 방족 조항이 추가되고 순사, 보정, 의사 등이 방족의 집행에 나섬으로써 사실상 방족 미준수는 '처벌' 대상이 되기에 이른다. 그 결과 1915년 8월 의란청 경무과장이 관내 27명의 보정을 소집하여 개최한 보갑회의에서는 "15세 이하의 여성 중 방족을 실행한 자가 1만 1,962명에 달하고 15~30세 여성 중 방족을 실행한 자는 7,894명"에 이른다는 보고가 있었다. 지역에 따라서는 1910년대 초부터 본격적으로 전개된 방족의 성과는 〈표 6-10〉과 같다.

〈표 6-10〉 전족 여성과 방족 여성 비율의 변화[147]

연도	여성 인구 (A)	전족 경험자 (B=C+D)	전족 여성 (C)	방족 여성 (D)	방족 비율 (D/B, %)	여성 인구 중 전족 여성의 비율 (C/A, %)
1905	1,405,732	809,310	800,616	8,694	1.07	56.95
1915	1,604,195	755,054	279,038	476,016	63.04	17.39
1925	1,692,325	617,617	199,165	418,453	67.75	11.77
1930	2,118,450	-	141,360	-	-	6.67

1905년 현재 1% 남짓에 불과했던 방족 비율은 1915년에 이미 63%에 달했고, 1925년에는 70%에 가까운 진척을 보였다. 그 결과 여성 인구 중 전족 여성의 비율은 1905년 57%에서 1915년 17%, 1925년 12%를 거쳐 1930년에는 6.7%로 급감하게 된다. 여성 신체의 해방과 자유의 획득

---

147 苗延威, 2009, 앞의 글, 3쪽.

이라는 점에서는 놀랄 만한 성과라고 할 수도 있지만, 식민지 권력의 주도로 강제성과 폭력성이 동반되었다는 점, 그리고 이 성과가 온전히 타이완 여성의 '자각에 따른 실천'의 결과만은 아니었다는 점도 놓칠 수 없을 것이다.

1918년 3월 11일 40세 전후의 한 타이완 여성이 당한 수모는 방족 과정의 폭력성을 잘 보여 준다. 대남청(臺南廳) 안평가(安平街)를 걸어가던 이 여성은 가타오카 순사에 의해 파출소로 연행되었다. 여전히 방족을 하지 않았다는 이유로 일장 훈계를 듣고 나서 얼굴 반쪽은 검은색 먹으로, 다른 반쪽은 붉은색 먹으로 칠해진 후 '이씨(李氏)의 처'라는 팻말을 목에 건 채 순사의 감시 속에 시장까지 걸어가야 했다. 시장에서 구경꾼들의 시선을 견뎌야 했던 그녀는 약 세 시간에 걸친 수모를 겪고 집에 돌아와서는 그날 밤 자살을 시도했다.[148]

마지막으로, 상시적으로 타이완총독부의 동원 대상이 되었던 보갑민이 수행한 각종 출역은 총독부의 재정 지출을 크게 줄여주는 효과도 있었다. 크게 보아 보갑 관련 비용은 보갑민이 보갑 운영을 위해 갹출하여 마련하는 보갑 경비, 보정·갑장·장정단장 등 보갑 간부의 인건비, 그리고 보갑민 출역 인건비로 구성된다. 즉 이들 비용은 보갑제도를 운영하지 않았다면 총독부가 직접 지출해야 하는 비용이었다는 점에서 보갑제도 운영은 총독부의 재정 지출을 줄여주는 효과를 가졌다는 것이다. 이들 보갑 관련 총비용을 추산한 연구에 따르면, 1905년의 보갑 관련 총비용 311만 2,000엔은 총독부의 일반행정 지출 396만 6,000엔의 78%에 해당하고, 1915년의 보갑 관련 총비용 446만엔은 일반행정 지출 794만

---

[148] 「纏足者戒」,『臺灣日日新報』, 1918.4.6.

4,000엔의 56%, 1925년의 보갑 관련 총비용 797만 5,000엔은 일반행정 지출 1,778만 엔의 45%, 1935년의 보갑 관련 총비용 768만 7,000엔은 일반행정 지출 2,900만 4,000엔의 26%에 달했다. 보갑제도 도입과 강력한 실행이 일반행정 비용 절감에 얼마나 도움이 되었는지를 단적으로 알 수 있다.

또 보갑 관련 총비용이 총독부 세출에서 차지하는 비중을 보면, 1905년 15.22%, 1915년 11.66%, 1925년 9.09%, 1935년 6.25%, 1903~1938년 평균은 8.65%였다. 통치 후기로 갈수록 보갑 관련 총비용이 전체 세출에서 차지하는 비중은 감소하는 추세에 있었다. 하지만 보갑제도를 운영하지 않았을 경우 같은 수준의 행정효율을 거두려면 총독부가 매년 8.65%의 추가 지출을 감수해야 했다고 본다면, 보갑제도의 재정적 효과는 과소평가할 수 없다.[149]

이상의 서술에서 짐작할 수 있듯이, 타이완총독부 입장에서는 보갑제도 운영을 통해 도로 등의 인프라 건설, 의료위생 분야의 현저한 개선, 임시적인 대규모 인력 동원, 악습 철폐, 재정 지출 감소 등의 효과를 거둘 수 있었지만, 타이완인이나 타이완 사회의 시각에서 보면 보갑제도는 적지 않은 인적·물적 희생을 강요하는 제도였다. 당연히 타이완 사회는 보갑제도의 개선이나 철폐를 줄기차게 요구했다. 예컨대 1921년 1월 대중주(臺中州) 창화가장(彰化街長) 양길신(楊吉臣) 등 9명이 연명으로 보갑제도 철폐 청원서를 제국의회에 제출한 사례도 있고,[150] 1920~1930년대에 걸쳐 타이완민중당(臺灣民衆黨)이나 타이완지방자치연맹(臺灣地方自治聯盟)

---

149 문명기, 2017, 앞의 글, 59~60쪽.
150 臺灣總督府, 1937, 『臺灣總督府民政事務成績提要』(1936年版), 617쪽.

등을 중심으로 보갑제도 철폐 또는 지속적인 개선 요구가 있었다.[151] 임헌당(林獻堂)이나 황정총(黃呈聰) 같은 타이완 민족운동 지도자들도 타이완총독에 제출한 건백서(建白書)를 통해 보갑제도 폐지를 청원했고, 1927년 타이완민중당 당원들도 보갑 내에서 민족운동 진영의 영향력을 일정하게 확보한다는 전략 아래 보갑 간부 선거에 참여하여 당선되었으나 지방 당국의 선거 결과에 대한 승인의 거부로 좌절되기도 했다.[152]

중일전쟁 시기 파시즘화하고 있던 타이완군의 탄압을 피해 도쿄에 피신해 있던 임헌당을 전쟁 협력에 참여하게 하려고 타이완총독부가 "과거의 (총독부에 대한) 비판을 불문에 부치겠다"며 회유한 일이 있다. 이때 임헌당은 수상 고노에 후미마로(近衞文麿)에게 타이완 통치 개선책을 제출하면서 동화정책 포기, 의무교육 실시, 타이완인이 주도하는 남양(南洋) 진출 장려, 미곡전매제도 중지, 일본인 낭인의 엄격한 단속과 일대(日臺) 융화 등과 함께 보갑제도 폐지와 인민부담 경감을 호소한 바 있다.[153]

하지만 타이완총독부는 타이완인의 민도가 여전히 낮은 수준이고, 경찰기관이 여전히 충실하지 못하며, 시가장(市街庄) 사무의 원만한 집행을

---

151 遠藤正敬, 2010, 『近代日本の植民地統治における國籍と戶籍 - 滿洲·朝鮮·臺灣』, 明石書店, 145~148쪽.

152 王學新, 2009, 앞의 책, 32~42쪽. 타이완인의 민족 언론에 해당하는 『臺灣民報』(대부분의 기간 주간지였다)에는 타이완 주민의 불만 사항을 투고하는 「불평명(不平鳴)」이라는 칼럼, 그리고 각 지방의 주요 뉴스를 지방 소재 통신원들이 전하는 「지방통신(地方通信)」이라는 전란(專欄)이 있는데, 필자의 개략적인 계산으로는 이들 칼럼이나 전란에 실린 기사 내용의 대략 절반 정도가 보갑에 대한 불만 사항이었다. 예컨대 지방 행정과 관련한 주민의 탄원서 제출이나 농민·노동자의 집회가 경찰의 지시를 받은 보갑 역원에 의해 취소되는 사례는 일일이 열거할 수 없을 정도로 많았다(劍如, 「時事短評: 警官的威力」, 『臺灣民報』 2-21, 1924.10, 7쪽).

153 近藤正己, 1996, 『總力戰と臺灣』, 刀水書房, 365~367쪽.

기하기 위해서는 보조기구로서 보갑이 여전히 필요하고, 보갑제도가 타이완인(과 타이완 거주 중국인)에게만 실시되어 차별대우라고 하지만 내지인은 병역의 의무를 지고 있고, 타이완 거주 내지인 역시 의무소방(義務消防)이나 위생조합 등 행정보조조직을 운영하고 있다는 점을 들어 보갑제도 유지 의사를 굽히지 않았다.[154]

다만 전황이 불리해지고 타이완인의 전쟁 협력이 더욱 절실해지자 1944년 12월 각의(閣議)에서 「조선·타이완 동포에 대한 처우개선에 관한 건」을 결정했고, 타이완총독부는 이 방침에 맞추어 같은 해 12월 「도민(島民) 처우에 대한 조치의 개요」를 부의(府議) 결정했다. 여기에 '보갑제도의 지양'도 포함되었다. 즉 "시정 전반의 실천기관이라는 기능을 수행하기 위하여, 시가장의 하부기구인 구회(區會)와 부락회(部落會)를 정비·강화하고, 보갑제도는 여기로 흡수·지양할 것"을 결정한 것이다. 보갑제도 폐지를 포함하여 총독부가 준비한 '처우개선'은 통치 50주년에 해당하는 1945년 6월 17일의 시정기념일(施政記念日)에 발표할 예정이었지만, 오키나와에 미군이 상륙하는 등 전황 악화로 인하여 기념식을 행할 상황이 아니었다. 결과적으로 보갑제도는 1898년 제정·실행된 이래 1945년까지 폐지된 적이 사실상 없었다.[155]

강력한 경찰력으로 뒷받침된 보갑에 대한 치밀하고 체계적인 지휘와 감독, 철저한 조사와 통계를 통하여 보갑민 동원에 따른 부담을 적정 수준에서 관리할 줄 알았던 '유능한' 총독부 관료, 그리고 난세(亂世)의 백성보다는 성세(盛世)의 개가 되자고 외치는 지역유력자들에 포위된 보갑민

---

154 臺灣總督府, 1937, 『臺灣總督府民政事務成績提要』(1936年版), 618~619쪽.
155 近藤正己, 1996, 앞의 책, 427~432쪽.

이,[156] 순치(馴致)와 협력 외의 다른 선택지를 생각하기는 쉽지 않았을 것이다. 17세기 후반의 중국 지방관인 황육홍(黃六鴻)이 쓴 지방행정 지침서 『복혜전서(福惠全書)』에 서술된 청대 보갑제도의 개요를 읽고 나서[157] 지방 통치의 묘수를 찾아냈다고 기뻐한[158] 고토 신페이가 설계하고 집행한 보갑제도는 "경찰(警察)을 아버지로 하고 자치(自治)를 어머니로 하여" 태어났다지만,[159] 정작 자치의 주체였어야 할 타이완인은 '이성의 독재'가 강요한 자치를 스스로 결정할 수 없었다.

---

156 타이완의 대표적인 친일파로 알려진 고현영(辜顯榮)은 1923년의 한 시국강연회에서 "차라리 성세의 개가 될지언정 난세의 백성이 되지는 말라(寧爲太平犬, 莫作亂世民)"고 말하고 있다(蕭明治, 2010, 앞의 글, 183쪽).

157 『복혜전서』는 최근에 완역되었는데[황육홍 저, 김형종 역, 2020, 『복혜전서』(1·2·3), 서울대학교 출판문화원], 보갑 관련 부분은 『복혜전서』(2) 536~658쪽에 수록되어 있다. 『복혜전서』의 보갑 관련 서술을 읽어보면, 황육홍의 책 속에서 '이상형'으로만 존재하던 보갑제도의 청사진이 식민지 시대 타이완에서 거의 완벽하게 구현되었음을 실감할 수 있다.

158 鶴見祐輔 著·一海知義 校訂, 2005, 『正傳後藤新平』 3(臺灣時代: 1898~1906), 藤原書店, 194~195쪽은 "왕안석(王安石) 이래 역대 정치가로서 기강을 정돈하고 국세(國勢)를 부강하게 만들려던 이들은 하나같이 보갑에 착안하지 않은 자가 없었다. 불가사의한 것은 이제까지 한 명도 성공한 자가 없다는 것이다"고 지적하면서 "백작(伯=고토)은 송대 이후 중국 역대의 정치가가 꿈꿔왔으나 이루지 못한 것을 일본인의 손으로 비로소 성취했다"고 지적하면서, "아마도 보갑제도는 백작이 타이완에 남긴 여러 제도 중 가장 독창적인 제도의 하나일 것"이라고도 말하고 있다.

159 目黑五郎·江廷遠, 1936(增補版), 『現行保甲制度叢書』, 保甲制度叢書普及所의 「自序」.

7. 맺음말

　이상의 서술을 통하여 식민지 타이완의 역사에 관하여 주제별로 거칠게나마 개관해 보았다. 타이완은 근대 일본이 최초로 획득한 식민지였기에 식민지 통치체제와 관련한 모든 사안을 말그대로 만들어나가야 했다. 메이지 헌법 체제하의 근대 일본에 있어서 식민지는 어떤 위치를 점하는가(또는 점해야 하는가), 메이지 헌법은 식민지에 적용되어야 하는가, 그렇지 않다면 어떤 법령 체계를 적용해야 하는가, 법령의 운용체계(사법)는 어떠해야 하는가, 식민지 수장에게는 어떤 권한과 지위를 부여해야 하는가, 식민지주민에게는 어떤 권리와 의무를 부여해야 하는가 등의 문제에 대해 어떤 형태로든 대응해나가야 했다.

　식민지 통치의 선배격인 구미 제국주의의 식민지 통치 방식을 참조하고 아울러 군부, 원로, 정당 등 국내 각 정치세력 간의 길항과 절충을 거쳐 형성되어간 타이완 통치체제의 골격은 대체로 다음과 같이 요약할 수 있다.

① (식민지에 헌법이 부분적으로만 시행된다는 전제 아래) 헌법이 시행되지 않는 부분의 법률 사항에 관한 입법을 제국의회가 제정하는 법률을 통하여 타이완 총독의 명령에 위임하는 식민지 위임입법제도 [이법역(異法域)의 창출]

② 군정과 민정을 총람하고(무관총독) 아울러 행정·사법·입법·군사에 관한 광범한 권한을 총독에 부여하여 총독의 전제적 통치를 가

능케 함과 동시에 타이완 통치의 자율성을 상당 부분 가능하게 한 총독(부) 체제(종합적 특수행정)¹⁶⁰

③ 정치적으로는 식민지주민의 참여를 배제하거나 극도로 제한하여 정치 과정을 최대한 생략하고, 경제적으로는 식민 본국의 자본주의 발전에 식민지 경제를 종속시키는 전략(정치적 배제와 경제적 종속)

④ 소위 생물학적 원리에 입각한 식민지에 대한 광범하고 체계적인 구관 조사와 통계, 그리고 구관의 '존중'에 바탕을 둔 제반 정치적·경제적 조치의 실행(선택적 구관 온존)

⑤ 식민지주민의 '자발적 귀의'를 유도하기 위한 사회간접자본 확충과 제반 문명화 조치, 그리고 이를 뒷받침하기 위한 적극적 재정 노선(적극주의적 식민지 경영)¹⁶¹

타이완 통치 초기에 형성된 이들 기본 구조를 가진 식민지 통치체제를 '타이완형' 통치체제¹⁶² 또는 '타이완모델'이라고¹⁶³ 부를 수 있을 텐데, 통치체제의 기본 구조 면에서는 조선과 본질적으로 다르지 않았던 것 같다.¹⁶⁴ 하지만 본문을 통해 지적했듯이 통치 효과 면에서는 무시하기 힘

---

160 平井廣一, 1997, 앞의 책, 275쪽.

161 小林道彦, 1996, 『日本の大陸政策, 1895~1914: 桂太郞と後藤新平』, 南窓社, 88~95쪽.

162 春山明哲, 2008, 앞의 책, 187쪽.

163 문명기, 2012, 「근대 일본 식민지 통치모델의 전이와 그 의미 - '대만모델'의 관동주·조선에의 적용 시도와 변용」, 『중국근현대사연구』 53, 203쪽.

164 타이완 총독의 권한을 개괄한 黃昭堂, 1994, 앞의 책, 204~230쪽과 조선 총독의 권한을 잘 정리한 이형식, 2011, 앞의 글, 194쪽, 조선 총독과 타이완 총독의 정치적 위상 차이를 지적한 Edward I-te Chen, 1970, 앞의 글, pp.132~141 등을 종합해 보면, 조선 총독에게 이왕직과 조선 귀족에 관한 특별 권한이 부여된 점(이형식), 조선 총독

든 차이가 있었던 것도 사실이다. 경제 면에서는 식민지화 이전의 조건과 연결되는 타이완의 풍부한 사회적·경제적 잠재력, '초기 제국주의 시대의 국토적(國土的) 정치기업가'로 불릴 만큼[165] 기업가적 정신에 충만했던 고토 신페이를 포함한 타이완총독부 관료들의 적극적인 내지 자본 유치, 그리고 타이완인 지주자산계급의 (식민지라는 불리한 조건 아래서의) 능동적인 대응 등이 결합하여 지속적인 경제성장을 이루었고, 그 결과 타이완의 1인당 GDP는 조선의 약 두 배에 달했다. 이 점을 본문에서는 행려사망자, 역외이주, 설탕 소비 등의 측면에서 살펴보았다.

상대적으로 높은 소득 수준과 생활 수준은 재정 면에도 반영되어, 타이완의 1인당 세입과 세출 역시 조선의 대략 2배 정도의 차이를 보였다. 이는 타이완인 입장에서는 무거운 조세 부담으로 나타났으나 지속적인 생산력 발전은 중세(重稅)를 감당할 여력을 제공했다. 상대적으로 풍부한 세입을 바탕으로 타이완총독부는 조선에 비해 풍부한 인적·물적 자원을 식민지 행정이나 산업진흥, 인프라 건설에 투입할 수 있었다.[166]

이러한 경제와 재정 면의 상대적 우위에 더하여, 경찰이 식민지 일반행정을 주도하는 '경찰통치' 실현을 통해 행정의 효율을 높이고, 각종 정치·사회운동을 철저하게 통제함과 동시에 식민지주민의 일상생활에 대한 감시 역시 상대적으로 철저하게 수행할 수 있었다. 그뿐만 아니라 경

의 궁중 석차가 타이완 총독에 비해 다소 높았던 점(黃昭堂), 역대 조선 총독들이 타이완 총독들에 비해 정치적 영향력 면에서 우월했다는 점(Edward I-te Chen) 등을 제외하면 통치체제 구조라는 면에서 큰 차이는 없는 것 같다.

165 春山明哲, 2008, 앞의 책, 323쪽.

166 때문에 타이완의 인구 및 민도에 비해 '과대(過大)한 시설'이라고 할 정도로 타이완총독부가 인프라 건설과 투자에 적극적이었다는 평가가 일본 내지의 여론에 등장하기도 한다(矢內原忠雄, 1929, 앞의 책, 80~81쪽).

찰행정과 일반행정을 보조하는 보갑제도 창설이라는 식민지 타이완 고유의 제도적 배치를 통해 타이완총독부의 정책과 의지가 기층사회까지 철저히 침투할 수 있는 기제를 만들어내는 데 성공했다. 이는 페스트나 천연두 등의 전염병과 말라리아 등의 풍토병에 대한 효과적인 방역, 식민지 주민의 도로 건설이나 사업에의 효율적 동원, 아편·전족 등 사회적 악습 근절, 그리고 효과적인 동원체제 운영을 통한 행정비용 절감 등으로 연결되었다.

이상의 타이완 통치 양상에 관하여, 타이완과 조선에서 관직 생활을 한 바 있는 모치지 로쿠사부로(持地六三郞)는 "조선의 제반 행정은 타이완과 같이 주도면밀하지 못하고 극히 조방적(粗放的)인 행정에 만족할 수밖에 없다"고 평했다.[167] 또 식민지 시대를 몸소 경험한 바 있는 타이완 경제사학자 장한유(張漢裕) 역시 "(타이완 통치는) 재정 부담은 컸으나 행정효율 또한 낮지 않았다"고 보았다.[168] 한 타이완 사회학자는 "경찰이나 보정(保正) 같은 조사원이 집집마다 방문하여 호구조사를 할 때, 타이완인은 (사실을) 말하지 않을 수 있었겠는가?"라고 물으면서, 물리적 폭력을 행사하지 않으면서도 통치에 필요한 정보를 실토하게 만드는 권력은 물리적 폭력에 의존하여 식민지주민의 목소리를 억압하는 권력보다 훨씬 더 음험하고 교활하며 저항하기 어려운 법이라고 지적하면서, 그런 면에서 식민지 타이완은 '고백(을 강요당)하는 사회'였다고 주장한다.[169]

식민지 타이완의 역사를 개관하면서 실감하게 되는 식민지 권력(식민

---

[167] 持地六三郞, 1926, 『日本植民地經濟論』, 改造社, 113쪽.

[168] 張漢裕, 1955, 『日據時代臺灣經濟之演變(臺灣經濟史二集), 臺灣銀行, 162쪽.

[169] 姚人多, 2001, 「認識臺灣 – 知識·權力與日本在台之殖民治理性」, 『臺灣社會研究季刊』 42, 176쪽.

자)과 식민지 사회(피식민자)의 압도적인 힘의 비대칭은, 타이완인을 위한 타이완인의 사립학교를 한 곳이라도 가지겠다는 '변변치 못한 꿈'이 어째서 좌절되었는지,[170] 식민지 조선인에 허용된 만큼의 지방자치라도 실현하겠다는 (자율적 공간) 희구(希求)가 어째서 달성되지 못했는지,[171] 그리고 식민지 시대 내내 모국어(중국어)로 된 일간지를 가지는 것이 어찌 그리 힘들었는지를 어느 정도는 이해할 수 있게 해준다.[172]

---

170 駒込武, 『世界史のなかの臺灣植民地支配-臺南長老敎中學校からの視座』, 岩波書店, 2015. 이에 대한 비평은 문명기, 2019, 「제국주의 연구와 제국사 연구를 잇는다는 것」, 『동방학지』 188을 참조.

171 野口眞弘, 2017, 『植民地臺灣の自治-自律的空間への意思』, 東京: 早稻田大學出版部; 野口眞弘, 2018, 「臺灣地方自治聯盟による1933年の朝鮮地方自治制度視察の意義-楊肇嘉の構想する臺灣地方自治制度の参照として」, 『日本臺灣學會報』 20.

172 '타이완인 유일의 목소리(喉舌)'라 불린 『타이완민보(臺灣民報)』는 1923년 창간 당시부터 도쿄에서만 발행되다가 1927년에야 타이완에서 발간되기 시작했다. 발간 형식도 시기별로 반월간→순간(旬刊)→주간으로 바뀌다가 1932년 4월부터 일본어 기사 3분의 1을 포함하는 것을 조건으로 일간지로 전환했다. 하지만 1937년 6월부터는 한문란(漢文欄)이 폐지된다. 발행 부수는 최대 1만 부 정도였다. 『타이완민보』에 관한 보다 자세한 정보는 타이완 교육부가 운영하는 『臺灣大百科全書』(Encyclopedia of Taiwan)를 참조(https://nrch.culture.tw/twpedia.aspx?id=3830).

제7장
일제의 식민지 조선 지배정책의 기조

_박찬승

1. 머리말

　식민지의 역사는 이미 고대부터 시작되는 것이지만, 근대 이후의 식민지는 그 나름의 특징과 유형을 가진다. 위르겐 오스터함멜은 근대 식민지에 대해 "식민지는 식민 이전 상태와 결부된 상태에서 침입(정복과 혹은 정착식민화)을 통해 새로이 만들어진 정치체로서, 지역적으로 격리되어 있으며, 식민지에 대한 배타적 소유권을 주장할 수 있는 '모국' 혹은 제국의 중심에 대해 외부 '지배자'들이 지속적으로 의존성을 띠는 정치체"라고 정의하였다.[1] 그리고 그는 근대 이후의 식민지를 통치식민지, 거점식민지, 정착식민지 등 세 가지 유형으로 구분하였다. 이 가운데 일본의 지배 아래에 있었던 조선이나 타이완은 통치식민지에 해당한다고 그는 보았다.

　그는 통치식민지의 특징으로 군사적 정복의 결과 만들어진 식민지이며, 경제적 착취(무역 독점, 지하자원 이용, 관세 징수 등)와 제국 정책의 전략적 보호를 목적으로 하며, 본국에서 파견되어 일정 기간 활동한 뒤 귀환하는 관료·군인·상인으로 구성된 수적으로 비교적 적은 식민지 권력이 존재하며, 원주민들에 대한 가부장적 보호를 수반하는 식민 본국의 전체적 통치체인 총독체제가 존재하는 것 등을 들었다. 이와 같은 통치식민지에 들어가는 것은 영국의 식민지 인도, 프랑스의 식민지 인도차이나, 영국의 식민지 이집트, 독일의 식민지 토고, 미국의 식민지 필리핀, 일본의 식민지 조선과 타이완 등이었다.[2]

1　위르겐 오스터함멜 저, 박은영·이유재 역, 2006, 『식민주의』, 역사비평사, 27쪽.
2　위르겐 오스터함멜, 2006, 위의 책, 27~29쪽.

그러나 같은 통치식민지라 하더라도 통치의 기본방침은 상당히 달랐다. 대표적으로 영국의 인도 지배, 프랑스의 인도차이나 지배, 미국의 필리핀 지배 등은 그 방식이나 성격이 크게 달랐다. 물론 일본의 조선 지배도 또 달랐다. 그것은 식민 지배자의 사정, 즉 자본주의와 민주주의의 발전 정도, 역사적 문화적 전통, 인구와 민족구성 등 사회적 조건이 각기 달랐기 때문이다. 또 피지배자의 사정, 즉 식민화 이전의 통일된 국가 경험 여부, 민족구성과 종교의 분포, 근대화 추진 경험, 농업과 상공업의 형편 등이 역시 각기 달랐기 때문이다.[3] 동화 정책을 채택할 것인가 아니면 자치권을 줄 것인가, 식량이나 원료공급지로 주로 활용할 것인가 아니면 상품시장이나 자본투하시장으로 활용할 것인가, 참정권이나 자유를 어느 정도 허용할 것인가 아니면 강압적으로 통치를 할 것인가 등등을 둘러싸고 각국의 식민 통치자들은 서로 다른 선택을 하였고, 이에 대해 피식민 지배자들도 각기 다른 대응을 보였다.

그러면 일본은 조선에 대한 식민 통치에서 어떤 기본방침을 선택하였을까?

이에 대해서는 이미 많은 학자의 연구가 있다. 북한의 전석담·최윤규은 『조선근대사회경제사』(1958)에서 일제는 1910년 조선을 완전점령한 후 "(조선을) 자기의 농업·원료공급의 부속물로서, 과잉 상품의 판매시장으로서, 값싼 노동력의 공급기지로서, 대륙침략의 군사기지로서, 군수산업의 주요 근거지의 하나"로 삼았다고 보았다.[4] 이 책에서는 주로 일제 하

---

3 변은진, 2007, 「식민지인의 '정치참여'가 갖는 이중성」, 『제국주의 시기 식민지인의 '정치참여' 비교』, 선인, 17쪽.
4 전석담 외, 1958, 『조선근대사회경제사』, 이성과 현실사 복간본(1989), 97쪽 참조.

의 경제정책에 관해 서술했는데, 각 절의 제목을 열거해 보면, 1910년대에서는 교통·운수·항만시설 및 통신체계 확장과 정비, 일본과의 무역 관계, 토지약탈정책으로서의 토지조사사업과 농업생산 관계의 변화, 조선의 공업 등을 서술했다. 1920년대에는 조선의 대외무역과 일제 자본수출의 증대, 산미증식계획 실시와 농산물 약탈의 증대, 신용기구를 통한 농촌수탈 강화, 농민대중의 영락과 농업생산력 정체, 1920년대 공업과 노동자계급의 성장 등을 서술했다. 1930년대에는 1929년 세계공황과 일본경제의 파국, 1930년대 이후 조선에 대한 일제의 약탈적 무역과 자본 투하의 증대, 농촌 수탈 강화와 농민의 궁핍 심화, 임야자원 약탈과 임업, 수산업 약탈, 지하자원 약탈과 광업의 발전, 군수공업을 중심으로 한 가공공업의 발전, 조선공업의 식민지적 편파성, 노동자계급의 상태 등을 서술했다.

재일교포 학자 박경식은 『일본제국주의의 조선 지배(日本帝國主義の朝鮮支配)』(1973)에서 병합 이후 일제의 지배정책을 1910년대의 무력지배정책, 1920년대의 민족분열화정책, 1930~1945년의 병참기지화정책으로 나누어 서술하였다. 1910년대에 대해서는 헌병경찰에 의한 '무단정치', 토지약탈과 식민지적 농업, 민족산업 억압, 민족문화 탄압, 독립운동 탄압 등으로 나누어 서술했다. 1920년대에 대해서는 기만적인 '문화정치', 산미증식계획에 의한 농민 수탈, 식민지적 산업 수탈, 민족해방운동 탄압과 학살로 나누어 서술했다. 1930년대 이후에 대해서는 파쇼적 침략전쟁에 동원, 민족말살의 '황민화운동', 전쟁경제에 따른 수탈 강화, 전시체제하의 노동자·농민, 민족해방운동 탄압 등으로 나누어 서술했다.[5]

남한의 강창일은 국사편찬위원회에서 발간한 『신편 한국사』에서 일

---

5   박경식, 1986, 『일본제국주의의 조선 지배』, 청아출판사 번역본, 57쪽.

제의 지배정책을 정리했는데, 이를 보면 "일본은 1910년 한국을 병합하면서 천황의 조서에서 '완전히 그리고 영구히' 지배할 것을 천명하는가 하면, 강제적으로 체결한 병합조약에서는 "한국 황제폐하는 한국 정부에 관한 일체의 통치권을 완전히 그리고 영구히 일본국 황제폐하에 양여한다"라고 하였다. "그리고는 일시동인·내지연장주의·내선융화·내선일체화·황국신민화를 표방하면서 조선을 통치했다. 이것은 곧 '조선인의 일본인화', '조선의 일본화'를 통하여 홋카이도나 오키나와처럼 일본의 한 지역으로 편입시켜 조선을 영원히 지배할 것을 목적으로 한 것이었다. 여기에서 일제의 식민주의는 조선민족말살을 통한 영토확장주의라고 할 수 있다"고 서술하였다.[6] 여기에서 그가 말하는 '민족말살'이란 생물학적인 살해보다는 지연공동체, 혈연공동체, 언어·문화 공동체, 역사공동체로서의 '민족'을 부정하여, 이를 해체·파괴하는 일체의 행위를 뜻하는 것이었다. 강창일은 일제의 통치 정책 가운데 주로 민족말살정책과 영토확장주의를 강조하였다.

권태억은 2005년 「일제 식민 통치의 기조」에서 일제의 식민 통치의 기본방침을 대륙침략 기지화 정책, 경제예속화 및 수탈정책, 동화정책, 폭력통치 등으로 요약해서 설명했다.[7] 필자도 권태억의 견해에 대체로 동의하면서, 이 가운데 '대륙침략 기지화 정책'은 주로 대외군사정책에 해당한다고 보아, 이 글에서는 이에 대한 검토는 생략하고자 한다.

필자는 이 글에서 일본의 식민지 조선 통치 정책의 기조를 일본국민

---

6 국사편찬위원회 편, 2001, 『신편 한국사』 47권 중 '식민지지배체제의 특질' (강창일 집필) 부분.
7 권태억, 2005, 「일제 식민 통치의 기조」, 『일제 식민지 지배의 구조와 성격』, 경인문화사.

만들기 위한 동화정책, 일본인-조선인 간의 분리와 차별정책, 일본 자본의 조선 경제 장악과 이용, 정치적 권리 박탈과 자유 억압 등으로 파악하고, 이에 대해 정리하고자 한다.

그리고 이에 앞서 일본이 한국을 병합한 이유와 병합 이후 일본이 한국을 식민지로 취급한 사실에 대해 정리해두고자 한다.

2. 일제의 한국병합 목적과 식민지 대우

1) 일제의 한국병합 목적

식민지 조선사회의 구조는 일차적으로 일제의 식민지 지배정책에 의해 규정되었으며, 식민지 지배정책은 일제가 한국을 병합하여 식민지로 만든 목적에 의해 규정되었다고 말할 수 있다.

일본은 왜 한국을 병합하여 식민지로 만들었을까? 이는 대체로 다음과 같이 설명되고 있다.

첫째, 정치적 측면에서 일본의 제국주의적 야망이다. 일본은 메이지유신 이래 부국강병을 추진하였는데, 1880년대 이후 서구열강이 아시아·아프리카에 대한 제국주의적 침략과 식민지분할을 본격화하는 것을 보고, 일본의 정치·군사·경제계 지도자들은 일본도 서구열강과 같은 제국주의 국가 대열에 합류하는 것을 국가적 목표로 설정하였다. 여기에서 그들은 한국과 중국을 침략과 지배의 대상으로 설정하고, 이들 나라의 희생을 바탕으로 일본의 국가적 목표를 달성해야 한다는 생각을 하게 되었다. 이 같은 사고는 메이지 20~30년대에 여러 지식인·정치인·군인에 의해 형성되었는데, 후쿠자와 유키치(福澤諭吉)의 탈아입구론(脫亞入歐論, 1885), 도쿠토미 소호(德富蘇峰)의 대일본팽창이론(1894), 다나카 기이치(田中義一)가 초안을 작성한 제국국방방침(1906) 등에 의해 잘 나타난다.[8]

이 가운데 도쿠토미 소호의 대일본팽창론을 보면, 영국, 프랑스 등이

---

8 고케츠 아쓰시 저, 박인식·박현주 역, 2006, 『침략전쟁』, 범우, 30~52쪽.

세계 도처에 식민지를 건설하는 현상에 직면하여 일본이 갈 길에 대해 그러한 제국주의에 식민의 대상으로 전락할 것인가, 아니면 여타의 제국주의와 마찬가지로 해외에 식민지 건설을 보다 적극적으로 추진해야 할 것인가 물음을 던진 후 당연히 후자라고 주장하였다. 이를 위해서는 중국·조선·타이완을 전쟁으로 점령해야 하며, 이들 지역에서 일본의 지배력을 강화해야 한다고 주장하였다.[9] 여기에서 그는 한반도를 식민지화의 일차적 대상이자, 대륙 진출의 발판으로 간주하였다.

일본은 한반도를 차지하기 위해 1894년 청일전쟁, 1904년 러일전쟁과 같은 도발도 마다하지 않았다. 일본은 이미 1894년 한국을 보호국화하려 했지만, 동학농민운동과 삼국간섭 등 내외의 반발로 뜻을 이루지 못하였다. 그러다 1902년 영일동맹을 통해 국제적 지원을 받으면서 1904년 러일전쟁을 승전으로 이끌었고, 결국 한국을 보호국으로 만들 수 있었다. 하지만 보호국 체제에 대한 한국민의 지속적인 저항이 이어지자, 보호국 체제로는 한국을 지속적·안정적으로 지배할 수 없다고 판단하였다. 이에 일본은 1907년경 한국을 병합한다는 방침을 세웠고, 이후 미국·영국·러시아의 승인을 얻어 1910년 이를 실행에 옮겼다.

앞서 말한 것처럼 일본은 처음부터 한반도의 식민지화에 만족하지 않았다. 이미 1890년대 후반부터는 한반도를 거쳐 대륙으로 진출한다는 야망을 갖고 있었고, 1905년 러일전쟁 승전 이후에는 이러한 야망을 노골적으로 드러내면서 만주의 이권 확보에 골몰하였다. 1910년 일본의 한국병합은 장차 만주로 진출하기 위한 하나의 단계에 불과했으며, 따라서 한국을 제2의 홋카이도로 만드는 것이 필요했다. 즉 한반도를 일본 본토와 통

---

9 송석원, 2011, 「도쿠토미 소호와 '전쟁'」, 『일본문화학보』 50집, 208~209쪽.

합되어야 할 지역으로 간주하였다. 여기에서 1910년대 동화주의, 1920년대 내지연장주의와 같은 지배정책이 나왔다. 동화주의는 조선인을 정치적·문화적으로 일본인으로 동화시킨다는 의미였다. 정치적으로는 일본국민이자 천황의 신민이라는 의식을 갖게 하고, 문화적으로는 언어와 역사 교육 등을 통해 한국인의 독자적인 민족의식을 말살하고 일본국민으로 동화시켜 간다는 것이었다.

하지만 1910년대 동화주의에 입각한 일제의 동화정책은 아직 초보적인 단계에 있었다. 1920년대 내지연장주의는 1919년 3·1운동 이후 한국인들의 독립요구를 억누르면서 미래에 참정권을 부여하겠다는 식으로 호도하기 위해 나온 논리였다. 일부 한국인들은 식민지 의회를 구성할 수 있는 권리, 즉 자치권을 요구했고, 1920년대 총독부 일각에서도 이를 추진했다. 하지만 1930년대 초 일본 정부는 조선에 결코 자치권을 부여할 수 없다고 결론을 내렸다. 한국인들에게 정치적 자율성을 줄 경우, 한국을 만주 진출의 근거지로 삼는다는 구상에 방해가 될 수 있다고 보았기 때문이다.

일본이 한국을 병합한 두 번째 이유는 경제적 측면에서 일본 자본주의의 식민지 확보 요구를 들 수 있다. 서구 열강이 1880년대 제국주의 시대로 본격 진입하면서 무역에서 보호주의가 강화되었고, 그 결과 각국은 독점적 상품시장을 확보하기 위한 식민지 개척에 열중하였다. 1890년대 산업혁명 과정에 들어선 일본 자본주의도 독점적인 상품 수출 시장을 확보해야 했다. 즉 식민지가 필요했다. 여기서 한반도가 가장 먼저 독점적인 상품시장으로 지목되었다. 또한 일본자본주의는 면화나 누에고치와 같은 면직업·견직업의 안정적인 원료공급지가 필요했다. 한국의 남부지방은 면화 재배에 적합한 곳이라는 것이 확인되었고, 이에 일본 자본가들은 이

지역에서의 안정적인 면화 재배와 공급을 일본 정부에 요구하였다. 이 밖에도 한국의 잠재적인 지하자원도 일본 자본주의의 발전을 위한 중요한 부분으로 간주하였다. 이처럼 한국은 상품시장으로서, 그리고 원료공급지로서 일본 자본주의의 발전에 필요한 식민지로 여겨졌다. 또 제1차 세계대전 이후에는 축적된 과잉자본의 대외 수출이 현안으로 등장하게 되자 타이완과 한국 같은 식민지는 자본 수출지역으로 지목되었다. 일본 자본의 한국 진출은 1920년대에는 다소 부진했지만, 1930년 초 대공황을 극복한 이후에는 본격화되었다.[10]

일본이 한국을 병합한 세 번째 이유는 사회적 측면에서 일본 내 인구 증가로 인한 식량부족과 해외 이민의 필요성에 있었다. 일본은 이미 1880년대 후반에 산업화와 도시화 과정에 들어가면서 인구가 폭발적으로 늘기 시작하였고, 식생활의 변화로 인해 쌀의 주식화가 급격하게 이루어졌다. 이로 인해 미가가 폭등하여 1890년 첫 쌀소동이 일어났다. 1900년 이후 인구 증가와 식량부족은 커다란 사회문제가 되었고, 이를 해결할 수 있는 대안으로 등장한 것이 한국 이민과 한국으로부터 쌀을 수입하는 것이었다. 쌀 수입은 1890년대부터 시작되어 그 양이 크게 늘었다.[11] 1900년경 일본의 인구는 매년 40만 명씩 늘어났고, 1910년대에는 50만 명, 1920년대에는 70만 명씩 늘어났다. 급격한 인구 증가는 폭발적인 식량 수요를 가져왔고, 일본 정부는 조선에서 쌀 생산을 늘려 일본으로 들여오

---

10 1920년에 일본 척식국이 발간한 『식민지요람』이라는 책을 보면, '우리 식민지의 가치'는 1) 이주지로서의 식민지, 2) 상품 수출지로서의 식민지, 3) 식료 및 원료 공급지로서의 식민지, 4) 자본 투자처로서의 식민지에 있다고 서술하고 있다. 당시 일본정부가 조선을 비롯한 식민지를 사회·경제적 측면에서 어떻게 보고 있었는지를 잘 말해준다. 척식국편, 1920, 『殖民地要覽』, 1~2쪽 및 제2장~제5장 참조.
11 大豆生田稔, 2006, 『お米と食の近代史』, 吉川弘文館, 東京, 138~139쪽.

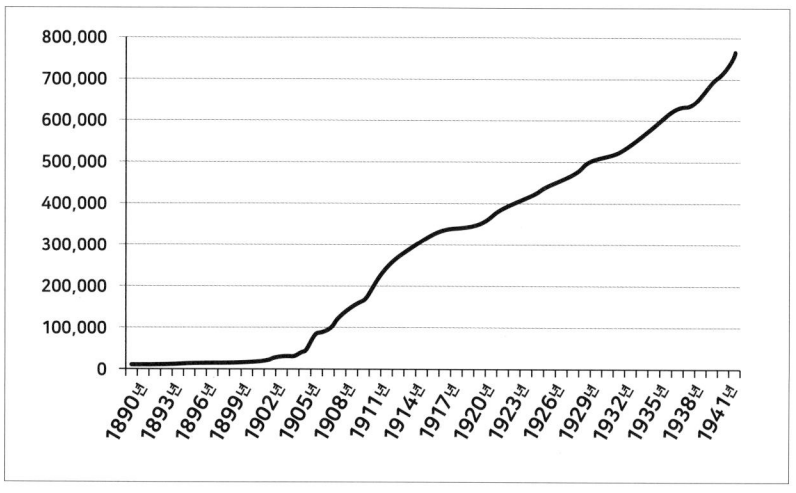

〈그림 7-1〉 재조선 일본인의 수

출처: 『조선총독부통계연보』 각년판

고자 했다. 1920년대 이후의 산미증식계획은 이로부터 마련되었으며, 1930년대 전반 한국의 쌀 생산량 2,000만 석 가운데 약 800만 석이 일본으로 들어갔다.

일본인의 한국 이민은 1904년 러일전쟁에서 일본이 승전한 이후 폭발적으로 늘어났다. 일본인의 이민은 이미 19세기 후반부터 시작되어 홋카이도 등 국내 이민이 크게 활성화되었고, 북미·남미·호주 등지로도 본격화하였다. 1900년대 들어서면서 북미 이민이 점차 어려워지자, 이에 한국 이민, 나아가 만주 이민이 대안으로 떠올랐다. 1910년 일본의 한국병합 주역인 당시 외무상 고무라 주타로는 한국과 만주에 20년간 100만 명을 이주시킬 것을 제안했다. 또 초대 만철 총재 고토 신페이도 10년간 50만 명을 만주와 한국에 이주시킬 것을 제안했다. 이들의 제안은 이후 현실로 이어졌다. 1945년 8월까지 일본인의 만주 이주는 83만 명, 한국

이주는 75만 명에 달했다.[12]

〈그림 7-1〉에서 보듯이 일본인들의 한국 이주는 1905년부터 1910년대 중반까지 가파르게 증가했고, 1920년경부터 1940년대 초까지는 일정한 추세로 이어졌다. 이 시기 일본인은 매년 평균 약 2만 명씩 한국으로 이주해왔다. 일본인의 한국 이민은 단순히 과잉인구 해소 차원만의 의미가 아니라 장래 일본이 만주와 중국 관내로 진출하는 데 굳건한 토대를 만드는 일이었다. 청일전쟁과 러일전쟁 당시 재조선 일본인들은 일본군의 식량과 물자 공급, 통역 등에서 커다란 역할을 하였다.[13] 따라서 장차 만주와 중국 관내를 노리던 일본으로서는 가능한 한 많은 일본인을 한국으로 이주시킬 필요가 있었다. 이처럼 일본인의 한국 이주는 정치적·군사적으로도 중요한 의미가 있었다. 그밖에 문화적 측면에서는 한국인의 일본인으로의 동화를 촉진할 수 있고, 경제적 측면에서는 조선에서 식량 증산, 면화 재배, 지하자원 개발 등을 일본인이 주도할 수 있다는 점에서 의미가 있었다. 따라서 일본 정부는 일본인의 한국 이민을 적극적으로 권장하고 지원하였다.

2) '식민지' 대우와 '외지'의 호칭

일제는 한국을 강제병합한 후 '한국' 대신 '조선'이라는 이름을 쓰게 하고, '조선' 지역을 기본적으로 '식민지'로 간주하고 대우했다.

---

12   그밖에도 타이완에 38만 명, 중국 본토에 50만 명, 사할린에 40만 명이 이주하였다. 임성모, 2008, 「근대 일본의 국내 식민과 해외 이민」, 『동양사학연구』 103집, 181쪽. 203쪽 참조.
13   다카사키 소지 저, 이규수 역, 2006, 『식민지 조선의 일본인들』, 역사비평사, 57~62쪽.

일본은 한국을 언제부터 식민지로 간주하기 시작했을까?

일본 정부의 자료는 아니지만, 1908년에 발간된 야마우치 겐(山內顯)의 『식민정책범론(殖民政策汎論)』을 보면, "제국이 만년의 계를 금일에 정하여, 일청·일로 전쟁의 희생을 무의미하게 하지 않기 위해서는 일본국민의 유능한 자들이 조선에서 활동하고, 이로써 식민정책의 주효를 확실하고 신속하게 하는 것을 요한다. 일본제국은 보호국으로서, 식민지로서, 형식적이고 실질적으로 조선을 피보호국인 식민지로 만들어 가야 한다"고 주장하였다.[14] 그러면서 "우리 대일본제국은 2천 5백 년의 침묵을 19세기 말에 깨고, 곧 서구 문명에 동화하고, 이에 의하여 동아의 암운을 배척하고, 이에 유일한 비백인 문명국의 이름을 올리게 되었으며, 청국과 싸워 타이완을 취하고, 다시 노국(러시아)과 싸워 랴오둥, 가라후토(樺太, 사할린)를 회복하고, 조선을 피보호국으로 하고, 이리하여 세계의 경탄을 자아내는 가운데 최신 식민국으로서 국제경쟁의 장에 선수로 들어가게 되었다"고 썼다.[15] 이를 보면 일본의 식자층은 1905년 한국을 보호국으로 만든 후에 실질적인 식민지로 만들어 가야 한다고 생각하고 있었음을 알 수 있다.

일본이 1910년 한국을 병합한 이후 일본 정부 관료들은 한국을 타이완, 가라후토 등과 함께 '식민지'라고 지칭했다. 이후 1917년 조선총독부가 '면제(面制)'를 추진할 때, 「면제제령안」에서 면을 법인으로 하고, 면에 상담역을 두겠다고 제안하자 당시 일본 내각 소속의 법제국 관계자들은 매우 비판적이었다. 특히 아베 히사노리(阿部壽準) 참사관은 "조선총독부

---

14   山內顯, 1908, 『殖民政策汎論』, 博文館, 297쪽.
15   山內顯, 1908, 위의 책, 302쪽.

가 새로이 면제를 제정하여 면에 법인격을 주고, 이로써 공공사무를 행하도록 하고, 그 규정하는 바의 조항은 모범을 내지의 정촌제에서 취하여 자못 이에 방불하다. 이 제도는 명확히 식민지에 자치제를 시행하려는 것이다. 신부(新附)의 민을 다스리는 것은 극히 세밀하고 신중하게 고려하여 준비하지 않으면 안 된다. 민족이 자각을 시작하면 식민지를 모국으로부터 분리하려 한다는 것은 열국의 역사책에 비추어 역연하다. 따라서 식민지에서는 민족의 자각심을 자극하는 일을 힘써 피하는 정책을 취하고, 민에게는 무조건 따르게 하는 방책을 취해야 함에도 이번에 졸연히 자치제를 시행한다는 것은 경솔한 짓이다"라고 비판하였다.[16] 이를 보면, 당시 일본 정부의 관료들은 한국을 식민지로 명확하게 인식하고 있었음을 알 수 있다.

그러나 조선총독부 관료들은 한국을 식민지로 부르는 것을 가능한 한 회피하였으며, 식민지라 지칭하는 것을 비판하기도 했다. 1910년 일본의 한국병합에 크게 기여했던 고마쓰 미도리(小松祿)는 1916년 조선총독부 중추원 서기관장으로 있을 때 『아사히신문(朝日新聞)』에 기고한 글에서 "사람들이 조선을 식민지라 칭하고, 조선인을 이족시 하고, 속민시(屬民視) 하는 경우도 없지 않다. (중략) 식민지라는 것은 그 의미가 맞지도 않을 뿐 아니라 그 말도 극히 나쁘다. 금일 보통 식민지라 칭하는 것은 구미 제국이 아시아 또는 아프리카에서 정복한 영토 속지를 가리키며, 프랑스의 인도차이나, 영국의 인도, 미국의 필리핀과 같은 것이 적당한 예이다. 그 경우에는 지리적으로 현격히 떨어져 있고, 인종도 상위하며, 피부도 본국인의 백색과 토인의 흑색 또는 구리색과 같이 대조적이며, 용이하게 판별

---

16 「면제제령안」 중 '면제에 대한 의견'(阿部 법제국참사관), 국가기록원 소장 자료.

할 수 있다"고 하였다. 이어서 "(조선은) 곤비취약(困憊脆弱)한 작은 나라에서 일약 일본제국에 통합되었다. 즉 조선은 대일본제국의 조선이며, 일본국 시코쿠 또는 규슈와 같다. 그 인민도 내선인 등으로 금일에는 차별도 있지만 모두 같은 제국신민이다. 하물며 이 차별조차 얼마 가지 않아 없어지게 될 것이다. 시코쿠인, 규슈인 등의 호칭이 없어진 것과 같이 될 것이다. 병합의 묘의가 결정되자 조선 통치의 방침으로서 내선인 간에 차등을 두지 않는 것을 원칙으로 하고, 조선인은 특히 법령 또는 조약으로 별도의 취급을 규정한 것 외에는 전연 내지인과 동일한 지위를 가지는 것으로 정하고, 이후 이러한 방침에 의하여 만반의 시설 경영을 진행해왔다"고 하면서 조선을 식민지로 불러서는 안 된다고 주장하였다.[17]

1945년 해방 이후에도 식민지 조선에서 교수 혹은 관료를 지낸 이들은 아예 조선은 식민지가 아니었다고 주장했다. 경성제국대학 교수를 지낸 스즈키 다케오(鈴木武雄)는 "일본은 조선을 식민지로 대한 것이 아니었으며, 일시동인(一視同仁) 입장에서 조선을 문명사회로 만들려 한 것이었다"고 주장하였다.[18] 또 1960년대 전 조선총독부 관료들이 한국근대사를 전공하는 소장학자들과 도쿄에서 인터뷰한 내용을 보면, 그들은 20세기 초 일본의 조선 병합은 일본의 안보상 불가피한 것이었으며, 일본은 조선을 식민지로 간주하지 않고 '내지연장주의'의 입장에서 근대 문명사회로 개발하려 하였다는 것을 강조하였다.[19] 예를 들어 다나카 다케오(田中武雄, 1942.5~1944.7 조선총독부 정무총감)는 "식민지라는 것은 영국의 인

---

17 小松綠, 「(기고) 조선은 식민지가 아니다」 『朝日新聞』, 1916.8.25.
18 다른 필자들은 익명으로 집필했지만, 鈴木武雄은 『日本人の海外活動に關する歷史的調査』의 조선편 결론 부분을 실명으로 집필하였다.
19 미야타 세쓰코 해설 감수, 정재정 역, 2002, 『식민 통치의 허상과 실상』, 혜안.

도 지배 같은 것을 말하는 것이다. 일본은 조선을 식민지로 한 적이 없다. 조선을 일본의 일부로 하고, 조선인을 일본인으로 한 것뿐이다"라고 주장했다.[20]

그러나 앞서 본 것처럼 당시 일본 본국 정부의 관리들은 대부분 조선을 식민지로 호칭하고, 또 그렇게 인식하고 있었다.

1929년 12월 23일 『오사카마이니치신문』은 사설을 통하여 "일본은 조선을 식민지라고 주장하거니와 그러면 일본제국에 있어서 식민지는 어떠한 지위에 처한 것인가. 일본은 과연 조선을 흡수하여 일본의 일부로 만들려는 의사인가. 그렇다면 어찌하여 조선인을 차별적으로 대우하는가. 조선인은 부종(附從)하는 인민이요, 결코 일본인의 동포국민이 아니다. 그들은 어느 지방에 거주하든지, 어떤 재산이 있든지, 어떤 지식이 있든지를 물론하고, 일본인과 같은 참정권을 가지지 못한다. 그들은 문관시험에 응할 권리가 없고, 따라서 그들에게 관도(官途)는 두절되어 있다. 그들의 처지는 결코 일본인이라고 할 수가 없다"고 썼다.[21] 이 신문이 보기에 일본은 조선을 식민지로 간주하고, 조선인들을 식민지인으로 차별 대우하고 있으며, 이를 통해 볼 때 일본은 조선을 흡수하여 내지의 일부로 만들 의사가 전혀 없다고 본 것이다.

일본인들이 조선을 '식민지'로 지칭하는 데 대해서는 조선인들도 불만이었다. 1921년 『조선일보』의 한 사설은 "조선은 식민지, 조선인은 식민지의 토인(土人: 원주민)이라 하야 교육에도 식민지교육, 정치에도 식민지정치, 제령에도 식민지제령, 모든 것이 전혀 식민지의 토인에 대한 정책이

---

20 김효순, 2011, 『역사가에게 묻다』, 서해문집, 151~152쪽 참조.
21 「조선에 대한 일본의 정책(영자 大阪每日紙 사설)」, 『동아일보』, 1929.12.23. 에서 재인용.

라 할 것 같으면 조선인도 그와 같이 용인하여야 할 것인데, 그렇지 아니하고 본즉 치자와 피치자 간에 항상 평화적 의사가 결여케 될 뿐 아니라 왕왕히 충돌을 야기하야 양자의 사이에 일대 장해를 설치하였으니, 그 막대한 원인은 모두 정치상 근본적 오류에 의하여 나온 것이다"라고 하였다.[22] 즉 조선인들은 일본 정부가 조선을 식민지로 부르는 것을 받아들이기 어렵고, 여기에서 일본인들과 충돌이 일어날 수밖에 없다는 뜻이었다.

『동아일보』도 「횡설수설」란에서 "조선이 일본의 식민지냐 아니냐, 이것은 저의 마음대로 정할 것이오. 우리는 당초에 이와 같은 문제는 말도 하기 싫은 것이다. (중략) 일본 정부에서는 조선에 대하야 반드시 '식민지'라는 관사(冠辭)를 씌우는 것이 과연 남양의 토인도(土人島)나 화태(樺太)의 불모지와 동일한 것은 누구나 숙지하는 바이어니와, 최근 척식국 장관 가와무라(川村竹治) 군이 모 신문에 기고한 식민성 설치 주장에도 조선을 소위 '식민지'에 명백히 포함하였다. 어떠한 연유로 조선이 식민지인지 그까짓 이유는 듣고 싶지 않지만, 하여간 우스운 일이다"라고 하여, 조선을 식민지로 부르는 것에 대해 납득할 수 없다는 뜻을 표했다.[23]

『동아일보』의 또 다른 「횡설수설」란에는 "일본인은 조선을 가리켜 식민지라 한다. 조선사람이 이 말을 너무 싫어하니까 근래 총독부에서는 별로 쓰지 아니하는 모양이나 아직도 관민 간에 많이 쓴다. 척식국에서도 조선을 식민지라 하고, 정당에서도 그러하다. 아마 일본을 '내지'라 함도 조선을 '식민지'라 하는 대상상(對象上)의 용어인듯하다. 참 듣기 싫어 그

---

22 「(사설) 산업조사회와 오인의 감상(속)」, 『조선일보』, 1921.9.9.
23 「횡설수설」, 『동아일보』, 1922.1.7.

빌어먹을 '식민지' 소리"라고 하여,[24] '식민지'라는 말에 불쾌감을 표시했다.

앞의 기사에서 보면 일본 정부의 척식국에서는 조선을 분명히 식민지로 부르고 있었다. 일본 정부 내에서 척식국이 만들어진 것은 1910년 일본의 한국병합 즈음이었다. 이전에도 일본 정부는 타이완의 관리를 위한 중앙기관으로 1895년 타이완사무국, 1896년 척식무성, 1897년 타이완사무국 등을 두었다. 이후 1898년 타이완사무국을 폐지하고 내무대신관방에서 이를 관리하게 하였다. 그런데 1910년 한국병합이 다가오자 일본 정부 내에서는 새로운 기관이 필요하다는 의견이 일어 1910년 6월 내각 총리대신 산하에 척식국(拓殖局)을 두어 타이완, 화태, 한국, 관동주 등의 사항을 통리하게 하였다. 1913년 야마모토 내각은 척식국을 폐지하고 그 사무를 내무성과 외무성으로 이관하였다. 즉 내무대신은 조선·타이완·화태를 통리하고, 외무대신은 관동주를 통리하게 한 것이다.

그러나 이에는 여러 불편이 따라 1917년 7월 데라우치 내각은 총리대신 산하에 외국(外局)으로서 척식국(拓殖局)을 다시 설치하였다. 1922년 10월에는 가토 도모사부로(加藤友三郎) 내각이 척식국을 폐지하고 보다 간소화된 척식사무국을 내각에 두었다. 그러나 1924년 12월 가토 다카아키(加藤高明) 내각은 척식사무국도 폐지하고, 내각의 외국(外局)이 아닌 소속국의 하나로서 척식국을 두어, 그 기능과 권한을 축소시켰다. 이후 식민지를 관리하는 독립된 성(省)이 필요하다는 여론이 높아져 다나카(田中) 내각은 1929년 6월 새로이 '외지' 통치의 중앙기관으로서 척무성(拓務省)을 설치하였다. 이제 척무대신은 조선총독부, 타이완총독부, 관동청, 화태

---

24 「횡설수설」,『동아일보』, 1921.4.17.

청, 남양청 등에 관한 사무를 통리하게 되었다.[25]

1910년대와 1920년대 식민지를 주로 관리한 기관이었던 척식국은 1910년대에 서구 열강의 식민지 지배정책에 관한 조사 자료를 『척식국보(拓殖局報)』 등의 이름으로 다수 발간했다. 그리고 1920년대에는 일본의 식민지 소개와 각종 통계자료를 실은 『식민지요람(殖民地要覽)』 혹은 『식민지편람(殖民地便覽)』을 발간했다. 이 책자들에는 조선, 타이완, 화태, 관동주, 남양군도의 자료들이 실려 있었다.[26] 척식국은 이들 지역을 공식적으로 '식민지'라 지칭했다.

1929년 척무성 설치와 함께 '식민지' 대신 새로 등장한 용어가 '외지'였다. 1926년경 신문을 보면 일본의 식민지, 즉 조선·타이완·화태·관동주를 지칭하여 '외지'라는 표현을 이미 쓰고 있었다.[27] 아마도 '내지'라는 용어에 대응하여 '외지'라는 용어가 등장한 것으로 보인다. 그러다가 1929년 척무성이 들어서면서부터는 '외지'라는 용어를 공식적으로 쓰기 시작한 것이다. 1929년 7월 척무성에서는 '외지'회의를 개최하게 되었는데, 이때 조선정무총감, 타이완총무장관, 관동장관, 남양장관 등이 참석한다고 보도되었다.[28]

야마자키 단쇼(山崎丹照)는 1943년에 쓴 책에서 "외지란 우리 통치권이 배타적으로 행해지는 지역으로, 어떤 특종의 이유에 의하여 국가 전체를 위해 제정된 법규가 원칙으로 행해지지 않고, 그 지역을 위하여 특별히 제정된 법규가 각기 따로 하나의 체계를 가지고 행해지는 지방을 말

---

25 山崎丹照, 1943, 『外地統治機構の研究』, 高山書院, 14~24쪽.
26 이들 자료는 일본 국회도서관, 한국 국립중앙도서관 등에 소장되어 있다.
27 「국유재산법 조선에도 시행?」, 『동아일보』, 1926.11.19
28 「7월 중순 '외지'회의 개최, 척무성에서 소집」, 『조선일보』, 1929.6.22

한다"고 했다. 그러면서 "내지란 국가 전체를 위하여 제정된 법규가 원칙으로서 당연히 행해지고 있는 지역을 말한다"고 했다.[29] 즉 외지는 본국의 법률과는 다른 법률이 시행되는 이른바 '이법역(異法域)'이라는 것이다. 사실 '외지'란 이전에 '식민지'라 불러온 지역들을 보다 순화하여 부른 이름에 불과했다. 비록 '외지'라고 불리기는 했지만, 조선은 여전히 '식민지'에 머물러 있었으며, '식민지' 대우를 받고 있었다.

그러면 일제는 한국을 병합하여 식민지로 만든 후 주요 통치정책의 기조를 어떻게 설정하고 실행해갔을까?

이는 일본국민을 만들기 위한 동화정책, 일본인과 조선인의 분리와 차별정책, 일본 자본의 조선 경제 장악과 이용, 정치적 권리 박탈과 자유 억압 등으로 요약할 수 있다. 이제 이에 대해 차례대로 살펴보기로 한다.

---

29 山崎丹照, 1943, 앞의 책, 1쪽.

3. 일본국민을 만들기 위한 동화정책

1) 역대 총독의 점진적 또는 급진적 동화정책

식민지 조선 통치를 담당했던 조선총독부의 수장인 총독들은 '동화주의' 노선을 일관되게 걸었으며, 그에 기초한 정책들을 폈다. 그것은 일본 정부의 기본방침이 '동화주의'였기 때문이다. 그렇다고 해서 조선을 식민지나 '외지'가 아닌 '내지'로 만든다든가, 조선인을 일본인(일본민족)으로 만든다는 것은 아니었다. 그들이 말하는 '동화주의'란 '조선인의 일본국민화'를 의미하는 것이었다. 이를 위해서는 우선 정치적 동화가 필요했고, 이어서 사회·문화적 동화, 정신적 동화 등이 필요했다. 조선 총독들은 이러한 동화가 일어나기까지 상당한 시간이 필요하다고 보았다. 따라서 그들은 대체로 점진적 동화주의를 취했으나 그때그때의 정세와 개인의 취향에 따라 적극적(급진적) 혹은 소극적(점진적·우회적)인 경우도 있었고, 강압적 혹은 유화적인 경우도 있었다. 총독별로 동화정책에 대한 입장을 살펴보자.

1910년대 데라우치 마사타케(寺內正毅) 총독은 일본의 기본방침이 '동화주의'라는 것을 확인하고, 정치적·사회적·문화적 측면에서 향후 추진될 '동화정책'의 토대를 닦고자 했다. 그는 '동화'에 대해 비교적 낙관적이고 적극적인 사고를 하고 있었다. 데라우치의 '동화'에 대한 낙관적·적극적 사고는 그의 강압적인 통치 방법, 즉 무단통치와 결합하여 여러 형태의 적극적인 동화정책으로 나타났다. 우선 그는 정치적 측면에서 중앙 통치기관으로서 조선총독부의 기구를 정비하고, 헌병경찰제도 실시를 통해 조선인들에 대한 통치기반을 확고히 하였다. 그리고 조선인들을 총독부 관리, 각 도지사와 군수, 면장, 헌병, 경찰 등의 보조원으로 끌어들여 협력세력을 만들었다. 이어서 군·면의 통폐합을 실시하고, 부제(府制)와 면제(面制)를 도입하여 조선의 지방제도를 일본의 지방제도(市町村制)와 유사하게 개편하였으며, 지방의 양반과 향리 등 유력자 가운데 일부를 협력세력으로 끌어들였다. 또 「조선교육령」을 공포하여 보통·실업 교육 중심의 교육제도를 만들고, 모든 학교의 교수용어를 일본어로 하도록 지시하고, 이를 위해 일본에서 일본인 교사들을 대거 조선으로 불러들였다. 그런가 하면 「묘지규칙」을 반포하여 앞으로 모든 묘지는 공동묘지에만 쓰도록 했다. 이는 조선의 전통적 장묘문화와 거리가 먼 것이었다.

데라우치의 정책은 조선인들에게 많은 반발과 저항을 불러일으켰다. 그런데도 데라우치는 강압적인 방법으로 이를 밀고 나갔다. 그는 이와 같은 조치들이 조선인을 일본국민으로 동화시켜 나가는 데 초석이 될 것으로 생각했다. 즉 '동화주의'의 방향에서 향후 조선 통치의 기반을 마련한다는 생각을 하고 이 같은 정책을 추진한 것이다. 그러나 조선인들은 강압적인 방식으로 정치적인 복종과 사회적·문화적 동화를 추진하는 데라우치의 방식에 커다란 불만을 가질 수밖에 없었다.[30] 후임자인 하세가와 총독은 데라우치 총독의 정책을 답습하였을 뿐이었고, 그 결과는 3·1운동으로 나타났다.

3·1운동은 데라우치식 동화정책에 대한 파탄 선고였다. 1920년대 사이토 마코토(齋藤實) 총독과 하라 다카시(原敬) 수상은 기본적으로 내지연

---

30 박찬승, 2020, 「日本의 植民地朝鮮에서의 同化主義·同化政策 재검토」, 『역사화해를 위한 한일대화(역사편)』, 동북아역사재단, 27~28쪽.

장주의·동화주의의 입장에서 조선의 동화정책을 계속 추진하고자 했다. 하라 수상은 1919년에 쓴 「조선통치사견(朝鮮統治私見)」에서 일본의 조선 통치정책은 타이완통치정책을 모방한 것인데, 타이완통치정책은 당시 '신영토'에 대한 통치 경험이 없었던 일본이 구미 제국의 식민 통치제도 들을 참고하여 결정한 것으로, 이는 임시적인 것이지, 영구적인 것이 될 수 없다고 비판하였다.

> 조선 병합 후 약 10년의 경험에 따르면, 현행 제도는 근본적으로 잘못 된 것이라 단언할 수 있다. 왜냐면 이 제도가 구미 여러 나라의 식민지 정책을 모방한 것이지 우리 제국의 조선과는 그 성질이 전혀 다르기 때문이다. 구미 여러 나라에 속하는 식민지는 인종을 달리하고, 종교 를 달리하고, 역사를 달리한다. 단순하게 언어와 풍속이 다를 뿐 아니 라, 근본적으로 서로 다르기에 특수한 제도를 실시하지 않을 수 없 었다. (중략) 우리 제국과 신영토인 조선의 관계를 보면, 언어와 풍속 에 다소 차이가 있지만 근본으로 거슬러 올라가면 거의 동일 계통에 속하고, 인종에서는 처음부터 차이가 없고, 역사에서도 상고시대로 거 슬러 올라가면 거의 같다고 논할 수 있다.[31]

따라서 그는 일본의 조선 통치정책은 구미 제국의 식민지와는 달라야 한다고 주장했다. 그러면서 그는 우선 '식민지'라는 말 대신 '신영토'라는 말을 썼다. 이어서 "내 소견으로는 조선에도 내지와 완전히 동일한 제도 를 펴야 한다고 믿는다. 즉 행정상·사법상·군사상·경제 재정상·교육 지

---

31 原敬, 1990, 「朝鮮統治私見」, 『齋藤實文書』 13, 고려서림, 63~64쪽.

도상에서도 완전히 동일하게 하지 않을 수 없다. 이를 동일하게 하면, 동일한 결과를 얻을 수 있다고 확신한다"고 말하였다. 그러면서 "현재 조선인의 상태를 보건대 가상하게도 내지인과 동화할 수 있을 것 같다. 어떤 점에서도 동화할 수 없는 근본적인 성질이 있다고 인정할 수 없다. 따라서 조선 통치의 원칙으로 완전히 내지 인민을 통치하는 것과 같은 주의, 같은 방침에 의하여 근본정책을 정하지 않을 수 없다"며, '동화'를 지향하는 이른바 '내지연장주의'를 주장하였다.[32]

그러나 그렇다고 하여 그가 당장 모든 부문에서 '내지'와 똑같은 법과 제도를 조선에서 실시하자고 주장한 것은 아니었다. 그는 "조선 통치의 종국 목적은 내지와 똑같이 만드는 것에 있다. 다만 현재 상태에서 곧바로 내지와 똑같은 통치법을 취할 수는 없기에 다음의 것들을 종국의 목적에 도달하는 통로로서 사정이 허하는 한에서 속히 시행해야 한다"고 말하였다.[33] 이를 열거하면, '①조선 총독은 문·무관 모두 할 수 있도록 해야 한다. ②총독에게 제령(制令)을 반포할 수 있는 권한을 주는 것은 '내지'의 법률과 명령이 조선에 적합하지 않은 부분 혹은 조선에서 특별히 필요한 부분에만 한정해야 한다. ③조선에서 특별한 사법제도를 펴는 것은 가능한 한 속히 폐지해야 하며, 관세나 재정 제도도 속히 '내지'와 동일한 제도로 통일해야 한다. ④지방 제도는 '내지'의 시정촌(市町村) 제도와 유사한 제도를 만들어 이를 실시하고, 점차 부현제(府縣制)를 하도록 해야 한다. ⑤헌병이 경찰을 겸하는 제도를 폐지해야 한다. ⑥조선에서 일본과 다른 교육 제도를 두는 것은 그만두어야 하며, 조선인 스스로 일본국민이 되는

---

32 原敬, 1990, 앞의 책, 64~65쪽.
33 原敬, 1990, 위의 책, 68쪽.

것이 행복이며, 발전을 도모하는 길이라는 생각을 하게 해야 한다'는 것 등이었다.[34]

하라의 결론은 "조선을 통치하는 원칙으로 완전히 내지 인민을 통치하는 것과 같은 주의, 같은 방침으로 한다는 것을 근본정책으로 정하지 않으면 안 된다. 다만 문명의 정도, 생활의 상태 등 갑자기 동일하게 만들 수 없는 것은 점진적인 방법을 취한다는 방침을 정한다"는 것이었다.[35] 그의 주장은 '점진적 내지연장주의'라 부를 수 있는 것이었다.[36]

사이토 총독은 기본적으로 하라 수상의 정책을 받아들이면서, 나름대로 유화적인 통치방침을 밝혔다. 그는 1920년 4월 1일 『동아일보』 창간호에 기고한 글에서 "통치의 근본정신은 합병의 정신을 준수하여 (조선을) 영원히 일본의 일부로, 전연(全然)히 내선(內鮮) 동등(同等)의 지위까지 도달할 수 있게 하고자 함이다"라고 하였다. 즉 조선을 영원히 일본의 일부로 만드는 것이 목표라는 것을 분명히 한 것이다. 이는 사이토를 총독으로 임명한 하라 다카시 수상의 입장과 같은 것이다. 사이토 역시 내지연장주의자이며, 동화주의자였다.

그러나 이어서 "동화정책이란 말도 그 의미를 요해(了解)할 수 없으니, 일 민족이 타민족과 전연히 동일한 정신을 가지게 됨은 지난한 일일 뿐 아니라 더구나 위력으로 이를 강요함은 물론 불가능한 바이다. 조선 민족은 조선 민족으로서 발전할 것이요, 또 그리함이 조금도 피차의 이해가 모순될 것은 아니라 생각한다. 그러므로 풍속·습관·언어에 관하여 그다

---

34 原敬, 1990, 앞의 책, 68~79쪽. 그 밖에도 형법 문제, 종교정책 문제, 내선인 혼인 문제, 관료 등용문제 등도 언급하고 있다.

35 原敬, 1990, 위의 책, 65쪽

36 春山明哲, 2008, 『近代日本と台灣』, 藤原書店, 207쪽.

지 간섭하지 아니할 터이다"라고 하였다.[37] 즉 한 민족을 타민족으로 동화시키는 것은 지극히 어려운 일이며, 위력으로는 불가능하다고 본 것이다. 여기에서 말하는 '동화'는 주로 사회·문화적 측면에서의 동화였다. 결국 그는 정치적 측면에서 동화를 목표로 하면서, 사회·문화적 측면에서는 동화를 목표로 삼지 않겠다고 입장을 밝혔다. 특히 '위력으로 강요하지 않겠다'고 하여 유화적인 통치방침을 밝힌 것이다. 그리고 저항심이 따르는 '동화(assimilation)' 대신 '일시동인(一視同仁)'이나 '일선융화(日鮮融和)'와 같은 표현을 주로 썼다. 직선적인 '동화(assimilation)' 대신 우회적인 '융화(hanrmonization)'라는 표현을 선택한 것이다.

1930년대 우가키 가즈시게(宇垣一成) 총독은 '내선융화'에서 한 걸음 더 나아간 '융합을 통한 내선일체'를 슬로건으로 내걸었지만, 아직은 '내선융화'라는 표현을 더 쓰면서 정신적 동화를 목표로 '국민정신 작흥운동', '심전개발운동' 등을 펴기 시작했다. 이는 조선인에게 일본이라는 국가와 천황에 대한 충성심을 심어주기 위한 것이었다.

그런데 1936년 6월 우가키 총독이 행한 도지사 회의의 훈시를 보면 '동화'정책에 더 적극적인 모습이 보인다. 부산의 일본인들이 발간한 『부산일보』는 이를 보도하면서, "총독의 훈시에 나타난 통치상의 대신념과 근본정신은 우리 국체 및 황도(皇道)의 신수(神髓)에 반도 동포를 동화시켜 일본국민으로서 소대(昭代: 태평하고 밝은 세상)의 황화(皇化)를 입는 것을 염(念)하고, 열성(列聖)의 지인지애(至仁至愛)한 일시동인(一視同仁)의 대어심(大御心)을 봉체(奉體)하여, 이것을 오류 없이 만중(萬衆)에 전하고,

---

37 「同化의 意味를 不可解, 齋藤總督 談」, 『동아일보』, 1920.4.1.

만중을 위하여 도모함으로써 유감이 없도록 함에 있다"고 전하였다.[38] 즉 우가키 총독은 '일본의 국체와 황도에 조선인들을 동화시키는 것, 즉 일본이라는 국가와 일본 천황에 대한 충성심을 기르는 것'을 기본방침으로 삼은 것이다.

1936년 8월 부임한 미나미 지로(南次郎) 총독은 1937년 중일전쟁이 발발하자 조선과 조선인이 이 전쟁에서 중요한 역할을 하게 될 것이라고 보고, 보다 적극적으로 '황민화 정책'을 추진했다. 이로써 그는 이전 총독들보다 더 적극적이고 급진적인 동화주의자가 되었다. 그는 구체적인 동화정책으로서 학교명 통일, 창씨개명 시행, 신사참배 강요, 지원병 제도 실시 등을 조처했다.

그러나 창씨개명 시행과정에서 보이듯이 조선인 차별은 여전히 남겨둘 수밖에 없었다. 조선인을 일본국민으로 만드는 동화정책은 실제로는 조선인을 '2등 국민'으로 만드는 것을 목표로 하고 있었기 때문이다. 1910년대부터 '동화'와 '차별'은 계속해서 충돌하는 것처럼 보였는데, 사실은 충돌이 아니었다. 동화는 원래 차별을 내포한 것이었기 때문이다.[39]

2) 언론의 동화정책 비판

그러면 당시 조선문 언론은 이 같은 동화정책에 어떤 반응을 보였을까?

『동아일보』는 창간 직후부터 사설과 여러 기사를 통하여 동화정책을 격렬히 비판하였다. 당시 이 신문은 '동화'를 '문화적 측면의 동화'로 파악

---

38 「통치의 근본의, 총독의 강력한 훈시」(경성지사에서) 『부산일보』, 1936.6.27.
39 박찬승, 2021, 앞의 글, 225~226쪽.

하였으며, '일본제국의 충량한 국민'으로 만드는 것을 그러한 문화적 동화정책의 궁극적 목표로 파악하고 있었다. 그리고 동화정책의 수단으로 가장 강력하게 실천되고 있는 것으로서 모든 학교에서의 일본어 사용, 일본 역사 교육 등 교육정책을 들었다. 『동아일보』의 한 사설은 다음과 같이 썼다.

> 혹은 일본어로 조선인을 교육하며, 조선인에게 일본 역사를 가르치며, 일본 전설을 가르치며, 일본풍속을 가르쳐서 일본인의 인정(人情)을 가르치며, 일본의 문화를 조선 아동의 뇌수에 고취하면 일방으로는 일본인을 숭배하는 사상이 발생하며, 적어도 일본인을 친애하는 관념이 생기며, 일방으로는 조선인의 민족성을 훼손하며, 조선인의 독립사상을 소실케 하는 소이인즉, 조선인에게 일본제국의 충량한 국민이 되게 함은 이 이상의 방법이 다시 없는 최선의 정책이라 하여, 데라우치 이래로 일본 정부가 전력을 기울여 엄격하게 시행하여 왔나니, 이것이 소위 동화정책의 골수이도다.[40]

조선총독부는 1910년대부터 보통학교 1학년 학생들에게도 일본어로 수업을 받도록 강제했다. 따라서 이에 대한 불만은 높았다. 『동아일보』의 한 사설은 이를 다음과 같이 비판하였다.

> 이성이 발달하지 못하고, 기억력이 핍소한 아동에게 학문을 가르치는 것도 감당하기 어려운 일이거늘, 하물며 조선어와 교섭이 없고, 공통

---

[40] 「(사설) 조선인의 교육용어를 일본어로 강제함을 폐지하라」(하), 『동아일보』, 1920.4.13.

이 전무한 일본어로 가르치는 것은 아동에게는 무한한 고통이라 이르지 못할 지로다. 일본어도 기억하지 않으면 아니될 터이며, 학과도 기억하지 않으면 아니 될 터이니, 어찌 이중부담이 아니리오. 만약 아동의 고통을 감소키 위하여 학과의 부담을 가볍게 한다고 할진대, 조선인은 일본어를 배울 수 있다고 할지라도 학문은 배울 수 없을지니, 어찌 조선인의 발전을 방해함이 아니리오.[41]

이 사설은 또 "오인이 십보백보를 양보하여 언론의 압박, 집회결사의 구속, 출판 신서 자유의 박탈, 신교 자유의 침해 등에 대한 고통을 모두 인내할 수 있다고 할지라도 조선어의 압박, 즉 교육용어를 일본어로 강제하는 폐해와 고통에 대해서는 참을 수 없다. 여하한 희생을 치르더라도 교육용어를 조선어로 함을 요구하며 창도(唱導)치 않을 수 없도다"라고 하여, 교육용어를 조선어로 할 것을 강력히 요구하였다.[42]

『동아일보』는 서구 열강, 예를 들어 영국의 아일랜드 동화정책, 러시아의 유대인 동화정책, 프러시아의 폴란드 동화정책 등은 모두 실패했으며, 어느 나라도 동화주의적 식민지 지배에 성공하지 못했다고 지적하였다. 그러면서 프러시아의 폴란드 동화정책 실패를 예로 들면서 "가히 친선치 아니하면 아니 될 일본과 조선 양 민족에게 쉽게 풀지 못할 원한을 맺게 하고, 양자 간에 구거(溝渠)를 깊게 하여 상근(相近)치 못하게 하였으니, 동화정책아 네 죄가 어찌 가볍다 하며, 또 네 죄가 어찌 조선인에게만 미쳤다고 하리오. 너는 조선인에게도 죄인이며 동시에, 일본인에게도

---

41 「(사설) 조선인의 교육용어를 일본어로 강제함을 폐지하라」(상),『동아일보』, 1920.4.11.
42 위와 같음.

큰 죄인이도다. 너는 실로 조선인과 일본인 간에 이간자(離間者)이니, 너는 동화정책(同化政策)이 아니요, 동화정책(同禍政策)이로다"라고 격렬히 비판하였다.[43]

조선인 언론만 동화정책을 비판한 것은 아니었다. 재조선 일본인 언론인으로『민중조선』이라는 월간 시사잡지를 발행한 마치다 조사쿠(町田長作)는 일본 정부와 조선총독부의 동화정책에 다음과 같은 비판적 글을 실었다.

> 동화가 곤란하다는 것은 프랑스가 다년간 식민지에서 시험하여 실패한 사실로 알 수 있다. 이에 반하여 전제(專制)를 지향하는 독일이 도리어 비동화정책(非同化政策)을 펴서 비교적 효과를 본 사실이 있다. 영국의 식민지 본위의 자주적 정책 가부는 별도로 하더라도, 네덜란드도 동화를 강요하지 않고, 미국의 쿠바·하와이·필리핀 통치도 식민지 본위의 정책을 펴서 결코 동화를 강요하지 않음은 동화라는 것이 도저히 성공할 수 없고, 이를 무리하게 강요하면 도리어 유해무익하여 마침내는 그 민족의 실질을 상하게 하기 때문이다. 몇천 년 동안의 인습인 제도, 문물, 풍속, 습관 등의 전통을 변경하고 파괴하는 것은 실로 용이한 일이 아니며, 이 같은 일을 하는 것은 일면 부자연한 무리가 수반된다. 왜냐면 이것은 대개 그 민족이 다년간 경험으로부터 필요하고 최선이라 생각하여 쌓아온 것이고, 소위 민족의 적소 생활양식으로 이를 변경하는 곤란은 감히 말할 것도 없다. 그렇다면 동

---

43 「(사설) 조선인의 교육용어를 일본어로 강제함을 폐지하라」(하), 『동아일보』, 1920. 4.13.

화라는 것은 결코 강요할 수 있는 것이 아니고, 동화하든 하지 않든 그 것은 피치자의 마음에 달려 있으며, 그 성부(成否)는 결코 통치상에 하등 관계가 없다.[44]

즉 서구 열강의 식민지 지배정책을 되돌아볼 때, 식민지 동화정책은 모두 실패로 돌아갔으며, 동화는 식민지민이 수천 년간 이뤄온 제도, 문물, 풍속, 습관 등의 전통을 변경하고 파괴하는 것으로 결코 용이한 일이 아니라는 것이다. 물론 일본인 언론인 가운데에는 총독부의 동화정책을 지지한 이들이 더 많았다. 심지어 마치다가 발간한 『민중조선』의 기자였던 아베 가오루(阿部薫)도 "일선 양 민족의 융합 동화에 일본민족의 존망이 달려 있다"고 말할 정도로 '동화'는 중시되었다.[45]

---

44 町田長作, 1929, 「조선 통치의 결함을 논하여 우가키 총독 대리에게 줌 記者が見た朝鮮」, 25~26쪽 (박찬승, 2017, 「재조선 일본인 저널리스트의 조선통치정책론 비교-〈민중시론〉사의 아베 가오루와 마치다 조사쿠를 중심으로-」, 『한국사연구』 79, 280쪽 참조).

45 박찬승, 2017, 위의 글, 281쪽.

4. 일본인과 조선인 간의 분리와 차별정책

1) 거주공간 분리와 차별정책

　다수의 일본인이 조선으로 이주해오면서 일상생활상에서 일본인과 조선인의 분리, 그리고 정책상에서 차별 현상이 본격적으로 나타나기 시작했다. 우선 생활상의 분리는 거주공간 분리와 차별 현상에서 잘 나타났다. 경성을 비롯한 주요 도시의 사례 연구들이 보여 주듯이, 주요 도시에서 일본인과 조선인의 거주지는 대부분 구분되어 있었다. 서울의 경우 청계천을 기준으로 남쪽은 일본인들이 사는 남촌, 북쪽은 조선인들이 사는 북촌으로 구분되었다.[46] 이러한 현상은 개항장으로 출발한 주요 항구 도시는 말할 것 없고, 평양·대구와 같은 전통적인 도시에서도 같은 현상으로 나타났다. 그리고 각 도(道)나 각 부(府)의 정책에 따라 일본인과 조선인 거주지에서는 주택, 상가, 도로, 전기, 상하수도시설 등에서 커다란 차이가 나타났다. 예를 들어 1929년 『별건곤』에 실린 「진고개」라는 글은 경성의 일본인 거주 중심지인 혼마치의 모습이 다음과 같이 묘사되었다.

　　진고개라는 이름은 혼마치(本町)로 변하고, 숫을대문 줄행랑이 변하
　　여 이층·삼층집으로 변작(變作)이 되면, 청사초롱 조명등은 천백 촉

46　김영근, 2002, 「일제하 경성지역의 사회·공간 구조의 변화와 도시경험」, 『서울학연구』 20. 김백영, 2009, 『지배와 공간—식민지 도시 경성과 제국 일본』, 문학과지성사. 이 책 152쪽에 따르면, 타이완의 타이베이에서도 일본인과 타이완인의 거주지역은 구분되어 있었다고 한다.

의 전등으로 바뀌니, 그야말로 불야성의 별천지로 변하여 버렸다. 지금 그곳에 들어서면 조선을 떠나 일본에 여행을 온 느낌이다. 판국이 기울어지자 이름까지 바꾸어버린 진고개! 지금은 조선의 상권을 독차지한 곳이다. 6층으로 하늘을 찌를 듯이 솟아 있는 미나카이(三中井) 대상점, 조선 손님 끌어들이기로 제일인 대백화점인 히라타(平田) 상점, 대자본을 가지고 조선 전도 상계를 풍미하려는 미쓰코시(三越) 왕국의 작은 집인 미쓰코시 오복점(吳服店)을 비롯하여, 좌우로 총총히 들어선 일본인의 상점, 들어가 보면 휘황찬란하고 으리으리하여 풍성한 품이 실로 조선사람들이 몇백 년을 두고 만들어 놓았다는 북촌(北村) 일대에 비하여 얼마나 장한지 견주어 말할 바 못 된다.[47]

하지만 조선인들이 사는 북촌의 종로는 일본인들의 혼마치와는 너무나 대조적이었다. 특히 야경에서 차이가 컸다. 혼마치는 1920년대 초에 이미 불빛으로 화려했고, 남대문에서 조선은행 앞까지 가로등 때문에 낮처럼 밝았지만, 남대문통 1정목에서 종로 네거리로 이어지는 곳은 1924년까지 가로등이 없었다. 종로통에 가로등이 들어온 것은 1935년이었다. 근대식 건물도 1930년대 들어서야 화신백화점(3층, 1937년에 6층), 신동아백화점(4층), 화신 건너편 한청빌딩(4층), 보신각 뒤 한일은행(3층) 등이 들어섰다.

이 같은 양상은 지방 도시도 마찬가지였다. 예를 들어 목포의 경우, 소설가 박화성은 자신이 거주하던 목포의 모습을 1925년 『추석전야』에서 이렇게 묘사하였다.

47　정수일, 1929.9, 「진고개」, 『별건곤』, 46쪽.

목포의 낮은 참 보기에 애처롭다. 남쪽(南便)으로는 즐비한 일인의 기와집이요, 중앙에는 초가에 부자들의 옛 기와집이 섞여 있고, 동북으로는 수림(樹林) 중에 서양인의 집과 남녀 학교, 예배당이 솟아 있는 외에 몇 집을 내놓고는 땅에 붙은 초가집이다. 다시 건너편 유달산 밑을 보자. 집은 돌 틈에 구멍만 빤히 뚫어진 돼지막 같은 초막들이 산을 덮어 완전한 빈민굴이다.[48]

이처럼 외래인과 토착민의 거주지가 분리된 도시는 흔히 '이중도시(dual city)'라고 불린다. 부산·목포·군산과 같이 개항장이었던 도시는 물론이고, 경성·평양·대구와 같은 전통적인 도시들도 조선인이 사는 구역과 일본인들이 사는 구역이 구분됨으로써 '이중도시'적인 특성이 강하게 나타났다.[49] 물론 이 같은 이중도시가 일본인과 조선인의 거주 구역이 완전히 분리되어 있었던 것을 말하는 것은 아니다. 대부분의 도시는 1930년대 들어서 일본인과 조선인의 잡거 현상이 부분적으로 나타났다. 하지만 일본인들이 주로 거주하던 구역과 조선인들이 주로 거주하던 구역은 여전히 나뉘어 있었고, 두 구역의 도로, 건물, 상가, 상하수도시설 등은 여전히 커다란 차이가 있었다.

1920년대 도시지역인 각 부에 설치된 부협의회에서는 일본인 거주지역과 조선인 거주지역의 기반시설에 대한 차별이 자주 거론되었으며, 주민대표가 직접 부청에 가로등 설치를 진정하기도 했다. 다음은 1925년 대구 남산정 주민대표들이 대구부청에 낸 진정서와 관련된 신문기사이다.

---

48 박화성, 2004, 「추석전야」, 『박화성문학전집』 16, 푸른사상사, 32~33쪽.
49 김백영, 2009, 앞의 책, 172쪽.

대구시가가 차차 일본인의 점령으로 돌아감을 따라서 그 세력에 내쫓긴 조선인은 시외로 나가는바, 대구의 남산정(南山町)이라는 동리는 비록 대구에 있기는 하나, 대구시가와 개천을 사이에 두고 대구 전 호수의 4분의 1을 점령한 삼천여 호가 있는 동리이며, 대구에서는 빈민굴이라고 하야도 과언이 아닐 만한 촌인데, 대구부청에서는 차별적 태도로 일본인 시가에는 가등(街燈)을 걸고, 신작로를 수리하며, 하수구를 신설하는 등 별별 계획을 세우나, 세금을 다같이 받아가는 남산정에 한하여는 시내로 취급하지 않는 것 같이 하야 전등 한 개가 없으므로 밤에 통행하려면 개천에 몇 번씩 빠져야 할 만큼 되었고, 작년까지는 수도도 없다가 작년 봄부터야 겨우 연장하게 되었으므로 부협의회가 개최될 때마다 적지 않은 문제가 되는 터이나 들은 체를 아니하고, 혹은 구실로만 하겠다고 하나 실상은 꿈에도 없으므로 수일 전에 동리(同里) 대표자 5인이 궁관(宮館) 부윤을 방문한 후 사실을 진술한 결과, 전등만은 곧 설치하겠다고 하였다더라.[50]

2) 학교교육의 분리와 차별정책

분리와 차별이 두드러지게 나타난 또 하나의 영역은 학교교육이었다. 일본인 학생들이 다니는 학교와 조선인 학생들이 다니는 학교는 학제와 학교명에서부터 차이가 있었다.

1910년대 일본인 학교는 6년제 소학교, 5년제 중학교, 4년제 고등여

---

50 「무시! 차별! 대구부청의 불평. 보라! 南山町의 현상을. 전등 가설로 주민대표 진정」, 『조선일보』, 1925.6.17.

학교, 5년제 상업학교 등이 있었고, 조선인 학교는 4년제 보통학교, 4년제 고등보통학교, 3년제 여자고등보통학교 등이 있었다. 이 같은 학제 차이는 조선인들의 불만을 일으켜, 1922년 제2차 조선교육령 이후 6년제 보통학교, 5년제 고등보통학교, 5년제 또는 4년제 여자고등보통학교 등으로 제도가 고쳐졌다. 이로써 일단 학제는 같아졌지만, 학교명은 '일본어를 상용하는 자'와 '일본어를 상용하지 않는 자', 즉 일본인과 조선인 학교에 차별을 두고, 민족별 분리 교육을 실시했다. 학교명 차별은 1938년 제3차 조선교육령에 의해 해소되었지만, 중등학교의 경우 일선인 공학을 위주로 한 학교보다는 조선인을 위주로 한 학교와 일본인을 위주로 한 학교가 더 많았고, 그런 학교의 경우 소수파 학생들은 10% 내외에 불과했다.[51]

학제뿐 아니라 학생들의 취학률에서도 큰 차이가 있었다. 〈그림 7-2〉에서 보듯이 조선인 아동의 보통학교 취학률은 1933년까지도 20%를 넘지 못했으며, 1942년에도 50%가 채 되지 못했다.[52] 이는 일본인 아동들이 본토와 마찬가지로 사실상 의무교육제도 하에서 거의 전원 초등교육을 받은 것과 대비된다. 조선인 아동의 초등학교 취학률이 낮았던 것은 학교가 부족했기 때문이다. 총독부는 1920년을 전후한 시기에 3면 1교 정책을 세워 약간의 학교를 증설하였고, 1930년을 전후한 시기에 1면 1교 정책을 세워 다시 약간의 학교를 증설했을 뿐이었다. 따라서 1930년대 중반까지도 보통학교 취학률은 25% 수준에 머물러 있었다. 총독부는 중일전쟁이 발발한 1937년부터 이후 10년 동안 취학률을 60%대까지 끌

---

51 이만규, 1949, 『조선교육사』(하), 을유문화사, 356~363쪽 참조.
52 이는 해방 이후 15년 만에 초등학교 취학률이 거의 100%에 달했던 것과 크게 대비된다.

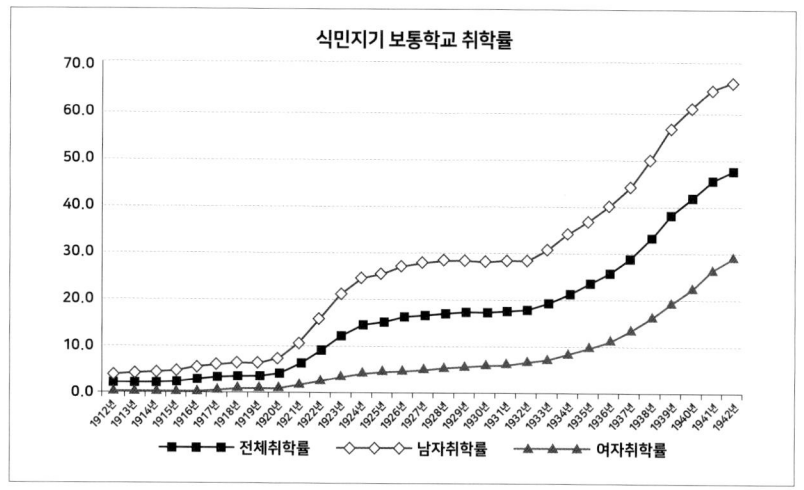

〈그림 7-2〉 식민지 조선의 보통학교 취학률

출처: 오성철, 2000, 『식민지 초등교육의 형성』, 교육과학사, 133쪽.

어올린다는 계획을 세우고 학교를 다시 증설하기 시작하였다. 하지만 학교 증설만으로는 목표 달성이 어렵다고 판단하여 학급 증설, 2부제 수업, 간이학교 증설 등을 조처했다.[53] 그 결과 취학률은 상당히 높아져 1942년에는 50%에 육박하게 되었다.

이처럼 학교 증설이 전반적으로 부진했던 것은 총독부의 학교 개설 의지가 크게 부족했고, 그나마 일본인 학생에게 지원을 더 많이 하고 있었기 때문이다. 초등학교인 보통학교 개설의 예산은 지역 주민들이 내는 학교비부과금 및 기부금, 도지방비보조금, 국고보조금 등에 의존하고 있었는데, 학교비부과금과 도지방비보조금이 가장 큰 비중을 차지하였다.

그런데 학생 1인당 도지방비보조금을 계산하면 일본인 학생에 대한

---

53 이만규, 1949, 앞의 책, 349쪽

보조금이 더 많았다. 『동아일보』 보도에 따르면, 1928년도 전 조선의 학교비 및 학교조합비 중 보조금을 보면, 국고보조비는 학교비에 14만 1천여 원이었는데 학교조합비에는 86만 7천 원이었고, 도지방비보조금은 학교비에 588만여 원이었는데, 학교조합비에는 64만 9천여 원이어서 전체 액수로는 전자가 후자의 약 4배였다. 당시 아동수는 보통학교 42만 2천 명, 소학교 6만 3천 명으로, 1인당 교육비 보조는 조선인 아동쪽이 14.3원, 일본인 아동쪽이 24.1원으로 조선인 아동쪽이 더 적었다.[54] 또 조선총독부의 교육비보조금 자체가 극히 적었다. 1929년 조선총독부 예산 가운데 교육보조비가 차지하는 비중은 1.9%에 지나지 않았다.[55]

중등학교 취학률은 더욱 낮았다. 고등보통학교와 여자고등보통학교는 1937년까지 49개에 그쳤으며, 그 절반 정도가 사립학교였다. 총독부는 관·공립 고등보통학교 증설에는 힘을 기울이지 않았다. 보통학교 졸업자는 늘어났지만, 〈그림 7-3〉에서 보듯이 고등보통학교는 공립이든 사립이든 극히 소수밖에 신설되지 않아 1940년에는 보통학교 졸업자의 약 5%만이 고등보통학교에 진학할 수 있었다.

1943년 조선인 초등학교의 학생 수는 199만 7,492명, 중등학교 학생 수는 8만 9,292명으로 그 비율은 100:4.4였으며, 일본인 초등학교의 학생 수는 9만 8,200명, 중등학교 학생 수는 4만 1,200명으로 그 비율은 100:42였다.[56] 중등학교 진학률에서 양자는 거의 10배 정도 차이가 났다. 이처럼 조선인들에 대해 중등교육을 소홀히 한 것은 조선인들에게

---

54 「(사설) 교육보조비 차별 – 근본 해결은 의무교육에」, 『동아일보』, 1932.2.18.
55 『조선총독부통계연보』 1929년도. 721쪽.
56 이만규, 1949, 앞의 책, 382쪽.

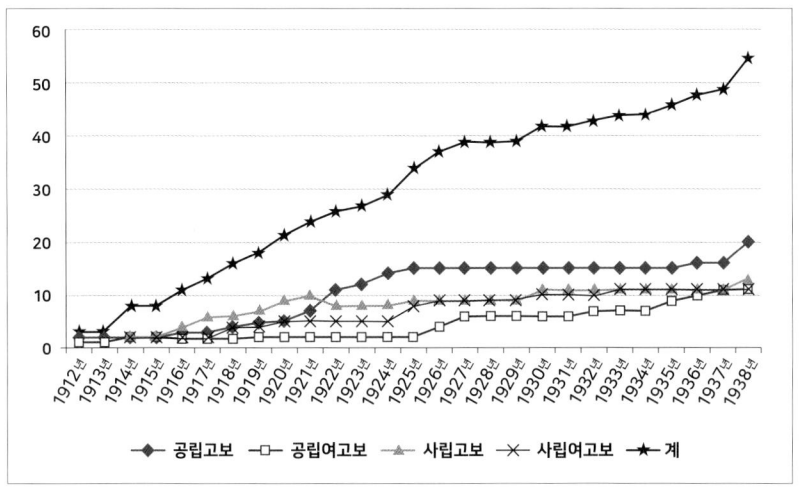

〈그림 7-3〉 식민지 조선의 고등보통학교 수의 추이

출처: 『조선총독부통계연보』 각년도판.

는 주로 초등교육이나 저급 실업교육만 허용한다는 방침이 있었기 때문이다. 이는 같은 일본의 식민지인 타이완에서도 마찬가지였다.[57]

한편 학교 내에서도 신입생 선발 과정, 학생 지도와 교육과정, 평가과정, 처벌과정, 학생 취업과정, 취업 후의 직종과 직위 변화 등에서도 상당한 차별이 나타났다. 이 같은 차별은 제도적인 차별이라기보다는 관행적인 차별이었으며, 그 바탕에는 식민지교육을 담당하고 있던 일본인 교사들의 조선인에 대한 차별의식, 경멸의식(멸시관) 등이 깔려 있었다. 조선인에 대한 멸시관과 차별의식은 '식민자'로서 식민지에 온 일본인 사회에서는 일반적이었다.[58]

---

57 木田洋一, 1992, 「英國と日本の植民地統治」『岩波講座 近代日本と植民地』 1, 岩波書店, 東京, 281쪽.

58 정연태, 2021, 『식민지 민족차별의 일상사』, 푸른역사 참조.

3) 관리 임용과 처우의 차별

조선인 차별 문제는 사실 1919년 3·1운동 직후 조선총독부의 조선인에 대한 여론 청취에서도 첨예한 이슈로 거론되었다. 3·1운동 당시 수많은 조선인이 참여한 배경에는 '차별' 문제가 중요하게 자리 잡고 있었다. 3·1운동 이후 새로 부임한 사이토 총독은 '일시동인(一視同仁)'을 내세워 차별을 철폐할 것이라고 조선인들에게 희망을 불어넣었지만, 재조선 일본인들은 차별철폐에 대해 강력히 반발하였다. 예를 들어 3·1운동 이전까지 보통학교 교장은 전원 일본인으로 임명하다가 사이토 총독 부임 이후 극히 소수의 조선인을 교장으로 임명한 데 대해 일본인 교사들이 반발하는 사례가 있었다.

또 사이토 총독은 조선인을 고위 관리직에 더 많이 임용하겠다고 하였지만 실제로는 거의 이루어지지 않았다. 『동아일보』는 이에 대해 다음과 같이 비판하였다.

> 중앙관청인 총독부와 지방관청인 도청이 조선사람도 임용할 고등관 자리를 만들 계획이 있다고 전하더니 그것도 소식이 도무지 없다. 그러한 것이 전하는 말과 같이 사실로 나타난다고 할지라도 역시 신통할 것이 없다고 할지니. 어찌하여 그러냐 하면, 현재 관제 중에서 상당히 책임 있고 중요한 관리를 조선사람에게는 주지 아니하고, 조선사람도 임용할 수 있는 벼슬자리를 새로이 만들어 조선사람을 관리로 임용하는 길을 연다고 성명한 체면을 간신히 보전하려고 하면, 이는 현재 중추원이나 도참여관 자리를 또 만드는 것이라. 조선사람이 관리되는 자리는 몇 개쯤 늘게 되는 것이니까 과연 사이토 총독의 성명

을 미봉하는 데는 효험이 있을 것이요, 그 벼슬을 얻는 몇 명의 어리석은 자에게 허영심을 채우는 덕택은 있다고 할지라도, 조선사람은 조선의 정사에 참여치 못하고 일본사람이 아니면 주요한 당국 관리가 되지 못한다고 차별을 하는 것은 조금도 고침이 없을 뿐 아니라, 그러한 시위소찬의 관리를 두는 까닭으로 허비하는 경비를 담당하게 되니만큼 일반 인민의 손해가 될 뿐이라.[59]

또 이 신문은 조선인 관리와 일본인 관리 간의 대우 차이, 즉 봉급 격차가 매우 큰 것에 대해서도 비판하였다.

조선사람과 일본사람이 같은 관리로 같은 관급에 있을 것 같으면 똑같은 월급을 먹을 것 같지만, 사실은 이와 반대다. 큰 차별이 있기는 조금 정도가 감하였으되 여전히 크다. 물론 본봉으로 말하면 똑같은 법령에 의지하는 것이요, 조선사람 관리라고 월급에다가 사주전을 섞어주는 것은 아니니 일본사람과 적을 것도 많을 것도 없는 고로, 이 점으로만 보면 사이토 총독의 새 정치 중에 매우 갸륵한 한 가지 일이지만, 조선사람에게는 본봉에 한해서만 일본사람 관리와 무차별이요, 그 이외에 본봉의 장리되는 소위 가봉(加俸)이라는 것은 차별이라고 할 것이 아니라 일본사람에게만 있고, 조선사람에게는 한 푼도 없으며, 그 이외에도 일본사람 관리에게는 후한 사택료(舍宅料)나 좋은 관사(官舍)를 주는 고로, 이럭저럭 계산하면 지금도 일본사람 관리는 같은

---

59 「무차별인가 대차별인가 (3) 聲明의 後面에는 실행이 얼마쯤 따라가는가, 성명한 문서에는 먹도 마르지 아니하야, 경찰서 관제개혁에 제일착으로 대실망, 종시도 차별을 폐지못할가」, 『동아일보』, 1920.5.16.

관등에 있는 조선사람 관리보다 평균 곱절이 되는 셈이라.[60]

조선총독부는 이러한 문제 제기에 대해 이른바 '외지'에 나와 있는 일본인 관리, 교사, 경찰 등에 대한 '외지 관리들에 대한 가봉' 제도는 조선총독부만이 아니라 타이완총독부, 관동도독부, 화태청(사할린) 등도 마찬가지로 적용되고 있는 것이라 하면서, 결코 조선인 관리를 차별하려는 것이 아니라고 해명하였다.[61] 그러나 조선인들은 '외지수당' 제도 자체가 차별이라면서 계속해서 이 문제에 불만을 제기하였다.

『동아일보』는 1920년 4월 창간 이후 「무차별인가 대차별인가」라는 제목으로 19회에 걸쳐 칼럼과 사설을 내며, 조선인의 차별 문제를 계속해서 제기하였다. 이 신문의 한 사설은 차별 문제에 대해 다음과 같이 정리하였다.

> 대개 차별에는 두 가지 종류가 있으니, 하나는 법률적 차별이요, 다른 하나는 사회적 차별이라. 전자는 양자 간에 임용상 혹은 대우상 차별을 법률로 확연히 제정함이니, 곧 일본인에게는 가봉(加俸)과 숙사료

---

60 「무차별인가 대차별인가 (6) 삼배로부터 이배가 차별철폐, 본봉은 갓하야도 가봉과 사택료는 일본인뿐, 일본인은 더 먹어야 한다는 세 가지 우순 조건, 차별의 근본 이유는 필경 무엇」, 『동아일보』, 1920.5.19.

61 조선총독부 산하의 고등관 및 고등관대우는 본봉의 40%, 판임관 및 판임관대우는 본봉의 60%를 가봉으로 받게 되어 있었다(조선총독부 및 소속 관서 직원의 가봉에 관한 건, 1913년 3월, 총독부령 제36호). 당시 다른 '외지'의 일본인 관리들에게 주어진 가봉은 臺灣에서는 고등관 50%, 판임관 60%, 關東州에서는 고등관 50%, 남양은 장관 90%, 고등관 100%, 판임관 120%, 樺太에서는 고등관 50%, 판임관 60% 등이었다 (「각 식민지별 가봉감액율」, 『동아일보』, 1931.6.12). 이들 가봉은 1931년 8월 다소 감액되었다(「식민지 가봉문제, 상금 절충 중」, 『동아일보』, 1931.8.14).

(宿舍料)를 주되 조선인에게는 이를 주지 아니하는 것과, 수당(手當)을 계산할 때 일본인에게는 본봉과 가봉의 도합을 표준하여 계산하되, 조선인에게는 본봉만 표준하여 계산하는 것이요, 후자는 법률상으로 양자 간에 임용상 혹은 대우상 하등의 구별이 없되 사실상 구별을 설정함이니, 곧 조선인 순사는 그 양복에 별을 다는 점은 일본인 순사와 하등의 구별이 없으나 실지 사무처리의 소임에 이르러서는 역시 전일의 '보(補)' 시대와 별 차이가 없는 것과, 부장 등 비교적 중요한 지위에 승급치 못하는 것과 같음이라. 어찌 이뿐이리오.[62]

이처럼 차별 문제는 법률상(제도상) 차별, 사회적 차별 등이 있었고, 이러한 차별은 결코 쉽게 해소될 수 있는 것이 아니었다. 그것은 조선인은 '식민지민'이었고, 일본인은 '본국인'이었기 때문이다.

---

62 「차별대우문제 - 법률적 차별과 사회적 차별」, 『동아일보』, 1920.6.13. 1면 사설

5. 일본 자본의 조선 경제 장악과 이용

　앞서 본 바와 같이 경제적 측면에서 보면 일본이 한국을 병합한 것은 한국을 '식량 및 원료 공급지, 상품 수출지, 자본 투자처' 등의 식민지로 만들기 위함이었다.[63] 병합 이후 일본은 이를 식민지 조선 지배정책의 기조로 삼아 관련 정책을 지속적으로 폈다. 예를 들어 조선총독부는 1921년 조선산업조사회를 구성하고 회의를 거쳐 결의안을 냈는데, 그 서두에서 "조선의 산업상 계획은 제국산업정책의 방침에 순응할 것을 기할 것이며"라고 했고, 계획 요항 '제1. 농업에 관한 건' 제1항에서 "조선의 무력을 증진하고 또 제국의 양식 충실에 공헌하기 위하여 산미(産米) 개량증식을 도(圖)할 것"이라고 하였다.[64] 이는 조선의 산업개발계획을 일본제국의 수요에 맞춰 세운다는 것이었다. 이에 대해 『동아일보』는 사설을 통해 다음과 같이 비판하였다.

　　조선의 산업개발은 조선인의 경제적 발달을 위주하는 것이 아니라, 일본인의 필요에 응하야 양식을 공급할 필요가 있으면 조선을 들어 일본의 양식지(糧食地)로 화할 것이며, 원료를 공급할 필요가 있으면 또한 조선을 들어 원료지로 만들 것이며, 일본인을 이주시킬 필요가 있으면 그 사회적·경제적·군사적 이유를 불문하고 조선을 거하야 일본의 식민지로 변할 것이라. 조선인의 생존권은 제2이요, 그 제1은 일

63　척식국 편, 1920, 『殖民地要覽』, 1~2쪽 및 제2~5장 참조.
64　「산업조사회 결의안」, 『동아일보』, 1921.9.22.

본인의 발전권이로다. 소위 조선산업정책은 일본산업정책에 순응하여야 한다는 의미이니, 일층 적절히 그 주지를 척결하면 일본은 정치적으로 군사적으로 조선을 지배할 뿐 아니라 경제적으로 철저히 조선을 일본에 예속케 하자는 것이라.[65]

일본의 조선 산업정책은 조선을 경제적으로 일본에 철저히 예속시키려는 것이라고 이 신문은 정확히 지적하였다.

이제 다음에서는 일본이 한국을 '식량 및 원료공급지, 상품시장, 자본투자처'의 식민지로 만들기 위해 어떤 정책을 폈는지 차례로 살펴보겠다.

1) 식량 및 원료공급지로서의 식민지 조선

20세기 초 일본에서는 매년 인구가 50만~70만 명씩 늘어나고 있었다. 이에 따라 식량부족 사태가 초래되었고, 1918년에는 '쌀소동'이라는 민중 폭동이 일어나기도 하였다. 1916~1917년 상황을 보면, 일본 본토에서 생산된 쌀은 연평균 5463만 석이었는데, 소비량은 5913만 석으로 약 450만 석이 부족하였다. 일본은 이를 외국으로부터 수입하거나 식민지 조선과 타이완에서 이입하여 해결하였다. 이에 따라 조선에서는 약 113만 석, 타이완에서는 약 83만 석을 각각 이입하였다. 당시 일본 정부 당국자들은 조선과 타이완에서 모두 약 3백만석까지 공급할 수 있다고 판단하였다. 특히 조선미는 그 품질이 '내지미'에 가깝고, 조선의 미작은

---

65 「(사설) 산업조사회 결의안 – 조선인 본위의 반대로 일본인 본위의 정책」, 『동아일보』, 1921.9.23.

아직 개량의 여지가 많으므로 조선미의 장래는 일본의 쌀 수급에 중요한 지위를 점하고 있다고 보았다.[66]

여기에서 일본 정부의 척식국은 조선에서 이른바 '산미증식계획' 사업을 실시하기로 결정하였다. 당시 척식국은 조선에서 이 사업을 실시하게 되면 내지에서 이를 행하는 것에 비해 3분의 1의 투자자금으로 같은 효과를 낼 수 있다고 보았다.[67]

조선총독부는 1920년 산미증식계획에 착수하여 30년 동안 40만 정보의 논 관개를 개선하고, 20만 정보의 밭을 논으로 만드는 지목(地目) 변환을 단행하며, 20만 정보의 땅을 개간·간척하고, 경종법 개선을 통해 기존의 논에서 더 많은 쌀을 생산한다는 목표를 세웠다. 산미증식계획 사업은 두 단계로 나누어 계획되었다. 제1차 계획은 1920~1925년까지 매년 2백여만 원의 사업조성비를 총독부예산에서 지출하여, 9만 정보의 토지를 개량한다는 것이었다. 총독부는 최대 목표를 12만 3천여 정보까지 잡았다. 제2차 계획은 1926년부터 12년간 35만 정보의 토지를 개량하는 것이 목표였다. 이에 일본 정부와 총독부는 민간회사에 저리자금을 지원하여 토지개량사업과 개간·간척 사업 경영을 민간에게 모두 위임하고 지원한다고 발표하였다. 산미증식계획 사업의 결과, 조선에서 쌀 생산은 크게 증대하였다. 아울러 일본 등 외지로의 쌀 수·이출도 그에 못지않게 증가하였다.

〈그림 7-4〉를 보면, 1911년 약 54만 석, 1914년 약 129만 석, 1915년 약 233만 석, 1918년 약 219만 석, 1921년 약 326만 석, 1924년 약 475만 석, 1926년 약 543만 석, 1927년 619만 석, 1928년 742만 석 등으

---

66 척식국 편, 1920, 앞의 책, 12~13쪽.
67 척식국 편, 1921, 『朝鮮産米增殖ニ關スル意見』, 17~18쪽.

<그림 7-4> 조선에서의 쌀의 생산과 소비, 수이출액 (1911~1928)(단위: 석)

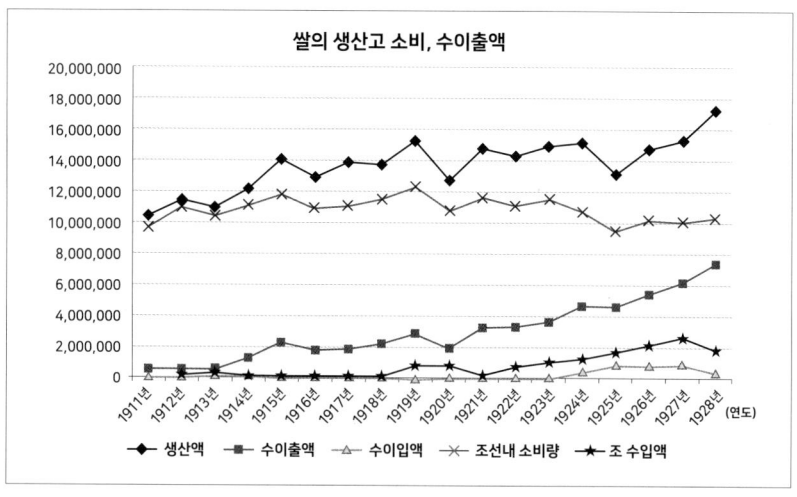

출처: 조선총독부, 1929, 『朝鮮の米』, 47~48쪽.

로 1920년대 중반 이후에 쌀 수·이출은 급격히 증가하였다. 1920년경 일본 정부 당국자들이 조선에서 약 300만 석을 이입할 수 있다고 생각하였는데, 1928년에는 이미 700여만 석을 이입할 수 있을 정도로 산미증식계획은 큰 성공을 거두었고, 이로써 조선을 부족한 식량 생산기지로 만든다는 구상은 성공하였다.

조선을 공업원료 생산지로 만든다는 계획은 어떻게 추진되었을까?

20세기 초 일본 자본주의는 면직공업이 주력 산업이었고, 생사가 수출 주력 품목이었다. 따라서 면직공업의 원료가 되는 면화(혹은 면화씨를 뺀 조면)이 필요했고, 생사를 만들기 위한 누에고치 혹은 생사 그 자체가 필요했다.

일본의 주력 산업은 면직물공업이었지만, 일본의 기후는 그 원료가 되는 미국종 육지면 재배에 적합하지 않았다. 따라서 일본은 미국종 육지면을 미국과 인도 등지에서 수입했는데, 이들이 면화 수출을 점차 제한하였기 때문에 일본의 면직산업은 어려움을 겪고 있었다. 그런 가운데 1904년 목포주재 일본영사 와카마쓰 우사부로(若松兎三郞)가 목포 앞 고하도에서 육지면 시험 재배에 성공하였다. 이에 일본의 정재계는 면화재배협회를 조직하여 전남 등 조선 남부지방에 육지면 재배를 적극적으로 지원하였다. 1910년 일본이 한국을 병합한 뒤, 조선총독부는 1912년 '육지면장려 제1기 계획'을 세워 남부지방의 육지면 재배를 권장하였다. 그 결과 1917년에 이르면 육지면 재배는 7만 정보에 달했고, 1916년 조면 이출액은 475만 근, 가액 175만 원에 이르렀다.[68]

조선총독부는 1920년대 들어서도 면화 재배를 적극적으로 장려하여, 1919년부터 향후 10년 동안 재배 총면적 25만 정보, 실면 수확도 2억 5,000만 근을 목표로 제2차 면화장려계획을 수립했다. 1933년에는 향후 20년 동안 재배 총면적 50만 정보, 6억 근을 생산 목표로 하는 제3차 면화장려계획도 세웠다. 그 결과 면화생산은 1930년에 재배면적 약 20만 정보, 실면 생산고 1억 7,000만 근, 수출고 약 1,800만 근을 달성하였다. 당시 조선에서 생산되는 면화의 약 30% 정도가 일본으로 헐값에 이출되었고, 나머지는 조선 내 방적 공장에 원료로 공급되었다.[69]

그런데 조선 농민은 조선총독부의 강제적인 면화 재배 장려에 불만을 품고 있었다. 조선총독부는 순사까지 동원하여 면화 재배를 강제하였지만, 농민들은 식량이 될 수 있는 콩이나 보리를 심으려 했다. 또 면화 재배 농민들은 면작조합에 강제로 가입해야 했고, 면화판매소를 통해서만 면

---

68 척식국 편, 1920, 앞의 책, 17쪽.
69 박경식, 1986, 앞의 책, 247쪽.

화를 팔 수 있었다. 그 결과 면화 수매 권리는 일부 면업자가 독점하였다. 면화 수매권을 독점한 일본인 면업회사는 면화의 품질을 자기 마음대로 결정하였고, 농민들은 이를 감수할 수밖에 없었다. 이런 이유로 농민들은 면화 재배를 기피했던 것이다.[70]

조선총독부가 면화 재배와 함께 조선 농민에게 강요한 것은 양잠, 즉 누에치기였다. 일본은 메이지 시대부터 미국과 유럽을 대상으로 한 생사(生絲) 수출이 크게 늘어 수출품 1위를 점할 정도가 되었다. 이에 따라 제사업(製絲業)이 크게 발전하였고, 원료가 되는 잠견(蠶繭), 즉 누에고치의 수요가 크게 늘었다. 제사업자들은 조선에서 잠견을 구하고자 하였고, 통감부 시절에 이미 잠업전습소, 잠업강습소, 치잠공동사육소 등의 장려기관을 설치하여 조선 농민들에게 양잠을 권장하였다. 1912년 데라우치 총독은 훈령을 통해 잠업의 개량·장려에 관한 중요 사항을 제시하였다. 각도에서는 이에 따라 가능한 한 많은 지방비와 임시은사금 수산비를 잠업 개량과 장려에 지출하였다.[71] 1917년에는 잠견 가격이 앙등하여 뽕나무 재배와 잠견 사육에 종사하는 이들이 크게 늘었다. 그리하여 1918년에는 1910년의 약 10배인 12만여 석의 잠견이 생산되었다. 조선총독부는 1919년 4월 제령으로「조선잠업령」, 총독부령으로 그 시행규칙을 반포하였는데, 주요 내용은 잠종 제조는 면허를 받아야 하며, 품종 통일을 기하며(16종), 뽕나무 묘목 생산과 잠종·잠견 매매의 감독과 단속 등에 관한 것이었다.[72]

---

70 박경식, 1986, 앞의 책, 86~87쪽. 248쪽. 면화 수매권은 조선면업, 천평면업, 목포면업, 조선면화, 남북면업, 서선조면 등이 독점하였다.
71 박찬승 외, 2018,『국역 조선총독부30년사』, 상권, 민속원, 88쪽.
72 박찬승 외, 2018, 위의 책, 247~248쪽.

그런데 조선총독부는 양잠을 권장하며 뽕나무 묘목을 농가에 강제 배부하고, 그 값을 받으려 했다. 이에 농민들은 강력히 저항했다. 특히 소작민들은 지주들에게 빌린 땅에 뽕나무보다는 식량이 될 수 있는 작물을 심으려 했다.[73] 이에 대한 농민들의 불만은 날로 커져 3·1운동 당시 충북 영동군에서는 3백여 명이 면사무소와 주재소를 파괴하고, 면사무소에 있던 뽕나무 묘목 수만 그루를 모두 불태워버리기도 했다.[74]

조선총독부는 사이토 총독 때에도 산견(産繭)증수계획을 계속 밀고 나가, 1925년에는 향후 15년 동안 산견 100만 석을 달성한다는 계획을 세웠다. 뽕밭 10만 정보, 양잠 호수 100만 호, 산견 100만 석이라는 목표를 세우고, 총독부령으로 뽕나무 묘목 대금의 3분의 1을 보조금으로 교부하는 정책을 세웠다. 그 결과 1927년에는 뽕밭 5만 8,800정보, 양잠 호수 57만 3,000호, 산견액 35만 5,000석을 달성하기도 했다.[75]

1920년대 후반에는 조선에 '양잠열'이 일어났다고도 할 수 있는데, 1백만 석이 넘는 산견 가운데 약 25%가 조선인들에 의해 소비되었고, 나머지 약 75%가 조선 내 제사공장에서 소비되거나 일본 제사공장으로 이출되었다. 양잠 열기에 따라 당시 조선에서는 대구, 경성, 평양, 신의주 등지에 일본 자본이 세운 잠사공장이 속출했다.[76] 당시 양잠 농가들은 공동판매제에 따라 양잠조합 또는 군농회를 통해 통제가격인 헐값으로 잠견

---

73 조선헌병대사령부·조선총독부경무총감부, 1919, 『朝鮮騷擾事件の槪況』(其三), 박경식, 1986, 앞의 책, 97쪽 참조.
74 독립운동사편찬위원회, 1973, 『독립운동사자료집』 6(삼일운동사자료집), 535쪽.
75 박찬승 외, 2018, 앞의 책, 384쪽.
76 「전조선 양잠열, 백만석 계획 실현?」, 『동아일보』, 1926.9.28.

을 팔았으며, 이로 인해 일본의 제사자본들은 상당한 이윤을 얻었다.[77]

2) 상품시장으로서의 식민지 조선

일본이 조선을 식민지로 만든 중요한 경제적 이유는 조선을 일본 자본주의의 독점적인 상품시장으로 확보하기 위해서였다. 1910년 이후 조선의 대외무역 추이를 보면, 1910년 36:64였던 수입(일본 외 국가로부터 수입)과 이입(일본으로부터 수입) 비율은 1921년 33:67, 1930년 24:76, 1944년 20:80으로 이입 비중이 갈수록 커졌다. 조선총독부의 『조선무역연표』나 조선은행의 『조선 경제연보』를 보면, 1930년 이후에는 외국으로부터 수입하는 비중은 1931년 19.5%에서 점점 낮아져 1941년에는 10.4%, 1942년에는 7.7%까지 떨어졌다.[78]

1910년대 수·이입품을 보면 완제품이 전체 액수의 과반을 차지하였고, 비율은 1910년 56.3%, 1919년 51.6%이었다. 완제품 가운데 직물 및 경공업 일용품의 수·이입액은 1910년 총 수·이입액의 46.6%, 1919년 41.0%였다. 그밖에 광물, 철, 금속제품, 차량 및 선박, 기계류 등의 수입이 많았다. 수·이입품 대부분은 일본산으로 1910년 59.3%, 1919년에 75.6%였으며, 특히 직물과 일용품이 가장 큰 비중을 차지하였다.[79] 이는 1910년대에 이미 조선은 일본 자본주의의 독점적인 상품시장으로 전락했다는 것을 보여 준다.

---

77 박경식, 1986, 앞의 책, 248쪽.
78 송규진 외, 2004, 『통계로 본 한국근현대사』, 아연출판부, 196쪽.
79 박경식, 1986, 위의 책, 119쪽.

1920년대에 들어서면 조선과 일본 간의 관세가 철폐되어 조일무역의 규모는 더욱 커졌다. 일본 정부는 1920년 8월에 7개 품목을 제외한 나머지 품목의 일본 이입 관세를 모두 철폐하였고, 조선총독부는 1923년 4월에 일부 품목을 제외한 나머지 품목에 대해 이입세를 모두 철폐했다.[80]

1910년 이후 조선의 수·이입품 중 상품별 수·이입액을 보면 〈표 7-1〉과 같다.

〈표 7-1〉 조선의 수·이입품 중 상품별 수·이입액 비중(단위: %)

	1910년	1919년	1925년	1933년	1937년	비고
원료품	10.4	12.2	13.2	10.7	16.5	목재, 석탄, 繰綿, 원유, 광물
원료용제품	10.2	8.3	12.0	13.5	14.1	生絲, 금속류, 경화유, 魚油, 코크스
식료조제품	3.3	8.2	13.5	7.1	8.3	쌀, 수산물, 엽연초, 잡곡
식료정제품	11.1	6.2	7.3	6.4	5.1	통조림, 병조림, 식료품, 한천, 장유, 주류, 穀粉, 전분
완제품	56.3	51.6	49.3	55.5	51.6	기계류, 布帛 및 布帛제품, 금속제품, 차량, 선박
잡품	8.5	12.3	4.2	4.6	3.5	
재수입품	-	-	0.3	0.5	0.4	
합계	100	100	100	100	100	

출전: 조선무역협회, 1943, 『조선무역사』, 98쪽.

〈표 7-1〉에서 보는 것처럼 일본에서 조선으로 들어온 품목 가운데 가장 비중이 컸던 것은 기계류, 면제품, 금속제품, 차량, 선박 등의 완제품이

---

80 박찬승 외, 2018, 앞의 책, 412쪽.

었다. 그 가운데에서도 면제품이 가장 많았는데, 면제품 중에서도 면직물이 가장 많았고, 다음이 면직사, 조면 및 타면 등이었다. 이입품 가운데 면제품이 가장 많았던 양상은 1937년까지 계속되었다.[81]

이 같은 상황에 대해 당시 일본의 한 경제사학자는 "판로로서 조선은 매우 성공적이었다. 미숙한 자본주의 경제로 위기에 빠진 일본으로서는 (병합으로) 판로로 조선을 확보한 것이 매우 다행한 일이었다. (조선의) 이입고는 1910년 2534만 8천 원에서 1924년에는 그 10배인 2억 2,181만 7,000원으로 격증하였다. 그 가운데 가장 큰 비중을 차지한 것은 공산물이었다. 그 이입액은 1910년 2,123만 1,000원에서 1924년 1억 5,010만 8,000원으로 늘어났다. 그리고 그 수위를 차지한 것은 목면직물(木綿織物)과 면사류(綿絲類)였다. 조제품(粗製品)을 생산하는 일본의 방적업은 이 식민지를 얻어 정돈 상태에서 잠시 벗어날 수 있었다"고 하였다.[82]

이처럼 조잡한 수준의 면직물밖에 생산하지 못하던 일본은 식민지 조선이라는 독점적 시장을 확보함으로써 국제무역의 위기에서 벗어날 수 있었다. 일본 자본주의의 성장에서 조선이라는 식민지는 독점적 상품시장으로 매우 중요한 역할을 하였다.

3) 자본투자처로서의 식민지 조선

일본 자본주의가 식민지 조선에서 초과이윤을 얻을 수 있는 또 하나의 방법은 조선에 직접 자본을 투자하여 값싼 자원과 노동력을 직접 이

---

81 조선무역협회, 1943, 『조선무역사』, 107쪽.
82 猪谷善一, 1928, 『조선 경제사』, 大鐙閣藏版, 186쪽.

용하는 것이었다. 1910년대 전반기에는 일본 자본의 진출이 주춤하였으나, 후반기에는 제1차 세계대전을 계기로 팽창한 일본 자본이 조선에 진출하기 시작했다. 그 결과 1910~1919년 사이에 공장 수는 12.6배, 자본금은 16.2배, 종업원은 6배, 생산액은 24.4배로 늘어났다. 또 1910년대 초 조선에서의 일본인 공업은 정미업, 양조업, 조면업, 방적업 등이 주된 것이었는데, 1916년 이후에는 방적업, 경질제도업, 시멘트제조업, 제철업, 펄프업, 양조업, 연초, 피혁, 통조림, 성냥제조업, 제당업 등으로 그 영역이 크게 확대되었다. 공장 수를 보면, 1911~1920년 사이에 185개에서 1125개로 약 6배로 늘어났고, 자본금은 982만 6,000원에서 1억 4,022만 9,000원으로 약 14.2배, 종업원은 1만 613명에서 4만 1,772명으로 3.9배, 생산액은 1만 6,920원에서 15만 4,100원으로 약 10배로 늘어났다. 민족별 자본금을 비교해 보면, 납입자본에서 조선인은 1911~1917년 사이에 17.2%에서 12.3%로 감소하였고, 일본인은 31.8%에서 79.6%로 늘어났고, 합작도 대부분 일본 자본이어서 이를 포함하면 약 83%로 늘어났다.[83]

1920년 4월 조선총독부가 「회사령」을 폐지하여 회사 설립이 허가제에서 신고제로 바뀌자 제1차 세계대전을 계기로 축적된 일본 자본이 조선에 진출하기 시작했다. 1920~1930년 사이에 일본 자본이 설립한 주요 회사는 〈표 7-2〉와 같으며, 미쓰이(三井), 노구치(野口) 계통이 압도적으로 많다.

---

[83] 박경식, 1986, 앞의 책, 104~105쪽.

〈표 7-2〉 1920~1930년 일본 자본에 의해 조선에 설립된 주요 회사

자본 계통	사업별	회사명	자본금	설립연월	소재지
마쓰이(三井) 계통	섬유방적 화학공업 광업 광업	동양제사주식회사 왕자제지선내공장 삼성광업주식회사 의주광산주식회사	100만 원 500만 원 50만 원	1929.5. 1922.1. 1928.3. 1929.8	경성 신의주 경성 경성
미쓰비시(三菱) 계통	광업	조선무연탄주식회사	1,000만 원	1927.2	경성
노구치(野口) 계통	화학공업 전기공업 광업 철도업	조선질소비료(주) 웅기전기주식회사 조선광업개발주식회사 신흥철도주식회사	6,000만 원 100만 원 300만 원 80만 원	1927.5 1923.12. 1929.9. 1930.1.	흥남 웅기 경성 신흥
중국(中國. 츄코쿠) 계통	전기사업 전기사업	남조선전기주식회사 남조선수력전기(주)	246만 원 250만 원	1924.3. 1929.10	군산 전주
후쿠오카(福岡) 모리 에이지(森英示) 계통	양조공업	대선양조주식회사	100만 원	1930.7	부산
오카와(大川) 계통	철도운수업	조선자동차주식회사	120만 원	1928.1	경성
오사카(大阪) 일본 면화 계통	섬유공업	전남도시제사주식회사	200만원	1926.5.	광주

출처: 박경식, 1986, 『일본제국주의의 조선 지배』, 청아출판사, 273쪽.

    민족별 회사 수와 납입자본을 비교해 보면, 1921년 조선인 회사 수는 123사, 자본금 2,594만 9,000원이었는데, 1929년에는 326사, 1,987만 8,000원으로 회사 수는 3배 정도 늘었지만 자본금은 오히려 감소하였다. 이에 비해 일본인 회사는 1921년에 541사, 1억 4,909만 6,000원이었던 것이 1929년에는 1237사, 1억 9,373만 7,000원으로 늘어났다. 또 일본에 본점을 두고 조선에 지점을 둔 회사의 자본투자도 크게 늘었다.[84]

---

84 박경식, 1986, 앞의 책, 274쪽.

1930년대 들어 우가키 총독은 이른바 '농공병진' 정책을 주창했다. 당시 조선총독부의 방침은 섬유공업을 중심으로 한 경공업을 조장하고, 동시에 지하자원의 급속한 개발과 이에 수반되는 금속공업, 기계공업, 조선공업 등 중공업 발달에 집중하여 공업 전반에 발전을 도모한다는 것이었다.[85]

1931년 '만주사변'이 발발한 후 금본위제의 정지, 화폐가치의 하락 등으로 금값이 등귀하여 조선에서는 골드러쉬가 일어났다. 또 만주 시장이 열리면서 조선이 대륙으로 가는 길목이 되자, '공장법'도 없는 조선에서 값싼 노동력을 노린 독점자본이 본격적으로 몰려들기 시작하였다. 일본질소의 노구치(野口) 재벌이 조선수력전기주식회사를 창립하고 1929년에는 부전강 제1발전소가 송전을 개시하였다. 이에 따라 1930년대 후반기에는 전기화학공업을 중심으로 한 새로운 공업이 발흥하기 시작하였다. 특히 조선에서는 풍부하고 값싼 자원과 노동력을 이용할 수 있고, 일본의 중요 산업통제법이나 공장법이 적용되지 않았고, 만주와 중국 시장 진출도 유리하였기 때문에 초과이윤을 노리는 일본 자본들이 본격적으로 조선에 진출하기 시작하였다.[86]

1930년대 들어 미쓰이(三井) 재벌은 조선에 동양방적 인천공장, 종연방적 광주공장·경성공장을 설립했다. 노구치 재벌은 1930년에 조선질소 흥남공장 조업을 개시했으며, 1934년에는 일본마그네슘금속회사 흥남공장을 세웠고, 1935년에는 흥남에 조선석탄공업주식회사를 세웠다. 1936년에는 조선화약주식회사를 세워 군수에 부응했다. 또 미쓰이 계열

---

85 박찬승 외, 2018, 『국역 조선총독부30년사』 하권, 민속원, 1134쪽.
86 박경식, 1986, 앞의 책, 436쪽.

의 조선맥주주식회사·조선오노다(小野田)시멘트주식회사, 미쓰비시 계열의 소화기린맥주주식회사 등이 세워졌다.[87]

1930년대 조선의 공업화는 일본독점자본의 주도하에 진행되었다. 이에 따라 조선의 공업은 식민지적 성격을 더욱 강하게 띠었다. 이는 일본독점자본의 전적인 지배, 일본공업에 종속, 공업 각 부문의 타 부문과의 유기적 연계성 결여, 공업 각 부문 발전의 불균형, 생산배치의 지역적 편파성, 조선인 자본의 취약성과 기술의 저수준 등으로 나타났다.[88]

1938년 당시 조선에 본점을 둔 회사를 민족별로 비교하면 〈표 7-3〉과 같다. 이에 따르면 조선인 회사 수는 42.1%에 달했지만 공칭자본은 12.5%, 납입자본은 11.4%에 지나지 않았다. 이에 비해 일본인 회사 수는 57.9%였지만, 공칭자본은 87.5%, 납입자본은 88.6%에 달했다. 조선인의 자본 규모는 일본인의 자본 규모와는 비교가 되지 않았다. 식민지 조선의 경제는 사실상 일본인 자본에 의해 장악된 것이다.

〈표 7-3〉 조선에 본점을 둔 회사의 민족별 비교(1938년 말)(단위: 1천 원)

	회사 수		공칭자본		납입자본	
조선인	2,278	42.1%	213,820	12.5%	122,660	11.4%
일본인	3,136	57.9	1,499,306	87.5	958,622	88.6
계	5,414	100.0%	1,713,126	100.0%	1,081,282	100.0

출처: 鈴木武雄, 1950, 「朝鮮統治の性格と實績」, 『日本人の海外活動に対する歷史的調査』 第11冊, 大藏省管理局(影印版, 高麗書林, 1985), 83쪽.

87　박경식, 1986, 앞의 책, 437쪽.
88　박경식, 1986, 위의 책, 457쪽.

4) 일본인의 조선 경제 장악

식민지 시기 동안 일본인들은 매년 약 2만 명씩 조선으로 이주해왔다. 그리하여 1910년대에 30여만 명이던 재조선 일본인은 1940년대 초에는 약 75만 명으로 늘어나 있었다. 조선에 온 일본인들은 대부분 생활에 편리한 도시에 거주하고 싶어 했다. 1920년에는 군(郡)과 부(府) 단위에 거주하는 일본인이 거의 비슷한 비율이었지만, 갈수록 부에 거주하는 비율이 늘어나 1944년에는 일본인의 약 3분의 2가 부에 거주하였다. 또 군 단위에 거주하는 일본인들도 대부분 읍내에 거주하고 있었다.

〈그림 7-5〉는 1937년 당시 재조선 일본인의 전체 호수 15만 8,350호의 직업별 구성이다. 이를 보면, 1937년 공무·자유업 종사자의 호가 43.7%로 가장 많았고, 상업·교통업 종사자의 호가 24.8%였고, 공업 종사자의 호가 16.1%를 차지하였다. 농업 종사자와 그의 가족은 4.8%에 지나지 않았다. 가장 큰 비중을 차지한 공무·자유업이란 총독부 및 지방관청의 관리, 교사, 경찰, 언론 등 주로 공무 및 자유업에 종사하는 것을 말한다. 1937년 당시 공무 및 자유업 종사자가 6만 9,229호였는데, 이는 식민지 통치인력이 약 7만 명에 가까웠다는 것을 말해 준다. 1940년 통계에 따르면 조선총독부 및 소속 관서 직원들 가운데 일본인은 4만 9,907명, 조선인은 3만 6,002명, 외국인은 9명이었다. 총독부 관련 인력이 거의 5만 명에 달했다. 이는 같은 시기 인도, 베트남, 필리핀 등지에 식민 통치를 위해 와 있던 영국인, 프랑스인, 미국인 등의 관료가 몇천 명 되지 않았던 것과 크게 대비된다. 일본의 식민지 조선 지배의 가장 큰 특징 중 하나는 바로 이 점이다. 또 일정 규모 이상의 상공업자들은 각 도시에서 경제권을 장악하고 있었다. 이들은 상공회의소, 부회 등에서 의원이 되어 지역

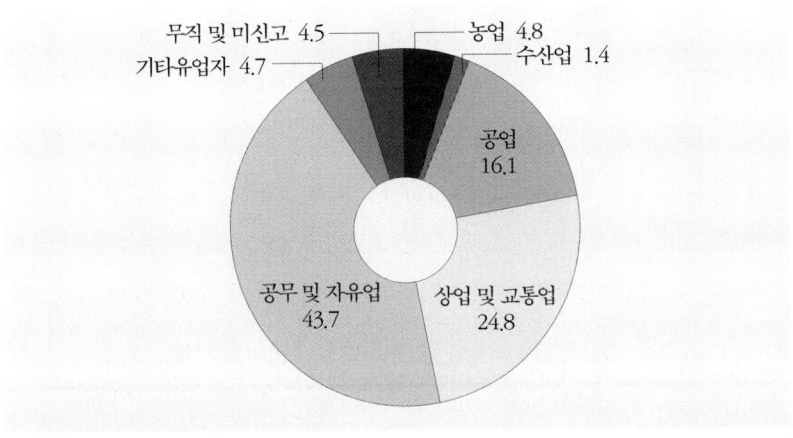

〈그림 7-5〉 재조선 일본인의 직업별 세대 구성(1937)

출처: 『조선총독부통계연보』 1937년판

의 정치·경제를 주도하였다. 이들 상공업자층은 통치인력과 함께 식민지 조선에서 새로운 지배층으로 등장하였다.

조선에 이주해온 일본인들은 정치권력뿐 아니라 경제력도 장악해 갔다. 일본인 개인 지주와 농업회사는 조선 전체 농경지의 약 11%를 차지했다. 또 도시에 거주하던 일본인들은 도시의 경제권을 장악하였다. 〈표 7-4〉에서 보듯이 1935년 전국 5대 도시(경성·부산·평양·대구·인천)에 거주하던 일본인들은 인구 비율로는 약 25%에 지나지 않았지만 약 64%의 토지를 소유하고 있었고, 납세액도 70%에 이르렀다. 반면에 조선인은 인구 비율로는 74%였지만, 토지 소유에서는 33%, 납세액은 25%에 그치고 있었다. 또 〈표 7-5〉에서 보듯이 5대 도시의 일본인과 조선인은 개인별 토지 소유에서 5.7배, 납세액에서 12.3배의 차이가 난다. 이처럼 재조선 일본인과 조선인은 경제력에서 커다란 격차가 벌어지면서 양극화 현상이 나타나게 되었다.

〈표 7-4〉 5대 도시의 경제 현황(괄호 안은 백분비)

구별	조선인	일본인	외국인	합계
인구(명)	632,167(73.95)	213,405(24.97)	9,188(1.08)	854,769(100.0)
토지소유(평)	4,045,494(32.97)	7,787,443(63.46)	437,564(3.57)	12,270,501(100.0)
납세액(圓)	1,726,888(24.51)	4,950,681(70.26)	367,012(5.21)	7,044,581(100.0)

출처: 이여성·김세용, 1935, 『數字朝鮮研究』 5집, 111쪽.

〈표 7-5〉 5대 도시의 개인별 토지 소유 및 납세액

구별	조선인	일본인	외국인	합계
토지소유(평)	6.40	36.49	47.62	14.36
납세액(圓)	2.73	33.20	39.94	8.24

출처: 이여성·김세용, 1935, 『數字朝鮮研究』 5집, 112쪽.

조선의 대표적인 도시인 경성부를 구체적으로 살펴보자. 〈표 7-6〉에서 보면, 1932년 경성부의 인구 38만여 명 가운데 70.7%인 조선인은 45.7%의 토지를 소유한 반면, 27.9%인 일본인은 52.9%의 토지를 소유하고 있다. 납세액에서는 더 큰 차이가 보인다. 경성부에 내는 세금 가운데 조선인은 24.4%, 일본인은 68%의 비중이다. 이는 일본인들의 소득이 그만큼 크다는 것을 말한다. 〈표 7-7〉은 경성부의 개인별 토지 소유 및 납세액인데, 조선인은 1인당 5.2평을 소유하고, 3.76원을 납세한 것에 비해, 일본인은 1인당 15.35평을 소유하고 26.88원을 납세하였다. 납세액이 무려 9배 정도 차이가 난다. 이 점을 고려한다면 1932년 경성부의 주인은 사실상 일본인이었다고 해도 과언이 아니다.

〈표 7-6〉 경성부 경제 현황(괄호 안은 백분비)

구별	조선인	일본인	외국인	합계
인구(명)	270,590(70.7)	106,782(27.9)	5,119(1.4)	382,491(100.0)
토지소유(평)	1,413,646(45.7)	1,639,627(52.9)	43,970(1.4)	3,097,243(100.0)
납세액(圓)	1,019,697(24.4)	2,849,893(68.0)	317,074(7.6)	4,186,664(100.0)

출처: 이여성·김세용, 1935, 『數字朝鮮研究』 5집, 99~100쪽.

〈표 7-7〉 경성부 개인별 토지 소유 및 납세액

구별	조선인	일본인	외국인	합계
토지소유(평)	5.2	15.35	8.58	8.09
납세액(圓)	3.76	26.68	61.94	10.94

출처: 이여성·김세용, 1935, 『數字朝鮮研究』 5집, 100~101쪽.

부산부는 더욱 심했다. 〈표 7-8〉과 〈표 7-9〉는 부산의 경제 현황을 보여 준다. 부산 인구 14만 8천여 명 가운데 조선인은 67.5%, 일본인은 32.3%였다. 전국의 도시 인구 가운데 일본인이 차지하는 비중이 가장 높은 도시가 부산이었다. 부산부의 토지 가운데 조선인은 24.7%, 일본인은 74.7%를 소유하여, 부산은 전국 도시 가운데 일본인의 토지 소유 비율이 가장 높은 곳이었음을 알 수 있다. 납세액 비중에서도 조선인은 10% 정도밖에 되지 않았고, 일본인은 90%에 육박하여 부산 경제는 사실상 일본인이 압도적으로 주도하고 있었음을 알 수 있다. 1인당 토지 소유에서는 조선인이 1.1평, 일본인이 51.4평으로 엄청난 차이를 보인다. 1인당 납세액에서도 조선인이 약 8원, 일본인이 약 20원으로 큰 차이가 났다.

<표 7-8> 부산부 경제 현황(괄호 안은 백분비)

구별	조선인	일본인	외국인	합계
인구(명)	99,956(67.5)	74,836(32.3)	364(0.2)	148,156(100.0)
토지소유(평)	817,979(24.7)	2,461,525(74.4)	30,934(0.9)	3,310,438(100.0)
납세액(圓)	110,424(10.1)	970,831(89.2)	7,677(0.7)	1,096,933(100.0)

출처: 이여성·김세용, 1935, 『數字朝鮮研究』 5집, 104쪽.

<표 7-9> 부산부 개인별 토지 소유 및 납세액

구별	조선인	일본인	외국인	합계
토지소유(평)	1.10	51.46	84.98	33.34
납세액(圓)	8.18	20.46	21.09	7.40

출처: 이여성·김세용, 1935, 『數字朝鮮研究』 5집, 105쪽.

이상에서 살펴본 것처럼 1930년대 중반 조선 5대 도시의 경제력은 일본인이 거의 장악한 상태였다. 이는 앞서 본 일본 회사자본이 조선의 경제를 거의 지배하고 있었던 것과 밀접한 관련이 있는 것으로 볼 수 있다. 식민지 조선은 일본에 병합된 20여 년 만에 경제가 거의 일본인과 일본자본에 장악된 상태에 놓이고 말았다. 식민지 조선의 경제를 둘러싸고 '수탈'이니 '개발'이니 하는 논쟁이 있지만, 더 중요한 것은 조선의 경제가 일본자본, 즉 일본 자본주의에 거의 포획되었다는 사실이다.

6. 정치적 권리 박탈과 자유 억압

1) 광복운동 탄압과 정치적 권리 박탈

1905년 한국을 보호국으로 만든 일본은 한국인들의 국권회복운동, 즉 의병운동과 자강계몽운동을 철저히 탄압하였다. 의병운동에 대해서는 군대를 동원하여 '남한대토벌작전' 등으로 철저한 진압 작전을 펼쳤으며, 체포된 유력 의병장들은 대부분 처형하였다. 자강계몽운동에 대해서는 이 운동이 반일 국권회복운동으로 전개되는 것을 막기 위해 보안법, 신문지법, 출판법, 집회취체령, 경찰범처벌규칙 등을 제정·반포하였다.

1910년 한국을 병합한 일본 제국주의는 한국인들의 주권을 되찾기 위한 '광복운동(독립운동)'[89]을 철저히 탄압하였다. 일제는 1910년대에 법제적으로는 보안법, 형법, 신문지법, 출판법 등을 중심으로 한 법제와 경찰·헌병이라는 물리력을 동원하여 광복운동자들을 철저히 탄압했다. 그런 가운데에서도 1919년 3·1운동이 일어나자, '정치적 독립'을 외치는 이들을 탄압하기 위해 기존의 보안법, 출판법, 소요죄, 형법 외에 새로이 '제령 7호'로 정치범처벌령을 만들어 반포했다. 여기에서는 "정치변혁을 목적하고 다수가 공동하여 질서를 방해 또는 방해하려는 자, 동 선동자는 10년 이하의 징역 또는 금고에 처한다"고 하였다. 3·1운동 당시 체포되

---

89 '광복운동'이란 잃어버린 나라의 주권을 회복하는 운동이라는 뜻으로, 한국의 경우에는 '독립운동'(나라가 없던 식민지 지역에서 처음 나라를 세우겠다는 운동)이라는 용어보다 더 정확한 용어라고 생각한다.

어 이들 법령으로 검사에게 송치된 이는 19,525명에 달하며,[90] 만세시위 과정에서 일본군과 헌병·경찰의 총칼에 의해 사망한 이는 정확하지는 않으나 700~900여 명이었던 것으로 보인다.[91]

1920년대 초 이후 조선에도 사회주의 사상이 유입되어 청년, 노동, 농민운동 등에 큰 영향을 주었고, 1923년 이후에는 사회주의 운동 세력이 크게 확대되었다. 일제는 본국에서 사회주의와 무정부주의 운동을 탄압하기 위해 1925년 '치안유지법'을 제정하였는데, 이를 조선에서도 동시에 실시하였다. 이후 조선의 사회주의운동가들은 대부분 치안유지법으로 투옥되었으며, 〈표 7-10〉에서 보듯이 1928~1929년에는 치안유지법으로 구속되는 이가 1천 명을 훨씬 넘었다. 〈표 7-10〉에서 보면, 1920년대 후반 투옥된 정치범 가운데 치안유지법 위반자들이 가장 많았다(형이 확정된 수형자는 아님). 그것은 이 시기에 일어난 여러 차례의 '조선공산당사건'으로 인한 수감자가 많았기 때문이다. 당시 조선의 사회주의 운동은 일차적으로는 민족해방을 목표로 하고 있었기에 일제 당국은 이를 철저히 막으려 했고, 따라서 조선공산당사건으로 수감한 사람도 많을 수밖에 없었다.

한편 수많은 정치범이 투옥된 가운데, 감옥에서 고문의 후유증이나 질병으로 옥사하는 이들도 상당수에 달했다.[92]

---

90 조선총독부관방 서무부 조사과, 1924, 『朝鮮の獨立思想及運動』, 105~106쪽.
91 국사편찬위원회의 『삼일운동데이터베이스』에서는 725~934명으로 추산하고 있다.
92 『조선총독부통계연보』에 따르면, 정치범과 일반범을 포함하여 매년 조선의 감옥에서 질병으로 인해 옥사하는 이는 150~200명 정도에 달했다.

〈표 7-10〉 조선 정치범 누년 통계표

연도	叛亂所干律	보안법	내란죄	폭동죄	소요죄	출판법	신문지법규	황실에 관한 범죄	정치범 처벌령	치안 유지법	합계
1909	202	-	-	-	-	-	-	-	-	-	202
1910	273	45	34	235	-	-	-	-	-	-	587
1911	-	42	-	15	-	-	-	-	-	-	37
1912	-	14	2	-	4	4	3	-	-	-	27
1913	-	2	-	-	3	-	2	1	-	-	9
1914	-	6	-	-	10	5	3	-	-	-	24
1915	-	7	-	-	14	6	1	-	-	-	28
1916	-	미상	미상	미상	미상	미상	미상	미상	미상	-	미상
1917	-	17	-	-	8	16	-	3	-	-	44
1918	-	87	-	-	21	9	-	1	-	-	118
1919	-	6,254	-	-	1,723	173	-	4	222	-	8,376
1920	-	111	-	-	47	7	2	2	452	-	621
1921	-	86	8	-	23	21	2	1	1,491	-	1,632
1922	-	19	-	-	43	11	2	2	134	-	211
1923	-	12	-	-	83	9	5	1	71	3	184
1924	-	79	-	-	256	82	1	8	526	1	953
1925	-	83	-	-	388	94	12	2	250	88	917
1926	-	91	-	-	707	70	16	9	353	380	1,626
1927	-	49	-	-	650	45	6	22	107	279	1,158
1928	-	225	-	-	516	200	14	26	152	1,420	2,552
1929	-	242	-	-	216	175	2	38	175	1,355	2,203
1930	-	?	?	?	?	?	?	?	?	864	864
1931	-	?	?	?	?	?	?	?	?	2,000	2,000

출처: 이여성·김종범, 1932, 『數字朝鮮硏究』 제3집, 90~91쪽

이처럼 일제는 한편으로 광복운동을 철저히 막고 광복운동자들을 탄압하면서, 다른 한편으로는 조선인의 정치참여 욕구를 어느 정도 해소해주는 방안을 모색하였다. 3·1운동 이후 일본의 정치인과 언론인 그리고 학자들 사이에서는 조선인에게 참정권을 부여하여 일본 국회에 일정한 수의 대표를 파견할 수 있게 해주자는 의견(참정권 부여론)과 조선인에게 자치권을 주기 위해 조선에 '자치의회'를 개설하자는 의견(자치론)이 제기되었다. 일본 정부는 이미 참정권론 입장에서 조선인의 민도가 성숙한 후에 '내지'의 의회에 참여할 수 있는 참정권을 주겠다는 말을 해왔고, 이때도 같은 입장이었다. 이에 따라 국민협회 등 당시 직업적인 친일 조선인이 만든 단체는 하루라도 빨리 참정권을 부여해 줄 것을 일본 정부에 요구했지만, 일제 말기까지 부여되지 않았다. 또 유민회, 동광회 등 일부 친일단체와 천도교 신파, 동아일보사 일부 인사 등 타협적 민족주의자들은 자치운동을 추진하기도 했다.[93] 1920년대 후반에는 조선총독부의 일부 관료들이 조선에 자치의회를 개설하는 안을 만들어 사이토 총독을 통해 본국에 의견을 타진하기도 했지만, 본국 정부는 절대불가라는 답변만 내놓았다.[94]

---

93 물론 당시 비타협적 민족주의자와 사회주의자들은 참정권운동은 물론 자치운동에 대해서 격렬히 비판하였다. 그들은 조선이 필요로 하는 것은 오로지 '절대독립'일 뿐이라고 주장하였다.

94 참정권 문제와 자치론 문제에 대해서는 다음의 연구들을 참조. 姜東鎭, 1979, 『日帝の韓國侵略政策史』, 동경대학출판부; 박찬승, 1992, 『한국근대정치사상사연구』, 역사비평사; 김동명, 2006, 『지배와 저항, 그리고 협력 – 식민지 조선에서의 일본 제국주의와 조선인의 정치운동』, 경인문화사; 이태훈, 2010, 「일제하 친일정치운동 연구: 자치·참정권 청원운동을 중심으로」(연세대 사학과 박사논문); 김종식·윤덕영·이태훈, 2022, 『일제의 조선참정권 정책과 친일정치운동 세력의 참정권 청원운동』(일제침탈사연구총서 10권), 동북아역사재단.

대신 일본 정부는 조선인들에게 지방행정에 어느 정도 참여할 기회를 주는 것이 필요하다고 보았다. 이에 따라 1920년 제1차 지방제도 개정이 이루어져 도평의회, 부협의회, 면협의회, 학교평의회 등이 설치되었다. 이들 기구는 모두 자문기관으로서 의결권은 전혀 갖지 못했다. 도평의원의 3분의 1은 관선(임명제), 3분의 2는 부협의원과 면협의원이 선출하도록 했다. 또 부협의원은 모두 민선이었지만, 선거권과 피선거권 자격을 부세(府稅) 5원 이상 납부자로 한정했다. 이에 해당하는 조선인들은 극소수였기에 부협의회는 부세를 많이 내는 일본인들이 협의원의 다수를 점하여 사실상 주도하였다. 당시 일본에서는 시회의 경우 선거권자와 피선거권자의 자격을 국세 연액 2원 이상 납부자로 책정한 것과 비교할 때 조선은 지나치게 높은 것이었다. 이는 조선인보다 부유했던 일본인에게 기회를 더 많이 부여하기 위한 것이었다. 면협의원의 경우에는 지정면은 민선으로 했지만, 보통면은 군수가 임명하도록 했고, 선거권과 피선거권 자격을 면부과금 5원 이상 납부자로 하여(일부 예외를 인정하는 경우는 있었지만) 그 수는 소수에 그칠 수밖에 없었다.[95]

도지사는 도평의원을 체면오손, 직무태만 등의 이유로 해임할 수 있는 권한을 갖고 있었다. 또 의장으로서 회의 소집 가부를 결정할 수 있었고, 의원의 발언 금지, 발언 취소, 퇴장명령권 등도 갖고 있었다. 도평의회, 부협의회, 면협의회 등에서는 시급을 요하여 평의회나 협의회에 자문할 시간적 여유가 없다고 인정될 때 자문에 부치지 않아도 된다든가, 부와 면의 경우 가벼운 사안에 대해서는 회의를 열지 않고 서면으로 협의회원의

---

95 고려대 한국사연구소 일제강점기사연구실, 2010, 『식민지 조선과 제국 일본의 지방제도 관계 법령 비교자료집』, 선인 참조.

의견을 들어도 된다는 규정이 있었다. 그리고 도평의회의 경우 도평의원이 소집 또는 자문에 응하지 않거나 회의를 열 수 없을 때 도지사는 총독의 지휘를 받아 자문할 사건을 처리할 수 있다고 하였다. 이처럼 도평의회나 부협의회·면협의회는 사실상 장식물이나 들러리에 지나지 않았다.[96]

당시 『동아일보』는 사설을 통해 "이번에 발표된 지방제도는 당국자가 이미 성명한 바와 같이 자치제가 아니라 관료의 자문기관에 불과하며, 그 조직이 철저한 민주적 조리에 의한 바가 아니라 관료적 기분이 농후한 자문기관"이라고 비판하였다. 이어서 "그 자문기관은 하등 실효가 없는 기만적 형식에 지나지 않을 뿐 아니라, 선거에 대한 간섭 혹은 유혹 등 제반 사회의 죄악이 유행할 것"이라고 비판하였다.[97]

조선총독부는 제1차 지방제도 개정에 의해 개설된 자문기구의 운영은 훗날 지방자치 실시를 위한 훈련과정이라고 변명하였다. 그러나 조선인들은 끊임없이 자문기구를 의결기구로 격상해 줄 것을 요구했다.

결국 1930년 조선총독부는 이들 자문기구를 의결기구로 격상하기로 결정하고, 본국 정부와 협의하여 제2차 지방제도 개정을 실시했다. 이에 따라 도평의회와 부협의회는 의결기구인 도회와 부회로 바꾸고, 면협의회는 자문기구로 남겨두기로 했다. 또 도회·부회·면협의회 의원들은 모두 선거로 선출하기로 했다. 그러나 의결기구인 경우에도 의장은 여전히 도지사·부윤이 맡았고, 이들은 도회와 부회의 의결 결과가 '공익을 해하거나 도의 수지(收支)에 부적당하고 판단될 때'에는 재의를 요청하거나 아

---

96 손정목, 1992, 『한국지방제도·자치사연구』(상), 일지사, 190쪽.
97 「지방제도 개선에 임하야 관민의게 바라노라」, 『동아일보』, 1920.8.1.

예 의결을 취소할 수도 있었다.[98] 지방자치의 중심이었다고 할 수 있는 부회의 경우 대부분 일본인 의원들이 다수를 점하여, 조선인들이 훨씬 다수였던 부민들의 의사를 제대로 반영하지 못하였다. 당시 조선총독부는 1930년의 지방제도 개정으로 지방자치가 본격적으로 시작되었다고 선전했다. 그러나 그 지방자치는 분권, 참여, 동의를 기본으로 하는 지방자치의 본뜻과는 거리가 먼 '식민지형 지방자치'에 불과했다.[99] 이 같은 '식민지형 지방자치제'도 1937년 중일전쟁 이후에는 점차 흐지부지되었으며, 특히 1941년 태평양전쟁 이후에는 '익찬의회'가 되어야 한다면서 후보를 관에서 추천하여 일괄 당선되게 하는 등 유명무실하였다.

이처럼 일제는 조선인의 참정권 내지는 자치권을 전혀 인정하지 않았고, 이른바 '지방자치'도 매우 제한적이고 기만적인 '식민지형 지방자치'에 불과했다. 일본이 조선인의 정치적 권리, 즉 참정권·자치권·지방자치권을 일체 박탈하거나 극도로 제한했던 것은 조선을 식민지로, 조선인을 식민지민으로 계속 놓아두고자 했기 때문이다.

2) 언론과 집회의 자유 억압

1919년 4월 11일 상하이에서 조직된 대한민국임시정부는 임시헌장을 채택하였는데, 그 가운데 제4조에는 "대한민국의 인민은 신교(信敎 : 신앙), 언론, 출판, 결사, 집회, 신서(信書 : 통신), 주소 이전(거주 이전), 신체 및

---

98 고려대 한국사연구소 일제강점기사연구실, 2010, 앞의 책 참조.

99 이에 대해서는 박찬승, 2024, 『조선총독부의 지방제도 개편』(일제침탈사연구총서 11), 동북아역사재단을 참조할 것.

소유의 자유를 향유함"이라 하였다. 임시헌장에서 열거한 자유는 근대 민주주의 국가에서 일반적으로 보장하는 자유라고 할 수 있다.

식민지 조선에서 이러한 자유는 얼마나 보장되었을까?

1910년대 '무단통치' 하에서 이러한 자유는 거의 인정되지 않았다. 1910년 8월 한국병합 직후 통감부는 일진회와 같은 친일적인 단체를 포함한 모든 사회단체를 해산하였다. 1910년대에 살아남을 수 있는 단체는 오직 종교단체뿐이었다. 집회 또한 종교집회 외에는 일절 허용되지 않았다. 이는 1907년에 공포된 「보안법」에서 "내부대신은 안녕질서를 유지하기 위해 필요한 경우에 결사의 해산을 명할 수 있다"고 한 것, "경찰관은 안녕질서를 유지하기 위해 필요한 경우에 집회 또는 다중의 운동 또는 군집을 제한, 금지 또는 해산할 수 있음"이라고 한 것을 이용한 것이었다.

또 신문의 경우, 『대한매일신보』는 매수되어 총독부 기관지인 『매일신보』가 되었고, 다른 한글 내지 국한문 신문들인 『제국신문』, 『황성신문』, 『국민신문』, 『대한신문』, 『대한민보』 등은 모두 폐간되었다. 당시 조선총독부는 1908년 통감부 시기에 공포된 「신문지법」에서 신문 발행을 허가제로 한 것을 이용하여 한국어 신문 발행을 일절 금지한 것이다. 잡지 또한 마찬가지로 종교잡지 외에는 모두 폐간되었다. 이 역시 1909년에 발포된 「출판법」에서 문서나 도화 출판을 허가제로 한 것을 이용한 것이었다. 이처럼 1910년대는 언론, 출판, 집회, 결사의 자유가 완전히 말살된 시기였다.

3·1운동 이후 새로 부임한 사이토 총독은 이른바 '문화정치'를 표방했다. '문화정치'의 '문화'는 '문치교화(文治敎化)'를 의미하였다. 이에 따라 그는 언론, 출판, 집회, 결사의 자유를 어느 정도 허용하겠다는 방침을 밝혔다. 그 결과 『동아일보』, 『조선일보』, 『시대일보』 등 조선문 신문을 「신

문지법」에 의하여 허가하고, 『개벽』, 『신천지』, 『신생활』, 『조선지광』 등의 잡지 발간도 「신문지법」에 의해 허가하였으며, 이후 다른 잡지들에 대해서는 「출판법」에 의거해 '계속출판물'이라는 이름으로 허가하였다.

조선총독부는 한편으로 이들 신문과 잡지 발행을 허가하면서, 다른 한편으로는 1910년대부터 운용해오던 경무총감부 고등경찰과가 이들을 통제했다. 이미 「신문지법」에 의해 허가된 신문과 잡지의 경우에는 발행 즉시 2부를 납본하면 경찰 측이 이를 검토한 뒤 문제가 있다고 판단하면 압수·발매금지·발행정지 처분을 내렸다. 「출판법」에 의해 허가된 '계속간행물'은 다른 단행본과 마찬가지로 사전에 원고를 제출하여 검열을 받도록 했다.[100]

경찰의 언론 탄압은 크게 행정처분과 사법처분으로 나뉘었다. 행정처분은 간담·주의·경고·금지 4단계로 이루어지는 '사전통제'와 삭제·발매금지(또는 압수)·발행정지(정간처분)·발행금지(폐간처분) 4단계로 이루어지는 '사후탄압'으로 나뉜다. 그리고 사법처분은 즉결처분 또는 정식재판에 의한 벌금이나 체형이었다.[101]

신문 통제는 주로 '사후탄압' 형태로 이루어졌다. 〈표 7-10〉을 보면 1930년대 전반기에 치안방해를 이유로 한 삭제 건수가 급격히 늘어 1935년에 가장 많았고, 1936년에는 손기정 선수의 일장기말소사건으로 『동아일보』와 『조선중앙일보』가 정간 상태여서 삭제 지시 건수가 크게 줄었다.

---

100 박찬승, 2009, 『언론운동』(『한국독립운동의 역사』 33권), 독립기념관독립운동사연구소, 319쪽.
101 정진석, 1990, 『한국언론사』, 나남, 438쪽.

〈표 7-11〉 신문기사 삭제·주의 건수(1933~1939)

		1933	1934	1935	1936	1937	1938	1939
치안 방해	삭제	229	224	524	75	49	108	127
	주의	11	9	135	32	31	20	48
풍속 괴란	삭제	-	2	-	3	-	-	
	주의	-	-	31	-	3	-	

출처: 조선총독부 경무국, 『조선출판경찰개요』 각 연도판(정진석, 1990, 『한국언론사』, 나남, 447쪽에서 재인용).

〈표 7-12〉 신문 압수처분 건수(1920~1939)

연도	동아일보	조선일보	중외(중앙)	매일신보	계	비고
1920	19	32	-	-	51	동아·조선 창간
1921	16	26	-	-	42	
1922	16	14	-	-	30	시대일보 창간
1923	16	23	-	-	39	
1924	68	59	56	-	183	시대→중외
1925	67	66	44	-	177	
1926	35	58	32	3	125	
1927	46	62	45	3	153	
1928	28	28	21	3	88	
1929	28	23	26	4	77	
1930	31	20	31	1	82	
1931	17	9	6	6	32	중외→중앙
1932	7	8	5	4	20	
1933	6	10	7	1	23	중앙→조선중앙
1934	12	4	4	1	20	

1935	2	3	3	5	8	
1936	9	13	8	6	30	
1937	1	1	-	8	2	
1938	5	7	-	5	12	
1939	8	5	-	3	13	
						동아·조선 폐간
계	437	471	299	53	1,207	

출처: 정진석, 2001, 「일제의 민족지 압수 기사 연구」, 『한국근대언론과 민족운동』, 173쪽.

〈표 7-12〉는 신문기사가 문제 되어 신문이 압수된 건수를 보여 준다. 압수가 가장 많았던 시기는 1923~1927년까지이다. 이 시기는 사회주의 운동이 활발하게 전개된 시기였다. 또 『조선일보』와 『동아일보』는 압수 건수가 각각 471건과 437건으로 비슷하며, 매년 압수된 건수도 비슷한 경우가 많았다.

신문 통제에서 가장 큰 것은 발행정지, 즉 정간 조치였다. 『동아일보』와 『조선일보』는 각각 4차례씩 정간당했다. 『동아일보』는 정간된 기간이 569일(1년 6개월 22일)이었으며, 『조선일보』는 240일(8개월), 『중외일보』는 2회, 321일(10개월 21일)로 『동아일보』가 가장 길었다.[102] 그리고 『동아일보』와 『조선일보』는 1940년 8월 10일 일제에 의해 강제 폐간되었다.

언론 억압 외에도 집회 억압 또한 심각하였다. 1920년대 이른바 '문화통치' 기간에도 수많은 단체의 집회가 사전에 금지되거나 도중에 중지되었다. 예를 들어 1923년 3월 경찰은 전조선청년당의 집회를 금지했다. 그

---

102 정진석, 1990, 앞의 책, 438쪽.

이유는 청년당대회에서 결의한 것이 불온한 과격사상에 의지하고 있고, 그들의 언동이 과격하여 집회를 여는 경우 안녕질서를 해칠 우려가 있어 보안법 제2조에 의해 집회를 금지한다는 것이었다.[103] 또 1924년 4월에는 11단체 유지연맹을 비판하기 위한 '민중대회'를 경찰이 금지하였으며, 5월 1일의 메이데이 행사도 금지하였다.[104]

조선노농총동맹은 1924년 결성된 이래 경찰의 집회 금지 조치로 어떤 집회도 열 수 없었다. 매년 4월에 열게 되어 있는 정기대회도 열 수가 없었으며, 심지어 집행위원회 회의도 열 수 없었다.[105] 경찰은 4월 24일 조선청년총동맹 제1회 임시대회 도중에 행사장에 들어와 집회를 중지시키고 토의안건 등 서류를 압수해갔으며, 집행위원회도 열지 못하게 했다.[106] 또 전국 각지에서 5월 1일 메이데이를 전후하여 계획했던 각종 강연회와 시위행진도 대부분 금지했다.[107] 또 노농총동맹과 청년총동맹이 연합으로 주최하려 한 조선노동자도일제한 문제에 대한 강연회도 경찰이 금지하였다. 경찰은 학술이나 종교 강연회 외에는 일절 금지하라는 도지사의 지시가 있었다고 말하였다.[108] 이 같은 사태가 이어지자 30여 개 재경 사회단체는 '언론집회압박탄핵대회'를 천도교당에서 열기로 하였다.[109] 그러나 경찰은 이 대회마저 금지했고, 기마경찰을 동원하여 천도

---

103 「청년당대회는 금지」, 『동아일보』, 1923.3.31.
104 「민중대회 명칭 하엔 집회를 절대금지『동아일보』, 1924.4.24.
105 「조선사회운동개관 을축 1년 총수확기」, 『동아일보』, 1926.1.4.
106 「청년총동맹 임시대회의 오후」, 『조선일보』, 1924.4.26.
107 「조선 각지 메이데이」, 『조선일보』, 1924.5.4.
108 「소위 집회자유는 말뿐, 문화정치를 표방자는 果誰」, 『조선일보』, 1924.6.4.
109 「언론집회압박 탄핵대회를 명일 개최」, 『조선일보』, 1924.6.19.

교당 앞에 모인 군중을 강제로 해산했으며, 이 대회를 준비한 실행위원 4명을 연행하였다.[110] 이후에도 사회단체가 주최하는 강연이나 집회는 금지하였다.

1927년에는 노농총동맹이 노동총동맹와 농민총동맹으로 분립하기로 하였는데, 대회를 열 수 없어 서면으로 이를 결의할 수밖에 없었다.[111] 이후에도 경찰은 이들 두 동맹과 청년총동맹의 집회나 회의를 계속 금지하였다. 이 때문에 이들 3총의 집회 금지는 사회문제로 떠오르고, 1927년 2월 출범한 신간회는 삼총집회해금운동을 벌이기로 하였다.[112] 이에 따라 신간회 각 지회에서는 삼총집회 해금을 촉구하는 결의를 하였다. 그러나 신간회 역시 매년 2월 열어야 할 정기대회를 경찰의 금지 명령으로 열지 못하였다.[113] 각 지방의 신간회 지회도 점차 정기대회, 집행위원회 회의, 강연 등을 열 수 없게 되었다.[114] 이 같은 사태가 벌어지자 1927년 10월 조선변호사협회와 재경사회단체는 '언론집회폭압탄핵대연설회'를 열기로 하였으나,[115] 이 대회 또한 경찰이 하루 전에 금지하였다.[116]

당시『동아일보』와『조선일보』는 조선총독부 당국의 각종 집회 금지 조치에 대해 사설 등을 통해 비난하였다.『동아일보』는 사설에서 "조선 전체가 어떠한 의미에서는 감옥이라고도 볼 수 있다"면서, 언론과 집회의

---

110 「언론집회압박 탄핵회장 전의 대혼잡」,『조선일보』, 1924.6.22.
111 「노동농민 분립의 의의」,『동아일보』, 1927.9.9.
112 「(사설) 삼총집회 해금운동에 대하야」,『동아일보』, 1927.12.28.
113 「래 15일에 개최될 신간개회 돌연금지」,『동아일보』, 1928.2.8.
114 「신간 廣州지회, 정기대회 금지, 위원회까지 금지」,『조선일보』, 1929.12.16.
115 「언론집회의 자유 탄핵연설회를 압두고」,『동아일보』, 1927.10.14.
116 「언론집회폭압 탄핵연설도 금지, 십삼일 오후에 돌연히 금지」,『조선일보』, 1927.10.14.

과도한 압박은 조선사람에게 중대한 결과를 가져올 뿐 아니라 그것의 진전에 따라서는 의외의 결과를 발생케 할지도 모른다고 경고하였다.[117]

경찰 당국의 각종 집회 금지 조치는 1908년에 만들어진 보안법의 '안녕질서를 유지함에 필요한 경우에는 집회를 금지할 수 있다'고 한 조항을 악용한 것이다. 그런데『동아일보』는 당시 경찰 당국의 과도한 집회 금지 조치는 '안녕질서를 유지하기 위하여 필요한 조치'라고 보기 어렵다고 지적하였다. 이 신문은 경찰의 그러한 조치의 배경에 대해 다음과 같이 분석하였다.

> 이같이 극단적인 언론·집회의 압박은 어떠한 연유에서 나왔는가. 일방으로 보면 이것이 전국적 반동정책을 추수하는 것 같다. 다나카(田中) 내각의 미증유의 금압(禁壓) 정책이 조선의 행정에도 반영되어 극단의 언론·집회의 압박이 되고, 사상운동의 대탄압, 운동자의 일망타진이 되었다. 이러한 당국의 무단적 정책이 하급의 소관청(小官廳)까지 전염되어 신경과민적 금압 정책을 이룬 것으로 볼 수 있다. 이와 동시에 일방으로는 지방경찰이 자가(自家)의 지위 옹호 관계로 전전긍긍하여 소위 '무사주의(無事主義)'를 발휘하여 어떤 것이든지 후환이 있음직한 일은 잡담 제하고 금지로 일관하는 폐가 없지 않은 것 같다.[118]

즉 일본 본국 정부의 가혹한 사상 탄압정책의 모방과 지방경찰의 보

---

117 「頻頻한 집회금지」,『동아일보』, 1927.10.25.
118 「(사설) 다시 過酷한 집회취체에 대하야」,『동아일보』, 1928.8.30.

신(保身)으로 막무가내식 결정이 과도한 집회 금지 조치로 나타나고 있다고 본 것이다.

『동아일보』는 또 다른 사설에서 언론·집회의 압박조치에 대해 다음과 같이 원칙적인 입장에서 비판하였다.

> 언론·집회·결사의 자유는 현대의 국가가 허용한 시민의 특권이다. 누구나 이 자유로운 권리를 침범할 수도 없는 것이려니와 또 이 자유로운 권리를 침해받을 하등의 이유도 없다. (중략) (그런데 조선에서는) 노총·농총·청총 집회 금지의 방치는 말할 것도 없거니와 지방청년회, 강습소, 학생연구회 등 온갖 단체는 모두 해산 혹은 봉쇄를 하고, 무슨 강연회, 무슨 연설회 같은 것은 중지와 금지로 해산되지 않는가. 최근 갑산 화전민충화사건을 보더라도 조사반 출발을 제한하고 기사게재를 제한하고, 보고연설회를 금지하지 않았는가. 그뿐이랴. 이 언론 압박에 대하여 규탄하고자 일어선 압박반대연설회도 금지하지 않았는가. 조선에는 마치 언론·집회·결사의 자유가 허용된 것이 아니라 원칙적으로 이 권리가 금지된 감이 있다. 무슨 이유로 가져야 할 자유로운 이 권리를 갖지 못하고, 당국은 이에 탄압에 탄압을 가하고 있는가.[119]

이어서 이 사설은 대한제국기에 보안법에서 정치적 집회를 금지한 것은 병합 당시의 혼란을 예상하고 임시로 넣은 것이었는데, 이것을 20년이 경과한 후에도 그대로 이용하고 있는 것은 시대착오적이라고 비판하였다. 하물며 이 보안법의 조문에 기재된 것 이상으로 가혹한 단속을 하

---

119 「(사설) 극단으로 제한된 언론 집회」, 『동아일보』, 1929.8.6.

는 것은 경찰의 압박 정도가 너무나 심한 것이라고 비판하였다.[120]

이상에서 살핀 것처럼 1910년대 '무단정치' 시기만이 아니라, 1920년대 이른바 '문화정치' 시기에도 언론과 집회의 자유는 가혹하게 억압을 받았다.

그렇다면 일제 당국은 왜 언론과 집회의 자유를 가혹하게 억압하였을까?

일제 당국은 조선인들에게 언론·집회·결사의 자유를 상당히 허용할 경우, 조선인들의 일제 통치정책에 대한 저항이 드세게 일어날 것을 우려하였다. 위에서 본 바와 같이 조선에 대한 식민지적인 대우, 점진 혹은 급진적인 동화정책, 사회 전반에 걸친 각종 차별정책, 일본자본의 경제적 장악, 조선인들의 경제적 몰락 등에 대한 저항은 시간이 갈수록 드세게 일어날 수밖에 없었다. 따라서 일제 당국은 이러한 조선인들의 저항을 막기 위하여 언론·집회·결사의 자유를 최대한 억압하려 한 것이다.

1930년대에 들어서면 이러한 자유는 더욱 제한되어, 1920년대의 사회운동 단체들은 거의 다 해체되었고, 살아남은 일부 농민조합이나 노동조합 등 사회단체들의 집회도 거의 불가능해졌다. 언론은 더욱 강력하게 압박을 받게 되고, '손기정 선수 일장기 말소 사건'으로 이어진 장기간의 정간 조치는 『조선중앙일보』를 폐간으로 몰아넣었으며, 『동아일보』도 큰 타격을 받았다. 중일전쟁 발발 이후 언론에 대한 압박은 더욱 심해져 결국 1940년에 이르러 『동아일보』와 『조선일보』는 사실상 강제 폐간되고 말았다.

---

120 「(사설) 극단으로 제한된 언론 집회」, 『동아일보』, 1929.8.6.

7. 맺음말

1910년 일본은 한국을 강제 병합한 후 '한국' 대신 '조선'이라는 이름을 쓰게 하고, '조선'을 기본적으로 '식민지'로 간주하고 대우했다. 1910년 한국을 병합한 이후 일본 정부 관료들은 한국(조선)을 타이완, 화태 등과 함께 '식민지'라고 지칭했다. 또 1910년대와 1920년대 식민지를 주로 관리한 기관이었던 척식국은 조선, 타이완, 화태, 관동주, 남양군도 등을 공식적으로 '식민지'라 지칭하였다.

그러면 일제는 한국을 병합하여 식민지로 만든 뒤, 식민지 조선 통치 정책의 주요 기조를 어떻게 설정하였을까?

이는 '조선인 동화정책, 민족간 차별정책, 경제적 장악과 이용, 참정권과 자유의 박탈' 등으로 정리할 수 있다. 이를 차례대로 보면 다음과 같다.

첫째 조선인 동화정책이다. 조선총독부의 수장인 총독들은 '동화주의' 노선을 일관되게 걸었으며, 그에 기초한 정책들을 폈다. 그것은 일본 정부의 조선 통치 기본방침이 '동화주의'였기 때문이다. 그렇다고 해서 조선을 식민지나 '외지'가 아닌 '내지'로 만든다든가, 조선인을 일본인(일본민족)으로 만든다는 것은 아니었다. 그들의 '동화주의'란 '조선인의 일본국민화'를 의미하는 것이었다. 이를 위해서는 우선 정치적 동화가 필요했고, 이어서 사회·문화적 동화, 정신적 동화가 필요했다. 조선 총독들은 이러한 동화를 위해서는 상당한 시간이 필요하다고 보았다. 따라서 그들은 대체로 점진적 동화주의의 입장을 취하였다. 다만 그때그때의 정세와 총독 개인의 취향과 정세에 따라 적극적 혹은 소극적인 동화정책을 펴기도 했고, 또 강압적 혹은 유화적인 동화정책을 펴기도 했다. 특히 데라우치 총독이나 미나미 총독은 다소 급진적인 동화정책을 펴서 조선인들의 강한 반발을 사기도 했다.

둘째, 민족 간 차별정책이다. 조선총독부는 항상 일본인과 조선인 간의 관계에서 '일시동인' 혹은 '내선융화'를 표방했지만, 실제로는 기본적으로 '분리'와 '차별' 정책을 취하였다. 우선 주요 도시의 사례들이 보여주듯이, 주요 도시에서 일본인과 조선인의 거주지는 대체로 구분되어 있었다. 그리고 도(道)나 부(府)의 예산지원 정책에 의해 일본인과 조선인 거주지 사이에서는 주택, 상가, 도로, 전기, 상하수도 등의 시설에서 커다란 차이가 나타났다.

분리와 차별이 두드러지게 나타난 또 하나의 영역은 학교교육이었다. 일본인 학생들이 다니는 학교와 조선인 학생들이 다니는 학교는 학제부터 차이가 났다. 학제 차이는 조선인들의 불만으로 이어졌으며, 이에 1922년 제2차 조선교육령으로 학제가 같아졌다. 학제뿐 아니라 학생들의 취학률에서도 큰 차이가 있었다. 조선인 아동의 보통학교 취학률은 1933년까지 20%를 넘지 못했으며, 1942년에도 50%가 채 되지 못했다. 이는 일본인 아동이 본토와 마찬가지로 사실상의 의무교육제도 아래에서 거의 전원 초등교육을 받았던 것과 대비된다. 조선인 학생들의 초등학교 취학률이 낮았던 것은 학교가 부족했기 때문이다. 중등학교 취학률은 더욱 열악했다. 그것은 조선총독부나 도 당국이 관·공립 고등보통학교 증설에 힘을 기울이지 않았기 때문이다.

한편 학교 내에서도 신입생 선발과정, 학생 지도와 교육과정, 평가과정, 처벌과정, 학생 취업과정, 취업 후 직종과 직위 변화 등에서도 상당한 차별이 나타났다. 이 같은 차별은 제도적인 차별이라기보다는 관행적이었으며, 그 바탕에는 식민지교육을 담당하고 있던 일본인 교사들의 조선인에 대한 차별의식, 경멸의식(멸시관) 등이 깔려 있었기 때문이다.

셋째, 경제적 장악과 이용이다. 경제적 측면에서 보면, 일본이 한국을 병합한 것은 한국을 '식량 및 원료 공급지, 상품시장, 자본투자처' 등의 식민지로 만들기 위함이었다. 병합 이후 일본은 이를 식민지 조선 지배정책의 기조로 삼아 관련된 정책을 지속적으로 폈다.

20세기 초 일본에서는 매년 인구가 50만~70만 명씩 늘어나고 있었다. 이에 따라 식량부족 사태가 초래되었고, 1918년에는 '쌀소동'이라는 민중 폭동이 일어나기도 하였다. 1916~1917년의 상황을 보면, 일본 본토에서 생산된 쌀은 연평균 5,463만 석이었는데, 소비액은 5,913만 석으로 약 450만 석이 부족하였다. 일본은 이를 외국에서 수입하고 식민지 조선과 타이완에서 이입하여 해결하였다. 특히 조선미는 그 품질이 '내지미'에 가깝고, 조선의 미작은 아직 개량의 여지가 많았다. 이에 따라 일본 정부의 척식국은 조선에서 이른바 '산미증식계획' 사업을 실시하기로 결정하여 조선총독부가 1920년에 착수하였다. 그 결과 1924년 약 475만 석, 1926년 약 543만 석, 1927년 619만 석, 1928년 742만 석 등 일본에 쌀 이출이 급격히 증가하였다. 1928년에는 700여만 석을 실어갈 수 있을 정도로 산미증식계획은 큰 성공을 거두었고, 이로써 조선을 부족한 식량의 생산기지로 만든다는 일본의 구상은 성공하였다.

조선을 공업원료 생산지로 만든다는 계획은 어떻게 추진되었을까?

20세기 초 일본 자본주의는 면직공업이 주력 산업이었고, 수출에서는 생사가 주력 품목이었다. 따라서 면직공업의 원료가 되는 면화(혹은 면화씨를 뺀 조면)와 생사를 만들기 위한 누에고치 혹은 생사 그 자체가 필요했다. 조선총독부는 1912년 '육지면장려 제1기 계획'을 세워 남부지방에 육지면 재배를 권장하였다. 1920년대 들어서도 조선총독부는 면화 재배를 권장하였다. 그 결과 1930년에는 재배면적 약 20만 정보, 실면생산고 1억 7천만 근, 수출고 약 1,800만 근을 달성하였다. 당시 조선에서 생산되는 면화의 약 30% 정도가 일본으로 헐값에 이출되었고, 나머지는 조선 내 방적공장의 원료로 공급되었다.

면화 재배와 함께 조선총독부가 조선 농민에게 강요한 것은 양잠, 즉 누에치기였다. 메이지 시대 이후부터 미국과 유럽을 대상으로 한 일본의 생사(生絲) 수출은 크게 늘어 수출 1위를 점할 정도가 되었다. 이에 따라 제사업(製絲業)이 크게 발전하였고, 제사업의 원료가 되는 잠견(蠶繭), 즉 누에고치의 수요가 크게 늘었다. 1912년 데라우치 총독은 훈령을 통해 잠업의 개량·장려에 관한 중요 사항을 제시하였다. 조선총독부는 1919년 4월 제령으로「조선잠업령」, 총독부령으로 그 시행규칙을 반포하였다. 사이토 총독 때에도 조선총독부는 산견(産繭) 증수계획을 계속 밀고 나갔다. 그 결과 1927년에는 뽕밭 5만 8,800정보, 양잠 호수 57만 3,000호, 산견액 35만 5,000석을 달성했다. 이 시기 조선에는 일본의 제사자본이 직접 진출하여 제사공장들을 세웠다.

자본주의 후발자로 불리한 입장이었던 일본은 조선을 독점적인 상품시장으로 확보하는 것이 중요한 문제였다. 1910년 이후 조선의 대외무역 추이를 보면, 1910년 36:64였던 수입(일본 외 국가로부터 수입)과 이입(일본으로부터 수입) 비율은 1921년 33:67, 1930년 24:76, 1944년 20:80으로 이입 비중이 갈수록 크게 늘었다. 또 1910년대 수·이입품을 보면 완제품이 전체 액수의 과반을 차지하였다. 완제품 가운데 직물 및 경공업 일용품의 수·이입액은 1910년에 총 수·이입액의 46.6%, 1919년에 41.0%였다. 그밖에 광물, 철, 금속제품, 차량 및 선박, 기계류 등의 수입이 많았다. 그리고 수·이입품 대부분은 일본산이었다. 이는 1910년대에 이미 조선은 일본 자본주의의 독점적인 상품시장으로 전락했다는 것을 보여준다.

1920년대에 들어서면 조선과 일본 간의 관세가 철폐되어 조일 간의 무역은 더욱 늘어난다. 일본 정부는 1920년 8월 7개 품목을 제외한 나머지 품목의 일본 이입에 대한 관세를 모두 철폐하였다. 그리고 조선총독부는 1923년 4월에 조선 이입세를 일부 품목을 제외한 나머지 품목에 대해 모두 철폐했다. 이 시기 일본으로부터 조선에 들어온 품목 가운데 가장 비중이 컸던 것은 완제품이었다. 여기서 완제품은 기계류, 면제품, 금속제품, 차량, 선박 등이었다. 그 가운데에서도 면제품이 가장 많았으며, 면제품 가운데에서도 면직물이 가장 많았고, 다음이 면직사, 조면 및 타면 등이었다. 이러한 양상은 1937년까지 계속되었다.

일본 자본주의가 식민지 조선에서 초과이윤을 얻을 수 있는 또 하나의 방법은 조선에 직접 자본을 투자하여 값싼 자원과 노동력을 직접 이용하는 것이었다. 1910년대 전반기에는 일본 자본의 진출이 주춤하였으나, 후반기에는 제1차 세계대전을 계기로 팽창한 일본 자본이 조선으로 진출하기 시작하였다. 1920년 4월 조선총독부가 「회사령」을 폐지하여 회사 설립이 허가제에서 신고제로 바뀌게 되자 제1차 세계대전을 계기로 축적된 일본 자본이 조선에 진출하기 시작했다. 1930년대에 들어 우가키 총독은 이른바 '농공병진' 정책을 주창했다. 당시 조선총독부의 방침은 섬유공업을 중심으로 한 경공업을 조장하고, 동시에 지하자원의 급속한 개발과 이에 수반되는 금속공업, 기계공업, 조선공업 등 중공업 발달에 집중하여 공업 전반의 발전을 도모한다는 것이었다. 1931년 '만주사변'이 발발한 후 금본위제의 정지, 화폐가치 하락 등으로 금값이 등귀하여 조선에서는 골드러쉬가 일어났다. 또 만주 시장이 열리면서 조선이 대륙으로 가는 길목이 되자, 「공장법」도 없는 조선에서 값싼 노동력을 노린 독점자본이 본격적으로 몰려오기 시작하였다. 이로써 일본 자본주의는 조선 경제를 완전히 장악하는 단계에 들어갔다.

넷째, 참정권 박탈과 자유 억압이다. 일본 제국주의는 1910년 한국을 병합한 뒤 한국인들의 '광복운동(독립운동)'을 철저히 탄압하였다. 1910년대에는 보안법, 형법, 신문지법, 출판법 등을 중심으로 한 법제와 경찰·헌병이라는 물리력을 동원하여 철저히 탄압했다. 그런 가운데에서도 1919년 3·1운동이 일어나자, '정치적 독립'을 외치는 이들을 탄압하기 위해 기존의 보안법, 출판법, 소요죄, 형법 외에 새로이 '제령 7호'로 정치범처벌령을 만들어 반포했다.

1920년대 초 조선에도 사회주의 사상이 유입되어 청년·노동·농민에 큰 영향을 주었고, 1923년 이후에는 사회주의 운동 세력이 크게 확대되었다. 일제는 본국에서 사회주의와 무정부주의 운동을 탄압하기 위해 1925년 '치안유지법'을 제정하였는데, 이를 조선에서도 동시에 실시하였다.

3·1운동 이후 일본의 정치인과 언론인 그리고 학자들 사이에서는 조선인에게 참정권을 부여하여 일본 국회에 일정한 수의 대표를 파견할 수 있게 해주자는 의견(참정권 부여론)과 조선인에게 자치권을 주기 위해 조선에 '자치의회'를 개설하자는 의견(자치론)이 제기되었다. 일본 정부는 이미 참정권론 입장에서 조선인의 민도가 성숙한 후에 '내지'의 의회에 참여할 수 있는 참정권을 주겠다는 말해왔고, 이때도 같은 입장을 표했다. 직업적인 친일 조선인들이 만든 단체는 하루라도 빨리 참정권을 부여해 줄 것을 일본 정부에 요구했지만, 일제 말기까지 부여되지 않았다. 또 일부 친일파와 타협적인 민족주의자들은 자치운동을 추진하기도 했다.

1920년대 후반에는 조선총독부의 일부 관료들이 조선에 자치의회를 개설하는 안을 만들어 사이토 총독을 통해 본국에 의견을 타진했지만, 본국 정부는 절대불가라는 답변만 내놓았다.

대신 일본 정부는 조선인들에게 지방행정에 어느 정도 참여할 수 있는 기회를 주는 것이 필요하다고 보았다. 이에 따라 1920년 제1차 지방제도 개정이 이루어져 도평의회, 부협의회, 면협의회, 학교평의회 등이 설치되었다. 그러나 이들 기구는 모두 자문기관으로서 의결권은 전혀 갖지 못했다. 1930년 조선총독부는 제2차 지방제도 개정으로 이들 자문기구를 의결기구로 격상하기로 결정했다. 그러나 의결기구의 경우에도 의장은 여전히 도지사·부윤이 맡았고, 이들은 도회와 부회의 의결 결과가 '공익을 해하거나 부적당하고 판단될 때'에는 재의를 요청하거나 아예 의결을 취소할 수도 있었다. 또 대부분의 부회는 일본인 의원이 다수를 점하여 조선인이 다수였던 부민들의 의사를 제대로 반영하지 못했다. 당시 조선총독부는 1930년 지방제도 개정으로 지방자치가 본격적으로 시작되었다고 선전했지만, 지방자치의 본뜻인 분권, 참여, 동의와는 거리가 먼 '식민지형 지방자치'에 불과했다.

식민지 조선에서 언론·집회·결사의 자유는 얼마나 보장되고 있었을까?

1910년대 '무단통치' 하에서는 이러한 자유가 거의 인정되지 않았다. 일제는 1907년에 공포된 「보안법」의 집회 허가제 내지 금지 조항을 이용하여 1910년대 무단통치기와 1920년대 문화정치기에도 집회와 결사의 자유를 강력히 통제했다. 언론의 경우도 1908년 공포된 「신문지법」, 1909년 공포된 「출판법」 등에서 신문이나 도서 발행을 허가제로 한 것을 이용하여, 1920년대 문화정치기에도 한국어 신문이나 도서 발행을 허가제로 하고, 사전 혹은 사후 검열제를 이용하여 강력히 통제하였다.

일제 당국은 왜 가혹하게 언론과 집회의 자유를 억압하였을까? 그것은 조선인들에게 언론·집회·결사의 자유를 상당히 허용할 경우 일제 통치정책에 대한 저항이 드세게 일어날 것을 우려하였기 때문이다.

이상에서 살펴본 것처럼 일본의 조선 식민지 지배정책은 지속적인 동화정책의 강제, 노골적인 차별정책의 지속, 일본 자본주의의 조선 경제 장악과 이용 지원, 정치적 권리와 각종 자유 억압 등으로 규정할 수 있다. 이런 점에서 일제 식민 지배하의 한국인들은 카이로선언에서 말했듯이 '노예상태'에 있었다고 해도 과언이 아니다. 그러나 일제의 지배체제도 완벽한 것은 될 수 없었다. 한국인들은 열악한 상황에서도 일제 지배의 틈새를 파고들어 저항운동과 실력양성에 힘을 쏟았고, 이를 통해 일제의 지배체제에 균열을 내고 있었다.

■ 영국의 인도 지배 관련 연표

날짜	주요 사건
1608.8.24.	동인도회사의 첫 직원, 무굴제국의 서해안 수라트항에 도착
1612.12.	포르투갈을 이기고 무굴 황제로부터 무역권 획득
1690.8.24.	북동해안 벵골지방 캘커타에 상품 집하소를 건설하고 축성
1757.6.23.	벵골 플라시전투에서 승리하고 1765년 벵골에서 첫 식민지 확보
1770.	벵골지방의 기근으로 약 천만 명 현지인 아사
1773.5.18.	영국 정부의 동인도회사 통치 개입
1798.	중부의 강국 하이데라바드에 대한 식민정부의 첫 보호정치
1818.6.3.	대권 경쟁자인 마라타 제국을 이기고 영국이 전국적 패권 확보
1835.	식민정부의 영어 교육 시행. 영어를 영국령 공식어로 규정
1853.4.16.	서부 봄베이에서 첫 증기기관차 운행
1856.2.7.	식민정부, 갠지스 평원의 오우드 왕국을 후손이 없다고 강제 병합
1857.5.10.	세포이 항쟁 시작, 이후 인도인의 거센 반영 운동
1857.9.21.	무굴제국의 공식적 종식
1858.8.2.	동인도회사의 통치 폐지, 영국 정부의 직접적 통치 발표
1876.5.1.	인도 제국 선포, 빅토리아 여왕의 황제 겸임 선언
1876~1878.	데칸 지방의 대기근으로 현지인 약 9백만 명 아사
1879.3.13.	1894년까지 영국산 면직물의 수입 관세 폐지
1885.12.28.	인도 지식인의 '인도국민회의' 결성. 곧 반식민 성향으로 발전
1892.6.20.	국민회의에 대한 대응으로 중앙과 지방에 의회를 둔 의회법 통과
1905.7.20.	식민정부의 벵골영토 분할. 이어진 인도인의 반대 운동
1906.12.30.	모슬렘의 결사 단체 '인도 모슬렘연맹' 탄생
1909.3.12.	식민정부의 모슬렘 독립(분리)선거구 승인

날짜	주요 사건
1911.12.12.	인도인의 반대 운동으로 1905년의 벵골 분할령 취소
1911.12.12.	식민정부의 수도를 캘커타에서 델리로 이전한다고 발표
1915.1.9.	인권운동가 간디, 남아프리카에서 귀국. 곧이어 농민·노동운동 주도
1916.4부터	1918년까지 2년간 인도인의 홈룰(자치정부) 운동
1919.12.23.	지방정부 일부 부처를 인도인 각료에게 이양하는 통치법 통과
1920.4.4.	간디가 이끈 국회의 중심의 비협력 반영 운동 시작, 약 2년간 지속
1928.2.3.	1919년에 약속한 헌정 발전을 논의할 영국 대표단의 방문
1929.12.19.	인도국민회의, 영국 자치령이 아닌 완전한 독립을 목표로 선언
1930.4.5.	간디가 이끈 소금 법 반대 운동(소금 행진)과 전국적 시민불복종 운동
1930.6.23.	영국산 면직물의 수입 관세를 3.5%에서 15%로 인상하는 보호법 통과
1931.3.5.	간디-어윈 총독의 제1차 원탁회의와 협정. 인도에 자치령 부여 합의
1931.9~12.	영국 런던에서 간디와 영국 정부의 원탁회의. 연방제 인정 합의
1935.8.2.	외교, 군사, 재정을 뺀 식민정부의 완전 이양을 규정한 통치법 제정
1937.2.	1935년 통치법에 근거한 지방선거에서 인도국민회의가 압승
1940.3.23.	1937년 선거에서 패한 모슬렘연맹, 라호르에서 파키스탄 건국 선언
1942.8.8.	인도에서 영국의 철수를 촉구하는 대규모 반영 운동, 약 2년간 전개
1946.2.	일부 인도 해군의 식민정부에 대한 군사 반란
1947.8.15.	인도, 파키스탄의 분리 독립. 이어 500여 모든 왕국 두 국가에 복속
1948.1.30.	마하트마가 암살됨
1950.1.26.	인도, 연방공화국 선포

■ 프랑스의 베트남 지배 관련 연표

* 〈지도〉 프랑스령 인도차이나. 통킹, 안남, 코친차이나, 캄보디아, 라오스[1]

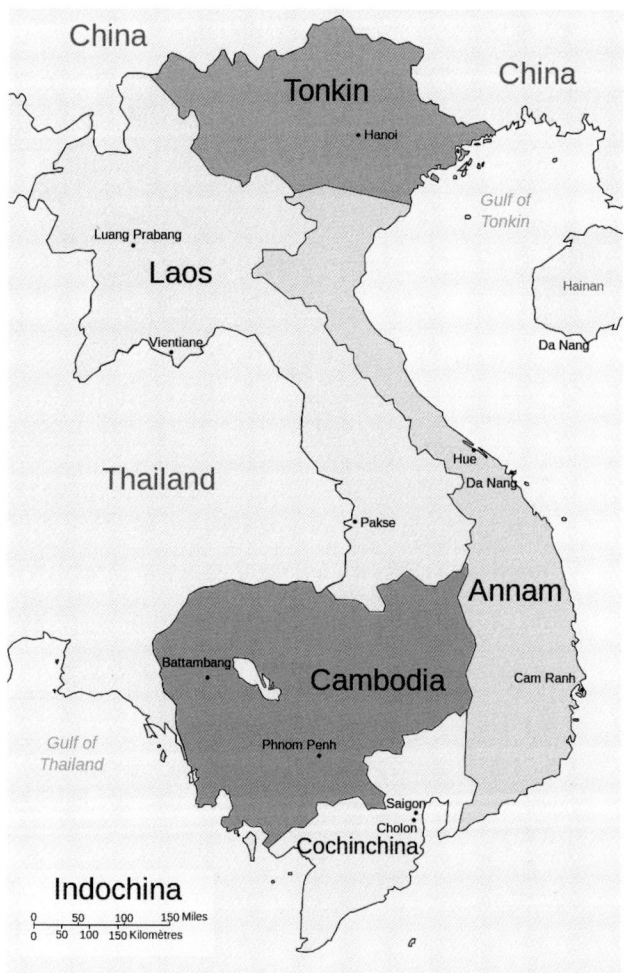

---

1 https://en.wikipedia.org/wiki/Charles_Le_Myre_de_Vilers#/media/File:French_Indochina_subdivisions.svg

* (1858-1887) Commandant en chef d'Indochine[2]

이름	재임 기간
vice-amiral Charles Rigault de Genouilly	1858.9.1-1859.11.1
Jean Bernard Jauréguiberry	mars 1859-1er avril 1860
contre-amiral Théogène François Page	1859.3.12-1859.11.1-1860.3
capitaine de vaisseau Daries	1er avril 1860-7 février 1861
vice-amiral Léonard Victor Charner	mars 1859-1er avril 1860
contre-amiral Louis Adolphe Bonard	30 novembre 1861-1er mai 1863
contre-amiral de la Grandière	1er mai 1863-31 mars 1865
contre-amiral Roze	1er avril 1865-30 octobre 1865
contre-amiral de la Grandière	8 novembre 1865-4 avril 1868
contre-amiral Ohier	5 avril 1868-11 décembre 1869
général Fabon	11 décembre 1869-8 janvier 1870
contre-amiral Cornulier-Lucinière	8 janvier 1870-1er avril 1871
contre-amiral Dupré	1er avril 1871-4 mars 1872
général d'Arbaud	4 mars 1872-16 décembre 1872
contre-amiral Dupré	4 avril 1872-16 mars 1874
contre-amiral Krantz	16 mars 1874-30 septembre 1874
contre-amiral Duperré	30 septembre 1874-30 janvier 1876
général Bossant	1er février 1876-16 juillet 1876
contre-amiral Duperré	7 juillet 1876-16 octobre 1877

---

2   Histoire militaire de l'Indochine française, dir général Puypéroux, Hanoï-Haiphong, imprimerie d'Extrême-Orient, 1931, Exposition coloniale internationale de Paris de 1931, tome II, p.300.(https://fr.wikipedia.org/wiki/Liste_des_gouverneurs_de_l%27Indochine_fran%C3%A7aise?tableofcontents=0)

이름	재임 기간
contre-amiral Lafont	16 octobre 1877-7 juillet 1879
Charles Le Myre de Vilers	7 juillet 1879-4 mars 1881
général Edgard de Trentinian	4 mars 1881-31 octobre 1881
Charles Le Myre de Vilers	1er novembre 1881-12 janvier 1883
Charles Thomson	12 janvier 1883-27 juillet 1885
général Bégin	27 juillet 1885-19 juin 1886
Filippini	juin 1886-22 octobre 1887 décédé
Pardon	23 octobre 1887-2 novembre 1887
Georges Jules Piquet	3 novembre 1887-15 novembre 1887

* (1858-1879) 코친차이나 도독(Gouverneurs militaires)[3]

성명	재임 기간	위치
Charles Rigault de Genouilly	1858.9-1859	다낭
Théogène François Page	1859.10.19-1860.3.23	
Charles Rigault de Genouilly	1859.2.18-1859	사이공
Jean Bernard Jauréguiberry (par intérim)	1859-1860.3	
Théogène François Page	1860.3-1861.2.6	
Joseph Hyacinthe Louis Jules d'Ariès (remplaçant de Théogène François Page)	1860.4.1-1861.2.6	
Léonard Victor Joseph Charner	1861.2.6-1861.11.30	
Louis Adolphe Bonard	1861.11.30-1863.10.16	
Pierre-Paul de La Grandière	1863.10.16-1868.4.4	

---

[3] https://fr.wikipedia.org/wiki/Liste_des_gouverneurs_de_la_Cochinchine_fran%C3%A7aise

성명	재임 기간	위치
Marie Gustave Hector Ohier	1868.4.4-1869.12.10	
Joseph Faron (par intérim)	1869.12.10-1870.1.9	
Alphonse Jean Claude René Théodore de Cornulier-Lucinière	1870.1.9-1871.4.1	
Marie Jules Dupré	1871.4.1-1874.3.16	
Jules François Émile Krantz (par intérim)	1874.3.16-1874.11.30	
Victor Auguste, Baron Dupérré	1874.11.30-1877.10.16	
Louis Charles Georges Jules Lafont	1877.10.16-1879.7.7	

* Gouverneurs (1879-1887, 코친차이나)[4]

성명	재임 기간
Charles Le Myre de Vilers	7 juillet 1879-7 novembre 1882
Charles Thomson	7 novembre 1882-juillet 1885
Charles Auguste Frédéric Bégin	juillet 1885-juin 1886
Ange Michel Filippini	juin 1886-22 octobre 1887
Noël Pardon (par intérim)	23 octobre 1887-2 novembre 1887
Georges Jules Piquet (par intérim)	3 novembre 1887-15 novembre 1887

---

4   https://fr.wikipedia.org/wiki/Liste_des_gouverneurs_de_la_Cochinchine_fran%C3%A7aise

■ 미국의 필리핀 지배 관련 연표

날짜	주요 사건
1898.4.	쿠바를 둘러싸고 미국의 선전포고로 스페인과 전쟁 시작
1898.5.	미서전쟁이 필리핀으로 확대.
1898.12.	파리강화회의를 통해서 미서전쟁 종식
1899~1902.	미국-필리핀 전쟁.
1899.6.	제1차 헤이그 평화회의
1901.	플랫 수정안
1902.	쿠퍼법 제정
1916.	존스법 제정
1934.	타이딩스-맥더피법 제정
1935.	필리핀 헌법 제정
1942~1945.	일본의 필리핀 지배
1945.	태평양 전쟁 종식과 필리핀 해방
1946.	필리핀 독립 공화국 수립

■ 영국의 아일랜드 지배 관련 연표

날짜	주요 사건
1695.9.7.	차별법: 가톨릭의 교육, 무기 소지, 5파운드 이상 가치 말 소유 금지
1697.9.25.	의회법: 가톨릭 성직자 추방
1704.3.4.	차별법: 가톨릭의 토지 보유권 제한; 공직 취임 제한
1719.11.2.	관용법: 프로테스탄트 비국교도의 예배 자유 허용
1720.4.7.	선언법: 아일랜드에 대한 영국 의회의 입법권; 아일랜드 상원의 상소 관할권 박탈
1728.5.6.	가톨릭의 선거권 박탈
1778.8.14.	가톨릭 구제법: 토지 임차와 상속 허용
1780.5.2.	프로테스탄트 비국교도에 대한 공직 취임 심사 폐지
1782.5.4.	가톨릭 구제법: 가톨릭에 버러 외부의 토지 소유 허용; 가톨릭의 교육권 허용
1782.6.21.	선언법 폐지: 입법적 독립과 "그래튼 의회" 수립
1785.8.12.	통상법안 제안
1791.10.14.	통합아일랜드인협회 창립
1792.4.18.	가톨릭 구제법: 가톨릭에 법률직 개방
1793.4.9.	가톨릭 구제법: 자유토지보유농에게 의회 선거권 부여; 문관직과 군 장교직 개방
1794.3.1.	가톨릭에게 더블린 대학 입학 허용
1795.1.4.	피츠윌리엄 총독 부임
1795.6.5.	메이누스 대학 설치
1798.5.4.	통합아일랜드인협회 봉기 발발
1799.1.31.	피트의 합방 옹호 의회 연설
1800.8.1.	합방법 제정(1801.1.1.발효)
1822.8.1.	아일랜드 경찰법: 카운티 경찰제 도입
1823.5.12.	오코널의 가톨릭 협회 창립

날짜	주요 사건
1828.7.5.	오코널: 클레어 카운티 선거에서 당선
1829.4.13.	가톨릭 해방법: 의회 진출과 공직 허용; 의회 선거권 제한
1831.9.9.	아일랜드 초등교육 국가학교 체제 도입
1832.8.7.	아일랜드 선거법 개혁: 버러 선거권 확대, 의원 수 100명에서 105명으로 증원
1832.8.16.	아일랜드 십일조법: 십일조 경감
1833.8.14.	아일랜드 교회재산법: 아일랜드 국교회 조직 정비; 10개 주교좌 폐지
1834.4.22.	오코널의 합방폐지 의회 연설
1836.5.20.	아일랜드 경찰법: 경찰조직의 중앙집중화
1838.7.31.	아일랜드 빈민법: 잉글랜드 빈민법을 아일랜드에 확대함
1840.4.15.	합방폐지협회 창립
1840.8.10.	아일랜드 자치시법: 자치시 법인 정비
1843.10.7.	클론타프 집회 금지
1844.5.30.	오코널이 음모죄로 투옥됨
1845.6.30.	메이누스 대학법: 보조금 대폭 증액
1845.9.9.	감자 마름병 발생(대기근)
1846.1~3.	공중보건법: 기근 대처 공공근로 사업과 공중보건 조치
1846.6.26.	곡물법 폐지
1847.2.26~6.8.	무료급식소 설치; 구빈세로 옥외 구제 시행
1849.7.28.	저당토지법: 특별법정 통한 저당 토지의 매각 활성화
1850.8.9.	차지인동맹 발족
1850.8.14.	선거법 개혁: 카운티 12파운드, 버러 8파운드 재산 자격
1854.11.3.	더블린 가톨릭대학 개교
1858.3.17.	아일랜드 공화주의형제단 창설
1864.12.29.	아일랜드 전국협회 창립: 국교 폐지, 토지·교육 개혁 요구

날짜	주요 사건
1867.12.13.	피니언의 런던 클락큰웰 감옥 폭파
1868.7.13.	아일랜드 선거법 개혁: 버러 선거권 인하(4파운드); 세입자 선거권 도입
1869.7.26.	글래드스턴의 아일랜드 국교회 폐지
1870.5.19.	버트의 자치정부협회 발족
1870.8.1.	글래드스턴의 제1차 토지법
1873.1.8.	영국 자치연맹 발족
1873.3.12.	글래드스턴의 아일랜드 대학법안 부결
1873.11.18~21.	자치동맹 발족
1878.9.24~10.7.	"새로운 출발"(토지 문제와 민족운동의 결합)
1879.4.20.	"토지전쟁" 개시
1879.10.21.	아일랜드 민족토지동맹 발족
1880.5.17.	파넬이 아일랜드 의회당(자치당) 의장이 됨
1881.3.21.	평화보존법(토지전쟁에 대응)
1881.8.22.	글래드스턴의 제2차 토지법: 3F 확립; 토지법정 설립(10월)
1881.10.13.	파넬 체포; 토지동맹이 불법 단체로 규정됨(10.20.)
1882.5.2.	파넬 석방(킬메이넘 협약)
1882.5.6.	피닉스공원 암살 사건
1882.7.12.	범죄방지법
1882.10.17.	아일랜드 민족동맹 창립(민족당=자치당)
1885.8.14.	애쉬번 토지구매법
1886.6.8.	글래드스턴의 자치법안 부결
1886.10.23.	지대 거부 운동
1887.8.23.	토지법: 법원의 지대 결정권 규정
1890.12.1~12.6.	아일랜드 의회당 분열(파넬파와 반파넬파)

날짜	주요 사건
1891.8.5.	밸푸어 토지구매법; 인구과밀지역 공공사업국 설치
1893.9.2.	글래드스턴의 제2차 자치법안 하원 통과; 상원 부결(9.9)
1898.8.12.	아일랜드 지방정부법: 선거제 지방협의회 설립
1899.8.9.	농업부 설치
1900.1.30.	레드먼드의 아일랜드 의회당(민족당) 통합
1900.9.30.	그리피스의 아일랜드당 창립(→1905년 신페인당)
1902.12.20.	지주와 차지인 대표자의 토지대회 개최
1903.8.14.	윈덤 토지법: 자작농제 수립
1905.3.3.	얼스터 합방주의위원회 발족
1908.8.1.	아일랜드 대학법: 국립 아일랜드 대학과 벨파스트 퀸즈 대학 설치
1909.12.3.	비렐 토지법
1912.2.6.	얼스터 배제 자치법안 초안이 내각에 제시됨
1912.4.9.	보나 로가 얼스터의 자치 반대 저항을 지지한다고 선언
1912.4.11.	제3차 자치법안 제안
1913.1.16.	자치법안 하원 통과
1913.1.31.	얼스터 의용군 창설
1913.8.26.	더블린에서 운수노동자총연맹 파업과 직장 폐쇄
1913.11.19.	아일랜드 시민군 결성(사회주의)
1913.11.25.	아일랜드 의용군 창설
1914.3.20.	쿠라 항명 사태
1914.3.24~4.5.	얼스터 의용군의 무기 밀반입
1914.5.25.	자치법안 하원 세 번째 통과
1914.6.23.	로이드 조지의 수정법안: 얼스터 일부를 한시적으로 자치에서 제외함
1914.7.8.	상원 수정안: 얼스터 전체를 항구적으로 제외함
1914.6.21~7.4.	버킹엄궁 연석회의 실패

날짜	주요 사건
1914.7.26.	아일랜드 의용군의 무기 밀반입
1914.8.4.	제1차 세계대전 발발
1914.9.15.	자치법 시행 유예
1914.9.24.	자치와 참전 문제로 아일랜드 의용군의 분열
1916.4.24.	부활절 봉기
1916.5.3~5.12.	봉기 지도부 처형
1916.6.12.	얼스터 합방당이 6개 카운티 일시 배제를 전제한 자치의 즉각 시행에 동의함
1917.7.25.	아일랜드대회 개최(얼스터 배제 자치의 즉각 실시 제안의 대안)
1917.10.25.	데 벌레라가 신페인당 의장이 됨; 독립 공화국 노선 선택
1918.4.18.	징집법; 전국적인 반대 운동
1918.5.17~18.	독일의 음모 연루 혐의로 신페인당 지도부 체포
1918.11.14~12.28.	총선(신페인당 73석, 아일랜드 의회당 6석, 얼스터 합방당 25석)
1919.1.21.	아일랜드 의용군이 무장경찰 2명을 살해함; "독립전쟁" 개시
1919.4.1.	데 벌레라가 아일랜드 의회 의장으로 선출됨
1919.9.12.	아일랜드 의회가 불법 단체로 선언됨
1920.1.2.	신페인당이 아일랜드 버러와 도시 의회 선거 석권(206석 가운데 176석)
1920.6.21~7.4.	벨파스트에서 종파 폭동 발생
1920.12.10.	계엄법 발효
1920.12.23.	아일랜드 정부법: 남·북(얼스터 6개 카운티) 의회와 행정부 설치
1921.6.22.	북아일랜드 의회 개원
1921.7.9.	공화국군과 영국군의 휴전
1921.10.11.	런던회의 개최
1921.12.6.	앵글로-아이리시 협정 서명
1922.1.7.	아일랜드 의회의 협정 비준(64:57)

■ 영국의 아일랜드 지배 관련 주요 법령

날짜	주요 사건
1695.9.7.	차별법: 가톨릭의 교육, 무기 소지, 5파운드 이상 가치의 말 소유 금지
1704.3.4.	차별법: 가톨릭의 토지 보유와 공직 취임 제한
1719.11.2.	관용법: 프로테스탄트 비국교도의 예배 자유 허용
1720.4.7.	선언법: 아일랜드에 대한 영국 의회의 입법권; 아일랜드 상원의 상소 관할권 박탈
1778.8.14.	가톨릭 구제법: 토지 임차와 상속 허용
1782.5.4.	가톨릭 구제법: 가톨릭에 버러 외부의 토지 소유 허용
1792.4.18.	가톨릭 구제법: 가톨릭에 법률직 개방
1793.4.9.	가톨릭 구제법: 자유토지보유농에게 의회 선거권 부여; 민·군 관직 개방
1800.8.1.	합방법 제정: 아일랜드 의회 폐지
1822.8.1.	아일랜드 경찰법: 카운티 경찰제 도입
1829.4.13.	가톨릭 해방법: 가톨릭의 의회 진출과 공직 허용; 카운티 선거권 제한
1831.9.9.	아일랜드 초등교육법: 국가학교 체제 도입
1832.8.7.	아일랜드 선거법개혁: 의원 100명에서 105명으로 증원; 버러 선거권 확대
1832.8.16.	아일랜드 십일조법: 십일조 경감
1833.8.14.	아일랜드 교회재산법: 아일랜드 국교회 조직 정비; 10개 주교좌 폐지
1836.5.20.	아일랜드 경찰법: 경찰 조직의 중앙집중화
1838.7.31.	아일랜드 빈민법: 잉글랜드 빈민법을 아일랜드에 확대
1840.8.10.	아일랜드 자치시법: 자치시 법인 정비
1845.6.30.	메이누스 대학법: 보조금 대폭 증액
1846.1.3.	공중보건법: 기근 대처 공공근로 사업과 공중보건 조치
1849.7.28.	저당토지법: 특별법정을 통한 저당 토지의 매각 활성화
1850.8.14.	선거법개혁: 카운티 12파운드, 버러 8파운드 재산 자격

날짜	주요 사건
1868.7.13.	선거법개혁: 버러 선거권 확대; 세입자 선거권 도입
1869.7.26.	아일랜드 국교회 폐지법
1870.8.1.	글래드스턴의 제1차 토지법: "얼스터 관습"을 얼스터에서 법적으로 인정
1881.3.21.	평화보존법: "토지전쟁"에 대응
1881.8.22.	글래드스턴의 제2차 토지법: 3F 확립
1885.8.14.	애쉬번 토지구매법: 차지인의 보유지 구입을 지원함
1887.8.23.	토지법: 법원의 지대 결정권 규정
1891.8.5.	밸푸어 토지구매법: 차지인의 보유지 구입을 지원함
1898.8.12.	아일랜드 지방정부법: 선거제 지방협의회 설립
1903.8.14.	윈덤 토지법: 차지인이 지주의 토지를 구입토록 지원
1908.8.1.	아일랜드 대학법: 국립 아일랜드대학과 벨파스트 퀸즈대학
1909.12.3.	비렐 토지법: 차지인의 보유지 구입을 지원함
1914.9.18.	자치법: 전국 자치
1920.12.23.	아일랜드 정부법: 얼스터 6개 카운티 분할과 남부·북부 의회와 행정부 설치
1921.12.6.	앵글로-아이리시 협정: 아일랜드 자유국 규정

■ 일본의 타이완 지배 관련 연표

날짜	주요 사건
1895.4.	시모노세키조약 체결, 타이완도(臺灣島)와 펑호열도(澎湖列島)가 일본에 할양됨
1895.5.	해군 대장 가바야마 스케노리(樺山資紀)가 최초의 타이완 총독에 임명됨
1896.3.	타이완에 시행할 법령에 관한 법률[육삼법(六三法)]이 제정됨
1897.1.	타이완아편령 공포로 아편 전매를 실시함
1898.2.	육군 중장 고다마 겐타로(兒玉源太郎)가 제4대 타이완 총독에 취임함
1898.3.	의사이자 관료인 고토 신페이(後藤新平)가 타이완총독부 민정장관에 취임함
1898.8.	보갑조례(保甲條例) 공포로 보갑제도가 시행됨
1898.9.	토지조사국을 설립하여 토지조사사업을 개시함
1901.10.	임시타이완구관조사회(臨時臺灣舊慣調查會)가 설립됨
1901.11.	지방제도를 개정하여 현청(縣廳)을 없애고 전도(全島)에 20청(廳)을 설치함
1905.10.	일본제국 최초의 국세조사인 임시타이완호구조사(臨時臺灣戶口調查)를 실시함
1907.1.	육삼법을 대체하여 삼일법(三一法)이 시행됨
1908.4.	타이완 남북을 잇는 종관철도(縱貫鐵道)가 완성됨
1909.10.	20청(廳)을 12청(廳)으로 변경하는 지방제도를 단행함
1909.10.	'5개년계획 이번사업(理蕃事業)'을 통해 본격적인 원주민 탄압을 개시함
1915.8.	무장 항일운동인 서래암(西來庵) 사건이 발발함
1919.10.	내무성 관료 출신의 덴 겐지로(田健治郎)가 최초의 문관(文官) 총독으로 부임함
1920.7.	12청(廳)이던 지방제도가 5주(州) 2청(廳)으로 개편됨
1921.1.	임헌당(林獻堂) 등이 타이완의회설치청원운동(臺灣議會設置請願運動)을 전개함
1922.1.	삼일법을 대체하여 법삼호(法三號)가 시행됨
1923.4.	타이완인 잡지 『타이완민보(臺灣民報)』가 도쿄에서 간행되기 시작함
1925.5.	치안유지법이 타이완에서 시행됨

날짜	주요 사건
1926.6.	일본미와 유사한 개량 품종인 봉래미(蓬萊米)의 재배가 타이완에서 성공함
1927.7.	타이완 좌파 민족운동 계열이 타이완민중당(臺灣民衆黨)을 창립함
1928.3.	대북제국대학(臺北帝國大學)이 설립됨
1929.10.	야나이하라 다다오(矢內原忠雄)의 『帝國主義下の臺灣』이 간행됨
1930.4.	타이완 최대의 수리시설인 가남대천(嘉南大圳)이 완공됨
1930.8.	임헌당 등이 타이완지방자치연맹(臺灣地方自治聯盟)을 창립함
1930.10.	원주민에 의한 대규모 무장 항일투쟁인 무사사건(霧社事件)이 발발함
1935.10.	시정 40주년 기념 박람회가 개최됨
1937.7.	총독부의 명령으로 타이완지방자치연맹이 해산됨
1937.9.	타이완인 군부(軍夫)가 최초로 중국 전장에 배치됨
1938.5.	국가총동원법의 타이완 실시가 결정됨
1941.4.	소학교(小學校)와 공학교(公學校)가 국민학교(國民學校)로 개칭됨
1941.4.	황민봉공회(皇民奉公會)가 창립되어 본격적인 황민화 운동이 전개됨
1942.4.	육군특별지원병(陸軍特別志願兵)이 타이완 최초로 선발되어 훈련을 개시함
1944.4.	중국국민당, 중경(重慶)에 타이완조사위원회(臺灣調査委員會)를 설치함
1945.10.	타이완 지역에 대한 일본군의 항복 의식이 타이베이에서 거행됨

■ 일본의 조선(한국) 지배 관련 연표

날짜	주요 사건
1904.2.	러일전쟁 발발
1905.11.17.	한일협약 (보호조약) 강제 조인
1906.2.1.	한국통감부 설치, 이토 히로부미 통감으로 부임
1907.7.	보안법, 신문지법 공포
1907.7.20.	이토 히로부미, 헤이그특사 사건을 빌미로 고종퇴위를 강요. 고종, 순종에게 양위
1907.8.1.	한국군대 강제해산
1908.12.	동양척식회사 설립
1909.9~10.	일본군, 전라도 의병을 대상으로 한 '남한대토벌작전' 전개
1910.6.24.	일본, 한국의 경찰권 박탈
1910.8.22.	한국병합조약을 강제로 조인
1910.10.1.	조선총독부 설치. 데라우치 마사타케가 초대 총독이 됨
1911.6.	삼림령, 조선어업령, 사찰령 등 공포
1911.8.23.	조선교육령 공포
1912.3.	조선민사령, 조선형사령, 조선태형령, 조선감옥령, 경찰범처벌규칙 등 공포
1912.8.13.	토지조사령 공포
1913.10.30.	부제 공포, 학교조합령 공포
1913.12.29.	군의 통합 발표
1916.10.16.	하세가와 요시미치, 제2대 총독으로 임명됨
1917.6.9.	면제 공포
1918.5.1.	조선임야조사령 공포
1919.3.1.	3·1운동 발발
1919.8.12.	사이토 마코토, 제3대 총독으로 임명됨

날짜	주요 사건
1920.1.6.	조선어 신문 동아일보, 조선일보 등을 허가
1920.	봉오동전투, 청산리전투, 간도학살사건 (경신참변)
1922.2.6.	신조선교육령 공포
1923.9.1.	관동대지진
1924.5.2.	경성제국대학 관제 공포, 경성제대 예과 개강
1925.5.12	치안유지법 조선에서도 시행
1926.6.10	순종 장례식 및 6·10만세운동
1927.12.10.	야마나시 한조, 제4대 총독으로 임명됨
1929.8.17.	사이토 마코토, 제5대 총독으로 재임명
1930.12.29.	지방제도 개정, 도제와 읍면제 공포
1931.6.17.	우가키 가즈시게, 제6대 총독 임명됨
1931.9.18.	만주사변 발발
1932.11.10.	정신작흥운동 개시
1932.12.10.	조선소작조정령 공포
1933.3.7.	농산어촌진흥계획 발표
1933.4.1.	도제 실시
1934.4.11	조선농지령 공포
1936.8.26.	미나미 지로, 제7대 총독으로 부임
1937.7.7.	중일전쟁 발발. 총독부, 애국일과 신사참배 강요 시작
1938.5.10	국가총동원법을 조선에서 시행
1938.7.7.	국민정신총동원연맹 결성
1939.10.1.	국민징용령 실시
1940.2.11.	창씨개명 실시
1940.8.11.	동아일보, 조선일보 강제 폐간

날짜	주요 사건
1940.10.14.	국민정신총동원연맹을 국민총력조선연맹으로 개칭
1941.2.12.	조선사상범예방구금령 공포
1941.10.22.	임전보국단 발단식
1942.5.	고이소 구니아키, 제8대 총독으로 부임
1943.7.28.	해군특별지원령 공포
1944.4.	징병제 실시
1944.7.	아베 노부유키, 제9대 총독으로 부임
1944.8.	조선에서 일반국민징용 실시. 여자정신대근로령 공포
1945.8.14.	일본, 포츠담 선언 수락
1945.8.15.	한국 해방

참고문헌

제2장

Abercombie, N., 1991, eds., *Dominant Ideologies, London*: Unwin Hyman.

Chattopadhyaya, Brajadulal, 1998, *Representing The Other?-Sanskrit Sources and The Muslims*, New Delhi: Manohar.

Chowdhury-Sengupta, Indira, 1993, "The Effeminate and The Masculine: Nationalism and The Concept of Race in Colonial Bengal", in Robb, Peter ed, Society and ideology: *Essays in South Asian History*, Delhi: Oxford University Press, 288.

Darby, Philip, 1987, *Three Faces of Imperialism*, New-Haven and London.

Edwards, Michalel, 1994, *British in India 1772-1947*, New Delhi: OUP.

French, Patrick, 2011, *India, a Portrait*, New Delhi: Penguin Books India.

Gupta, Dipankar, 2000, *Mistaken Modernity: India Between Worlds*, New Delhi: HarperCollins.

Kiernan, V. G., 1969, *The Lords of Human Kind: European Attitudes Toward the Outside World in the Imperial Age*, London: Harmondsworth.

King, Christopher, 1999, *One Language, Two Scripts*. New Delhi: Oxford University Press. 21.

Maddison, Angus, 2003, *The World Economy: A Millennial Perspective*, New Delhi: Overseas Press.

Mill, James, 1917, *The History of British India*. 3 vols. London: Baldwin, Cradock and Joy.

Muir, Ramasay, 1915, *The Making of British India 1756-1858*, Manchester: Manchester University Press.

Nandy, Ashis, 1990, *The Intimate Enemy-Loss and Recovery of Self Under Colonialism*. Delhi: Oxford University Press. 제1장.

Ramusack, Barbara N., 2004, *The Indian Princes and their States*, Cambridge: Cambridge

University Press.

Renan, Ernest, 1982, "What is a Nation?", http://www.cooper.edu/humanities/core/hss3/e_renan.html.(재검색일: 2022.9.25)

Sayd, Anwar, 1979, "Iqbal and Jinnah on Issue of Nationhood and Nationalism", in ed. C. M. Nain. *Iqbal, Jinnah, and Pakistan: The Vision and the Reality*, Syracuse University Press, 77–106.

Spear, Perciva, 1998, *The Nabobs–A Study of the Social Life of the English in Eighteenth Century India*, Delhi: Oxford University Press.

Srinivas, M. N., 1962, *Caste in Modern India and other Essays, Bombay* :Asia Publishing House.

Tagore, Rabindranath, 1917, reprinted 1991, *My Reminiscences. London*: Macmillan. 132.

Teltscher, Kate, 1995, *India Inscribed*, New Delhi: OUP.

Tambe, Ashwini and Fischer-Tiné, Harald, 2009, ed. *The Limits of British Colonial Control in South Asia*, New York: Routledge.

Tomlinson, B. R., 1979, *The Political Economy of the Raj 1914~1947*, The Economics of Decolonization in India, Cambridge: Cambridge University Press.

Tripathi, Dwijendra, 2004, *The Oxford History of Indian Business*, New Delhi: Oxford University Press.

Viswanathan, Gauri, 1989, *The Masks of Conquest: Literary Study and British Rule in India*, New Delhi: OUP.

이옥순, 1999, 『여성적인 동양이 남성적인 서양을 만났을 때-19세기 인도의 재발견』, 서울, 푸른역사.

_____, 2007, 『인도 현대사』, 서울, 창비.

제3장

1. 자료

『大南寔錄正編』, 『동아일보』, 『별건곤』, 『삼천리』, 『조선일보』

高麗大學校 亞細亞問題硏究所 六堂全集編纂委員會 編, 1973, 『六堂崔南善全集』, 권1, 서울: 玄岩社.

국사편찬위원회 편, 1975, 『윤치호일기』 제4권.

김구, 『백범일지』(도진순 주해, 서울: 돌베개, 1997 서울).

윤치호, 1973, 『윤치호일기』, 서울: 탐구당.

潘佩珠 述, 梁啓超 撰, 「越南亡國史」, 『飮冰室專集』, 十九.

阮術, 『往津日記』[陳荊和 編註, 香港中文大學 中國文化硏究所 史料叢刊(一)].

中國史學會 主編, 1957, 『中法戰爭(一)』, 上海人民出版社.

Ho Chi Minh Toan Tap, 1995, tập I, NXB ST.

Journal Officiel de l'Indochine.

La Dépêche Coloniale, Paris.

Archives du Ministère des Affaires étrangères(프랑스 외무성문서), Mémoires et Documents.

Bonnefous, G., Histoire Politique de la Troisième République, T. II.

Doumer, P., 1904, L'Indochine Française, Souvenirs, Paris: Vuibert et Nony.

Gaffarel, P., 1903, "L'Exposition d'Hanoï", Annales de l'Institut Colonial de Marseille, 1er volume.

Galembert, J. de, 1924, Les Administrations et les Services Publics Indochinois, Hanoi: Impr. de Mac Dinh-Tu.

_____, 1931, Les Administrations et les Services Publics Indochinois, Hanoi.

Indochine Française, Service géographique, Carte de l'Indochine. Routes, Chemins de Fer et Phares, Hanoï : Service Géographique de l'Indochine, 1933.

Michel, Gabriel, 1909, Code Judiciaire de l'Indo-Chine: 1904-1908, F.H. Schneider, 1909.

Paulin, Honoré, 1913, L'Outillage Économaique des Colonies Françaises, Paris.

Phạm, Quỳnh, 1938, Nouveaux Essais Franco-Annamites, Éditions Bui-Huy-Tin, Hué.

Taboulet, George, 1955, La Geste Française en Indochine; Histoire par les textes de la France en Indochine des origines à 1914, Libraire d'Amérique et d'Orient.

Sarraut, A., 1923, La Mise en Valeur des Colonies Françaises, Paris.

P. J. B. Trương Vĩnh Ký, 1875, Petit Cours de Géographie de la Basse-Cochinchine, Sài Gòn.

2. 단행본

김진수, 2007, 『프랑스의 언어정책』, 부산: 부산외국어대학교.

베트남공산당사연구회 저, 김종욱 역, 1989, 『베트남 공산당사: 베트남 인민의 반제 반봉건 투쟁에서 해방 후 사회주의 건설까지』(History of the Communist Party of Vietnam), 서

울: 소나무.

신범순, 란명 외, 2014, 『동아시아 문화 공간과 한국 문학의 모색』, 서울: 어문학사.

윤대영, 응우엔 반 낌·응우엔 마인 중, 2013, 『1862~1945, 한국과 베트남의 조우--교류, 소통, 협력의 중층적 면모』, 서울: 이매진.

崔起榮, 1997, 『韓國近代啓蒙運動研究』, 서울: 일조각.

최병욱, 2016, 『동남아시아사-민족주의 시대』, 산인.

東亞研究所, 1944, 『佛印の統治體制』, 東京: 東亞研究所.

日本植民協會 編, 1932, 『南洋案內: 南洋, 西南アジア エチオピヤ篇』, 移民講座 第4卷, 東京: 日本植民協會.

Aumiphin, Jean-Pierre, 1994, *Sự Hiện Diện Tài Chính Và Kinh Tế Của Pháp ở Đông Dương, 1859-1939*, Hội Khoa Học Lịch Sử Việt Nam.

Đinh Xuân Lâm, chủ biên, 1998, *Đại Cương Lịch Sử Việt Nam*, T. II, NXB GD.

Trần, Huy Liệu, 1956, *Lịch Sử Tám Mươi Năm Chống Pháp, quyển* 1, Nhà Xuất Bản Văn Sử Địa.

Brocheux, Pierre et Daniel Hémery, 2004, *Indochine: la Colonisation Ambiguë 1858-1954*, La Découverte.

Nguyễn Khánh Toàn, Lịch Sử Việt Nam, Hà Nội: Nhà Xuất Bản Khoa Học Xã Hội, 1989.

Buttinger, Joseph, 1967, Vietnam: *A Dragon Embattled*, New York; Washington; London: Frederick A. Prager.

Cady, John F., 1967, *The Roots of French Imperialism in Eastern Asia*, Ithaca: Cornell Univ. Press.

Chesneaux, Jean, 1955, *Contribution à l'Histoire de la Nation Vietnamienne*, Paris.

Hodgkin, Thomas, 1981, *Vietnam: The Revolutionary Path*, St. Martin's Press, New York.

Lê, Thanh Khôi, 1955, Le Vietnam. *Histoire et Civilisation*, Paris: Minuit.

Pham Cao Duong, 1985, *Vietnamese Peasants under French Dominatioin, 1861-1945*, Center for South and Southeast Asia Studies, Monograph Series N° 24 (Univ. of California).

Pierre Montagnon, 2016, *L'Indochine Française: 1858-1954*, Paris: Éditions Tallandier.

Nguyễn Khánh Toàn, 1989, *Lịch Sử Việt Nam* [베트남 역사], Hà Nội: Nhà Xuất Bản Khoa Học Xã Hội.

Nguyên, 1992, Thê Anh, *Monarchie et Fait Colonial au Viêt-Nam (1875-1925)*, Paris: L'

Harmattan.

Osborne, Milton E., 1969, *The French Presence in Cochinchina and Cambodia*, Rise and Response (1859-1905), Cornell University Press, Ithaca and London.

Trinh, Van Thao, 1990, *Vietnam du Confucianisme au Comunisme*, Paris: L'Harmattan.

3. 논문

송정남, 2000.6, 「프랑스의 베트남 식민지 개발-1885년에서 1930년까지」, 『부산사학』(부산경남사학회) 제38집.

우동선(禹東善, Woo Don-Son), 2007.4, 「하노이에서 근대적 도시시설의 기원」, 『大韓建築學會論文集 計劃系』 第23卷 第4號.

_____, 2008, 「인도차이나 양식의 성립과 그 배경」, 『대한건축학회 논문집』(대한건축학회 (The Architectural Institute of Korea)), Vol. 24, No. 7.

우신구(Woo Shin-Koo), 2008.2, 「식민시대 하노이의 제국주의적 경관-도시 가로구조와 기념비적 건축을 중심으로」, 『大韓建築學會論文集 計劃系』 第24卷 第2號.

_____, 2016, 「식민지 수도 하노이의 제국주의적 경관: 공공기념물과 비스타」, 『서울학연구』 No. 64.

윤대영, 2005, 「프랑스의 베트남 식민정책과 일본의 한국 식민정책 비교연구를 위한 試論」, 한일관계사연구논집편찬위원회, 『일제 식민지지배의 구조와 성격』(한일관계사연구논집 8), 서울: 景仁文化社.

_____, 2022, 「프랑스의 아시아 연구: EFEO의 성립 및 활동과 관련하여」, 『아시아리뷰』(서울대학교 아시아연구소) 제12권 제1호.

응웬레투(Le Thu Nguyen), 2010, 「20세기 초 베트남에서의 "꾸억응으(國語)"의 격상과 근대문학」, 『淵民學志』 Vol. 14.

정리나, 2019, 「1938~1945년 베트남에서의 식민교육정책」(Colonial education policy in Vietnam, 1938~1945), 『동아인문학』(동아인문학회) No. 46.

桜井由躬雄, 1999, 「植民地化のベトナム」, 『東南アジア史Ⅰ大陸部』.

Thu Hằng, 2015.3.20, "Trương Vĩnh Ký: Chiếc Cầu Nối Đông-Tây," Tạp Chí Văn Hóa. (https://www.rfi.fr/vi/viet-nam/20150320-truong-vinh-ky-chiec-cau-noi-dong-tay)

Vũ Ngự Chiêu, 2019, "Petrus Key Là Ai?," Tạp Chí Hợp Lưu, 20 Tháng Tám. (https://hopluu.net/a3328/petrus-key-la-ai-)

To Ngoc Thanh, 박은혜 역, 2005, 「프랑스 식민지화와 새로운 베트남 음악」, 『동양음악』,

Vol. 27.

Asselle, Giovanna, Allannah Scott, Jim Backhouse, PHAM NGOC TRUONG, 1984, "Vietnamese Cinema from its Origins to 1945," *Framework: The Journal of Cinema and Media*, No. 25, pp. 63-70. (JSTOR)

Barth, A., Michel Bréal, E. Senart, 1901.1, "L'ÉCOLE FRANÇAISE D'EXTRÊME-ORIENT," *Bulletin de l'École française d'Extrême-Orient*, Vol. 1, No. 1.

Bastian, A., 1867, "Remarks on the Indo-Chinese Alphabets," *The Journal of the Royal Asiatic Society of Great Britain and Ireland, New Series, Vol. 3, No. 1*, pp. 65-80.

Kleinen, John, 1997, "Village as Pretext: Ethnographic Praxis and the Colonial State in Vietnam," in Jan Breman, Ashwani Saith, Peter Kloos, eds., *The Village in Asia Revisited*, Delhi: University of Oxford Press, (https://web.archive.org/web/20090603073640/http://www.vietnamjournal.org/article.php?op=Print&sid=14)

Seligman, Edwin R. A., 1900.8, "The French Colonial Fiscal System," *Publications of the American Economic Association, 3rd Series, Vol. 1, No. 3*, Essays in Colonial Finance by Members of the American Economic Association.

Truong, Buu Lam, 1967, *Patterns of Vietnamese Response to Foreign Intervention, 1858-1900*, New Haven: Yale Southeast Asia Studies.

제4장

Beisner, Robert L., 1986, *From the Old Diplomacy to the New, 1865-1900*, Illinois, Harlan Davidson Inc.,

_____, 1992, *Twelve Against Empire : The Anti-Imperialists 1898-1900*(Chicago, Imprint Publication, Inc.,

Flaherty, Martin S. 'International Law : Public Law in United States Law', Katz, Stanley N, (ed), 2009, *The Oxford International Encyclopedia of Legal History, Volume 3*, New York, Oxford University Press.

DeConde, Alexander(ed), 1978, *Encyclopedia of American Foreign Policy : Studies of the Principle Movements and Ideals, Volume II*, New York, Charles Scribner's Sons.

Graff, Henry F.(ed.), 1969, American Imperialism and the Philippine Insurrection :

Testimony taken from Hearings on Affairs in the Philippine Islands before Senate Committee on the Philippines-1902, Boston, Little Brown and Company.

Grunder, Garel A. and Livezey, William E. *The Philippines and the United States*, Norman: University of Oklahoma Press.

Hayden, Joseph Ralston, 1935, *The Philippines : A Study in National Development*, New York, The Macmillan Company.

Josefa, Saniel M., 1973, *Japan and The Philippines, 1868-1898*, New York, Rusell & Russell.

LaFeber, Walter, 1993, *The Cambridge History of American Foreign Relations, Volume II : The American Search for Opportunity, 1865-1913*, New York, Cambridge University Press.

Martel, Gordon(ed), 1994, *American Foreign Relations Reconsidered, 1890-1993*, New York, Routeledge, 정진위 편역, 1996, 『미국 외교정책, 1890-1993』, 박영사

Monte Fiore, Simon Sebag, 2003, *The World : Family History of Humanity*, New York, Alfred A. Knop.

Rodell, Paul A., 2005, Inspiration for Nationalist Aspirations? Southeast Asia and Japan's Victory, *The Russo-Japanese War in Global Perspective : World War Zero*, Boston, Brill.

Roosevelt, Nicholas, 1926, *The Philippines: A Treasure and A Problem*, New Yoek, J.H. Sears & Company, Inc.,

Roosevelt, Theodore, Morison, Elting E.,(ed), 1951, *The Letters of Theodore Roosevelt, Volume II, The Years of Preparation*, Cambridge, Mass., Harvard University Press.

Roosevelt, Theodore, 1926, (National Edition), *The Works of Theodore Roosevelt, Volume XIV* : State Papers as Governor and President Campaign and the Controversies, New York, Charles Scribners's Sons.

_____, 1926, (National Edition), *The Works of Theodore Roosevelt, Volume XV* : State Papers as Governor and President Campaign and the Controversies, New York, Charles Scribners's Sons.

_____, 1926, (National Edition), *The Works of Theodore Roosevelt, Volume XVI* : American Problems, New York, Charles Scribners's Sons.

Trask, David F., The Spanish-American War and Its Aftermath, Jessup, John E. & Ketz, Louise B. (eds) 1994, *Encyclopedia of the American Military, Volume II*, Charles Scribner's Sons, New York.

Treat, Payson J., 1963, *Diplomatic Relations between the United States and Japan, 1895-1905*,

Gloucester, Mass., Peter Smith.

강택구, 1995, 「19세기 말 미국 정치계의 제국주의 논쟁: 필리핀 합병안에 대한 상원의 논의를 중심으로」, 『미국사 연구』 3집

권오신, 2000, 『미국의 제국주의: 필리핀인들의 시련과 저항』, 문학과지성사

한국 미국사학회 엮음, 2006, 『사료로 읽는 미국사』, 궁리

제5장

1. 단행본

김기순, 2009, 『글래드스턴과 아일랜드: 자치법안 정치사 연구』, 한림대학교 출판부.

_____, 2017, 『디즈레일리와 글래드스턴: 국가 경영의 이념, 정책, 스타일』, 소화.

Boyce, D. George & Alan O'Day ed., 1996, *The making of modern Irish history: revisionism and revisionist controversy*, Routledge.

Brady, Ciaran ed., 1994, *Interpreting Irish history: the debate on historical revisionism, 1938-1994*, Irish Academic Press.

Curtis, L. P., 1963, *Coercion and conciliation in Ireland, 1880-1892: a study in conservative unionism*, Princeton University Press.

Feuchtwanger, E. J., 1985, *Democracy and empire: Britain, 1865-1914*, Edward Arnold.

Foster, R. F. ed., 1992, *The Oxford history of Ireland*, Oxford University Press.

Gailey, Andrew, 1987, *Ireland and the death of kindness: the experience of constructive unionism, 1880-1905*, Cork University Press.

Gash, Norman, 1979, *Aristocracy and people: Britain, 1815-1865*, Harvard University Press.

Gray, Peter, 1999, *Famine, land and politics: British government and Irish society, 1843-1859*, Irish Academic Press.

Hilton, Boyd, 1988, *The age of atonement: the influence of evangelicalism on social and economic thought, 1785-1865*, Oxford University Press.

Hoppen, K. Theodore, 1998, *The mid-Victorian generation, 1846-1886*, Oxford University Press.

_____, 1999, *Ireland since 1800: conflict and conformity*, second ed., Longman.

_____, 2016, *Governing Hibernia: British politicians and Ireland, 1800-1921*, Oxford

University Press.

Jackson, Alvin, 1989, *The Ulster Party: Irish unionists in the House of Commons, 1884-1911*, Oxford University Press.

_____, 2003, *Home rule: an Irish history, 1800-2000*, Oxford University Press.

Jenkins, Brian, 1988, *Era of emancipation: British government of Ireland, 1812-1830*, McGill-Queen's University Press.

Kanter, Douglas, 2009, *The making of British unionism, 1740-1848: politics, government and the Anglo-Irish constitutional relationship*, Four Courts Press.

Kerr, Donal, 1982, *Peel, priests and politics: Sir Robert Peel's administration and the Roman Catholic Church in Ireland, 1841-46*, Oxford University Press.

Larkin, Hilary, 2014, *A history of Ireland, 1800-1922: theatres of disorder?*, Anthem Press.

Macaulay, Ambrose, 2016, *The Catholic Church and the campaign for emancipation in Ireland and England*, Four Courts Press.

MacDonagh, Oliver, 1983, *States of mind: a study of Anglo-Irish conflict, 1780-1980*, George Allen & Unwin.

Matthew, H. C. G., 1997, *Gladstone, 1809-1898*, Oxford University Press.

O'Day, Alan, 1998, *Irish home rule, 1867-1921*, Manchester University Press.

Smith, Jeremy, 2000, *Britain and Ireland: from home rule to independence*, Longman.

Solow, Barbara L., 1971, *The land question and the Irish economy, 1870-1903*, Harvard University Press.

Turner, Michael, 1996, *After the famine: Irish agriculture, 1850-1914*, Cambridge University Press.

Vaughan, W. E., 1994, *Landlords and tenants in mid-Victorian Ireland*, Oxford University Press.

2. 논문

김기순, 1997, 「메이누스 문제와 19세기 영국의 국민 정체성」, 『영국연구』 창간호, 27~51쪽.

_____, 2010, 「글래드스턴과 아일랜드 토지 문제: 토지법안의 성격」, 『영국연구』 23, 158-184쪽.

박지향, 2002, 「아일랜드 역사서술: 민족주의와 수정주의를 넘어서」, 『역사비평』 50호,

251~279쪽.

Aalen, Frederick H., 2008, "Constructive unionism and the shaping of rural Ireland, c.1880-1921," in N. C. Flemming & Alan O'Day ed., *Ireland and Anglo-Irish relations since 1800: critical essays, vol. 2: Parnell and his legacy to the Treaty*, Ashgate, pp.146-165.

Bartlett, Thomas, 2014, "The emergence of the Irish Catholic nation, 1750-1850," in Alvin Jackson ed., *The Oxford handbook of modern Irish history*, Oxford University Press, pp.517-543.

Bielenberg, Andy, 2018, "The Irish economy, 1815-1880: agricultural transition, the communications revolution and the limits of industrialisation," in Thomas Kelly ed., *The Cambridge history of Ireland, v.3: 1730-1880*, Cambridge University Press, pp.179-203.

Boyce, D. George, 1986, "The marginal Britons: the Irish," in R. Colls & P. Dodd ed., *Englishness: politics and culture, 1880-1920*, Croom Helm, pp.230-253.

_____, 1994, "British politics and the Irish Question, 1912-1922," in Peter Collins ed., *Nationalism and unionism: conflict in Ireland, 1885-1921*, Institute of Irish Studies, pp.91-105.

_____, 2014, "The third home rule bill in British history," in Gabriel Doherty ed., *The home rule crisis, 1912-14*, Mercier Press, pp.412-442.

Campbell, Fergus, 2002, "Irish popular politics and the making of the Wyndham land act, 1901-1903," *Historical Journal* 45, pp.755-773.

Comerford, R. V., 1991, "The British state and the education of Irish Catholics, 1850-1921," in Janusz Tomiak ed., *Schooling, educational policy and ethnic identity*, New York University Press, pp.13-32.

Connolly, Sean J., 2014, "Patriotism and nationalism," in Alvin Jackson ed., *The Oxford handbook of modern Irish history*, Oxford University Press, pp.27-44.

Dewey, Clive, 1974, "Celtic agrarian legislation and the Celtic revival: historicist implications of Gladstone's Irish and Scottish land acts, 1870-1886," *Past and Present* 64, pp.30-70.

Dooley, Terence, 2014, "Land and the People," in Alvin Jackson ed., *The Oxford handbook of modern Irish history*, Oxford University Press, pp.107-125.

_____, 2018, "Irish land questions, 1879-1923," in Thomas Bartlett ed., *The Cambridge history of Ireland, v.4: 1880 to the present*, Cambridge University Press, pp.117-144.

Evans, Stephen, 1998, "The Conservatives and the redefinition of unionism, 1912-21," *Twentieth Century British History* 9(1), pp.1-27.

Fanning, Ronan, 2004, "The home rule crisis of 1912-14 and the failure of British democracy in Ireland," in Maurice J. Bric & John Coakley ed., *From political violence to negotiated settlement: the winding path to peace in twentieth-century Ireland*, University College Dublin Press, pp.32-48.

Fitzpatrick, David, 2018, "Ireland and the Great War," in Thomas Bartlett ed., *The Cambridge history of Ireland, v.4: 1880 to the present*, Cambridge University Press, pp.223-257.

Gailey, Andrew, 1992, "Failure and the making of the new Ireland," in D. George Boyce ed., *The revolution in Ireland, 1879-1923*, Macmillan, pp.47-70.

Geoghegan, Patrick M., 2000, "The Catholics and the union," *Transactions of the Royal Historical Society* 10, pp.243-258.

_____, 2018, "The impact of O'Connell, 1815-1850," in Thomas Kelly ed., *The Cambridge history of Ireland, v.3: 1730-1880*, Cambridge University Press, pp.102-127.

Gray, Peter, 2014, "Famine and land, 1845-80," in Alvin Jackson ed., *The Oxford handbook of modern Irish history*, Oxford University Press, pp.544-561.

_____, 2018, "The Great Famine, 1845-1850," in Thomas Kelly ed., *The Cambridge history of Ireland, v.3: 1730-1880*, Cambridge University Press, pp.639-665.

Guinnane, Timothy W. & Ronald I. Miller, 1997, "The limits to land reform: the land acts in Ireland, 1870-1909," *Economic Development and Cultural Change* 45(3), pp.591-612.

Hoppen, K. Theodore, 1997, "Nationalist mobilisation and governmental attitudes: geography, politics and nineteenth-century Ireland," in Laurence Brockliss & David Eastwood ed., *A union of multiple identities: the British Isles, c.1750-c.1850*, Manchester University Press, pp.162-178.

_____, 2011, "Gladstone, Salisbury and the end of Irish assimilationism," in Mary E. Daly & K. Theodore Hoppen ed., *Gladstone: Ireland and beyond*, Four Courts Press, pp.45~63.

_____, 2012, "A question none could answer: 'What was the Irish viceroyalty for?', 1800-1921," in Peter Gray & Olwen Purdue ed., *The Irish lord lieutenancy, c.1541~1922*, University College Dublin Press, pp.132-149.

Jackson, Alvin, 1989, "The social and political roots of Irish partition," *Revue Française de Civilisation Britannique* 5, pp.13-28.

_____, 2011, "Gladstone, Ireland, Scotland and the 'union of hearts and spirit'," in Mary E. Daly & K. Theodore Hoppen ed., *Gladstone: Ireland and beyond*, Four Courts Press, pp.23-44.

_____, 2014, "Loyalists and unionists," in Alvin Jackson ed., *The Oxford handbook of modern Irish history*, Oxford University Press, pp.45-64.

_____, 2018, "The origins, politics and culture of Irish unionism," in Thomas Bartlett ed., *The Cambridge history of Ireland, v.4: 1880 to the present*, Cambridge University Press, pp.89-116.

Kelly, Matthew, 2014, "Home rule and its enemies," in Alvin Jackson ed., *The Oxford handbook of modern Irish history*, Oxford University Press, pp.582-602.

Keogh, Richard A., 2017, "'From education, from duty, and from principle': Irish Catholic loyalty in context, 1829~1874," *British Catholic History* 33(3), pp.421-450.

Kinealy, Christine, 2004, "Economy and society in Ireland," in Chris Williams ed., *A companion to nineteenth-century Britain*, Blackwell, pp. 489-503.

McGarry, Fearghal, 2018, "Revolution, 1916-1923," in Thomas Bartlett ed., *The Cambridge history of Ireland, v.4: 1880 to the present*, Cambridge University Press, pp.258-295.

Machin, Ian, 1999, "British Catholics," in Rainer Liedtke & Stephan Wenderhorst ed., *The emancipation of Catholics, Jews and Protestants: minorities and the nation state in nineteenth-century Europe*, Manchester University Press, pp.11-32.

Macleod, Alan, 2013, "The Conservative Party and the Irish Question, c.1885-2010," in Bradley W. Hart & Richard Carr ed., *The foundations of the British Conservative Party: essays on conservatism from Lord Salisbury to David Cameron*, Bloomsbury, pp.84-104.

Megahey, Alan, 2010, "Gladstone, church and state," in D. George Boyce & Alan O'Day ed., *Gladstone and Ireland: politics, religion, and nationality in the Victorian age*, Palgrave and Macmillan, pp.41-64.

Mulvagh, Conor, 2018, "Home rulers at Westminster, 1880-1914," in Thomas Bartlett ed., *The Cambridge history of Ireland, v.4: 1880 to the present*, Cambridge University Press, pp.62-88.

Mulvagh, Conor, 2019, "Ulster exclusion and Irish nationalism: consenting to the principle of partition, 1912-1916," *Revue Française de Civilisation Britannique* 24(2), pp.1-22.

Ó Tuathaigh, Gearóid, 2018, "Introduction: Ireland 1880-2016: negotiating sovereignty and freedom," in Thomas Bartlett ed., *The Cambridge history of Ireland, v.4: 1880 to the present*, Cambridge University Press, pp.1-29.

O'Day, Alan, 1979, "Irish home rule and liberalism," in Alan O'Day ed., *The Edwardian age: conflict and stability, 1900-1914*, Archon Books, pp.113-132.

_____, 2004, "Ireland and the United Kingdom," in D. George Boyce & Roger Swift ed., *Problems and perspectives in Irish history since 1800*, Four Courts Press, pp.13-31.

Phoenix, Éamon, 2010, "Northern nationalists in conflict: from the third home rule crisis to partition, 1900-21," in Alan F. Parkinson & Éamon Phoenix ed., *Conflicts in the north of Ireland, 1900-2000: flashpoints and fractured zones*, Four Courts Press, pp.40-55.

Reid, Colin W., 2017, "Democracy, sovereignty and unionist political thought during the revolutionary period in Ireland, c. 1912-1922," *Transactions of the Royal Historical Society* 27, pp.211-232.

Saubders, Robert, 2013, "Tory rebels and Tory democracy: the Ulster crisis, 1900-14," in Bradley W. Hart & Richard Carr ed., *The foundations of the British Conservative Party: essays on conservatism from Lord Salisbury to David Cameron*, Bloomsbury, pp.65-83.

Smith, Jeremy, 1996, "Conservative ideology and representations of the union with Ireland, 1885-1914," in Martin Francis & Ina Zweiniger-Bargielowska ed., *The Conservatives and British society, 1880-1990*, University of Wales Press, pp.18-38.

Stubbs, John O., 1990, "The unionists and Ireland, 1914-18," *Historical Journal* 33, pp.867-893.

Taylor, Lawrence J., 1993, "Peter's pence: official Catholic discourse and Irih nationalism in the nineteenth century," *History of European Ideas* 16(1-3), pp.103-107.

Townshend, Charles, 1992, "British policy in Ireland, 1906-1921," in D. George Boyce ed., *The revolution in Ireland, 1879-1923*, Macmillan, pp.173-192.

Whelehan, Niall, 2014, "The Irish revolution, 1912-23," in Alvin Jackson ed., *The Oxford* handbook of modern Irish history*, Oxford University Press, pp.621-644.

제6장

고바야시 히데오 저, 임성모 역, 2004,『만철 - 일본제국의 싱크탱크』, 산처럼
김낙년 편, 2012,『한국의 장기통계 - 국민계정 1911 - 2010』, 서울대 출판문화원
_____, 2007,「식민지시대 공업화 비교 - 대만과 조선」, 호리 가즈오·나카무라 사토루 편저, 박섭·장지용 역, 2007,『일본 자본주의와 한국·대만 - 제국주의 하의 경제변동』, 전통과 현대
_____, 2010,「식민지 조선경제의 제도적 유산」,『정신문화연구』33 - 4
_____, 2020,「『일제종족주의』의 황당한 통계 해석」, 이영훈 외,『반일종족주의와의 투쟁』, 미래사
김두얼, 2017,「최하층민을 통해 본 식민지기 생활수준」, 김두얼,『한국 경제사의 재해석 - 식민지기·1950년대·고도성장기』, 해남
김재호, 2009,「식민지기의 재정 지출과 사회간접자본의 형성」,『경제사학』제46호
김찬동, 2014,「근린생활 행정자치제도의 개혁 방향 - 서울시 사례」,『서울도시연구』15 - 4
도노무라 마사루 저, 신유원·김인덕 역, 2010,『재일조선인 사회의 역사학적 연구』, 논형
문명기, 2012,「근대 일본 식민지 통치모델의 전이와 그 의미 - '대만모델'의 관동주·조선에의 적용 시도와 변용」,『중국근현대사연구』53
_____, 2013,「대만·조선의 '식민지근대'의 격차 - 경찰 부문의 비교를 통하여」,『중국근현대사연구』59
_____, 2013,「식민지 '문명화'의 격차와 그 함의 - 의료부문의 비교를 통해 보는 대만과 조선의 '식민지근대'」,『한국학연구』46
_____, 2013,「한국의 대만사연구, 1945 - 2012」,『중국근현대사연구』57
_____, 2014,「일제하 대만·조선 공의제도 비교연구 - 제도운영과 그 효과」,『醫史學』23 - 2
_____, 2014,「일제하 대만·조선 공의제도에 대한 비교사적 접근 - 제도외적 측면을 중심으로」,『한국학논총』42
_____, 2015,「대만·조선총독부의 전매정책 비교연구 - 사회경제적 유산과 '국가'능력의 차이」,『사림』52
_____, 2015,「일제하 대만·조선총독부의 세출구조 비교분석」,『한국학논총』44

_____, 2016, 「일제하 대만·조선 총독부 세입의 추이와 구조-조세수입과 조세부담을 중심으로」, 『사림』(수선사학회) 56

_____, 2017, 「일제하 대만 보갑제도의 재정적 효과, 1903~1938」, 『중국근현대사연구』 75

_____, 2018, 「保甲의 동아시아-20세기 전반 대만·만주국·중국의 기층행정조직 재편과 그 의미」, 『중앙사론』 47

_____, 2018, 「20세기 전반기 대만인과 조선인의 역외이주와 귀환-역외이주 및 귀환 규모의 추산을 중심으로」, 『한국학논총』(국민대) 50

_____, 2019, 「식민지시대 대만인과 조선인의 역외이주 패턴과 그 함의」, 『동양사학연구』 147

_____, 2019, 「제국주의 연구와 제국사 연구를 잇는다는 것-駒込武, 『世界史のなかの臺灣植民地支配-臺南長老教中學校からの視座』(岩波書店, 2015)를 읽고」, 『동방학지』 188

_____, 2020, 「일제하 대만·조선 기층행정 운영의 비교분석-행정인력의 수량적 검토를 중심으로」, 『동양사학연구』 150

_____, 2020, 「일제하 조선 지방세입의 구조와 추이, 1910~1936-대만과의 비교를 겸하여」, 『한국학논총』 54

_____, 2023, 「일제하 대만의 통치체제와 생활수준-일제하 조선과의 비교를 겸하여」, 『한국학논총』 59

민족문제연구소 편, 2000, 『일제하 전시체제기 정책사료총서』(제국의회설명자료) 제2권, 한국학술정보

우명동, 1987, 『일제하 조선재정의 구조와 성격』, 고려대학교 경제학과 박사학위논문

윤해동, 2006, 『지배와 자치』, 역사비평사

이은희, 2018, 『설탕, 근대의 혁명-한국 설탕산업과 소비의 역사』, 지식산업사

이정선·문명기·조형근·허영란·이은희, 2018, 「저작비평회: 한국 근현대사에서 설탕은 무엇이었나-이은희, 『설탕, 근대의 혁명-한국 설탕산업과 소비의 역사』(지식산업사, 2018)」, 『역사문제연구』 40

이종민, 2001, 「1910년대 경성 주민들의 죄와 벌-경범죄 통계를 중심으로」, 『서울학연구』 17

이헌창, 2011, 『한국경제통사』, 해남(제4판 1쇄)

이형식, 2011, 「조선총독의 권한과 지위에 관한 시론」, 『사총』 72

일본식민지연구회 편, 서정완·송석원 역, 2020, 『일본식민지 연구의 논점』, 소화

커즈밍 저, 문명기 역, 2008, 『식민지시대 대만은 발전했는가-쌀과 설탕의 상극, 1895-1945』, 일조각

홍종욱, 2000, 「중일전쟁기(1937~1941) 조선 사회주의자들의 전향과 그 논리」, 『한국사론』 44

홍종욱 엮음, 2017, 『식민지 지식인의 근대 초극론』, 서울대학교 출판문화원

황육홍 저, 김형종 역, 2020, 『복혜전서』(1·2·3), 서울대학교 출판문화원

岡本眞希子 著, 郭婷玉 譯, 2019, 『殖民地官僚政治史-朝鮮·臺灣總督府與日本帝國』(制度編·上), 臺灣大學出版中心

戴炎輝, 1979, 『清代臺灣之鄉治』, 聯經

藍奕青, 2012, 『帝國之守-日治時期臺灣的郡制與地方統治』, 國史館

李理, 2007, 『日據臺灣時期警察制度研究』, 海峽學術出版社

李力庸, 2009, 「日本帝國殖民地的戰時糧食統制體制-臺灣與朝鮮的比較研究, 1937-1945」, 『臺灣史研究』 16-2

林滿紅, 1997, 『茶·糖·樟腦業與臺灣之社會經濟變遷(1860~1895)』, 臺北, 聯經

林玉茹·李毓中 編著, 2004, 『戰後臺灣的歷史學研究, 1945~2000』(제7책:臺灣史), 國立臺灣大學出版中心

苗延威, 2009, 「日治初期的身體政治-以纏足解放運動為中心的討論」, 『〈女性·消費·歷史記憶〉國際學術研討會論文集』

石丸雅邦, 2008, 「臺灣日本時代的理蕃警察」, 國立政治大學 박사학위논문

葉淑貞, 2009, 「日治時代臺灣經濟的發展」, 『臺灣銀行季刊』 60-4

蕭明治, 2010, 『日治時期臺灣煙酒專賣經銷商之研究』, 國立中正大學 歷史學研究所 博士學位論文

施添福, 2001, 「日治時代臺灣地域社會的空間結構及其發展機制-以民雄地方為例」, 『臺灣史研究』 8-1

吳文星, 2008, 『日治時期臺灣的社會領導階層』, 五南

吳密察, 1994, 『臺灣近代史研究』, 稻鄉出版社

吳聰敏, 2004, 「從平均每人所得的變動看臺灣長期的經濟發展」, 『經濟論文叢刊』 32-3

王德睦 等, 2011, 『臺灣全志』(卷3: 住民志-人口篇), 國史館 臺灣文獻館

王學新, 2008, 「日治時期臺灣保甲制度的經濟分析」, 國史館 臺灣文獻館, 『第五屆臺灣總督府檔案學術研討會論文集』

_____, 2009, 『日治時期臺灣保甲制度之研究』, 國史館 臺灣文獻館
姚人多, 2001, 「認識臺灣 - 知識·權力與日本在台之殖民治理性」, 『臺灣社會研究季刊』 42
劉明修(伊藤潔) 著, 李明峻 譯, 2008, 『臺灣統治與阿片問題』, 前衛
張素梅·葉淑貞,, 2003, 「日治時代臺灣農家所得之分析」, 『臺灣史研究』 10-2
張淑雯, 2008, 「日治時期臺灣解纏足運動之研究」, 國立雲林科技大學 文化資產維護研究所 碩士論文
張漢裕, 1955, 『日據時代臺灣經濟之演變(臺灣經濟史二集)』, 臺灣銀行
張海鵬·李細珠 主編, 2015, 『當代中國臺灣史研究』, 中國社會科學出版社
鄭澤文, 2006, 「長官公署爲何失敗? - 以1945-1947年的糧食政策爲例」, 國立淸華大學 社會學研究所 碩士學位論文
鍾淑敏, 2015, 「臺灣警察界第一寫手 - 鷲巢敦哉」, 『臺灣學通訊』 88
陳姃湲, 2010, 「在植民地臺灣社會夾縫中的朝鮮人娼妓業」, 『臺灣史硏究』 17-3
蔡龍保, 2008, 『殖民統治之基礎工程 - 日治時期臺灣道路事業之研究, 1895-1945』, 國立臺灣師範大學 歷史學系
蔡慧玉, 1995, 「保正·保甲書記·街莊役場 - 口述歷史(李金鎭·陳榮松·陳金和)」, 『臺灣史研究』 2-2, 1995
許雪姬 總策劃, 2004, 『臺灣歷史辭典 - 附錄』, 遠流出版公司
洪秋芬, 1992, 「日據初期臺灣的保甲制度(1895-1903)」, 『中央研究院近代史研究所集刊』 21
黃昭堂 著, 黃英哲 譯, 1994, 『臺灣總督府』, 臺北, 前衛
黃正雄, 2019, 「臺灣行政區劃之沿革與區劃之合理性」, 『中國地方自治』 72-10
黃通 等, 1988, 『日據時代的臺灣財政』, 聯經

柯志明, 1993, 「'米糖相剋'問題と臺灣農民」, 小林英夫 編, 『岩波講座近代日本と植民地』(卷 3:植民地化と産業化), 岩波書店
江丙坤, 1974, 『臺灣地租改正の研究 - 臺灣領有初期土地調査事業の本質』, 東京大學出版會
溝口敏行·梅村又次 編, 1988, 『舊日本植民地經濟統計 - 推計と分析』, 東洋經濟新報社
溝部英章, 1976, 1977, 「後藤新平論 - 鬪爭の世界觀と'理性の獨裁'(一)·(二)」, 『法學論叢』 100권 2호 및 101권 2호
駒込武, 2015, 『世界史のなかの臺灣植民地支配 - 臺南長老教中學校からの視座』, 岩波書店
近藤正己, 1996, 『總力戰と臺灣』, 刀水書房

金奈英, 2006, 「日本統治下に移動した在臺灣朝鮮人の研究」, 筑波大學 地域研究研究科 修士論文
金洛年, 2017, 「韓國の經濟成長 - 長期推移と國際比較」, 『社會經濟史學』83-3
臺灣醫學會, 1913, 『臺灣衛生概要』, 臺灣日日新報社
臺灣總督府, 『民政事務成績提要』(각년판)
臺灣總督府 警務局, 1920, 『保甲制度及附錄』
_____, 1942, 『昭和十五年臺灣總督府警察統計書』
臺灣總督府 警務局 編, 1933, 『臺灣總督府警察沿革誌(一)』, (南天書局 영인본, 1995)
臺灣總督府, 『臺灣總督府統計書』(各年版)
臺灣總督府 殖産局 特産科, 1929, 『臺灣糖業統計』(昭和4年版)
大日方純夫, 2020, 「近代日本の警察 - 世界史のなかで」, 『근현대 일본과 동아시아 - 경찰, 군, 전쟁 책임』(연세대 국학연구원 주최 〈국학연구원 해외학자 초청 강연 - 토론회〉 자료집)
涂照彦, 1975, 『日本帝國主義下の臺灣』, 東京大學出版會
木村光彦, 1981, 「植民地下臺灣·朝鮮の民族工業」, 名古屋學院大學産業科學研究所 Discussion Paper no. 3
目黒五郎·江廷遠, 1936, 『現行保甲制度叢書』, 保甲制度叢書普及所(增補版)
巫靚, 2016, 「日本統治期における臺灣人の移動 - 日中戰爭前に大陸に留學する臺灣人を中心に」, 『人間·環境學』25
山本有造, 1992, 『日本植民地經濟史研究』, 名古屋大學出版會
西川潤, 2010, 「日本の臺灣統治思想 - 後藤新平·田健治郎·矢内原忠雄」, 西川潤·蕭新煌 編, 『東アジア新時代の日本と臺灣』, 明石書店
小林道彦, 1996, 『日本の大陸政策, 1895-1914: 桂太郎と後藤新平』, 南窓社
松田利彦, 2009, 『日本の植民地支配と警察 - 1905~1945年』, 校倉書房
矢内原忠雄, 1929, 『帝國主義下の臺灣』, 東京, 岩波書店(1988년 復刻版)
野口眞弘, 2018, 「臺灣地方自治聯盟による1933年の朝鮮地方自治制度視察の意義 - 楊肇嘉の構想する臺灣地方自治制度の參照として」, 『日本臺灣學會報』20
_____, 2017, 『植民地臺灣の自治 - 自律的空間への意思』, 早稻田大學出版部
若林正丈, 2016, 「諸帝國の周緣を生き拔く － 臺灣史における邊境ダイナミズムと地域主體性」, 川喜田敦子·西芳實 編著, 『歷史としてのレジリエンス － 戰爭·獨立·災害』, 京都大學出版會
永野武, 1994, 『在日中國人 - 歷史とアイデンテイテイ』, 明石書店

袁堂軍·深尾京司, 2002,「1930年代における日本·朝鮮·臺灣間の購買力評價-實質消費水準の國際比較」,『經濟硏究』(一橋大學) 53-4

遠藤正敬, 2010,『近代日本の植民地統治における國籍と戶籍-滿洲·朝鮮·臺灣』, 明石書店

栗原純, 1999,「臺灣と日本の植民地支配」, 浜下武志 等,『(岩波講座)世界歷史20(アジアの近代)』, 岩波書店

日本植民地硏究會 編, 2018,『日本植民地硏究の論點』, 岩波書店

朝鮮總督府,『朝鮮總督府統計年報』(각년판)9999

持地六三郞, 1912,『臺灣殖民政策』, 富山房

_____, 1926,『日本植民地經濟論』, 改造社

春山明哲, 2008,『近代日本と臺灣-霧社事件·植民地統治政策の硏究』, 藤原書店

鷲巢敦哉, 2000,『臺灣警察四十年史話』, 中島利郞·吉原丈司 編,『鷲巢敦哉著作集』(Ⅱ), 綠蔭書房

_____, 2000,『臺灣保甲皇民化讀本』, 中島利郞·吉原丈司 編,『鷲巢敦哉著作集Ⅲ』, 綠蔭書房

坂入長太郞, 1983,『日本財政史-資本主義と財政の政治過程』, バリエ社

平井健介, 2017,『砂糖の帝國-日本植民地とアジア市場』, 東京大學出版會

平井廣一, 1997,『日本植民地財政史硏究』, ミネルヴァ書房

鶴見祐輔 著, 一海知義 校訂, 2005,『正傳後藤新平』3(臺灣時代:1898~1906年), 藤原書店

許世楷, 1972,『日本統治下の臺灣-抵抗と彈壓』, 東京大學出版會

後藤新平, 1921,『日本植民政策一斑』, 拓殖新報社

Edward I-te Chen(陳以德), 1970, "Japanese Colonialism in Korea and Formosa: A Comparison of the Systems of Political Control", Harvard Journal of Asiatic Studies, vol.30

제7장

1. 자료

『동아일보』,『조선일보』,『중외일보』등 신문

고려대 한국사연구소 일제강점기사연구실, 2010,『식민지조선과 제국일본의 지방제도 관

계법령 비교자료집』, 선인
조선무역협회, 1943,『朝鮮貿易史』
조선총독부관방 서무부 조사과, 1924,『朝鮮の獨立思想及運動』
조선총독부 경무국,『조선출판경찰개요』각년판
척식국편, 1920,『殖民地要覽』
_____, 1921,『朝鮮産米增殖ニ關スル意見』

2. 단행본

姜東鎭, 1979,『日帝の韓國侵略政策史』, 동경대학출판부
고케츠 아쓰시 저, 박인식·박현주 역, 2006,『침략전쟁』, 범우
김동명, 2006,『지배와 저항, 그리고 협력 - 식민지 조선에서의 일본제국주의와 조선인의 정치운동』, 경인문화사
김백영, 2009,『지배와 공간 - 식민지도시 경성과 제국 일본』, 문학과 지성사
김종식·윤덕영·이태훈, 2022,『일제의 조선참정권 정책과 친일정치운동 세력의 참정권 청원운동』(일제침탈사연구총서 10권), 동북아역사재단
김효순, 2011,『역사가에게 묻다』, 서해문집
다카사키 소지 저, 이규수 역, 2006,『식민지 조선의 일본인들』, 역사비평사
독립운동사편찬위원회, 1973,『독립운동사자료집』6(삼일운동사자료집)
미야다 세쓰꼬 해설 감수, 정재정 번역, 2002『식민 통치의 허상과 실상』, 혜안
박경식, 1986,『일본제국주의의 조선 지배』, 청아출판사 번역본
박찬승, 1992,『한국근대정치사상사연구』, 역사비평사
_____, 2009,『언론운동』(〈한국독립운동의 역사〉33권), 독립기념관독립운동사연구소
박찬승 외, 2018,『국역 조선총독부30년사』, 상권, 민속원
손정목, 1992,『한국지방제도·자치사연구』(상), 일지사
송규진 외, 2004,『통계로 본 한국근현대사』, 아연출판부
위르겐 오스터함멜 저, 박은영·이유재 역, 2006,『식민주의』, 역사비평사
이만규, 1949,『조선교육사』(하), 을유문화사
이여성·김세용, 1935,『數字朝鮮研究』5집
이태훈, 2010,「일제하 친일정치운동 연구: 자치·참정권 청원운동을 중심으로」(연세대 사학과 박사논문)
전석담 외, 1958,『조선근대사회경제사』, 이성과 현실사 복간본(1989)

정진석, 1990, 『한국언론사』, 나남

大豆生田稔, 2006, 『お米と食の近代史』, 吉川弘文館
木田洋一, 1992, 「英國と日本の植民地統治」『岩波講座 近代日本と植民地』1, 岩波書店
山崎丹照, 1943, 『外地統治機構の研究』, 高山書院
山內顯, 1908, 『殖民政策汎論』, 博文館
原敬, 1990, 「朝鮮統治私見」, 『齋藤實文書』 13, 고려서림
猪谷善一, 1928, 『조선경제사』, 大鐙閣藏版
春山明哲, 2008, 『近代日本と台灣』, 藤原書店

3. 논문

강창일, 1993, 「식민지지배체제의 특질」, 『신편한국사』 47권 (국사편찬위원회편)
권태억, 2005, 「일제 식민 통치의 기조」, 『일제 식민지지배의 구조와 성격』, 경인문화사
김영근, 2002, 「일제하 경성지역의 사회·공간구조의 변화와 도시경험」『서울학연구』 20
박찬승, 1991, 「일제하 '지방자치제도'의 실상」, 『역사비평』 통권15호, 역사비평사
_____, 2017, 「재조선 일본인 저널리스트의 조선통치정책론 비교-〈민중시론〉사의 아베 가오루와 마치다 조사쿠를 중심으로-」, 『한국사연구』 79
_____, 2020, 「日本의 植民地朝鮮에서의 同化主義·同化政策 재검토」, 『역사화해를 위한 한일대화(역사편)』, 동북아역사재단
변은진, 2007, 「식민지인의 '정치참여'가 갖는 이중성」, 『제국주의시기 식민지인의 '정치참여' 비교』, 선인
송석원, 2011, 「도쿠토미 소호(덕부소봉)와 '전쟁'」, 『일본문화학보』 50집
임성모, 2008, 「근대 일본의 국내 식민과 해외 이민」, 『동양사학연구』 103집
정진석, 2001, 「일제의 민족지압수기사 연구」, 『한국근대언론과 민족운동』, 커뮤니케이션북스

찾아보기

1798년 봉기(1798 rebellion) 480, 482, 512, 531
1인당 GDP 성장률 122, 568
3F 502, 505, 507

ㄱ

가토 다카아키(加藤高明) 648
가토 도모사부로(加藤友三郎) 648
가톨릭 구제법(Catholic Relief Act) 725, 730, 485, 512
가톨릭 해방(Catholic emancipation) 27, 40, 73, 74, 82, 166, 470, 478~480, 483, 484, 486~488, 512
가톨릭협회(Catholic Association) 485, 725
간디(마하트마 간디) 24, 136, 185, 191, 199, 200, 214, 220, 222, 719
간접 통치 50, 65, 191, 202~204, 206, 207, 256,
강압법(coercion acts) 58, 59, 137, 469, 498, 505
건설적 합방주의(constructive unionism) 121, 520~523
경찰범처벌규칙 693, 734
고다마 겐타로 128, 557, 596, 732
고마쓰 미도리(小松祿) 644
고무라 주타로 641
고토 신페이 128, 557, 562, 597, 600, 624, 627, 641, 732
곡물법(Corn Laws) 491, 498, 726
공공사업국(Irish Board of Work) 487
공리주의(utilitarianism) 487, 493, 506
공식어 153, 244, 718
공학교(公學校) 83, 144, 149, 150, 733
공화주의(republicanism) 27, 74, 344~346, 472, 474, 475, 479, 482, 492, 531, 532, 534, 535, 541
공화주의형제단(Irish Republican Brotherhood) 492, 532, 726
구별 정책(differentiation policy) 74, 471, 493, 503, 510, 518, 542, 543, 545
구빈원(workhouse) 101, 488, 494, 499
국가 능력(state capacity) 595
국가학교 체제(national system) 143, 157, 726, 730
국교회 폐지법(Disestablishment of Irish Church Act) 491, 494, 542, 731
국어강습소(國語講習所) 158
국왕 하사금(regium donum) 493, 480
국제경찰 383, 394, 395, 439, 451, 453

권태억 635
그래튼 의회(Grattan's parliament) 478, 479, 725
그리피스, 아서(Arthur Griffith) 539, 728
글래드스턴, 윌리엄(William Ewart Gladstone) 468, 472, 474, 491~495, 502, 505~508, 511, 512, 514~516, 518, 519, 522, 523, 531, 538, 542~544, 727, 728, 731
기대수명 91, 99, 177, 242

ㄴ

나이팅게일 237, 239, 241
내지연장주의 77, 83, 553, 559, 599, 635, 639, 645, 654, 655

ㄷ

다나카 기이치(田中義一) 637
다나카 다케오(田中武雄) 645
달하우지 총독 196, 224, 227
대기근(Great Hunger) 67, 112, 119~122, 127, 157, 166, 188, 189, 472~474, 496, 497, 501, 542, 718, 726
대불황(Great Depression) 121, 503
데 벌레라, 에이먼(Eamon de Valera) 535, 539, 541, 729
데라우치 마사타케(寺內正毅) 651, 734
도쿠토미 소호(德富蘇峰) 637
독립운동 8, 23, 50, 57, 58, 172, 181, 185, 199, 200, 222, 313, 315, 319, 336, 337, 361, 363, 381, 385, 386, 406, 634, 693, 714
독립전쟁(Anglo-Irish War) 31, 52, 55, 360, 364, 367, 455, 473, 478, 535, 536, 729
동화 정책(assimilation policy) 23, 71, 72, 77, 175~177, 181, 305, 306, 470, 471, 486~499, 542, 545, 622, 633, 635, 636, 639, 650~653, 655, 657~661, 708~710, 716
두 민족론(two nations theory) 538
두메르 25, 275, 280, 281, 283, 286, 288, 292, 307, 314
두창 103, 105, 107
디즈레일리, 벤저민(Benjamin Disraeli) 468, 493, 514

ㄹ

라빈드라나트 타고르 250
러디어드 키플링 209, 320
레닌 17, 457
레드먼드, 존(John Redmond) 524, 525, 529, 531, 533, 728
로이드 조지, 데이비드(David Lloyd George) 525, 528, 533, 534, 536, 539, 540, 543, 728
롱(총독) 72, 305, 310, 358
루르키 공과대학 226

ㅁ

마라타 제국 195, 718
마치다 조사쿠(町田長作) 660
만주사변 118, 605, 686, 713, 735
맨체스터 108, 197, 218~220, 492
메이누스 대학법(Maynooth College Act) 474, 489, 491, 542, 726, 730
명예혁명(Glorious Revolution) 476, 477
모치지 로쿠사부로(持地六三郎) 628
무관총독제 548, 554
무료급식소(soup kitchens) 499, 726
무사(霧社) 사건 27, 733
무장경찰법(Irish Constabulary Act) 488
미나미 지로(南次郎) 29, 657, 735
민족당(Nationalist Party) 74, 472, 507, 510, 515, 517, 520, 522, 524, 525, 528, 529, 531~535, 727, 728

ㅂ

바렌느 72, 136, 283, 284, 300, 305, 310
바로다 왕국 204, 205
방목장 전쟁(Ranch War) 510
밸푸어, 아서(Arthur Balfour) 468, 520
밸푸어, 제럴드(Gerald Balfour) 520
밸푸어법(Balfour's Act) 508, 521, 728, 731
뱅킴찬드라 챠터르지 212, 233
버트, 아이작(Isaac Butt) 503, 514, 727
범죄즉결례(犯罪卽決例) 59
법삼호 553, 555, 732

베트남 16, 22, 24, 25, 30, 31, 39, 44, 54, 62, 66, 71, 72, 78, 81, 82, 86, 91, 99, 109, 111, 120, 121, 136, 141, 147, 153, 154, 161, 162, 165, 172, 175~180, 264~167, 269~275, 277~285, 287, 290~292, 295, 299, 301, 302, 304~314
벤팅크 총독 219, 243
보갑(保甲) 조직 607, 608
보갑조례 608, 732
보나 로, 앤드루(Andrew Bonar Law) 527, 529, 728
보수당(Conservative party) 74, 121, 468, 474, 475, 488, 489, 491, 494, 498, 508, 511, 513, 514, 516~518, 520, 522~524, 527~530, 532, 533, 536, 537, 541, 543, 544, 546
보안법 60, 136, 693, 695, 700, 704, 706, 707, 714, 715, 734
보이코팅(boycotting) 504, 509
보조부대(Auxies) 55, 535
보호정치 203, 718
볼셰비즘(Bolshevism) 535
봉급령(俸給令) 593
부재지주(absentee landlords) 63, 67, 299, 468, 496
부활절 봉기(Easter Rising) 474, 531, 532, 535, 729
분리주의(separatism) 27, 74, 145, 472, 475, 479, 485, 492, 515, 520, 531, 533
분리통치 207, 210, 211
비국교도(nonconformists) 131, 483, 725,

730

비도형벌령(匪徒刑罰令) 59

빅토리아 여왕(Queen Victoria) 119, 204, 245, 256, 494, 718

빈민법(Poor Law) 499, 521, 726, 730

ㅅ

사로 72, 92, 141, 305, 306, 310

사이토 마코토(齋藤實) 28, 652, 734, 735

새로운 출발(New Departure) 277, 504, 727

선언법(Declaration Act) 476, 478, 725, 730

세포이 항쟁 61, 197, 203, 211, 238, 239, 718

소요죄 60, 695, 714

소요진압법(Suppression of Disturbances Act) 58, 488

소학교(小學校) 83, 144, 145, 149, 158, 160, 164, 312, 335, 336, 733

손기정 선수 일장기 말소 사건 708

솔즈베리 후작(Marquis of Salisbury) 508, 516, 520

수정주의(revisionism) 454, 472~474, 500, 502

슘페터 17

스즈키 다케오(鈴木武雄) 645

시모노세키 조약 27, 46, 548, 551, 732

시어도어 루스벨트 31, 73, 328, 339, 347, 348, 350, 352, 356~360, 364, 365, 367, 373, 391~395, 398, 403, 414, 420, 423, 424~427, 429, 430, 433, 435, 439, 440, 453

신궁대마(神宮大麻) 167

신문지법 60, 139, 693, 700, 701, 714, 715, 734

신페인당(Sinn Féin) 27, 74, 520, 532~535, 538, 541, 728, 729

심사법(Test Act) 484

십일조(tithe) 476, 484, 487, 488, 491, 494, 726, 730

ㅇ

아르망 조약 273, 274

아베 가오루(阿部薰) 661

아베 히사노리(阿部壽準) 643

아일랜드 공화국군(Irish Republican Army) 473

아일랜드 문제(Irish Question) 27, 468~471, 474, 487, 488, 492, 493, 504, 505, 511, 515, 516, 520, 522, 525, 527, 542, 546

아일랜드 민족의용군(Irish National Volunteers) 531, 532

아일랜드 시민군(Irish Citizen Army) 532, 728

아일랜드 의회(Dáil Éireann) 26, 46, 476~481, 483, 490, 512~514, 516, 519, 535, 537~542, 727~730

아일랜드 자유국(Irish Free State) 27, 468, 510, 540, 731, 760

아일랜드 정부법(Government of Ireland Act) 33,, 536, 729, 731

아일랜드교회(Church of Ireland) 149, 476, 493~495, 726, 730
아일랜드위원회(Council of Ireland) 523, 537
안남 39, 44, 45, 54, 62, 100, 267, 269, 273, 275, 278, 280, 281, 283, 295, 296, 298, 311, 313, 720
애국주의(patriotism) 479
애쉬번법(Ashbourne Act) 508, 521
애스퀴스, 허버트(Herbert H. Asquith) 525~527, 529, 532, 533
앵글로-아이리시 협정(Anglo-Irish Treaty) 33, 468, 539, 729, 731
야나이하라 다다오(矢內原忠雄) 138, 172, 609, 733
야마가타 아리토모(山縣有朋) 19
야마우치 겐(山內顯) 643
야마자키 단쇼(山崎丹照) 649
얼스터 관습(Ulster custom) 502, 506, 731
얼스터 의용군(Ulster Volunteer Force) 526, 527, 728
얼스터 합방당(Ulster Unionist Party) 523, 526, 528, 530, 533, 534, 537, 729
얼스터 합방주의위원회(Ulster Unionist Council) 527, 728
역사주의(historicism) 502, 506
영국동맹(British League) 527
영국령 북아메리카법(British North America Act) 518
영국의 동인도회사 108, 184, 194, 244, 258
영연방(British Commonwealth) 539, 540
영제국(British empire) 74, 471, 477, 482, 492, 495, 517, 519, 520, 524, 536, 539, 540, 541
오렌지단(Orange Order) 478
오코널, 대니얼(Daniel O'Connell) 117, 166, 472, 473, 484~486, 488, 490, 491, 512~514, 542, 725, 726
와카마쓰 우사부로(若松兎三郎) 678
왕국(Princely States) 202
외부적 결합(external association) 539
우가키 가즈시게(宇垣一成) 29, 656, 735
우드로 윌슨 25, 32, 39, 40, 338, 345, 350, 352, 367, 374, 375, 395~398, 400, 403, 452, 453
윌리엄 존스 235
웨스트민스터 의회(Westminster parliament) 32, 46, 74, 481, 483, 490, 515~517, 519, 526, 533, 536, 541
웰링턴 공작(Duke of Wellington) 484
위르겐 오스터함멜 20, 21
위임입법제도(委任立法制度) 47, 548, 552~554, 625
윈덤, 조지(George Wyndham) 509
윈덤법(Wyndham's Act) 510, 520, 521, 542, 728, 731, 474
윌리엄 3세(William III) 476
윌리엄 캐리 246
유증법(Charitable Bequests Act) 489
육삼법(六三法) 46, 552, 553, 732
율령 46, 47, 59, 552, 553, 555, 608
응우옌 왕조 39, 44, 264, 266, 270~273, 275, 280, 282, 292, 313

의회법(Parliament Act) 523, 525, 529, 718, 725
이민(emigration) 61~63, 65~67, 69, 121, 124, 125, 175, 497, 503, 574, 640~642
이번사업(理蕃事業) 83, 616, 732
인구과밀지역 공공사업국(Congested Districts Board) 521, 728
인구조사 91, 140, 157, 235~237, 242, 301, 491
인도 모슬렘연맹 214, 718
인도 총독 185, 195, 204, 205, 260, 339
인도국민회의 30, 198~201, 207, 214, 215, 250, 259, 718, 179
인도차이나 18, 21, 25, 30, 44, 45, 61, 71, 78, 82, 86, 92, 99, 100, 109, 111, 136, 141, 147, 154, 162,165, 174, 264, 268, 269, 274~277, 280~283, 285~301, 303, 306~608, 310, 311, 313~315, 632, 633, 644, 720
인도차이나은행 302
인민예산안(People's budget) 525
인신과 재산 보호법(Protection of Persons and Property Law) 505

ㅈ

자유당 합방파(Liberal Unionists) 517, 520, 521
자유당(Liberal party) 468, 492, 493, 508, 511, 515, 516, 522~525, 527~529, 533, 536, 543, 544, 546
자유무역주의(free trade) 482, 492, 500, 524
자유방임주의(laissez-faire) 500, 542
자유주의적 토리즘(liberal Toryism) 488
자작농제(peasant proprietorship) 82, 474, 504, 506, 507, 510, 511, 515, 520, 521, 542, 728
자치당(Home Rule Party) 74, 121, 472, 503, 504, 507, 514, 515, 531, 727
자치령(dominion) 33, 518, 519, 539, 540, 719
자치법안(Home Rule Bill) 27, 74, 472, 474, 475, 508, 512, 514~516, 518, 519, 524~526, 528, 529, 531, 536, 538, 543, 544, 546, 728
재일 조선인 69, 70, 575, 576
재일 타이완인 69, 70, 575, 576
저당토지법(Encumbered Estates Act) 499~501, 726, 730
전석담 633
전족 617~619, 628
정치범처벌령 60, 693, 695, 714
제1차 세계대전(World War I) 17, 27, 38, 50~53, 61, 66, 74, 81, 85~87, 92, 115, 118, 128, 147, 185, 206, 221, 289, 290, 293, 345, 346, 351, 396, 400, 454, 475, 529, 531, 537, 545, 555, 640, 684, 713, 729
제2의 식민화 190, 193, 243
제2차 토지법(Land Law Act) 474, 505~507, 515, 727, 731
제국봉사대 206

제령7호(정치범처벌령) 60, 693, 714
제임스 2세(James II) 476, 477
제임스 밀 231, 234
조선잠업령 679, 712
조지 3세(George III) 479, 480
존스법 25, 32, 58, 92, 166, 374, 375, 397, 398, 400, 410, 414, 415, 724
중재재판조약 392, 394, 423, 424, 429, 433, 435, 438, 452
지대인하 운동(Plan of Campaign) 508, 522
지방정부법(Local Government Act) 36, 521, 728, 731
지주와 차지인법(제1차 토지법)(Landlord and Tenant Act) 502
직물의 수입국 192, 218, 221
직물의 수출국 218
집회취체령 693
징집법(Military Service Act) 534, 729

ㅊ

차별법(penal laws) 476, 477, 490, 725, 730
차지인동맹(Tenant League) 502, 726
철도 19, 110, 115, 177, 187, 192, 198, 223~225, 227, 228, 283, 288, 289, 557, 685, 732
철도사업 225, 584
청년 아일랜드 운동(Young Ireland movement) 469
체납지대법(Arrears Act) 506
체임벌린, 조지프(Joseph Chamberlain) 520, 521
최윤규 633
출판법 60, 139, 693, 695, 700, 701, 714, 715
치안유지법 28, 59, 60, 174, 604, 605, 694, 695, 714, 732, 735

ㅋ

카스트 제도 193, 234~237
카슨, 에드워드(Edward Carson) 526, 527, 531, 533
카운티 선택권(county option) 528
캐슬리 자작(Viscount Castlereagh) 480
커즌 249
코친차이나 24, 30, 39, 54, 62, 66, 72, 82, 86, 136, 173, 270~272, 275, 277~283, 285, 289, 291, 292, 294, 295, 298, 299, 305, 313, 720, 722, 723
콘월리스 후작(Marquis Cornwallis) 480
콜레라 105, 107, 238~240
콜린스, 마이클(Michael Collins) 535, 539
쿠라 사태(Curragh incident) 527
쿠퍼스힐 공대 228
퀸즈 칼리지법(Queen's College Act) 489
클로뷔코스키 283, 287, 310

ㅌ

타이딩스-맥더피법 25, 26, 32, 58, 156, 166, 335, 336, 376, 399, 400, 410, 411, 413,

415, 724
타이완교육령 83, 144, 163
타이완문화협회(臺灣文化協會) 138, 605
타이완민보(臺灣民報) 137, 138, 179, 732
타이완의회설치청원운동(臺灣議會設置請願運動) 27, 33, 732
타이완총독부 특별회계법 554, 583
타이완형사령(臺灣刑事令) 59
탈산업화 192, 216, 220
탈식민화 35, 38, 99, 111, 147, 185, 186, 191, 200, 228, 259
태프트-가쓰라 협정 325, 418~421, 423, 424, 427, 428, 431~433, 435, 436, 442~444, 456, 464, 465
탬워스 선언(Tamworth Manifesto) 488
토리(Tory) 479, 483~486, 488, 491
토지동맹(Irish National Land League) 504, 506, 727
토지법안(Purchase of Land Bill) 507, 509, 515
토지전쟁(Land War) 52, 504, 506, 509, 515, 542, 727, 731
토지조사사업 128, 129, 558, 566, 598, 634, 732
통치방식 185, 191, 202, 258, 278, 279, 308, 382, 422, 625
통치법 29, 30, 34, 44, 45, 53, 185, 214, 323, 368, 370~372, 374, 389, 654, 719
통킹 39, 44, 54, 62, 72, 82, 86, 137, 269, 272~275, 277, 278, 280, 281, 283, 287, 289, 291, 294~296, 298, 299, 301, 303~306, 313, 720
통합아일랜드동맹(United Irish League) 509, 510
통합아일랜드인협회(Society of United Irishmen) 479, 513, 725
특별통치주의(特別統治主義) 559

ㅍ

파넬, 찰스 스튜어트(Charles Stewart Parnell) 473, 474, 503, 504, 506, 507, 514~516, 727
파르시(parsi) 253~255
파트노트르 조약 273, 280
판 보이 쩌우 137, 267
페스트 100~103, 105, 242, 615, 616, 628
포서규약(捕鼠規約) 615
프랑스 극동 연구원 307
프랑스혁명(French Revolution) 477~479, 482, 489
프랭클린 루스벨트 32, 352, 367, 376, 395, 399~403, 411, 453
프로테스탄트 우위(Protestant Ascendancy) 468, 476, 483, 494, 537
피니언(주의) Fenian(ism) 470
피트, 윌리엄(William Pitt) 479, 480, 482, 725
필파(Peelites) 492

ㅎ

하라 다카시(原敬) 77, 83, 555, 559, 652, 655
한스 울리히 벨러 17, 18
합방법(Act of Union) 27, 46, 468, 474, 480, 481, 487, 524, 544, 725, 730
합방주의(unionism) 27, 74, 471, 475, 478, 480, 512, 518, 520~524, 527, 528, 530~533, 536~538, 541, 544, 545, 728
합방폐지 운동(Repeal movement) 472, 474, 488~491, 512~514, 542
합방폐지협회(Loyal National Repeal Association) 513, 726
행려사망자 571~573, 582, 595, 627
헤이그 평화회의 322, 389390~395, 403, 418, 427~430, 433, 434, 438, 439, 447, 452, 453, 456, 724
홉슨 17
황민화운동 76, 159, 167, 168, 634, 733
회사령 118, 684, 713
후쿠자와 유키치(福澤諭吉) 19, 637
훈령(訓令) 47, 599, 679, 712
휘그(Whig) 54, 479, 483~488, 491, 492, 498, 499, 505, 512, 513
흑갈단(Black and Tans) 55, 535
힐퍼딩 17

동북아역사재단 일제침탈사 연구총서 01

일제 식민지 조선 지배의 성격
— 서구열강의 식민 지배와의 비교

초판 1쇄 인쇄   2023년 12월 15일
초판 1쇄 발행   2023년 12월 27일

지은이   박찬승, 이옥순, 윤대영, 최정수, 김기순, 문명기
펴낸이   이영호
펴낸곳   동북아역사재단

등 록   제312-2004-050호(2004년 10월 18일)
주 소   서울시 서대문구 통일로 81 NH농협생명빌딩
전 화   02-2012-6065
팩 스   02-2012-6186
홈페이지   www.nahf.or.kr
제작·인쇄   니케북스

ISBN   979-11-7161-047-1 94910
          978-89-6187-669-8 (세트)

- 이 책은 저작권법에 의해 보호를 받는 저작물이므로 어떤 형태나 어떤 방법으로도 무단전재와 무단복제를 금합니다.
- 책값은 뒤표지에 있습니다. 잘못된 책은 바꾸어 드립니다.